Jahnke   Unfalltod und Schadenersatz

**Rechtsanwaltskanzlei
Gerald Munz**
Bismarckstraße 75
70197 Stuttgart
Tel.: 07 11 / 305 888-3
Fax: 07 11 / 305 888-4
E-Mail: info@ra-munz.de
Internet: www.ra-munz.de

ANWALTSPRAXIS
DeutscherAnwaltVerlag

Unfalltod und Schadenersatz

Unterhaltsschaden
und andere Ansprüche

Von
Rechtsanwalt Jürgen Jahnke,
Münster

herausgegeben von
der Arbeitsgemeinschaft Verkehrsrecht
im Deutschen Anwaltverein

2007

DeutscherAnwaltVerlag

Zitiervorschlag:
Jahnke, Unfalltod und Schadenersatz, Kap 1 Rn 1

Copyright 2007 by Deutscher Anwaltverlag, Bonn
Satz: Cicero Computer GmbH, Bonn
Druck: Bercker, Kevelaer

Bibliografische Information der Deutschen Bibliothek
Die Deutsche Bibliothek verzeichnet diese Publikation in der Deutschen
Nationalbibliografie; detaillierte bibliografische Daten sind im Internet über
http://dnb.ddb.de abrufbar.

ISBN 10:   3-8240-0906-4
ISBN 13: 978-3-8240-0906-0

Vorwort

Wenn man alle Gesetze studieren sollte, so hätte man gar keine Zeit, sie zu übertreten.
(Johann Wolfgang von Goethe)

Dieses Buch versucht die Zusammenhänge und wesentlichen Grundzüge der Regulierung anlässlich eines Todesfalles unter Einbeziehung des Sozial- und Drittleistungssystems darzustellen, auch wenn dieses zuweilen der (in der Mathematik übrigens gelösten[1]) Quadratur des Kreises annähernd gleichzukommen scheint.

Die Bearbeitung von Ansprüchen nach dem Tode eines Menschen zählt zu schwierigsten Aufgaben der Personenschadenregulierung. Für die Angehörigen liegt ein Katastrophenfall vor, verbunden mit extremer psychischer Belastung. Der Fall trifft die Angehörigen regelmäßig unverhofft und unvorbereitet. Wichtig ist daher, die Abwicklung des Schadenfalles in professionelle Hände zu geben, die trotz aller persönlichen Betroffenheit die Regulierung in „ruhiges Fahrwasser" bringen können, um nicht unnötig weitere Probleme für die Hinterbliebenen aufzubauen.

Münster, im Herbst 2006

---

[1] *Heinrich Tietze,* Gelöste und ungelöste mathematische Probleme aus alter und neuer Zeit, (München 1959), 5. Vorlesung „Die Quadratur des Kreises".

Inhaltsübersicht

Vorwort		5
Inhaltsverzeichnis		9
Abkürzungsverzeichnis		23
Verzeichnis der Gesetze		25
Zeitschriften-/Fundstellenverzeichnis		27
Literaturverzeichnis		29
Abbildungsverzeichnis		31
Kapitel 1	Einleitung	33
Kapitel 2	Anspruchsgrundlagen	53
Kapitel 3	Schmerzensgeld	137
Kapitel 4	Beerdigungskosten	143
Kapitel 5	Entgangene Dienste	157
Kapitel 6	Unterhaltsschaden	163
Kapitel 7	Regulierung	309
Stichwortverzeichnis		355

Inhaltsverzeichnis

Inhalt

Kapitel 1	**Einleitung**	33
A.	**Verkehrsunfallstatistik**	33
B.	**Mittelbar Geschädigte**	37
	I. Wirtschaftliche Schäden der Hinterbliebenen	38
	II. Nicht ersatzfähige wirtschaftliche Einbußen	38
	1. Arbeitskraftfortfall	38
	2. Arbeitgeber	40
	3. Aussteuer	40
	4. Entwertungsschaden	40
	5. Erbschaftskosten	40
	6. Fahrtkosten	40
	7. Gesellschaft	40
	8. Nutzlose oder vergebliche Aufwendungen	41
	9. Pflegetätigkeit	41
	a. Unentgeltliche Pflege	41
	b. SGB XI	41
	aa. Einkommenscharakter	41
	bb. Tod der gepflegten Person	42
	cc. Tod der pflegenden Person	42
	10. Rechtliche Nachteile	43
	a. Arbeitsrechtliche Nachteile	43
	b. Personenstandsprivilegien	43
	c. Rentenrechtliche Einbußen	43
	d. Sozialrechtliche Nachteile	44
	e. Steuerrechtliche Nachteile	45
	11. Schadenersatzanspruch, Fortfall von	45
	12. Selbsthilfegruppe	47
	13. Seelische Beeinträchtigung	47
	14. Soziale Einbuße	47
	15. Unternehmer	47
	a. Gesellschafter	47
	b. Mitarbeiter des getöteten Selbständigen	48
	c. Getötete Mitarbeiter eines Unternehmens	48
	aa. Entgeltfortzahlung, Abtretung	48
	bb. Mittelbarer Schaden	48
	16. Vertragliche Zusicherungen	49
C.	**Vermögenseinbußen der Drittleistungsträger**	49
	I. Nicht ersatzfähige Vermögenseinbußen	49
	II. Anwaltliche Vertretung	50
	III. Verzug	50
	IV. Unfallfremde Hinterbliebenenrentenleistungen	50
	1. Verletzungsfall	50
	2. Wiederheirat	51
Kapitel 2	**Anspruchsgrundlagen**	53
A.	**Eigener Anspruch – ererbter Anspruch**	53
	I. Ansprüche des Verletzten – Ansprüche der Erben	53
	1. Erbe, Hinterbliebener	53
	2. Verstorbene Person	53

		a. Anspruchsgrund	54
		b. Anspruchsvolumen	54
	II.	Entwertungsschaden	55
	III.	Ererbtes Vermögen	57
B.	**Tod**		57
	I.	Erbfolge	57
		1. Erbfolge	57
		2. Erbengemeinschaft	58
	II.	Konfusion	60
		1. Vereinigung von Ansprüchen	60
		2. Direktanspruch	61
		3. Mehrheit von Haftpflichtigen	61
		4. Halter als Insasse im eigenen Fahrzeug	62
	III.	Zeitliches Auseinanderfallen von Unfall und Tod	64
		1. Kausalitätsproblem	64
		2. Prüfungsschritte	64
		a. Haftungsbegründende Kausalität	64
		b. Haftungsausfüllende Kausalität	65
	IV.	Zurechnungszusammenhang	66
		1. Geringfügiges Schadenereignis	66
		2. Selbstmord	66
		3. Allgemeines Lebensrisiko	66
		4. Fehlverhalten Dritter	67
		5. Unfallfremde Schadensanfälligkeit	69
		6. Überholende Kausalität	69
C.	**Haftung**		70
	I.	Deliktische Haftung	70
		1. §§ 823 ff. BGB	70
		2. Billigkeitshaftung	71
		a. Haftpflichtversicherungsschutz	72
		b. Kinderbeteiligung	72
		c. Drittleistungsträger	73
	II.	Gefährdungshaftung	74
	III.	Amtshaftung und ähnliche Haftung	74
	IV.	Opferentschädigungsrecht	76
	V.	Vertragliche Haftung	77
		1. Haftung bei Vertragsanbahnung und Vertragsabwicklung	78
		2. Einstehen für dritte Personen	79
		3. Vertrag mit Schutzwirkung für dritte Personen	79
		4. Geschäftsführung ohne Auftrag	80
		5. Deckung	81
D.	**Anspruchsbeeinträchtigung**		82
	I.	Haftungsausschluss	82
		1. Vertragliche Haftungsbeschränkung	82
		2. Haftungsausschluss	83
		a. Arbeitsunfall	83
		b. Dienstunfall	84
		aa. Ansprüche des Verletzten	84
		bb. Ansprüche des Dienstherrn	84
	II.	Gestörte Gesamtschuld	85
		1. Begrifflichkeit und Inhalt	85
		2. Fallgestaltungen	86
		3. Konsequenzen	88
	III.	Mitverantwortlichkeit, Mitverschulden	90
		1. Mitverantwortung des Getöteten	90

			a. Mitverursachung	90
			b. Schadenminderungspflicht	91
			c. Beispiele	92
		2.	Mitverantwortung des Hinterbliebenen	93
			a. Identität	93
			b. Haftungsgrund	93
			c. Schadenhöhe	95
		3.	Hinterbliebenen-Quotenvorrecht	96
E.	**Nasciturus**			**96**
	I.	Miterbenstellung		96
	II.	Tod der Leibesfrucht		97
F.	**Schock-/Fernwirkungsschaden**			**97**
	I.	Mittelbare gesundheitliche Einwirkung		97
	II.	Angehörigenschmerzensgeld – Fernwirkungsschaden		98
	III.	Voraussetzungen		98
		1.	Personenkreis	99
		2.	Tötung, Verletzung eines Angehörigen	99
		3.	Zeitlicher Zusammenhang	100
		4.	Krankheitscharakter	100
	IV.	Haftungseinwände		102
		1.	Mitverantwortung des Getöteten, Haftungsausschluss	102
		2.	Eigene Mitverantwortung des mittelbar Beeinträchtigten	104
G.	**Drittleistungen im Todesfall**			**104**
	I.	Forderungsberechtigung des Drittleistungsträgers		104
		1.	Uneinheitlichkeit des Rechtssystems	104
		2.	Drittleistungsträger	105
		3.	Schadenersatz – Drittleistungsanspruch	106
			a. Leistungsverpflichtung	106
			b. Forderungsberechtigung des Drittleistungsträgers	107
			aa. Anspruch	107
			bb. Übergegangener Anspruch	107
			cc. Abtretung und cessio legis	108
			c. Zeitpunkt des Forderungswechsels	108
		4.	Teilungsabkommen	109
		5.	Beschränkung der Leistungspflicht des Haftpflichtversicherers gegenüber Drittleistungsträgern	111
			a. Übersicht	111
			b. Anspruchsbeeinträchtigung	112
			aa. Haftungsausschluss	112
			bb. Einwendungsbehafteter Anspruch des Direktgeschädigten	112
			cc. Eigenes Fehlverhalten des Drittleistungsträgers	112
			dd. Quotenvereinbarung	113
			c. Mitverantwortung des unmittelbar Anspruchsberechtigten	113
			d. Verwandtenprivileg	115
			aa. Ausschluss des Forderungsüberganges	115
			bb. Gestörte Gesamtschuld	116
			cc. Sozialhilfeträger, Sozialversicherungsträger	117
		6.	Kongruenz	117
			a. Kongruenter Schadenersatz	117
			aa. Sachliche Kongruenz	118
			bb. Zeitliche Kongruenz	119
			b. § 110 SGB VII, § 640 RVO	120
			c. Leistung, Kongruenz und Forderungsübergang	121
	II.	Rangverhältnisse		122
		1.	Unzureichende Ersatzleistung	122

Inhaltsverzeichnis

	2. Quotenvorrecht nach § 116 V SGB X	123
	3. Schadenersatzleistung	123
	a. Kongruenter Schadenersatz	123
	b. Überschreiten der Haftungshöchstsumme oder Versicherungssumme, § 116 SGB X	124
	aa. Grundsatz	124
	bb. Sozialversicherter Verletzter	124
	4. Verhältnis mehrerer Drittleistender zueinander	125
	a. Gesamtgläubiger	125
	b. § 116 SGB X	126
	aa. Forderungsübergang	127
	bb. Mehrheit von Sozialleistungsträgern (Sozialversicherer, Sozialhilfeträger)	127
	(1) Gesamtgläubiger	127
	(2) Verteilung	128
	(3) Sozialhilfebedürftigkeit	129
	cc. Sozialversicherungsträger (§ 116 SGB X) – § 67 VVG, § 6 EFZG	129
	dd. Sozialversicherungsträger (§ 116 SGB X) – Abtretung	129
	(1) Betriebliche Altersversorgung	129
	(a) Fehlende Übergangsfähigkeit zur Höhe, Mithaftung zum Grund	130
	(b) Volle Übergangsfähigkeit zur Höhe, Mithaftung zum Grund	131
	(2) Berufsständische Versorgung	132
	(a) Abtretung	132
	(b) § 116 SGB X	132
	ee. Sozialversicherungsträger – Öffentlicher Dienstherr	132
	ff. Sozialversicherungsträger – Versorgungsträger (§ 5 OEG, § 81a BVG)	133
	c. Beamtenrecht und Abtretung	133
	d. Mehrheit von Abtretungen	134
	aa. Prioritätsprinzip	134
	bb. Abtretungsinhalt	134
	cc. Berufsständische Versorgung – betriebliche Altersversorgung	134
	e. Zusammenfassende Übersicht	135

Kapitel 3 Schmerzensgeld 137
A. Anspruchsgrundlage 137
B. Unfallopfer 137
    I. Ausländer 137
    II. Vererbung 138
    III. Unfalltod 138
    IV. Kurze Überlebenszeit 139
    V. Tod der Leibesfrucht 139
C. Hinterbliebene 140
D. Drittleistungen 141

Kapitel 4 Beerdigungskosten 143
A. Forderungsberechtigung 143
B. Überholende Kausalität 143
C. Mitverantwortlichkeit 143
D. Umfang 144
    I. Grundsatz 144
    II. Erstattungsfähige Positionen 144
    III. Nicht erstattungsfähige Positionen 146

E. Drittleistungen 147
    I. Sozialversicherung 147
        1. Arbeitsverwaltung 147
        2. Krankenversicherung 147
        3. Pflegeversicherung 148
        4. Rentenversicherung 148
        5. Unfallversicherung 148
            a. Sterbegeld (§§ 63 I 1 Nr. 1, 64 I SGB VII) 148
            b. Überführungskosten (§§ 63 I 1 Nr. 2, 64 II SGB VII) 149
            c. Übergangshilfe (§ 65 II Nr. 1 SGB VII) 150
    II. Sozialversorgung 150
        1. BVG 150
            a. Leistungen 150
                aa. Bestattungsgeld (§§ 24 I Nr. 4 SGB I, 36 BVG) 150
                bb. Bestattungsgeld für einen versorgungsberechtigten Hinterbliebenen (§§ 53, 36 BVG) 151
                cc. Überführungskosten (§ 36 V BVG) 151
                dd. Sterbegeld (§§ 24 I Nr. 4 SGB I, 37 BVG) 151
            b. Forderungsübergang 151
        2. OEG 151
    III. Soziale Grundversorgung 152
        1. Sozialhilfe 152
        2. AsylbLG 152
    IV. Berufliche Versorgung 152
        1. Arbeitgeber 152
            a. Forderungsberechtigung 152
            b. Tarifvertragliche Leistungen 152
            c. Beihilfe 153
        2. Beamtenrechtliche Versorgung 154
        3. Betriebliche Altersversorgung 154
        4. Berufsständische Versorgung 154
    V. Private Vorsorge 154
        1. Private Kranken- und Pflegeversicherung 154
        2. Reiserücktrittsversicherung 154
        3. Private Beerdigungsversicherung 155
    VI. Zusatzversorgungskasse 155

Kapitel 5 Entgangene Dienste 157
A. Aktivlegitimation 158
B. Anspruchsgrundlage 158
    I. Anspruchsvoraussetzung 158
    II. Mitverantwortung des Getöteten 158
    III. Vertragliche Verpflichtung 158
    IV. Personenkreis 159
        1. Ehegatte 159
        2. Nicht-eheliche Beziehung 159
        3. Kind – Eltern 159
        4. Eltern – Kind, Kind – Verwandtschaft 160
    V. Dauer des Anspruches 160
    VI. Höhe des Anspruches 161
C. Drittleistung 162

Kapitel 6 Unterhaltsschaden 163
A. Allgemeine Grundsätze zum Ersatzanspruch dem Grunde nach . . 163
    I. Schadenersatzpflicht des Schädigers 163

			1.	BGB	163
			2.	Haftpflichtgesetze	164
		II.	Haftungseinwände		166
		III.	Unterhaltsberechtigter Personenkreis		167
			1.	Gesetzlich geschuldeter Unterhalt	167
			2.	Zeitpunkt der Unterhaltsverpflichtung	167
			3.	Unterhaltsberechtigte Personen	168
			4.	Nicht unterhaltsberechtigte Personen	170
			5.	Eheähnliche Gemeinschaft, außereheliche Beziehung	171

B. Allgemeine Grundsätze zum Umfang der Ersatzpflicht der Höhe nach — 172

- I. Gesetzlicher Unterhalt — 172
  1. Barunterhalt – Naturalunterhalt — 172
  2. Unterhaltsschaden bei eingetragener Lebenspartnerschaft — 173
     a. Barunterhalt — 173
     b. Naturalunterhalt — 173
     c. Drittversorgung — 173
  3. Unterhaltsrückstand — 173
  4. Familienrechtlicher Unterhaltsanspruch — 174
     a. Leistungsfähigkeit des unterhaltspflichtigen Getöteten — 174
     b. Bedürftigkeit des Unterhaltsberechtigten — 176
        aa. Ehegatte — 176
        bb. Unterhaltsberechtigte im Übrigen — 176
        cc. Pflichtteilsanspruch — 177
  5. Familienrechtliche Unterhaltsgewähr und Ausfüllung durch Vereinbarung und Absprache — 178
  6. Angemessener Unterhalt — 179
  7. Dauer des Unterhaltes — 179
     a. Rentendauer – Anspruchsdauer, Kapitalisierung — 179
     b. Junge Ehe — 179
  8. Unterhaltsschaden nach Trennung und Scheidung von Eheleuten — 180
     a. Trennung — 180
     b. Ersatzanspruch des geschiedenen Ehegatten — 181
  9. Einzelproblem bei Kindern — 181
     a. Adoption — 181
     b. Tod beider Eltern — 182
     c. Tod der allein erziehenden Mutter — 183
     d. Unterhaltsschaden des volljährigen Kindes — 183
     e. Unterhaltsschaden bei Tötung des Kindes — 184
- II. Barunterhaltschaden — 186
  1. Einkünfte — 186
     a. Besondere Personengruppen — 186
        aa. Ausländer — 186
        bb. Asylbewerber — 187
        cc. Selbständige — 188
        dd. Familienbetrieb — 189
        ee. Problemeinkommen — 189
        ff. Prostituierte — 190
     b. Nettoeinkommen — 190
     c. Kindergeld — 191
     d. Erziehungsgeld, Elterngeld — 192
     e. Rücklagen — 192
     f. Sättigungsgrenze — 193
     g. Düsseldorfer Tabelle — 193
        aa. Teil A. Kindesunterhalt — 194
        bb. Anlage zu Teil A. Kindesunterhalt, Anm. 10 — 196

		cc. Teil B. Ehegattenunterhalt	197
	2.	Grundzüge zur Berechnung des Barunterhaltschaden	198
		a. Fixe Kosten	198
		aa. Berechnung mit und ohne fixe Kosten	198
		bb. Fixkosten	198
		(1) Fixkosten	199
		(2) Keine Fixkosten	200
		cc. Vorher – nachher	201
		dd. Aufteilung	201
		b. Anteil der Hinterbliebenen am verteilbaren Nettoeinkommen	201
		aa. Quoten bei Rechnung ohne fixe Kosten	202
		bb. Quoten bei Rechnung mit fixen Kosten	202
	III.	Hinterbliebenenvorrecht (Witwer-/Witwen-Quotenvorrecht)	203
	IV.	Naturalunterunterhalt	204
	1.	Haushaltsführungsschaden	204
	2.	Mitarbeitsverpflichtung	205
	3.	Betreuungsschaden	205
	V.	Teilgläubigerschaft	206
	VI.	Vorteilsausgleich	207
	1.	Drittleistungsträger	207
	2.	Eigenes Einkommen	207
	3.	Nicht-eheliche Lebensgemeinschaft	208
	4.	Waiseneinkommen	208
	5.	Ererbtes Vermögen	209
	6.	Privatvorsorge	210
	7.	Unterhaltsleistungen	210
	VII.	Schadenminderung	211
C.	**Ersatz des Unterhaltsschaden – Berechnungsbeispiele**		**211**
	I.	Berechnung ohne Berücksichtigung fixer Kosten	211
	II.	Berechnung mit fixen Kosten	211
	1.	Tod des Alleinverdieners	211
	2.	Tod des Alleinverdieners – Mithaftung	212
	3.	Tod der Hausfrau	212
	4.	Tod der Hausfrau – Mithaftung	213
	5.	Tod des Doppelverdieners	213
D.	**Drittleistung**		**214**
	I.	Gesetzliche Sozialversicherung	214
	1.	Verjährung	214
	2.	Auslandsberührung	214
		a. Ausländische Sozialversicherungsträger	214
		b. Fremdrentenrecht	214
	3.	Besondere Personenkreise	215
		a. Freiwillig Versicherte	215
		b. Prostituierte	215
		c. Selbständige	216
		aa. Versicherungsschutz	216
		bb. Arbeitnehmerähnliche Selbständige, § 2 Nr. 9 SGB VI	216
		cc. § 105 II SGB VII – Schutz des nicht-versicherten Unternehmer	217
		dd. Forderungsübergang	218
		d. Scheinselbständige, § 7 IV SGB IV	219
		aa. Arbeitnehmerstellung	219
		bb. Regelung 2003	219
		cc. Auswirkungen	220
		(1) Versicherungspflicht	220
		(2) Sozialleistungen	220

Inhaltsverzeichnis

	(3) Arbeitsunfall, §§ 104 ff. SGB VII	220
4.	Arbeitsverwaltung	220
5.	Krankenversicherung	220
6.	Pflegeversicherung	221
7.	Rentenversicherung	221
	a. Personenkreis	221
	b. Allgemeine Voraussetzung der Rentengewährung	222
	c. Leistungen	222
	aa. Hinterbliebenenrente (§§ 33 I und IV, 46 ff., 243 SGB VI)	223
	(1) Witwer-/Witwenrente	223
	(2) Lebenspartner nach dem LPartG	224
	(3) Nicht-eheliche Partner	225
	(4) Waisenrente	225
	(5) Zuschüsse zu den Aufwendungen für die Kranken- und Pflegeversicherung (§§ 106, 106a SGB VI)	226
	(6) Regress	227
	bb. Erziehungsrente (§ 47 SGB VI)	228
	cc. Heilbehandlung für Kinder (§ 31 I Nr. 4 SGB VI)	229
	(1) Stationäre Heilbehandlung	230
	(2) Verjährung, Feststellungsinteresse	230
	d. Leistungshöhe	231
	aa. Rentenrechtliche Zeiten	231
	bb. Änderung der Rentenzahlung	231
	cc. Anrechnung eigenen Einkommens	232
	dd. Zusammentreffen mit anderem Leistungsträger	232
	e. Unfallfremde Hinterbliebenenrentenleistungen	232
8.	Gesetzliche Unfallversicherung	232
	a. Personenkreis	232
	b. Arbeitsunfall	233
	c. Leistungen	233
	aa. Beerdigung	233
	bb. Übergangshilfe (§ 65 II Nr. 1 SGB VII)	234
	cc. Hinterbliebenenrente	234
	(1) Jahresarbeitsverdienst	234
	(a) Gesamteinkünfte, Mehrfachbeschäftigung	234
	(b) Keine festen Einkünfte	235
	(c) Spezielle Personengruppen	235
	(2) Witwe/Witwer	235
	(3) Witwen-/Witwerabfindung	237
	(4) Lebenspartner nach dem LPartG	237
	(5) Nicht-eheliche Partner	237
	(6) Waise	238
	(7) Eltern	239
	(8) Mehrheit von Hinterbliebenen, Leistungsbegrenzung	239
	dd. Hinterbliebenenbeihilfe	239
	ee. Satzungsgemäße Leistungen	239
	ff. Unfallfremde Hinterbliebenenrentenleistungen	240
	d. Konkurrenzen	240
	aa. Rentenversicherung – Unfallversicherung	240
	bb. Rentenversicherung (KVdR) – Unfallversicherung	240
	cc. Krankenversicherung – Unfallversicherung	241
	e. Zuständigkeitswechsel zur Unfallversicherung	242
9.	Sozialversorgung der Landwirte	242
	a. Krankenversicherung für Landwirte	242
	b. Landwirtschaftliche Unfallversicherung	242

        c. Altershilfe für Landwirte 243
            aa. Gesetzliche Regelung 243
            bb. Leistungsberechtigte 243
                (1) Unternehmer 243
                (2) Ehegatte 243
            cc. Leistungen 244
                (1) Betriebs- und Haushaltshilfe (§ 37 ALG) 244
                (2) Überbrückungsgeld (§ 38 ALG) 244
                (3) Hinterbliebenenrente (§§ 14, 15 ALG) 244
                (4) Unfallfremde Hinterbliebenenrentenleistungen 245
II. Sozialversorgung 245
   1. BVG 245
        a. Gesetzliche Regelung 245
        b. Versorgungsfall 245
        c. Leistungen 246
            aa. Beerdigung 246
            bb. Sterbegeld (§§ 24 I Nr. 4 SGB I, 37 BVG) 246
            cc. Hinterbliebenenrente (§§ 24 I Nr. 4 SGB I, 38 ff. BVG) . . . 246
                (1) Witwenrente (§§ 40 ff. BVG) 247
                (2) Witwerrente (§ 43 BVG) 247
                (3) Lebenspartner nach LPartG 247
                (4) Nicht-eheliche Partner 247
                (5) Waisenrente (§ 45 BVG) 248
                (6) Aszendentenrente (§ 49 BVG) 248
            dd. Heilbehandlung für Angehörige (§ 10 BVG) 248
            ee. Hinterbliebenenbeihilfe (§ 48 BVG) 248
            ff. Unfallfremde Hinterbliebenenrentenleistungen 249
        d. Forderungsübergang 249
            aa. § 81a BVG 249
            bb. § 81 BVG 249
   2. OEG 250
   3. BAföG 250
III. Soziale Grundversorgung 251
   1. Sozialhilfe (SGB XII, bis 31.12.2004 BSHG) 251
        a. Leistungsberechtigung 251
        b. Subsidiarität 252
        c. Leistungen 252
            aa. Hilfe zum Lebensunterhalt 252
                (1) Laufende Leistungen 253
                (2) Einmalige Leistungen 253
            bb. Hilfen in besonderen Lebenslagen 253
                (1) Grundsicherung im Alter und bei Erwerbsminderung . . . 254
                (2) Hilfe zur Weiterführung des Haushaltes (§§ 27 I Nr. 10, 70 f.
                    BSHG) 254
                (3) Altenhilfe (§ 71 SGB XII) 254
            cc. Bestattungskosten (§ 74 SGB XII)) 254
            dd. Alterssicherung (§ 33 SGB XII) 255
        d. Forderungsübergang 255
            aa. § 93 SGB XII, § 116 SGB X 255
            bb. Zeitpunkt des Forderungswechsels 255
            cc. Anrechnung von Leistungen, Forderungsbefugnis 256
                (1) Vergangenheit 256
                (2) Zukunft 256
                (3) Kapitalisierung 257
   2. Unterhaltsvorschussgesetz 258

Inhaltsverzeichnis

      3. Grundsicherung 258
         a. Leistungsberechtigung 258
         b. Leistung 259
      4. „Sozialhilfe"leistungen an Asylbewerber 259
         a. Leistungsberechtigung 259
         b. Leistungen 260
            aa. Hilfen zum Lebensunterhalt (§ 3 AsylbLG) 260
            bb. Sonstige Leistungen (§ 6 AsylbLG) 260
         c. Forderungsübergang 260
IV. Familienförderung 262
    1. Kindergeld 262
    2. Erziehungsgeld 262
         a. Leistung 262
         b. Schadenrechtliche Relevanz 263
         c. Forderungsübergang 263
    3. Elterngeld 263
         a. Anspruchsberechtigung 263
         b. Zeitraum 263
         c. Berechnung – Höhe 264
         d. Steuer, Anrechnung 264
         e. Schadenrechtliche Relevanz 264
         f. Kein Forderungsübergang 265
V. Zusatzversorgungskasse 265
VI. Berufliche Vorsorge 265
    1. Arbeitgeber 265
         a. Arbeitsunfähigkeit 265
         b. Leistungen 265
            aa. EFZG 265
            bb. Leistungen außerhalb des EFZG 266
               (1) Beihilfe 266
               (2) Tarifvertragliche Leistungen an Hinterbliebene 267
               (3) Abtretung 267
         c. Mittelbare Einbußen 269
    2. Dienstherr 270
         a. Leistungsberechtigung 270
            aa. Beamte 270
            bb. Nicht-beamtete Beschäftigte 270
            cc. Pfarrer und kirchliche Bedienstete 271
         b. Beamtenrechtliche Versorgungsregelung 271
            aa. Beerdigungskosten 272
               (1) Sterbegeld (§§ 16 Nr. 2, 18 BeamtVG) 272
               (2) Beihilfe 273
            bb. Hinterbliebenenversorgung 273
               (1) Einkommensanrechnung 273
               (2) Monatsbezüge des verstorbenen Beamten/Ruhestands-
                   beamten (§§ 16 Nr. 1, 17 BeamtVG) 273
               (3) Witwenbezüge inklusive Beihilfe (§§ 16 Nr. 3, 17
                   BeamtVG) 274
               (4) Witwenabfindung (§§ 16 Nr. 4, 21 BeamtVG) 277
               (5) Witwerversorgung (§§ 16 Nr. 7, 28 BeamtVG) 277
               (6) Unterhaltsbeiträge (§§ 16 Nr. 6, 26 BeamtVG) 277
               (7) Lebenspartner nach dem LPartG 278
               (8) Nicht-eheliche Partner 279
               (9) Waisengeld inklusive Beihilfe (§§ 16 Nr. 5, 23 BeamtVG) 279
               (10) Zivildienstleistender 280

cc.	Unfallfremde Hinterbliebenenversorgung und Verletzungsfall	280
dd.	Beihilfe an Hinterbliebene	280
(1)	Beihilfevorschriften	280
(2)	Beihilfe	281
(a)	Berechtigung	281
(b)	Beihilfesätze	281
(c)	Subsidiarität	282
(d)	Leistungsumfang	283
(aa)	Beihilfe an vorzeitig unfallkausal pensionierte Beamte	283
(bb)	Beihilfe in Todesfällen, § 12 BhV	283
(cc)	Beihilfeaufwand für Hinterbliebene des Unfallbeteiligten	284
(3)	Konkurrenzen	286
(4)	Quotenvorrecht	286
c.	Beamtenrechtliche Unfallversorgung	287
aa.	Personenkreis	288
bb.	Dienstunfall	288
cc.	Tod eines Ruhestandsbeamten mit Bezug von Unfallruhegehalt	288
dd.	Leistungen	289
(1)	Beerdigungskosten	290
(a)	Sterbegeld (§§ 30 III, 18 I BeamtVG)	290
(b)	Beihilfe	290
(2)	Hinterbliebenenversorgung	291
(a)	Laufendes Monatsgehalt (§§ 30 III, 17 BeamtVG)	291
(b)	Witwenbezüge inklusive Beihilfe (§ 39 I Nr. 1 BeamtVG)	291
(c)	Witwenabfindung (§§ 30 III, 21 BeamtVG)	291
(d)	Witwerversorgung (§§ 30 III, 28 BeamtVG)	292
(e)	Unterhaltsbeiträge für Hinterbliebene (§ 41 BeamtVG)	292
(f)	Lebenspartner nach dem LPartG	292
(g)	Nicht-eheliche Partner	292
(h)	Waisengeld inklusive Beihilfe (§ 39 I Nr. 2 BeamtVG)	293
(i)	Verwandte in auf- und steigender Linie (§§ 39 I Nr. 2 S. 2, 40 BeamtVG)	293
(3)	Einmalige Unfallentschädigung (§§ 43, 37 BeamtVG)	294
ee.	Unfallfremde Hinterbliebenenversorgung und Verletzungsfall	294
ff.	Beihilfe	294
d.	Forderungsberechtigung	294
aa.	Forderungsübergang	294
(1)	Zeitpunkt	295
(2)	Verwandtenprivileg	295
bb.	Quotenvorrecht und dessen Auswirkungen	295
(1)	Versorgungsträger – Hinterbliebener	296
(2)	Versorgungsträger – Abtretung (Quotenvorrecht, doppeltes Quotenvorrecht)	296
(3)	Versorgungsträger – § 116 SGB X (Quotenvorrecht, relative Theorie)	297
(4)	Dienstherr – § 116 SGB X – Abtretung	298
(5)	Dienstherr – Abrechnung nach Teilungsabkommen	298
cc.	Versicherungsschutzversagung	299
3.	Betriebliche Altersversorgung	299
a.	Regelung	299
b.	Leistungsträger	300
c.	Beitragsausfall	300
d.	Leistungen	300

			aa. BetrAVG	300
			bb. Beispiel: VBL	300
			cc. Sterbegeld	301
		e.	Haftungsausschluss, Verwandtenprivileg	301
		f.	Forderungsübergang	302
			aa. Abtretung	302
			bb. Quotenvorrecht	302
		g.	Besonderheit bei Zusammentreffen mit anderen Leistungsträgern	302
		h.	Versicherungsschutzversagung	303
	4.	Berufsständische Versorgung		303
		a.	Leistungsberechtigung	303
		b.	Leistungen	303
			aa. Sterbegeld	303
			bb. Hinterbliebenenrente	304
			cc. Zuschüsse zu den Aufwendungen für die Kranken- und Pflegeversicherung	304
		c.	Forderungsübergang	304
			aa. Abtretung	304
			bb. Quotenvorrecht	304
			cc. Arbeitsunfall, Verwandtenprivileg	305
			dd. Besonderheiten bei Zusammentreffen mit anderem Leistungsträger	305
		d.	Versicherungsschutzversagung	306
VII.	Privatvorsorge			306
	1.	Private Versicherer, § 67 VVG		306
		a.	Private Krankenversicherung	306
		b.	Private Pflegeversicherung	306
	2.	Summenversicherung		306
		a.	Private Unfallversicherung	306
		b.	Insassenunfallversicherung	307
		c.	Lebensversicherung	307
		d.	Private Sterbeversicherung	307
		e.	FahrerPlus	307
	3.	Reiserücktrittsversicherung		307

Kapitel 7 Regulierung . . . 309
A. Schadenaufnahme . . . 309
B. Abfindung . . . 310

I.	Verhandlungen mit dem Unfallbeteiligten		310
II.	Direktanspruch		312
III.	Anspruchsberechtigung		312
	1.	Erbfolge	312
	2.	Vertretung der Kinder	312
IV.	RA-Kosten – Erhöhungsgebühr		313
	1.	Erhöhungsgebühr, § 6 BRAGO, Nr. 1008 RVG-VV	313
	2.	Eheleute, Erbengemeinschaft	313

C. Steuerrechtliche Aspekte . . . 313

I.	Ermittlung des Unterhaltsschadens			314
	1.	Netto-Schaden		314
	2.	Berechnungsgrundlage		314
	3.	Einkommensteuer		316
		a.	Zu versteuerndes Einkommen	316
		b.	Steuertarif	316
			aa. Grundtarif	316
			bb. Splittingtarif	316
			cc. Versteuerung von Renten	316

        c. Kirchensteuer 317
        d. Solidaritätszuschlag 317
  II. Steuerrechtliche Nachteile 317
  III. Steuervergünstigung 317
  IV. Schadenersatz 318
    1. Aufteilung 318
    2. Versteuerung 318
        a. Verdienstausfall 319
        b. Periodische Zahlungen 319
            aa. Schmerzensgeld, Heilbehandlung, vermehrte Bedürfnisse . . . 319
            bb. Haushaltsführung 320
            cc. Beerdigungskosten, Unterhaltsschaden 320
    3. Mehrwertsteuer 320
        a. Schaden 321
        b. Berechtigung 321
        c. Zeitpunkt 322

D. Kapitalisierung 322
  I. Grundzüge der Kapitalisierung 322
    1. Addition vergangener Positionen 322
    2. Kapitalisierung künftiger Forderungen 323
  II. Summenbeschränkung 324
  III. Mathematische Aspekte 324
    1. Zeitrententabelle – Feste Laufzeit 325
    2. Kapitalisierung bis zum Lebensende 325
        a. Sterbetafel 326
        b. Leibrententabelle – Berechnung bei Verletzung 326
        c. Tabellen „verbundene Leben" – Berechnung im Todesfall 327
        d. Korrekturfaktoren 327
  IV. Kapitalbetrag 327
    1. Höhe 328
    2. Laufzeit der Schadenersatzrente 328
        a. Stichtag 328
        b. Entgangener Unterhalt 328
            aa. Startpunkt 328
            bb. Veränderungen im weiteren Verlauf der hypothetischen
                Unterhaltsberechnung 329
            cc. Grenzpunkte 330
                (1) Faktoren in der Person des Verpflichteten 330
                (2) Faktoren in der Person des Berechtigten 331
                    (a) Tod des Berechtigten 331
                    (b) Neue Lebensgemeinschaft 331
                        (aa) Wiederheirat 331
                        (bb) Nicht-eheliche Gemeinschaft 332
                    (c) Scheidung 335
                    (d) Waise 335
                    (e) Eigenes Einkommen 335
                    (f) Eltern 336
            dd. Differenzberechnung bei Mehrheit von Anspruchsberechtigten . 336
        c. Entgangene Dienste 338
    3. Zinsfuß 338
    4. Anpassung 340
  V. Aufgeschobene Rente und Differenzfaktor 341
    1. Stufenrechnung 341
    2. Aufgeschobene Rente 341
    3. Teilzeiträume 342

	4. Unterhaltsschadenberechnung	344
	VI. Rentenvergleich	344
	1. Abschluss	344
	2. Abänderung	345
E.	**Verjährung**	347
	I. Verjährungsbeginn	347
	II. Spätschaden	348
	III. Feststellungsurteil	349
	1. Feststellungsurteil	349
	2. Außergerichtliche Urteilsersetzung	350
	3. Verjährungsfristen	350
	a. 30 Jahre, § 197 I Nr. 3 BGB	351
	b. 3 Jahre, § 197 II BGB	351
	IV. Forderungsübergang im Unfallzeitpunkt	352
	V. Rechtsnachfolge zu späterem Zeitpunkt	352
F.	**Nebenklage und Adhäsionsverfahren**	353
	I. Nebenklage	353
	II. Adhäsionsverfahren	353

Abkürzungzverzeichnis

Zu den Abkürzungen der zitierten Publikationen siehe „Zeitschriften/Fundstellen".

Abs.	Absatz
AG	Amtsgericht
AfV	Amt für Verteidigungslasten
AV	Arbeitslosenversicherung
BAG	Bundesarbeitsgericht
bayObLG	bayerisches Oberstes Landesgericht
BfA	Deutsche Rentenversicherung – Bund (bis 31.9.2005 Bundesversicherungsanstalt für Angestellte)
BFH	Bundesfinanzhof
BGH	Bundesgerichtshof
BSG	Bundessozialgericht
BVerfG	Bundesverfassungsgericht
BVerwG	Bundesverwaltungsgericht
ders.	derselbe Autor
DRV *Zusatzbezeichnung*	Deutsche Rentenversicherung (bis 30.9.2005 u.a. BfA, LVA, Bundesknappschaft)
EuGH	Europäischer Gerichtshof
GmS	Gemeinsamer Senat der obersten Gerichtshöfe des Bundes
GoA	Geschäftsführung ohne Auftrag
JAV	Jahresarbeitsverdienst (SGB VII)
KF	Kapitalisierungsfaktor
KV	Krankenversicherung
KVdR	Krankenversicherung der Rentner
LG	Landgericht
lit.	Buchstabe
LVA	Deutsche Rentenversicherung, regionale Einheit (z.B. DRV Hessen) (bis 30.9.2005 Landesversicherungsanstalt)
NTS	NATO-Truppenstatut
OLG	Oberlandesgericht
PKV	private Krankenversicherung
PV	Pflegeversicherung
PVdR	Pflegeversicherung der Rentner
RV	Rentenversicherung
RVT	Rentenversicherungsträger
SHT	Sozialhilfeträger
SV	gesetzliche Sozialversicherung
SVT	Sozialversicherungsträger
TA	Teilungsabkommen

Abkürzungzverzeichnis

UVT   gesetzlicher Unfallversicherungsträger
VG   Verwaltungsgericht

Verzeichnis der Gesetze

ALG	Gesetz über die Alterssicherung der Landwirte (abgedr. bei *Aichberger* Nr. 30/10)
AsylbLG	Asylbewerberleistungsgesetz
AsylVfG	Asylverfahrensgesetz
AtomG	Gesetz über die friedliche Verwendung der Kernenergie und den Schutz gegen ihre Gefahren – Atomgesetz
BAföG	Bundesausbildungsförderungsgesetz
BEEG-E	Bundeselterngeld- und Elternzeitgesetz (Entwurf)
BBG	Bundesbeamtengesetz
BeamtVG	Gesetz über die Versorgung der Beamten und Richter in Bund und Ländern – Beamtenversorgungsgesetz
BetrAVG	Gesetz zur Verbesserung der betrieblichen Altersversorgung – Betriebsrentengesetz
BGB	Bürgerliches Gesetzbuch
BGSG	Gesetz über den Bundesgrenzschutz – Bundesgrenzschutzgesetz
BhV	Allgemeine Verwaltungsvorschrift für Beihilfen in Krankheits-, Pflege-, Geburts- und Todesfällen (Beihilfevorschriften)
BKKG	Bundeskindergeldgesetz
BSHG	Bundessozialhilfegesetz
BVG	Bundesversorgungsgesetz (abgedr. bei *Aichberger* Nr. 20/10)
EFZG	Gesetz über die Zahlung des Arbeitsentgelts an Feiertagen und im Krankheitsfall – Entgeltfortzahlungsgesetz
ErwZulG	Gesetz über die erweiterte Zulassung von Schadenersatzansprüchen bei Dienst- und Arbeitsunfällen – Erweiterungsgesetz (auszugsweise abgedr. in *Schönfelder* Anm. zu § 618 BGB)
EStG	Einkommensteuergesetz
FRG	Fremdrentengesetz (abgedr. bei *Aichberger* Nr. 6/50)
GenTG	Gesetz zur Regelung der Gentechnik – Gentechnikgesetz
HaftpflG	Haftpflichtgesetz
InsO	Insolvenzordnung
KfzPflVV	Kraftfahrzeug-Pflichtversicherungsverordnung (Verordnung über den Versicherungsschutz in der Kraftfahrzeug-Haftpflichtversicherung)
KVLG 1989	Gesetz über die Krankenversicherung der Landwirte (abgedr. bei *Aichberger* Nr. 30/22)
KSVG	Künstlersozialversicherungsgesetz (abgedr. bei *Aichberger* Nr. 30/50)
LPartG	Gesetz zur Beendigung der Diskriminierung gleichgeschlechtlicher Gemeinschaften: Lebenspartnerschaften
LuftVG	Luftverkehrsgesetz
OEG	Gesetz über die Entschädigung für Opfer von Gewalttaten (Opferentschädigungsgesetz)

Verzeichnis der Gesetze

PflVG	Pflichtversicherungsgesetz (Gesetz über die Pflichtversicherung für Kraftfahrzeughalter)
ProdHaftG	Gesetz über die Haftung für fehlerhafte Produkte – Produkthaftungsgesetz
ProstG	Gesetz zur Regelung der Rechtsverhältnisse der Prostituierten – Prostitutionsgesetz
RVO	Reichsversicherungsordnung
SGB I	Sozialgesetzbuch 1 – Allgemeiner Teil
SGB II	Sozialgesetzbuch 2 – Grundsicherung für Arbeitsuchende
SGB III	Sozialgesetzbuch 3 – Arbeitsförderung
SGB IV	Sozialgesetzbuch 4 – Gemeinsame Vorschriften für die Sozialversicherung
SGB V	Sozialgesetzbuch 5 – Gesetzliche Krankenversicherung
SGB VI	Sozialgesetzbuch 6 – Gesetzliche Rentenversicherung
SGB VII	Sozialgesetzbuch 7 – Gesetzliche Unfallversicherung
SGB VIII	Sozialgesetzbuch 8 – Kinder- und Jugendhilfe
SGB IX	Sozialgesetzbuch 9 – Rehabilitation und Teilhabe behinderter Menschen
SGB X	Sozialgesetzbuch 10 – Verwaltungsverfahren
SGB XI	Sozialgesetzbuch 11 – Soziale Pflegeversicherung
SGB XII	Sozialgesetzbuch 12 – Sozialhilfe
SHT	Sozialhilfeträger
StVG	Straßenverkehrsgesetz
SVG	Soldatenversorgungsgesetz
TPG	Transplantationsgesetz
UmweltHG	Umwelthaftungsgesetz
VerschG	Verschollenheitsgesetz (abgedr. bei *Schönfelder* – Ergänzungsband – Nr. 45)
VVG	Gesetz über den Versicherungsvertrag – Versicherungsvertragsgesetz
ZDG	Zivildienstgesetz
ZSG	Gesetz über das Zivilschutzkorps

Zeitschriften-/Fundstellenverzeichnis

ags	Mitteilungsblatt der Arbeitsgemeinschaft Verkehrsrecht im Deutschen Anwaltverein
AnwBl	Anwaltsblatt
ArbuR	Arbeit und Recht
ArztR	Arztrecht
BAGE	Sammlung der Entscheidungen des BAG
BauR	Zeitschrift für Baurecht
BB	Betriebsberater
BFHE	Sammlung der Entscheidungen des BFH
BG	Die Berufsgenossenschaft
BGBl (I, II)	Bundesgesetzblatt (Teil I, Teil II)
BGHReport	BGH-Report
BGHSt	Sammlung der Entscheidungen des BGH in Strafsachen
BGHZ	Sammlung der Entscheidungen des BGH in Zivilsachen
BKK	Die Betriebskrankenkasse
BRAK-Mitt.	Mitteilungen der Bundesrechtsanwaltskammer
BSGE	Sammlung der Entscheidungen des Bundessozialgerichtes
BStBl	Bundessteuerblatt
BR-Drucks	Drucksachen des Bundesrates
BT-Drucks	Drucksachen des Bundestages
BVerfGE	Sammlung der Entscheidungen des Bundesverfassungsgerichtes
DAngVers	Die AngestelltenVersicherung
DAR	Deutsches Autorecht
DAVorm	Der Amtsvormund
DB	Der Betrieb
DÖD	Der öffentliche Dienst
DÖV	Die öffentliche Verwaltung
DOK	Die Ortskrankenkasse
DRiZ	Deutsche Richterzeitung
DStR	Deutsches Steuerrecht
DVBl	Deutsches Verwaltungsblatt
EWiR	Entscheidungssammlung zum Wirtschaftsrecht
FamRZ	Zeitschrift für das gesamte Familienrecht
HVBG-Info (HV-Info)	Aktueller Informationsdienst für die berufsgenossenschaftliche Sachbearbeitung
Info-Letter (IVH)	Info-Letter Versicherungs- und Haftungsrecht (zuvor NVersZ)
JA	Juristische Arbeitsblätter
JR	Juristische Rundschau
JW	Juristische Wochenschrift
JuS	Juristische Schulung
JZ	Juristenzeitung
LM	Lindenmaier-Möhring, Nachschlagewerk des Bundesgerichtshofes
MDR	Monatsschrift für deutsches Recht

MedR	Medizinrecht
NdsRpfl	Niedersächsische Rechtspflege
NJ	Neue Justiz – Zeitschrift für Rechtsetzung und Rechtsanwendung
NJW	Neue Juristische Wochenschrift
NJWE-FER	NJW Entscheidungsdienst Familien- und Erbrecht
NJWE-VHR	NJW-Entscheidungsdienst Versicherungs- und Haftungsrecht
NJW-RR	Rechtsprechung-Report
NVersZ	Neue Zeitschrift für Versicherung und Recht
NVwZ	Neue Zeitschrift für Verwaltungsrecht
NZA	Neue Zeitschrift für Arbeits- und Sozialrecht
NZA-RR	Rechtsprechung-Report: Arbeits- und Sozialrecht
NZS	Neue Zeitschrift für Sozialrecht
NZV	Neue Zeitschrift für Verkehrsrecht
OLGR	Rechtsprechung der Oberlandesgerichte
OLGZ	Entscheidungssammlung der Oberlandesgerichte in Zivilsachen
PVR	Praxis Verkehrsrecht (ab 2004: SVR)
RGBl	Reichsgesetzblatt
r+s	Recht und Schaden
SGb	Sozialgerichtsbarkeit
SP	Schadenpraxis
SVR	Straßenverkehrsrecht (bis 2003 PVR)
USK	Urteilssammlung für die gesetzliche Krankenversicherung
VerBAV	Veröffentlichungen des Bundesaufsichtsamtes für das Versicherungswesen
VerkMitt	Verkehrsrechtliche Mitteilungen
VersR	Versicherungsrecht
VP	Versicherungspraxis
VRS	Verkehrsrechtsammlung
VwRspr	Verwaltungsrechtsprechung
WI	Wussow-Information
WiB	Wirtschaftliche Beratung
WM	Wertpapiermitteilungen (Zeitschrift für Wirtschaft und Bankrecht)
ZAP	Zeitschrift für die Anwaltspraxis
ZBR	Zeitschrift für Beamtenrecht
zfs	Zeitschrift für Schadenrecht
ZfV	Zeitschrift für das Versicherungswesen
ZIP	Zeitschrift für Wirtschaftsrecht (bis 1982: Zeitschrift für Wirtschaftsrecht und Insolvenzpraxis)

Literaturverzeichnis

Bamberger/Roth, BGB, Band 2 (§§ 611 – 1296), München 2003
van Bühren u.a., Anwalts-Handbuch Verkehrsrecht, Köln 2003
van Bühren u.a., Handbuch Versicherungsrecht, 2. Aufl. Bonn 2003
Berz/Burmann, Handbuch des Straßenverkehrs, 17. Ergänzungsl. München 2006
Böhme/Biela, Kraftverkehrs-Haftpflicht-Schäden, 23. Aufl. Heidelberg 2006
Erman, BGB, Band II, 11. Aufl. Münster, 2004
Geigel, Der Haftpflichtprozess, 24. Aufl. München 2004
Heß/Jahnke, Das neue Schadensrecht, München 2002
Hofmann, Haftpflichtrecht für die Praxis, München 1989
Jahnke, Abfindung von Personenschadenansprüchen, Bonn 2001
Jahnke, Ausgewählte Probleme für die Schadenregulierung, Karlsruhe 1999
Jahnke, Der Verdienstausfall im Schadenersatzrecht, 2. Aufl. Bonn 2006
Jauernig, BGB, 10. Aufl. München 2003
Kalthoener/Büttner/Niepmann, Die Rechtsprechung zur Höhe des Unterhalts, 9. Aufl. München 2004
Küppersbusch, Ersatzansprüche bei Personenschaden, 8. Aufl. München 2004
Meyer-Goßner, Strafprozessordnung, 45. Aufl. München 2001
Münchener Kommentar, Bürgerliches Gesetzbuch, Bd. 5 (§§ 705 – 853), 4. Aufl. München 2004
Palandt, Bürgerliches Gesetzbuch (BGB), 65. Aufl. München 2006
Pardey, Berechnung von Personenschäden, 3. Aufl. Bonn 2005
Prölss/Martin, Versicherungsvertragsgesetz, 27. Aufl. München 2004
Scheerbarth/Höfken/Bauschke/Schmidt, Beamtenrecht, 6. Aufl. Siegburg 1992
Schneider/Schlund/Haas, Kapitalisierungs- und Verrentungstabellen, 2. Aufl. Heidelberg 1992
Schulz-Borck/Hofmann, Schadenersatz bei Ausfall von Hausfrauen und Müttern im Haushalt, 6. Aufl. 2000
Soergel, BGB, Bd. 12 (§§ 823 – 853), 13. Aufl. Stuttgart 2005
Staudinger, BGB, 13. Bearb. Berlin 2000
Stiefel/Hofmann, Kraftfahrtversicherung, 17. Aufl. München 2000

Abbildungsverzeichnis

Abbildung 1.1: Verkehrstote im europäischen Vergleich (2000, 2004) 34

Abbildung 1.2: Entwicklung der im Straßenverkehr Getöteten 1953 -2005 . . 35

Abbildung 2.1: Gestörte Gesamtschuld 88

Abbildung 2.2: Systemdarstellung 106

Abbildung 2.3: Rechtsbeziehungen anlässlich eines Haftpflichtgeschehens . . 111

Abbildung 2.4: Kongruenz 118

Abbildung 2.5: Schadenpositionen einer geschädigten Person 118

Abbildung 7.1: Aufgeschobene Rente 342

Abbildung 7.2: Unmittelbar einsetzende Rente – Aufgeschobene Rente . . . 342

Kapitel 1 Einleitung

Der Tod durch Verkehrsunfall ist häufig Gegenstand der Schadenabwicklung. Die im Nachfolgenden dargestellten Grundzüge gelten allerdings darüber hinaus auch für andere fremdverantwortete Todesfälle.

A. Verkehrsunfallstatistik

Die Zahl der aufgrund von Verkehrsunfällen verletzten und getöteten Personen ist in den letzten Jahren rückläufig.

Seit Einführung der Straßenverkehrsunfallstatistik im Jahr 1953 nahm die Zahl der Verkehrsopfer bei Straßenverkehrsunfällen in Deutschland von 12.631 Personen bis auf 21.332 (Höchststand im Jahre 1970) zu. Danach sank die Zahl der Verkehrstoten fast kontinuierlich und erreichte 2005 den bisher niedrigsten Stand von 5.361. Deutschland liegt damit in der Spitzengruppe der Mitgliedsstaaten der Europäischen Union mit den wenigsten Verkehrstoten.[1]

---

[1] *Statistisches Bundesamt*, „Unfallgeschehen im Straßenverkehr 2005", Juli 2006; *Knospe*, Mehr Autos – weniger Unfälle, Versicherungswirtschaft 2006, 470.

1 Einleitung

Abbildung 1.1: Verkehrstote im europäischen Vergleich (2000, 2004)[2]

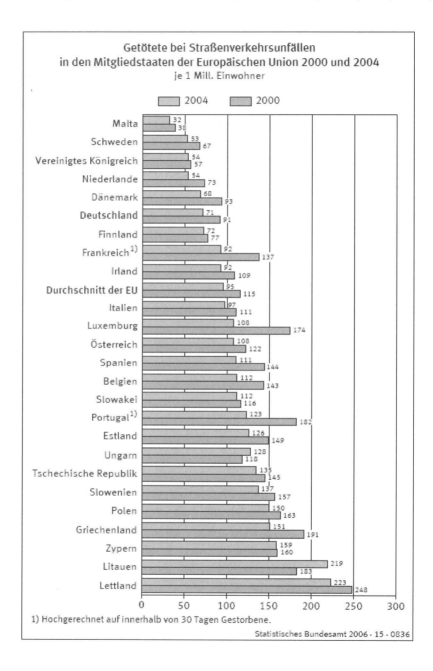

[2] *Statistisches Bundesamt*, „Unfallgeschehen im Straßenverkehr 2005", Juli 2006.

A. Verkehrsunfallstatistik

Abbildung 1.2: Entwicklung der im Straßenverkehr Getöteten 1953-2005[3]

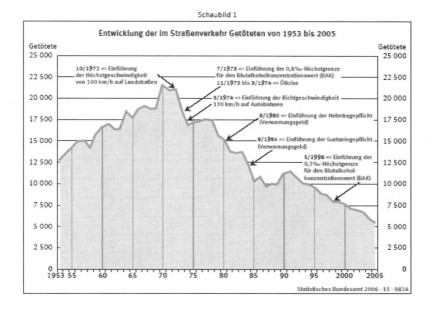

Die Gründe für die positive Entwicklung sind vielfältig: Verkehrsrechtliche und straßenbauliche Maßnahmen haben ebenso wie eine ständige Verbesserung der Sicherheit und der technischen Ausstattung der Fahrzeuge dazu beigetragen. Auch gesetzliche Regelungen (vor allem Helmtragepflicht, Gurtanlegepflicht, Vorgaben von Höchstgrenzen für den Blutalkoholkonzentrationswert) beschleunigten wohl die Absenkung. Daneben dürften eine verstärkte Verkehrssteuerung, vermehrte Verkehrskontrollen sowie die Einrichtung von Fußgängerzonen und gesonderten Fahrstreifen für Radfahrer, die geschützte von ungeschützten Verkehrsteilnehmern trennen, dazu beigetragen haben, dass weniger Menschen bei Unfällen ums Leben kamen. Nicht zuletzt haben auch eine verbesserte Notfallmedizin sowie eine dichtere Rettungskette viele Todesopfer im Straßenverkehr verhindert.

---

[3] *Statistisches Bundesamt*, „Unfallgeschehen im Straßenverkehr 2005", Juli 2006.

1 Einleitung

7

Verkehrsunfälle – Verunglückte[4]	Deutschland	2002	2003	2004	2005
Getötete (einschl. innerhalb von 30 Tagen Getötete)	Anzahl	6.842	6.613	5.842	5.361
darunter: Im Alter von ... bis unter ... Jahren					
– unter 15	Anzahl	216	208	153	159
– 15 – 18	Anzahl	318	316	264	224
– 18 – 25	Anzahl	1.550	1.392	1.269	1.076
– 25 – 65	Anzahl	3.522	3.367	2.950	2.734
Verkehrsunfälle – Verunglückte	Deutschland	2002	2003	2004	2005
– 65 und mehr	Anzahl	1.236	1.329	1.201	1.162
im Alter von ... bis unter ... Jahren					
insgesamt	je 100.000 Einw.	8,3	8,0	7,1	6,5
– unter 15	je 100.000 Einw.	1,7	1,7	1,3	1,3
– 15 – 18	je 100.000 Einw.	11,4	11,1	9,1	7,7
– 18 – 25	je 100.000 Einw.	23,3	20,7	18,9	15,9
– 25 – 65	je 100.000 Einw.	7,6	7,3	6,4	6,0
– 65 und mehr	je 100.000 Einw.	8,7	9,1	8,1	7,6
Getötete Benutzer von:					
– Fahrrädern	Anzahl	583	616	475	575
– Mofas, Mopeds	Anzahl	131	134	122	107
– Motorrädern	Anzahl	913	946	858	875
– Personenkraftwagen	Anzahl	4.005	3.774	3.238	2.833
– Bussen	Anzahl	12	17	16	9
– Güterkraftfahrzeugen	Anzahl	244	236	233	213
Fußgänger	Anzahl	873	812	838	686

4 Statistisches Bundesamt Deutschland 2006 (Stand 13.7.2006).

Verletzte	Anzahl	476.413	462.170	440.126	433.443	8
darunter: Im Alter von ... bis unter ... Jahren						
– unter 15	Anzahl	41.047	40.043	37.132	36.795	
– 15 – 18	Anzahl	30.923	30.442	29.779	28.537	
– 18 – 25	Anzahl	102.339	96.583	90.954	86.521	
– 25 – 65	Anzahl	264.097	255.742	242.386	240.133	
– 65 und mehr	Anzahl	37.467	38.807	39.114	40.781	
im Alter von ... bis unter ... Jahren						
insgesamt	je 100.000 Einw.	577,6	560,1	533,3	525,4	
– unter 15	je 100.000 Einw.	327,9	325,9	305,3	308,6	
– 15 – 18	je 100.000 Einw.	1.107,6	1.065,6	1.029,4	982,6	
– 18 – 25	je 100.000 Einw.	1.535,8	1.439,3	1.351,7	1.277,3	
– 25 – 65	je 100.000 Einw.	570,9	555,7	528,2	527,4	
– 65 und mehr	je 100.000 Einw.	263,0	265,0	263,2	265,4	
Verletzte Benutzer von:						
– Fahrrädern	Anzahl	70.163	75.659	73.162	77.859	
– Mofas, Mopeds	Anzahl	17.871	18.204	17.759	17.757	
– Motorrädern	Anzahl	37.366	38.339	34.453	34.828	
– Personenkraftwagen	Anzahl	291.977	272.965	259.605	247.281	
– Bussen	Anzahl	4.817	4.910	4.978	5.232	
– Güterkraftfahrzeugen	Anzahl	13.295	12.811	11.770	12.106	
Fußgänger	Anzahl	36.343	35.015	34.077	33.916	

B. Mittelbar Geschädigte[5]

Infolge eines Haftpflichtgeschehens erwachsen nicht nur den unmittelbar am Unfall beteiligten Personen Schäden und Aufwendungen, auch Dritte können durchaus wirtschaftliche Einbußen erleiden. 9

Abzugrenzen von den schadenersatzberechtigten – in ihren Rechten unmittelbar betroffenen – Verletzten und unfallkausal Verstorbenen sind die lediglich mittelbar Geschädigten. Während den unmittelbar beteiligten Personen das Schadenersatzrecht ein großes Spektrum ersatzfähiger Schadenpositionen zubilligt, gilt dieses für die am Haftpflichtgeschehen („Unfall") nicht unmittelbar Beteiligten nur in **engen Grenzen**. Mittelbar beeinträchtigten Personen,[6] die zwar weder körperlich verletzt noch in Sachen geschädigt worden sind, die aber doch eine Vermögenseinbuße anlässlich des Haftpflichtgeschehens 10

---

5 Siehe ergänzend *Jahnke,* Mittelbare Betroffenheit und Schadenersatzanspruch, r+s 2003, 89.
6 BGH v. 5.2.1985 – VI ZR 198/83 – BGHZ 93, 351 = DAR 1985, 217 = FamRZ 1985, 464 = JA 1985, 473 (Anm. *Breemhaar-Schwefer*) = JR 1985, 461 = JuS 1985, 727 = JZ 1985, 538 = MDR 1985, 563 = MedR 1985, 275 (Anm. *Dunz,* MedR 1985, 269) = NJW 1985, 1390 = r+s 1985, 110 = VersR 1985, 499 = VRS 68, 414 = zfs 1985, 196 (nur Ls.) (Verletzung der Leibesfrucht durch Angriff auf die Psyche der Schwangeren); OLG Köln v. 13.1.1993 – 11 U 224/92 – VersR 1994, 356 (Ausfall der Arbeitskraft des Verletzten beim Hausbau eines Dritten).

erlitten haben, gibt (mit Ausnahme bestimmter Fälle, z.B. §§ 844, 845 BGB) das Recht der unerlaubten Handlung keine eigenen Ersatzansprüche,[7] ihre Forderungsberechtigung beschränkt sich auf die gesetzlich oder durch Abtretung übergegangenen Ansprüche.

11 Die in §§ 844, 845 BGB (und den entsprechenden Regeln in den speziellen Haftungsgesetzen) normierte Bestimmung darf weder auf andere Drittgeschädigte noch auf andere als die dort genannten Schäden **ausgedehnt** werden.[8]

I. Wirtschaftliche Schäden der Hinterbliebenen

12 Die Ansprüche wegen Verletzung bzw. Tötung eines Dritten aus §§ 844, 845 BGB[9] stehen den dort genannten Personen, vor allem Unterhaltsgeschädigten, aus **eigenem Recht** zu, gehören also **nicht** zum **Nachlass** des Getöteten. In diesen Vorschriften wird der Grundsatz durchbrochen, dass mittelbar geschädigte Dritte nicht anspruchsberechtigt sind.

13 Der **Anspruch der Dritten** ist begrenzt auf folgende Schäden:

14 • Kosten der **Beerdigung** (dazu Kap 4, S. 141),

15 • **entzogener** gesetzlich geschuldeter **Unterhalt** (Kap 6, S. 161),

16 • **entgangene Dienste** (Kap 5, S. 155).

II. Nicht ersatzfähige wirtschaftliche Einbußen

17 Mittelbar Verletzten stehen nur unter den Aspekten der §§ 844, 845 BGB (bzw. den entsprechenden Regelungen in den haftpflichtrechtlichen Spezialgesetzen) Ansprüche zu. Soweit diese Vorschriften den Anspruch nicht begründen, können die Geschädigten ihre wirtschaftlichen Einbußen nicht beim Unfallverursacher einfordern, selbst wenn der Schädiger eines zu Tode Gekommenen dadurch begünstigt erscheint.[10]

1. Arbeitskraftfortfall

18 Der Wegfall von Arbeits- und Hilfskraft ist außerhalb der entgangenen Dienste bzw. des Unterhaltsschadens (Hausfrauenschaden, Betreuungsschaden) nicht erstattungsfähig.[11] Diese Schadensverlagerungen sind als nicht-typische Fälle auch nicht unter dem

---

7 BGH v. 22.6.2004 – VI ZR 112/03 – FamRZ 2004, 1543 = MDR 2004, 1355 = NJW 2004, 2894 = NZV 2004, 513 = r+s 2004, 434 = SP 2004, 368 = VersR 2004, 1192 = zfs 2004, 553 (Anm. *Diehl*); BGH v. 21.11.2000 – VI ZR 231/99 – DAR 2001, 159 = NJW 2001, 971 = r+s 2001, 245 = VersR 2001, 648.

8 BGH v. 17.12.1985 – VI ZR 152/84 – DAR 1986, 116 = JR 1986, 413 (Anm. *v. Einem*) = JZ 1986, 451 (Anm. *Dunz*) = MDR 1986, 488 = NJW 1986, 984 = r+s 1986, 67 = SGb 1987, 301 (Anm. *v. Einem*) = VersR 1986, 391 = zfs 1986, 170 = VRS 71, 325; BGH v. 25.10.1960 – VI ZR 175/59 – VersR 1960, 1097; BGH v. 26.1.1955 – VI ZR 251/53 – VersR 1955, 183; OLG Frankfurt v. 11.3.2004 – 26 U 28/98 – zfs 2004, 452 (Anm. *Diehl*) (Der im Recht des Staates Georgia/USA vorgesehene „Anspruch auf Ersatz des Wertes des vernichteten Lebens" ist nicht deckungsgleich mit dem deutschen Unterhaltsschadenersatzanspruch).

9 In den anderweitigen Haftungsgesetzen finden sich vergleichbare Normen, die inhaltlich allerdings nicht über den Rahmen der BGB-Bestimmungen hinausgehen. Nur der Anspruch nach § 845 BGB (entgangene Dienste) hat keine Entsprechung außerhalb des BGB mit Ausnahme des § 53 II LuftVG.

10 OLG Hamm v. 29.10.2002 – 9 U 64/02 – zfs 2003, 593 (Anm. *Diehl*) (BGH hat Nichtzulassungsbeschwerde zurückgewiesen, Beschl. v. 30.9.2003 – VI ZR 27/03 –).

11 OLG Köln v. 13.1.1993 – 11 U 224/92 – r+s 1993, 242 = VersR 1994, 356 (Ausfall der Arbeitskraft des Verletzten beim Hausbau eines Dritten).

Aspekt der Drittschadensliquidation zu ersetzen. Dies gilt ebenso für den Wegfall von geplanten **Eigenleistungen** des Verstorbenen im Eigenheim oder in der Wohnung.[12] Mit dem Tod ist der vererbbare Schaden abgeschlossen, alle weiteren Einbußen sind nur unter dem Aspekt des entzogenen Unterhalts (§ 844 BGB) zu würdigen.[13]

Auch wenn die Mitarbeit eines **Ehegatten** im Erwerbsgeschäft des anderen durch eine Körperverletzung ganz oder teilweise vereitelt wird, steht der Ersatzanspruch nur dem Verletzten selbst zu.[14] Entsprechendes gilt dann für den Fall der Tötung.

Ein Ersatzanspruch folgt auch nicht aus dem Rechtsaspekt des **Eingriffes in den eingerichteten und ausgeübten Gewerbebetrieb**,[15] da die Schädigung einer zum Betrieb gehörenden Person keinen betriebsbezogenen Eingriff darstellt.[16] Die (u.U. auch zum Tode führende) Verletzungshandlung kann jedermann treffen, so dass daher keine Verhaltenspflichten verletzt werden, die dem Schädiger gerade im Hinblick auf das besondere Schutzbedürfnis eines Gewerbebetriebes obliegen.[17]

---

12 BGH v. 22.6.2004 – VI ZR 112/03 – FamRZ 2004, 1543 = MDR 2004, 1355 = NJW 2004, 2894 = NZV 2004, 513 = r+s 2004, 434 = SP 2004, 368 = VersR 2004, 1192 = zfs 2004, 553 (Anm. *Diehl*) (Haus stand im Alleineigentum der Witwe); BGH v. 3.7.1984 – VI ZR 42/83 – MDR 1985, 220 = NJW 1985, 49 = VersR 1984, 961; BGH v. 23.11.1966 – VI ZR 9/65 – VersR 1966, 1141. Siehe auch OLG Zweibrücken v. 26.1.1994 – 1 U 209/92 – NZV 1995, 315 = r+s 1995, 300 = VersR 1996, 864 = zfs 1995, 413 = VRS 89, 10 (BGH hat Revision nicht angenommen, Beschl. v. 31.1.1995 – VI ZR 85/94 –) (Aufwendungen für Lohnkosten für die Beschäftigung anderer Arbeitskräfte sind einem Verletzten, wenn ihm Eigenleistungen bei einem Hausbau nicht mehr möglich waren, zu ersetzen) sowie BGH v. 6.6.1989 – VI ZR 66/88 – VersR 1989, 857 und v. 24.10.1989 – VI ZR 263/88 – NJW 1990, 1037.
13 BGH v. 22.6.2004 – VI ZR 112/03 – FamRZ 2004, 1543 = MDR 2004, 1355 = NJW 2004, 2894 = NZV 2004, 513 = r+s 2004, 434 = SP 2004, 368 = VersR 2004, 1192 = zfs 2004, 553 (Anm. *Diehl*); BGH v. 3.7.1984 – VI ZR 42/83 – MDR 1985, 220 = NJW 1985, 49 = VersR 1984, 961; BGH v. 23.11.1966 – VI ZR 9/65 – VersR 1966, 1141.
14 BGH v. 17.12.1985 – VI ZR 152/84 – DAR 1986, 116 = JR 1986, 413 (Anm. *v. Einem*) = JZ 1986, 451 (Anm. *Dunz*) = MDR 1986, 488 = NJW 1986, 984 = r+s 1986, 67 = SGb 1987, 301 (Anm. *v. Einem*) = VersR 1986, 391 = zfs 1986, 170 = VRS 71, 325 (unter Hinweis auf BGH v. 11.7.1972 – VI ZR 194/70 – BGHZ 59, 172); BGH v. 11.7.1972 – VI ZR 194/70 – BB 1972, 1161 = BGHZ 59, 172 = MDR 1972, 941 = NJW 1972, 2217 = VersR 1972, 1075. Siehe auch BGH v. 9.7.1968 – GSZ 2/67 – BB 1968, 974 = BGHZ 50, 304 = DAR 1969, 18 = DB 1968, 1620 = FamRZ 1968, 507 = MDR 1968, 821 = NJW 1968, 1823 = VersR 1968, 852 (Nach dem In-Kraft-Treten des Gleichberechtigungsgesetzes ist der Ehemann nicht mehr berechtigt, von dem verantwortlichen Schädiger Schadenersatz nach § 845 BGB wegen Behinderung der verletzten Ehefrau in der Haushaltsführung zu verlangen).
15 BGH v. 10.12.2002 – VI ZR 171/02 – NJW 2003, 1040 = NZV 2003, 171 = VersR 2003, 466 = zfs 2003, 224 (Wird der Partner eines erfolgreichen Eiskunstlaufpaares bei einem Verkehrsunfall verletzt, so kann die Partnerin keinen Ersatz desjenigen Schadens verlangen, der ihr durch den zeitweiligen Ausfall des Partners entstanden ist); BGH v. 18.11.2003 – VI ZR 385/02 – DAR 2004, 77 = IVH 2004, 43 = NJW 2004, 356 = NZV 2004, 136 = r+s 2004, 83 = VersR 2004, 255 = zfs 2004, 111 (Halteverbot vor Baustelle dient nicht dem Schutz von Vermögensinteressen des an der Ein- und Ausfahrt Gehinderten). Siehe auch *Sack*, Die Subsidiarität des Rechts am Gewerbebetrieb, VersR 2006, 1001.
16 BGH v. 10.12.2002 – VI ZR 171/02 – NJW 2003, 1040 = NZV 2003, 171 = VersR 2003, 466 = zfs 2003, 224; BGH v. 21.11.2000 – VI ZR 231/99 – DAR 2001, 159 = NJW 2001, 971 = r+s 2001, 245 = VersR 2001, 648; BGH v. 18.1.1983 – VI ZR 270/80 – NJW 1983, 812 = VersR 1983, 346; BGH v. 23.11.1976 – VI ZR 191/74 – LM Nr. 21 zu § 249 (Hd) BGB = VersR 1977, 227; BGH v. 14.4.1954 – VI ZR 107/52 – LM Nr. 4 zu § 823 (Da) BGB = VersR 1954, 356.
17 BGH v. 21.6.1977 – VI ZR 58/76 – NJW 1977, 2264 = VersR 1977, 965.

2. Arbeitgeber

21 Siehe unter „Unternehmer" (Kap 1 Rn 63 ff.).

3. Aussteuer

22 Die den Kindern wegen des Todes eines oder beider Elternteile nicht mehr gewährte Aussteuer (§ 1624 BGB) gehört nicht zum Unterhaltsschaden.[18]

4. Entwertungsschaden

23 Der Entwertungsschaden ist beim ererbten Schaden (Kap 2 Rn 15 ff.) dargestellt.

5. Erbschaftskosten

24 Den Erben steht kein Schadenersatz für den Umstand zu, dass die Nachlassregelung Notariatskosten (z.B. Erbschein[19])[20] oder andere Verwaltungskosten verursacht.

6. Fahrtkosten

25 Fahrtkosten zum Besuch einer **Gedenkstätte** sind nicht zu ersetzen.[21]

26 Kosten im Zusammenhang mit dem Erwerb eines **Führerscheins** (und eines Fahrzeuges) nach dem Tode des Ehegatten sind nicht zu erstatten,[22] da dieses unterhaltsrechtlich nicht geschuldet ist.

7. Gesellschaft

27 Siehe unter „Unternehmer" (Kap 1 Rn 63 ff.).

---

18 *Böhme/Biela*, Rn D 237 unter Hinweis auf OLG Hamm VersR 1953, 453.
19 LG Nürnberg v. 20.10.1983 – 4 O 1735/83 – VersR 1984, 196 (Ersatz analog § 680 BGB, wenn Ersatzpflichtiger grundlos den Erbschein verlangt und die Erben den Erbschein nicht auch im eigenen Interesse erteilen ließen). Siehe auch BGH v. 7.6.2005 – XI ZR 311/04 – WM 2005, 1432 und BGH v. 10.12.2004 – V ZR 120/04 – FamRZ 2005, 515 (Der Erbe ist nicht verpflichtet, sein Erbrecht durch einen Erbschein nachzuweisen, sondern kann den Nachweis auch in anderer Form – z.B. durch ein eröffnetes öffentliches Testament – erbringen).
20 OLG Köln v. 24.10.1980 – 20 U 42/80 – r+s 1982, 149 = VersR 1982, 558 = zfs 1981, 73 = zfs 1982, 235.
21 LG Lüneburg v. 13.12.2001 – 9 O 139/01 – (OLG Celle v. 2.9.2002 – 9 U 13/02 – NdsRpfl 2003, 64 = OLGR 2002, 231 hat die Rechtsausführung des LG bestätigt, die Berufung der Klägerin dann aber bereits wegen einer Haftungsprivilegierung – Dienstunfall – zurückgewiesen) (Eschede-Unglück).
22 LG Lüneburg v. 13.12.2001 – 9 O 139/01 – (OLG Celle v. 2.9.2002 – 9 U 13/02 – NdsRpfl 2003, 64 = OLGR 2002, 231 hat die Rechtsausführung des LG bestätigt, die Berufung der Klägerin dann aber bereits wegen einer Haftungsprivilegierung – Dienstunfall – zurückgewiesen) (Die Witwe hat gegen entsprechendes Entgelt die Fahrerlaubnis tatsächlich erhalten und dadurch im Verhältnis zu der Zeit, als ihr Ehemann noch lebte, sogar eine weitaus höhere Mobilität erreicht); AG Bautzen v. 17.10.1996 – 1 C 416/96 – SP 1997, 10.

8. Nutzlose oder vergebliche Aufwendungen

Nutzlose Aufwendungen von Dritten (Ehegatte bzw. Angehörige eines Getöteten) wie beispielsweise **Stornokosten** für Abbruch bzw. Nichtantritt von geplanter oder bereits gebuchter Reise bzw. Urlaub, verfallene Theaterkarten, Mietkosten (z.B. Wohnung,[23] Leasingfahrzeug) u.ä. sind als mittelbare Schäden nicht zu ersetzen.[24]

28

Auch nutzlose Aufwendungen in Erwartung der Ehe (z.B. angesetzte **Hochzeitsfeier**) sind nicht zu ersetzen.[25]

29

9. Pflegetätigkeit

a. Unentgeltliche Pflege

Wer unentgeltlich für einen anderen Dienstleistungen erbringt und dann unfallkausal dazu vorübergehend oder dauerhaft nicht in der Lage ist, hat keinen **Verdienstausfall**.[26] Der Verletzte selbst erleidet keinen Schaden, da die Arbeitskraft nicht gegen Entgelt zur Verfügung gestellt wurde; der Empfänger der jeweiligen Dienstleistung erleidet zwar eine Vermögenseinbuße, ist aber – mangels geschützter Rechtsgutverletzung – nur mittelbar geschädigt.[27]

30

Gleiches gilt im Fall der **Tötung**.

31

b. SGB XI

aa. Einkommenscharakter

Die Pflegetätigkeit von Pflegepersonen nach dem SGB XI ist Einkommen. Pflegt jemand einen Dritten als Pflegeperson und erhält er deshalb Leistungen (Pflegegeld für selbstbeschaffte Pflegehilfen nach dem SGB XI), so sind die für diese Pflegetätigkeit an die Pflegeperson gezahlten Beträge Einkommen.[28]

32

---

23 LG Essen v. 16.1.2003 – 6 O 39/01 – PVR 2003, 335 (nur Ls.) (Mietkosten für die Garage des Getöteten sind, da es sich um frustrierte Aufwendungen handelt, nicht ersatzfähig).

24 BGH v. 4.4.1989 – VI ZR 97/88 – BB 1989, 1510 (nur Ls.) = DAR 1989, 263 = DB 1989, 1517 (nur Ls.) = MDR 1989, 805 = NJW 1989, 2317 = r+s 1989, 185 (nur Ls.) = VersR 1989, 853 (Anm. *Deutsch/Schramm*, VersR 1990, 715) = zfs 1989, 298 (nur Ls.); BGH v. 15.12.1970 – VI ZR 120/69 – BGHZ 55, 146 = MDR 1971, 470 = NJW 1971, 796 = VersR 1971, 444; OLG Celle v. 23.2.1984 – 5 U 132/83 – zfs 1984, 358; LG Lüneburg v. 13.7.1973 – 3 O 111/73 – VersR 1975, 1016; AG Langen v. 9.6.1995 – 51 C 1054/93 – zfs 1995, 325. Siehe auch *Böhme/Biela*, Rn D 220 ff. (S. 225).

25 Siehe auch LG Görlitz v. 25.10.2000 – 4 O 116/00 – SP 2001, 376 (Beeinträchtigung einer Hochzeitsfeier durch Verkehrsunfall) und LG Marburg v. 28.9.1981 – 6 O 128/81 – (zu §§ 1298, 1299 BGB).

26 OLG Celle v. 12.11.1981 – 5 U 67/81 – VersR 1983, 40 = zfs 1982, 104, 133 (Großmutter beaufsichtigte unentgeltlich Enkel); OLG Düsseldorf v. 12.4.1996 – 14 U 163/95 – OLGR 1996, 181 (Unentgeltliche Versorgung von Altenteilern – Schwiegermutter – durch Schwiegertochter im landwirtschaftlichen Betrieb). *Bamberger/Roth-Spindler*, § 843 Rn 15; siehe *Jahnke*, Der Verdienstausfall im Schadenersatzrecht, Kap 2 Rn 50, 103; *Pardey*, S. 301, Rn 1275 ff.

27 Siehe OLG Köln v. 13.1.1993 – 11 U 224/92 – r+s 1993, 242 = VersR 1994, 356 (Kein Ersatzanspruch besteht für den Bauherrn wegen des Ausfalles der Arbeitskraft des Verletzten, der ihm bei seinem Bau geholfen hat).

28 BGH v. 25.4.2006 – VI ZR 114/05 – (Berichtigungsbeschluss v. 20.6.2006 – VI ZR 114/05 –) VersR 2006, 1081 CD (Das nach § 37 SGB XI gezahlte Pflegegeld stellt eigene Einkünfte dar und vermindert den Unterhaltsbedarf nach § 1602 BGB); LG Paderborn v. 16.9.1999 – 3 O 86/99 –. Siehe auch OLG Hamm v. 5.12.1995 – 2 UF 86/95 – NJW 1996, 3016 (Das gemäß § 37 SGB XI für ein pflegebedürftiges Kind gezahlte Pflegegeld ist beim pflegenden Elternteil jedenfalls dann als Einkommen zu berücksichtigen, wenn dieser nur einer Teilzeittätigkeit nachgeht).

1 Einleitung

33 Der Wegfall, aber auch das Fortbestehen (z.B. Witwe pflegt nach dem Unfalltod ihres Ehemannes weiterhin Familienangehörige) einer Tätigkeit als Pflegeperson ist beim Unterhaltsschaden wie Einkommen zu berücksichtigen. Dabei kommt es nicht darauf an, inwieweit die Pflegeperson nur vorgeschoben ist. Wird eine Person als Pflegeperson benannt, so ist davon auszugehen, dass ihr auch die Barleistungen nach dem SGB XI (die zunächst an den zu Pflegenden gezahlt werden) auch zur Verfügung gestellt sind.

bb. Tod der gepflegten Person

34 Verstirbt die zu pflegende Person, entsteht der Pflegeperson deshalb kein ersatzfähiger Schaden. Die Pflegeperson ist nur mittelbar Geschädigte, ihre Situation entspricht der des Arbeitnehmers beim Wegfall seines Arbeitgebers durch Tötung.

cc. Tod der pflegenden Person

35 Die Tötung der Pflegeperson kann für die gepflegte Person durchaus eine starke finanzielle Einbuße darstellen; dies gilt insbesondere bei Pflege durch Familienangehörige. Gleichwohl stellt sich die Einbuße regelmäßig als nur mittelbarer und damit nicht ersatzfähiger Schaden heraus. Die Situation entspricht der des Arbeitgebers bei Tötung seines Arbeitnehmers.[29]

36 *Beispiel 1.1*[30]
Der 76-jährige A ist pflegebedürftig nach Pflegestufe I (§ 15 I Nr. 1 SGB XI). Die Pflegeperson – seine Tochter T – wird durch einen von X allein verschuldeten Unfall getötet.

Ergebnis
- Der Wegfall der Pflegekraft und die **Wiederbeschaffung** einer nunmehr kostenintensiveren Pflege ist wie der Wegfall eines Arbeitnehmers zu bewerten. Es handelt sich um mittelbaren Schaden.
- A gehört zum Personenkreis der familienrechtlich unterhaltsberechtigten Personen:
    - Ein Anspruch wegen entzogenen **Betreuungsunterhaltes** entfällt, da A volljährig[31] ist. Dabei ist unbeachtlich, ob der A (z.B. wegen einer Demenzerkrankung) unter Betreuung oder Pflegschaft gestellt wurde.
    - Ein Anspruch wegen entzogenen **Barunterhaltes** scheitert regelmäßig bereits an einer Bedürftigkeit des A. Zudem sind hier auch die Ansprüche und Freistellungstatbestände der Grundsicherung (bis 31.12.2004 GSiG, ab 1.1.2005 SGB XII)[32] zu bedenken.

37 Der Anspruch auf Ersatz von Haushaltsführungsschäden ist auf den familienrechtlich unterhaltsberechtigten Personenkreis beschränkt. Dieses ist für den Unterhaltsschaden unzweifelhaft.[33]

---

29 Kap 1 Rn 67 ff.
30 Siehe auch Beispiel 1.4, Kap 1 Rn 59.
31 Kap 6 Rn 121.
32 Dazu Kap 6 Rn 566.
33 Zum Haushaltsführungsschaden im Verletzungsfall siehe *Jahnke*, Der Verdienstausfall im Schadenersatzrecht, Kap 7 Rn 1.

Die einem Versorgungsberechtigten nach dem Tode der ihn pflegenden Person gewährte **erhöhte Pflegezulage** (§ 35 I BVG) kann hinsichtlich der Erhöhung kongruent zum Unterhaltsschaden sein.[34]

38

10. Rechtliche Nachteile

a. Arbeitsrechtliche Nachteile

Der Wegfall von arbeitsrechtlichen **Lohnzuschlägen** (z.B. Familienzuschlag nach dem BAT, TVöD oder im Beamtenrecht; Kürzung des Beihilfesatzes) nach dem Tod von Kindern und Ehegatten stellt trotz der damit verbundenen Vermögenseinbuße keinen ersatzfähigen Schaden dar.

39

Auch der verminderte **Kündigungsschutz** im Rahmen der Sozialauswahl (§ 1 III KSchG) ist nicht entschädigungspflichtig.

40

b. Personenstandsprivilegien

Nicht zu ersetzen sind Verluste von **Tarifvorteilen** (z.B. Familienkarte) und **Vorrechten** (z.B. bevorzugte Baulandzuteilung), die auf dem Ehestand bzw. Familienstand beruhen.

41

Gleiches gilt für den Wegfall von **arbeitsrechtlichen Zuschlägen** (Familienzuschlag, Kinderzulage).[35]

42

c. Rentenrechtliche Einbußen

Einbußen aufgrund fehlender oder verminderter Beiträge/Leistungen des Verstorbenen zur Sozialversicherung oder anderweitiger Altersvorsorge sind den Hinterbliebenen als **mittelbarer Schaden** nicht zu ersetzen.[36] Anzumerken ist allerdings, dass bei **unfallkausalem Tod** die geminderten Leistungen von dritter Seite sich bei der Berechnung des Unterhaltsschadens niederschlagen.

43

Gleiches gilt bei unfallkausaler vorzeitiger Pensionierung eines **Beamten** (Fortfall von Beförderungschancen und Dienstzeitanrechnungen) für dessen Hinterbliebene.

44

Soweit ein durch ein Haftpflichtgeschehen **Verletzter** geringere Sozialversicherungsabgaben aufgrund einer Einkommensminderung abzuführen hat, kann er in Höhe dieser Beitragsdifferenz keine Ersatzansprüche stellen.[37] Verstirbt der Unfallbeteiligte zeitlich nach einer Körperverletzung aufgrund **unfallfremder** Ursachen, so können infolge der **Nichtabführung von Sozialversicherungsbeiträgen** oder der **vorangegangenen** vorzeitigen **Erwerbsminderungsrente** (Reduktion des Zugangsfaktors, § 77 II 2

45

---

34 BGH v. 6.10.1992 – VI ZR 305/91 – DAR 1993, 25 = FamRZ 1993, 411 = MDR 1993, 124 = NJW 1993, 124 = NZV 1993, 21 = r+s 1993, 18 = VersR 1993, 56 = zfs 1992, 403.
35 Kap 1 Rn 39.
36 BGH v. 17.12.1985 – VI ZR 152/84 – DAR 1986, 116 = JR 1986, 413 (Anm. v. Einem) = JZ 1986, 451 (Anm. Dunz) = MDR 1986, 488 = NJW 1986, 984 = r+s 1986, 67 = SGb 1987, 301 (Anm. v. Einem) = VersR 1986, 391 = zfs 1986, 170 = VRS 71, 325; OLG Stuttgart v. 21.7.1987 – 26 O 66/87 – r+s 1988, 204 = VersR 1989, 98 = VRS 75, 90 = zfs 1988, 311.
37 BGH v. 12.4.1983 – VI ZR 126/81 – BGHZ 87, 181 = DAR 1983, 226 = MDR 1983, 742 = NJW 1983, 1669 = VersR 1983, 663. BGH v. 28.9.1999 – VI ZR 165/98 – DAR 2000, 62 = NZV 1999, 508 = r+s 1999, 506 = SP 1999, 411 = VersR 2000, 65 = zfs 2000, 14.

1 Einleitung

SGB VI)[38] seine Hinterbliebenen eine Minderung z.B. der Hinterbliebenenrente erfahren. Gleichwohl haben sie deswegen keine Ersatzansprüche. Anzumerken ist in diesem Zusammenhang, dass häufig die Nachteile aber schon durch gesetzliche Regelungen oder den Regress nach § 119 SGB X aufgefangen werden; letztlich sichert der Regress nach § 119 SGB X faktisch auch spätere Einbußen von Hinterbliebenen, ohne dass hier eine Schadenkongruenz besteht.

46 Muss ein Verletzter seine Tätigkeit unfallbedingt ganz oder teilweise einstellen und entstehen deshalb Beitragsausfälle in der **betrieblichen Altersversorgung**,[39] so hat der Schädiger dem Verletzten die unfallbedingten Minderungen bei der Betriebsrente – längstens bis zu seinem Tode – zu ersetzen. Keine Ersatzpflicht besteht allerdings gegenüber Familienangehörigen, wenn und soweit diese nunmehr gekürzte Betriebsrenten erhalten (mittelbarer Schaden).

47 Nachteile erweisen sich u.a. auch nach der Einführung des § 119 SGB X im Bereich der **berufsständischen Versorgung**, da hier § 119 SGB X keinen Regress ermöglicht.[40] Auch hier haben Hinterbliebene keinen Ersatzanspruch wegen geminderter Versorgung.

48 Den Witwen/Witwern von **Freiberuflern** kann im Einzelfall Schadenersatz wegen des Verlustes von Rücklagen bzw. des Erwerbes von Versorgungsanwartschaften zustehen, zu denen der Freiberufler während der Dauer seiner beruflichen Tätigkeit unterhaltsrechtlich verpflichtet war, die er jedoch unfallkausal nicht bilden konnte.[41]

d. Sozialrechtliche Nachteile[42]

49 Verlieren die Hinterbliebenen nach dem Tode eines Familienmitgliedes oder eines Mitgliedes der **Bedarfsgemeinschaft** (SGB II, SGB XII) die Berechtigung, eine größere (Sozial-)Wohnung innezuhaben und müssen sie daher in eine kleinere Wohnung umziehen, so sind die damit verbundenen Kosten (z.B. Umzugs- und Renovierungskosten) und Aufwendungen ebenso wenig ersatzfähig wie die daran (z.B. wegen der größeren Entfernung zum Arbeitsplatz) anschließenden erhöhten Aufwendungen beispielsweise für öffentliche Verkehrsmittel. Es fehlt an einem kongruenten Unterhaltsschaden.

50 Den Eltern eines getöteten Kindes kann zwar wegen Unterhaltsentziehung ein Schadensersatzanspruch zustehen, der bloße Wegfall oder die Schmälerung von **Kindergeld** stellt aber keinen ersatzfähigen Schaden dar.

51 Gleiches gilt für den Fortfall von **Erziehungsgeld** und **Elterngeld**.

---

38 BSG v. 16.5.2006 – B 4 RA 22/05 R – hat den Anwendungsbereich der Rentenreduktion für den Verletzungsfall stark eingeschränkt.
39 Siehe dazu auch *Jahnke,* Der Verdienstausfall im Schadenersatzrecht, Kap 3 Rn 669 f., 250 ff.
40 *Jahnke,* Der Verdienstausfall im Schadenersatzrecht, Kap 3 Rn 667, 411 ff.
41 OLG Stuttgart v. 12.10.2000 – 1 U 31/00 – r+s 2002, 18 = VersR 2002, 1520 = zfs 2001, 495 (Anm. *Diehl*) (BGH hat Revision nicht angenommen, Beschl. v. 26.6.2001 – VI ZR 387/00 –) (Anspruch der Witwe auf Ersatz entgangener Altersversorgung nur, wenn der Verstorbene bis zu seinem Tode seiner Verpflichtung, für die angemessene Altersversorgung seiner Frau zu sorgen, nicht ausreichend nachgekommen ist und er daher, wäre er nicht zu Tode gekommen, dafür hätte Sorge tragen müssen).
42 Siehe auch Kap 6 Rn 591 ff.

e. Steuerrechtliche Nachteile

Soweit der hinterbliebene Ehegatte steuerliche Vorteile (z.B. **Splittingtarif**, höhere Pauschalen bei **Sonderausgaben**) durch den Wechsel in eine ungünstigere Steuerklasse verliert, stellt dieses, auch wenn es kausal auf dem Haftpflichtgeschehen beruht, keinen ersatzfähigen Schaden dar.[43]

Steuerrechtliche Umstände sind aber bei der Ermittlung des entgehenden hypothetischen Nettoeinkommens des Getöteten zu berücksichtigen.[44]

11. Schadenersatzanspruch, Fortfall von

Gesetzliche Schadenersatzansprüche (z.B. wegen entzogenen Unterhaltes) sind keine familienrechtlich geschuldeten Unterhaltsansprüche im Sinne des § 844 BGB (und der vergleichbaren Haftungsnormen der Spezialgesetze).[45] Ersatzansprüche nach § 844 BGB können zwar nach § 850 f II ZPO vollstreckt werden, nicht jedoch nach § 850 d I ZPO: § 850 f II ZPO erfasst nur Ansprüche aus vorsätzlich begangener unerlaubter Handlung.[45a]

> *Beispiel 1.2*
>
> Am **26.9.1998** verursachte der A mit seinem Fahrrad einen Verkehrsunfall, aufgrund dessen der X noch an der Unfallstelle verstirbt. A, damals nicht haftpflichtversichert, wird vom Landgericht Köln am 16.2.1999 rechtskräftig verurteilt, der Witwe des X (der W) ihren Unterhaltsschaden zu ersetzen. Das Landgericht Köln beziffert den monatlichen Unterhaltsschaden der W mit 750 DM. A zahlt daraufhin Monat für Monat der W diesen Betrag. Zum 1.3.2003 wird der von A zu zahlende Unterhaltsschadenersatz auf 380 € geändert.
>
> Am **1.5.2004** wird A durch Verschulden des **B** bei einem Verkehrsunfall getötet. A hinterlässt kein nennenswertes Erbe. Die Witwe W verlangt nunmehr von B Ersatz wegen der ihr aufgrund des Todes des A entgehenden Unterhaltsrente.
>
> *Ergebnis*
> - Der Anspruch der W setzt sich gegen die **Erben des A** und die Erbmasse fort.
> - Im Verhältnis zu **B** bleibt die W nicht-ersatzberechtigte mittelbar Geschädigte. Die von A geschuldete und gezahlte Rente ist kein gesetzlicher (d.h. familienrechtlich geschuldeter) Unterhalt, sondern gesetzlicher Schadenersatz. Der Unterhalt im Sinne des § 844 BGB wurde der W durch Unfallgeschehen vom 26.9.1998 entzogen; durch den Unfall vom 1.5.2004 verliert sie eine schuldrechtliche (und nicht familienrechtliche) Forderung, gerichtet auf Ersatz des durch den Unfall im Jahre 1998 entzogenen Unterhaltes.

---

43 BGH v. 10.4.1979 – VI ZR 151/75 – MDR 1979, 833 = NJW 1979, 1501 = VersR 1979, 670.
44 BGH v. 4.11.2003 – VI ZR 346/02 – BGHReport 2004, 157 (Anm. *Schiemann*) = DAR 2004, 79 = FamRZ 2004, 88 = MDR 2004, 449 = NJW 2004, 358 = NZV 2004, 23 = r+s 2004, 435 = SP 2004, 46 = VersR 2004, 75 = zfs 2004, 114.
45 BGH v. 28.6.2006 – VII ZB 161/05 –. Siehe auch OLG Frankfurt v. 11.3.2004 – 26 U 28/98 – zfs 2004, 452 (Anm. *Diehl*) (Der im Recht des Staates Georgia/USA vorgesehene „Anspruch auf Ersatz des Wertes des vernichteten Lebens" ist nicht deckungsgleich mit dem deutschen Unterhaltsschadenersatzanspruch).
45a BGH v. 28.6.2006 – VII ZB 161/05 –.

56 *Beispiel 1.3*
(Abwandlung von Beispiel 1.2)
A hat im Jahre 2000 geheiratet und hinterlässt seine Ehefrau F. Die Erben des A[46] müssen die Schadenersatzansprüche der W aus dem Verkehrsunfall vom 26.9.1998 befriedigen und dafür unter Umständen auch die Unterhaltsleistungen des schadenersatzpflichtigen B verwenden.

Ergebnis
- Die **Erben des A** haben „als Erben" keinen Anspruch gegen B. Sie sind hinsichtlich der Minderung der Erbmasse nur mittelbar geschädigt.
- Soweit aufgrund des Todes des A Unterhaltsschäden seiner **Hinterbliebenen** (Witwe F) auszugleichen sind, ist anspruchsmindernd die Schadenersatzverpflichtung des A gegen W in die Berechnung einzubeziehen, da dieses Geld nicht zum Familienunterhalt zur Verfügung stand (soweit die Familienangehörigen nicht familienrechtliche Vorrechte gegenüber den Schadenersatzgläubigern geltend machen können).

57 **§ 285 BGB – Herausgabe des Ersatzes**

(1) Erlangt der Schuldner infolge des Umstands, aufgrund dessen er die Leistung nach § 275 Abs. 1 bis 3 nicht zu erbringen braucht, für den geschuldeten Gegenstand einen Ersatz oder einen Ersatzanspruch, so kann der Gläubiger Herausgabe des als Ersatz Empfangenen oder Abtretung des Ersatzanspruchs verlangen.

58 Ist aufgrund eines Unfalles der Schadenersatzschuldner (im *Beispiel 1.2*, Kap. 1 Rn 55 der A) nicht mehr in der Lage, seinen Schadenersatzverpflichtungen nachzukommen, so ist sein eigener Schadenersatzanspruch kein Surrogat (z.B. im Sinne des § 281 BGB), auf das dann seine Gläubiger (im *Beispiel 1.2*, Kap. 1 Rn 55 die W) ihrerseits zur Befriedigung zurückgreifen könnten. Die Gläubiger können diese Schadenersatzforderung allerdings wie jede andere schuldrechtliche Leistung pfänden oder sich abtreten lassen. Die Ersatzgläubiger bleiben allerdings sowohl im Verletzungsfall wie auch im Fall des Todes mittelbar Geschädigte ohne Regressmöglichkeit.

59 *Beispiel 1.4*[47]
Am 2.4.1998 verursachte der A mit seinem Fahrrad einen Unfall, aufgrund dessen sein jüngerer Bruder X schwer verletzt wird.[48] A, der nicht haftpflichtversichert ist, übernimmt die Pflege des X.
Am 10.3.2004 wird A durch Verschulden des B bei einem Verkehrsunfall getötet. A hinterlässt kein nennenswertes Erbe. X verlangt Ersatz der von ihm nunmehr aufzubringenden Pflegekosten.

---

[46] Ist die Ehe von A und F kinderlos, so ist F bei Fehlen eines Testamentes unter Umständen nicht Alleinerbin, sondern nur (mit weiteren Familienangehörigen des A) Miterbin (siehe §§ 1931, 1371, 1925 BGB).
[47] Siehe auch Beispiel 1.1 (Kap 1 Rn 36).
[48] Zur Klassifizierung der Leistungen einer Mutter, die für die Verletzung ihres Kindes verantwortlich ist, siehe BGH v. 15.6.2004 – VI ZR 60/03 – BGHReport 2004, 1415 (Anm. *Schiemann*) = DAR 2004, 517 = FamRZ 2004, 1471 = MDR 2004, 1295 = NJW 2004, 2892 = NZV 2004, 514 = r+s 2004, 390 = SP 2004, 261, 297 = VersR 2004, 1147 = VRS 107, 251 = zfs 2004, 506 (Die von der unterhaltspflichtigen Mutter erbrachten Pflegeleistungen für ein durch einen Unfall geschädigtes Kind lassen auch dann dessen Anspruch gegen den Schädiger wegen vermehrter Bedürfnisse gemäß § 843 BGB unberührt, wenn bei dem Unfall eine Verletzung der Obhutspflicht durch die Mutter mitgewirkt hat).

Ergebnis
Der Anspruch des X auf Pflege (kausal ist der Unfall im Jahre 1998) besteht gegenüber den **Erben des A**.
Im Verhältnis zu **B** bleibt X mittelbar Geschädigter. Familienrechtlicher Unterhalt ist ihm nicht entzogen, da er als Bruder nicht zum anspruchsberechtigten Personenkreis gehört.

12. Selbsthilfegruppe

Fahrtkosten und Mitgliedsbeiträge zu einer Selbsthilfegruppe sind nicht erstattungsfähig.[49]

13. Seelische Beeinträchtigung

Psychische Beeinträchtigungen außerhalb der Schockschaden-Rechtsprechung[50] sind nicht zu ersetzen, sondern als Ausfluss des allgemeinen Lebensrisikos hinzunehmen.

14. Soziale Einbuße

Der Verlust einer gesellschaftlichen Stellung rechtfertigt keinen Anspruch der Witwe.[51]

15. Unternehmer

a. Gesellschafter

Grundsätzlich ist nur der Verdienstausfallschaden des verletzten **Gesellschafters selbst** wegen Ausfall oder Verringerung seiner Gewinnbeteiligung zu ersetzen. Ausnahmen gelten für die **Ein-Mann-Gesellschaft** und die **Gütergemeinschaft**.[52] Entsprechendes gilt dann auch für die Regulierung des Unterhaltsschadens, wobei die Probleme – wie beim Verdienstausfall – vor allem in der Ermittlung des tatsächlichen Schadens liegen.

Der Schaden der **Gesellschaft** und der **anderen Gesellschafter** ist ein nicht zu erstattender Drittschaden.[53]

Beispiel 1.5
Der Kfz-Mechaniker M und der Buchhalter B betreiben eine Kfz-Werkstatt mit Ersatzteilhandel. M wird anlässlich eines Unfalles getötet. Der von B und M bewirtschaftete Betrieb muss daraufhin eingestellt werden.

---

49 LG Lüneburg v. 13.12.2001 – 9 O 139/01 – (OLG Celle v. 2.9.2002 – 9 U 13/02 – NdsRpfl 2003, 64 = OLGR 2002, 231 hat die Rechtsausführung des LG bestätigt, die Berufung der Klägerin dann aber bereits wegen einer Haftungsprivilegierung – Dienstunfall – zurückgewiesen).
50 Kap 2 Rn 176 ff.
51 OLG Celle v. 12.5.1975 – 5 U 81/74 – VersR 1976, 594 (Teilnahme an Empfängen und sonstigen gehobenen Veranstaltungen).
52 Dazu *Böhme/Biela*, D 164 (S. 209), D 223 (S. 226); *Jahnke*, Der Verdienstausfall im Schadenersatzrecht, Kap 4 Rn 39 ff.
53 BGH v. 23.11.1976 – VI ZR 191/74 – MDR 1977, 384 = VersR 1977, 227 (Verletzung des Komplementärs einer KG). *Böhme/Biela*, D 164 (S. 209); *Lemcke*, r+s 1999, 376 (zu 3.).

> *Ergebnis*
> - Die **Hinterbliebenen** des M können die aus der hypothetischen Weiterführung der Werkstatt gezogenen Gewinnanteile – mit allen Unwägbarkeiten, wie sie auch beim Verdienstausfall des Unfallbeteiligten bei dessen Überleben zu berücksichtigen gewesen wären – für die weitere Schadenberechnung zugrunde legen.
> - Der **Mitgesellschafter** B bleibt als mittelbar Geschädigter ohne Ersatzanspruch,

b. Mitarbeiter des getöteten Selbständigen

66 Muss das Geschäft wegen des Todes des Unternehmers geschlossen werden und verlieren deswegen Mitarbeiter des Unternehmers ihren Arbeitsplatz und damit ihre Erwerbsquelle, so haben diese Mitarbeiter bei nachfolgender Arbeitslosigkeit keine Ersatzansprüche, da sie nur mittelbar geschädigt sind.

c. Getötete Mitarbeiter eines Unternehmens

aa. Entgeltfortzahlung, Abtretung[54]

67 Der Arbeitgeber kann die auf ihn nach § 6 EFZG bzw. – zulässiger[55] – Abtretung übergegangenen Aufwendungen nur soweit geltend machen als ein Schaden des **verletzten** (und damit „kranken")[56] Arbeitnehmers vorliegt, zu dem er kongruente Leistungen erbringt. Arbeitgeberleistungen sind kongruent zum Verdienstausfall eines Verletzten, Leistungen wegen des Todesfalls bzw. nach dem Tode sind mangels Kongruenz nicht zu ersetzen.[57]

bb. Mittelbarer Schaden

68 Arbeitgeber eines Verletzten oder Getöteten erleiden infolge des Fortfalls deren Arbeitskraft zwar oft erhebliche wirtschaftliche Einbußen, können diese allerdings nur in eng umrissenem Rahmen beim Schädiger einfordern.[58] Es ist nicht gerechtfertigt, ein Sonderrecht für Gewerbetreibende zu schaffen während andere mittelbar Geschädigte ohne Schadensausgleich bleiben.[59]

69 Auch unter dem Aspekt des **Eingriffs** in den eingerichteten und ausgeübten **Gewerbebetrieb** entfällt ein Schadenersatz, da der Betrieb durch das Schadenereignis nur mittelbar und nicht gezielt beeinträchtigt wird.[60]

70 Weitere Einzelheiten sind im Kap 6 Rn 634 ff. dargestellt.

---

54 Zu Arbeitgeberleistung und Forderungswechsel im Detail Kap 6 Rn 618 ff.
55 In eng umgrenztem Bereich ist eine wirksame Abtretung von Verdienstausfallansprüchen des verletzten Arbeitnehmers zugunsten seines Arbeitgebers möglich: *Jahnke*, VersR 1996, 930 (zu B.IV.2); *ders.*, NZV 1996, 172 (zu B.IV); *ders.*, in Anwalts-Handbuch, Teil 4 Rn 27.
56 § 3 I 1 EFZG lautet „*Wird ein Arbeitnehmer durch Arbeitsunfähigkeit infolge Krankheit an seiner Arbeitsleistung verhindert, .., so hat er Anspruch auf Entgeltfortzahlung im Krankheitsfall durch den Arbeitgeber ...*".
57 Siehe ergänzend Kap 6 Rn 625 ff.
58 Zu Einzelheiten *Jahnke*, Der Verdienstausfall im Schadenersatzrecht, Kap 4 Rn 129 ff.
59 BGH v. 10.12.2002 – VI ZR 171/02 – NJW 2003, 1040 = NZV 2003, 171 = VersR 2003, 466 = zfs 2003, 224; BGH v. 21.6.1977 – VI ZR 58/76 – NJW 1977, 2264 = VersR 1977, 965.
60 AG Achim v. 22.3.2006 – 10 C 632/05 – SP 2006, 273; AG Düsseldorf v. 3.4.2003 – 32 C 19870/02 – SP 2004, 48.

16. Vertragliche Zusicherungen

Den Erben steht kein Schadenersatz für den Umstand zu, dass sie aus **Verträgen** (z.B. Kaufvertrag über Kleidung, Möbel oder Motorrad; spezielle Schmuckanfertigung; individuell angefertigte Objekte; Sammlerstücke) verpflichtet sind, die der verstorbene Erblasser abgeschlossen hat.[61]

71

Werden **dingliche Rechte** wegen des Todes wertlos, führt dieses für sich genommen zu keinem Ersatzanspruch. Verstirbt der Schuldner eines Leibgedings,[62] so hat der hieraus berechtigte Versorgungsleistungsempfänger keinen Schadenersatzanspruch.[63]

72

C. Vermögenseinbußen der Drittleistungsträger

I. Nicht ersatzfähige Vermögenseinbußen

Dem Drittleistungsträger steht kein Anspruch auf Erstattung derjenigen Kosten zu, die ihm bei der Abwicklung der Leistung (an den Verletzten bzw. dessen Hinterbliebenen) und des Regresses entstehen:

73

- **Verwaltungskosten** des Drittleistungsträgers (wie Arztberichte,[64] Dolmetscherkosten,[65] Gutachten,[66] Telefon- und Portospesen, Übersetzungen) sind keine übergangsfähigen Schadenpositionen, sondern als mittelbare Vermögenseinbußen des Drittleistungsverpflichteten nicht auszugleichen.

74

- Die Kosten für die **Auszahlung** von Leistungen durch einen anderen Dritten (z.B. Verletztengeld durch Krankenkasse, Übernahme der Verwaltung der Sozialhilfeempfänger durch eine Krankenkasse) sind nicht erstattungsfähig.

75

- Kosten der **Regressabwicklung** (wie Ermittlung des Verantwortlichen, Beweiserhebungskosten,[67] Rechtsanwaltskosten,[68] Telefon- und Portospesen, Zeitaufwand[69]) sind nicht zu ersetzen.

76

Gerade **Arbeitgeber** haben häufig deutliche wirtschaftliche Einbußen, die ihnen als mittelbar Geschädigte aber nicht zu ersetzen sind.[70]

77

---

61 BGH v. 20.2.1962 – VI ZR 65/61 – VersR 1962, 337.
62 Ein Leibgeding (auch: Leibzucht) ist die Verpflichtung, Naturalleistungen wie Wohnung, Nahrungsmittel und Pflege gegenüber einer Person zu erbringen, zumeist vereinbart bei Hofübergaben in der Landwirtschaft zwischen Übergeber und Übernehmer. Spezielle Formen sind das Ausgedinge oder Altenteil und das Witwengut.
63 BGH v. 21.11.2000 – VI ZR 231/99 – DAR 2001, 159 = NJW 2001, 971 = r+s 2001, 245 = VersR 2001, 648.
64 AG München v. 29.10.1987 – 292 C 3083/87 – VersR 1988, 918 = zfs 1988, 9.
65 Siehe auch BSG v. 10.5.1995 – 1 RK 20/94 – MDR 1995, 1045 = NJW 1996, 806 = VersR 1996, 257 (nur Ls.) = WI 1996, 44 (Keine Hinzuziehung eines Dolmetschers – konkret: Gebärdendolmetscher – zur Behandlung auf Kosten der gesetzlichen Krankenversicherung).
66 LG Stuttgart v. 17.8.1994 – 13 S 103/94 – SP 1995, 11.
67 OLG Karlsruhe v. 25.7.1989 – 11 W 76/89 – VersR 1989, 1315 = zfs 1990, 55 (nur Ls.).
68 BGH v. 13.11.1961 – III ZR 114/60 – MDR 1962, 35 = NJW 1962, 202 = VersR 1961, 1141 = VRS 122, 23. Siehe auch BSG v. 5.10.1995 – 2 RU 4/95 – Breithaupt 1996, 299 = NJW 1996, 1693 = WI 1996, 136 (Erstattung von Anwaltskosten seitens des gesetzlichen Unfallversicherungsträgers bei Verzug). Zu Einzelheiten siehe *Jahnke*, VersR 1991, 264 (272 f.), *ders.*, NZV 1996, 169 (177 f.).
69 BGH v. 9.3.1976 – VI ZR 98/75 – VersR 1976, 857, 615 (Einsatz von besonderem Personal für Abwicklung von Schadenfällen).
70 Im Detail Kap 6 Rn 634 ff.

II. Anwaltliche Vertretung

78 Ist die **Verantwortlichkeit** für den Schaden und damit die Haftung von vornherein derart **klar**, dass aus der Sicht des Geschädigten – unabhängig, ob Privatmann oder Behörde – kein vernünftiger Zweifel daran bestehen kann, dass der Schädiger seiner Ersatzpflicht nachkommen werde, so ist es nach Auffassung des BGH[71] bereits grundsätzlich nicht erforderlich, schon für die erstmalige Geltendmachung des Schaden gegenüber dem Schädiger bzw. dessen Versicherung einen Anwalt beizuziehen.

79 Für **Drittleistungsträger** (z.B. Arbeitgeber, Sozialhilfeträger, Sozialversicherer[72]) gilt darüber hinaus, dass eine Anwaltskostenerstattung außerhalb des Verzuges entfällt.

III. Verzug

80 Bedient sich der Drittleistungsträger bei der Verfolgung seines Regressanspruches anwaltlicher Hilfe, sind ihm die dadurch entstehenden Kosten nur dann zu erstatten, wenn die **Voraussetzungen** des Verzuges (insbesondere Einschaltung des Anwaltes erst nach vorheriger Mahnung z.B. durch den Arbeitgeber selbst) erfüllt und die Kosten zudem Verzugsfolge sind.[73]

81 Nur soweit sich der Aufwand als **Verzugsschaden** darstellt, kann eine daraus resultierende Ersatzpflicht des Schadenersatzschuldners in Betracht kommen. Die Verantwortlichkeit resultiert dann aber nicht aus dem Unfallereignis selbst als vom unmittelbar Verletzten bzw. dessen Hinterbliebenen abgeleiteter Anspruch, sondern es handelt sich um einen unmittelbaren Anspruch des Fordernden, dem gegenüber der Schadenersatzschuldner vorwerfbar verzögert leistet.

IV. Unfallfremde Hinterbliebenenrentenleistungen

1. Verletzungsfall

82 Muss ein Sozialversicherer oder anderer Drittleistungsträger (z.B. durch einen Unfall verletzte Waise hat verlängerte Ausbildung bis 27. Lebensjahr, Witwe muss wegen eines Unfalles Beruf aufgeben) nach einem Haftpflichtgeschehen an einen Unfallverletzten länger oder höher eine Hinterbliebenenrente nach (unfallfremdem) Tod eines Elternteiles oder Ehegatten zahlen, so kann er diese nicht regressieren.[74]

83 Renten an Hinterbliebene sind ausschließlich kongruent zum Unterhaltsschaden eines unfallbedingt verstorbenen Unterhaltsverpflichteten, nicht aber zum Verdienstausfallschaden des unmittelbar unfallverletzten Beziehers einer (unfallfremd gezahlten) Hinterbliebenenrente. Sie können daher vom Rentenversicherer (oder einem sonstigen Drittleistungsträger wie Unfallversicherung oder beamtenrechtlicher Versorgungsträger) auch dann nicht im Regresswege vom Haftpflichtigen zurückgefordert werden, wenn die Verletzung eines Empfängers von Hinterbliebenenrenten oder Hinterbliebenenversorgung

---

71 BGH v. 8.11.1994 – VI ZR 3/94 – MDR 1995, 150 = VersR 1995, 183 = zfs 1995, 48 (Anm. *Höfle*).
72 BGH v. 13.11.1961 – III ZR 114/60 – MDR 1962, 35 = VersR 1961, 1141.
73 Zu Einzelheiten siehe *Jahnke* in Anwalts-Handbuch, Teil 5 Rn 18 ff., *ders.*, VersR 1991, 264 (272 f.); *ders.*, NZV 1996, 169 (177 f. zu C.III.4.a) m.w.N.
74 *Jahnke*, Der Verdienstausfall im Schadenersatzrecht, Kap 3 Rn 316, Fn 178, Kap 6 Rn 31 sowie Kap 6 Fn 25.

- zu einer **höheren Hinterbliebenenrente** (wegen Wegfalles oder Reduktion des anzurechnenden Einkommens),   **84**

- zu einer **Verlängerung** der Hinterbliebenenrentenzahlung (wegen Verzögerung in der Ausbildung) oder   **85**

- zu **erneuter Begründung** (Witwe wird erwerbsunfähig und bezieht daher bereits vor dem 45. Lebensjahr eine große Witwenrente)[75] führt.   **86**

Der Drittleistungsträger ist und bleibt in diesem Fall nur mittelbar Geschädigter.   **87**

2. Wiederheirat

Eine vergleichbare Situation entsteht, wenn nach dem (unfallfremden) Tod des ersten Ehemannes die Witwe wieder heiratet und damit ihre Hinterbliebenenrente (aus Sozialversicherung, Beamtenversorgung) ganz oder teilweise (§ 90 SGB VI) einbüßt. Wird aufgrund eines Haftpflichtgeschehens der Ehemann dieser zweiten Ehe getötet und lebt daher die ursprüngliche Witwenrente aus der ersten Ehe wieder auf (§ 46 III SGB VI, ähnlich § 65 V SGB VII, § 61 III BeamtVG), so kann der Drittleistungsträger, der aus der ersten Ehe nunmehr erneut Witwenrente leisten muss, keinen Regress nehmen: Leistungsauslöser für die Hinterbliebenenrente ist der Tod des ersten Ehemannes; es besteht kein Unterhaltsschaden wegen des Todes des zweiten Ehemannes, der auf den Leistungsträger übergehen könnte.   **88**

Ein Forderungsübergang erfolgt nur insoweit, als der Drittleistungsträger wegen des Todes des zweiten (unfallkausal verstorbenen) Ehemannes Leistungen erbringt.   **89**

---

75 Siehe Kap 6 Rnn 336, 413, 490, 812.

Kapitel 2 Anspruchsgrundlagen

A. Eigener Anspruch – ererbter Anspruch

Bei fremdverschuldeten Unfällen mit Todesfolge ist streng zu **unterscheiden** zwischen

- einerseits den Schadenersatzansprüchen des – verstorbenen – **Unfallverletzten**, die dieser selbst noch zu Lebzeiten erworben hat und die dann im Wege der Gesamtrechtsnachfolge (§ 1922 BGB) auf die Erben übergegangen sind, und

- andererseits den eigenen, originär erworbenen Ansprüchen unterhalts- und dienstberechtigter **Dritter** nach §§ 844, 845 BGB (bzw. den haftungsrechtlichen Sonderbestimmungen, z.B. § 10 StVG).

I. Ansprüche des Verletzten – Ansprüche der Erben

Zu beachten ist, dass **Erben** einerseits und **Unterhaltsberechtigte** andererseits **nicht** zwingend **personenidentisch** sein müssen (siehe *Beispiel 2.1*, Rn 14):[1] Des Weiteren sind die aus dem Unfall ererbten Ansprüche und die aus eigenem Recht erworbenen Ansprüche der unterhaltsberechtigte Personen inhaltlich völlig verschieden.

1. Erbe, Hinterbliebener

Die Ansprüche wegen Verletzung bzw. Tötung eines Dritten stehen den in §§ 844, 845 BGB (bzw. den entsprechenden Regelungen in den Spezialgesetzen) genannten Personen aus **eigenem Recht** zu und gehören nicht zum Nachlass des Getöteten.

Ist der **Erbe** zugleich anspruchsberechtigter **Hinterbliebener**, verfolgt er seine Ansprüche aus §§ 844, 845 BGB aus eigenem Recht neben den ererbten Ansprüchen.[2]

2. Verstorbene Person

Soweit der Verstorbene selbst vor seinem Tod noch unfallkausale **materielle Vermögensnachteile** (neben dem Sachschaden[3] z.B. Einkommensminderung, Heilbehandlungskosten, vermehrte Bedürfnisse) erlitten oder **immaterielle Ansprüche**[4] erworben hat, gehen diese in der Person des unmittelbar Verletzten entstandenen Ansprüche im

---

1 LG Nürnberg v. 20.10.1983 – 4 O 1735/83 – VersR 1984, 196.
2 OLG Koblenz v. 3.3.2005 – 5 U 12/05 – VersR 2005, 1401 (Macht der Angehörige des Verstorbenen Ansprüche aus eigenem und ererbten Recht geltend, ist ein Teilurteil über den eigenen Anspruch nicht statthaft, wenn es dadurch im weiteren Prozessverlauf zu einander widersprechenden Entscheidungen kommen kann).
3 Fahrzeugschäden sind wie andere Sachschäden auch dann zu ersetzen, wenn der Unfallbeteiligte sofort verstirbt (BGH v. 25.1.1972 – VI ZR 75/71 – BB 1972, 468 = MDR 1972, 504 = VersR 1972, 460 = WM 1972, 490). Siehe auch *Klimke,* Der „Entwertungsschaden" aus haftpflichtrechtlicher Sicht, VersR 1973, 492.
4 Dazu Kapitel 3 Schmerzensgeld.

2 Anspruchsgrundlagen

Wege der Rechtsnachfolge, soweit noch nicht vom Ersatzpflichtigen reguliert, auf die **Erben** über.[5]

8 Die Erben eines Getöteten sind als **Gesamtrechtsnachfolger** (§ 1922 BGB) anspruchsberechtigt. Der Erbe führt den Nachweis durch Erbschein oder in anderer ausreichender Form (z.B. durch ein eröffnetes öffentliches Testament).[6]

a. Anspruchsgrund

9 Vererbt werden immer nur Ersatzansprüche, wie sie in der Person des Erblassers vor seinem Tode entstanden sind; nicht dazu gehören Ansprüche, die entstanden wären, wenn er weitergelebt hätte. Die Erben sind auf diejenigen Ersatzansprüche beschränkt, die der Erblasser selbst zu seinen Lebzeiten hätte geltend machen können, selbst wenn die Folgen des Haftpflichtgeschehens noch über den Erbfall hinaus wirken und das Vermögen des Erblassers nach seinem Tode nunmehr in der Person der Erben schädigen.[7]

10 Bei gesetzlichem oder vertraglichem **Haftungsausschluss** entfallen die originären Ansprüche der Hinterbliebenen nach §§ 844, 845 BGB, aber auch Schockschäden der Hinterbliebenen.[8]

b. Anspruchsvolumen

11 **Mitwirkendes Verschulden** des Verletzten haben sich die Hinterbliebenen genauso anspruchsmindernd entgegenhalten zu lassen wie eigenes Fehlverhalten oder die Verantwortung für Betriebsgefahren.[9]

12 Der Verletzte kann nur über die eigenen Ansprüche vor seinem Tod wirksam verfügen, d.h. sie ganz oder teilweise **abfinden** oder aber eine **Haftungsquote** vereinbaren. Soweit Ansprüche den Hinterbliebenen originär zustehen (§§ 844, 845 BGB), kann der Verletzten und später Verstorbene diese nicht beeinträchtigen.[10]

13 Mit dem Tod des Geschädigten ist die **Schadenabwicklung**, soweit sie das Vermögen des Geschädigten betrifft, abgeschlossen; der Tod verhindert die Weiterentwicklung des Schadens des Verletzten;[11] stattdessen entstehen nunmehr die nach anderen Kriterien zu beurteilenden Ansprüche der Unterhaltsberechtigten. Der Erbe muss die Erbschaft immer in demjenigen Zustand hinnehmen, in dem sie sich zum Zeitpunkt des Erbes befindet; Entwertungen des vererbten Vermögens (soweit sie sich nicht bereits zu

---

[5] BGH v. 22.6.2004 – VI ZR 112/03 – FamRZ 2004, 1543 = MDR 2004, 1355 = NJW 2004, 2894 = NZV 2004, 513 = r+s 2004, 434 = SP 2004, 368 = VersR 2004, 1192 = zfs 2004, 553 (Anm. *Diehl*); OLG Hamm v. 20.3.2000 – 6 U 184/99 – OLGR 2000, 226 = MDR 2000, 1190 = r+s 2000, 458.

[6] BGH v. 7.6.2005 – XI ZR 311/04 – WM 2005, 1432; BGH v. 10.12.2004 – V ZR 120/04 – FamRZ 2005, 515.

[7] BGH v. 22.6.2004 – VI ZR 112/03 – FamRZ 2004, 1543 = MDR 2004, 1355 = NJW 2004, 2894 = NZV 2004, 513 = r+s 2004, 434 = SP 2004, 368 = VersR 2004, 1192 = zfs 2004, 553 (Anm. *Diehl*); BGH v. 8.1.1968 – III ZR 32/67 – VersR 1968, 554.

[8] Kap 2 Rn 117 ff.

[9] Kap 2 Rn 195 ff.

[10] Kap 7 Rn 6 ff.

[11] BGH v. 22.6.2004 – VI ZR 112/03 – FamRZ 2004, 1543 = MDR 2004, 1355 = NJW 2004, 2894 = NZV 2004, 513 = r+s 2004, 434 = SP 2004, 368 = VersR 2004, 1192 = zfs 2004, 553 (Anm. *Diehl*); BGH v. 3.7.1984 – VI ZR 42/83 – MDR 1985, 220 = NJW 1985, 49 = VersR 1984, 961; BGH v. 23.11.1966 – VI ZR 9/65 – VersR 1966, 1141.

Lebzeiten des Erblassers ausreichend manifestierten) durch den Tod stellen sich letztlich regelmäßig als nur mittelbare und damit nicht ersatzfähige Schäden heraus.

Beispiel 2.1

A wird im Jahre 2002 von seiner Ehefrau E geschieden. Aufgrund des Scheidungsurteils stehen der E monatlich 200 € zu.

A heiratet im Jahre 2004 erneut, und zwar die Z, mit der er das gemeinsame Kind K hat. A und Z setzen sich wechselseitig zu alleinigen Erben ein. K ist nicht Erbe, sondern nur pflichtteilberechtigt.

Im Jahre 2006 wird A durch einen von X allein verschuldeten Unfall verletzt und verstirbt nach 100-tägigem Koma.

Ergebnis

- Der **Erbin** Z stehen die in der Person des A noch selbst entstandenen Ansprüche aus **ererbtem** Recht zu:
  - Sachschaden (z.B. Kfz-Schaden),
  - materielle Personenschäden, insbesondere Verdienstausfall,
  - Schmerzensgeld.

- Der Z stehen aus **eigenem** Recht zu:
  - Beerdigungskosten,
  - bei Schockschaden: eigenes Schmerzensgeld.

- Den **Hinterbliebenen** (Ehefrau Z, Kind K, geschiedene Ehefrau) stehen aus **eigenem** Recht zu:
  - Unterhaltsschaden.

II. Entwertungsschaden

Probleme bereitet der Ersatz sog. Entwertungsschäden (z.B. Entwertung des Unternehmens oder der Praxis durch den Wegfall des Inhabers). Entwertungsschäden sind erstattungsfähig, wenn sie noch in der Person des Erblassers eingetreten sind; dann geht der Ersatzanspruch – wenn der Verletzte später verstirbt – auf die Erben über.[12] Mit seinem Tode ist die Schadensentwicklung in der Person des unmittelbar Geschädigten abgeschlossen.[13]

Unter welchen Umständen bei Überleben eines **Verletzten** überhaupt ein Entwertungsschaden verlangt werden kann, ist bereits zweifelhaft.[14] Schwierigkeiten bereitet zudem

---

12 BGH v. 22.6.2004 – VI ZR 112/03 – FamRZ 2004, 1543 = MDR 2004, 1355 = NJW 2004, 2894 = NZV 2004, 513 = r+s 2004, 434 = SP 2004, 368 = VersR 2004, 1192 = zfs 2004, 553 (Anm. *Diehl*); BGH v. 25.1.1972 – VI ZR 75/71 – BB 1972, 468 = MDR 1972, 504 = VersR 1972, 460 = WM 1972, 490; BGH v. 20.2.1962 – VI ZR 65/61 – NJW 1962, 911 = VersR 1962, 337; OLG Hamm v. 29.10.2002 – 9 U 64/02 – zfs 2003, 593 (Anm. *Diehl*) (BGH hat die Nichtzulassungsbeschwerde zurückgewiesen, Beschl. v. 30.9.2003 – VI ZR 27/03 –).

13 Kap 2 Rn 13.

14 Siehe dazu: BGH v. 22.6.2004 – VI ZR 112/03 – FamRZ 2004, 1543 = MDR 2004, 1355 = NJW 2004, 2894 = NZV 2004, 513 = r+s 2004, 434 = SP 2004, 368 = VersR 2004, 1192 = zfs 2004, 553 (Anm. *Diehl*); BGH v. 25.1.1972 – VI ZR 75/71 – BB 1972, 468 = MDR 1972, 504 = VersR 1972, 460 = WM 1972, 490; BGH v. 20.2.1962 – VI ZR 65/61 – NJW 1962, 911 = VersR 1962, 337; OLG Hamm v. 29.10.2002 – 9 U 64/02 – zfs 2003, 593 (Anm. *Diehl*) (BGH hat die Nichtzulassungsbeschwerde zurückgewiesen, Beschl. v. 30.9.2003 – VI ZR 27/03 –) (Stirbt ein Geschäftsinhaber infolge eines Unfalles, so können seine Erben, die das Geschäft deshalb stilllegen müssen, einen solchen Erwerbsschaden nicht fordern, auch wenn er in der Verletzung des Betriebsinhabers mitangelegt erscheint, sich aber zu dessen Lebzeiten wirtschaftlich nicht ausgewirkt hat). Siehe auch *Klimke,* Der „Entwertungsschaden" aus haftpflichtrechtlicher Sicht, VersR 1973, 492.

die Ermittlung des Anspruchsvolumens. Soweit der Verletzte wegen des Unfalles keine Einkünfte mehr aus seinem Unternehmen erzielen kann, hat er einen Anspruch auf Verdienstausfall; dabei mindert der Aufwand für die Fortführung seines Betriebs seinen Schaden (Betriebskosten). Die Wechselwirkung von Verdienstausfall und Entwertungsschaden ist bei der Ermittlung der Schadenhöhe stets zu bedenken.

17 Ein Ersatzanspruch besteht nicht, wenn der Erblasser alsbald verstirbt und Verletzung und **Tod** zeitlich so nahe zusammenfallen, dass sie gemeinsam als die Ursache für den Entwertungsschaden erscheinen.[15] Dann erben seine Rechtsnachfolger den entwerteten Nachlass, ohne den Schädiger auf Ersatz in Anspruch nehmen zu können. Der unfallbedingte **Wertverlust der Erbmasse** ist als solcher kein erstattungspflichtiger Schaden, sondern nicht erstattungsfähiger mittelbarer Schaden der Erben.

18 Kann nach dem Tod eines Geschäftsmannes Inventar nur unter seinem Preis verkauft werden, ist der Mindererlös ein nicht erstattungsfähiger Schaden der Erben.[16]

19 *Beispiel 2.2* [17]
Das Landwirtsehepaar V und M hatte seinem Sohn S den Hof übertragen und sich im Gegenzug dazu von S Versorgungsleistungen (Leibgeding) zusagen lassen. V und S bewirtschafteten den Hof, wobei dem V ein Gewinnanteil von 30 % gebührte. S wird durch Verschulden des X getötet. V und M (zugleich seine Erben) können den Hof nicht fortführen und müssen diesen sogar mit Verlust verkaufen.

Ergebnis
1. Die **Hinterbliebenen** des S haben (außerhalb von §§ 844, 845 BGB) keine eigenen Schadenersatzansprüche gegenüber dem X. Sie sind mittelbar geschädigt. Mangels Bedürftigkeit besteht auch kein ersatzfähiger Unterhaltsschaden.
2. In der **Person** des S sind keine nennenswerten Personenschadenansprüche entstanden, die dann im Wege der Erbfolge auf V und M hätten übergehen können.

20 Auf die Höhe der Schadensrenten der Unterhaltsgeschädigten wirkt sich der Entwertungsschaden nicht aus, weil für die Berechnung dieser Ansprüche von den Verhältnissen auszugehen ist, wie sie ohne das Schadensereignis bestanden hätten.

21 *Beispiel 2.3*
(Abwandlung von Beispiel 2.2)
S wurde durch Verschulden des X verletzt und überlebte den Unfall 1 Jahr im Koma. Nach seinem Tode wollen V und M (zugleich seine Erben) den Hof nicht fortführen und veräußern ihn mit Verlust.

Ergebnis
1. Die **Hinterbliebenen** des S haben (außerhalb von §§ 844, 845 BGB) keine eigenen Schadenersatzansprüche gegenüber dem X. Sie sind mittelbar geschädigt.

---

15 BGH v. 20.2.1962 – VI ZR 65/61 – VersR 1962, 337; BGH v. 22.11.1983 – VI ZR 22/82 – NJW 1984, 979 = VersR 1984, 353; OLG Hamm v. 29.10.2002 – 9 U 64/02 – zfs 2003, 593 (Anm. *Diehl*) (BGH hat Nichtzulassungsbeschwerde zurückgewiesen, Beschl. v. 30.9.2003 – VI ZR 27/03 –).
16 *Böhme/Biela*, D 227, Fn 623 (S. 227).
17 BGH v. 21.11.2000 – VI ZR 231/99 – DAR 2001, 159 = NJW 2001, 971 = r+s 2001, 245 = VersR 2001, 648.

2. In der Person des S sind nunmehr Personenschadenansprüche entstanden, die im Wege der **Erbfolge** auf V und M übergehen:
- Schmerzensgeld.
- Verdienstausfallschäden (Anm.: Bei der Gewinnberechnung stellen die Versorgungsleistungen an die Eltern V und M gewinnmindernde Belastungen dar; auch ist der vereinbarte Gewinnanteil des V in Höhe von 30 % anspruchsmindernd herauszunehmen).
- U.U. besteht ein Entwertungsschaden infolge des endgültigen Fortfalles seiner Arbeitskraft.

III. Ererbtes Vermögen

Während einerseits die Entwertung des Erbes kein erstattungsfähiger Schaden ist, ist andererseits der Zufluss der Erbmasse und u.U. weiteren ähnlichen Vermögens (z.B. Leistungen der Lebens- und Unfallversicherung) grundsätzlich kein auf den Schaden anzurechnender Vorteil.

Besonderheiten gelten aber für die Berechnung des Unterhaltsschadens im Einzelfall:[18]

- Die mit dem Getöteten nicht verheirateten Erben (vor allem die Waisen) sind unter Umständen wegen der Erträgnisse aus der Erbschaft **nicht** mehr **bedürftig** und deshalb nicht unterhaltsgeschädigt.
- Der **Stammwert** der Erbschaft ist auf den Unterhaltsersatzanspruch nicht zu verrechnen, da dieser den Erben sowieso später zugefallen wäre.
- Soweit Erträgnisse aus dem ererbten Vermögen (z.B. Mieteinnahmen, Zinsen) **bereits vor dem Schadensereignis** dem Familienunterhalt zur Verfügung standen, sind sie insoweit auf den Schaden zu verrechnen.

Hat nur die Person des Unterhaltspflichtigen, nicht aber die **Quelle** des Unterhalts gewechselt (z.B. Aktiendepot, Erwerbsgeschäft, Mieteinkünfte), so sind die laufenden Erträge dann auf den Ersatzanspruch anzurechnen. Bei Veräußerung der Quelle sind die Erträgnisse aus dem Veräußerungserlös zu verrechnen.

B. Tod

Die Ansprüche der Hinterbliebenen knüpfen stets am Versterben (Tod) eines **Menschen** an. Der Verlust einer Sache oder der Tod eines geliebten Tieres begründet keinen Anspruch.

I. Erbfolge

1. Erbfolge

Nach § 1922 I BGB geht mit dem Tod einer Person (Erbfall) deren gesamten Vermögen (Erbschaft) als Ganzes (Gesamtrechtsnachfolge) auf eine oder mehrere Personen (Erben) über.

Die Erbenstellung kann **gewillkürt** (Testament, § 1937 BGB) oder **vertraglich** (Erbvertrag, § 1941 BGB) durch den Erblasser oder **gesetzlich** (§§ 1924 ff. BGB) zustande

---

18 Siehe ergänzend Kap 6 Rn 254 ff.

kommen. Der Erbe kann unter den Voraussetzungen der §§ 1942 ff. BGB das Erbe binnen einer Frist von 6 Wochen seit Kenntnis vom Erbfall ausschlagen.

31 Der Erbe ist nicht verpflichtet, sein Erbrecht durch einen Erbschein **nachzuweisen**, sondern kann den Nachweis auch in anderer Form (z.B. durch ein eröffnetes öffentliches Testament) erbringen:[19]

32 Das **Pflichtteilrecht** beeinflusst die alleinige Rechtsnachfolge des Erben nicht, sondern gibt nur Ausgleichsansprüche.

2. Erbengemeinschaft

33 Hinterlässt der Erblasser mehrere Erben, so wird der Nachlass gemeinschaftliches Vermögen der Erben (§ 2032 BGB). Bei Erklärungen, die die Erbengemeinschaft betreffen (z.B. Beerdigungskosten, vererbte Ansprüche des unfallkausal verstorbenen Erblassers), müssen **alle Erben** (bzw. deren Rechtsnachfolger, siehe § 2033 BGB) unabhängig von ihrem Erbanteil zustimmen (§ 2038 BGB).

34 Auch der **Nasciturus**[20] gehört zur Erbengemeinschaft.

35
> **§ 3 TPG[21] – Organentnahme mit Einwilligung des Organspenders**
>
> (1) Die Entnahme von Organen ist, soweit in § 4 nichts Abweichendes bestimmt ist, nur zulässig, wenn
>   1. der Organspender in die Entnahme eingewilligt hatte,
>   2. der Tod des Organspenders nach Regeln, die dem Stand der Erkenntnisse der medizinischen Wissenschaft entsprechen, festgestellt ist und
>   3. der Eingriff durch einen Arzt vorgenommen wird.
>
> (2) Die Entnahme von Organen ist unzulässig, wenn
>   1. die Person, deren Tod festgestellt ist, der Organentnahme widersprochen hatte,
>   2. nicht vor der Entnahme bei dem Organspender der endgültige, nicht behebbare Ausfall der Gesamtfunktion des Großhirns, des Kleinhirns und des Hirnstamms nach Verfahrensregeln, die dem Stand der Erkenntnisse der medizinischen Wissenschaft entsprechen, festgestellt ist.
>
> **§ 5 TPG – Nachweisverfahren**
>
> (1) Die Feststellungen nach § 3 Abs. 1 Nr. 2 und Abs. 2 Nr. 2 sind jeweils durch zwei dafür qualifizierte Ärzte zu treffen, die den Organspender unabhängig voneinander untersucht haben. Abweichend von Satz 1 genügt zur Feststellung nach § 3 Abs. 1 Nr. 2 die Untersuchung und Feststellung durch einen Arzt, wenn der endgültige, nicht behebbare Stillstand von Herz und Kreislauf eingetreten ist und seitdem mehr als drei Stunden vergangen sind.

36 Im Erbrecht ist (wie im Transplantationsrecht)[22] als **Todeszeitpunkt** bereits der Eintritt des Gesamthirntodes (und nicht der in aller Regel erst spätere Herz- und Kreislaufstill-

---

[19] BGH v. 7.6.2005 – XI ZR 311/04 – WM 2005, 1432; BGH v. 10.12.2004 – V ZR 120/04 – FamRZ 2005, 515.
[20] Dazu Kap 2 Rn 173.
[21] Transplantationsgesetz – TPG – v. 5.11.1997, BGBl I 1997, 2631.
[22] *Palandt-Edenhofer*, § 1922 Rn 2.

stand) anzunehmen.[23] Der Hirntod tritt ein beim vollständigen und irreversiblen Zusammenbruch der Gesamtfunktion des Gehirns, auch wenn dann Kreislauf und Atmung noch aufrechterhalten bleiben.[24]

Erbfolge kann auch zwischen Personen eintreten, die beim selben Unfallereignis ums Leben kommen. § 1923 BGB macht die Erbfähigkeit allein davon abhängig, dass der Erbe den Erblasser – wenn auch nur um den Bruchteil einer Sekunde – überlebt. Dem Tod geht stets die Körperverletzung voraus, auch wenn die Zeitspanne zwischen Verletzung und Tod denkbar gering ist. 37

Beispiel 2.4 38
Die kinderlosen Eheleute M und F verunglücken tödlich durch Verschulden des X. Es existiert kein Testament. Es bestand Zugewinngemeinschaft.
M verstirbt noch an der Unfallstelle. F überlebt ihn bewusstlos um 1 Stunde.

Ergebnis
Da kein Testament vorliegt, gilt die gesetzliche Erbfolge:
- Da die Ehe kinderlos war, erben **nach dem Tode des M** neben dessen Ehegatten auch die Eltern und die Geschwister des M nach Maßgabe des § 1925 BGB dessen Vermögen zusammen mit F. F erbt gemäß § 1931 I 1 BGB 50 % des Vermögens des A sowie im Falle der Zugewinnehe nach §§ 1931 III, 1371 I BGB weitere 25 %.
- **Nach dem Tode der F** (1 Stunde später) erben deren Verwandte das Vermögen der F einschließlich 75 % des Vermögens des M, die die F aus dem Vermögen des M zuvor ererbt hat.

Anm.: Im Zweifel fällt mehrfach Erbschaftssteuer an.

> **§ 11 VerschG**[25] 39
>
> Kann nicht bewiesen werden, daß von mehreren gestorbenen oder für tot erklärten Menschen der eine den anderen überlebt hat, so wird vermutet, daß sie gleichzeitig gestorben sind.

Das Nachlassgericht muss im Rahmen des Möglichen **aufklären**, ob ein Beteiligter den anderen, sei es auch nur den Bruchteil einer Sekunde, überlebt hat.[26] Kann die Reihenfolge zweier Todesfälle nicht geklärt werden, gilt die Vermutung des § 11 VerschG, wonach beide gleichzeitig gestorben sind.[27] 40

Es kommt auf den **tatsächlichen Todeseintritt** an und nicht auf den bescheinigten. Skepsis ist gegenüber den in der Ermittlungsakte festgehalten Daten angebracht: Gerade bei Verkehrsunfällen kommt dem von Notarzt und Polizei in der Ermittlungsakte, Sterbefallanzeige oder amtlichen Todesbescheinigung notierten Zeitpunkt des Todeseintritts häufig nur indizielle Bedeutung zu.[28] In der Regel wird der Todeseintritt nämlich in der 41

---

23 OLG Frankfurt v. 11.7.1997 – 20 W 254/95 – NJW 1997, 3099 (Koma nach Unfall).
24 OLG Frankfurt v. 11.7.1997 – 20 W 254/95 – NJW 1997, 3099.
25 Verschollenheitsgesetz in der im BGBl III, Gliederungsnummer 401-6, veröffentlichten bereinigten Fassung, zuletzt geändert durch Art. 7 Abs. 15 des Gesetzes v. 27.6.2000, BGBl I 2000, 897.
26 OLG Hamm v. 12.6.1995 – 15 W 120/95 – NZV 1996, 150; *Palandt-Edenhofer,* § 1922 Rn 2, § 1923 Rn 5.
27 *Palandt-Edenhofer,* § 1923 Rn 5.
28 Siehe auch OLG Düsseldorf v. 6.3.2006 – 1 U 141/00 – für die Feststellung der Überlebenszeit nach einem Unfall im Rahmen der Schmerzensgeldzumessung.

2 Anspruchsgrundlagen

zeitlichen Reihenfolge der Untersuchung der verstorbenen Unfallbeteiligten festgehalten und gibt von daher den tatsächlichen Zeitpunkt nicht zwingend korrekt wieder.

42 Bleibt die Erbfolge für den Schadenersatzpflichtigen unklar, so kann er den geschuldeten Betrag **hinterlegen** (§§ 372 ff. BGB).

II. Konfusion

43 Gerade bei Verkehrsunfällen kommt es vor, dass im Falle der Tötung eines Familienmitgliedes der Unterhaltsberechtigte zugleich auch selbst verletzt wird und Ansprüche sowohl als Verletzter wie auch als Unterhaltsgeschädigter verfolgt.

1. Vereinigung von Ansprüchen

44 Kommt es als Folge des Erbganges zur Vereinigung von Recht und Verbindlichkeit oder von Forderung, Schuld und Belastung in der Person des Erben (**Konfusion**, Konsolidation), erlischt grundsätzlich das betreffende Schuldverhältnis ohne weiteres (§§ 425, 429, 1063, 1173, 1256 BGB; Ausnahme § 889 BGB).

45 Bei **Miterben** (z.B. Witwe und Waisen) tritt allerdings grundsätzlich vor Auseinandersetzung keine Vereinigung ein.[29]

46 *Beispiel 2.5*
Die befreundeten A und B unternehmen einen Fahrradausflug am 1.5.2004. Infolge seiner Alkoholisierung fährt A dem B in das Fahrrad. Beide stürzen; A verstirbt an der Unfallstelle, B wird schwer verletzt. A hatte B (z.B. im Rahmen einer bestehenden nichteingetragenen außerehelichen Partnerschaft) zum alleinigen Erben eingesetzt. B nimmt das Erbe am 1.7.2004 an.

Ergebnis
- B hat ursprünglich Schadenersatzansprüche gegen A.
  Durch seine Erbschaft erwirbt B auch die Schulden des A, u.a. damit auch seinen eigenen (B) Schadenersatzanspruch. Dieser Ersatzanspruch geht infolge Konfusion unter.
  Bereits mit dem Tode des A am 1.5.2004 geht dessen Rechtsstellung auf den Erben B nach § 1922 BGB über (und nicht erst mit der „Annahmeerklärung" des B).

- Die gegen A (wegen der Verletzung des B) gerichteten Schadenersatzansprüche können im Wege des **Forderungsübergangs** auf Drittleistungsträger übergehen:
  - Soweit die Forderung **vor dem Erbfall** (1.5.2004) übergegangen ist (z.B. § 116 SGB X), ist die Forderung nicht durch Konfusion erloschen. Der Forderungsübergang auf den SVT erfolgte bereits mit der dem Tode stets vorausgehenden Verletzungshandlung[30] und daher zeitlich vor dem Erbfall (selbst bei nur kurzer Frist: „juristische Sekunde").
  - Soweit der Forderungsübergang **nach dem Erbfall** erfolgt (z.B. §§ 6 EFZG, 67 VVG, Abtretung), ist der Anspruch bereits in der Person des A erloschen. Ein Forderungswechsel entfällt mangels (noch) bestehender Forderung.

---

29 *Palandt-Edenhofer,* § 1922 Rn 6.
30 Der Unterhaltsanspruch entsteht ebenfalls bereits mit der Verletzung: BGH v. 13.2.1996 – VI ZR 318/94 – BGHZ 132, 39 = DAR 1996, 357 = JR 1996, 505 [Anm. *Fuchs*] = LM BGB § 844 II, Nr. 93 = MDR 1996, 799 = NJW 1996, 1674 = NVwZ 1996, 824 = NZV 1996, 229 = r+s 1996, 311 = SGb 1996, 328 = SP 1996, 168 = VersR 1996, 649 = VRS 91, 267.

- Soweit eine **private Haftpflichtversicherung** des A Deckung gewährt, endet deren Zahlungspflicht gegenüber B mit dem Zusammenfall von Anspruch und Schaden in der Person des B. Nur soweit Ansprüche des Drittleistungsträgers bestehen, die vor dem Erbfall nach § 116 SGB X übergingen, besteht Eintrittspflicht.

2. Direktanspruch

Der Direktanspruch nach **§ 3 PflVG** geht infolge Konfusion nicht ganz oder teilweise unter, wenn der Verletzte Alleinerbe des Schädigers wird.[31]

Beispiel 2.6
Die befreundeten A und B unternehmen einen Motorradausflug am 1.5.2004. Infolge seiner Alkoholisierung fährt A dem B in das Motorrad. Beide stürzen; A verstirbt, B wird schwer verletzt. A hatte B zum alleinigen Erben eingesetzt. B nimmt das Erbe am 1.7.2004 an.

Ergebnis
- B hat ursprünglich **eigene** Schadenersatzansprüche gegen A.
  1. Durch die „Annahme des Erbes" seitens B erwirbt dieser auch dessen Schulden, u.a. damit auch seinen eigenen Schadenersatzanspruch. Dieser unmittelbare Ersatzanspruch geht infolge Konfusion unter.
  2. Daneben besteht der Direktanspruch gegen den Kfz-Haftpflichtversicherer des Motorrades V, der durch die Konfusion nicht betroffen ist. B hat auch nach dem 1.5.2004 weiterhin Ansprüche gegen V.
- Soweit die gegen A gerichteten Schadenersatzansprüche im Wege des Forderungsübergangs auf **Drittleistungsträger** übergehen, teilen sie zwar teilweise das Schicksal des Anspruches B gegen A, soweit der Forderungsübergang nach dem Erbfall liegt (siehe *Beispiel 2.5*, Kap 2 Rn 46).
Aber auch zugunsten der Drittleistenden kommt § 3 PflVG zum Tragen.

3. Mehrheit von Haftpflichtigen

Schwieriger wird die Situation, wenn mehrere Haftpflichtige beteiligt sind:[32]

Beispiel 2.7
Die Eheleute A (als Fahrer/Halter) und B (als Beifahrerin) unternehmen einen Ausflug mit dem PKW. Dem A, der unfallkausal zu schnell fährt, wird von C die Vorfahrt genommen. A verstirbt, B wird schwer verletzt. Die Haftungsquote zu Lasten des C beträgt 70 %. B beerbt den A allein.
Der Sachschaden am PKW des A beträgt 5.000 €, der eigene Personenschaden der B 100.000 € und ihr Unterhaltsschaden 50.000 €.

---

31 BGH v. 9.7.1996 – VI ZR 5/95 – NJW 1996, 2933 = NZV 1996, 445 = r+s 1996, 398 = SP 1996, 345 = VersR 1996, 1258 = WI 1996, 171; OLG Hamm v. 16.6.1994 – 6 U 227/93 – NJW 1995, 2930 (nur Ls.) = NZV 1995, 276 = r+s 1995, 176 = SP 1995, 283 (nur Ls.) = VersR 1995, 454 = zfs 1995, 220 (BGH hat Revision nicht angenommen, Beschl. v. 14.3.1995 – VI ZR 230/94 –).
32 OLG Hamm v. 16.6.1994 – 6 U 227/93 – NJW 1995, 2930 (nur Ls.) = NZV 1995, 276 = r+s 1995, 176 = SP 1995, 283 (nur Ls.) = VersR 1995, 454 = zfs 1995, 220 (BGH hat Revision nicht angenommen, Beschl. v. 14.3.1995 – VI ZR 230/94 –).

Ergebnis
- B hat Schadenersatzansprüche **gegen C** und dessen Haftpflichtversicherer VC.
  - Der **Sachschaden** am PKW ist mit einer Quote von **70 %** als von A ererbter Schaden zu ersetzen. VC zahlt 3.500 €.
  - Der **Körperschaden** der B ist, da ihr weder das Mitverschulden ihres Ehemannes zugerechnet wird noch infolge der Konfusion Ansprüche untergehen, ungekürzt (**100 %**) auszugleichen. VC zahlt 100.000 €.
  - Der **Unterhaltsschaden** nach dem Tode des A ist, da sich B die Mitverantwortung des A in Höhe von 30 % zurechnen lassen muss, nur mit **70 %** auszugleichen. VC zahlt (50.000 € * 70 % =) 35.000 €.
- B hat Ersatzansprüche **gegen** den (eigenen) **Haftpflichtversicherer VA** des Fahrzeuges, das von ihrem Ehemann gesteuert wurde.
  - Der **Körperschaden** der B ist, da infolge der Konfusion Ansprüche nach § 3 PflVG nicht betroffen sind, ungekürzt (**100 %**) auszugleichen.
  Für abgeleitete Ansprüche sind die Grundsätze der gestörten Gesamtschuld zu beachten.[33]
  - Unterhalts- und Sachschäden sind von VA nicht auszugleichen.
- Die Haftpflichtversicherer gleichen sich, soweit sie **gesamtschuldnerisch**[34] hafteten, untereinander entsprechend der Haftungsquote aus:
  - Bzgl. des **Sach-** und **Unterhaltsschaden** besteht keine Gesamtschuld. VC trägt die Aufwendungen allein.
  - Bzgl. des **Körperschadens** der B beteiligt sich VA entsprechend der Haftungsquote mit **30 %** am Aufwand der VC.

Ergänzung
Anspruch des C
- C hat Schadenersatzansprüche **gegen B** (als Erbe des A) und den **Kfz-Haftpflichtversicherer VA** des von A gesteuerten Fahrzeuges nach einer Quote von **30 %**.
Mit den Ausgleichsansprüchen (§ 426 BGB, § 17 StVG) kann C grundsätzlich gegen die Schadenersatzforderung der geschädigten B aufrechnen, da diese durch Beerbung ihres bei dem Unfall getöteten Ehemannes A Ausgleichsschuldnerin geworden ist.[35]

4. Halter als Insasse im eigenen Fahrzeug

51 Trifft den Fahrer eines Fahrzeuges im Verhältnis zu einem weiteren Mitverantwortlichen (z.B. kollidierendes zweites Fahrzeug) am Zustandekommen des Unfalles eine Mitverantwortlichkeit oder lässt sich der Unabwendbarkeitsbeweis nicht führen, so muss sich der Halter auch als Beifahrer im eigenen Fahrzeug im **Verhältnis zum Zweitschädiger** (nicht jedoch gegenüber seinem eigenen Fahrer)[36] die Mitverantwortung seines eigenen

---

33 Dazu Kap 2 Rn 136 ff.
34 Soweit die Grundzüge der gestörten Gesamtschuld bei Zahlungen an Sozialversicherungsträger oder andere Drittleistungsträger zu beachten sind, siehe Kap 2 Rn 136 ff.
35 BGH v. 27.6.1961 – VI ZR 205/60 – BB 1961, 1103 = BGHZ 35, 317 = FamRZ 1962, 60 = JuS 1966, 400 (Anm. *Prölss*) = MDR 1961, 1009 = NJW 1961, 1966 = VersR 1961, 918.
36 BGH v. 30.5.1972 – VI ZR 38/71 – NJW 1972, 1415; OLG Frankfurt v. 14.1.1994 – 10 U 60/93 – VersR 1994, 1000.

Fahrers – und zwar in Höhe dessen Mitverschuldens – anspruchsmindernd u.a. auch auf seinen Schmerzensgeldanspruch anrechnen lassen.[37]

Beispiel 2.8

Die Eheleute A (als Fahrer) und B (als Beifahrerin/Halterin) unternehmen einen Ausflug mit dem PKW. Dem A, der unfallkausal zu schnell fährt, wird von C die Vorfahrt genommen. A verstirbt, B wird schwer verletzt. Die Haftungsquote zu Lasten des C beträgt 70 %. B beerbt den A allein.

Der Sachschaden am PKW des A beträgt 5.000 €, der Personenschaden der B 100.000 € und der Unterhaltsschaden 50.000 €.

Ergebnis

- B hat Schadenersatzansprüche **gegen C** und dessen Haftpflichtversicherer VC.
  - Der **Sachschaden** am PKW ist mit einer Quote von **70 %** als eigener Schaden der B zu ersetzen. B hat sich als Halterin allerdings das Verschulden des Fahrers A anrechnen zu lassen. VC zahlt (5.000 € * 70 % =) 3.500 €.
  - Der **Körperschaden** der B ist gekürzt um die – von B als Halterin zu verantwortende – gesteigerte Betriebsgefahr (30 %) auszugleichen. VC zahlt (100.000 € * 70 % =) 70.000 €.
  - Der **Unterhaltsschaden** nach dem Tode des A ist, da sich B die Mitverantwortung des A in Höhe von 30 % zurechnen lassen muss, nur mit **70 %** auszugleichen. VC zahlt (50.000 € * 70 % =) 35.000 €.
- B hat Ersatzansprüche **gegen** den (eigenen) **Haftpflichtversicherer VA** des Fahrzeuges, das von ihrem Ehemann gesteuert wurde.
  - Der **Körperschaden** der B ist, da infolge der Konfusion Ansprüche nach § 3 PflVG nicht betroffen sind, ungekürzt (**100 %**) auszugleichen. Die Haltereigenschaft spielt gegenüber dem eigenen Fahrer und dessen Haftpflichtversicherer keine Rolle. VA hätte also, würde der Körperschaden hier geltend gemacht, 100 % zu zahlen.
  Wenn VC bereits 70.000 € gezahlt hat, so besteht gegenüber VA ein Anspruch wegen des Restschadens in Höhe von 30.000 €.
- Die Haftpflichtversicherer gleichen sich, soweit sie **gesamtschuldnerisch** haften, untereinander entsprechend der Haftungsquote aus:
  - Bzgl. des **Sach-** und **Unterhaltsschaden** besteht keine Gesamtschuld. VC trägt die Aufwendungen allein.
  - Bzgl. des **Körperschadens** besteht nur in Höhe von 70 % eine gesamtschuldnerische Haftung, wegen darüber hinaus gehender 30 % ist VA Alleinschuldner. Im Ergebnis bleiben nach Abwicklung der Körperschadenansprüche der B 70.000 € als Belastung bei VC und 30.000 € bei VA. Die Quotierung ist zugunsten des VC bereits durch die Kürzung des Direktanspruches der B vorweggenommen.

---

[37] BGH v. 18.11.1957 – III ZR 117/56 – VersR 1958, 83. BGH v. 16.10.1956 – VI ZR 162/55 – VersR 1956, 732; OLG Hamm v. 29.8.1994 – 6 U 245/93 – VersR 1995, 545; OLG Köln v. 23.6.1989 – 3 U 63/88 –; OLG München v. 19.4.1985 – 10 U 1936/85 – VersR 1986, 925.

III. Zeitliches Auseinanderfallen von Unfall und Tod

1. Kausalitätsproblem

53 Der Unterhalt muss dem Berechtigten **infolge** der **Tötung** entzogen worden sein.

54 Verstirbt nach einem fremdherbeigeführten Unfall der Verletzte erst einige Zeit später (nach etlichen Wochen oder Monaten, u.U. aber auch erst nach Jahren), kann streitig sein, ob der Tod noch auf den Unfall zurückzuführen ist. Sofern im Strafverfahren nach dem Unfall eine Obduktion durchgeführt wurde, bietet deren Ergebnis eine erste Möglichkeit, die Kausalität einzuschätzen.

55 *Beispiel 2.9*
A wird durch Verschulden des B verletzt und in ein Krankenhaus eingeliefert. Wochen später verstirbt A, seine Leiche wird eingeäschert.[38]
Die Erben behaupten,
- dass durch den Unfall ein zum Tode führender Leberschaden eingetreten sei,
- dass ein Zwerchfellriss übersehen wurde,
- dass die zum Tode führende Aneurysmaruptur[39] Folge des Unfalles und nicht anlagebedingt war.

Die Todesursache bleibt letztlich unaufklärbar.

2. Prüfungsschritte

56 Die Zurechnung erfolgt in **zwei Prüfungsschritten**:[40]

57 ■ **1. Schritt**: Haftungs**begründende** Kausalität nach dem Maßstab des **§ 286 ZPO**.

58 ■ **2. Schritt**: Haftungs**ausfüllende** Kausalität nach dem Maßstab des **§ 287 ZPO**.

a. Haftungsbegründende Kausalität

59 Dem zeitlich später eintretenden Tod geht eine **Körperverletzung** voraus. Die Nachweispflicht eines Verletzten erstreckt sich auf Eintritt und Höhe des Schadens,[41] damit also u.a. auch auf den Umstand, dass er überhaupt verletzt wurde. Er hat zunächst den ursächlichen Zusammenhang (haftungsbegründende Kausalität) zwischen schädigendem Verhalten und der eingetretenen Rechtsgutverletzung (Körperverletzung) im Rahmen der strengen Voraussetzungen des **§ 286 ZPO** nachweisen.[42]

60 **§ 286 ZPO – Freie Beweiswürdigung**

(1) Das Gericht hat unter Berücksichtigung des gesamten Inhalts der Verhandlungen und des Ergebnisses einer etwaigen Beweisaufnahme nach freier Überzeugung zu entscheiden, ob eine tatsächliche Behauptung für wahr oder für nicht wahr zu erachten sei. In dem Urteil sind die Gründe anzugeben, die für die richterliche Überzeugung leitend gewesen sind.

---

38 Es kann sich durchaus die Frage einer Beweisvereitelung wegen der Einäscherung stellen.
39 BGH v. 22.9.1992 – VI ZR 293/91 – MDR 1993, 175 = r+s 1993, 14 = VersR 1993, 55.
40 Siehe BGH v. 22.9.1992 – VI ZR 293/91 – MDR 1993, 175 = r+s 1993, 14 = VersR 1993, 55.
41 BGH v. 30.6.1970 – VI ZR 71/69 – VersR 1970, 903.
42 BGH v. 27.4.1994 – XII ZR 16/93 – MDR 1994, 684 = VersR 1994, 1351; OLG Hamm v. 2.7.2001 – 13 U 224/00 – SP 2002, 11; OLG München v. 8.2.2002 – 10 U 3448/99 – NZV 2003, 474 = VersR 2004, 124 (BGH hat Revision nicht angenommen, Beschl. v. 1.4.2003 – VI ZR 156/02 –). Zu weiteren Einzelheiten *Jahnke*, Der Verdienstausfall im Schadenersatzrecht, Kap 2 Rn 14 ff.

> (2) An gesetzliche Beweisregeln ist das Gericht nur in den durch dieses Gesetz bezeichneten Fällen gebunden.

Im Rahmen des § 286 ZPO ist für die richterliche Überzeugungsbildung zwar keine mathematisch oder medizinisch notwendige Sicherheit erforderlich, wohl aber ein solch hoher Grad an Wahrscheinlichkeit, dass er vernünftigen Zweifeln Schweigen gebietet, ohne sie völlig auszuschließen.[43]

b. Haftungsausfüllende Kausalität

Wenn der erste Verletzungserfolg feststeht, kommt für die Weiterentwicklung (haftungsausfüllende Kausalität) des Schadens dem Verletzten die Beweiserleichterung des **§ 287 I ZPO** zugute, wobei je nach Lage des Falles eine höhere oder auch deutlich höhere Wahrscheinlichkeit genügt.[44]

> **§ 287 ZPO – Schadensermittlung; Höhe der Forderung**
>
> (1) Ist unter den Parteien streitig, ob ein Schaden entstanden sei und wie hoch sich der Schaden oder ein zu ersetzendes Interesse belaufe, so entscheidet hierüber das Gericht unter Würdigung aller Umstände nach freier Überzeugung. Ob und inwieweit eine beantragte Beweisaufnahme oder von Amts wegen die Begutachtung durch Sachverständige anzuordnen sei, bleibt dem Ermessen des Gerichts überlassen. Das Gericht kann den Beweisführer über den Schaden oder das Interesse vernehmen; die Vorschriften des § 452 Abs. 1 S. 1, Abs. 2 bis 4 gelten entsprechend.
>
> (2) Die Vorschriften des Abs. 1 S. 1, 2 sind bei vermögensrechtlichen Streitigkeiten auch in anderen Fällen entsprechend anzuwenden, soweit unter den Parteien die Höhe einer Forderung streitig ist und die vollständige Aufklärung aller hierfür maßgebenden Umstände mit Schwierigkeiten verbunden ist, die zu der Bedeutung des streitigen Teiles der Forderung in keinem Verhältnis stehen.

Ob aus einer Verletzung der Tod resultiert, ist eine Frage der haftungsausfüllenden und nicht der haftungsbegründenden Kausalität.[45] Dementsprechend muss ein Verschulden des Schädigers sich nur auf die Körperverletzung und nicht auch auf den (späteren) Tod erstrecken.[46] Für die Beurteilung des Kausalzusammenhanges gilt damit § 287 ZPO,[47] d.h. die erhebliche Wahrscheinlichkeit reicht aus.

---

43 OLG Hamm v. 2.4.2001 – 13 U 148/00 – SP 2001, 342 m.w.N.
44 OLG Hamm v. 2.7.2001 – 13 U 224/00 – SP 2002, 11 m.w.N.
45 BGH v. 13.2.1996 – VI ZR 318/94 – BGHZ 132, 39 = DAR 1996, 357 = JR 1996, 505 (Anm. *Fuchs*) = LM BGB § 844 Abs. 2, Nr. 93 = MDR 1996, 799 = NJW 1996, 1674 = NVwZ 1996, 824 = NZV 1996, 229 = r+s 1996, 311 = SGb 1996, 328 = SP 1996, 168 = VersR 1996, 649 = VRS 91, 267.
46 BGH v. 13.2.1996 – VI ZR 318/94 – BGHZ 132, 39 = DAR 1996, 357 = JR 1996, 505 (Anm. *Fuchs*) = LM BGB § 844 Abs. 2, Nr. 93 = MDR 1996, 799 = NJW 1996, 1674 = NVwZ 1996, 824 = NZV 1996, 229 = r+s 1996, 311 = SGb 1996, 328 = SP 1996, 168 = VersR 1996, 649 = VRS 91, 267.
47 BGH v. 22.9.1992 – VI ZR 293/91 – MDR 1993, 175 = r+s 1993, 14 = VersR 1993, 55; BGH v. 10.6.1958 – VI ZR 120/57 – MDR 1958, 762 = NJW 1958, 1579 = VersR 1958, 547 = VRS 15, 161; OLG Hamburg v. 26.11.2004 – 1 U 67/04 – OLGR 2005, 101.

IV. Zurechnungszusammenhang

1. Geringfügiges Schadenereignis

65 Eine Zurechnung entfällt, wenn das Schadensereignis ganz geringfügig ist und nicht gerade speziell auf die Schadensanlage des Verletzten trifft.[48]

2. Selbstmord

66 Der haftungsrechtliche Zusammenhang kann ausnahmsweise selbst dann zu bejahen sein, wenn der **Verletzte selbst** aufgrund der schweren Verletzungen in den Selbstmord getrieben wird.[49]

67 Eine nur psychische Belastung eines **Angehörigen** des Unfallopfers reicht nicht aus.

68 *Beispiel 2.10*
Ehemann A hat aus erster Ehe für seinen Sohn S zu sorgen.
Die Ehefrau des A, die F, verunfallt durch Verschulden des X tödlich. A erfährt vom Tod seiner Ehefrau F und erschießt sich.

Ergebnis
S (Stiefsohn der getöteten F) hat keine Unterhaltsansprüche gegen X. Auch die Schockschadenrechtsprechung ist auf Stiefkinder nicht anwendbar, da diese nicht zum schützenswerten Personenkreis gehören.
Da der Selbstmord des A (Vater des S) nicht dem X zuzurechnen ist, besteht kein Ersatzanspruch des S.

3. Allgemeines Lebensrisiko

69 Stellt sich ein Schaden bei wertender Betrachtungsweise als Verwirklichung des allgemeinen Lebensrisikos dar, so entfällt eine Ersatzpflicht letztlich wegen des inneren Zusammenhanges zwischen der vom Schädiger geschaffenen Gefahrenlage und dem eingetretenen Schaden; dem Schutzzweck der Schadensersatznormen ist Rechnung zu

---

[48] BGH v. 11.11.1997 – VI ZR 376/96 – MDR 1998, 157 = VersR 1998, 201; BGH v. 30.4.1996 – VI ZR 55/95 – MDR 1996, 886 = VersR 1996, 990; BGH v. 8.2.1994 – VI ZR 68/93 – MDR 1994, 892 = VersR 1994, 695.

[49] BGH v. 8.10.1985 – VI ZR 114/84 – BGHZ 96, 98 = JR 1986, 149 (Anm. *Hohloch*) = JZ 1986, 238 = MDR 1986, 218 = NJW 1986, 775 = r+s 1986, 34 = VersR 1986, 185 = zfs 1986, 100 (Einem Krankenhausträger, der einen Patienten wegen Selbstgefährdung zu behandeln und ihn vor Selbstschädigung zu bewahren hat, ist, wenn der Patient während der stationären Behandlung einen Suizidversuch unternimmt, grundsätzlich der Mitverschuldeneinwand verwehrt); BGH v. 10.6.1958 – VI ZR 120/57 – MDR 1958, 762 = NJW 1958, 1579 = VersR 1958, 547 = VRS 15, 161 (Selbstmord nach Schädelverletzung. Auch eine den Krankheitszustand verschlimmernde Überbewertung von Unfallfolgen im Sinne einer psychogenen Überlagerung braucht den Ursachenzusammenhang nicht in Frage zu stellen); OLG Hamm v. 23.9.1996 – 6 U 70/94 – r+s 1997, 65. Siehe auch BGH v. 1.8.2002 – III ZR 277/01 – DÖD 2002, 283 = DÖV 2003, 293 = DVBl 2002, 1639 = JA 2003, 183 (Anm. *Haberstumpf*) = MDR 2002, 1368 = NJW 2002, 3172 = NZA 2002, 1214 = VersR 2003, 67 = ZBR 2003, 57 (Anm. *Herrmann*) = zfs 2002, 517 (Anm. *Diehl*) (Wird eine Polizeibeamtin im Rahmen gemeinsamer Dienstausübung durch ihren Vorgesetzten systematisch und fortgesetzt schikaniert [Mobbing], haftet der Dienstherr des Schädigers nach Amtshaftungsgrundsätzen für den Selbstmord der Polizistin) und OLG Stuttgart v. 28.7.2003 – 4 U 51/03 – NVwZ-RR 2003, 715 = OLGR 2003, 416 = VersR 2004, 786 = ZBR 2004, 282 (Mobbing durch wiederholte unterdurchschnittliche dienstliche Beurteilungen).

tragen.[50] Der haftungsrechtliche Zusammenhang zwischen Unglück und Schaden fehlt u.a., wenn sich jemand von Berufs wegen (z.B. Feuerwehr, Polizei, Sanitäter) zu einer Unglücksstelle begibt.[51]

Der haftungsrechtliche Zusammenhang fehlt, wenn nicht der Unfall selbst sondern erst nachträgliche Ereignisse, durch die ein **neuer Gefahrenkreis** eröffnet wird, zum Tode führen (z.B. Herzinfarkt infolge der Aufregung über die polizeiliche Unfallaufnahme und die Vorwürfe des anderen Unfallbeteiligten,[52] unfallabhängige Operation anlässlich der Unfallbehandlung).[53]

70

Wird jemand erst anlässlich der **Schadensbegutachtung** verletzt oder getötet, so entfällt ein Schadenersatzanspruch.[54]

71

Fehlt der haftungsrechtliche Zusammenhang zwischen Verletzung und Tod, gehen zwar die dem unmittelbar Unfallbeteiligten selbst entstandenen Sach- und Personenschäden auf die **Erben** über, Schadenersatzansprüche etwaiger unterhaltsberechtigter Dritter entstehen aber nicht.

72

4. Fehlverhalten Dritter

Ein Fehlverhalten Dritter unterbricht grundsätzlich nicht den Zurechnungszusammenhang.[55] Es kann dann allerdings gesamtschuldnerische Haftung zwischen Erst- und Folgeschädiger bestehen. Wird z.B. eine auf der Strasse liegende Person mehrfach überrollt,

73

---

50 BGH v. 22.4.1986 – VI ZR 77/85 – VRS 71, 256; BGH v. 6.6.1989 – VI ZR 241/88 – BGHZ 107, 359 = JR 1990, 115 (Anm. *Dunz*) = JZ 1989, 1069 (Anm. *Bar*) = MDR 1989, 899 = NJW 1989, 2616 (Anm. *Börgers*, NJW 1990, 2535) = VersR 1989, 923 (Revision zu OLG Köln v. 31.5.1988 – 15 U 197/87 – zfs 1989, 42). Zum Schutzzweck von Normen siehe BGH v. 28.3.2006 – VI ZR 50/05 – r+s 2006, 298 = SP 2006, 269 = VersR 2006, 944; BGH v. 14.6.2005 – VI ZR 185/04 – DAR 2005, 504 = MDR 2005, 1409 = NJW 2005, 2923 = NZV 2005, 457 = r+s 2005, 410 = SP 2005, 309 = SVR 2005, 386 (nur Ls.) (Anm. *Otting*) = VerkMitt 2006, Nr. 24 = VersR 2005, 1449 = VRS 109 (2005),409.
51 OLG Celle v. 28.4.2005 – 9 U 242/04 – (Dem mittelbar geschädigten Retter stehen mangels Zurechnungszusammenhang keine Ersatzansprüche zu. Die Gefährdungshaftung der Bahn ist zudem auf solche Vorgänge beschränkt, bei denen sich gerade die Eigentümlichkeiten des Bahnverkehrs realisieren, vornehmlich Unfälle beim Ein- und Aussteigen und Rangieren.). Siehe ergänzend Kap 2 Rn 177.
52 OLG Köln v. 31.5.1988 – 15 U 197/87 – zfs 1989, 42 (Schlaganfall nach Aufregung über Alkoholvorwurf seitens des Schädigers anlässlich eines fremdverschuldeten Unfalls). BGH v. 6.6.1989 – VI ZR 241/88 – BGHZ 107, 359 = JR 1990, 115 (Anm. *Dunz*) = JZ 1989, 1069 (Anm. *Bar*) = MDR 1989, 899 = NJW 1989, 2616 (Anm. *Börgers*, NJW 1990, 2535) = VersR 1989, 923 (Revision zu OLG Köln v. 31.5.1988 – 15 U 197/87 – zfs 1989, 42) verneint den haftungsrechtlichen Zusammenhang zwischen Schlaganfall und Verkehrsverstoß bzw. Betriebsgefahr.
53 BGH v. 13.05.1968 – III ZR 207/67 – VersR 1968, 773 (Eine gesundheitliche Schädigung, die ein Bundeswehrsoldat während seiner Wehrdienstzeit erlitten hat, ist durch eine Dienstverrichtung herbeigeführt worden, wenn diese im ursächlichen Zusammenhang mit dem Gesundheitsschaden steht. Das ist auch dann der Fall wenn die Schädigung auf einem ärztlichen Kunstfehler beruht, der nicht außerhalb aller Wahrscheinlichkeit lag und der bei der Behandlung der ersten – unmittelbaren – Wehrdienstbeschädigung begangen worden ist.).
54 LG Aachen v. 28.11.1984 – 4 O 300/84 – VersR 1985, 1097 (Gehbehinderter Fahrzeugeigentümer kommt bei der Besichtigung des beschädigten Fahrzeuges zu Fall).
55 BGH v. 10.02.2004 – VI ZR 218/03 – DAR 2004, 265 = IVH 2004, 104 (nur Ls.) = MDR 2004, 684 (nur Ls.) = NJW 2004, 1375 = NJW-Spezial 2004, 65 (nur Ls.) = NZV 2004, 243 = r+s 2004, 212 = SP 2004, 148 = VerkMitt 2004,Nr 61 = VersR 2004, 529 = VRS 106, 428 = zfs 2004, 255 (Anm. *Diehl*) (Der haftungsrechtliche Zurechnungszusammenhang zwischen einem Erstunfall, durch den es zur Teilsperrung einer Autobahn kommt, und den Schadensfolgen eines Zweitunfalls, der dadurch verursacht wird, dass ein Kraftfahrer ungebremst in die durch den Erstunfall veranlassten ordnungsgemäßen Absicherungsmaßnahmen fährt, kann je nach den besonderen Umständen des Einzelfalls entfallen. Dabei kann auch die Abwägung der Betriebsgefahren der beteiligten Kraftfahrzeuge zu dem Ergebnis führen,

so haftet derjenige, der dieses verantwortlich verursachte, auch für den durch späteres Überfahren eingetretenen Tod selbst wenn sich nicht mehr aufklären lässt, wer denn nun den Tod letztlich herbeiführte.

74 *Beispiel 2.11*
A wird durch Verschulden des B verletzt und in ein Krankenhaus eingeliefert.
- Auf dem Transport ins Krankenhaus erleidet A eine weitere Verletzung, die zum Tode führt.
- Im Krankenhaus wird dem A eine falsche Blutkonserve verabreicht. Er verstirbt danach.
- Im Krankenhaus wird ein Zwerchfellriss übersehen. A ist 6 Wochen später tot.

Ergebnis
B hat – unter Umständen gesamtschuldnerisch mit dem Zweitschädiger – den Hinterbliebenen und Erben des A Schadenersatz zu leisten.

75 Auch das Risiko einer falschen Behandlungsmethode trägt grundsätzlich der Erstschädiger. Ärztliche **Kunstfehler** unterbrechen die haftungsausfüllende Kausalität ausnahmsweise dann, wenn es sich um ein ungewöhnliches Fehlverhalten, also einen schweren Kunstfehler des Arztes handelt.[56] Soll eine Zurechnung zu Lasten des Erstschädigers entfallen, muss ein fundamentaler Diagnoseirrtum, etwa ein Versäumnis oder Versehen, das „in Anbetracht der Eindeutigkeit der Befunde unter keinem denkbaren Gesichtspunkt entschuldbar erscheint", vorliegen.[57]

76 Bei Zurechnung des Diagnose- oder Behandlungsfehlers zu Lasten des Erstschädigers kann dieser aber **Rückgriffsansprüche** gegenüber dem Arzt haben (gestufte Gesamtschuld).[58] Der Arzt haftet für seine Fehler ohne Rücksicht auf ein Mitverschulden des Patienten am davor liegenden Haftpflichtereignis; für den Arzt ist ohne Relevanz, warum jemand von ihm zu behandeln ist.[59]

---

dass der Verursacher des Erstunfalls für die Schäden des Zweitunfalls nicht haftet.); OLG Karlsruhe v. 31.05.1990 – 9 U 224/88 – DAR 1991, 300 = NZV 1991, 269 = r+s 1991, 159 = VersR 1992, 842 = VRS 81 (1991),81 = zfs 1991, 332 (nur Ls.) (Wer für den Verkehrsunfall verantwortlich ist, kann auch für die Verletzungen haftbar sein, die ein anderer dadurch erleidet, dass ein Dritter in die Unfallstelle hineinfährt. Ein haftungsrechtlicher Zusammenhang mit der Betriebsgefahr ist anzunehmen, solange die durch den Unfall geschaffene Gefahrenlage fortbesteht und hierauf der neue Unfall zurückzuführen ist. Der Zurechnungszusammenhang wird unterbrochen, wenn das schädigende Verhalten nur noch der äußere Anlass für das Verhalten Dritter ist. Hält ein Fahrzeug unmittelbar am Ort des ersten Unfalls am Straßenrand an und fährt ein weiteres Fahrzeug infolge überhöhter Geschwindigkeit auf dieses auf, so fehlt es am Zurechnungszusammenhang zwischen dem ersten und dem zweiten Unfall.); LG Köln v. 12.5.2005 – 30 O 495/03 – SP 2005, 331 (Zurechnungszusammenhang fehlt, wenn nach dem Erstunfall die Unfallstelle abgesichert ist und ein weiterer Kraftfahrer in die Unfallstelle hineinfährt oder wenn der erste Unfall nur noch äußerer Anlass und von untergeordneter Bedeutung für den zweiten Unfall ist und sich nicht anders darstellt als wenn das Hindernis, das zum zweiten Unfall geführt hat, aus irgendeinem anderen Grund bestanden hätte).

56 BGH v. 20.9.1988 – VI ZR 37/88 – NJW 1989, 768; BGH v. 8.1.1965 – VI ZR 232/63 – VersR 1965, 439; OLG Hamm v. 1.9.1994 – 6 U 71/94 – NJW 1996, 789 = VersR 1996, 585.
57 OLG Düsseldorf v. 28.6.1984 – 8 U 112/83 – VersR 1985, 169.
58 OLG Hamm v. 1.9.1994 – 6 U 71/94 – MedR 1996, 83 = NJW 1996, 789 = NZV 1995, 446 = OLGR Hamm 1995, 233 = r+s 1995, 340 = SP 1996, 45 (nur Ls.) = VersR 1996, 585 (BGH hat Revision nicht angenommen, Beschl. v. 11.7.1995 – VI ZR 337/94 –) (Zum Gesamtschuldausgleich zwischen Unfallverursacher und den Verletzten falsch behandelndem Arzt).
59 OLG Hamm v. 1.9.1994 – 6 U 71/94 – MedR 1996, 83 = NJW 1996, 789 = NZV 1995, 446 = OLGR Hamm 1995, 233 = r+s 1995, 340 = SP 1996, 45 (nur Ls.) = VersR 1996, 585 (BGH hat Revision nicht angenommen, Beschl. v. 11.7.1995 – VI ZR 337/94 –). Siehe auch OLG Köln v. 18.4.1996 – 18 U 101/95 – NZV 1997, 357 = VersR 1997, 1367 (Für den Ausgleich zwischen zum

5. Unfallfremde Schadensanfälligkeit

Grundsätzlich entlastet es den Schädiger nicht, wenn er auf eine Konstitution eines Verletzten trifft, die den Schadenseintritt erleichtert oder vergrößert; der einen geschwächten Menschen in seiner Gesundheit beeinträchtigende Schädiger kann nicht verlangen so gestellt zu werden als ob er einen Gesunden verletzt hätte.[60] Es ist für die Ersatzpflicht dem **Grunde** nach weder von Bedeutung, ob der Schaden nur deshalb eingetreten ist, weil der Verletzte aufgrund besonderer Konstitution für den Schaden besonders anfällig (unfallfremde Schadensanfälligkeit) war, noch der Umstand, dass sich der mit einer schadensbegünstigenden Anlage Behaftete einer gefahrträchtigen Situation ausgesetzt hat.[61]

77

Die unfallfremden Faktoren können allerdings für die **Dauer** und **Höhe** des Schadensersatzanspruches (Unterhalt, entgangene Dienste) u.a. unter dem Aspekt der überholenden Kausalität, aber auch des körperlichen und psychischen Leitungsvermögens von Bedeutung sein.

78

6. Überholende Kausalität

Die Ersatzpflicht kann in Fällen überholender Kausalität ausgeschlossen sein: Es bestehen dabei zwei oder mehr – insbesondere auch **hypothetisch** zu betrachtende – **Kausalketten**, die jede für sich den gleichen Erfolg (im Unterhaltsschadenbereich u.a. den Tod) herbeizuführen geeignet sind, nebeneinander. Dabei führt die eine Ursache (z.B. Verkehrsunfall) den Erfolg herbei und verhindert damit, dass die andere Ursache (z.B. schwere Krebserkrankung, aber auch Arbeitsplatzverlust) sich ganz oder teilweise früher oder später auswirken kann.[62]

79

Bedeutung hat die überholende Kausalität auch für die Beurteilung der Schadenhöhe, beispielsweise für möglichen Fortfall oder Beeinträchtigung der hypothetisch zu betrachten Erwerbsmöglichkeiten des Verstorbenen.

80

Dieser (regelmäßig vom Ersatzpflichtigen zu **beweisende**) hypothetische Ursachenzusammenhang ist anspruchsmindernd oder sogar anspruchsausschließend zu beachten, wenn mit ausreichender Gewissheit (§ 287 ZPO, nicht Strengbeweis nach § 286 ZPO) feststeht, dass infolge anderer hypothetischer Faktoren gleichbedeutende Bedürfnisse oder Einbußen entstehen oder bei fiktiver Betrachtung zu einem späteren Zeitpunkt entstanden wären.[63]

81

> Schadenersatz verpflichteten Gesamtschuldnern [konkret: nach einer Schädigung durch Verkehrsunfall mit nachfolgender ärztlicher Fehlbehandlung] ist in entsprechender Anwendung des § 254 I BGB der Verursachungsbeitrag des Unfallverursachers gegenüber dem Verursachungsbeitrag des behandelnden Arztes als des Zweitschädigers abzuwägen. Der Verursachungsbeitrag des fehlerhaft behandelnden Arztes kann den Verursachungsbeitrag des grob fahrlässig überholenden Unfallverursachers überwiegen, wenn ein Behandlungsfehler die Wahrscheinlichkeit des konkret eingetretenen Schadens [konkret: Hirnschädigung] entscheidend vergrößert hat.).
> 60 OLG Hamm v. 20.6.2001 – 13 U 136/99 – NZV 2002, 37 = VersR 2002, 491; OLG Hamm v. 2.7.2001 – 13 U 224/00 – SP 2002, 11 m.w.H.
> 61 BGH v. 5.11.1996 – VI ZR 275/95 – NJW 1997, 455 = VersR 1997, 122; BGH v. 30.4.1996 – VI ZR 55/95 – BGHZ 132, 341 = VersR 1996, 990; BGH v. 24.1.1984 – VI ZR 61/82 – VersR 1984, 286; BGH v. 22.9.1981 – VI ZR 144/79 – VersR 1981, 1178; BGH v. 10.5.1966 – VI ZR 243/64 – VersR 1966, 737; OLG Hamm v. 2.4.2001 – 6 U 231/99 – SP 2001, 408.
> 62 BGH v. 13.5.1953 – VI ZR 5/52 – VersR 1953, 244; BGH v. 7.6.1968 – VI ZR 42/67 – VersR 1968, 804.*Palandt-Heinrichs,* vor § 249 Rn 96 ff.
> 63 BGH v. 14.2.1995 – VI ZR 106/94 – MDR 1995, 479 = r+s 1995, 181 = VersR 1995, 681; BGH v. 25.4.1972 – VI ZR 134/71 – MDR 1972, 769 = VersR 1972, 834; OLG Hamm v. 8.6.2000 – 6 U 189/99

2 Anspruchsgrundlagen

C. Haftung

82 Der Schadenersatz der mittelbar Geschädigten findet seine Anspruchsbegründung in den Haftpflichttatbeständen der

83 ■ **delikt**ischen Haftung,

84 ■ **Gefährdung**shaftung und

85 ■ **Vertrag**shaftung.

I. Deliktische Haftung

1. §§ 823 ff. BGB

86
> **§ 823 BGB – Schadensersatzpflicht**
>
> (1) Wer vorsätzlich oder fahrlässig das Leben, den Körper, die Gesundheit, die Freiheit, das Eigentum oder ein sonstiges Recht eines anderen widerrechtlich verletzt, ist dem anderen zum Ersatz des daraus entstehenden Schadens verpflichtet.
>
> (2) ¹Die gleiche Verpflichtung trifft denjenigen, welcher gegen ein den Schutz eines anderen bezweckendes Gesetz verstößt. ²Ist nach dem Inhalt des Gesetzes ein Verstoß gegen dieses auch ohne Verschulden möglich, so tritt die Ersatzpflicht nur im Falle des Verschuldens ein.
>
> **§ 832 BGB – Haftung des Aufsichtspflichtigen**
>
> (1) ¹Wer kraft Gesetzes zur Führung der Aufsicht über eine Person verpflichtet ist, die wegen Minderjährigkeit oder wegen ihres geistigen oder körperlichen Zustands der Beaufsichtigung bedarf, ist zum Ersatz des Schadens verpflichtet, den diese Person einem Dritten widerrechtlich zufügt. ²Die Ersatzpflicht tritt nicht ein, wenn er seiner Aufsichtspflicht genügt oder wenn der Schaden auch bei gehöriger Aufsichtsführung entstanden sein würde.
>
> (2) Die gleiche Verantwortlichkeit trifft denjenigen, welcher die Führung der Aufsicht durch Vertrag übernimmt.
>
> **§ 833 BGB – Haftung des Tierhalters**
>
> ¹Wird durch ein Tier ein Mensch getötet oder der Körper oder die Gesundheit eines Menschen verletzt oder eine Sache beschädigt, so ist derjenige, welcher das Tier hält, verpflichtet, dem Verletzten den daraus entstehenden Schaden zu ersetzen. ²Die Ersatzpflicht tritt nicht ein, wenn der Schaden durch ein Haustier verursacht wird, das dem Beruf, der Erwerbstätigkeit oder dem Unterhalt des Tierhalters zu dienen bestimmt ist, und entweder der Tierhalter bei der Beaufsichtigung des Tieres die im Verkehr erforderliche Sorgfalt beobachtet oder der Schaden auch bei Anwendung dieser Sorgfalt entstanden sein würde.
>
> **§ 834 BGB – Haftung des Tieraufsehers**
>
> ¹Wer für denjenigen, welcher ein Tier hält, die Führung der Aufsicht über das Tier durch Vertrag übernimmt, ist für den Schaden verantwortlich, den das Tier einem Dritten in der im § 833

– SP 2000, 411; OLG Hamm v. 12.2.1998 – 6 U 64/97 – MDR 1998, 902 = NZV 1998, 372 = r+s 1998, 371; OLG Köln v. 17.9.1987 – 7 U 76/87 – MDR 1989, 160 = VersR 1988, 61.

bezeichneten Weise zufügt. ²Die Verantwortlichkeit tritt nicht ein, wenn er bei der Führung der Aufsicht die im Verkehr erforderliche Sorgfalt beobachtet oder wenn der Schaden auch bei Anwendung dieser Sorgfalt entstanden sein würde.

§ 836 BGB – Haftung des Grundstücksbesitzers

(1) ¹Wird durch den Einsturz eines Gebäudes oder eines anderen mit einem Grundstück verbundenen Werkes oder durch die Ablösung von Teilen des Gebäudes oder des Werkes ein Mensch getötet, der Körper oder die Gesundheit eines Menschen verletzt oder eine Sache beschädigt, so ist der Besitzer des Grundstücks, sofern der Einsturz oder die Ablösung die Folge fehlerhafter Errichtung oder mangelhafter Unterhaltung ist, verpflichtet, dem Verletzten den daraus entstehenden Schaden zu ersetzen. ²Die Ersatzpflicht tritt nicht ein, wenn der Besitzer zum Zwecke der Abwendung der Gefahr die im Verkehr erforderliche Sorgfalt beobachtet hat.

(2) Ein früherer Besitzer des Grundstücks ist für den Schaden verantwortlich, wenn der Einsturz oder die Ablösung innerhalb eines Jahres nach der Beendigung seines Besitzes eintritt, es sei denn, dass er während seines Besitzes die im Verkehr erforderliche Sorgfalt beobachtet hat oder ein späterer Besitzer durch Beobachtung dieser Sorgfalt die Gefahr hätte abwenden können.

(3) Besitzer im Sinne dieser Vorschriften ist der Eigenbesitzer.

§ 837 BGB – Haftung des Gebäudebesitzers

Besitzt jemand auf einem fremden Grundstück in Ausübung eines Rechts ein Gebäude oder ein anderes Werk, so trifft ihn anstelle des Besitzers des Grundstücks die im § 836 bestimmte Verantwortlichkeit.

§ 838 BGB – Haftung des Gebäudeunterhaltungspflichtigen

Wer die Unterhaltung eines Gebäudes oder eines mit einem Grundstück verbundenen Werkes für den Besitzer übernimmt oder das Gebäude oder das Werk vermöge eines ihm zustehenden Nutzungsrechts zu unterhalten hat, ist für den durch den Einsturz oder die Ablösung von Teilen verursachten Schaden in gleicher Weise verantwortlich wie der Besitzer.

2. Billigkeitshaftung

§ 829 BGB – Ersatzpflicht aus Billigkeitsgründen

Wer in einem der in den §§ 823 bis 826 bezeichneten Fälle für einen von ihm verursachten Schaden aufgrund der §§ 827, 828 nicht verantwortlich ist, hat gleichwohl, sofern der Ersatz des Schadens nicht von einem aufsichtspflichtigen Dritten erlangt werden kann, den Schaden insoweit zu ersetzen, als die Billigkeit nach den Umständen, insbesondere nach den Verhältnissen der Beteiligten, eine Schadloshaltung erfordert und ihm nicht die Mittel entzogen werden, deren er zum angemessenen Unterhalt sowie zur Erfüllung seiner gesetzlichen Unterhaltspflichten bedarf.

2 Anspruchsgrundlagen

88 Die Haftung aus Gründen der Billigkeit nach § 829 BGB gegenüber dem Direktgeschädigten wird von der Rechtsprechung mittlerweile weit zugunsten des Anspruchsberechtigten gerade bei Bestehen einer Haftpflichtversicherung gesehen.[64]

a. Haftpflichtversicherungsschutz

89 Der Umstand, dass der Schadenersatzpflichtige Haftpflichtversicherungsschutz genießt, führt nicht zur Einstandspflicht für den Schaden.[65] Das mögliche Bestehen einer Haftpflichtversicherung darf nicht haftungsbegründend berücksichtigt werden; es bleibt beim Grundsatz, dass „der Versicherungsschutz dem Haftpflichtrecht folgt und nicht etwa das Bestehen von Versicherungsschutz zu einer Erweiterung der Haftung führt".[66]

90 Der **Direktanspruch** nach § 3 PflVG dient der Sicherung der Forderung des Geschädigten und ist deshalb in seinem Bestand und seinen Wirkungen grundsätzlich vom Haftpflichtanspruch abhängig (akzessorisches Recht).[67] Ausnahmen hat die Rechtsprechung wegen der Subsidiarität im Sozialhilferecht zugelassen. Aber auch für die Kfz-Versicherung gilt, dass ihr Bestehen nicht haftungsbegründend wirkt.[68]

b. Kinderbeteiligung

91 Für Unfälle ab dem 1.8.2002 trat das Zweite Gesetz zur Änderung schadenersatzrechtlicher Vorschriften[69] (SchadÄndG) in Kraft. Ein Hauptanliegen der Rechtsänderung war die Verbesserung der Rechtsstellung der Kinder im motorisierten Verkehr durch die Neuregelung in § 828 II 1 BGB.[70] Der Gesetzgeber knüpft an psychologische Erkenntnisse an, dass Kinder aufgrund ihrer physischen und psychischen Fähigkeiten erst nach **Vollendung des 10. Lebensjahres** imstande sind, die besonderen Gefahren des Straßenverkehrs zu erkennen und sich entsprechend diesen Gefahren zu verhalten. Die Neuregelung hat, was der Gesetzgeber auch bewusst anspricht,[71] eine vermehrte Kostentragung des anderen Unfallbeteiligten zur Folge. Dies ist allerdings kein grundsätzlich neues Problem, vielmehr ist die Altersgrenze durch die gesetzliche Neuregelung lediglich von 7 auf 10 Jahre heraufgesetzt.

92 Bei einem Unfall können Kinder sowohl **Opfer** wie auch **Täter** sein.[72] Diese „Doppelstellung" ist nicht erst durch die Regelung mit Wirkung vom 1.8.2002 eingeführt, sie

---

64 BGH v. 11.10.1994 – VI ZR 303/93 – DAR 1995, 65 = NJW 1995, 452 = NZV 1995, 65 = r+s 1995, 53 = VersR 1995, 96 = zfs 1995, 53. *Heß/Jahnke,* Das neue Schadensrecht, S. 60.
65 OLG Stuttgart v. 9.6.2005 – 13 U 21/04 – NZV 2006, 213; LG Duisburg v. 31.8.2004 – 6 O 99/04 – VersR 2006, 223; LG Heilbronn v. 5.5.2004 – 7 S 1/4 Wa – NZV 2004, 464; AG Marburg v. 11.4.2003 – 9 C 1648/02 (77) – zfs 2003, 443 (Anm. *Diehl); Palandt-Sprau,* § 829 Rn 4.
66 *Diehl,* zfs 2003, 444 (Anm. zu AG Marburg v. 11.4.2003 – 9 C 1648/02 [77] – zfs 2003, 443).
67 BGH v. 28.11.2000 – VI ZR 352/99 – BGHZ 146, 108 = DAR 2001, 118 = EWiR 2001, 183 (nur Ls.) (Anm. *van Bühren*) = HVBG-Info 2001, 676 = LM SGB X § 116 Nr. 23 (Anm. *Schmitt*) = MDR 2001, 268 = NJW 2001, 754 = NZV 2001, 129 = r+s 2001, 112 (Anm. *Lemcke*) = PVR 2001, 83 (Anm. *Halm*) = SP 2001, 160 = VersR 2001, 215 (Anm. *Halfmeier/Schnitzler,* VersR 2002, 11) = VRS 100, 15 = ZIP 2001, 118 = zfs 2001, 106; OLG Stuttgart v. 9.6.2005 – 13 U 21/04 – NZV 2006, 213.
68 Dazu *Bamberger/Roth-Spindler,* § 829 Rn 8.
69 Gesetz v. 19.7.2002, BGBl I 2002, 2674.
70 Zum Thema: *Bernau,* Führt die Haftungsprivilegierung des Kindes in § 828 II BGB zu einer Verschärfung der elterlichen Aufsichtshaftung aus § 832 I BGB?, NZV 2005, 234.
71 Referentenentwurf, Begründung S. 17.
72 BGH v. 21.12.2004 – VI ZR 276/03 – DAR 2005, 150 = NJW-RR 2005, 327 = NZV 2005, 185 = VersR 2005, 378 = zfs 2005, 179 (Anm. *Diehl*); BGH v. 30.11.2004 – VI ZR 365/03 – DAR 2005, 148 = MDR 2005, 390 = NJW 2005, 356 = NJW-Spezial 2005, 162 (Anm. *Heß*) = NZV 2005, 139 = r+s

galt schon zuvor für Kinder, die das 7. Lebensjahr noch nicht vollendet hatten: Der Anwendungsbereich für Unfälle im motorisierten Verkehr ist lediglich auf die Altergruppe der 7 bis 10-jährigen ausgedehnt worden. Der Umstand nicht mehr anzurechnenden Mitverschuldens des Kindes darf nicht dazu führen, dass zum Ausgleich der dadurch entstehenden Anspruchseinschränkungen des anderen Unfallbeteiligten nunmehr andere Anspruchsnormen ausgeweitet werden, um diesem nunmehr ebenfalls Ansprüche zuzubilligen. Die gesetzgeberische Entscheidung zugunsten des Schwächeren führt automatisch dazu, dass anderen ihre bislang bestehenden Rechte beschnitten werden.[73]

Soweit das Kind **Täter** ist, wird in der Gesetzesbegründung[74] auf die Billigkeitshaftung des § 829 BGB hingewiesen. Die Billigkeit muss aber unter Berücksichtigung aller Umstände eine Schadloshaltung des Geschädigten erfordern und nicht nur erlauben.[75] § 829 BGB verlangt ein wirtschaftliches Gefälle. Das Vorhandensein einer freiwilligen privaten Haftpflichtversicherung reicht für sich allein genommen nicht aus, die Billigkeitshaftung zu bejahen; das Bestehen ist nur zur Höhe des zuvor bejahten Anspruches zu berücksichtigen.[76] Die Billigkeitshaftung darf nicht dazu benutzt werden, quasi durch die Hintertür die Wertungen wieder rückgängig zu machen, die der Gesetzgeber durch die Heraufsetzung der Deliktsfähigkeit in § 828 II BGB n.F. sowie die Ersetzung des Unabwendbarkeitseinwandes durch den Einwand höherer Gewalt getroffen hat: Letztlich soll derjenige, der unverschuldet einen Schaden beim Unfall mit einem noch nicht deliktsfähigen Kind erleidet, diesen im Regelfall als Teil seines allgemeinen Lebensrisikos selbst tragen müssen.[77]

93

Ansprüche aus Geschäftsführung ohne Auftrag entfallen seit 1.8.2002 praktisch.[78]

94

Der **42. Deutsche Verkehrsgerichtstag 2004** (Arbeitskreis V „Neues Schadensersatzrecht in der Praxis") hat folgende Empfehlung (Ziff. 2) beschlossen:[79] „Des Weiteren hält es der Arbeitskreis nicht für sachgerecht, die neue Haftungsprivilegierung von Kindern über eine Verschärfung der elterlichen Aufsichtspflicht (§ 832 BGB) oder eine Erweiterung der Billigkeitshaftung (§ 829 BGB) auszuhöhlen."

95

c. Drittleistungsträger

Zugunsten der Drittleistungsträger (insbesondere der Sozialversicherungsträger) findet die zugunsten des Geschädigten geltende Rechtsprechung keine Anwendung, § 829 BGB gibt den Drittleistungsträgern keinen Anspruch.[80]

96

2005, 83 (Anm. *Lemcke*) = SP 2005, 102 = SVR 2005, 74 (nur Ls.) (Anm. *Nickel*) = VerkMitt 2005, Nr. 29 =VersR 2005, 380 = VRS 108, 172 = zfs 2005, 177 (Anm. *Diehl*); BGH v. 30.11.2004 – VI ZR 335/03 – BGHZ 161, 180 = DAR 2005, 146 (Anm. *Huber*, DAR 2005, 171) = MDR 2005, 506 = NJW 2005, 354 = NZV 2005, 137 = r+s 2005, 80 = SP 2005, 79 = SVR 2005, 73 (nur Ls.) (Anm. *Schwab*) = VersR 2005, 376 = zfs 2005, 174 (Anm. *Diehl*).

73 LG Heilbronn v. 5.5.2004 – 7 S 1/4 Wa – NZV 2004, 464. Siehe auch *Müller*, Das reformierte Schadensersatzrecht, DAR 2002, 546 = VersR 2003, 7.
74 BR-Drucks 742/01 v. 28.9.2001, S. 37.
75 BGH v. 24.6.1969 – VI ZR 15/68 – MDR 1969, 997 = NJW 1969, 1762 = VersR 1969, 860; LG Heilbronn v. 5.5.2004 – 7 S 1/4 Wa – NZV 2004, 464.
76 BGH v. 24.4.1979 – VI ZR 8/78 – DAR 1980, 20 = FamRZ 1979, 567 = NJW 1979, 2096 = r+s 1979, 189 = VersR 1979, 645; LG Heilbronn v. 5.5.2004 – 7 S 1/4 Wa – NZV 2004, 464.
77 LG Heilbronn v. 5.5.2004 – 7 S 1/4 Wa – NZV 2004, 464; *Karczewski*, Der Referentenentwurf eines Zweiten Gesetzes zur Änderung schadensersatzrechtlicher Vorschriften, VersR 2001, 1074.
78 Kap 2 Rn 113 ff.
79 Ergänzende Anmerkungen in DAR 2004, 133 und NZV 2004, 122.
80 OLG Hamm, Vergleichsprotokoll v. 27.3.1995 – 6 U 196/92 – unter Hinweis auf *RGRK-Steffen*, § 829 Rn 15; in diesem Sinne wohl auch *Soergel-Spickhoff*, § 829 Rn 16, siehe auch BGH v. 26.6.1973 – VI ZR

II. Gefährdungshaftung

97 Gefährdungshaftungstatbestände finden sich u.a. im **AtomG**, **HaftpflG**, **LuftVG**, **StVG**, **GenTG**, **ProdHaftG** und **UmweltHG**.

III. Amtshaftung und ähnliche Haftung

98
§ 839 BGB – Haftung bei Amtspflichtverletzung

(1) ¹Verletzt ein Beamter vorsätzlich oder fahrlässig die ihm einem Dritten gegenüber obliegende Amtspflicht, so hat er dem Dritten den daraus entstehenden Schaden zu ersetzen. ²Fällt dem Beamten nur Fahrlässigkeit zur Last, so kann er nur dann in Anspruch genommen werden, wenn der Verletzte nicht auf andere Weise Ersatz zu erlangen vermag.

(2) ¹Verletzt ein Beamter bei dem Urteil in einer Rechtssache seine Amtspflicht, so ist er für den daraus entstehenden Schaden nur dann verantwortlich, wenn die Pflichtverletzung in einer Straftat besteht. ²Auf eine pflichtwidrige Verweigerung oder Verzögerung der Ausübung des Amts findet diese Vorschrift keine Anwendung.

(3) Die Ersatzpflicht tritt nicht ein, wenn der Verletzte vorsätzlich oder fahrlässig unterlassen hat, den Schaden durch Gebrauch eines Rechtsmittels abzuwenden.

Art. 34 GG – Amtspflichtverletzung, Haftung

¹Verletzt jemand in Ausübung eines ihm anvertrauten öffentlichen Amtes die ihm einem Dritten gegenüber obliegende Amtspflicht, so trifft die Verantwortlichkeit grundsätzlich den Staat oder die Körperschaft, in deren Dienst er steht. ²Bei Vorsatz oder grober Fahrlässigkeit bleibt der Rückgriff vorbehalten. ³Für den Anspruch auf Schadenersatz und für den Rückgriff darf der ordentliche Rechtsweg nicht ausgeschlossen werden.

§ 51 BGSG – Zum Ausgleich verpflichtende Tatbestände

(1) Erleidet jemand
  1. infolge einer rechtmäßigen Inanspruchnahme nach § 20 Abs. 1 oder
  2. durch eine Maßnahme aufgrund des § 62 Abs. 1 einen Schaden, so ist ihm ein angemessener Ausgleich zu gewähren.

(2) Abs. 1 gilt entsprechend, wenn jemand
  1. infolge einer rechtswidrigen Maßnahme oder
  2. als unbeteiligter Dritter

  bei der Erfüllung von Aufgaben des Bundesgrenzschutzes einen Schaden erleidet.

(3) Der Ausgleich des Schadens wird auch Personen gewährt,
  1. die mit Zustimmung der zuständigen Behörde freiwillig bei der Erfüllung von Aufgaben des Bundesgrenzschutzes mitgewirkt oder Sachen zur Verfügung gestellt haben,

47/72 – BG 1974, 95 = MDR 1973, 921 = NJW 1973, 1795 = USK 73, 118 = VersR 1973, 925 = VRS 45, 241 und OLG Oldenburg v. 10.1.1969 – 6 U 163/68 – VersR 1967, 371 (nur Ls.) (§ 829 BGB ist im Rahmen des § 254 BGB heranzuziehen, wenn ein nach §§ 827, 828 BGB nicht Verantwortlicher einen ihm entstandenen Schaden, für den ein anderer haftet, selbst mitverursacht hat. Das muss sich auch ein SVT, auf den ein Anspruch bei Verletzung des Kindes eines Mitgliedes übergegangen ist, entgegenhalten lassen.).

2. die nach § 63 Abs. 2 zu Hilfspolizeibeamten bestellt worden sind

und dadurch einen Schaden erlitten haben.

(4) Weitergehende Ersatzansprüche, insbesondere aus Amtspflichtverletzung, bleiben unberührt.

§ 52 BGSG – Inhalt, Art und Umfang des Ausgleichs

(1) ¹Der Ausgleich nach § 51 wird grundsätzlich nur für Vermögensschaden gewährt. ²Für entgangenen Gewinn, der über den Ausfall des gewöhnlichen Verdienstes oder Nutzungsentgeltes hinausgeht, und für Nachteile, die nicht in unmittelbarem Zusammenhang mit der behördlichen Maßnahme stehen, ist ein Ausgleich nur zu gewähren, wenn und soweit dies zur Abwendung unbilliger Härten geboten erscheint.

(2) Bei einer Verletzung des Körpers, der Gesundheit oder der Freiheit ist auch der Schaden, der nicht Vermögensschaden ist, durch eine billige Entschädigung auszugleichen.

(3) ¹Der Ausgleich wird in Geld gewährt. ²Hat die zum Ausgleich verpflichtende Maßnahme die Aufhebung oder Minderung der Erwerbsfähigkeit oder eine Vermehrung der Bedürfnisse oder den Verlust oder die Beeinträchtigung eines Rechtes auf Unterhalt zur Folge, so ist der Ausgleich durch Entrichtung einer Rente zu gewähren. ³§ 760 BGB ist anzuwenden. ⁴Statt der Rente kann eine Abfindung in Kapital verlangt werden, wenn ein wichtiger Grund vorliegt. ⁵Der Anspruch wird nicht dadurch ausgeschlossen, daß ein anderer dem Geschädigten Unterhalt zu gewähren hat.

(4) Stehen dem Geschädigten Ansprüche gegen Dritte zu, so ist, soweit diese Ansprüche nach dem Inhalt und Umfang dem Ausgleichsanspruch entsprechen, der Ausgleich nur gegen Abtretung dieser Ansprüche zu gewähren.

(5) ¹Bei der Bemessung des Ausgleichs sind alle Umstände zu berücksichtigen, insbesondere Art und Vorhersehbarkeit des Schadens und ob der Geschädigte oder sein Vermögen durch die Maßnahme der Behörde geschützt worden ist. ²Haben Umstände, die der Geschädigte zu vertreten hat, auf die Entstehung oder Verschlimmerung des Schadens eingewirkt, so hängt die Verpflichtung zum Ausgleich sowie der Umfang des Ausgleichs insbesondere davon ab, inwieweit der Schaden vorwiegend von dem Geschädigten oder durch die Behörde verursacht worden ist.

§ 53 BGSG – Ausgleich im Todesfall

(1) Im Falle der Tötung sind im Rahmen des § 52 Abs. 5 die Kosten der Bestattung demjenigen auszugleichen, dem die Verpflichtung obliegt, diese Kosten zu tragen.

(2) ¹Stand der Getötete zur Zeit der Verletzung zu einem Dritten in einem Verhältnis, aufgrund dessen er diesem gegenüber kraft Gesetzes unterhaltspflichtig war oder unterhaltspflichtig werden konnte, und ist dem Dritten infolge der Tötung das Recht auf den Unterhalt entzogen, so kann der Dritte im Rahmen des § 52 Abs. 5 insoweit einen angemessenen Ausgleich verlangen, als der Getötete während der mutmaßlichen Dauer seines Lebens zur Gewährung des Unterhalts verpflichtet gewesen wäre. ²§ 52 Abs. 3 S. 3 bis 5 ist entsprechend anzuwenden. ³Der Ausgleich kann auch dann verlangt werden, wenn der Dritte zur Zeit der Verletzung gezeugt, aber noch nicht geboren war.

IV. Opferentschädigungsrecht

99 | **§ 1 OEG – Anspruch auf Versorgung**

(1) ¹Wer im Geltungsbereich dieses Gesetzes oder auf einem deutschen Schiff oder Luftfahrzeug infolge eines vorsätzlichen, rechtswidrigen tätlichen Angriffs gegen seine oder eine andere Person oder durch dessen rechtmäßige Abwehr eine gesundheitliche Schädigung erlitten hat, erhält wegen der gesundheitlichen und wirtschaftlichen Folgen auf Antrag Versorgung in entsprechender Anwendung der Vorschriften des BVG. ²Die Anwendung dieser Vorschrift wird nicht dadurch ausgeschlossen, daß der Angreifer in der irrtümlichen Annahme von Voraussetzungen eines Rechtfertigungsgrundes gehandelt hat.

(8) ¹Die Hinterbliebenen eines Geschädigten erhalten auf Antrag Versorgung in entsprechender Anwendung der Vorschriften des BVG. ²Die in den Abs. 5 bis 7 genannten Maßgaben sowie § 10 S. 3 sind anzuwenden. ³Soweit dies günstiger ist, ist bei der Bemessung der Abfindung nach Abs. 7 auf den Aufenthalt der Hinterbliebenen abzustellen. Partner einer eheähnlichen Gemeinschaft erhalten Leistungen in entsprechender Anwendung der §§ 40, 40a und 41 BVG, sofern ein Partner an den Schädigungsfolgen verstorben ist und der andere unter Verzicht auf eine Erwerbstätigkeit die Betreuung eines gemeinschaftlichen Kindes ausübt; dieser Anspruch ist auf die ersten drei Lebensjahre des Kindes beschränkt.

(11) Dieses Gesetz ist nicht anzuwenden auf Schäden aus einem tätlichen Angriff, die von dem Angreifer durch den Gebrauch eines Kraftfahrzeugs oder eines Anhängers verursacht worden sind.

100 Die Schädigung kann auch **psychischer** Natur sein.[81]

101 Ansprüche können auch vergleichbar der **Schockschaden**rechtsprechung[82] bestehen.[83] Eine Anlehnung an die Rechtsprechung der Zivilgerichte ist darin begründet, dass die Ansprüche nach dem OEG wirtschaftlich betrachtet eine Art Ausfallbürgschaft des Staates für die oft nicht durchsetzbaren Ersatzforderungen der Opfer darstellt.[84] Maßgebliches Kriterium für den erforderlichen engen Zusammenhang zwischen der das Primäropfer betreffenden Gewalttat und den psychischen Auswirkungen beim Sekundäropfer ist die zeitliche und örtliche Nähe zum primär schädigenden Ereignis und/oder die personale Nähe zum Primäropfer.[85]

---

81 BSG v. 8.8.2001 – B 9 VG 1/00 R – BSGE 88, 240 = Breith 2002, 186 = NJW-RR 2002, 957 = USK 2001-128 (nachgehend Hess LSG v. 23.2.2006 – L 8/5 VG 1328/01 –, dass letztlich nur für einen kurzen Zeitraum einen Anspruch der Hinterbliebenen bejahte).
82 Kap 2 Rn 176 ff.
83 BSG v. 8.8.2001 – B 9 VG 1/00 R – BSGE 88, 240 = Breith 2002, 186 = NJW-RR 2002, 957 = USK 2001-128.
84 BSG v. 8.8.2001 – B 9 VG 1/00 R – BSGE 88, 240 = Breith 2002, 186 = NJW-RR 2002, 957 = USK 2001-128 (nachgehend Hess. LSG v. 23.2.2006 – L 8/5 VG 1328/01 –) unter Hinweis auf BT-Drucks 7/4614, S. 3 f.
85 BSG v. 12.6.2003 – B 9 VG 1/02 R – NJW 2004, 1477 = NZV 2005, 318 (nur Ls.) (Dass der Schock erst nach einer Latenzzeit von 5 Monaten als Gesundheitsstörung manifest in Erscheinung trat, schloss den Leistungsanspruch konkret nicht aus).

V. Vertragliche Haftung

§ 241 BGB – Pflichten aus dem Schuldverhältnis

(1) ¹Kraft des Schuldverhältnisses ist der Gläubiger berechtigt, von dem Schuldner eine Leistung zu fordern. ²Die Leistung kann auch in einem Unterlassen bestehen.

(2) Das Schuldverhältnis kann nach seinem Inhalt jeden Teil zur Rücksicht auf die Rechte, Rechtsgüter und Interessen des anderen Teils verpflichten.

§ 276 BGB – Verantwortlichkeit des Schuldners

(1) ¹Der Schuldner hat Vorsatz und Fahrlässigkeit zu vertreten, wenn eine strengere oder mildere Haftung weder bestimmt noch aus dem sonstigen Inhalt des Schuldverhältnisses, insbesondere aus der Übernahme einer Garantie oder eines Beschaffungsrisikos, zu entnehmen ist. ²Die Vorschriften der §§ 827 und 828 finden entsprechende Anwendung.

(2) Fahrlässig handelt, wer die im Verkehr erforderliche Sorgfalt außer Acht lässt.

(3) Die Haftung wegen Vorsatzes kann dem Schuldner nicht im Voraus erlassen werden.

§ 277 BGB – Sorgfalt in eigenen Angelegenheiten

Wer nur für diejenige Sorgfalt einzustehen hat, welche er in eigenen Angelegenheiten anzuwenden pflegt, ist von der Haftung wegen grober Fahrlässigkeit nicht befreit.

§ 280 BGB – Schadenersatz wegen Pflichtverletzung

(1) ¹Verletzt der Schuldner eine Pflicht aus dem Schuldverhältnis, so kann der Gläubiger Ersatz des hierdurch entstehenden Schadens verlangen. ²Dies gilt nicht, wenn der Schuldner die Pflichtverletzung nicht zu vertreten hat.

(2) Schadenersatz wegen Verzögerung der Leistung kann der Gläubiger nur unter der zusätzlichen Voraussetzung des § 286 verlangen.

(3) Schadenersatz statt der Leistung kann der Gläubiger nur unter den zusätzlichen Voraussetzungen des § 281, des § 282 oder des § 283 verlangen.

§ 282 BGB – Schadenersatz statt der Leistung wegen Verletzung einer Pflicht nach § 241 II

Verletzt der Schuldner eine Pflicht nach § 241 Abs. 2, kann der Gläubiger unter den Voraussetzungen des § 280 Abs. 1 Schadenersatz statt der Leistung verlangen, wenn ihm die Leistung durch den Schuldner nicht mehr zuzumuten ist.

§ 311 BGB – Rechtsgeschäftliche und rechtsgeschäftsähnliche Schuldverhältnisse

(1) Zur Begründung eines Schuldverhältnisses durch Rechtsgeschäft sowie zur Änderung des Inhalts eines Schuldverhältnisses ist ein Vertrag zwischen den Beteiligten erforderlich, soweit nicht das Gesetz ein anderes vorschreibt.

> (2) Ein Schuldverhältnis mit Pflichten nach § 241 Abs. 2 entsteht auch durch
> 1. die Aufnahme von Vertragsverhandlungen,
> 2. die Anbahnung eines Vertrags, bei welcher der eine Teil im Hinblick auf eine etwaige rechtsgeschäftliche Beziehung dem anderen Teil die Möglichkeit zur Einwirkung auf seine Rechte, Rechtsgüter und Interessen gewährt oder ihm diese anvertraut, oder
> 3. ähnliche geschäftliche Kontakte.
> (3) ¹Ein Schuldverhältnis mit Pflichten nach § 241 Abs. 2 kann auch zu Personen entstehen, die nicht selbst Vertragspartei werden sollen. ²Ein solches Schuldverhältnis entsteht insbesondere, wenn der Dritte in besonderem Maße Vertrauen für sich in Anspruch nimmt und dadurch die Vertragsverhandlungen oder den Vertragsschluss erheblich beeinflusst.

1. Haftung bei Vertragsanbahnung und Vertragsabwicklung

103 Die Schuldrechtsreform hat zum 1.1.2002 die von der Rechtsprechung in vorangegangenen Jahrzehnten entwickelte Haftung wegen Verschuldens bei Vertragsanbahnung (Culpa in contrahendo – **cic** –, §§ 311 II, 241 II, 280 I BGB) und positiver Forderungs- bzw. Vertragsverletzung (**pVV**, §§ 280 I, 282 BGB) einschließlich der bereits bisher überwiegend geltenden Beweislastumkehr[86] (§ 280 I 2 BGB) zu Lasten des Schädigers[87] in das geschriebene Recht ab 1.1.2002 übernommen, ohne dass sich unter schadenersatzrechtlichen Aspekten betrachtet inhaltlich viel änderte.[88]

104 Auch **Gewährleistungsansprüche** können anspruchsbegründend sein.[89]

105 Im Mittelpunkt des allgemeinen Leistungsstörungsrechts steht der Begriff der **Pflichtverletzung** als Grundtatbestand, auf dem insbesondere die Schadenersatzansprüche des Gläubigers (§ 280 I 1 BGB) aufsetzen. Der Schädiger haftet für Fahrlässigkeit und Vorsatz, § 276 BGB; nach § 276 I 2 BGB werden die Regeln der §§ 827, 828 BGB auf vertragliche Ansprüche übertragen. §§ 277, 278 BGB gelten im Ergebnis unverändert fort.

106 In **Allgemeinen Geschäftsbedingungen** ist unwirksam ein Ausschluss oder eine Begrenzung der Haftung für Personenschäden, die auf einer fahrlässigen Pflichtverletzung des Verwenders der AGB selbst bzw. einer schuldhaften (d.h. fahrlässigen oder vorsätzlichen) Pflichtverletzung eines gesetzlichen Vertreters oder Erfüllungsgehilfen des Verwenders beruht, § 309 Nr. 7 lit. a BGB (§ 11 Nr. 7 AGBG a.F.), wobei diese Vorschrift

---

[86] BT-Drucks 14/7052, S. 184.
[87] Zu den Auswirkungen der Schuldrechtsreform (u.a. Verschuldensvermutung in § 280 I 2 BGB) siehe *Spickhoff*, NJW 2003, 1705.
[88] Zur Arzt- und Garantiehaftung *Heß/Jahnke*, Das neue Schadensrecht, S. 78 ff.
[89] BGH v. 22.6.2004 – X ZR 171/03 – NJW 2004, 3178 = VersR 2004, 1187 = zfs 2004, 557 (Unfallkausale Heilbehandlungskosten können zu den Gewährleistungsansprüchen zählen. Die Ausschlussfrist des § 651g BGB für Gewährleistungsansprüche aus Pannen bei einer Reiseveranstaltung beginnt – anders als die Verjährungsfrist – auch für den Sozialversicherer schon mit dem Reiseende und nicht erst mit Kenntnis von Schaden und Schädiger. Soweit unverschuldete Unkenntnis des SVT entschuldigen kann [§ 651g I 2 BGB], hebt der BGH hervor, dass der SVT schnellstmöglich nach Kenntnisnahme handeln muss; dabei erachtete der BGH konkret bereits eine Abwartefrist von 15 Tagen seit Erhalt der Schadenanzeige für zu lang.); BGH v. 11.1.2005 – X ZR 163/02 – DAR 2005, 334 (Die Ausschlussfrist nach § 651g I BGB von 1 Monat wird auch dadurch gewahrt, dass der Reisende seine Mängelrüge beim Reisebüro, über das er gebucht hat, abgibt und sie von diesem innerhalb der Monatsfrist an den Reiseveranstalter weitergeleitet wird). Siehe auch *Matlach*, Regress der Sozialversicherungsträger bei Schadensersatzansprüchen im Reiserecht, zfs 2006, 423.

auch für deliktische Ansprüche gilt.⁹⁰ § 309 Nr. 12 lit. a BGB untersagt wie § 11 Nr. 15 lit. a AGBG a.F. die Änderung der Beweislast durch allgemeine Geschäftsbedingungen.

2. Einstehen für dritte Personen

> **§ 278 BGB – Verantwortlichkeit des Schuldners für Dritte**
>
> ¹Der Schuldner hat ein Verschulden seines gesetzlichen Vertreters und der Personen, deren er sich zur Erfüllung seiner Verbindlichkeit bedient, in gleichem Umfang zu vertreten wie eigenes Verschulden. ²Die Vorschrift des § 276 Abs. 3 findet keine Anwendung.
>
> **§ 831 BGB – Haftung für den Verrichtungsgehilfen**
>
> (1) ¹Wer einen anderen zu einer Verrichtung bestellt, ist zum Ersatz des Schadens verpflichtet, den der andere in Ausführung der Verrichtung einem Dritten widerrechtlich zufügt. ²Die Ersatzpflicht tritt nicht ein, wenn der Geschäftsherr bei der Auswahl der bestellten Person und, sofern er Vorrichtungen oder Gerätschaften zu beschaffen oder die Ausführung der Verrichtung zu leiten hat, bei der Beschaffung oder der Leitung die im Verkehr erforderliche Sorgfalt beobachtet oder wenn der Schaden auch bei Anwendung dieser Sorgfalt entstanden sein würde.
>
> (2) Die gleiche Verantwortlichkeit trifft denjenigen, welcher für den Geschäftsherrn die Besorgung eines der im Abs. 1 S. 2 bezeichneten Geschäfte durch Vertrag übernimmt.

Praktische Bedeutung kommt der Vertragshaftung vor allem im Bereich der Gehilfenhaftung zu. Über § 278 BGB kann nicht nur das Verhalten etlicher Verrichtungsgehilfen innerhalb des eigenen Unternehmens, sondern darüber hinaus auch das Versagen selbständiger Unternehmer,⁹¹ die eingeschaltet worden sind, erfasst sein.

Im Bereich der Allgemeinen Haftpflicht ergaben sich aufgrund der Schuldrechtsreform deutliche Verschärfungen gerade auch im Hinblick auf die **Erfüllungsgehilfenhaftung** des § 278 BGB bei Verletzung vertraglicher Nebenpflichten. Die Auswirkungen von § 831 BGB und § 278 BGB nehmen parallele Züge an. Bei einer Verkehrs- oder Schutzpflichtverletzung ist häufig dem Geschäftsherrn trotz einer Entlastung über § 831 BGB letztlich bei Zurechnung des Gehilfenversagens nach § 278 BGB die Entlastung von einer Haftung abgeschnitten.⁹²

3. Vertrag mit Schutzwirkung für dritte Personen

Erstreckt ein Vertrag erkennbar Schutzwirkungen auch auf dritte Personen, so stehen diesen **eigene** und nicht nur abgeleitete Ansprüche gegen den Schädiger zu.⁹³

---

90 BGH v. 12.3.1985 – VI ZR 182/83 – VersR 1985, 595.
91 BGH v. 18.7.2006 – X ZR 142/05 – (Vorinstanzen OLG Köln v. 12.9.2005 – 16 U 25/05 – NJW 2005, 3074 = VersR 2006, 941, LG Köln v. 17.3.2005 – 8 O 264/04 – NJW-RR 2005, 704 = NJW-RR 2005, 1736 nur Ls.]) (Haftung des deutschen Reiseveranstalters aus eigener Verkehrssicherungspflichtverletzung bei tödlichem Unfall für Sicherheitsmängel des Hotels in Griechenland [fehlerhafte Hotelrutsche, defekte Schwimmbadeinrichtung]).
92 BT-Drucks 14/7752 v. 7.12.2001, S. 15 (zu III.3).
93 *Jauernig-Vollkommer*, § 328 Rn 19; *Palandt-Grüneberg*, § 328 Rn 13 ff.

4. Geschäftsführung ohne Auftrag[94]

111

§ 677 BGB – Pflichten des Geschäftsführers

Wer ein Geschäft für einen anderen besorgt, ohne von ihm beauftragt oder ihm gegenüber sonst dazu berechtigt zu sein, hat das Geschäft so zu führen, wie das Interesse des Geschäftsherrn mit Rücksicht auf dessen wirklichen oder mutmaßlichen Willen es erfordert.

§ 680 BGB – Geschäftsführung zur Gefahrenabwehr

Bezweckt die Geschäftsführung die Abwendung einer dem Geschäftsherrn drohenden dringenden Gefahr, so hat der Geschäftsführer nur Vorsatz und grobe Fahrlässigkeit zu vertreten.

§ 683 BGB – Ersatz von Aufwendungen

¹Entspricht die Übernahme der Geschäftsführung dem Interesse und dem wirklichen oder dem mutmaßlichen Willen des Geschäftsherrn, so kann der Geschäftsführer wie ein Beauftragter Ersatz seiner Aufwendungen verlangen. ²In den Fällen des § 679 steht dieser Anspruch dem Geschäftsführer zu, auch wenn die Übernahme der Geschäftsführung mit dem Willen des Geschäftsherrn in Widerspruch steht.

§ 687 BGB – Unechte Geschäftsführung

(1) Die Vorschriften der §§ 677 bis 686 finden keine Anwendung, wenn jemand ein fremdes Geschäft in der Meinung besorgt, dass es sein eigenes sei.

112 Ansprüche aus Geschäftsführung ohne Auftrag (GoA) sind grundsätzlich keine Schadenersatz-, sondern Aufwendungsersatzansprüche.[95]

113 Nur im Ausnahmefall kann ein Anspruch des verletzten Fahrzeugführers aus GoA in Betracht kommen, wenn er einem schuldunfähigen Kind zu dessen Rettung **ausweicht** und deswegen zu Schaden kommt. Bei der Bestimmung der Anspruchshöhe sind Betriebsgefahr und weitere Umstände anspruchsmindernd zu berücksichtigen.[96] Ein einem schuldunfähigen Kind ausweichender Fahrzeugführer konnte Ansprüche aus GoA aber nur herleiten, wenn sich das Geschehen für ihn als unabwendbares Ereignis darstellte.[97] Nachdem mit dem neuen Schadenersatzrecht in § 7 II StVG (nur für

---

94 Zum Thema: *Friedrich,* Die Selbstaufopferung im Straßenverkehr für ein Kind und die Inanspruchnahme der Eltern aus Geschäftsführung ohne Auftrag, VersR 2000, 697.
95 Siehe auch BGH v. 26.11.1998 – III ZR 223/97 – VersR 1999, 339 (Gewährt eine Krankenkasse ihrem Mitglied mit Hilfe eines Leistungserbringers Leistungen nach dem Sachleistungsprinzip, so ist der Leistungserbringer – konkret: Intensivtransporthubschrauber – auf Vergütungsansprüche gegen die Krankenkasse beschränkt. Eine Vergütungspflicht des Versicherten besteht auch nicht nach den Vorschriften der GoA.).
96 BGH v. 27.11.1962 – VI ZR 217/61 – BGHZ 38, 270 = NJW 1963, 390; OLG Hamm v. 25.9.2000 – 13 U 45/00 – DAR 2001, 127 = r+s 2001, 320 = SP 2001, 9 (Berücksichtigung der Betriebsgefahr mit 50 %).
97 BGH v. 27.11.1962 – VI ZR 217/61 – BGHZ 38, 270 = NJW 1963, 390 (Ein Kraftfahrer, der in einer plötzlichen Gefahrenlage sich selbst schädigt und dadurch einen anderen davor bewahrt, durch das Kfz überfahren zu werden, kann vom Geretteten angemessenen Ersatz verlangen. Der Anspruch setzt voraus, dass sich der Kraftfahrer nach § 7 II StVG entlasten kann.); OLG Hamm v. 25.9.2000 – 13 U 45/00 – DAR 2001, 127 = r+s 2001, 320 = SP 2001, 9 = VersR 2002, 1254 (Motorradfahrer weicht 3-jährigem Kind

Unfälle ab 1.8.2002[98]) die Unabwendbarkeit durch **höhere Gewalt** ersetzt ist, kommen Ansprüche aus GoA praktisch nicht mehr vor.[99]

Ob der ausweichende Kraftfahrer Schutz durch die gesetzliche Unfallversicherung hat (**Nothilfe**, § 2 I Nr. 13a SGB VII), ist im Einzelfall zu prüfen.[100]

114

Der **Anspruchsübergang** nach § 116 SGB X setzt „echte" Schadenersatzansprüche voraus, Ansprüche auf Aufwendungsersatz (§§ 677, 683 BGB) genügen nicht.[101] Der BGH hat diese Frage noch nicht abschließend entschieden, aber festgehalten, dass Aufwendungsersatzansprüche jedenfalls dann nicht auf den Sozialversicherungsträger übergehen, wenn der „Geschäftsführer" bei einem Unglücksfall geholfen und das Opfer sich nicht nachweislich schuldhaft in die Notlage gebracht hat.[102]

115

5. Deckung

Vertragliche Ansprüche gehören, soweit sie Schadenersatzcharakter haben, zum Deckungsumfang der § 10 AKB, § 1 AHB.[103] „Gesetzliche Haftpflichtbestimmungen" sind solche, die unabhängig vom Willen der Beteiligten Ansprüche gegen die versicherten Personen auslösen.[104] Im Rahmen von § 10 AKB (§ 2 KfzPflVV) sind

116

---

aus, das auf die Straße läuft). LG Berlin v. 29.10.1998 – 58 S 445/97 – DAR 1999, 74 = NZV 1999, 339 = SP 1999, 79 = VersR 1999, 1510 verneint Geschäftsherreneigenschaft der Eltern für 10-jähriges (nach § 828 II BGB a.F. deliktsfähiges) Kind (Ausweichmanöver eines Pkw-Fahrers vor einem 10-jährigen Kind rechtfertigt keinen auf GoA gestützten Sachschadenersatzanspruch gegenüber dessen Eltern, die weder am Unfallort anwesend waren noch ihre Aufsichtspflicht verletzt hatten. Anspruch gegenüber dem Kind aus § 823 BGB wurde bejaht.).

98 OLG Celle v. 17.7.2003 – 14 U 190/02 – DAR 2004, 390 (BGH hat Nichtzulassungsbeschwerde zurückgewiesen, Beschl. v. 20.1.2004 – VI ZR 248/03 – unter ausdrücklichem Hinweis auf Art. 229 § 5 I EGBGB, wonach das neue Recht auf Altfälle nicht anwendbar ist).

99 Ebenso *Schirmer*, DAR 2004, 22 (Ob insoweit eine Absicherung des ausweichenden Kraftfahrers in der gesetzlichen Unfallversicherung greift – § 2 I Nr. 13a SGB VII – bedarf erneuter Prüfung). OLG Oldenburg v. 4.11.2004 – 1 U 73/04 – DAR 2005, 343 = SP 2005, 3 = VersR 2005, 807 (Ein Kraftfahrer, der durch eine von einem anderen Verkehrsteilnehmer veranlasste Ausweichreaktion einen Schaden erleidet, hat jedenfalls dann keinen Anspruch aus GoA, wenn er den Entlastungsbeweis nach § 7 II StVG n.F. [höhere Gewalt] nicht führen kann. Ein schadenauslösendes Fehlverhalten nicht deliktsfähiger Kinder stellt keine höhere Gewalt dar.). In diesem Sinne bereits OLG Köln v. 7.7.1993 – 13 U 45/93 – OLGR 1993, 289 = r+s 1994, 13 = SP 1994, 143 = VRS 86, 23 (Ausweichmanöver eines Pkw-Fahrers zur Vermeidung eines Auffahrunfalls rechtfertigt keine GoA-Ansprüche gegenüber dem Vorausfahrenden, wenn für den Ausweichenden der Unfall nicht unabwendbar war).

100 BGH v. 27.11.1962 – VI ZR 217/61 – BGHZ 38, 270 = NJW 1963, 390.

101 BGH v. 21.10.1965 – II ZR 2/65 – VersR 1965, 1166; OLG Karlsruhe v. 2.3.1988 – 7 U 157/87 – DAR 1988, 241 = NJW 1988, 2676 = r+s 1988, 138 = VersR 1988, 1081 = zfs 1988, 281 (nur Ls.), 387.

102 BGH v. 10.10.1984 – IVa ZR 167/82 – BG 1985, 770 = DOK 1985, 489 = JZ 1985, 390 = MDR 1985, 212 = NJW 1985, 492 = VersR 1984, 1191 = zfs 1985, 45. Siehe auch: OLG Köln v. 7.7.1993 – 13 U 45/93 – OLGR 93, 289 = r+s 1994, 13 = SP 1994, 143 = VRS 86, 23 (Ausweichmanöver eines Pkw-Fahrers zur Vermeidung eines Auffahrunfalls rechtfertigt keine GoA-Ansprüche gegenüber dem Vorausfahrenden, wenn für den Ausweichenden der Unfall nicht unabwendbar war); LG Berlin v. 29.10.1998 – 58 S 445/97 – DAR 1999, 74 = NZV 1999, 339 = SP 1999, 79 = VersR 1999, 1510 (Ausweichmanöver eines Pkw-Fahrers vor einem 10-jährigen Kind rechtfertigt keinen auf GoA gestützten Sachschadenersatzanspruch gegenüber dessen Eltern, die weder am Unfallort anwesend waren noch ihre Aufsichtspflicht verletzt hatten. Anspruch gegenüber dem Kind aus § 823 BGB wurde bejaht); LG Münster v. 27.1.1982 – 14 O 615/81 – VersR 1982, 1086 (zu § 4 LFZG); LG Trier v. 20.1.1994 – 3 S 245/93 – NJW-RR 1994, 483 = SP 1995, 298 = VersR 1995, 548 (zu § 4 LFZG).

103 BGH v. 13.5.1981 – IVa ZR 96/80 – VersR 1981, 771; BGH v. 28.11.1979 – IV ZR 68/78 – VersR 1980, 177 = VRS 58, 401.

104 *Prölss/Martin-Knappmann*, § 10 AKB Rn 4.

von der Versicherung solche Ansprüche ausgeschlossen, die sich auf Vertragserfüllung richten; hier beruht die Haftung nicht auf dem Gesetz, sondern auf der freiwilligen Übernahme einer weiteren Verpflichtung durch die versicherte Person.[105]

D. Anspruchsbeeinträchtigung

I. Haftungsausschluss[106]

117 Sind im Verhältnis zwischen Schädiger und Getötetem Haftungsausschlüsse

Haftungsausschluss	Beispiele
gesetzlicher Haftungsausschluss	– Arbeitsunfall, §§ 104 ff. SGB VII[107] – Dienstunfall (§ 46 II BeamtVG)[108] – Haftungsausschluss nach §§ 7, 8a StVG a.F.[109] gegenüber Insassen[110]
vertraglicher Haftungsausschluss[111]	– wirksamer Verzichtsvertrag

118 zu berücksichtigen, entfallen neben den originären Ansprüchen der Hinterbliebenen nach §§ 844, 845 BGB (Unterhaltsansprüche, Beerdigungskosten[112]) auch etwaige Schockschäden[113] der Hinterbliebenen.

1. Vertragliche Haftungsbeschränkung

119 Wirksame vertragliche Haftungsbeschränkungen bilden im Haftpflichtrecht eine eher selten zu begründende Ausnahme.

120 Ein rechtsgeschäftlicher Haftungsverzicht ist regelmäßig formfrei möglich und kann auch **konkludent**[114] (stillschweigend) erfolgen. An die Annahme einer stillschweigenden Haftungsbeschränkung bei Personenschäden sind allerdings strenge Anforderungen gestellt. Der Anspruchsverzicht setzt einen **Verzichtswillen** und damit eine Kenntnis dessen voraus, worauf man verzichtet. Für den Verzicht auf Ersatzansprüche aus einer Körperverletzung (oder sogar Tötung) ist daher mindestens erforderlich, dass der Verletzte (bzw. später Verstorbene) den Eintritt einer solchen (tödlichen) Verletzung in

---

105 *Stiefel/Hofmann*, § 10 AKB Rn 20 f.; siehe auch *Stiefel/Hofmann*, § 10 AKB (16. Aufl. 1995) Rn 52. Ergänzend *Graf von Westfalen*, Hat sich wirklich durch die Reform des Schuldrechts in Bezug auf § 1 AHB nichts geändert?, VP 2004, 157.
106 Ergänzend Kap 2 Rn 195 ff.
107 OLG Celle v. 25.8.1986 – 5 W 28/86 – VersR 1988, 67 (§§ 636 f. RVO).
108 OLG Celle v. 2.9.2002 – 9 U 13/02 – NdsRpfl 2003, 64 = OLGR 2002, 231.
109 Die Vorschriften gelten für Haftpflichtgeschehen vor dem 1.8.2002 weiter.
110 OLG Celle v. 3.11.1994 – 14 U 174/93 – NZV 1996, 114 (BGH hat Revision nicht angenommen, Beschl. v. 24.10.1995 – VI ZR 383/94 –).
111 Dazu *Jahnke*, Haftungs- und Verschuldensbeschränkungen bei der Abwicklung von Haftpflichtfällen, VersR 1996, 294.
112 BAG v. 24.5.1989 – 8 AZR 240/87 – DB 1989, 2540 = NJW 1989, 2838 = VersR 1990, 50 = WI 1990, 11 = zfs 1990, 7.
113 OLG Celle v. 2.9.2002 – 9 U 13/02 – NdsRpfl 2003, 64 = OLGR 2002, 231; OLG Celle v. 25.8.1986 – 5 W 28/86 – VersR 1988, 68 = zfs 1988, 76 (nur Ls.).
114 BGH v. 21.2.1995 – VI ZR 19/94 – MDR 1995, 802 = r+s 1995, 382 = VersR 1995, 583 = zfs 1995, 207 (Revision zu OLG Frankfurt v. 20.12.1993 – 13 U 234/92 – zfs 1994, 121).

Erwägung gezogen hat.[115] Es müssen besondere Umstände aufzeigbar sein, um eine konkludente Haftungsbeschränkung annehmen zu können.[116]

121 Für **Minderjährige** ist zu beachten, dass ein vertraglicher Haftungsausschluss oder eine Haftungsminderung der Zustimmung der gesetzlichen Vertreter bedarf.[117]

122 Eine wirksame Verzichtserklärung des Verletzten/Getöteten wirkt auch **zugunsten** des – für den Schädiger eintrittspflichtigen – **Haftpflichtversicherers**.[118]

123 Ersatzansprüche von Teilnehmern einer Motorsportveranstaltung gegen weitere Mitteilnehmer wegen Schäden, die letztere durch leicht fahrlässiges (Fahr-)Verhalten verursachen, können wirksam durch **formularmäßige Vereinbarung** mit dem Veranstalter auch mit Wirkung zugunsten der Schädiger ausgeschlossen werden.[119]

124 Streitig ist allerdings, ob eine im Verhältnis vom Verletzten/Getöteten zum Schadenersatzpflichtigen wirksame Verzichtserklärung auch dem **Drittleistungsträger** entgegengehalten werden kann.[120] Vor dem Hintergrund, dass deutliche Hürden für einen wirksamen Haftungsausschluss aufgestellt sind, wirkt ein solcher Haftungsausschluss dann auch gegen den Drittleistungsträger; dieser hätte ansonsten mehr Rechte als der Verletzte/Hinterbliebene selbst.

2. Haftungsausschluss

a. Arbeitsunfall[121]

125 Der Haftungsausschluss (§§ 104 ff. SGB VII) lässt bereits den Direktanspruch entfallen, so dass ein Forderungswechsel bereits deswegen entfällt. § 110 SGB VII gibt dem leistenden Sozialversicherungsträger einen originären eigenen Anspruch.

---

115 BGH v. 21.2.1995 – VI ZR 19/94 – MDR 1995, 802 = r+s 1995, 382 = VersR 1995, 583 = zfs 1995, 207 (Revision zu OLG Frankfurt v. 20.12.1993 – 13 U 234/92 – zfs 1994, 121).
116 BGH v. 13.7.1993 – VI ZR 278/92 – NJW 1993, 3067 = NZV 1993, 430 = r+s 1993, 363 = VersR 1993, 1032 = zfs 1993, 342; BGH v. 22.12.1992 – VI ZR 53/92 – MDR 1993, 743 = NJW 1993, 2611 = r+s 1993, 298 = VersR 1993, 369; BGH v. 9.6.1992 – VI ZR 49/91 – MDR 1992, 1032 = NJW 1992, 2474 = r+s 1992, 373 = VersR 1992, 1145 = zfs 1992, 331; BGH v. 14.11.1978 – VI ZR 178/77 – NJW 1979, 414 = VersR 1979, 136; BGH v. 14.2.1978 – VI ZR 216/76 – VersR 1978, 625; BGH v. 26.10.1965 – VI ZR 102/64 – MDR 1966, 138 = NJW 1966, 41 = VersR 1966, 40; KG v. 2.4.1984 – 22 U 1633/83 – VerkMitt 1985, 66; OLG Düsseldorf v. 15.5.1974 – 15 U 151/73 – VersR 1975, 57; LG Schweinfurt v. 4.11.1994 – 3 S 48/94 – DAR 1996, 408 (Gemeinsame PKW-Anmietung im Ausland [Malta] mit Kostenbeteiligung aller Mitfahrer führt zum stillschweigenden Haftungsausschluss für Verletzungen der Mitfahrer bei nicht grob fahrlässiger Herbeiführung des Schadenereignisses. Nicht entscheidend ist, ob Versicherungsschutz des ausländischen Versicherers besteht.).
117 BGH v. 25.3.1958 – VI ZR 13/57 – DAR 1958, 213 = MDR 1958, 503 = NJW 1958, 906 = VersR 1958, 377 = VRS 14, 401.
118 OLG Koblenz v. 22.4.1986 – 12 W 227/86 – zfs 1987, 130.
119 OLG Koblenz v. 29.6.1992 – 12 U 561/91 – NZV 1993, 348 = r+s 1993, 300 = VersR 1993, 1164 = VRS 85, 1619 (BGH hat Revision nicht angenommen, Beschl. v. 20.4.1993 – VI ZR 182/92). Siehe auch BGH v. 21.12.1993 – VI ZR 103/93 – NJW 1994, 852 = NZV 1994, 143 = VersR 1994, 477 = VRS 86, 401 (Revision zu OLG Celle v. 28.1.1993 – 5 U 2/92 – VersR 1993, 1026) (Arbeitnehmer eines Frachtführers kann sich u.U. auf haftungsbeschränkende Geschäftsbedingungen seines Arbeitgebers berufen). Siehe ergänzend *Pardey*, VersR 1995, 145 f. (zu II.).
120 OLG Stuttgart v. 25.7.1990 – 11 U 31/90 – r+s 1991, 255 (BGH hat Revision nicht angenommen, Beschl. v. 2.4.1991 – VI ZR 285/90 –) (Der Verzicht auf eigene Ansprüche seitens des Verletzten erstreckt sich nicht ohne weiteres auch auf Ansprüche gegen Drittleistungsträger). Österreichischer OGH v. 22.11.1995 – 7 Ob 16/95 – VersR 1997, 91 (Sittenwidrigkeit einer vor Eintritt des Schadenfalles unterzeichneten Verzichtserklärung, soweit Legalzession in Betracht kommt).
121 Zu Einzelheiten siehe *Jahnke*, Ausgewählte Probleme für die Schadenregulierung, S. 90 ff.

2 Anspruchsgrundlagen

126 Der Ersatzpflichtige, der in **Unkenntnis** seiner Privilegierung an den Verletzten oder dessen Rechtsnachfolger geleistet hat, kann den zu Unrecht gezahlten Betrag nach § 812 BGB kondizieren.[122] Die kurze Verjährungsfrist des § 195 BGB n.F. (3 Jahre ab Kenntnis oder grob fahrlässiger Unkenntnis von der Rückforderungsmöglichkeit) ist zu beachten.

127 *Beispiel 2.12*
A und B befinden sich auf einer Werksfahrt. Aufgrund eines Fahrfehlers des B wird A getötet. Der Haftungsausschluss nach §§ 104 ff. SGB VII greift im Verhältnis von A und B ein.
Die Witwe W des A verlangt Ersatz der Beerdigungskosten (5.000 €) sowie des entgangenen Unterhalts (kapitalisiert 10.000 €). Zudem begehrt W ein eigenes Schmerzensgeld (Schockschaden) von 3.000 €.

Ergebnis
Der W sind wegen des Haftungsausschlusses (Arbeitsunfall) weder die Beerdigungskosten und Unterhaltsschäden noch der Schockschaden zu ersetzen.

b. Dienstunfall[123]

128 Die Haftungsfreistellung bei Beamten und Soldaten ist in den § 46 BeamtVG, § 91a SVG gesondert geregelt. Die Bestimmungen sind zwar den §§ 636 f. RVO nachgebildet, es gelten jedoch erhebliche abweichende Besonderheiten.

aa. Ansprüche des Verletzten

129 Nach § 46 BeamtVG haben der verletzte Beamte bzw. seine Hinterbliebenen aus Anlass eines Dienstunfalls gegen den Dienstherrn nur Ansprüche auf die im BeamtVG vorgesehenen Unfallfürsorgeleistungen. Nach § 46 II 1 BeamtVG bzw. § 91a SVG i.V.m. § 1 ErwZulG sind Ersatzansprüche des Beamten (Soldaten und vergleichbare Personen) gegen den (öffentlich-rechtlichen) Dienstherrn und seine Bediensteten ausgeschlossen.

130 Weitergehende Ansprüche können sie nicht geltend machen, wenn sich der Unfall nicht bei der **Teilnahme am allgemeinen Verkehr** (§ 46 II 2 BeamtVG, § 1 ErwZulG)[124] ereignete. Die Auslegung dieses Ausnahmetatbestandes deckt sich begrifflich mit der Auslegung im Rahmen der §§ 104 ff. SGB VII.

bb. Ansprüche des Dienstherrn

131 Hinsichtlich des Dienstherrenregresses bestehen wesentliche Unterschiede gegenüber dem Regress bei Schädigung eines Sozialversicherten.

132 Die beamtenrechtlichen Vorschriften nehmen lediglich dem verletzten Beamten die Möglichkeit der Geltendmachung weiterer Ansprüche, schließen aber nicht die Inan-

---

122 LG Lüneburg v. 8.12.1998 – 5 O 312/98 – SP 1999, 123.
123 Zu Einzelheiten siehe *Jahnke*, Ausgewählte Probleme für die Schadenregulierung, S. 161.
124 Ursprünglich regelte das ErwZulG (Erweiterungsgesetz v. 7.12.1943, RGBl I 1943, S. 674) die Rechtsbeziehungen bei Arbeits- und Dienstunfällen. Dieses Gesetz gilt auch heute noch fort für Dienstunfälle (BGH v. 24.4.1975 – III ZR 135/72 – VersR 1975, 855). Nur für Arbeitsunfälle ist das Gesetz seit 1963 aufgehoben, Art. 4 §§ 1, 16 II Nr. 8 des Gesetzes zur Neuregelung des Rechts der gesetzlichen Unfallversicherung (UVNG) v. 30.4.1963, BGBl I 1963, 241 [291]).

spruchnahme des Schädigers durch den Dienstherrn aus.[125] Abweichend vom unfallversicherungsrechtlichen Haftungsausschluss sind die versorgungsrechtlichen Bestimmungen dahin gehend auszulegen, dass sie dem Geschädigten seine Ansprüche nicht von Grund auf nehmen, sondern lediglich der Höhe nach insoweit einschränken als sie über die Grenzen der Unfallfürsorge hinausgehen. Diese Interpretation hat im Verhältnis von Schädiger zum Geschädigten keine Auswirkungen; es bleibt letztlich faktisch bei einer Entschädigungssperre. Diese Auslegung führt aber dann dazu, dass der die Fürsorgeleistungen erbringende Versorgungsträger aus übergegangenem Recht beim für das Unfallgeschehen Verantwortlichen Regress nehmen kann. Anderes gilt für Dienstunfälle aufgrund des Regressverbotes nach § 4 I ErwZulG.

Für den Regress des Dienstherrn ist wie folgt zu differenzieren: 133

- Hatte der Geschädigte **nicht** am **allgemeinen Verkehr** teilgenommen, so steht zwar dem Dienstherrn ein Regressanspruch zu, nicht aber dem Beamten.[126] 134
- Lag dagegen eine **Teilnahme am allgemeinen Verkehr** vor, so greift § 4 ErwZulG ein: Danach ist der Regress des Dienstherrn gegen eine andere öffentliche Verwaltung, die für ihren Bediensteten haftet, ausgeschlossen,[127] obwohl dann dem Beamten selbst ein Ersatzanspruch nach § 1 ErwZulG zusteht. 135

	Ansprüche des Verletzten	**Ansprüche des Dienstherrn**
Teilnahme am allgemeinen Verkehr	Personenschadenansprüche bestehen	Regress (nur) ausgeschlossen gegen andere öffentliche Verwaltung, die für ihren Bediensteten haftet
Keine Teilnahme am allgemeinen Verkehr	Personenschadenansprüche bestehen nicht	Regressanspruch gegen Schädiger

II. Gestörte Gesamtschuld

1. Begrifflichkeit und Inhalt[128]

Sind mehrere für das Schadenereignis verantwortlich, können die Grundsätze der „gestörten Gesamtschuld" zur Anwendung kommen, die sich mindernd – entsprechend dem zu kürzenden Anspruch des unmittelbar Beteiligten – auf die Entschädigungsleistung auswirken. 136

Die Anwendung der Grundsätze von der sog. „gestörten Gesamtschuld" führt zu einer Beschränkung der Ansprüche eines Verletzten bzw. Getöteten und dessen Hinterbliebenen und/oder dessen Rechtsnachfolger(n) gegenüber den gesamtschuldnerisch 137

---

125 BGH v. 17.6.1997 – VI ZR 288/96 – DAR 1997, 403 = NJW 1997, 2883 = NZV 1997, 393 = r+s 1997, 418.
126 BGH v. 17.11.1988 – III ZR 202/87 – VersR 1989, 495; BGH v. 15.3.1988 – VI ZR 163/87 – DAR 1988, 239 = MDR 1988, 768 = NVwZ 1989, 91 = NZV 1988, 176 = VersR 1988, 614 = zfs 1988, 245 (Auch auf einen Sozialversicherungsträger ist ein Forderungsübergang möglich); BGH v. 29.3.1977 – VI ZR 52/76 – VersR 1977, 649.
127 Im Übrigen ist dem Dienstherrn ein Regress gegen außerhalb einer öffentlichen Verwaltung stehende Ersatzpflichtige allerdings nicht genommen.
128 Zu Einzelheiten siehe *Kirmse*, Zum „gestörten Gesamtschuldverhältnis" bei Teilungsabkommen, VersR 1983, 1113; *Lemcke*, Die gestörte Gesamtschuld in der Personenschadenregulierung, r+s 2006, 52; *Jahnke*, Ausgewählte Probleme für die Schadenregulierung, Kap 5 sowie Kap 2 Rn 260 ff.

Haftenden, obwohl diese dem Anspruchsberechtigten (Verletzter, Hinterbliebene eines Getöteten, Drittleistungsträger) gegenüber (von einer eigenen Mitverantwortlichkeit des Unfallbeteiligten einmal abgesehen) uneingeschränkt verantwortlich sind (und somit haften) und daher eigentlich gesamtschuldnerisch vollen Ersatz zu schulden hätten.

138 Abzugrenzen ist die gestörte Gesamtschuld von der Situation mehrerer zu unterschiedlichen Quoten haftender **Nebentäter**, deren Verantwortlichkeiten nach dem Prinzip der Gesamtschau und Einzelabwägung zu bestimmen sind. Dieses kann zu gesamtschuldnerischer Haftung nur auf Teilbeträge des gesamten Schadens führen:[129] Soweit ein Geschädigter seinen Verantwortungsanteil selbst zu tragen hat, kann der jeweilige Nebentäter dem Geschädigten dessen Mithaftungsquote entgegenhalten, die sich nur nach dem Verhältnis dieser beiden Tatanteil unter Ausklammerung der übrigen Schädiger bemisst. Jeder Schädiger haftet bis zu demjenigen Betrag (**Einzelquote**), der dem jeweiligen Verhältnis seiner eigenen Verantwortung im Vergleich zur Mitverantwortung des Geschädigten entspricht (Einzelabwägung); insgesamt kann der Geschädigte von allen Schädigern nicht mehr fordern als denjenigen Anteil am zu ersetzenden Schaden (Gesamtquote), der im Wege einer Gesamtschau des Schadensereignisses den zusammen addierten Verantwortungsanteilen sämtlicher Schädiger im Verhältnis zur Mitverantwortung des Geschädigten entspricht (**Gesamtabwägung**).

2. Fallgestaltungen

139 Neben den bedeutsamsten Störungen anlässlich eines Arbeitsunfalls oder des Eingreifens des Verwandtenprivileges können auch andere Störungen im Gesamtschuldnerausgleich die Schadenabwicklung beeinflussen, beispielsweise durch Verjährung und/oder vertragliche einseitige Haftungsausschlüsse (vertragliche Vereinbarung, insbesondere Haftungsverzicht).

140 Haften mehrere Ersatzpflichtige für den Schaden als Gesamtschuldner und kann sich einer der Ersatzpflichtigen dem Verletzten gegenüber auf den **Haftungsausschluss** nach §§ 104 – 107 SGB VII[130] berufen, so ist bereits der Ersatzanspruch des Geschädigten auf diejenige Haftungsquote begrenzt, die dem Anteil des nicht privilegierten Zweitschädigers am Unfall entspricht.[131] Die Anspruchsminderung gilt dabei nicht nur für

---

129 BGH v. 13.12.2005 – VI ZR 68/04 – NZV 2006, 191 = r+s 2006, 169 (Anm. *Lemcke*) = SP 2006, 128 = VersR 2006, 369.
130 Dazu: BGH v. 11.11.2003 – VI ZR 13/03 – BGHZ 157, 9 = MDR 2004, 395 = NJW 2004, 951 = NZV 2004, 188 = r+s 2004, 85 = SP 2004, 80 = VersR 2004, 202 = zfs 2004, 161 (Anm. *Dahm*) (Der nicht selbst auf der gemeinsamen Betriebsstätte tätige Unternehmer, der neben seinem nach § 106 III 3. Alt. SGB VII haftungsprivilegierten Verrichtungsgehilfen lediglich nach §§ 831, 823, 840 I BGB als Gesamtschuldner haftet, ist gegenüber dem Geschädigten nach den Grundsätzen des gestörten Gesamtschuldverhältnisses von der Haftung für erlittene Personenschäden freigestellt [vgl. § 840 II BGB]; ein im Innenverhältnis zwischen dem Verrichtungsgehilfen und dem Geschäftsherrn etwa bestehender arbeitsrechtlicher Freistellungsanspruch bleibt dabei außer Betracht); BGH v. 24.6.2003 – VI ZR 434/01 – IVH 2003, 225 = NJW 2003, 2984 = NZV 2003, 466 = SP 2003, 342 = zfs 2003, 545 (Kommt bei einer GbR einem Gesellschafter die Haftungsprivilegierung des § 106 III 3. Alt. SGB VII zugute, weil er selbst auf der Betriebsstätte tätig war, so kann eine Inanspruchnahme der Gesellschaft durch den Geschädigten nach den Grundsätzen der gestörten Gesamtschuld ausgeschlossen sein); BGH v. 23.3.1993 – VI ZR 164/92 – MDR 1993, 623 = NJW-RR 1993, 911 = NZV 1993, 309 = r+s 1993, 324 = VersR 1993, 841 = zfs 1993, 224.
131 Letztlich ist es unbeachtlich, ob die Haftung des einzelnen Schädigers aus Vertrag oder Delikt herzuleiten ist, das Ergebnis bleibt dasselbe: BGH v. 12.6.1973 – VI ZR 163/71 – BGHZ 61, 51 = NJW 1973, 1648 = VersR 1973, 836; BGH v. 10.11.1970 – VI ZR 104/69 – NJW 1971, 194 = VersR 1971, 223.

eine Mitverursachung durch den Unternehmer, sondern auch für diejenige durch Arbeitskollegen.[132]

Liegt ausnahmsweise ein wirksamer **Haftungsverzicht** z.B. der Ehefrau oder eines nahen Verwandten oder bei einer Gefälligkeitsfahrt ein solcher eines Insassen vor, müssen die Grundsätze der gestörten Gesamtschuld ebenfalls Anwendung finden. Der Verzichtende muss sich eine Kürzung seiner Ansprüche in demjenigen Maße gefallen lassen, welches der Verantwortlichkeit des Verzichtsempfängers entspricht.[133]

141

Entsprechendes gilt darüber hinaus beim Regress des Drittleistungsträgers für Störungen des Forderungsüberganges durch das **Verwandtenprivileg**.

142

Beispiel 2.13
Die Familie des V befindet sich auf einem Ausflug. X verletzt die Vorfahrt des V, V war unfallkausal zu schnell. Durch den Unfall wird der Ehegatte M (Beifahrer) getötet. Die Haftungsquote zu Lasten des X beträgt 75 %.
Das gemeinsame Kind K der Eheleute V und M bezieht eine Halbwaisenrente wegen des Todes von M. V erhält eine Witwerrente.
K und V verlangen von X Ersatz der nicht durch die Renten gedeckten Unterhaltsschäden, der Rentenversicherer verlangt von X Ersatz seiner Hinterbliebenenrenten.

143

Ergebnis
- V hat (nur) **gegen X** (und dessen Versicherer) einen Ersatzanspruch nach § 844 BGB, gekürzt allerdings um seinen eigenen Haftungsanteil. Die Ansprüche des V sind von X unter Zugrundelegung einer Quote von **75 %** zu regulieren. Ansprüche des **Sozialversicherers** bestehen **gegen X**. Der Forderungsübergang auf den Rentenversicherer orientiert sich ebenfalls an einer Haftungsquote von 75 %.
- K hat wegen des nicht gedeckten Unterhaltsschaden einen Schadenersatzanspruch **gegen V** und dessen Kfz-Haftpflichtversicherer.
- K hat wegen des nicht gedeckten Unterhaltsschaden einen ungekürzten Schadenersatzanspruch **gegen X** und dessen Versicherer. K müsste sich zwar ein Mitverschulden von M, nicht aber von V anrechnen lassen.
  Der Schadenersatzanspruch des K geht (Rechtsaspekt der gestörten Gesamtschuld) gekürzt um den auf V entfallenden Haftungsanteil auf den **Rentenversicherer** über. Der Sozialversicherer kann Regress unter Zugrundelegung einer Haftungsquote von **75 %** nehmen.

Bei einem Haftungsausschluss zugunsten des Erstschädigers und des Dienstherrn kann der verletzte **Beamte** einen Zweitschädiger ebenfalls nur beschränkt in Anspruch nehmen, und zwar in Anwendung der Grundsätze der gestörten Gesamtschuld.[134] Für die Ausgleichung der Ansprüche des Geschädigten (unmittelbar Verletzte, Hinterbliebene) anlässlich eines Dienstunfalls gelten ähnliche Regulierungsgrundsätze wie beim Arbeitsunfall.

144

---

132 BGH v. 16.2.1972 – VI ZR 111/70 – VersR 1972, 559; OLG Jena v. 5.8.1997 – 3 U 1489/96 – (16) – VersR 1998, 990 (Gesamtschuldnerregress gegenüber Mitgliedern einer Haftungseinheit, von denen eines gemäß § 636 RVO privilegiert haftet).
133 BGH v. 17.2.1987 – VI ZR 81/86 – BB 1987, 2024 (nur Ls.) = DB 1987, 1838 = MDR 1987, 749 = NJW 1987, 2669 = NZA 1987, 502 = r+s 1987, 194 = zfs 1987, 300 (Vertragliche Haftungsfreistellung eines Gesamtschuldners).
134 BGH v. 23.4.1985 – VI ZR 91/83 – BGHZ 94, 173 = NJW 1985, 2261 = VersR 1985, 763.

2 Anspruchsgrundlagen

145 Seit der Schuldrechtsreform ist die Verjährungsfrist allgemein auf 3 Jahre reduziert worden. Die Anmeldung von Ansprüchen bei nur einem von mehreren Schadenersatzpflichtigen bedeutet nicht zwingend zugleich, dass die **Verjährung** auch hinsichtlich der Ansprüche gegen weitere gesamtschuldnerisch haftende Schädiger gehemmt ist.[135] Führt ein für alle Beteiligten eintrittspflichtiger Haftpflichtversicherer mit dem Verletzten Regulierungsverhandlungen, so ist der Lauf der Verjährung regelmäßig gegen alle versicherten Personen, die Ansprüchen ausgesetzt sein können, gehemmt.[136] Ist unklar, wer der Schuldner ist und kann sich der Verletzte nicht entschließen mehrere oder alle gleichzeitig zu verklagen, so wird die Verjährung nur im Verhältnis zum jeweils in Anspruch Genommenen unterbrochen. Wenn der Verjährungslauf nicht durch anderweitige Erklärungen der weiteren in Betracht kommenden Schuldner angehalten ist, empfiehlt sich eine Streitverkündung, deren hemmende Wirkung aber nur bis zur rechtskräftigen Erledigung des Prozesses fortdauert (§ 204 I Nr. 6 BGB, § 204 II 1 BGB).

3. Konsequenzen

Abbildung 2.1: Gestörte Gesamtschuld

146

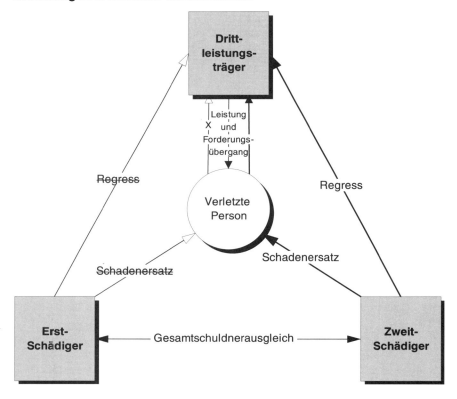

---

135 *Jahnke*, Abfindung von Personenschadenansprüchen, § 5 Rn 42 ff.
136 OLG Düsseldorf v. 17.12.1998 – 8 U 170/97 – VersR 2000, 457 (nur Ls.) (Hemmung gegenüber Krankenhausträger und verantwortlichem Arzt).

147 Einer von mehreren Gesamtschuldnern kann sich gegenüber dem Verletzten auf einen **Leistungsausschluss** berufen (Arbeitsunfall, Verwandtenprivileg, vertraglicher Haftungsausschluss, u.U. auch Verjährung u.Ä.).[137] Dieser privilegierte Schuldner ist also von der Leistung frei, so dass sich der Geschädigte an den Zweit-(Gesamt)Schuldner wendet, dem ein solches Verweigerungsrecht nicht zusteht.

148 Dieser **nicht-privilegierte Schuldner** muss nun nach der gesetzlichen Regelung zunächst voll und uneingeschränkt leisten, danach hätte er den Gesamtschuldnerausgleich im Innenverhältnis zum anderen Gesamtschuldner durchzuführen. Da über den Weg des Gesamtschuldnerausgleiches aber die Leistungsstörung im Verhältnis zum Geschädigten nicht umgangen werden darf[138] (dieses würde eine rechtlich unzulässige Belastung des Dritten bedeuten), kann sich daher der privilegierte Gesamtschuldner auch dem regressierenden Zweitschädiger gegenüber im Gesamtschuldnerinnenverhältnis ebenfalls auf seine Leistungsfreiheit berufen. Es gilt: Der privilegierte Schädiger soll und darf weder direkt noch indirekt in Anspruch genommen werden können.

149 Da aber nicht der Zweitschädiger diese Störung im Gesamtschuldnerausgleich zu vertreten hat, sondern vielmehr der **Geschädigte**, ist auch die Lösung des Problems bei diesem und ferner seinen Rechtsnachfolgern zu suchen und zu finden: Im Maße der Privilegierung kann der Verletzte seine Ansprüche nicht beim Zweitschädiger geltend machen. Ist neben dem privilegierten Schädiger also ein Zweiter für das Unfallgeschehen mit verantwortlich, so kann der Geschädigte und dessen Rechtsnachfolger (Drittleistungsträger) die Ansprüche nur gekürzt um den Verantwortungsanteil des durch den Haftungsausschluss Privilegierten gegenüber dem Zweitschädiger geltend machen.

150
Beispiel 2.14
A und B befinden sich auf einer Dienstfahrt. B befährt mit dem im Eigentum des A stehenden PKW die bevorrechtigte Straße unfallkausal zu schnell, ihm wird von C die Vorfahrt genommen. A verstirbt, B wird schwer verletzt. Die Haftungsquote beträgt 70 % zu Lasten des C und 30 % zu Lasten des B.
Die Witwe W des A verlangt Ersatz des Fahrzeugschadens (10.000 €), der Beerdigungskosten (5.000 €) sowie des entgangenen Unterhalts (kapitalisiert 10.000 €). Zudem begehrt W ein eigenes Schmerzensgeld (Fernwirkungsschaden) von 2.000 €.

Ergebnis
- Der W sind nach den Grundsätzen der gestörten Gesamtschuld die **Personenschäden** wegen des Haftungsausschlusses (Arbeitsunfall) nur gekürzt um den Verantwortungsanteil des Arbeitskollegen B (= 30 %) zu ersetzen.

- Der **Sachschaden** orientiert sich an der Haftungsquote des B, §§ 9, 17 III 3 StVG.

1. Der W sind **von C** zu ersetzen:
   - Fahrzeugschaden   10.000 € * 70 % =   7.000 €
   - Beerdigungskosten   5.000 € * 70 % =   3.500 €
   - Unterhaltsschaden   10.000 € * 70 % =   7.000 €
   - Schmerzensgeld[139]   2.000 € * 70 % =   1.400 €

---

137 Letztlich ist es unbeachtlich, ob die Haftung des einzelnen Schädigers aus Vertrag oder Delikt herzuleiten ist, das Ergebnis bleibt dasselbe: BGH v. 12.6.1973 – VI ZR 163/71 – BGHZ 61, 51 = NJW 1973, 1648 = VersR 1973, 836; BGH v. 10.11.1970 – VI ZR 104/69 – NJW 1971, 194 = VersR 1971, 223.
138 BGH v. 10.1.1967 – VI ZR 77/65 – NJW 1967, 982 = VersR 1967, 250.
139 Der BGH (z.B. BGH v. 2.10.2001 – VI ZR 356/00 – NZV 2002, 27 = r+s 2002, 65 = VersR 2001, 1578) sieht die Mithaftung des Verletzten nur als einen Bemessungsfaktor unter vielen und lässt es von daher nicht zu, ein zunächst für volle Haftung ermitteltes angemessenes Schmerzensgeld sodann entsprechend

2 Anspruchsgrundlagen

2. Der W sind **von B** zu ersetzen:
- Fahrzeugschaden[140]   10.000 € * 30 % =   3.000 €
- Personenschäden   (Arbeitsunfall)[141]   keine

151 Die Störung wirkt sich dann nicht zu Lasten des Verletzten oder Hinterbliebenen aus, wenn im **Innenverhältnis** vom in Anspruch genommenen Zweitgesamtschuldner (Zweitschädiger) zum mit-schädigenden Arbeitskollegen der (nicht privilegierte) In Anspruch genommene allein haftet.[142] Andererseits entfällt die Leistungspflicht des (nicht privilegierten) Zweitschädigers dann völlig, wenn der Privilegierte dem Zweitschädiger zur völligen Freistellung verpflichtet wäre.[143]

III. Mitverantwortlichkeit, Mitverschulden

152

§ 254 BGB – Mitverschulden

(1) Hat bei der Entstehung des Schadens ein Verschulden des Beschädigten mitgewirkt, so hängt die Verpflichtung zum Ersatz sowie der Umfang des zu leistenden Ersatzes von den Umständen, insbesondere davon ab, inwieweit der Schaden vorwiegend von dem einen oder dem anderen Teil verursacht worden ist.

(2) ¹Dies gilt auch dann, wenn sich das Verschulden des Beschädigten darauf beschränkt, dass er unterlassen hat, den Schuldner auf die Gefahr eines ungewöhnlich hohen Schadens aufmerksam zu machen, die der Schuldner weder kannte noch kennen musste, oder dass er unterlassen hat, den Schaden abzuwenden oder zu mindern. ²Die Vorschrift des § 278 findet entsprechende Anwendung.

§ 846 BGB – Mitverschulden des Verletzten

Hat in den Fällen der §§ 844, 845 bei der Entstehung des Schadens, den der Dritte erleidet, ein Verschulden des Verletzten mitgewirkt, so findet auf den Anspruch des Dritten die Vorschrift des § 254 Anwendung.

1. Mitverantwortung des Getöteten

a. Mitverursachung

153 Trifft den Verstorbenen, dessen Tod die Schäden und Einbußen beim ersatzberechtigten mittelbar Geschädigten auslöste, eine **Mitverantwortlichkeit zum Grund** (Mitverschulden, aber auch Verantwortlichkeit für eine Betriebsgefahr oder Gefahrenquelle)

---

der Haftung zu quoteln. Im Fall der gestörten Gesamtschuld ist aber ausnahmsweise – anders als in der Situation von Kap 2 Fn 200 – das Schmerzensgeld entsprechend der Haftungsquote zu teilen, da auf die Regulierungsquote abzustellen ist.

140 Es besteht keine Deckung durch einen Haftpflichtversicherer. Ob eine Haftungsbeschränkung im Verhältnis A – B vorliegt, ist Frage des Einzelfalles (siehe dazu *Lemcke,* in Anwalts-Handbuch Verkehrsrecht, Teil 2 Rn 239 ff.).

141 B hat als berechtigter Fahrer Deckung über die Kfz-Versicherung des von ihm gesteuerten Fahrzeuges (Versicherer des PKW A) auch für die prozessuale Abwehr der etwaig ihm gegenüber (wegen des Arbeitsunfalls aber zu unrecht) verfolgten Personenschadenansprüche aufgrund des Todes des A.

142 BGH v. 14.6.1976 – VI ZR 178/74 – MDR 1977, 43 = VersR 1976, 991.

143 BGH v. 20.5.1980 – VI ZR 185/78 – VersR 1980, 938; OLG Hamm v. 6.6.1989 – 9 U 45/88 – VersR 1989, 1054; OLG Nürnberg v. 27.1.1994 – 8 U 2278/93 – r+s 1994, 257.

und/oder **zur Höhe** (z.B. Nichtanlegen des Gurtes, vorwerfbare mangelnde gesundheitliche Versorgung) des entstandenen Schadens, so ist der Anspruch des betroffenen Angehörigen/Anspruchsberechtigten entsprechend dieser Mitverantwortlichkeit zu mindern (§§ 846, 254 BGB).[144] Der Einwand des Mitverschuldens (nicht aber der mitwirkenden Betriebsgefahr) setzt Verschuldensfähigkeit voraus.[145]

Hat lediglich die Betriebsgefahr eines Kfz mitgewirkt oder geht es um Ansprüche aus der **Gefährdungshaftung** (§ 10 StVG) und um eine Abwägung nach § 17 StVG, ist § 846 BGB analog anwendbar.[146] Dieser Einwand setzt keine Verschuldensfähigkeit voraus, da ein Verschulden nicht haftungsbegründend vorausgesetzt wird.

b. Schadenminderungspflicht[147]

Zur Höhe des geltend gemachten Anspruches kann schadenersatzrechtlich eingewendet werden, dass der Geschädigte die Kostenhöhe **aller** oder aber nur **einzelner Schadenpositionen** unangemessen beeinflusst habe.

Für die Anwendungsvoraussetzungen des § 254 BGB trägt der Schädiger die **Beweislast**.[148]

§ 254 BGB enthält zwar im Ansatz den Grundgedanken, dass sich der Ersatzberechtigte so zu verhalten hat wie sich ein in gleicher Lage befindlicher vernünftiger Geschädigter verhalten würde, wenn kein Haftpflichtiger vorhanden wäre.[149] Das **Gebot zu wirtschaftlich vernünftiger Schadensbehebung** verlangt vom Geschädigten allerdings nicht, zugunsten des Schädigers zu sparen oder sich ausnahmslos in jedem Fall so zu erhalten, als ob er den Schaden selbst zu tragen hätte;[150] immerhin kann dem letztgenannten Aspekt aber Bedeutung für die Beurteilung der Frage zukommen, ob der Geschädigte den Aufwand in vernünftigen Grenzen gehalten hat.[151] Die Schadenminderungspflicht legt dem Verletzten alle Maßnahmen auf, die nach allgemeiner Lebenserfahrung von

---

144 BGH v. 16.1.2001 – VI ZR 381/99 – SP 2001, 142 = zfs 2001, 305; BGH v. 11.5.1971 – VI ZR 78/70 – BGHZ 56, 163 = MDR 1971, 919 = VersR 1971, 905; KG v. 10.11.1997 – 12 U 5774/96 – NZV 1999, 329 = VersR 1999, 504; OLG Frankfurt v. 11.3.2004 – 26 U 28/98 – zfs 2004, 452 (Anm. *Diehl*); OLG Hamm v. 18.8.2003 – 6 U 198/02 – r+s 2004, 80; AG Passau v. 8.6.1983 – 12 C 107/83 – zfs 1984, 36.
145 OLG München v. 23.10.2001 – 30 U 424/01 – r+s 2003, 170 (Keine Mithaftung eines Geschäftsunfähigen 7jährigen Kindes bei Tierhalterhaftung). Siehe ergänzend *Notthoff/Schub,* Sektorale Deliktsfähigkeit nach dem Zweiten Schadensersatzänderungsgesetz und Kinderunfälle, zfs 2006, 183.
146 BGH v. 22.3.1983 – VI ZR 67/81 – MDR 1983, 923 = NJW 1983, 2315 = VersR 1983, 726. BGH v. 27.6.1961 – VI ZR 205/60 – BB 1961, 1103 = BGHZ 35, 317 = FamRZ 1962, 60 = MDR 1961, 1009 = NJW 1961, 1966 = VersR 1961, 918; LG Essen v. 7.8.2003 – 4 O 27/01 –. *Geigel-Schlegelmilch,* Kap. 8 Rn 108.
147 Siehe ergänzend *Jahnke,* Der Verdienstausfall im Schadenersatzrecht, Kap 9 (S. 301 ff.).
148 BGH v. 25.10.2005 – VI ZR 246/03 –, BGH v. 25.10.2005 – VI ZR 195/03 –; BGH v. 9.10.1990 – VI ZR 291/89 – VersR 1991, 437; BGH v. 29.9.1998 – VI ZR 296/97 – VersR 1998, 1428.
149 OLG Celle v. 10.2.1958 – 5 U 146/57 – VersR 1958, 344.
150 BGH v. 15.2.2005 – VI ZR 70/04 – DAR 2005, 266 = NZV 2005, 243 = r+s 2005, 172 (Anm. *Lemcke*) = SP 2005, 126 = VersR 2005, 663 m.w.N.
151 BGH v. 19.4.2005 – VI ZR 37/04 – BGHZ 163, 19 = DAR 2005, 438 = JZ 2005, 1056 (Anm. *Schiemann*) = NJW 2005, 1933 = NZV 2005, 357 = r+s 2005, 351 = SP 2005, 234 = VersR 2005, 850 = VRS 109, 84 = zfs 2005, 435; BGH v. 15.2.2005 – VI ZR 70/04 – DAR 2005, 266 = NZV 2005, 243 = r+s 2005, 172 (Anm. *Lemcke*) = SP 2005, 126 = VersR 2005, 663; BGH v. 2.3.1982 – VI ZR 35/80 – VersR 1982, 548; BGH v. 20.6.1972 – VI ZR 61/71 – VersR 1972, 1024.

2 Anspruchsgrundlagen

einem ordentlichen Menschen angewandt werden müssen, um den Schaden abzuwenden oder zu verringern.[152]

158 Nach § 254 BGB sind die jeweiligen Verursachungsbeiträge zu Schadeneintritt und Schadenhöhe gegeneinander abzuwägen. § 254 BGB lässt dabei auch zu, einen der Beteiligten (auch den Verletzten) allein mit dem Schaden zu belasten.[153]

c. Beispiele

159 *Beispiel 2.15*
Der selbständige Unternehmer A befährt die bevorrechtigte Straße unfallkausal zu schnell, ihm wird von B die Vorfahrt genommen. A verstirbt. Die Haftungsquote beträgt **70 %** zu Lasten des B.

Die Witwe W des A verlangt Ersatz des Fahrzeugschadens (10.000 €), der Beerdigungskosten (5.000 €) sowie des entgangenen Unterhalts (kapitalisiert 200.000 €). Drittleistungen sind nicht zu berücksichtigen.

Ergebnis
Der W sind zu ersetzen:
- Fahrzeugschaden   10.000 € * 70 % =   7.000 €
- Beerdigungskosten   5.000 € * 70 % =   3.500 €
- Unterhaltsschaden   200.000 € * 70 % =   140.000 €

160 *Beispiel 2.16*
(Abwandlung von Beispiel 2.15)
Dem A ist eine Geschwindigkeitsüberschreitung nicht nachzuweisen, es gelingt aber der Unabwendbarkeitsbeweis nicht. Die Haftungsquote beträgt unter Anrechnung der Betriebsgefahr **80 %** zu Lasten des B.

Ergebnis
Der W sind zu ersetzen:
- Fahrzeugschaden   10.000 € * 80 % =   8.000 €
- Beerdigungskosten   5.000 € * 80 % =   4.000 €
- Unterhaltsschaden   200.000 € * 80 % =   160.000 €

161 *Beispiel 2.17*
(Abwandlung von Beispiel 2.15)
A hätte, wäre er zum Unfallzeitpunkt angeschnallt gewesen, den Unfall schwer verletzt überlebt. Da der Tod auf diesem Mitverschulden des A beruht, sind die Ansprüche wegen des Todes weiter zu kürzen.[154] Es ist (nur bezüglich des Personenschadens) eine einheitliche Quote[155] von Mithaftung dem Grunde nach (zu schnelles Fahren) und Mitverschulden der Höhe nach (kein Gurt) zu bilden, die mit **40 %** anzunehmen ist.

---

152 BGH v. 5.10.1965 – VI ZR 90/64 – VersR 1965, 1173; OLG Dresden v. 25.8.1997 – 17 U 57/97 – VersR 1999, 765 (BGH hat die Revision nicht angenommen, Beschl. v. 19.5.1998 – VI ZR 317/97 –).
153 OLG Dresden v. 25.8.1997 – 17 U 57/97 – VersR 1999, 765 (BGH hat die Revision nicht angenommen, Beschl. v. 19.5.1998 – VI ZR 317/97 –).
154 Ohne Belang ist, dass A, hätte er überlebt, u.U. deutlich höhere Ansprüche wegen der Verletzungen gehabt hätte. Entscheidend ist die zu Ansprüchen wegen Tod führende Kausalkette.
155 *Lemcke*, Anwalts-Handbuch Verkehrsrecht, Teil 2 Rn 711.

Ergebnis
Der W sind zu ersetzen:
- Fahrzeugschaden   10.000 € * 70 % =   7.000 €
- Beerdigungskosten   5.000 € * 40 % =   2.000 €
- Unterhaltsschaden   200.000 € * 40 % =   140.000 €

2. Mitverantwortung des Hinterbliebenen

a. Identität

Ist der Unterhaltsberechtigte mit dem Schadensersatzpflichtigen identisch, so steht ihm auch unter dem Aspekt der Direktklagemöglichkeit (§ 3 PflVG) kein Ersatzanspruch zu: § 844 BGB (ebenso die Tatbestände in den Haftungsnebengesetzen, z.B. § 10 StVG) setzt die Tötung durch eine **dritte Person** voraus (3-Personen-Verhältnis: Schädiger – Unterhaltspflichtiger, Getöteter – unterhaltsberechtigte Anspruchsteller).

162

Gleiches gilt für Beerdigungskosten und entgangene Dienste.

163

> *Beispiel 2.18*[156]
>
> Die Eheleute A und W befinden sich auf dem Heimweg. Aufgrund eines Fahrfehlers der W wird ihr Ehemann A getötet. A hinterlässt die Witwe W und das Kind K; A wird von W und K beerbt und zwar zu $^3/_4$ von W und zu $^1/_4$ von K.
>
> Die **Witwe W** verlangt vom Haftpflichtversicherer V Ersatz der Beerdigungskosten (5.000 €) sowie den ihr entgangenen Unterhalt.
>
> Die **Waise K** verlangt Beerdigungskosten sowie ihm durch den Tod des A entgangenen Unterhalt (kapitalisiert 5.000 €).
>
> *Ergebnis*
> 1. Da es hinsichtlich ihrer Einbußen der **Witwe W** (haftungsrechtlich bereits von Anfang an) an einem „dritten" Schädiger fehlt, ist ihr auch vom Versicherer nach § 3 PflVG kein Ersatz zu leisten.
> 2. Dem **Waisen K** gegenüber ist W ersatzpflichtig.
>   - K erhält seinen dem Erbanteil entsprechenden Anteil[157] der Beerdigungskosten:
>   5.000 € * $^1/_4$ Erbteil =   1.250 €
>   - Unterhaltsschaden[158]   5.000 €

164

b. Haftungsgrund

Auch ein eigenes **mitwirkendes Verschulden** des **Hinterbliebenen** kann – u.U. zusätzlich[159] zur Mitverantwortung des Verstorbenen – zur Anspruchskürzung führen.[160]

165

---

156 Siehe auch Beispiel 2.23 (Kap 2 Rn 259).
157 Grundsätzlich wird nach § 2032 BGB der Nachlass gemeinschaftliches Vermögen der Erben zur gesamten Hand.
158 Zur Höhe sind sämtliche anderweitigen gesetzlich unterhaltsberechtigten Personen mit zu berücksichtigen, damit auch die Witwe W.
159 OLG Köln v. 16.10.1990 – 15 U 46/90 – VersR 1992, 894 (BGH hat Revision nicht angenommen, Beschl. v. 25.6.1991 – VI ZR 376//90 –).
160 OLG Karlsruhe v. 7.12.1977 – 1 U 85/77 – VersR 1978, 575 (Aufsichtspflichtverletzung, die zum Tod des eigenen Kindes führte); OLG Köln v. 16.10.1990 – 15 U 46/90 – VersR 1992, 894 (BGH hat Revision nicht angenommen, Beschl. v. 25.6.1991 – VI ZR 376//90 –).

2 Anspruchsgrundlagen

166 Wenn **neben** dem **getöteten Unterhaltsverpflichteten** auch den Unterhaltsberechtigten eine weitere Mitverantwortung am Zustandekommen des Unfalles trifft, mindert sich der Schadenersatzanspruch kumulativ um beide Mitverantwortungsanteile.

167 Im Rahmen der Haftung nach dem StVG (§§ 7, 10, 17) und der weiteren Haftpflichtsondergesetze gilt § 846 BGB entsprechend.[161]

168 *Beispiel 2.19*
Die Eheleute A und W befinden sich mit ihrem Kind K auf dem Heimweg. W befährt die bevorrechtigte Straße unfallkausal zu schnell, ihr wird von C die Vorfahrt genommen. A ist nicht angeschnallt und verstirbt, W wird schwer verletzt. Die Haftungsquote beträgt **70 %** zu Lasten des C und 30 % zu Lasten der W.
A hinterlässt die Witwe W und das Kind K; A wird zu $^3/_4$ von W und zu $^1/_4$ von K beerbt. Das Mitverschulden wegen Nichtanlegens des Gurtes ist mit 40 % (Regulierungsquote: **60 %**) zu bewerten.
- Der Fahrzeugschaden am Fahrzeug des A beträgt 10.000 €.
- Die Witwe W verlangt vom Haftpflichtversicherer V des C Ersatz der Beerdigungskosten (5.000 €) sowie des ihr entgangenen Unterhalts (20.000 €).
  Ferner verlangt sie Ersatz wegen der selbst erlittenen Körperschäden (100.000 €).
- Die Waise K verlangt Beerdigungskosten sowie ihm durch den Tod des A entgangenen Unterhalt (kapitalisiert 5.000 €). K wurde leicht verletzt (2.000 €).

Ergebnis
1. Zu Lasten der **Witwe W** kommt ihr eigener Tatbeitrag zum Tragen, d.h. die Mitverantwortungsquote am Zustandekommen des Unfalls mit 30 %.

   Soweit sie Ansprüche aus dem Tod des Ehemannes A ableitet, ist dessen Mitverschulden (Gurt) zusätzlich mit 40 % zu berücksichtigen.

   Der Erbanteil[162] beträgt $^3/_4$. Der W sind **von C** zu ersetzen:

   - Fahrzeugschaden
     10.000 € * 70 % (Anteil C)   * Erbteil $^3/_4$ =   5.250 €
   - Beerdigungskosten
     5.000 € * 70 % (Anteil C) * 60 % (Anteil A) * Erbteil $^3/_4$ =   1.575 €
   - Unterhaltsschaden
     20.000 € * 70 % (Anteil C) * 60 % (Anteil A)   =   8.400 €
   - eigene Körperverletzung
     100.000 € * 70 % (Anteil C)   = 70.000 €

2. Soweit die **Waise K** Ansprüche aus dem Tod des Vaters A ableitet, ist dessen Mitverschulden (Gurt) mit 40 % zu berücksichtigen. Die Mitverantwortung der Mutter des K (Witwe W) ist dem K nicht anspruchsmindernd anzurechnen. Der Erbanteil $^1/_4$ ist zu berücksichtigen.

---

[161] BGH v. 22.3.1983 – VI ZR 67/81 – MDR 1983, 923 = NJW 1983, 2315 = VersR 1983, 726, BGH v. 27.6.1961 – VI ZR 205/60 – BB 1961, 1103 = BGHZ 35, 317 = FamRZ 1962, 60 = MDR 1961, 1009 = NJW 1961, 1966 = VersR 1961, 918; LG Essen v. 7.8.2003 – 4 O 27/01 –. *Geigel-Schlegelmilch,* Kap. 8 Rn 108.

[162] Grundsätzlich wird nach § 2032 BGB der Nachlass gemeinschaftliches Vermögen der Erben zur gesamten Hand. Die Erbteilsquoten im Beispiel entsprechen der internen Erbschaftsverteilung.

Der Erbanteil beträgt $^1/_4$. Dem K gegenüber ist **C** ersatzpflichtig:

- Fahrzeugschaden
  10.000 €   * 70 % (Anteil C)   * Erbteil $^1/_4$ =   1.750 €

- Beerdigungskosten
  5.000 €   * 60 % (Anteil A)   * Erbteil $^1/_4$ =   750 €

- Unterhaltsschaden
  5.000 €   * 60 % (Anteil A)   =   3.000 €

- eigene Körperverletzung
  2.000 € (kein Mitverschulden)   =   2.000 €

3. Die **Waise K** Ansprüche kann auch **von W** Ersatz verlangen:

- Fahrzeugschaden
  (W haftet unmittelbar und ohne Deckung durch den Krafthaftpflichtversicherer; eintrittspflichtig kann eine Kaskoversicherung sein)
  10.000 €   * 30 % (Anteil W)   * Erbteil $^1/_4$ =   750 €

- Beerdigungskosten
  5.000 €   * 60 % (Anteil A)   * Erbteil $^1/_4$ =   750 €

- Unterhaltsschaden
  5.000 €   * 60 % (Anteil A)   =   3.000 €

- eigene Körperverletzung
  2.000 € (kein Mitverschulden)   =   2.000 €

4. Die Versicherer von A (VA) und C (VC) gleichen sich nach den Grundsätzen der **Gesamtschuld** aus.

- Der **Fahrzeugschaden** wird von VC und W als Teilschuldner ausgeglichen.
- Für **Körperschadenansprüche** der **W** ist VC allein zuständig. Es besteht keine Gesamtschuld.
  Soweit W **Unterhaltsschäden** und **Beerdigungskosten** verfolgt, ist VC ebenfalls allein zuständig. Es besteht keine Gesamtschuld.
- Für **Körperschadenansprüche** des **K** haften VA und VC als Gesamtschuldner. Im Innenverhältnis trägt der VC 1.400 € (70 %) und VA 600 € (30 %).
  Soweit dem K **Unterhaltsansprüche** (3.000 €) und der Erbanteil an den **Beerdigungskosten** (750 €) zusteht, haften VA und VC gesamtschuldnerisch im Verhältnis 30 : 70, d.h. VC trägt 2.625 € und VA 1.125 €.

c. Schadenhöhe

Eigenes schadenersatzminderndes Verhalten kann beim mittelbar anspruchsberechtigten Hinterbliebenen auch hinsichtlich der Schadenhöhe (Unterhaltsschaden, Beerdigungskosten, entgangene Dienste, aber auch hinsichtlich eines Schockschadens) zu berücksichtigen sein.

Zu diskutieren sind u.a. die Aufnahme einer Erwerbstätigkeit, aber auch Teilnahme an psychischer Behandlung.

3. Hinterbliebenen-Quotenvorrecht

171 Besonderheiten gelten für den hinterbliebenen Ehegatten eines durch einen Unfall Getöteten. Haben Witwe/Witwer nach §§ 846, 254 BGB nur Anspruch auf Ersatz einer Quote ihres Unterhaltschadens, so dürfen sie die durch den Wegfall der Unterhaltpflicht gegenüber dem Partner erzielten Vorteile dazu verwenden, ihren Unterhaltsschaden in Höhe der ungedeckten Quote auszugleichen.[163]

E. Nasciturus

I. Miterbenstellung

172

> **§ 1 BGB – Beginn der Rechtsfähigkeit**
>
> Die Rechtsfähigkeit des Menschen beginnt mit der Vollendung der Geburt.
>
> **§ 844 BGB – Ersatzansprüche Dritter bei Tötung**
>
> (2) ¹Stand der Getötete zur Zeit der Verletzung zu einem Dritten in einem Verhältnis, vermöge dessen er diesem gegenüber kraft Gesetzes unterhaltspflichtig war oder unterhaltspflichtig werden konnte, und ist dem Dritten infolge der Tötung das Recht auf den Unterhalt entzogen, so hat der Ersatzpflichtige dem Dritten durch Entrichtung einer Geldrente insoweit Schadenersatz zu leisten, als der Getötete während der mutmaßlichen Dauer seines Lebens zur Gewährung des Unterhalts verpflichtet gewesen sein würde; ... . ²Die Ersatzpflicht tritt auch dann ein, wenn der Dritte zur Zeit der Verletzung gezeugt, aber noch nicht geboren war.
>
> **§ 1923 BGB – Erbfähigkeit**
>
> (1) Erbe kann nur werden, wer zur Zeit des Erbfalls lebt.
>
> (2) Wer zur Zeit des Erbfalls noch nicht lebte, aber bereits gezeugt war, gilt als vor dem Erbfall geboren.

173 Der Nasciturus ist bis zu seiner Geburt zivilrechtlich **nur passiv** mit eigenen Rechten (§§ 1, 844 II 2, 1923 II BGB) ausgestattet. Zu beachten ist seine Miterbenstellung (§§ 1, 1923 II BGB). Ein Unterhaltsschaden kommt in Betracht, solange er nicht erst nach dem Schadenfall gezeugt wurde (§ 844 II 2 BGB).

Wann bei In-vitro-Fertilisation oder ähnlichen Verfahren rechtlich vom „Nasciturus" auszugehen ist,[163a] ist für das Schadenersatzrecht nicht anders zu beantworten als im Erb- und Familienrecht.

---

163 Einzelheiten siehe Kap 6 Rn 218 ff.
163a Siehe auch § 3 StZG (Gesetz zur Sicherstellung des Embryonenschutzes im Zusammenhang mit Einfuhr und Verwendung menschlicher embryonaler Stammzellen [Stammzellgesetz] – StZG – v. 28.6.2002, BGBl I 2002, 2277) und § 8 ESchG (Gesetz zum Schutz von Embryonen [Embryonenschutzgesetz] – ESchG – v. 13.12.1990 BGBl I 1990, 2746).
Siehe ferner BGH v. 9.11.1993 – VI ZR 62/93 – BGHZ 124, 52 = FamRZ 1994, 154 = JuS 1994, 351 = JZ 1994, 463 = MDR 1994, 140 = NJW 1994, 127 = r+s 1994, 95 = VersR 1994, 55 (Wird Sperma, das der Spender hat einfrieren lassen, um sich für eine vorhersehbare Unfruchtbarkeit die Möglichkeit zu erhalten, eigene Nachkommen zu haben, durch das Verschulden eines anderen vernichtet, so steht dem Spender unter dem Gesichtspunkt der Körperverletzung ein Anspruch auf Schmerzensgeld zu).

II. Tod der Leibesfrucht

Die Tötung der Leibesfrucht selbst begründet rechtlich keinen dann von Seiten des Nasciturus selbst vererblichen **Schmerzensgeldanspruch**.[164]

174

Auch Ansprüche wegen entzogenen **Unterhalts** für den hypothetischen Fall einer späteren unterhaltsrechtlichen Verantwortlichkeit des getöteten Nasciturus entfallen. Unterhaltspflicht setzt Rechtsfähigkeit voraus: Rechtsfähigkeit und damit Unterhaltspflicht beginnt erst mit der Geburt; die Tötung des Nasciturus steht daher nicht der Tötung eines bereits geborenen Kindes gleich.

175

F. Schock-/Fernwirkungsschaden[165]

I. Mittelbare gesundheitliche Einwirkung

Mittelbare psychische Beeinträchtigungen sind nur in eng begrenzten Ausnahmefällen als entschädigungspflichtige Gesundheitsbeschädigungen anzusehen. Schützenswert kann aber im Ausnahmefall auch diejenige Person sein, die **unmittelbar am Unfallgeschehen beteiligt** ist.[166]

176

Schreckzustände sind Ausdruck des allgemeinen Lebensrisikos und unterfallen nicht dem Schutzzweck der deliktischen Haftung.[167] Auch eine psychische Erkrankung durch das Miterleben eines schweren Unfalles, bei dem der Betroffene nur als Zuschauer anwesend, sonst aber nicht beteiligt war, ist grundsätzlich dem **allgemeinen Lebensrisiko** zuzuordnen.[168] Der BGH[169] hebt hervor, dass der Betroffene nicht als unbeteiligter

177

---

164 Dazu Kap 3 Rn 16.
165 Zu Leistungen nach dem OEG siehe Kap 2 Rn 99 ff.
166 BGH v. 12.11.1985 – VI ZR 103/84 – MDR 1986, 487 = NJW 1986, 777 = r+s 1986, 68 = VersR 1986, 240 (Anm. *Dunz,* VersR 1986, 448) = zfs 1986, 131, 135 (Erleidet ein Unfallbeteiligter, der vom Schädiger in diese Rolle gezwungen worden ist, eine Unfallneurose, die auf das Miterleben des Unfalls mit schweren Folgen zurückzuführen ist, so können darauf beruhende Gesundheitsschäden dem Unfallgeschehen zurechenbar sein. Konkret: PKW-Fahrer verletzt einen Fußgänger tödlich, der vorschriftswidrig auf der Autobahn läuft; er nimmt sich das Erlebnis, obwohl an dem Unfall schuldlos, so zu Herzen, dass er an einer Neurose erkrankt.); OLG Hamm v. 2.4.2001 – 6 U 231/00 – r+s 2001, 366 = NJW-RR 2001, 1676 = NZV 2002, 36 (Lokführer ist schuldlos mehrfach in Eisenbahnkollision verwickelt).
Siehe auch:
BGH v. 18.7.2006 – X ZR 142/05 – (Vorinstanzen OLG Köln v. 12.9.2005 – 16 U 25/05 – NJW 2005, 3074 = VersR 2006, 941, LG Köln v. 17.3.2005 – 8 O 264/04 – NJW-RR 2005, 704 = NJW-RR 2005, 1736 [nur Ls.]) (Geschwister erleben den Tod ihres Bruders mit, den sie trotz eigener Anstrengungen nicht verhindern können);
LG Frankfurt v. 28.3.1969 – 2/12 50/67 – NJW 1969, 2286 (Freundin erlebt vor mit wie ihr Begleiter getötet wird).
167 OLG Celle v. 28.4.2005 – 9 U 242/04 – (Dem mittelbar geschädigten Retter stehen mangels Zurechnungszusammenhang keine Ersatzansprüche zu, wenn er sich von Berufs wegen zur Unglückstelle begibt); OLG Köln v. 29.7.1999 – 1 U 27/99 – NJW-RR 2000, 760 = OLGR Köln 2000, 22, OLG Oldenburg v. 27.3.2001 – 12 U 03/01 – DAR 2001, 313.
168 BGH v. 12.11.1985 – VI ZR 103/84 – MDR 1986, 487 = NJW 1986, 777 = r+s 1986, 68 = VersR 1986, 240 (Anm. *Dunz,* VersR 1986, 448) = zfs 1986, 131, 135 (zu II.2.c) (Auswirkungen eines Unfallgeschehens auf Dritte als „Reflex eines haftungsbegründenden Geschehens" [vgl. RGRK, 12. Aufl. § 823 Rn 11] sind haftungsrechtlich auszugrenzen, um eine uferlose Ausweitung der Schutzrichtung von Gefährdungs- und Verhaltensnormen auf die Umwelt des in erster Linie Geschützten zu vermeiden); OLG Karlsruhe v. 10.7.1998 – 10 U 27/98 – OLGR Karlsruhe 1998, 308. Siehe auch OLG Köln v. 31.5.1988 – 15 U 197/87 – zfs 1989, 42 (Schlaganfall nach Aufregung über Alkoholvorwurf seitens des

Dritter zufälliger Zeuge eines Verkehrsunfalls war sondern dem Unfallgeschehen selbst unmittelbar ausgesetzt war und daran mitgewirkt hat.

II. Angehörigenschmerzensgeld – Fernwirkungsschaden[170]

178 Angehörige, die anlässlich eines Unfalles einen sog. Schock- oder **Fernwirkungsschaden** erleiden, sind nicht mittelbar, sondern unmittelbar verletzt. Der Schock eines Dritten durch den Unfalltod eines nahen Angehörigen löst in aller Regel keinen Schmerzensgeldanspruch aus.[171] Grundsätzlich sind auch schwere Schicksalsschläge zunächst dem allgemeinen Lebensrisiko zuzuordnen und entschädigungslos hinzunehmen.[172] Um ein Ausufern der Haftung zu vermeiden, sind **strenge Kriterien** anzuwenden.[173]

179 Auch nach der Schadenrechtsreform zum 1.8.2002 hat wie nach dem bis dahin geltenden Recht weiterhin nur der Verletzte selbst einen Anspruch, ein **Angehörigenschmerzensgeld** ist – auch für den Todesfall des Angehörigen – nicht vorgesehen. Die Einführung eines allgemeinen Angehörigenschmerzensgeldes, wie es z.B. in der Schweiz und Österreich besteht,[174] hat der Gesetzgeber ausdrücklich abgelehnt.[175] Es bleibt bei der Rechtsprechung, dass auch nach dem Tod naher Angehöriger eine Auswirkung auf den eigenen Körper bzw. die Gesundheit in einem größeren und erheblichen Umfang erforderlich ist.

180 Der Anspruch des ersatzfähig betroffenen Angehörigen beinhaltet nicht nur Schmerzensgeld, so dass ein Forderungsübergang auf Drittleistende denkbar ist.

III. Voraussetzungen

181 Angehörige, die anlässlich eines Unfalles einen sog. Schock- oder Fernwirkungsschaden erleiden, haben, und zwar aus eigenem Recht, nur unter engen Voraussetzungen Ansprüche.[176]

Schädigers anlässlich eines fremdverschuldeten Unfalls); nachfolgend in der Revision zu OLG Köln (v. 31.5.1988 – 15 U 197/87 – zfs 1989, 42) verneint BGH v. 6.6.1989 – VI ZR 241/88 – BGHZ 107, 359 = DAR 1989, 291 = JR 1990, 112 (Anm. *Dunz*) = JuS 1990, 143 (Anm. *Emmerich*, weitere Anm. *Lipp* JuS 1991, 809) = JZ 1989, 1069 (Anm. *Bar*) = MDR 1989, 899 = NJW 1989, 2616 (Anm. *Börgers*, NJW 1990, 2535) = NJW-RR 1989, 1299 (nur Ls.) = NZV 1989, 391 = r+s 1989, 283 (nur Ls.) = VersR 1989, 923 = VRS 77, 248 = zfs 1989, 335 den haftungsrechtlichen Zusammenhang zwischen Schlaganfall und Verkehrsverstoß bzw. Betriebsgefahr.

169 BGH v. 12.11.1985 – VI ZR 103/84 – MDR 1986, 487 = NJW 1986, 777 = r+s 1986, 68 = VersR 1986, 240 (Anm. *Dunz,* VersR 1986, 448) = zfs 1986, 131, 135 (zu II.2.c).
170 Zum Thema: *Heß/Burmann*, Das Angehörigenschmerzensgeld und mittelbar Betroffene, NJW-Spezial 2006, 303; *Klinger*, Schmerzensgeld für Hinterbliebene von Verkehrsopfern?, NZV 2005, 290.
171 OLG Köln v. 24.10.1980 – 20 U 42/80 – VersR 1982, 558.
172 OLG Hamm v. 22.2.2001 – 6 U 29/00 – NZV 2002, 234.
173 BGH v. 14.6.2005 – VI ZR 179/04 – NJW 2005, 2614 = VersR 2005, 1238 (Vorinstanz OLG Koblenz v. 7.6.2004 – 13 U 1527/01 – GesR 2004, 330 [nur Ls.] = OLGR Koblenz 2004, 505); OLG Hamm v. 18.8.2003 – 6 U 198/02 – r+s 2004, 80; OLG Hamm v. 2.7.2001 – 13 U 224/00 – SP 2002, 11.
174 *Wagner*, NJW 2002, 2054 (III.2.a, Fn 40).
175 *Heß/Jahnke*, Das neue Schadensrecht, S. 85.
176 Siehe auch BVerfG v. 8.3.2000 – 1 BvR 1127/96 – VersR 2000, 897, 1114 u.a. zu der gerechtfertigten Differenzierung zwischen Persönlichkeitsverletzungen einerseits und schweren psychischen Gesundheitsschäden andererseits.

1. Personenkreis

Um einer Ausuferung vorzubeugen, ist der Anspruch beschränkt auf **nahe Familienangehörige** (Ehegatte, Eltern bei Kinderunfall; Partner einer eingetragenen nichtehelichen Lebensgemeinschaft, § 1 I LPartG; Kinder; nur im Ausnahmefall auch Geschwister[176a]).[177] Es bedarf einer personalen Sonderbeziehung, um eine uferlose Ausweitung des Kreises der Ersatzberechtigten zu verhindern. Bei Schockschäden dient die enge personale Verbundenheit dazu, den Kreis derer zu beschreiben, die den Integritätsverlust des Opfers als Beeinträchtigung der eigenen Integrität und nicht als „normales" Lebensrisiko der Teilnahme an den Ereignissen der Umwelt empfinden.[178]

182

Sonstige Dritte (Verlobte, außereheliche Lebenspartner, geschiedene oder getrennt lebende Ehegatten, Stiefkinder) gehören nicht dazu.[179]

183

2. Tötung, Verletzung eines Angehörigen

Die Reaktion auf den Tod eines geliebten Tieres oder die Beeinträchtigung einer Sache reicht nicht aus; es muss auf die schwerste Verletzung bzw. Tötung eines **Menschen** reagiert werden.[180]

184

Wird ein Angehöriger **getötet**, können nur unter engen Voraussetzungen Ansprüche entstehen. Der Schock eines Dritten durch den Unfalltod eines nahen Angehörigen löst in aller Regel keinen ersatzfähigen Anspruch aus.[181]

185

Wird eine Person **sehr schwer verletzt**, so kann im Einzelfall seinem dadurch tief betroffenen Angehörigen nur ausnahmsweise ein Ersatzanspruch zustehen.[182]

186

176a BGH v. 18.7.2006 – X ZR 142/05 – (Vorinstanzen OLG Köln v. 12.9.2005 – 16 U 25/05 – NJW 2005, 3074 = VersR 2006, 941, LG Köln v. 17.3.2005 – 8 O 264/04 – NJW-RR 2005, 704 = NJW-RR 2005, 1736 [nur Ls.]) (Geschwister erleben den Tod ihres Bruders mit, den sie trotz eigener Anstrengungen nicht verhindern können).
177 OLG Stuttgart v. 21.7.1988 – 14 U 3/88 – NJW 1989, 1554 (nur Ls.) = NJW-RR 1989, 477 = VersR 1988, 1187 = zfs 1989, 9 (Mutter-Kind); LG Tübingen v. 29.11.1967 – 1 S 107/67 – NJW 1968, 1187 (Anm. *Weyer* NJW 1969, 558) = VersR 1969, 335, 478 (nur Ls.), 908 (nur Ls.).
178 BGH v. 14.6.2005 – VI ZR 179/04 – NJW 2005, 2614 = VersR 2005, 1238 = zfs 2006, 141 (Anm. *Diehl*) (Vorinstanz OLG Koblenz v. 7.6.2004 – 13 U 1527/01 – GesR 2004, 330 [nur Ls.] = OLGR Koblenz 2004, 505); OLG Düsseldorf v. 22.4.1993 – 8 U 23/92 – MDR 1994, 44 = OLGR 1993, 254.
179 Siehe auch LG Frankfurt v. 28.3.1969 – 2/12 50/67 – NJW 1969, 2286 (Freundin erlebt mit, wie ihr Begleiter getötet wird).
180 Zur Ablehnung von Schmerzensgeldansprüchen nach dem Tod von Tieren: KreisG Cottbus v. 12.5.1993 – 40 C 124/93 – NJW-RR 1994, 804 (Schock wegen tödlicher Bissverletzungen eines fremden Hundes); AG Essen-Borbeck v. 2.3.1983 – 6 C 858/82 – zfs 1986, 197 (Schock des Hundehalters nach Tötung seines Hundes); AG Meppen v. 9.12.1994 – 3 C 1226/94 –.
181 OLG Hamm v. 18.8.2003 – 6 U 198/02 – r+s 2004, 80 (Selbst eine tiefe depressive Verstimmung muss nicht ausreichen); OLG Köln v. 24.10.1980 – 20 U 42/80 – VersR 1982, 558.
182 BGH v. 5.2.1985 – VI ZR 198/83 – BGHZ 93, 351 = DAR 1985, 217 = FamRZ 1985, 464 = JA 1985, 473 (Anm. *Breemhaar-Schwefer*) = JR 1985, 461 = = JuS 1985, 727 = JZ 1985, 538 = MDR 1985, 563 = MedR 1985, 275 (Anm. *Dunz* MedR 1985, 269) = NJW 1985, 1390 = r+s 1985, 110 = VersR 1985, 499 = VRS 68, 414 = zfs 1985, 196 (nur Ls.); OLG Hamm v. 10.3.1997 – 6 U 175/96 – NJW-RR 1997, 1048 = r+s 1997, 246 = VersR 1998, 730 (Ehefrau eines Verletzten).

3. Zeitlicher Zusammenhang

187 Die psychische Reaktion muss in einem engen zeitlichen Zusammenhang mit dem Haftpflichtgeschehen stehen.[183]

4. Krankheitscharakter

188 Psychische Belastungen, denen Angehörige durch das Miterleben von Leidensweg und Tod eines Familienmitgliedes ausgesetzt sind, rechtfertigen nur im Ausnahmefall ein Schmerzensgeld.[184] Die seelische Erschütterung durch die Nachricht vom tödlichen Unfall begründet einen Anspruch nicht schon dann, wenn sie zwar medizinisch fassbare Auswirkungen hat, diese aber nicht über gesundheitliche Beeinträchtigungen hinausgehen, denen nahe Angehörige bei Todesnachrichten erfahrungsgemäß ausgesetzt sind. Die gesundheitliche Beeinträchtigung muss nach Art und Schwere deutlich über das hinausgehen, was Nahestehende als mittelbar Betroffene in derartigen Fällen an Beeinträchtigung erleiden.[185] Es muss zu psycho-pathologischen Ausfällen von einiger Dauer kommen. Die Beeinträchtigungen sind erst dann als Gesundheitsschädigung im Sinne von § 823 I BGB anzusehen, wenn sie pathologisch fassbar sind und deshalb nach der allgemeinen Verkehrsauffassung als Verletzung des Körpers oder der Gesundheit angesehen werden.[186]

---

183 BSG v. 12.6.2003 – B 9 VG 1/02 R – NJW 2004, 1477 = NZV 2005, 318 (nur Ls.) (Entscheidung zum OEG. Maßgebliches Kriterium für den erforderlichen engen Zusammenhang zwischen der das Primäropfer betreffenden Gewalttat und den psychischen Auswirkungen beim Sekundäropfer ist die zeitliche und örtliche Nähe zum primär schädigenden Ereignis und/oder die personale Nähe zum Primäropfer. Dass der Schock erst nach einer Latenzzeit von 5 Monaten als Gesundheitsstörung manifest in Erscheinung trat, schloss den Leistungsanspruch konkret nicht aus.). OLG Oldenburg v. 30.6.2000 – 6 U 109/00 – (Gegen eine unmittelbar durch das Unfallgeschehen ausgelöste Gesundheitsbeeinträchtigung spricht, dass sich die Klägerin – Ehefrau des Unfallverletzten – erst rd. 2 Jahre nach dem Unfall in ambulante Behandlung begab).

184 OLG Düsseldorf v. 19.1.1995 – 8 U 17/94 – NJW-RR 1996, 214 = zfs 1996, 176; OLG Hamm v. 18.8.2003 – 6 U 198/02 – r+s 2004, 80; OLG Naumburg v. 7.3.2005 – 12 W 118/04 – NJW-RR 2005, 900.

185 BGH v. 4.4.1989 – VI ZR 97/88 – BB 1989, 1510 (nur Ls.) = DAR 1989, 263 = DB 1989, 1517 (nur Ls.) = MDR 1989, 805 = NJW 1989, 2317 = r+s 1989, 185 (nur Ls.) = VersR 1989, 853 (Anm. *Deutsch/Schramm*, VersR 1990, 715) = zfs 1989, 298 (nur Ls.); KG v. 10.6.2004 – 12 U 315/02 – DAR 2005, 25 = NZV 2005, 315; OLG Hamm v. 4.11.1991 – 6 U 109/91 – OLGR 1992, 44.

186 BGH v. 4.4.1989 – VI ZR 97/88 – BB 1989, 1510 (nur Ls.) = DAR 1989, 263 = DB 1989, 1517 (nur Ls.) = MDR 1989, 805 = NJW 1989, 2317 = r+s 1989, 185 (nur Ls.) = VersR 1989, 853 (Anm. *Deutsch/Schramm* VersR 1990, 715) = zfs 1989, 298 (nur Ls.); BGH v. 31.1.1984 – VI ZR 56/82 – JZ 1985, 437 = MDR 1984, 657 = NJW 1984, 1405 = r+s 1984, 102 (nur Ls.) = VersR 1984, 439 = zfs 1984, 194 (Verschlimmerung einer Alkoholabhängigkeit nach Unfalltod des Ehegatten. Konkret kein Schadenersatzanspruch); KG v. 10.6.2004 – 12 U 315/02 – DAR 2005, 25 = NZV 2005, 315; KG v. 30.10.2000 – 12 U 5120/99 – NZV 2002, 38 (Erforderlich sind psycho-pathologische Auswirkungen im Sinne einer Neurose oder sogar einer Psychose). OLG Düsseldorf v. 19.1.1995 – 8 U 17/94 – NJW-RR 1996, 214 = zfs 1996, 176; OLG Frankfurt v. 11.3.2004 – 26 U 28/98 – zfs 2004, 452 (Anm. *Diehl*); OLG Frankfurt v. 23.6.1979 – 3 U 225/77 – r+s 1979, 173 (nur Ls.) = VersR 1979, 578; OLG Hamm v. 22.2.2001 – 6 U 29/00 – NZV 2002, 234; OLG Hamm v. 10.3.1997 – 6 U 175/96 – NJW-RR 1997, 1048 = r+s 1997, 246 = VersR 1998, 730; OLG Nürnberg v. 27.2.1998 – 6 U 3913/97 – zfs 1998, 378; OLG Stuttgart v. 21.7.1988 – 14 U 3/88 – NJW 1989, 1554 (nur Ls.) = NJW-RR 1989, 477 = VersR 1988, 1187 = zfs 1989, 9; LG Flensburg v. 10.5.1988 – 10 O 75/88 – VersR 1989, 261 = zfs 1989, 158 (nur Ls.).

Die Beeinträchtigungen müssen deutlich über das hinausgehen, was ein naher Angehöriger infolge des Todes eines geliebten Menschen erleidet.[187] Die Gesundheitsbeeinträchtigung muss **echten Krankheitscharakter** haben. Die mit dem Tode eines Verwandten verbundenen Missempfindungen reichen zur Begründung einer Verletzung allein noch nicht aus. Gleiches gilt für gewisse pathologisch zu verifizierende Beeinträchtigungen wie depressive Verstimmungen,[188] Verzweiflung und andauernde Leistungsminderung, die dem allgemeinen Lebensrisiko zuzuordnen sind.[189] Trauer und Schmerz können zwar medizinisch fassbare Auswirkungen haben; wenn diese jedoch nicht über gesundheitliche Auswirkungen hinausgehen, die nahe Angehörige in Situationen des Todes erfahrungsgemäß immer erleiden, reicht das für einen eigenen Schadenersatzanspruch nicht aus.[190] Dass aus medizinischer Sicht physiologische Störungen bestehen, reicht ebenfalls nicht; erforderlich ist, dass auch aus medizinischer Sicht eine nachhaltige traumatische Schädigung verursacht ist, die zudem aus juristischer Sicht dasjenige übersteigt, worin sich das normale Lebensrisiko der menschlichen Teilnahme an den Ereignissen der Umwelt realisiert.[191]

189

Für den **Beweis** einer auf dem Unfall beruhenden psychischen Beeinträchtigung gilt der Maßstab des **§ 286 ZPO**.[192]

Wussow[193] fasst unter Hinweis auf eine Entscheidung des österreichischen OGH[194] die dort aufgestellten und annähernd auf das deutsche Recht übertragbaren Grundsätze wie folgt zusammen:

190

---

187 LG Lüneburg v. 13.12.2001 – 9 O 139/01 – (Vorinstanz zu OLG Celle v. 2.9.2002 – 9 U 13/02 – NdsRpfl 2003, 64 = OLGR 2002, 231, welches die Berufung bereits wegen einer Haftungsprivilegierung zurückgewiesen hat) (Der plötzliche Verlust des Ehemannes ist ohne Frage grundsätzlich ein Ereignis, das die Hinterbliebenen in hohem Maße belastet. Daraus resultierend sind Nervenzusammenbrüche und anhaltende Depressionen, psychosomatische Beschwerden, Menstruationsstörungen durchaus vielfach zu beobachtende Reaktionen des Körpers eines Hinterbliebenen.).
188 OLG Düsseldorf v. 29.7.1992 – 8 U 78/91 – OLGR 1992, 320; OLG Hamm v. 18.8.2003 – 6 U 198/02 – r+s 2004, 80; OLG Karlsruhe v. 13.3.1998 – 10 U 239/97 – OLGR 1998, 258; OLG Koblenz v. 17.10.2000 – 3 U 131/00 – OLGR 2001, 9; OLG Naumburg v. 7.3.2005 – 12 W 118/04 – NJW-RR 2005, 900.
189 KG v. 10.11.1997 – 12 U 5774/96 – NZV 1999, 329 = VersR 1999, 504; OLG Düsseldorf v. 19.1.1995 – 8 U 17/94 – NJW-RR 1996, 214 = zfs 1996, 176; OLG Stuttgart v. 21.7.1988 – 14 U 3/88 – NJW 1989, 1554 (nur Ls.) = NJW-RR 1989, 477 = VersR 1988, 1187= zfs 1989, 9.
190 BGH v. 4.4.1989 – VI ZR 97/88 – BB 1989, 1510 (nur Ls.) = DAR 1989, 263 = DB 1989, 1517 (nur Ls.) = MDR 1989, 805 = NJW 1989, 2317 = r+s 1989, 185 (nur Ls.) = VersR 1989, 853 (Anm. *Deutsch/Schramm* VersR 1990, 715) = zfs 1989, 298 (nur Ls.); OLG Hamm v. 18.8.2003 – 6 U 198/02 – r+s 2004, 80.
191 KG v. 30.10.2000 – 12 U 5120/99 – NZV 2002, 38; OLG Düsseldorf v. 29.7.1992 – 8 U 78/91 – OLGR Düsseldorf 1992, 320 (Die prozessuale Darlegungspflicht erfordert substantiierten Vortrag, inwieweit – qualitativ und/oder quantitativ – die Erkrankungen tatsächlich zugenommen haben); OLG Hamm v. 18.8.2003 – 6 U 198/02 – r+s 2004, 80; OLG Hamm v. 22.2.2001 – 6 U 29/00 – NZV 2002, 234; OLG Hamm v. 10.3.1997 – 6 U 175/96 – NJW-RR 1997, 1048 = r+s 1997, 246 = VersR 1998, 730; OLG Karlsruhe v. 13.3.1998 – 10 U 239/97 – OLGR Karlsruhe 1998, 258 (Ein pauschal als „Depression" bezeichneter Zustand reicht als Prozessvortrag nicht aus, um eine Gesundheitsbeeinträchtigung anzunehmen); OLG Koblenz v. 17.10.2000 – 3 U 131/00 – OLGR Koblenz 2001, 9 (Erforderlich sind gewichtige psychopathologische Ausfälle von einiger Dauer. Befindlichkeitsstörungen wie Depressionen, Schlafstörungen, Alpträume, Seelenschmerzen, Weinkrämpfe, Gefühle des „Aus-der-Bahn-geworfenseins" und vorübergehende Kreislaufstörungen bis hin zum Kollaps haben noch keinen konkret fassbaren Krankheitswert); OLG Köln v. 24.10.1980 – 20 U 42/80 – VersR 1982, 558.
192 KG v. 10.6.2004 – 12 U 315/02 – DAR 2005, 25 = NZV 2005, 315; OLG München v. 8.2.2002 – 10 U 3448/99 –.
193 *Wussow*, WI 1998, 46.
194 Österr. OGH v. 21.12.1995 WI 1998, 45 = ZVR 1997, 186. Siehe auch Österr. OGH v. 16.5.2001 – 2 Ob 84/01 v – NZV 2002, 26.

191 ■ Für seelische Schmerzen, die nicht auf der Verletzung des eigenen Körpers beruhen, steht zwar kein Schmerzensgeld zu, wohl aber für eine dadurch hervorgerufene Krankheit.

192 ■ Erleidet der Verletzte aufgrund des Unfalles nicht etwa nur seelische Schmerzen, sondern eine behandlungsbedürftige psychische Erkrankung, so steht ihm ein Schmerzensgeld für die durch den Unfall hervorgerufene Krankheit zu.

193 ■ Körperverletzung ist jede Beeinträchtigung der leiblichen oder geistigen Gesundheit und Unversehrtheit, und zwar einschließlich der Nervenschäden. Lediglich eine psychische Beeinträchtigung, die bloß in Unbehagen und Unlustgefühlen besteht, reicht für sich allein nicht aus, um als Körperverletzung angesehen oder einer Körperverletzung gleichgestellt zu werden.

194 ■ Massive Einwirkungen auf die psychische Sphäre sind dann eine Körperverletzung, wenn sie mit körperlichen Symptomen einhergehen, die als Krankheit anzusehen sind. Eine derartige Beeinträchtigung ist jedenfalls dann gegeben, wenn aus ärztlicher Sicht die Behandlung der psychischen Störung geboten ist.

IV. Haftungseinwände
1. Mitverantwortung des Getöteten, Haftungsausschluss[195]

195 Trifft den Verstorbenen, dessen Tod den Schock- bzw. Fernwirkungsschaden auslöste, eine **Mitverantwortlichkeit** (Mitverschulden, aber auch Verantwortlichkeit für eine Betriebsgefahr oder Gefahrenquelle), so ist der Anspruch des betroffenen Angehörigen entsprechend dieser Mitverantwortlichkeit zu mindern.[196] Ansprüche des durch die Fernwirkung Geschädigten sind mit denselben Grundeinwendungen zu regulieren wie die dem hypothetisch überlebenden, tatsächlich aber verstorbenen Unfallbeteiligten gegenüber hätten eingewandt werden können: Der Dritte steht nicht besser dar als der unmittelbar Beteiligte.

196 Sind im Verhältnis zwischen Schädiger und Getötetem gesetzliche oder vertragliche **Haftungsausschlüsse** (z.B. Arbeitsunfall, §§ 104 ff. SGB VII[197]) zu berücksichtigen, so wirkt sich dieses ebenfalls ausschließend oder (z.B. im Falle der gestörten Gesamtschuld entsprechend dem zu kürzenden Anspruch des unmittelbar Beteiligten) mindernd auf die Entschädigungsleistung aus.

197 Das letztendlich unstreitige Ergebnis einer Anspruchskürzung findet seine Begründung entweder in einer **entsprechenden** Anwendung des **§ 846 BGB**[198] (der sich seinem Wortlaut nach zwar nur auf §§ 844, 845 BGB bezieht, allerdings einen allgemeinen Rechtsgedanken beinhaltet) oder aber in einer Anrechnung fremden Mitverschuldens

---

195 Siehe im Detail Kap 2 Rn 117 ff.
196 BGH v. 16.1.2001 – VI ZR 381/99 – SP 2001, 142 = zfs 2001, 305; BGH v. 11.5.1971 – VI ZR 78/70 – BGHZ 56, 163 = MDR 1971, 919 = VersR 1971, 905; KG v. 10.11.1997 – 12 U 5774/96 – NZV 1999, 329 = VersR 1999, 504; OLG Frankfurt v. 11.3.2004 – 26 U 28/98 – zfs 2004, 452 (Anm. *Diehl*); AG Passau v. 8.6.1983 – 12 C 107/83 – zfs 1984, 36.
197 OLG Celle v. 25.8.1986 – 5 W 28/86 – VersR 1988, 67 (§§ 636 f. RVO); OLG Celle v. 2.9.2002 – 9 U 13/02 – NdsRpfl 2003, 64 = OLGR 2002, 231 (BeamtVG).
198 LG Rostock v. 9.2.2001 – 9 O 342/99 – SP 2001, 302 m.w.N.

nach §§ 242, 254 BGB, weil die psychisch vermittelte Schädigung nur auf einer besonderen persönlichen Bindung an den unmittelbar Verletzten beruht.[199]

Beispiel 2.20
(Abwandlung von Beispiel 2.15, Rn 159)
Der selbständige Unternehmer A befährt die bevorrechtigte Straße unfallkausal zu schnell, ihm wird von B die Vorfahrt genommen. A verstirbt. Die Haftungsquote beträgt 70 % zu Lasten des B.

Die Witwe W erleidet einen nach den von der Rechtsprechung aufgestellten Grundsätzen einen ersatzfähigen Schockschaden und verlangt ein Schmerzensgeld von 5.000 €.

Ergebnis
Der W sind neben den Sach- und Personenschäden zu ersetzen:

- ...
- Schmerzensgeld[200]   5.000 € * 70 % =   3.500 €

Beruht der Schock auf dem **Tod mehrerer Angehöriger**, wobei dabei nur eine Person eine Mitverantwortlichkeit trifft, kann im Einzelfall eine Anspruchsminderung entfallen.[201]

Beispiel 2.21
(Abwandlung von Beispiel 2.15, Rn 159)
Der selbständige Unternehmer A befährt die bevorrechtigte Straße unfallkausal zu schnell, ihm wird von B die Vorfahrt genommen. A verstirbt. Die Haftungsquote beträgt 70 % zu Lasten des B. Im Fahrzeug des A saß das gemeinsame Kind K von A und W, das ebenfalls, obwohl ordnungsgemäß angeschnallt, verstirbt.

Die Witwe W erleidet einen nach den von der Rechtsprechung aufgestellten Grundsätzen einen ersatzfähigen Schockschaden und verlangt ein Schmerzensgeld von 5.000 €. Es bleibt ungeklärt,[202] ob die Trauerreaktion der W nur auf dem Tod ihres Ehemannes A oder nur auf dem Tod des Kindes K beruht.

Ergebnis
Der W sind zu ersetzen:

- ...
- Schmerzensgeld[203]   5.000 € * 100 % =   5.000 €

---

199 BGH v. 11.5.1971 – VI ZR 78/70 – BGHZ 56, 163 = MDR 1971, 919 = VersR 1971, 905; KG v. 10.11.1997 – 12 U 5774/96 – NZV 1999, 329 = VersR 1999, 504. Ebenso *Geigel-Rixecker*, Kap 2 Rn 20 (missverständlich *Geigel-Schlegelmilch*, Kap 8 Rn 107, 108).
200 Der BGH (BGH v. 2.10.2001 – VI ZR 356/00 – NZV 2002, 27 = r+s 2002, 65 = VersR 2001, 1578; ergänzend *Jahnke* in Anwalts-Handbuch Verkehrsrecht, Teil 4 Rn 202 m.w.N.) sieht die Mithaftung des Verletzten nur als einen Bemessungsfaktor unter vielen und lässt es von daher nicht zu, ein zunächst für volle Haftung ermitteltes angemessenes Schmerzensgeld sodann entsprechend der Haftung zu quoteln. Die Instanzgerichte haben sich auf diesen formalen, praktisch aber nicht sonderlich brauchbaren, Standpunkt des BGH in ihren Urteilsbegründungen zwar eingestellt, gleichwohl wird der Endbetrag in der außergerichtlichen, aber auch gerichtlichen Schadensregulierungspraxis letztlich doch durch eine Rückrechnung von einem unquotierten Schmerzensgeldbetrag auf den dann entsprechend der Haftung geschuldeten ermittelt.
201 OLG Hamm v. 27.3.1981 – 9 U 234/78 – VersR 1982, 557 (Frau verliert Ehemann und einen Sohn, der zweite Sohn wird zugleich schwer verletzt).
202 Ein mitwirkendes Verschulden des Getöteten hat regelmäßig der Ersatzpflichtige zu beweisen.
203 Siehe Kap 2 Fn 200.

2. Eigene Mitverantwortung des mittelbar Beeinträchtigten

201 Eigenes Fehlverhalten des „Geschockten" (z.B. vorwerfbar unterlassene Mitarbeit bei der Trauerverarbeitung) ist nach allgemeinen Grundsätzen wie bei unmittelbar physisch Verletzten schadenmindernd anzusetzen.

202 Dasselbe gilt für den Bereich der Schadenhöhe (Verwertung verbleibender Arbeitskraft u.ä.).

203 Es gelten im Ergebnis dieselben Grundsätze der Mitverantwortung und Schadensminderungspflicht **wie** bei anderen Personen, die durch ein Haftpflichtgeschehen **verletzt** wurden.[204]

G. Drittleistungen im Todesfall

204 *Unser Recht ist so kompliziert, weil unsere Gesetze so kompliziert sind. Unsere Gesetze sind kompliziert, weil manche besondere Rechte haben.*

(Wolfgang Bittner)

> *Hinweis*
> Auf die zu beachtenden Leistungen von dritter Seite wird auch im Rahmen der Darstellung des Schmerzensgeldes (Kap 3 Rn 23 f.), der Beerdigungskosten (Kap 4 Rn 42 ff.) der entgangenen Dienste (Kap 5 Rn 38 f.) sowie des Unterhaltsschadens (Kap 6 Rn 272 ff.) eingegangen.

I. Forderungsberechtigung des Drittleistungsträgers

205 Wird jemand durch einen Verkehrsunfall oder ein anderes Haftpflichtgeschehen verletzt oder getötet, so haben der unmittelbar Verletzte, aber auch seine Hinterbliebenen Ansprüche gegen andere Unfallbeteiligte, wenn diese den Schaden haftungsrechtlich relevant zumindest mitverursacht haben. Der in seinen Rechtsgütern unmittelbar verletzte Unfallbeteiligte (bzw. sein Hinterbliebener) erhält – im Rahmen der Verantwortlichkeit des Schädigers – vom für das **schadenstiftende Ereignis Verantwortlichen** (dem „Schädiger" im weiteren Sinne) seinen Schaden ersetzt.

206 Es können daneben aber auch **Ansprüche gegen** sonstige **Drittleistungsverpflichtete** bestehen, die aufgrund gesetzlicher Verpflichtung oder vertraglicher Vorsorge dem Geschädigten gegenüber im Zusammenhang mit dem Unfall eintrittspflichtig sind und dann ihrerseits den für das schadenstiftende Ereignis mitverantwortlichen Schädiger wegen ihrer Leistungen aufgrund übergegangenen Rechts in Regress nehmen.

207 Häufig ist der vom Direktgeschädigten geltend gemachte Schaden nicht mehr von diesem zu fordern, weil bereits zuvor die zugrunde liegende Forderung auf einen Drittleistenden übergegangen ist.

1. Uneinheitlichkeit des Rechtssystems

208 Die ordentliche **Gerichtsbarkeit** ist zuständig für die Beurteilung des Schadenersatzanspruches (Haftung, Kausalität, Schadenhöhe), die außerordentliche Gerichtsbarkeit befasst sich vorrangig mit den Verpflichtungen der Drittleistungsträger gegenüber der

---
[204] Dazu im Detail *Jahnke*, Der Verdienstausfall im Schadenersatzrecht, Kap 9 (S. 301 ff.).

verletzten Person aus dem Drittleistungsverhältnis heraus (z.B. sozialrechtliche oder arbeitsvertragliche Leistungsansprüche). Nur in wenigen Ausnahmen ist von dieser Aufgabenverteilung abgewichen: Beispielsweise sind Schadenersatzansprüche gegen Arbeitgeber vor dem Arbeitsgericht, Leistungsansprüche aus dem privaten Krankenversicherungsvertrag vor dem Zivilgericht zu klären.

Auch der Umstand, dass die Zuständigkeiten für die das Schadenersatzsystem steuernden Fragen von Haftung, Schadenhöhe, Forderungsübergang und Drittleistung nicht in einer einzigen **ministerialen Hand** sind (und auch nicht sein können), fördert nicht gerade die Zuverlässigkeit einer abgestimmten Gesetzgebung. Dieses gilt umso mehr, wenn aus übergeordneten politischen Erwägungen das soziale Leistungssystem beschnitten wird ohne Rücksicht auf die daran anknüpfenden Fragen z.B. des gesetzlichen Forderungsüberganges und der Schadenkongruenz. 209

2. Drittleistungsträger

Aufgrund gesetzlicher Verpflichtung haben die **Sozialversicherer** (Krankenkasse, Pflegekasse, Rentenversicherer, Unfallversicherer, Arbeitsverwaltung) Leistungen zu erbringen ohne Rücksicht darauf, ob der Unfall von dem Verletzten ganz oder teilweise mitverschuldet wurde. Auch **Selbständige** können unter bestimmten Voraussetzungen Anspruch auf gesetzliche Sozialversicherungsleistungen haben. 210

Aufgrund **privater Vorsorge** kann der Verletzte Ansprüche gegen seine private Kranken- oder Pflegeversicherung (auch Zusatzversicherung) haben. Der Verletzte muss teilweise zur Wahrung seiner Anspruchsrechte Meldefristen beachten. 211

Abhängig Beschäftigte erhalten für begrenzte Zeiträume ihr Einkommen trotz Arbeitsunfähigkeit von ihrem **Arbeitgeber** oder Dienstherrn weiter gezahlt. Im Einzelfall (z.B. Alkoholfahrt, anderweitige grobe Fahrlässigkeit) kann die Eintrittspflicht ausgeschlossen sein. 212

Das soziale Netz fängt letztlich auch diejenigen auf, die nicht im Rahmen gesetzlicher oder privater Vorsorge Schutz genießen: Hier greifen **Sozialhilfeträger** oder ausführende Behörden im Rahmen des AsylbLG und GSiG (erst ab 1.1.2005 Bestandteil des SGB XII) ein. 213

Weitere Versorgungsträger (z.B. berufsständische Versorgung) sichern daneben den Verletzten bzw. dessen Hinterbliebene. 214

3. Schadenersatz – Drittleistungsanspruch

Abbildung 2.2: Systemdarstellung[205]

215

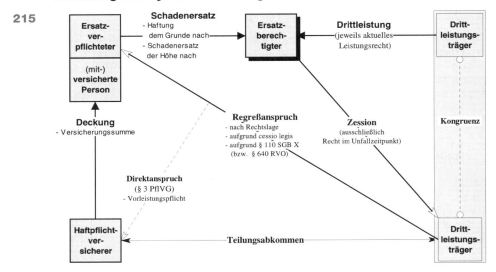

216 Differenziert werden muss zwischen der vom Schaden unabhängig zu betrachtenden **Leistungsverpflichtung** der Drittleistungsträger aufgrund ihrer Drittleistungsbeziehung einerseits und dem **Regressanspruch** des Drittleistenden, der ausschließlich der schadenersatzrechtlichen Betrachtung unterliegt, andererseits.

a. Leistungsverpflichtung

217 Die Drittleistungsträger sind dem durch einen Unfall Verletzten und dessen Hinterbliebenen aufgrund eigener unmittelbarer Rechtsbeziehungen außerhalb des Schadensersatzverhältnis zwischen Schädiger und Geschädigtem (Verletzten) zu Leistungen verpflichtet, und zwar

Leistungsverpflichtung	Beispiel
vertraglich	– Tarifvertrag, Arbeitsvertrag, betriebliche Altersversorgung
gesetzlich	– Leistungen aufgrund der diversen Sozialgesetzbücher (u.a. SGB III, SGB V, SGB VI, SGB VII, SGB XI) – Sozialhilfeleistungen (BSHG, SGB XII) – Beamtenrecht

218 Die Leistungsverpflichtung des Dritten (Drittleistungsträgers) besteht unabhängig vom Vorhandensein eines verantwortlichen Schädigers. Der Anspruch des Hinterbliebenen gegenüber dem Drittleistungsträger bestimmt sich wie der Anspruch des unmittelbar Verletzten ausschließlich nach dem Innenverhältnis dieser Drittleistungsbeziehung und

---

205 *Jahnke*, Forderungsberechtigung und Forderungswechsel bei Verkehrsunfällen und ähnlichen Haftpflichtgeschehens, MDR 2004, 380.

unbeeinflusst von **schadenersatzrechtlichen** Voraussetzungen und Ansprüchen. Die Leistungsverpflichtung ist grundsätzlich (mit einigen Ausnahmen und Besonderheiten, insbesondere bei grob-fahrlässigem Verhalten des versicherten Verletzten/Getöteten) auch bei **selbstverschuldetem Unfall** gegeben und setzt keinen Dritten als „Schädiger" voraus.

Die Leistung orientiert sich am jeweils **aktuellen**, sich immer häufiger auch wandelnden, **Drittleistungsrecht** – unter Beachtung der jeweiligen Übergangsvorschriften – und nicht am Schadenersatzrecht des Unfallzeitpunktes oder Todeseintrittes. 219

Die Leistungen aus der Drittleistungsbeziehung, die sich nicht selten **abstrakt** an pauschalen Sätzen und Leistungsbestimmungen sozialrechtlicher bzw. privatrechtlich vereinbarter Vorgaben orientieren, können dabei durchaus höher sein als die anhand konkreter[206] Maßstäbe zu bestimmenden zivilrechtlichen Schadensersatzansprüche. 220

b. Forderungsberechtigung des Drittleistungsträgers

aa. Anspruch

Die **Schadenersatzverpflichtung** beurteilt sich – anders als die Leistungsverpflichtung – ausschließlich nach dem gegen den Schädiger (Verantwortlichen) gerichteten Anspruch des Hinterbliebenen auf Ersatz des ihm entstandenen Schadens. 221

Drittleistungsträgern stehen mit Ausnahme des **originären Aufwendungsersatzanspruches** nach § 110 SGB VII, § 640 RVO haftungsrechtliche Ansprüche ausschließlich aufgrund von vom unmittelbar Anspruchsberechtigtem übergegangenen Rechten zu. 222

bb. Übergegangener Anspruch

Das **Zessionssystem** ist nicht einheitlich gestaltet, sondern mit vielen Besonderheiten u.a. in Abhängigkeit vom Unfallzeitpunkt, dem Zeitpunkt des Forderungsüberganges, der Person des Anspruchsberechtigten, aber auch der Person des Schädigers und der Haftung versehen. 223

Der **Forderungsübergang** auf die Drittleistenden erfolgt 224

privatrechtlich	– Abtretungsvertrag (§ 398 BGB)
gesetzlich	– insbesondere § 116 SGB X, § 67 I VVG

Der Forderungsübergang erstreckt sich nur auf **schadenkongruente Leistungen**, d.h. Grundlage des Regresses ist nicht die finanzielle Belastung des Drittleistenden, sondern der Schadenersatzanspruch des unmittelbar Betroffenen unter Außerachtlassung der Drittleistungen (Ausnahmen: Spezialregelung im Teilungsabkommen, originärer Regress nach § 110 SGB VII, § 640 RVO). 225

Verdienstausfall des unmittelbar Verletzten und **Unterhaltsschäden** (aber auch Beerdigungskosten und entgangene Dienste) seiner Hinterbliebenen sind verschiedene, von einander getrennt zu betrachtende Schadensersatzpositionen, die zudem verschiedenen Rechtspersonen zustehen. Das bedeutet für den Forderungsübergang, dass dieser 226

---

[206] BGH v. 24.10.1978 – VI ZR 142/77 – VersR 1978, 1176; BGH v. 5.5.1970 – VI ZR 212/68 – MDR 1970, 752 = NJW 1970, 1411 = VersR 1970, 766; BGH v. 11.1.1957 – VI ZR 313/55 – VersR 1957, 132.

ebenfalls von unterschiedlichen Personen hergeleitet ist: Der Verdienstausfall geht vom Verletzten im Unfallzeitpunkt über, der Forderungsübergang hinsichtlich der Leistungen wegen des Todes erfolgt vom jeweiligen Hinterbliebenen ebenfalls zum selben frühen Unfallzeitpunkt, da die Drittansprüche der Hinterbliebenen bereits mit der Verletzung des Unterhalts- bzw. Dienstpflichtigen entstehen.[207]

cc. Abtretung und cessio legis[208]

227 Immer wichtiger wird die Beachtung des Forderungswechsels: Der Gesetzgeber schraubt immer mehr am Leistungsrecht und verändert dabei auch Zuständigkeiten, beachtet aber immer weniger das Zessionsrecht, was dann zu erheblichen praktischen Abwicklungsproblemen führt.

228 Soweit ein gesetzlicher Forderungsübergang statuiert ist, kann sich der Drittleistende nur beschränkt daneben auf eine ihm zusätzlich vorliegende Abtretung wegen desselben Anspruchs berufen. Soweit die Abtretung für Leistungen erfolgt, die bereits einem gesetzlichen Forderungsübergang unterworfen sind, ist sie unwirksam.

229 Zulässig ist, sich wegen **weiter gehender Leistungen** eine Abtretung unterzeichnen zu lassen, wenn und soweit der Schutzzweck der Überleitungsnormen dabei nicht berührt wird. In den gesetzlichen Regelungen ist nicht nur niedergelegt, unter welchen Voraussetzungen ein Rechtsanspruch auf eine bestimmte Versorgungsleistung besteht, sondern auch, ob und unter welchen Bedingungen ein Rückgriff gegen Dritte, die zur Zahlung gleichgerichteter Versorgungsleistungen verpflichtet sind, erfolgen kann; die in ihnen enthaltenen Regeln über die Überleitung der Ansprüche gegen Dritte oder über den gesetzlichen Forderungsübergang dienen dabei nicht nur dem Schutz des Trägers der Versorgungsleistungen, sondern auch dem des Empfängers.[209]

c. Zeitpunkt des Forderungswechsels

230 Während sich der Anspruch des Verletzten bzw. Hinterbliebenen auf Leistungen aus dem Drittleistungssystem nach dem jeweils aktuell geltenden **Recht** richtet, orientiert sich der Forderungswechsel während der gesamten Zeit der Abwicklung bis hin zur endgültigen Erledigung ausschließlich an dem im **Unfallzeitpunkt** geltenden, den Forderungswechsel herbeiführenden Recht.[210]

231 Der Forderungsübergang kann aber auch **nachträglich beeinträchtigt** werden durch später eintretende Umstände, die den Forderungsübergang im Einzelfall ausschließen oder hindern (z.B. Verwandtenprivileg aufgrund späterer Begründung der Ehe, unter besonderen Voraussetzungen auch Abfindung des Direktgeschädigten).

---

207 BGH v. 13.2.1996 – VI ZR 318/94 – BGHZ 132, 39 = DAR 1996, 357 = JR 1996, 505 (Anm. *Fuchs*) = LM BGB § 844 Abs. 2, Nr. 93 = MDR 1996, 799 = NJW 1996, 1674 = NVwZ 1996, 824 = NZV 1996, 229 = r+s 1996, 311 = SGb 1996, 328 = SP 1996, 168 = VersR 1996, 649 = VRS 91, 267.

208 Ergänzend *Jahnke* in Anwaltshandbuch Verkehrsrecht, Teil 4 Rn 27, *ders.*, NZV 1995, 380.

209 BGH v. 7.11.1960 – VII ZR 168/59 – BGHZ 33, 243 = NJW 1961, 118 (Keine Umgehung mit Hilfe der Vorschriften über die Geschäftsführung ohne Auftrag oder ungerechtfertigten Bereicherung); BVerwG v. 22.10.1976 – VI C 36/72 – VwRspr Bd. 28 (1977), 540 (Nr. 127) (Ein Beihilfeanspruch, dessen Überleitung gemäß § 90 BSHG ausgeschlossen ist, kann nicht an Sozialhilfeträger abgetreten werden).

210 BGH v. 13.2.1996 – VI ZR 318/94 – BGHZ 132, 39 = DAR 1996, 357 = JR 1996, 505 (Anm. *Fuchs*) = LM BGB § 844 II, Nr. 93 = MDR 1996, 799 = NJW 1996, 1674 = NVwZ 1996, 824 = NZV 1996, 229 = r+s 1996, 311 = SGb 1996, 328 = SP 1996, 168 = VersR 1996, 649 = VRS 91, 267.

Soweit der Forderungsübergang sich gesetzlich („cessio legis") oder privatrechtlich vollzieht, erfolgt der Forderungsübergang zu unterschiedlichen Zeitpunkten.

232

Art des Forderungsübergang	Zeitpunkt des Forderungswechsel
gesetzlicher Forderungsübergang („cessio legis")	– Zeitpunkt des schädigenden **Ereignisses** (z.B. § 116 SGB X, § 52 BRRG) – Zeitpunkt der Begründung der **Mitgliedschaft** (z.B. § 116 SGB X) – Zeitpunkt der **Erkennbarkeit** der Eintrittspflicht (z.B. Sozialhilfeträger) – Zeitpunkt der **Leistung** (§ 6 EFZG, § 67 I VVG)
privatrechtlicher Forderungsübergang	– Zeitpunkt der **Abtretungsvereinbarung** (§ 398 S. 2 BGB)

4. Teilungsabkommen

Ein Schaden-Teilungsabkommen (z.B. zwischen einem – hinter einem potentiell als Schadenersatzverpflichteten in Betracht kommenden „Schädiger" stehenden – Versicherer und einem Sozialversicherer) begründet ausschließlich eine **vertragliche Verpflichtung** des Abkommenspartners zur Leistung, für die auch § 3 PflVG nicht gilt. Es handelt sich nicht um einen Forderungsübergang.

233

Der **Regressgläubiger** (z.B. Sozialversicherungsträger) nimmt die Abkommensquote an Erfüllung statt für diejenigen Aufwendungen an, die durch die Quote gedeckt werden sollen. Der Sozialversicherungsträger kann danach wegen seines nicht gedeckten Aufwandes weder auf den Haftpflichtversicherer (Abkommenspartner) noch auf dessen mitversicherte Personen im Rahmen deren Haftung zurückgreifen, § 364 BGB.[211] Das Teilungsabkommen hat insofern eine drittbefreiende Wirkung; auch Verfahrensregeln für Verhalten nach Limitüberschreitung können Drittwirkung entfalten.[212]

234

Der „Verzicht auf die Prüfung der Haftungsfrage" (vgl. § 1 I TA zwischen VdAK/AEV und GDV) entbindet bereits seinem Wortlaut nach den Abkommenspartner nicht von seiner Nachweispflicht auch zur Schadenhöhe (ansonsten hätte der Vertragspassus anstelle von „Haftung" „Schadenersatz" lauten müssen). Etliche Teilungsabkommen sehen sogar ausdrücklich die Nachweispflicht im Zweifelsfalle vor (z.B. § 3 TA zwischen VdAK/AEV und GDV).

235

Der Abkommenspartner (Drittleistungsträger, in aller Regel Sozialversicherungsträger) hat, da das Teilungsabkommen zunächst nur die **Haftung pauschaliert**, nachzuweisen, welchen Umfang die Verletzungen haben, ob sie zum Tode führten und in welcher Höhe ein kongruenter Schadenersatzanspruch auf ihn übergeht (**Übergangsfähigkeit der Leistungen**). Insoweit gilt gegenüber der Regulierung nach Rechtslage keine Besonderheit: Die Beweislast für Existenz und Höhe eines kongruenten Schadenersatzanspruches

236

---

[211] BGH v. 19.12.1990 – IV ZR 33/90 – MDR 1991, 655 = NJW 1991, 1546 = r+s 1991, 90 = VersR 1991, 478 = zfs 1991, 191 (nur Ls.); BGH v. 13.12.1977 – VI ZR 14/76 – NJW 1978, 2506 = VersR 1978, 278; KG v. 2.4.1981 – 12 U 1410/80 – VersR 1982, 690.

[212] LG Braunschweig v. 9.4.1997 – 9 O 443/96 – NJWE-VHR 1997, 262 = VersR 1999, 242 (Die im Teilungsabkommen festgelegte Verpflichtung zu ausführlicher Erörterung des Anspruches vor Klageerhebung gilt auch zugunsten der versicherten Personen).

trifft den Drittleistungsträger, ohne dass ihm das Teilungsabkommen abweichend von § 287 ZPO Beweiserleichterungen verschafft.

237 Zahlungen aufgrund von Teilungsabkommen richten sich nicht an schadenrechtlichen Aspekten aus, sondern werden allein durch die vertragliche Ausgestaltung des Teilungsabkommen bestimmt, das allerdings deliktrechtliche Prüfungen vertraglich in die Abwicklung einbeziehen kann. Während der Rechtslageregress zwingend eine Kongruenzprüfung voraussetzt, kann die Prüfung der Übergangsfähigkeit in Teilungsabkommen als Ausfluss der Vertragsfreiheit durch vertragliche Abreden abbedungen und durch pauschale Kriterien ersetzt sein. So enthalten Teilungsabkommen zur **Abwicklungsvereinfachung** konkret beschriebene von der Rechtslage abweichende Abreden zur Regressabwicklung u.a. Verzicht auf die Prüfung der Übergangsfähigkeit von Barleistungen bis zu einem Grenzbetrag (z.B. „kleines Limit" bis zur Höhe von 5.000 €), pauschalierter Quotenersatz bei Hinterbliebenenrenten, Absprachen zur Berechnung der Schadenhöhe (z.B. Altersgrenzen, Unterhaltsquoten).

5. Beschränkung der Leistungspflicht des Haftpflichtversicherers gegenüber Drittleistungsträgern

a. Übersicht

Abbildung 2.3: Rechtsbeziehungen anlässlich eines Haftpflichtgeschehens[213]

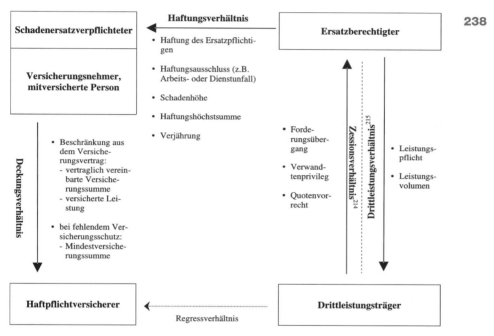

238

Die Forderungsberechtigung der Drittleistungsträger gegenüber dem Haftpflichtigen bzw. dem hinter diesem stehenden Haftpflichtversicherer ist **mehrfachen Beschränkungen** unterworfen:

- Beschränkung aus dem **Haftungsverhältnis** (Schadenersatzverhältnis) zwischen dem verletzten Ersatzberechtigten und dem Ersatzpflichtigen.

- Beschränkung aus dem **Deckungsverhältnis** zwischen dem Haftpflichtversicherer und dem Ersatzpflichtigen.

- Beschränkung aus dem privat- oder sozialrechtlich geprägten **(Dritt-)Leistungsverhältnis** zwischen Drittleistendem und Verletzten.

- Beschränkung aus dem **Zessionsverhältnis** zwischen Verletztem und Drittleistungsträger.

239

240

241

242

243

---

213 *Jahnke*, Forderungsberechtigung und Forderungswechsel bei Verkehrsunfällen und ähnlichen Haftpflichtgeschehens, MDR 2004, 380.
214 Es gilt ausschließlich das Recht im Unfallzeitpunkt.
215 Anzuwenden ist das jeweils aktuelle laufende Leistungsrecht. Das Sozialrecht enthält teilweise auch für längere Zeiträume und ältere Versicherungsfälle Übergangsvorschriften.

b. Anspruchsbeeinträchtigung

aa. Haftungsausschluss

244 Zu Aspekten des vertraglichen und gesetzlichen Haftungsausschlusses siehe Kapitel 2 D.I (Rn 117 ff.).

bb. Einwendungsbehafteter Anspruch des Direktgeschädigten

245 Da Drittleistungsträger Ansprüche nur aus übergegangenem Recht geltend machen können, schlagen **Mitverantwortungseinwendungen** aus dem Bereich des unmittelbar Verletzten/Hinterbliebenen auch gegenüber dem Drittleistungsträger durch.

246 Verstöße gegen die **Schadenminderungspflicht** hat sich auch der Drittleistende (z.B. Sozialversicherungsträger) entgegenhalten zu lassen.[216] Dieses ergibt sich nicht zuletzt aus §§ 412, 404 BGB: Da der Drittleistende seine Forderungsberechtigung vom unmittelbar betroffenen Anspruchsberechtigten ableitet, kann er nicht mehr (Forderungs-)-Rechte haben als in der Person des Direktgeschädigten (Verletzter, Hinterbliebener) entstanden sind bzw. dort entstehen würden.

247 Die **Beweislastverteilung** im Drittleistungsrecht ist streng zu scheiden von der Beweislastverteilung im Schadenersatzrecht. Da der Drittleistungsträger keine eigenen (Ausnahme nur § 110 SGB VII, § 640 RVO), sondern ausschließlich fremde Schadenersatzansprüche im Wege des gesetzlichen bzw. des privatrechtlichen Forderungsüberganges verfolgt, kommt es allein auf **schadenersatzrechtliche Kriterien** im Verhältnis zwischen Schadensersatzpflichtigem und unmittelbar geschädigter Person an.[217]

cc. Eigenes Fehlverhalten des Drittleistungsträgers

248 Fehlverhalten des Drittleistungsträgers bei der weiteren Schadenabwicklung kann im Einzelfall dazu führen, dass dem Drittleistungsträger die Regressmöglichkeit genommen ist.[218]

249 Im Todesfall ist ein solches ersatzminderndes Fehlverhalten eines Drittleistungsträgers aber nur schwer vorstellbar. Beim Regress nach § 110 SGB VII, § 640 RVO kann aber eine Mitwirkung am schadenstiftenden Ereignis vorkommen.[219]

---

216 BGH v. 23.1.1979 – VI ZR 103/78 – VersR 1979, 424 (Sozialversicherungsträger); BGH v. 24.2.1983 – VI ZR 59/81 – MDR 1983, 741 = NJW 1984, 354 = VersR 1983, 488 = VRS 65, 91 = zfs 1983, 202 (Dienstherr eines Beamten); LG Bonn v. 7.2.1994 – 10 O 443/93 – VersR 1995, 57 (Verletzter bemühte sich nicht um Arbeitsplatz).

217 KG v. 26.7.2001 – 12 U 1529/00 (zitiert von LG Chemnitz v. 16.12.2004 – 6 S 3278/04 – SP 2005, 230); OLG Oldenburg v. 27.3.2001 – 12 U 03/01 – DAR 2001, 313; LG Chemnitz v. 16.12.2004 – 6 S 3278/04 – SP 2005, 230; LG Kassel v. 19.1.2006 – 1 S 68/05 –; LG Münster v. 22.8.2002 – 8 S 188/02 –; AG Berlin-Mitte v. 16.8.2004 – 113 C 3366/02 – SP 2005, 122; AG Hannover v. 4.5.2000 – 546 C 3998/99 – SP 2000, 339; AG Dieburg v. 1.4.2003 – 20 C 252/02 – SP 2004, 265; AG Dortmund v. 13.2.2004 – 132 C 10527 –.

218 Dazu *Jahnke*, Mittelbare Betroffenheit und Schadenersatzanspruch, r+s 2003, 89 (zu D.IV.2).

219 Vgl. OLG Düsseldorf v. 24.9.2003 – 15 U 188/02 – VersR 2004, 65 (Vorinstanz LG Düsseldorf v. 3.9.2002 – 10 O 592/01 – VersR 2003, 905) (Die objektive Komponente der groben Fahrlässigkeit wird nicht dadurch ausgeschlossen, dass die BG als Aufsichtsbehörde den Betrieb regelmäßig überprüft und das unfallursächliche Fehlen von Schutzvorrichtungen einer Maschine nicht gerügt hat. Der objektive Verstoß gegen elementare Sicherungspflichten kann ein solches Gewicht haben, dass der Schluss auf ein auch subjektiv gesteigertes Verschulden vorliegt; entscheidend ist hierfür aber die Deutlichkeit und das Maß der Gefährdung im Einzelfall.).

dd. Quotenvereinbarung

Grundsätzlich wirkt eine Vereinbarung nur zwischen den Vertragsparteien.[220] Der Drittleistungsträger (insbesondere Sozialversicherungsträger) kann die Regulierungsquote **selbständig** (besser oder schlechter) mit dem Ersatzpflichtigen vereinbaren und ist an die Feststellungen im Verhältnis zum unmittelbar Verletzten oder einem anderen Drittleistungsträger nicht gebunden;[221] insbesondere erstreckt sich die Rechtskraft von Urteilen des unmittelbar Anspruchsberechtigten nicht auf den Drittleistungsanspruch. Allerdings geht von der Direktregulierung eine Indizwirkung aus, die nicht ohne weiteres ignoriert werden kann.

250

Eine Ausnahme gilt für die **Sozialhilfe**, zu deren Gunsten – aber auch zu deren Lasten – ein rechtskräftiges, vom Geschädigten erstrittenes Feststellungsurteil ebenso wie ein titelersetzendes Anerkenntnis wirken kann.[222]

251

Ist mit dem Rechtsvorgänger eine Quote vereinbart, bindet dieses auch den **Rechtsnachfolger**.

252

Der einzelne Gesamtgläubiger kann eine auch den anderen bindende Vereinbarung zur Haftung nicht treffen.[223]

253

c. Mitverantwortung des unmittelbar Anspruchsberechtigten

Besonderheiten sind wegen der verschieden ausgestalteten Forderungsübergangsvorschriften zu beachten, u.a. bestehen **Quotenvorrechte** (z.B. Hinterbliebenenvorrecht, beamtenrechtliches Vorrecht) des Verletzten, die sich nachteilig auf die Forderungshöhe der Drittleistungsträger auswirken können.

254

> *Beispiel 2.22*[224]
> A wird bei einem von B verursachten Verkehrsunfall getötet und hinterlässt die Witwe W (Kl. zu 1) und den Waisen K (Kl. zu 2). Die Haftungsquote beträgt 75 % zu Lasten des B. K ist ohne eigenes Einkommen.
>
> A verdiente vor seinem Tode netto 2.646,99 € (= 5.177,07 DM). W hat eigene Einkünfte in Höhe von 733,42 € (= 1.434,44 DM[225]). Die fixen Kosten betrugen

255

---

220 BGH v. 13.2.1996 – VI ZR 318/94 – BGHZ 132, 39 = DAR 1996, 357 = JR 1996, 505 (Anm. *Fuchs*) = LM BGB § 844 Abs. 2, Nr. 93 = MDR 1996, 799 = NJW 1996, 1674 = NVwZ 1996, 824 = NZV 1996, 229 = r+s 1996, 311 = SGb 1996, 328 = SP 1996, 168 = VersR 1996, 649 = VRS 91, 267 (zum Unterhaltsschaden); OLG Hamm v. 24.10.2001 – 13 U 85/01 – DAR 2002, 216 = NJW-RR 2002, 1322 = OLGR 2002, 214 = SP 2002, 162 = VersR 2003, 1595 = zfs 2002, 475.
221 OLG Celle v. 20.4.1989 – 5 U 26/88 – DAR 1990, 179 = VersR 1990, 911 = zfs 1990, 225 (nur Ls.). Vgl. OLG Hamm v. 24.10.2001 – 13 U 85/01 – DAR 2002, 216 = NJW-RR 2002, 1322 = OLGR 2002, 214 = SP 2002, 162 = VersR 2003, 1595 = zfs 2002, 475.
222 BGH v. 5.3.2002 – VI ZR 442/00 – BGHZ 150, 94 = EWiR 2002, 745 (nur Ls.) (Anm. *Plagemann*) = HVBG-Info 2002, 1949 = NJW 2002, 1877 = NVersZ 2002, 332 = NZV 2002, 266 = r+s 2002, 241 = SP 2002, 236 = VersR 2002, 869 = VRS 102, 447 = ZIP 2002, 1462 = zfs 2002, 337.
223 BGH v. 4.3.1986 – VI ZR 234/84 – BG 1986, 756 = DAR 1986, 267 (nur Ls.) = MDR 1986, 746 = NJW 1986, 1861 = NJW-RR 1986, 902 = r+s 1986, 182 = VersR 1986, 810 = zfs 1986, 267 (nur Ls.) (Konkret war mit der LVA eine Haftung von 1/3 vereinbart und der Abrechnung zugrunde gelegt; insoweit war die Forderung der BG durch die Abfindung der LVA erledigt. Da die Haftung aber mit 2/3 zu bewerten war, konnte die BG wegen des nicht berücksichtigten weiteren Haftungsdrittels Regress nehmen.).
224 Beispiel nach OLG Hamm v. 16.10.2003 – 6 U 16/03 – DAR 2004, 144 (nur Ls.) = NJW 2004, 1427 (nur Ls.) = NJW-RR 2004, 317 = NZV 2004, 43 = OLGR 2004, 43 = SP 2004, 153 = VersR 2004, 1425 (Anm. *Kerpen*).
225 Das Urteil enthält einen Schreibfehler: Zunächst wird das Einkommen mit 1.434,44 DM angegeben, dann aber teilweise mit 1.443,44 DM gerechnet. K hat keine anrechenbaren Einkünfte.

896,09 € (= 1.752,59 DM), ohne dass nach dem Tode eine Reduktion zu berücksichtigen war.

Nach dem Tode zahlen Rentenversicherung (DRV) und Unfallversicherung (Berufsgenossenschaft) Hinterbliebenenrenten:

	Witwe	Waise
Rentenversicherung:	574,56 €	155,39 €
Berufsgenossenschaft:[226]	267,64 €	39,42 €
	842,20 €	194,81 €

Ergebnis

1. Bestimmung des Einkommens

a.	Nettoeinkommen des Verstorbenen	(= 78,3 %)	2.646,99 €
+ b.	Nettoeinkommen des hinterbliebenen Ehegatten	(= 21,7 %)	+ 733,42 €
c.	Familieneinkommen		3.380,41 €

2. Berechnung des zum Unterhalt zur Verfügung stehenden Einkommens des Getöteten

a.	Nettoeinkommen des Verstorbenen		2.646,99 €
b.	Fixe Kosten	896,09 €	
./.	Anteil des Verstorbenen an fixen Kosten	* 78,3 %	– 701,66 €
c.	Nettoeinkommen des Getöteten, der Familie zur Verfügung stehend		1.945,33 €

3. Vorteilsausgleich des hinterbliebenen Ehegatten

a.	Nettoeinkommen des Hinterbliebenen		733,42 €
b.	Fixe Kosten	896,09 €	
./.	Anteil des Hinterbliebenen an fixen Kosten entsprechend seinem Einkommen	* 21,7 %	– 194,42 €
c.	Nettoeinkommen des Hinterbliebenen, der Familie zur Verfügung stehend		539,00 €
d.	davon Anteil des Verstorbenen am Ehegatteneinkommen (= Vorteil des Hinterbliebenen)	40 %	215,60 €

4. Verteilung bei voller Haftung

			Witwe		Waise
a.	Anteil am Einkommen des Getöteten	40 %	778,13 €	20 %	389,06 €
+ b.	anteilige fixe Kosten (nach dem Tod)	70 %	+ 491,17 €	30 %	+ 210,50 €
c.	Unterhaltsanspruch		1.269,30 €		599,57 €
* d.	Haftungsquote (100 % Haftung)				
	entgangener Unterhalt		1.269,30 €		599,57 €
./. e.	Anteil des Verstorbenen am Ehegatteneinkommen (= Vorteil) (= 3.d.)		– 215,60 €		0,00 €[227]
f.	Schadenersatzanspruch (100 % Haftung)		1.053,70 €		599,57 €
./. g.	Drittleistungen (§ 116 SGB X)		– 842,20 €		– 194,81 €
	verbleiben		211,50 €		404,76 €
./. h.	Drittleistungen (Quotenvorrecht)		– 0,00 €		– 0,00 €
	Verbleiben (bei 100 % Haftung)		211,50 €		404,76 €

---

226 Im Originalfall erbrachte die Kommunale Zusatzversorgungskasse Leistungen, die das OLG Hamm a.a.O. fälschlich wie Leistungen eines Sozialversicherungsträgers berücksichtigte. Im *Beispiel 2.22* wird daher – in Abwandlung vom Originalfall – die Leistung als Zahlung eines Sozialversicherers, nämlich einer BG, rechnerisch angesetzt. Zum Problem des zu berücksichtigenden Quotenvorrechtes gegenüber der betrieblichen Altersversorgung siehe Kap 2 Rn 323 ff.

227 K hat kein eigenes Einkommen, so dass sich von daher die Quotenbevorrechtigung eines Hinterbliebenen gar nicht erst stellt.

5. Verteilung bei Mithaftung

			Witwe	Waise
a.-c.	Unterhaltsanspruch (Ziff. 4.c)		1.269,30 €	599,57 €
* d.	Haftungsquote	* 75 %		
	entgangener Unterhalt		951,97 €	449,67 €
e.	**Hinterbliebenenvorrecht** (besteht nur bei Mithaftung, nicht jedoch bei voller Haftung)			
	aa. entgangener Unterhalt (Ziff. 4.c)		1.269,30 €	
./.	bb. Ersatzanspruch (Ziff. 5.d)		− 951,97 €	
	cc. ungedeckte Quote		317,32 €	
./.	dd. Verrechnung des Vorteils mit dem ungedeckten Unterhaltsschaden (Ziff. 3)		− 215,60 €	
	ee. verbleibender Vorteil (nur bei positivem Betrag)		− 101,72 €	

Zwischenergebnis: Es sind keine ersparten Unterhaltsaufwendungen im Wege des Vorteilsausgleichs anzurechnen, da der Betrag 5.ee. negativ ist. Der Vorteil ist daher nur mit Null in der Abrechnung anzusetzen, nicht jedoch darüber hinaus mit seinem negativen Wert.

		Witwe	Waise
	Anteil des Verstorbenen am Ehegatteneinkommen (= Vorteil)	0,00 €	
f.	Schadenersatzanspruch (75 % Haftung)	951,97 €	449,67 €
./. g.	Drittleistungen (§ 116 SGB X) * Haftung 75 %	− 631,65 €	− 146,11 €
	verbleiben	320,32 €	303,56 €
./. h.	Drittleistungen (Abtretung)	− 0,00 €	− 0,00 €
	verbleiben	320,32 €	303,56 €

6. Korrektur (Vergleich Mithaftung – Vollhaftung)

		Witwe	Waise
a.	Unterhaltsanspruch bei 100 % Haftung	211,50 €	404,76 €
b.	Unterhaltsanspruch bei Mithaftung	320,32 €	303,56 €
c.	nur der jeweils niedrigere Betrag ist dem Hinterbliebenen zu ersetzen	211,50 €	303,56 €

d. Verwandtenprivileg[228]

aa. Ausschluss des Forderungsüberganges

Das Verwandtenprivileg (§ 116 VI SGB X, § 67 II VVG) schließt den Forderungsübergang aus. Für den Ausschluss des Forderungsüberganges ist es unbeachtlich, ob und inwieweit der Schädiger durch eine Haftpflichtversicherung geschützt ist.[229] Der Ausschluss wirkt auch in denjenigen Fällen des Forderungsüberganges, für die eine ausdrückliche gesetzliche Regelung fehlt:

---

228 Zu Einzelheiten siehe *Jahnke*, Ausgewählte Probleme für die Schadenregulierung, S. 173 ff., *ders.*, Verwandtenprivileg und Personenschadenregulierung, NZV 1995, 377; *Rischar*, Steht das Familienprivileg zur Disposition der Rechtsprechung, VersR 1998, 27.

229 BGH v. 5.12.1978 – VI ZR 233/77 – DAR 1979, 105 = JR 1979, 286 = LM § 1542 RVO Nr. 104 = MDR 1979, 570 = NJW 1979, 983 = VersR 1979, 256 = VRS 56, 267 = WI 1979, 54; BGH v. 21.9.1976 – VI ZR 210/75 – MDR 1977, 215 = NJW 1977, 108 = VersR 1977, 149; BGH v. 9.1.1968 – VI ZR 44/66 – MDR 1968, 309 = NJW 1968, 649 = VersR 1968, 248. *Plagemann*, NZV 1998, 94 (95 m.w.N. in Fn 6, 96).

2 Anspruchsgrundlagen

257 ■ beamtenrechtlicher Versorgungsträger/**Dienstherr** (einschließlich der Beihilfeleistungen),[230]

258 ■ privater **Arbeitgeber**.[231]

259 *Beispiel 2.23*
Die Familie des V befindet sich auf einem Ausflug. V begeht als Fahrer einen Fahrfehler und kommt von der Straße ab. Durch den Unfall wird der Ehegatte M (Beifahrer) getötet.

Das Kind K der Eheleute (V und M) bezieht eine Halbwaisenrente wegen des Todes von M. V erhält eine Witwerrente.

K und V verlangen Ersatz der nicht durch die Renten gedeckten Unterhaltsschäden, der Rentenversicherer verlangt Ersatz seiner Hinterbliebenenrenten.

Ergebnis
■ V hat keinen Ersatzanspruch nach § 844 BGB.[232]
Mangels Anspruch beim Direktgeschädigten entfällt bereits ein Forderungsübergang auf den Rentenversicherer.

■ K hat wegen des nicht gedeckten Unterhaltsschaden einen Schadenersatzanspruch gegen V und dessen Kfz-Haftpflichtversicherer.
Der Schadenersatzanspruch des K kann wegen des Verwandtenprivileges nicht auf den **Rentenversicherer** übergehen. Der Sozialversicherer kann keinen Regress nehmen.

bb. Gestörte Gesamtschuld

260 Sind mehrere für das Schadenereignis verantwortlich, kommen die Grundsätze der gestörten Gesamtschuld zur Anwendung.[233]

---

230 BGH v. 24.1.1989 – VI ZR 130/88 – BG 1990, 165 = BGHZ 106, 284 = BKK 1989, 649 = DAR 1989, 181 = DB 1989, 877 (nur Ls.) = FamRZ 1989, 613 = MDR 1989, 533 = NJW 1989, 1217 = NJW-RR 1989, 726 (nur Ls.) = NZV 1989, 225 = r+s 1989, 153 = SGb 1989, 200 = VersR 1989, 492 = VRS 77, 28 = zfs 1989, 120 (Vorinstanz LG Hamburg v. 25.3.1988 – 6 O 23/87 – VersR 1988, 918 = zfs 1988, 209); BGH v. 8.1.1965 – VI ZR 234/63 – BGHZ 43, 72 = DAR 1965, 125 = MDR 1965, 372 = NJW 1965, 907 = VersR 1965, 386 = VRS 28, 245 (Auch für Beihilfe); OLG Hamburg v. 28.4.1992 – 7 U 59/91 – NJW-RR 1993, 40 = NZV 1993, 71 (Anm. *Wandt*, NZV 1993, 56) = SP 1992, 261 (nur Ls.) = VersR 1992, 685 = zfs 1993, 125; OLG Hamm v. 24.1.1994 – 13 U 173/94 – NJW-RR 1994, 536 = r+s 1994, 258 = SP 1994, 314 (Auch für Beihilfe). Siehe auch österr. OGH v. 13.7.1998 – 7 Ob 42/98 x – VersR 1999, 519.
231 BGH v. 4.3.1976 – VI ZR 60/75 – BGHZ 66, 104 = FamRZ 1976, 605 = MDR 1976, 654 = NJW 1976, 1208 = VersR 1976, 567; bestätigt durch BGH v. 24.1.1989 – VI ZR 130/88 – BG 1990, 165 = BGHZ 106, 284 = BKK 1989, 649 = DAR 1989, 181 = DB 1989, 877 (nur Ls.) = FamRZ 1989, 613 = MDR 1989, 533 = NJW 1989, 1217 = NJW-RR 1989, 726 (nur Ls.) = NZV 1989, 225 = r+s 1989, 153 = SGb 1989, 200 = VersR 1989, 492 = VRS 77, 28 = zfs 1989, 120 (Vorinstanz LG Hamburg v. 25.3.1988 – 6 O 23/87 – VersR 1988, 918 = zfs 1988, 209); OLG Celle v. 22.5.1975 – 5 U 123/74 – VersR 1976, 93; OLG Dresden v. 8.9.1999 – 8 U 2048/99 – HVBG-Info 1999, 3837 = VersR 2001, 1035.
232 Siehe Beispiel 2.18 (Kap 2 Rn 164).
233 Siehe im Detail Kap 2 Rn 136 ff.

cc. Sozialhilfeträger, Sozialversicherungsträger

Nur soweit ein **Kfz-Haftpflichtversicherer** dem Direktanspruch nach § 3 PflVG ausgesetzt ist, kann er sich gegenüber einem Sozialhilfeträger nicht auf § 116 VI SGB X berufen.[234]

261

Diese alleinige Ausnahme zugunsten des Sozialhilfeträgers im Falle der Krafthaftpflichtversicherung gilt aber nicht auch zugunsten von Sozialversicherungsträgern oder weiteren Drittleistungsträgern (z.B. Arbeitgeber, private Versicherungsträger),[235] und zwar auch im Rahmen von Teilungsabkommen.[236] Soweit ein Sozialversicherungsträger Ansprüche verfolgen kann, gilt das Verwandtenprivileg auch gegenüber dem Krafthaftpflichtversicherer.

262

6. Kongruenz

a. Kongruenter Schadenersatz

Die Kongruenzprüfung

263

- erfolgt bei jedem **Forderungsübergang**,

264

- nicht aber, wenn ein Sozialversicherer **aus eigenem Recht** (§ 110 SGB VII, § 640 RVO) Forderungen stellt.

265

---

234 BGH v. 9.7.1996 – VI ZR 5/95 – BGHZ 133, 192 = EWiR 1996, 899 (nur Ls.) (Anm. *Plagemann*) = FamRZ 1996, 1211 (nur Ls.) = HVBG-Info 1996, 2315 = JR 1997, 192 (Anm. *Schmitt*) = MDR 1996, 1120 = NJW 1996, 2933 = NJW-RR 19966,1365 (nur Ls.) = NVwZ 1996, 1245 (nur Ls.) = NZV 1996, 445 = r+s 1996, 398 = SGb 1997, 343 (Anm. *Wank*) = SP 1996, 345 = VerkMitt 1997, Nr. 44 = VersR 1996, 1258 (Anm. *Rischar*, VersR 1998, 27) = VRS 92, 93 = WI 1996, 171. Ebenso: *Plagemann* NZV 1998, 95. Siehe auch OLG Bamberg v. 20.4.1993 – 5 U 141/92 – SP 1994, 376 = VersR 1994, 995 = WI 1994, 199 (Geschädigter muss sich Leistungen des Sozialhilfeträgers nicht im Wege des Vorteilsausgleiches anrechnen lassen, wenn der Forderungsübergang nach § 116 VI SGB X ausgeschlossen ist).

235 BGH v. 28.11.2000 – VI ZR 352/99 – BGHZ 146, 108 = DAR 2001, 118 = EWiR 2001, 183 (Anm. *van Bühren*) = HVBG-Info 2001, 676 = LM SGB X § 116 Nr. 23 (Anm. *Schmitt*) = MDR 2001, 268 = NJW 2001, 754 = r+s 2001, 112 (Anm. *Lemcke*) = PVR 2001, 83 (Anm. *Halm*) = SP 2001, 160 = VersR 2001, 215 (Anm. *Halfmeier/Schnitzler*, VersR 2002, 11) = VRS 100, 15 = zfs 2001, 106 (Vorinstanz OLG München v. 24.9.1999 – 10 U 1679/99 – NZV 2000, 416 [Anm. *Plagemann*]); LG Trier v. 19.3.1998 – 6 O 203/97 – HVBG-Info 2000, 2861, = NJW-RR 1999, 392 = NZV 1998, 416 = SP 1998, 315 = VersR 2000, 1130 mit ausführlicher Begründung. Das OLG Koblenz hat mit Urteil v. 21.6.1999 – 12 U 679/98 – r+s 2001, 114 = SGb 2001, 245 (nur Ls.) = VersR 2000, 1436 die Berufung zurückgewiesen und der BGH die Revision nicht angenommen, Beschl. v. 29.2.2000 – VI ZR 239/99 –.

236 LG Trier v. 19.3.1998 – 6 O 203/97 – HVBG-Info 2000, 2861, = NJW-RR 1999, 392 = NZV 1998, 416 = SP 1998, 315 = VersR 2000, 1130 mit ausführlicher Begründung. Das OLG Koblenz hat mit Urteil v. 21.6.1999 – 12 U 679/98 – r+s 2001, 114 = SGb 2001, 245 (nur Ls.) = VersR 2000, 1436 die Berufung zurückgewiesen und der BGH die Revision nicht angenommen, Beschl. v. 29.2.2000 – VI ZR 239/99 –.

Abbildung 2.4: Kongruenz

266

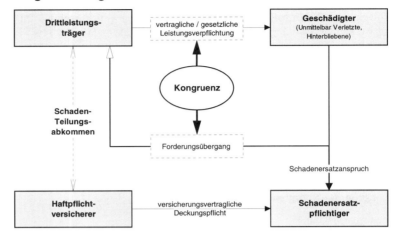

267 Während z.B. im Recht der gesetzlichen Unfallversicherung nach dem Prinzip der abstrakten Schadenermittlung entschädigt wird, ist nach §§ 823 ff., 249 BGB der Schaden konkret zu ermitteln. Auf den Drittleistungsträger gehen grundsätzlich alle Ansprüche des geschädigten Leistungsberechtigten bis zur Höhe seiner Drittleistung über, aber nur wenn und soweit diese Drittleistung in einem zeitlichen und sachlichen inneren Zusammenhang mit dem Schaden stehen (Grundsatz der „zeitlichen und sachlichen Kongruenz").

aa. Sachliche Kongruenz

268 Der Grundsatz der kongruenten Deckung verlangt, dass nur gleichartige Ansprüche übergehen. Der Drittleistungsträger kann nur wegen solcher Leistungen an den Verletzten bzw. an dessen Hinterbliebene beim Schädiger Rückgriff nehmen, die zeitlich und sachlich in einem inneren Zusammenhang zu dem Schaden stehen, den der Schädiger dem Geschädigten zu ersetzen hat.[237]

269 Es werden die folgenden **Schadenarten** unterschieden: Heilbehandlungskosten, Erwerbsschaden, vermehrte Bedürfnisse, Unterhaltsschaden und Beerdigungskosten, Sachschaden, Schmerzensgeld. Die Differenzierung zwischen den einzelnen Schadenarten hat insbesondere Bedeutung für die Legalzession.

Abbildung 2.5: Schadenpositionen einer geschädigten Person

270

Gesamtheit der Schadenpositionen der verletzten Person							
materieller Schaden							**immaterieller** Schaden
Sachschaden		Körperschaden					
sonstiger Schaden[238]	Eigentumsstörung[239]	Heilbehandlung	Erwerbsschaden	Unterhaltsschaden	Beerdigungskosten	vermehrte Bedürfnisse	Schmerzensgeld

---

237 BGH v. 24.2.1981 – VI ZR 154/79 – VersR 1981, 477; BGH v. 10.4.1979 – VI ZR 268/76 – NJW 1979, 2313 =VersR 1979, 640.
238 Insbesondere sonstige Vermögensschäden, Rechtsverfolgungskosten.
239 Siehe § 13 SGB VII.

G. Drittleistungen im Todesfall

Die Zugehörigkeit zur selben Schadengruppe reicht allein für einen Forderungsübergang nicht, Sinn und Zweck der Überleitungsbestimmung müssen zudem den Forderungswechsel rechtfertigen.

271

Im Sonderfall des § 13 SGB VII[240] leisten Unfallversicherer einem begrenzten (seit 1.1.2005 erweiterten[241]) Personenkreis auch Ersatz für beschädigte und zerstörte Sachen, u.a. auch Fahrzeuge (einschließlich Minderwert).[242] Der Forderungsübergang erfolgt nach § 116 SGB X, Kongruenz besteht zum **Sachschaden**.

272

Mangels Kongruenz wird im Rahmen deutschen[243] Schadensersatzrechts nicht auf **Schmerzensgeld**[244] zugegriffen.

273

Da die **Unterhaltsberechtigten** Teilgläubiger sind,[245] ist der Unterhaltsschaden für jede ersatzberechtigte Person selbständig zu bestimmen. Jede Person hat einen selbständigen Ersatzanspruch, der nach Höhe und Dauer seinen eigenen Verlauf nimmt. Dieses bedeutet, dass auch hinsichtlich des Regresses der Drittleistungsträger die sachliche Kongruenz von Ersatzanspruch und Rente für jeden Teilgläubiger getrennt zu prüfen ist.

274

bb. Zeitliche Kongruenz

Der Forderungsübergang folgt in zeitlicher Hinsicht der Drittleistung (zeitliche Kongruenz „**pro rata temporis**"). Die Leistungen des Drittleistungsträgers müssen sich auf denselben Zeitraum beziehen, für den Ersatzansprüche bestehen.[246] Erfolgt die Barleistung (Rente usw.) monatlich, so ist auch der monatliche Unterhaltsschaden zugrunde zu legen.

275

Gegebenenfalls muss eine Leistung aufgeteilt werden, wenn nur in einem bestimmten Zeitraum ein kongruenter Schaden entsteht. Erzielte eine verstorbene Person ihr

276

---

240 § 13 SGB VII, geändert durch Art. 1 Nr. 5 Gesetz zur Verbesserung des unfallversicherungsrechtlichen Schutzes bürgerlich Engagierter und weiterer Personen v. 9.12.2004 BGBl I 2004, 3299, in Kraft getreten zum 1.1.2005 (Art. 2).
241 Durch die seit 1.1.2005 geltende Gesetzesänderung des § 13 SGB VII wurde der anspruchsberechtigte Personenkreis unter anderem auf die freiwilligen Feuerwehrangehörigen erweitert, um eine Gleichstellung mit anderen (spontanen) Unglücks- und Nothelfern zu erreichen. Damit sollte die Position der „organisierten" ehrenamtlichen Helfer verbessert werden.
242 Zum Thema: *Klein*, Sachschadenersatz im Einsatzdienst, inform 2006, 10 (www.ukh.de/06_service/infomaterial/inform/archiv/inform_01_06.pdf).
243 Manches andere Rechtssystem (z.B. in der Schweiz, siehe *Jahnke* in Anwaltshandbuch Verkehrsrecht, Teil 4 Rn 261) sieht unter Umständen einen Forderungsübergang auf einen Drittleistungsträger vor. Siehe dazu OLG Stuttgart v. 25.7.1990 – 11 U 31/90 – r+s 1991, 255 (BGH hat Revision nicht angenommen, Beschl. v. 2.4.1991 – VI ZR 285/90 –) (Vom schweizerischen Träger der Sozialversicherung gezahlte Integritätsentschädigung ist kongruent zum Schmerzensgeld).
244 BGH v. 3.12.2002 – VI ZR 304/01 – HVBG-Info 2003, 334 = NZV 2003, 172 = SP 2003, 89 = VersR 2003, 390 (ebenso die Vorinstanzen: KG v. 9.7.2001 – 12 U 636/00 – KGR 2002, 10 = NZV 2002, 93 und LG Berlin v. 24.11.1999 – 1 O 119/99 – HVBG-Info 2000, 185 = SP 2000, 270 = zfs 2000, 270); BGH v. 29.5.1984 – VI ZR 209/83 – VersR 1984, 864 = zfs 1984, 331; BGH v. 9.3.1982 – VI ZR 317/80 – BG 1982, 704 = NJW 1982, 1589 = VersR 1982, 552 (Berufsgenossenschaftliche Verletztenrente); BGH v. 22.9.1970 – VI ZR 270/69 – VersR 1970, 1053. *Groß*, Forderungsübergang im Schadensfall, DAR 1999, 343 = Schriftenreihe der Arbeitsgemeinschaft Verkehrsrecht im DAV – Homburger Tage 1998, S. 22; *Jahnke*, Forderungsübergang im Schadensfall, Schriftenreihe der Arbeitsgemeinschaft Verkehrsrecht im DAV – Homburger Tage 1998, S. 37. *Küppersbusch*, Rn 273, 602.
245 BGH v. 17.10.1972 – VI ZR 111/71 – VersR 1973, 84.
246 BGH v. 13.3.1973 – VI ZR 129/71 – MDR 1973, 575 = VersR 1973, 436 = VRS 45, 84.

gesamtes Jahreseinkommen aus den Einkünften einer nur während einzelner Monate ausgeübten Erwerbstätigkeit (z.B. **Saisonarbeiter**), so kann sich die zeitliche Kongruenz auf das gesamte Jahr erstrecken, mit der Folge, dass jeder Monat dann mit 1/12 des (in einem kürzeren unterjährigen Zeitraum erworbenen) Jahreseinkommens zu berücksichtigen wäre.[247]

b. § 110 SGB VII, § 640 RVO

277

> **§ 640 RVO – Haftung der Unternehmer**
>
> (1) ¹Haben Personen, deren Ersatzpflicht durch § 636 oder § 637 beschränkt ist, den Arbeitsunfall vorsätzlich oder grob fahrlässig herbeigeführt, so haften sie für alles, was die Träger der Sozialversicherung nach Gesetz oder Satzung infolge des Arbeitsunfalls aufwenden müssen. ²Statt der Rente kann der Kapitalwert gefordert werden.
>
> (2) Die Träger der Sozialversicherung können nach billigem Ermessen insbesondere unter Berücksichtigung der wirtschaftlichen Verhältnisse des Schädigers auf den Ersatzanspruch verzichten.
>
> **§ 110 SGB VII – Haftung gegenüber den Sozialversicherungsträgern**
>
> (1) ¹Haben Personen, deren Haftung nach den §§ 104 bis 107 beschränkt ist, den Versicherungsfall vorsätzlich oder grob fahrlässig herbeigeführt, haften sie den Sozialversicherungsträgern für die infolge des Versicherungsfalls entstandenen Aufwendungen, jedoch nur bis zur Höhe des zivilrechtlichen Schadenersatzanspruchs. ²Statt der Rente kann der Kapitalwert gefordert werden. ³Das Verschulden braucht sich nur auf das den Versicherungsfall verursachende Handeln oder Unterlassen zu beziehen.
>
> (1a) ¹Unternehmer, die Schwarzarbeit nach § 1 des Schwarzarbeiterbekämpfungsgesetzes erbringen und dadurch bewirken, dass Beiträge nach dem Sechsten Kapitel nicht, nicht in der richtigen Höhe oder nicht rechtzeitig entrichtet werden, erstatten den Unfallversicherungsträgern die Aufwendungen, die diesen infolge von Versicherungsfällen bei Ausführung der Schwarzarbeit entstanden sind. ²Eine nicht ordnungsgemäße Beitragsentrichtung wird vermutet, wenn die Unternehmer die Personen, bei denen die Versicherungsfälle eingetreten sind, nicht nach § 28a SGB IV bei der Einzugsstelle angemeldet hatten.
>
> (2) Die Sozialversicherungsträger können nach billigem Ermessen, insbesondere unter Berücksichtigung der wirtschaftlichen Verhältnisse des Schuldners, auf den Ersatzanspruch ganz oder teilweise verzichten.

278 Die Kongruenzprüfung erfolgt zwar bei jedem Forderungsübergang, auf die Kongruenz (Deckungsgleichheit mit dem Anspruch des Direktgeschädigten) kommt es aber nicht an, wenn ein Sozialversicherer originär aus eigenem Recht (§ 640 RVO,[248] § 110 SGB VII[249]) Forderungen stellt. Es sind sämtliche Aufwendungen des Sozialversicherungsträgers im Wege des Aufwendungsersatzes (und nicht des Schadenersatzes) vom Ersatzpflichtigen auszugleichen.

---

[247] BGH v. 4.3.1997 – VI ZR 243/95 – r+s 1997, 371 = VersR 1997, 751.
[248] BGH v. 15.5.1973 – VI ZR 160/71 – VersR 1973, 818; BGH v. 3.2.1970 – VI ZR 177/68 – VersR 1970, 344.
[249] BGH v. 27.6.2006 – VI ZR 143/05 –.

G. Drittleistungen im Todesfall

Für Schadenfälle **ab 1.1.1997** kommt aber einschränkend der zivilrechtliche Schadenersatzanspruch zur Geltung: Anders als die Regelung in § 640 RVO beschränkt **§ 110 I 1 SGB VII** den Anspruch des Sozialversicherers ausdrücklich auf „die infolge des Versicherungsfalls entstandenen Aufwendungen, jedoch nur bis zur Höhe des zivilrechtlichen Schadenersatzanspruchs". § 110 SGB X beinhaltet dabei aber keine Anspruchsbegrenzung auf sachlich kongruente Anspruchsteile, sondern stellt auf den Personenschaden – nicht jedoch zusätzlich auch auf den Sachschaden – ab.[250]

279

Der Sozialversicherer hat die Übergangsfähigkeit seiner Leistungen nachzuweisen;[251] dieses gilt jedenfalls im Wege („Sphärentheorie")[252] der sekundären Behauptungs- und **Beweislast**, da der Schadenersatzpflichtige wegen des fehlenden Direktanspruches keine Informationen zum Verletzungs- und Schadenvolumen hat.

280

c. Leistung, Kongruenz und Forderungsübergang

Übersicht 2.1: Drittleistungen, kongruente Leistungen und Forderungsübergang[253]

281

Drittleistungsträger im Personenschaden	Kongruentes Leistungsspektrum			Forderungsübergang				
	Erwerb	Unterhalt, Beerdigung	Sachschaden	im Unfallzeitpunkt[254]	bei Erkennbarkeit der Eintrittspflicht	mit jeweiliger Leistung	mit Überleitungsanzeige	mit Abtretungsvertrag
Arbeitgeber	x					x		x
Arbeitsverwaltung	x			x	x			
Asylbewerberversorgung		x					?	?
Ausbildungsförderung (BAföG)								
Beerdigungsversicherung, private								
Berufsständische Versorgung	x	x						x
Betriebliche Altersversorgung	x	x						x
Dienstherr (beamtenrechtliche Versorgung)	x	x		x				
Erziehungsgeld, Elterngeld								
Grundsicherung[255]		x						?
Kindergeld								
Krankenversicherung, gesetzliche	x			x				
Krankenversicherung, landwirtschaftliche	x			x				

---

250 BGH v. 27.6.2006 – VI ZR 143/05 – (Vorinstanz OLG Köln v. 30.5.2005 – 21 U 22/04 – r+s 2005, 306 [Anm. *Lemcke*]). A.A.: AG Peine v. 8.4.2002 – 24 C 210/01 – (zitiert nach *Dahm*, HVBG-Info 2003, 195). *Jahnke*, Ausgewählte Probleme für die Schadenregulierung, S. 158; *Küppersbusch*, Rn 563; *Lemcke*, r+s 2005, 307; *Peck*, SP 2005, 123; *Stern-Krieger/Arnau*, VersR 1997, 408. Siehe auch den Beschluss des VGT 2001, Arbeitskreis VI r+s 2001, 67.
251 Ebenso *Küppersbusch*, Rn 563, *ders.*, Aktuelle Fragen beim Regress des Sozialversicherungsträgers nach § 110 SGB VII, NZV 2005, 397 f. *Lemcke*, r+s 2005, 307 (zu Ziff. 2) spricht sich wegen der Sachnähe für eine Umkehr der Darlegungslast aus.
252 Nachweise bei *Küppersbusch*, NZV 2005, 398, Fn 41.
253 *Jahnke* in Anwalts-Handbuch Verkehrsrecht, Teil 4 Rn 31, *ders.*, Forderungsberechtigung und Forderungswechsel bei Verkehrsunfällen und ähnlichen Haftpflichtgeschehen, MDR 2004, 380.
254 Forderungsübergang kann später erfolgen, wenn die Mitgliedschaft erst zu einem späteren Zeitpunkt begründet wird und zuvor keine Mitversicherung bestand.
255 Ab 1.1.2005 sind die Vorschriften des Grundsicherungsgesetzes (GSiG) als §§ 41 – 46 SGB XII in das SGB XII – welches das BSHG fortsetzt – überführt.

2 Anspruchsgrundlagen

Drittleistungsträger im Personenschaden	Kongruentes Leistungsspektrum			Forderungsübergang				
	Erwerb	Unterhalt, Beerdigung	Sachschaden	im Unfallzeitpunkt[254]	bei Erkennbarkeit der Eintrittspflicht	mit jeweiliger Leistung	mit Überleitungsanzeige	mit Abtretungsvertrag
Lebensversicherung, private								
Operentschädigung (OEG)	x	x		x				
Pflegeversicherung, gesetzliche				x[256]				
Pflegeversicherung, private						x		
Reiserücktrittsversicherung								
Rentenversicherung	x	x		x				
Rentenversicherung, landwirtschaftliche	x	x		x				
Sozialhilfe	x	x		x	x			
Sozialversorgung (BVG)	x	x		x				
Unfallversicherung, beamtenrechtliche	x	x		x				
Unfallversicherung, gesetzliche	x	x	x[257]	x				
Unfallversicherung, landwirtschaftliche	x	x		x				
Unfallversicherung, private								
Zusatzversorgungskasse								

II. Rangverhältnisse

1. Unzureichende Ersatzleistung

282　Der Schadenersatz kann unzureichend sein, die vermögensrechtlichen Einbußen aller Fordernden auszugleichen. Es sind mehrere rechtliche und tatsächliche Ursachen denkbar, die zum fehlenden oder unzureichenden Schadenausgleich bei den Betroffenen führen können. Die Gründe können liegen

283　■ in der **Haftung** (u.a. mittelbare Schädigung, Mitverschulden oder Mitverantwortlichkeit aus Betriebsgefahr, Verjährungseinwand),

284　■ in der **Schadenersatzleistung** (fehlender oder unzureichender kongruenter Schaden),

285　■ in **unzureichenden Geldmitteln** (z.B. Haftungshöchstsumme, Deckungssummenüberschreitung, finanzielle Leistungsfähigkeit des Ersatzschuldners).

256　Noch ist nicht entschieden, ob der Forderungsübergang nicht erst zu demjenigen Zeitpunkt stattfindet, zu dem Leistungen der Pflegeversicherung sich konkret abzeichnen.
257　Durch die seit 1.1.2005 geltende Gesetzesänderung des § 13 SGB VII wurde der anspruchsberechtigte Personenkreis auf die organisierten ehrenamtlichen Helfer (u.a. freiwillige Feuerwehrangehörige) erweitert, um eine Gleichstellung mit anderen (spontanen) Unglücks- und Nothelfern zu erreichen.

2. Quotenvorrecht nach § 116 V SGB X

> **§ 116 SGB X – Ansprüche gegen Schadenersatzpflichtige**
>
> (5) Hat ein Versicherungsträger oder Träger der Sozialhilfe aufgrund des Schadensereignisses dem Geschädigten oder seinen Hinterbliebenen keine höheren Sozialleistungen zu erbringen als vor diesem Ereignis, geht in den Fällen des Abs. 3 S. 1 und 2 der Schadenersatzanspruch nur insoweit über, als der geschuldete Schadenersatz nicht zur vollen Deckung des eigenen Schadens des Geschädigten oder seiner Hinterbliebenen erforderlich ist.

286

Sind die Ersatzansprüche der Hinterbliebenen aufgrund der Mitverantwortung[258] (Mitverschulden, u.U. aber verschuldensunabhängig wegen der eigenen Betriebsgefahr oder einer anderen Gefährdungshaftung wie der Tiergefahr) zu kürzen, so steht den Hinterbliebenen ein Quotenvorrecht zu.

287

Die Regelung des § 116 V SGB X hat praktische Bedeutung vor allem für den Tod eines **Rentners** Bedeutung (Regress der Rentenversicherung, aber auch der Unfallversicherung).

288

Das Quotenvorrecht gilt dabei nicht nur für den Fall des sog. Rentnertodes (Getöteter war im Unfallzeitpunkt bereits Rentner), sondern auch dann, wenn der Getötete im Unfallzeitpunkt zwar kein Altersrentner war, jedoch der Unterhaltsschaden auch **für Zeiten nach fiktiver Verrentung** zu regulieren ist.

289

Beispiel 2.24
Durch einen von X verschuldeten Unfall wird der Rentner V getötet. Die Haftungsquote zu Lasten des X beträgt 50 %.

290

Der Rentenversicherer zahlte an V zuvor eine Altersrente in Höhe von 1.000 €. Die Witwe W erhält jetzt von der Rentenversicherung 600 € als Hinterbliebenenrente. Der Unterhaltsschaden der Witwe bestimmt sich auf 750 €.

Ergebnis
1. Der Unterhaltsschaden der W beträgt   750,00 €
   der Rentenversicherer zahlt   – 600,00 €

   ungedeckter Schaden der W   **150,00 €**
2. X (bzw. sein Versicherer) muss leisten   750 €
   * Haftungsquote 50 %   = 375,00 €
   a. bevorrechtigte (§ 116 V SGB X) Ansprüche der **W**   – 150,00 €

   b. verbleiben für **Rentenversicherung**   **225,00 €**
   (zum Vergleich: 600,00 € Rente * Haftung 50 % = 300,00 €)

3. Schadenersatzleistung

a. Kongruenter Schadenersatz

Reicht der zur Verfügung stehende kongruente Schaden nicht aus, alle Drittleistungsträger zu befriedigen, stellt sich die Frage der Verteilung unter den Fordernden.

291

Während z.B. im Recht der gesetzlichen Unfallversicherung teilweise nach dem Prinzip der abstrakten Schadensermittlung entschädigt wird, ist nach §§ 823 ff., 249 BGB der

292

---

258 Ergänzend *Heß/Jahnke*, Das neue Schadensrecht, S. 26 ff.

b. Überschreiten der Haftungshöchstsumme oder Versicherungssumme, § 116 SGB X[259]

293

> **§ 116 SGB X – Ansprüche gegen Schadenersatzpflichtige**
>
> (2) Ist der Anspruch auf Ersatz eines Schadens durch Gesetz der Höhe nach begrenzt, geht er auf den Versicherungsträger oder Träger der Sozialhilfe über, soweit er nicht zum Ausgleich des Schadens des Geschädigten oder seiner Hinterbliebenen erforderlich ist.
>
> (3) ¹Ist der Anspruch auf Ersatz eines Schadens durch ein mitwirkendes Verschulden oder eine mitwirkende Verantwortlichkeit des Geschädigten begrenzt, geht auf den Versicherungsträger oder Träger der Sozialhilfe von dem nach Abs. 1 bei unbegrenzter Haftung übergehenden Ersatzanspruch der Anteil über, welcher dem Vomhundertsatz entspricht, für den der Schädiger ersatzpflichtig ist. ²Dies gilt auch, wenn der Ersatzanspruch durch Gesetz der Höhe nach begrenzt ist. ³Der Anspruchsübergang ist ausgeschlossen, soweit der Geschädigte oder seine Hinterbliebenen dadurch hilfebedürftig im Sinne der Vorschriften des SGB XII werden.
>
> (4) Stehen der Durchsetzung der Ansprüche auf Ersatz eines Schadens tatsächliche Hindernisse entgegen, hat die Durchsetzung der Ansprüche des Geschädigten und seiner Hinterbliebenen Vorrang vor den übergegangenen Ansprüchen nach Abs. 1.

294 Reicht die Haftungshöchstsumme[260] (§ 116 II SGB X) oder die Versicherungssumme (bzw. im Fall der Versagung des Versicherungsschutzes die Mindestversicherungssumme) nicht aus, die Ansprüche aller Anspruchsteller und Ersatzempfänger (Drittleistungsträger) zu erfüllen, so ergibt sich folgende Verteilung:

aa. Grundsatz

295 Zunächst darf sich der **unmittelbar Geschädigte** aus der zur Verfügung stehenden Summe bedienen.[261]

296 Erst wenn der Direktgeschädigte mit allen seinen ihm noch unmittelbar zustehenden Forderungen befriedigt ist, ist der restliche Betrag unter den **Drittleistungsträgern** aufzuteilen (siehe § 116 II – IV SGB X, § 6 III EFZG, § 67 I 2 VVG, § 87a Nr. 2 S. 2 BBG).

bb. Sozialversicherter Verletzter

297 Während es z.B. für beamtenrechtliche Forderungsübergänge und die Zessionen nach § 6 EFZG, § 67 VVG keine Rolle spielt, warum die Leistung des Schadenersatzsatzpflichtigen unzureichend ist, muss bei einem sozialversicherten Anspruchsteller auch danach differenziert werden, ob diesen eine Mitverantwortlichkeit am Haftpflichtgeschehen dem Grunde nach oder an der Höhe des Schaden trifft.

---

259 Im Detail *Heß/Jahnke*, Das neue Schadensrecht, S. 69 ff.
260 Z.B. §§ 12, 12a StVG, §§ 9, 10 HaftpflG, § 88 AMG, § 117 BBergG, § 33 GenTG, §§ 37, 46 LuftVG, §§ 10, 11 ProdHaftG, §§ 15, 22 UmweltHG.
261 BGH v. 7.11.1978 – VI ZR 86/77 – MDR 1979, 218 = NJW 1979, 271 = VersR 1973, 30; OLG Stuttgart v. 22.2.1978 – 13 U 147/77 – r+s 1980, 19 = VersR 1979, 1051.

- Der Sozialversicherte, den **keine Mitverantwortlichkeit** dem Grund oder der Höhe nach an seinem Schaden trifft, hat ein uneingeschränktes Quotenvorrecht (§ 116 II SGB X), das sich unabhängig von der Kongruenz zu Leistungen eines oder mehrerer Sozialversicherungs- oder Sozialhilfeträger auf den gesamten Schaden bezieht.[262]   **298**

- Trifft den Sozialversicherten eine **Mitverantwortlichkeit** zum Grund (auch beispielsweise schon bei fehlendem Unabwendbarkeitsbeweis) oder zur Höhe (z.B. kein Gurt/Helm; Mitwirkung bei Schadenvolumen), so gilt kein Quotenvorrecht zugunsten des Verletzten bzw. seiner Hinterbliebenen.[263] Es hat eine modifizierte **relative Verteilung** zu erfolgen,[264] wobei dann im letzten Schritt zu beachten ist, ob der Geschädigte durch den Übergang seiner Schadenersatzansprüche auf die Sozialleistungsträger sozialhilfebedürftig wird und daher der Forderungswechsel dann nach § 116 III 3 SGB X ausgeschlossen ist.   **299**

4. Verhältnis mehrerer Drittleistender zueinander

Reicht der zur Verfügung stehende kongruente Schaden nicht aus, alle Drittleistungsträger zu befriedigen, stellt sich die Frage der Verteilung unter den Fordernden.   **300**

Nicht immer ist unter den Drittleistungsträgern ein unzureichender Schadenersatzbetrag gleichmäßig reduziert zu verteilen, vielmehr sind hier durchaus im Einzelfall Rangfolgen von „besseren" und „schlechteren" Gläubigern zu beachten, teilweise zusätzlich beeinflusst von den Ansprüchen des unmittelbar Verletzten. Zu bedenken sind: **301**

- Befriedigungs- oder **Quotenvorrechte** des unmittelbar Verletzten bzw. Hinterbliebenen,   **302**

- unterschiedliche **Zeitpunkte** des **Forderungsüberganges**,   **303**

  teilweise weiter auch unter Beachtung von Vorrechten,   **304**

- unterschiedliche Wege des **Forderungswechsels** auf den Drittleistungsträger (u.a. beim Einstieg in ein Quotenvorrecht des unmittelbar Verletzten bzw. Hinterbliebenen).   **305**

a. Gesamtgläubiger

Sind Drittleistungsträger im Verhältnis zum Ersatzpflichtigen Gesamtgläubiger,[265] so ist im **Außenverhältnis** (zum Ersatzpflichtigen) jeder einzelne Leistungsträger berechtigt,   **306**

---

262 BGH v. 21.11.2000 – VI ZR 120/99 – MDR 2001, 328 = NJW 2001, 1214 = r+s 2001, 151 = SP 2001, 87 = VersR 2001, 387; BGH v. 8.4.1997 – VI ZR 112/96 – BGHZ 135, 170 = DAR 1997, 310 (Anm. v.*Gerlach*, DAR 1998, 216) = JuS 1998, 88 (Anm. *Ruland*) = LM SGB X § 116 Nr. 20 = MDR 1997, 637 = NJW 1997, 1785 = NZV 1997, 303 (Anm. *Greger/Otto*, NZV 1997, 292) = r+s 1997, 288 = SP 1997, 284 = VersR 1997, 901 = zfs 1997, 329 (Revision zu OLG Düsseldorf v. 26.2.1996 – 1 U 43/95 oder 1 U 124/95 –) (Sozialhilfeträger); OLG Düsseldorf v. 26.2.1996 – 1 U 124/95 – HVBG-Info 1996, 1850 = NZV 1996, 238 (mit Darstellung des Meinungsstandes) (Vorinstanz zu BGH v. 4.1997 – VI ZR 112/96 – BGHZ 135, 170).
263 BGH v. 21.11.2000 – VI ZR 120/99 – MDR 2001, 328 = NJW 2001, 1214 = r+s 2001, 151 = SP 2001, 87 = VersR 2001, 387 m.w.N.
264 BGH v. 27.6.2006 – VI ZR 337/04 –; BGH v. 21.11.2000 – VI ZR 120/99 – MDR 2001, 328 = NJW 2001, 1214 = r+s 2001, 151 = SP 2001, 87 = VersR 2001, 387. Im Detail *Heß/Jahnke*, Das neue Schadensrecht, S. 69 ff.
265 Zu Einzelheiten einer Gesamtgläubigerschaft siehe BGH v. 4.3.1986 – VI ZR 234/84 – BG 1986, 756 = DAR 1986, 267 (nur Ls.) = MDR 1986, 746 = NJW 1986, 1861 = NJW-RR 1986, 902 = r+s 1986, 182 = VersR 1986, 810 = zfs 1986, 267 (nur Ls.). (BG und LVA beim Unterhaltsschaden). Häufig findet

den gesamten (kongruenten) Anspruch ungekürzt bis zur Höhe seiner Aufwendungen (auch klageweise) geltend zu machen[266] (§ 428 BGB).

307 Im **Innenverhältnis** (zu weiteren Drittleistungsträgern) muss dann zwischen den Leistungsträgern ein Ausgleich entsprechend dem Verhältnis ihrer Leistungen erfolgen (§ 430 BGB).

b. § 116 SGB X

308

> **§ 116 SGB X – Ansprüche gegen Schadenersatzpflichtige**
>
> (1) ¹Ein auf anderen gesetzlichen Vorschriften beruhender Anspruch auf Ersatz eines Schadens geht auf den Versicherungsträger oder Träger der Sozialhilfe über, soweit dieser aufgrund des Schadenereignisses Sozialleistungen zu erbringen hat, die der Behebung eines Schadens der gleichen Art dienen und sich auf denselben Zeitraum beziehen. ²Dazu gehören auch
>
> 1. die Beiträge, die von Sozialleistungen zu zahlen sind, und
> 2. die Beiträge zur Krankenversicherung, die für die Dauer des Anspruchs auf Krankengeld unbeschadet des § 224 Abs. 1 SGB V zu zahlen wären.
>
> (2) Ist der Anspruch auf Ersatz eines Schadens durch Gesetz der Höhe nach begrenzt, geht er auf den Versicherungsträger oder Träger der Sozialhilfe über, soweit er nicht zum Ausgleich des Schadens des Geschädigten oder seiner Hinterbliebenen erforderlich ist.
>
> (3) ¹Ist der Anspruch auf Ersatz eines Schadens durch ein mitwirkendes Verschulden oder eine mitwirkende Verantwortlichkeit des Geschädigten begrenzt, geht auf den Versicherungsträger oder Träger der Sozialhilfe von dem nach Abs. 1 bei unbegrenzter Haftung übergehenden Ersatzanspruch der Anteil über, welcher dem Vomhundertsatz entspricht, für den der Schädiger ersatzpflichtig ist. ²Dies gilt auch, wenn der Ersatzanspruch durch Gesetz der Höhe nach begrenzt ist. ³Der Anspruchsübergang ist ausgeschlossen, soweit der Geschädigte oder seine Hinterbliebenen dadurch hilfebedürftig im Sinne der Vorschriften des SGB XII werden.
>
> (4) Stehen der Durchsetzung der Ansprüche auf Ersatz eines Schadens tatsächliche Hindernisse entgegen, hat die Durchsetzung der Ansprüche des Geschädigten und seiner Hinterbliebenen Vorrang vor den übergegangenen Ansprüchen nach Abs. 1.
>
> (5) Hat ein Versicherungsträger oder Träger der Sozialhilfe aufgrund des Schadensereignisses dem Geschädigten oder seinen Hinterbliebenen keine höheren Sozialleistungen zu erbringen als vor diesem Ereignis, geht in den Fällen des Abs. 3 S. 1 und 2 der Schadenersatzanspruch nur insoweit über, als der geschuldete Schadensersatz nicht zur vollen Deckung des eigenen Schadens des Geschädigten oder seiner Hinterbliebenen erforderlich ist.

---

schon intern ein Gesamtausgleich statt mit der Folge, dass in der Regel von jedem der Gesamtgläubiger nur die auf ihn entfallende Quote geltend gemacht wird. Hierauf hat sich die Praxis im Bereich des § 116 SGB X eingestellt. BGH v. 4.3.1986 – VI ZR 234/84 – a.a.O. stellt dann aber heraus, dass der einzelne Gesamtgläubiger eine auch den anderen bindende Vereinbarung zur Haftung nicht treffen darf und hat von daher (nur) wegen der überschießenden Haftung einen weiteren Regress zugelassen (Konkret war mit der LVA eine Haftung von 1/3 vereinbart und der Abrechnung zugrunde gelegt; insoweit war die Forderung der BG durch die Abfindung der LVA erledigt. Da die Haftung aber mit 2/3 zu bewerten war, konnte die BG wegen des nicht berücksichtigten weiteren Haftungsdrittels Regress nehmen.).

266 BGH v. 23.9.1986 – VI ZR 46/85 – VersR 1987, 156 (zu III. 3.). Das gilt auch, wenn von einem weiteren Gesamtgläubiger Fristen (z.B. nach dem NTS) versäumt wurden (BGH v. 17.5.1979 – III ZR 176/77 – DOK 1980, 805 [nur Ls.] = MDR 1979, 1002 = NJW 1979, 2039 = VersR 1979, 741).

nach Abs. 1 kann dann nicht geltend gemacht werden, wenn der Schädiger mit dem Geschädigten oder einem Hinterbliebenen nach Eintritt des Schadensereignisses die Ehe geschlossen hat und in häuslicher Gemeinschaft lebt.

(6) ¹Ein Übergang nach Abs. 1 ist bei nicht vorsätzlichen Schädigungen durch Familienangehörige, die im Zeitpunkt des Schadensereignisses mit dem Geschädigten oder seinen Hinterbliebenen in häuslicher Gemeinschaft leben, ausgeschlossen. ²Ein Ersatzanspruch

(7) ¹Haben der Geschädigte oder seine Hinterbliebenen von dem zum Schadenersatz Verpflichteten auf einen übergegangenen Anspruch mit befreiender Wirkung gegenüber dem Versicherungsträger oder Träger der Sozialhilfe Leistungen erhalten, haben sie insoweit dem Versicherungsträger oder Träger der Sozialhilfe die erbrachten Leistungen zu erstatten. ²Haben die Leistungen gegenüber dem Versicherungsträger oder Träger der Sozialhilfe keine befreiende Wirkung, haften der zum Schadenersatz Verpflichtete und der Geschädigte oder dessen Hinterbliebene dem Versicherungsträger oder Träger der Sozialhilfe als Gesamtschuldner.

(8) Weist der Versicherungsträger oder Träger der Sozialhilfe nicht höhere Leistungen nach, sind vorbehaltlich der Abs. 2 und 3 je Schadensfall für nicht stationäre ärztliche Behandlung und Versorgung mit Arznei- und Verbandmitteln 5 % der monatlichen Bezugsgröße nach § 18 SGB IV zu ersetzen.

(9) Die Vereinbarung einer Pauschalierung der Ersatzansprüche ist zulässig.

(10) Die Bundesagentur für Arbeit und die Träger der Grundsicherung für Arbeitsuchende nach dem SGB II gelten als Versicherungsträger im Sinne dieser Vorschrift.

aa. Forderungsübergang

§§ 116 ff. SGB X gelten nur für Schadensfälle, die sich **nach dem 30.6.1983** ereigneten. Der auf frühere Schadenfälle (vor dem 1.7.1983) weiterhin anzuwendende § 1542 RVO hat für Todesfälle – anders als beim Verdienstausfall – wegen des Zeitablaufes kaum noch praktische Bedeutung. 309

Nach § 116 I 1 SGB X geht ein auf gesetzlichen Vorschriften beruhender Anspruch eines (Sozial-)Versicherten insoweit auf den Sozialversicherungsträger über als dieser nach den diversen Büchern des SGB Leistungen zu gewähren hat. 310

Bei Mitverantwortlichkeit oder Mitverschulden des Verletzten gilt im Verhältnis von Leistungsträger und Verletztem/Hinterbliebenem der Grundsatz gleichrangiger Befriedigung von Geschädigten und Zessionar (**relative Theorie**, § 116 III 1 SGB X),[267] bei unzureichender Leistung des Ersatzverpflichteten (Beschränkung durch Haftungshöchstsumme – z.B. § 12 StVG – oder Deckungssumme bzw. Mindestversicherungssumme) sind allerdings Besonderheiten zu berücksichtigen.[268] 311

bb. Mehrheit von Sozialleistungsträgern (Sozialversicherer, Sozialhilfeträger)

(1) Gesamtgläubiger

Die in § 116 I, X SGB X namentlich genannten Sozialleistungsträger (Sozialversicherer, Sozialhilfeträger) sind, wenn der Schadenersatzanspruch nicht ausreicht, die kongruen- 312

---

267 Siehe OLG Köln v. 11.11.1994 – 19 U 57/94 – r+s 1995, 140 mit Berechnungsbeispiel zur relativen Theorie.
268 Dazu Kap 2 Rn 293 ff.

2 Anspruchsgrundlagen

ten Leistungen aller Sozialleistungsträger zu erfüllen, **Gesamtgläubiger** (entsprechend § 117 S. 1 SGB X).[269]

313 Die Leistungsträger sind gleichberechtigte Zessionare[270] im Sinne des § 116 SGB X, die hinsichtlich des übergegangenen Ersatzanspruches konkurrieren und erst im **Innenverhältnis** entsprechend ihrer zu Schadenleistungen kongruenten Aufwendungen ausgleichen.

314 In der **Praxis** verlangen die Sozialversicherer von vornherein **nur** die ihnen im Innenverhältnis zum weiteren Sozialleistungsträger **zustehende Quote** am gesamten Schadenersatzanspruch.[271] Soweit allerdings Sozialleistungen nur von einem Träger erbracht werden, steht diesem der insoweit kongruente Ersatzanspruch allein als Einzelgläubiger zu.[272]

315 Sind mehrere Drittleistungsträger eintrittspflichtig und schließt der Ersatzpflichtige mit einem dieser Drittleistenden einen **Abfindungsvergleich** mit dem Haftpflichtversicherer über den ihm im Innenverhältnis der Gesamtgläubiger zueinander zustehenden Anteil, so hat der darin liegende Erlassvertrag auch Wirkung gegenüber den weiteren Gesamtgläubigern.[273] Der konkurrierende weitere Gesamtgläubiger kann dann nur noch dasjenige verlangen, was ihm letztlich im Innenverhältnis zum anderen (bereits abgefundenen) Drittleistungsträger noch zusteht. Hat im *Beispiel 2.25* (Rn 318) der Schadenersatzpflichtige bereits 1.575,00 € an den SVT 1 gezahlt, beschränkt sich das Forderungsrecht des SVT 2 auf den verbleibenden Rest von 525 €.

(2) Verteilung

316 Untereinander sind **gleichberechtigte** Leistungsträger im Verhältnis der von ihnen erbrachten Leistungen zum Ausgleich verpflichtet, es gilt die Formel:

Abbildung 2.1: Verteilung unter mehreren gleichberechtigt Fordernden (Formel)

317
$$\frac{\text{Kongruenter Ersatzanspruch} * \text{Sozialleistung des SVT 1}}{\text{Summe der Sozialleistungen von SVT 1} + \text{SVT 2}} = \text{Interner Anteil des SVT 1}$$

---

[269] BGH v. 3.12.2002 – VI ZR 304/01 – HVBG-Info 2003, 334 = NZV 2003, 172 = SP 2003, 89 = VersR 2003, 390.

[270] BGH v. 14.2.1989 – VI ZR 244/88 – VersR 1989, 648 hatte einen Fall zu beurteilen, in dem die beteiligten Sozialversicherer jeweils lediglich Inhaber eines bestimmten Teils des der Geschädigten zustehenden Schadenersatzforderung geworden waren; sie konnten daher bzgl. dieser Forderung nicht miteinander konkurrieren.

[271] *Küppersbusch* vertritt (m.E. zu Recht) die Auffassung, dass sich aus dieser alltäglichen Praxis schon fast ein Gewohnheitsrecht entwickelt hat, dass den jeweiligen Drittleistungsträger auch dann bindet, so weiter zu verfahren, wenn beispielsweise der zweite Träger seine Ansprüche nicht mehr durchsetzen kann (z.B. bei Verjährung) (*Küppersbusch*, Rn 663, S. 219 f.). Siehe ergänzend aber auch BGH v. 4.3.1986 – VI ZR 234/84 – BG 1986, 756 = DAR 1986, 267 (nur Ls.) = MDR 1986, 746 = NJW 1986, 1861 = NJW-RR 1986, 902 = r+s 1986, 182 = VersR 1986, 810 = zfs 1986, 267 (nur Ls.).

[272] BGH v. 31.1.1989 – VI ZR 199/88 – HVBG-Info 1989, 802 = MDR 1989, 623 = NJW-RR 1989, 610 = NZV 1989, 306 (Anm. *Fuchs*) = r+s 1989, 187 = VersR 1989, 604 = VRS 76, 406 = zfs 1989, 261 (KVdR-Beiträge).

[273] BGH v. 4.3.1986 – VI ZR 234/84 – BG 1986, 756 = DAR 1986, 267 (nur Ls.) = MDR 1986, 746 = NJW 1986, 1861 = NJW-RR 1986, 902 = r+s 1986, 182 = VersR 1986, 810 = zfs 1986, 267 (nur Ls.).

Beispiel 2.25 318
Der monatliche Unterhaltsschaden der AS beträgt 2.100 €.
Der **SVT 1** zahlt eine Hinterbliebenenrente von **1.800 €**,
der SVT 2 eine Hinterbliebenenrente von 600 €;
die Gesamtleistung beider SVT (SVT 1 + SVT 2) beträgt also 2.400 €.
Die Haftung beträgt **100 %**.

Berechnung für SVT 1:

$$\frac{2.100\ \text{€} * \mathbf{1.800\ \text{€}}}{(\mathbf{1.800\ \text{€}} + 600\ \text{€} =)\ 2.400\ \text{€}} = \mathbf{1.575\ \text{€}}$$

Ergebnis
- **SVT 1** erhält   1.575,00 €,
- SVT 2 erhält   525,00 €.
- Bei AS verbleibt kein Schaden mehr.

Etwas anderes gilt, wenn die Forderungsberechtigten **nicht auf gleicher Stufe** stehen, 319
sondern besser gestellte Gläubiger (z.B. wegen eines zu berücksichtigenden Quotenvorrechtes) auf nachrangig zu befriedigende Gläubiger treffen.

(3) Sozialhilfebedürftigkeit

Für die Praxis nahezu bedeutungslos ist die Ausnahme nach § 116 III 3 SGB X 320
zugunsten des Geschädigten, wenn durch den Übergang auf den Zessinar nach der
relativen Theorie Sozialhilfebedürftigkeit entstünde.[274]

cc. Sozialversicherungsträger (§ 116 SGB X) – § 67 VVG, § 6 EFZG

Der Regress nach § 116 SGB X geht dem Regress nach § 6 EFZG (beim Unterhalts- 321
schaden nicht relevant), § 67 VVG vor.[275]

dd. Sozialversicherungsträger (§ 116 SGB X) – Abtretung

Der Vorrang des § 116 SGB X gilt erst recht, wenn der anderweitige Drittleistungsträger 322
seine Rechte erst aus einem Abtretungsvertrag herleitet.

(1) Betriebliche Altersversorgung

Gegenüber dem Anspruch eines Trägers der betrieblichen Altersversorgung ist der 323
Anspruch des Unfallversicherungsträgers (ebenso der gesetzlichen Rentenversicherung)
vorrangig zu berücksichtigen.[276] Der Träger der betrieblichen Altersvorsorge ist kein
Sozialversicherungsträger.[277]

---

274 Siehe BGH v. 27.6.2006 – VI ZR 337/04 –; BGH v. 21.11.2000 – VI ZR 120/99 – HVBG-Info 2001, 488 = MDR 2001, 328 = r+s 2001, 151 = NJW 2001, 1214 = SP 2001, 87 = VersR 2001, 387.
275 BGH v. 8.7.1980 – VI ZR 275/78 – BG 1981, 165 = MDR 1981, 42 = r+s 1980, 206 = VersR 1980, 1072 = zfs 1981, 14 (nur Ls.) (Keine Gesamtgläubigerschaft zwischen Sozialversicherungsträger und Schadenversicherer, auf den Forderung nach § 67 VVG übergeht); OLG Celle v. 14.4.1977 – 10 U 118/76 – VersR 1977, 1027; LG Aachen v. 28.4.1994 – 6 S 14/94 – SP 1994, 314.
276 OLG Hamm v. 5.11.1976 – 9 U 220/76 – VersR 1977, 740.
277 OLG Hamm v. 16.10.2003 – 6 U 16/03 – DAR 2004, 144 (nur Ls.) = NJW 2004, 1427 (nur Ls.) = NJW-RR 2004, 317 = NZV 2004, 43 = OLGR 2004, 43 = SP 2004, 153 = VersR 2004, 1425 (Anm. *Kerpen*) übersieht dieses und behandelt daher – zu Unrecht – beide Hinterbliebenenrenten bei Mithaftung gleich.

2 Anspruchsgrundlagen

324 Ein gesetzlicher Forderungsübergang zugunsten der betrieblichen Altersversorgung ist nicht vorgesehen.[278] Soweit eine Abtretung verlangt werden kann, besteht in der Regel ein dem § 67 VVG vergleichbares Quotenvorrecht (z.B. § 50 S. 2 VBL-Satzung-2001).

(a) Fehlende Übergangsfähigkeit zur Höhe, Mithaftung zum Grund

325 Treffen Leistungen der betrieblichen Altersversorgung mit denen aus der gesetzlichen **Renten-** und/oder **Unfallversicherung**[279] zusammen, so geht der Forderungsübergang auf die Sozialversicherungsträger vor.

326 Ist der beim unmittelbar Anspruchsberechtigten eingetretene Schaden geringer als die Summe der kongruenten Leistungen von Sozialversicherern und betrieblicher Altersversorgung, so ist der Schaden wegen des zeitlich vorrangigen Forderungsüberganges (§ 116 SGB X) zunächst zwischen den Sozialversicherern verhältnismäßig zu verteilen; erst ein danach noch verbleibender Restschaden kann nach erfolgter Abtretung (durch den unmittelbar Geschädigten bzw. dessen Hinterbliebene) vom Träger der betrieblichen Altersversorgung – aber nur unter Beachtung eines Quotenvorrechtes des Geschädigten – eingefordert werden.[280]

327 *Beispiel 2.26*
Nach einem Arbeitsunfall eines Angestellten im öffentlichen Dienst werden Leistungen von der gesetzlichen Rentenversicherung (DRV), dem gesetzlichen Unfallversicherer (UVT) sowie der betrieblichen Altersversorgung im öffentlichen Dienst (VBL) an die Hinterbliebenen erbracht.

Der kongruente Unterhaltsschaden beträgt monatlich 3.000 €.

DRV und UVT leisten jeweils 2.000 € pro Monat, die VBL 1.000 € pro Monat. Insgesamt zahlen die Drittleistungsträger 5.000 €

Aufwand der Beteiligten			Geschuldeter Schadenersatzbetrag		
		Haftung:	100 %[281]	80 %	50 %
Gesamtaufwand	3.000 €	Ersatz:	3.000 €	2.400 €	1.500 €
davon: 1. DRV	2.000 €	Rechtslage	1.500 €	1.200 €	750 €
2. UVT	2.000 €	Rechtslage	1.500 €	1.200 €	750 €
3. VBL	1.000 €	Rechtslage	---	---	---
Rangfolge der bevorrechtigten Befriedigung:		1. Unmittelbar anspruchsberechtigte Person, Sozialversicherungsträger (gleichberechtigt).			
		(2. Siehe 1.)			
		3. Betriebliche Altersversorgung.			

---

278 OLG Hamm v. 1.9.1992 – 9 U 42/92 – r+s 1992, 413 (Betriebsrente ist auf den Direktanspruch anzurechnen – konkret: Unterhaltsschaden).
279 OLG Hamm v. 5.11.1976 – 9 U 220/76 – VersR 1977, 740.
280 Siehe auch OLG Hamm v. 24.9.1996 – 27 U 85/96 – r+s 1997, 23; LG Hamm v. 5.11.1976 – 9 U 220/76 – VersR 1977, 740.
281 Die DRV erhält, da die Drittleistungen (DRV 2.000 €, UVT 2.000 €) den kongruenten Schaden (3.000 €) übersteigen, bei voller Haftung 1.500 € (2.000 * 3.000/4.000), der Unfallversicherer ebenfalls 1.500 €, die VBL geht mangels noch verbleibenden Restschadens leer aus.

G. Drittleistungen im Todesfall

(b) Volle Übergangsfähigkeit zur Höhe, Mithaftung zum Grund

Sind die kongruenten Schadenersatzansprüche ausreichend, die Leistungen der Sozialversicherer abzudecken, profitieren diese bei Haftungseinwänden nicht vom Eintritt der betrieblichen Altersversorgung.

Beispiel 2.27

Nach einem Arbeitsunfall eines Angestellten im öffentlichen Dienst werden Leistungen von der gesetzlichen Rentenversicherung (DRV), dem gesetzlichen Unfallversicherer (UVT) sowie der betrieblichen Altersversorgung im öffentlichen Dienst (VBL) an die Hinterbliebenen (AS) erbracht.

Der kongruente Unterhaltsschaden beträgt monatlich 2.400 €.

DRV zahlt 800 €, der UVT leistet 1.200 € pro Monat, die Gesamtleistung der Sozialversicherung beträgt 2.000 €. Die VBL zahlt 200 € pro Monat. Insgesamt werden von dritter Seite 2.200 € gezahlt.

Aufwand der Beteiligten		Geschuldeter Schadenersatzbetrag			
		Haftung:	100 %	80 %	50 %
Gesamtaufwand	2.400 €	Ersatz:	2.400 €	1.920 €	1.200 €
davon: 1. DRV	800 €	Rechtslage	800 €	640 €	400 €
2. UVT	1.200 €	Rechtslage	1.200 €	960 €	600 €
3. AS[282]	200 €	Rechtslage	200 €	200 €[283]	200 €[284]
4. VBL	200 €	Rechtslage	200 €	120 €	---
Rangfolge der bevorrechtigten Befriedigung:		1.	Unmittelbar anspruchsberechtigte Person, Sozialversicherungsträger (gleichberechtigt).		
		(2.)	Siehe 1.)		
		(3.)	Siehe 1.)		
		4.	**Betriebliche Altersversorgung.**		

Ist der Schaden höher als die Summe der Sozialversicherungsleistungen (volle Übergangsfähigkeit zur Schadenhöhe), ist der Verteilung innerhalb der Sozialversicherung nicht der Gesamtschadenbetrag (im Beispiel 2.27, Rn 329 in Höhe von 2.400 €) zugrunde zu legen, sondern nur die darunter liegende **tatsächliche Leistung der Sozialversicherer** (im Beispiel 2.27, Rn 329 in Höhe von 2.000 €).

Der **Schaden** beim unmittelbar Verletzten (**Hinterbliebenen**) beträgt im Beispiel 2.27 (Rn 329) nach Abzug der Sozialversicherungsleistungen 400 €, erst die Leistung der betrieblichen Altersversorgung mindert diesen dann noch. Da aber der betriebliche Altersversorger erst durch die Abtretung in die Rechte des Geschädigten einsteigt, ist für die Verteilungsrechnung im Verhältnis zur Sozialversicherung der beim Geschädigten verbliebene Betrag ohne die Leistung der betrieblichen Altersversorgung einzustellen (d.h. mit demjenigen Betrag, der ohne Zahlung der betrieblichen Altersversorgung verbleibt, im Beispiel also 400 €).

Zur Situation, dass neben der betrieblichen Altersversorgung auch noch eine berufsständische Versorgung hinzu tritt, siehe das *Beispiel 2.29* (Rn 356).

---

282 Beachte die Ausführungen zu Kap 2 Rn 331: Der Anspruch des AS ist mit 400 € zu berücksichtigen.
283 400 € * Haftungsquote 80 % = 320 €. Nach quotenbevorrechtigtem Abzug des Schadens der AS verbleiben für die VBL restliche 120 €.
284 400 € * Haftung 50 %.

(2) Berufsständische Versorgung

(a) Abtretung

333 Die mir bislang bekannten Versorgungswerke sind nicht durch einen gesetzlichen Forderungsübergang für drittverursachte Leistungen geschützt, sondern müssen ihren Regress im Wege der privatrechtlichen **Abtretung** unter Beachtung eines Quotenvorrechtes des unmittelbar Anspruchsberechtigten verfolgen.[285]

334 Treffen Leistungen der Versorgungswerke mit denen aus der gesetzlichen **Renten-** oder **Unfallversicherung** zusammen, geht der Forderungsübergang auf den Sozialversicherer dann vor, wenn ein § 116 SGB X entsprechender gesetzlicher Forderungsübergang auf das Versorgungswerk fehlt. Ist der beim Verletzten/Hinterbliebenen eingetretene Schaden geringer als die Summe der kongruenten Leistungen von Sozialversicherer und berufsständischer Versorgung, ist der Schaden dann wegen des zeitlich vorrangigen Forderungsüberganges (§ 116 SGB X) zunächst zwischen den Sozialversicherern verhältnismäßig zu verteilen; erst ein danach noch verbleibender Restschaden kann nach erfolgter Abtretung vom Versorgungswerk eingefordert werden.

335 Auf die Rechenbeispiele zur betrieblichen Altersversorgung (*Beispiel 2.26*, Rn 327 und *Beispiel 2.27*, Rn 329) ist zu verweisen; die Ergebnisse sind übertragbar.

(b) § 116 SGB X

336 Nur sofern gesetzlich ein § 116 SGB X vergleichbarer Forderungsübergang zugunsten des Versorgungswerkes existiert, ist den Leistungsträgern (Sozialversicherungsträger, Versorgungswerk) im Verhältnis ihrer jeweiligen Leistung zum Gesamtrentenbezug anteilig Ersatz des zur Höhe nachgewiesenen Verdienstausfall- oder Unterhaltsschadens zu leisten.

ee. Sozialversicherungsträger – Öffentlicher Dienstherr

337 Parallele Leistungen auch aus der Rentenversicherung können z.B. bei später verbeamteten Personen in Betracht kommen. Leistungen der gesetzlichen Unfallversicherung sind insbesondere bei Unfällen nach Eingliederung in einen fremden Betrieb und bei der Nothilfe denkbar.

338 Löst ein Unfall nicht nur für den Dienstherrn Versorgungsleistungen aus, sondern auch Kostenverpflichtungen für einen Sozialversicherer, so gehen die Ansprüche des Beamten auf Schadenersatz auf beide Gläubiger als Gesamtgläubiger über.[286]

339 Hat der Ersatzpflichtige den Schaden nicht in vollem Umfang zu ersetzen, steht dem Sozialversicherungsträger gegenüber dem Dienstherrn ein **Quotenvorrecht** zu.[287] Es kommt also nicht zu einer Ausgleichung entsprechend der jeweiligen Leistung, vielmehr

---

285 Zum Forderungsübergang Kap 6 Rn 840 ff.
286 BGH v. 15.3.1983 – VI ZR 156/80 – BG 1984, 785 = DVBl 1983, 1241 = MDR 1983, 835 = NVwZ 1985, 219 = VersR 1983, 686 (Aber: Von der Gesamtgläubigerschaft sind solche Leistungen des Dienstherrn ausgenommen, für die beim Sozialversicherungsträger keine Leistungspflicht besteht [hier: Kosten für höhere Pflegeklasse]).
287 Siehe hierzu im Einzelnen die Entscheidung des BGH v. 14.2.1989 – VI ZR 244/88 – NZV 1989, 268 = VersR 1989, 648 (mit anschaulicher Berechnung); sowie BGH v. 17.11.1988 – III ZR 202/87 – BGHZ 106, 13 = MDR 1989, 614 = NJW 1989, 1735 = VersR 1989, 495 = zfs 1989, 229 (nur Ls.);BGH v. 16.11.1962 – VI ZR 11/62 – VersR 1963, 239.

erhält der nach § 116 SGB X Regressberechtigte bei unzureichender Regressmasse unverhältnismäßig mehr. Insbesondere Vorteilsausgleichungen und Verletzung von Schadenminderungspflichten wirken damit regelmäßig (neben Haftungseinwänden) gegen den Dienstherrn.

Auf die Rechenbeispiele zum Quotenvorrecht (Beispiel 6.27, Kap 6 Rn 790 und Beispiel 6.28, Kap 6 Rn 794) wird verwiesen. 340

ff. Sozialversicherungsträger – Versorgungsträger (§ 5 OEG, § 81a BVG)

Auf die Versorgungsverwaltung geht der Regressanspruch im Zeitpunkt des Schadenereignisses über.[288] Erbringt die Versorgungsverwaltung an Soldaten nach deren Dienstbeendigung Versorgungsleistungen, findet § 81a BVG ebenfalls Anwendung.[289] 341

Sind ein Sozialversicherungsträger und ein Versorgungsträger nebeneinander zur Gewährung sich inhaltlich deckender Sozialleistungen an den Verletzten verpflichtet, so geht dessen gegen den Schädiger gerichteter deliktischer Schadenersatzanspruch, soweit er jeweils kongruente Leistungen betrifft, gleichzeitig im Zeitpunkt des Schadenereignisses auf beide Leistungsträger (nach § 116 SGB X bzw. § 5 OEG, § 81a BVG) über.[290] § 118 SGB X gilt auch für den Regress nach dem OEG entsprechend.[291] 342

Es ist allerdings zu Lasten von § 81a BVG das **Quotenvorrecht** zu beachten. Erbringen Versorgungsverwaltung und Sozialversicherungsträger wegen desselben Unfalles Leistungen, so geht, reicht der übergangsfähige Schaden nicht zur vollen Deckung der unfallbedingten Leistungen aus, der Anspruch des **Sozialversicherungsträgers** dem der Versorgungsverwaltung vor.[292] 343

c. Beamtenrecht und Abtretung

Zu Kollisionen kann es kommen, wenn dem Hinterbliebenen neben der beamtenrechtlichen Versorgung noch Einkünfte aus einer berufsständischen Versorgung und/oder betrieblichen Altersversorgung zustehen (z.B. Krankenhausarzt). 344

Hier gilt – wie beim Verhältnis des beamtenrechtlichen Leistungsträgers zu § 67 VVG[293] –, dass der anderweitige Versorgungsträger bevorrechtigt in das Quotenvorrecht des Beamten und/oder seiner Hinterbliebenen einsteigt und dessen Bevorrechtigung – allerdings unter Beachtung eines ihm gegenüber geltenden Vorrechtes des Beamten/Hinterbliebenen (sog. doppeltes Quotenvorrecht) – übernimmt. 345

Auf die Rechenbeispiele zum Quotenvorrecht (*Beispiel 6.26*, Kap 6 Rn 787 und Beispiel 6.28, Kap 6 Rn 794) ist zu verweisen. 346

---

288 BGH v. 4.10.1983 – VI ZR 44/82 – BG 1985, 594 = MDR 1984, 216 = NJW 1984, 607 = r+s 1984, 9 (nur Ls.) = SGb 1984, 170 (Anm. *Sieg*) = VersR 1984, 35 = VRS 66, 165 = zfs 1984, 77 (nur Ls.).
289 BGH v. 26.2.1991 – VI ZR 149/90 – DAR 1991, 293.
290 BGH v. 28.3.1995 – VI ZR 244/94 – MDR 1995, 802 = NJW 1995, 2413 = r+s 1995, 386 (nur Ls.) = VersR 1995, 601 (Anm. *Frahm,* VersR 1995, 768) = WI 1995, 104 = zfs 1995, 290 (Krankenkasse, Versorgungsträger im Rahmen der Opferentschädigung); OLG Hamm v. 12.8.1999 – 6 U 8/99 – r+s 1999, 418.
291 OLG Hamm v. 12.8.1999 – 6 U 8/99 – r+s 1999, 418.
292 BGH v. 30.3.1971 – VI ZR 190/69 – MDR 1971, 569 = NJW 1971, 1217 (nur Ls.) = VersR 1971, 637.
293 Kap 6 Rn 781 ff.

2 Anspruchsgrundlagen

d. Mehrheit von Abtretungen

aa. Prioritätsprinzip

347 Die Weitergabe (der Wechsel) der Gläubigerposition kann durch Abtretung (§ 398 BGB) erfolgen. Dieser privatrechtliche Forderungsübergang vollzieht sich dann (im jeweiligen Umfang der Abtretung) erst mit Abschluss des Abtretungsvertrages.

348 Liegen mehrere Abtretungen bezüglich desselben kongruenten Schadenersatzanspruches vor, so sind der **Zeitpunkt** und der wirksame Umfang der **Abtretung** entscheidend für die Forderungsberechtigung. Es gilt das Prioritätsprinzip.

349 Lässt sich der Zeitpunkt des Abtretungsvertragsschlusses und die daran anknüpfende Vorrangigkeit des einen oder anderen Leistungsträgers nicht klären (weil z.B. die anspruchsberechtigte Person die Erklärungen am selben Tag unterschrieben und per Post an die Leistungsträger gesandt hat), ist notfalls der geschuldete Betrag zu hinterlegen, wenn sich die beiden Leistungsträger nicht untereinander verständigen und eine verbindliche Erklärung hinsichtlich der Aufteilung dem Ersatzleistenden gegenüber abgegeben. Der Ersatzpflichtige seinerseits hat ohne Mitwirkung der Leistungsträger keine rechtlich verbindliche Möglichkeit, unter diesen den offenen Betrag aufzuteilen.

bb. Abtretungsinhalt

350 Ist die Abtretung sachlich (z.B. auf „Verdienstausfall") oder betragsmäßig („monatlich 200 €", „in Höhe der monatlichen Hinterbliebenenleistung") **beschränkt**, so kann der nicht vom Abtretungsvertrag erfasste Anspruchsteil vom unmittelbar Geschädigten bzw. seinen Hinterbliebenen weiter abgetreten werden.

351 Die Abtretung des Schadenbereiches „Verdienstausfall" (z.B. zugunsten der betrieblichen Altersversorgung oder der berufsständischen Versorgung) erfasst nicht den Bereich „Unterhaltsschaden"; es handelt sich um verschiedene Ansprüche. Den **Verdienstausfall** kann nur der selbst Verletzte (oder aber sein Erbe), den **Unterhaltsschaden** können nur die (aus eigenem Recht berechtigten) Hinterbliebenen abtreten.

352 Eine vom unmittelbar Verletzten unterzeichnete Abtretungserklärung z.B. zugunsten der betrieblichen Altersversorgung erstreckt sich nicht zugleich auch auf den nach seinem Tode von den Hinterbliebenen geltend zu machenden Unterhaltsschaden.

cc. Berufsständische Versorgung – betriebliche Altersversorgung

353 Leisten berufsständische Versorgung und betriebliche Altersversorgung nebeneinander (Beispiele: Krankenhausarzt, Syndikusanwalt im Unternehmen, Apotheker oder Ärzte in Forschungsunternehmen), so kommt es auf den Zeitpunkt der Abtretung (Abtretungsvertrag) an.

354 Regelmäßig ist dabei auch ein **Quotenvorrecht** des unmittelbar Anspruchsberechtigten zu beachten.

355 *Beispiel 2.28*
Die Witwe (AS) des durch einen Unfall getöteten A erhält Leistungen der betrieblichen Zusatzversorgung (VBL) sowie der berufsständischen Versorgung.
Der kongruente Unterhaltsschaden beträgt monatlich 3.000 €.
Die berufsständische Versorgung zahlt 2.000 € pro Monat, die VBL 800 € pro Monat.

AS hat gegenüber der VBL am 1.3. eine Abtretungserklärung unterzeichnet und gegenüber der berufsständischen Versorgung am 15.3.

Aufwand der Beteiligten		Geschuldeter Schadenersatzbetrag			
		Haftung:	100 %	80 %	50 %
Gesamtaufwand	3.000 €	Ersatz:	3.000 €	2.400 €	1.500 €
davon: 1. AS	200 €	Rechtslage	200 €	200 €	200 €
2. VBL	800 €	Rechtslage	800 €	800 €	800 €
3. berufsständische Versorgung	2.000 €	Rechtslage	2.000 €	1.400 €	500 €
Rangfolge der bevorrechtigten Befriedigung:		1. Unmittelbar anspruchsberechtigte Person.			
		2. Zeitlich frühere Abtretung vom 1.3.			
		3. Abtretung vom 15.3.			

Beispiel 2.29 356
Die Witwe (AS) des durch einen Unfall getöteten A erhält neben Leistungen der DRV auch Leistungen der betrieblichen Zusatzversorgung (VBL) sowie der berufsständischen Versorgung.
Der kongruente Unterhaltsschaden beträgt monatlich 3.000 €.
Die berufsständische Versorgung zahlt 1.000 € pro Monat, die VBL 800 € pro Monat. Die DRV zahlt 500 €.
AS hat gegenüber der VBL am 1.3. eine Abtretungserklärung unterzeichnet und gegenüber der berufsständischen Versorgung am 15.3.

Aufwand der Beteiligten		Geschuldeter Schadenersatzbetrag			
		Haftung:	100 %	80 %	50 %
Gesamtaufwand	3.000 €	Ersatz:	3.000 €	2.400 €	1.500 €
davon: 1. AS	700 €	Rechtslage	700 €	700 €	700 €
2. DRV	500 €	Rechtslage	500 €	500 €	500 €
3. VBL	800 €	Rechtslage	800 €	800 €	300 €
4. berufsständische Versorgung	1.000 €	Rechtslage	1.000 €	400 €	---
Rangfolge der bevorrechtigten Befriedigung:		1. Unmittelbar anspruchsberechtigte Person, Sozialversicherungsträger (gleichberechtigt).			
		(2. siehe 1.)			
		3. Zeitlich frühere Abtretung vom 1.3.			
		4. Abtretung vom 15.3.			

Die DRV nimmt im *Beispiel 2.29* (Rn 356) am Quotenvorrecht des unmittelbar An- 357
spruchsberechtigten (AS) teil. Auf berufsständische und betriebliche Versorgung gehen die verbliebenen Restforderungen dann jeweils vollständig im noch verbliebenen Volumen, aber in der zeitlichen Reihenfolge der Abtretungen über.

e. Zusammenfassende Übersicht

Die nachstehende Abstufung (Rn 360) gilt für Schadenfälle (Unfalltag) ab dem 1.7.1983 358
(In-Kraft-Treten des SGB X). Für Unfälle (Unfalltag) vor dem 1.7.1983 gelten wegen § 1542 RVO, § 127 AFG und § 90 BSHG a.F. u.U. abweichende Vorrangigkeiten.

2 Anspruchsgrundlagen

359 Wer in der Rangfolge auf einer höheren Stufe steht, hat ein besseres Recht als ein nachrangiger Gläubiger und kann daher – soweit noch vorhanden – bevorrechtigt und vollständig auf diejenige Restforderung zugreifen, die ein etwaig vor ihm auf einer höheren Stufe Stehender seinerseits übrig gelassen hat.

360 **Übersicht 2.2: Drittleistungsträger und bevorrechtigte Forderungsberechtigung**

Rangfolge		Anspruchsberechtigter	Besonderheiten
1. Stufe:	1a.	Verletzter, Hinterbliebener	bei Mitverschulden des Sozialversicherten Gleichrangigkeit mit Stufe 2
	1b.	§ 119 SGB X	
2. Stufe:	2a.	§ 116 SGB X (SVT), § 179 Ia SGB VI	mehrere SVT sind gleichberechtigte Gesamtgläubiger
	2b.	§ 116 III 3 SGB X (SHT)	
3. Stufe:		Überleitungsanzeige	Unterbrechungswirkung, § 90 II BSHG
4. Stufe:	4a.	Abtretungsgläubiger[294]	Entscheidend: Zeitpunkt und wirksamer Umfang der Abtretung
	4b.	Private Versicherung, Arbeitgeber	
5. Stufe:	5.	Dienstherr, Versorgungsträger (BVG, OEG)	

---

[294] Zu Besonderheiten siehe u.a. Kap 2 Rn 331.

Kapitel 3 Schmerzensgeld

A. Anspruchsgrundlage

§ 847 BGB ist für Unfälle ab 31.7.2002 aufgehoben und inhaltlich in § 253 II BGB überführt. Für Haftpflichtgeschehen **ab dem 1.8.2002** begründet neben der deliktischen (zumeist verschuldensabhängigen) Haftung auch die Vertragshaftung und die Gefährdungshaftung einen Schmerzensgeldanspruch nach **§ 253 II BGB n.F.** bzw. den Spezialnormen in den Sonderhaftpflichtgesetzen.

§ 847 BGB in der seit 1.7.1990 geltenden Fassung ist weiterhin anzuwenden für Unfälle **vor dem 1.8.2002**.

Fassung bis 31.7.2002	Fassung ab 1.8.2002
§ 253 BGB a.F. Wegen eines Schadens, der nicht Vermögensschaden ist, kann Entschädigung in Geld nur in den durch das Gesetz bestimmten Fällen gefordert werden. **§ 847 BGB a.F.** (1) Im Falle der Verletzung des Körpers oder der Gesundheit sowie im Falle der Freiheitsentziehung kann der Verletzte auch wegen des Schadens, der nicht Vermögensschaden ist, eine billige Entschädigung in Geld verlangen. (2)	**§ 253 BGB n.F.** (1) Wegen eines Schadens, der nicht Vermögensschaden ist, kann Entschädigung in Geld nur in den durch das Gesetz bestimmten Fällen gefordert werden. (2) Ist wegen einer Verletzung des Körpers, der Gesundheit, der Freiheit oder der sexuellen Selbstbestimmung Schadenersatz zu leisten, kann auch wegen des Schadens, der nicht Vermögensschaden ist, eine billige Entschädigung in Geld verlangt werden.

§ 11 StVG n.F.

Im Falle der Verletzung des Körpers oder der Gesundheit ist der Schadenersatz durch Ersatz der Kosten der Heilung sowie des Vermögensnachteils zu leisten, den der Verletzte dadurch erleidet, dass infolge der Verletzung zeitweise oder dauernd seine Erwerbsfähigkeit aufgehoben oder gemindert oder eine Vermehrung seiner Bedürfnisse eingetreten ist. Wegen des Schadens, der nicht Vermögensschaden ist, kann auch eine billige Entschädigung in Geld gefordert werden.

Eine § 11 S. 2 StVG gleich lautende Ergänzung („*Wegen des Schadens, der nicht Vermögensschaden ist, kann auch eine billige Entschädigung in Geld gefordert werden.*") haben die Neufassungen der §§ 29 II 2 AtomG, 20 Gesetz über die Abgeltung von Besatzungsschäden, 52 II BGSG, 32 V 2 GenTG, 6 HaftpflG, 36 S. 2 LuftVG, 8 S. 2 ProdHaftG, 13 S. 2 UmweltHG erhalten.

B. Unfallopfer

I. Ausländer

Unterliegen Ersatzansprüche aus einem Haftpflichtereignis im Inland deutschem Recht, so sind bei der Verletzung eines Ausländers für die Schmerzensgeldzumessung die von deutschen Gerichten entwickelten Maßstäbe anzuwenden. Falls im Heimatland des

3 Schmerzensgeld

Verletzten andere Maßstäbe (überhaupt kein Schmerzensgeld oder aber ein besonders hohes Schmerzensgeld) gelten, ist dieses unbeachtlich.[1]

7 Zu berücksichtigen sind im Rahmen der Billigkeitsprüfung auch niedrigere Einkommens- und Wirtschaftsverhältnisse im Heimatland eines ausländischen Verletzten.[2]

II. Vererbung

8 Der Schmerzensgeldanspruch geht im Wege der Rechtsnachfolge auf die Erben über, auch ohne dass er zuvor vertraglich anerkannt oder rechtshängig gemacht werden muss (wie es früher § 847 I 2 BGB a.F. in der bis zum 30.6.1990 geltenden Gesetzesfassung noch verlangte).

9 Der Anspruch steht der **Erbengemeinschaft** zu (siehe § 2039 S. 1 BGB).[3]

10 Der Anspruch muss nicht vom Erblasser geltend gemacht worden sein und setzt auch **keine Willensbekundung** des Verletzten zu seinen Lebzeiten voraus, Schmerzensgeld zu fordern.[4]

11 Das Schmerzensgeld ist nicht deshalb niedriger, weil es an die Erben gezahlt wird.[5]

12 Ein an einen Ehegatten gezahltes Schmerzensgeld fließt vorbehaltlich der Härteregelung des § 1381 BGB in den **Zugewinn** ein.[6] Dieses kann bei kinderloser Ehe für die Höhe des Erbanspruches relevant werden (§§ 1931 III, 1371 BGB). Der Gesetzgeber sieht sich bislang nicht zu einer grundsätzlichen Änderung dieser Rechtssituation veranlasst.[7]

III. Unfalltod

13 Der Anspruch muss in der Person des unmittelbar Verletzten und sodann Verstorbenen bereits entstanden sein. Der Verletzte muss den Unfall also – wenn auch nur kurze Zeit – überlebt haben. Verstirbt der Unfallbeteiligte noch an der Unfallstelle oder in unmittelbarem zeitlichem Abstand („alsbald"[8]), so entfällt ein – in der Person des Verletzten noch selbst entstandener – Schmerzensgeldanspruch;[9] eigentliche Unfallfolge ist in diesen Fällen der Tod und nicht die Verletzung.

---

1 KG v. 23.4.2001 – 12 U 971/00 – DAR 2002, 266 = NZV 2002, 398 = r+s 2002, 286 = VersR 2002, 1567 (BGH hat die Revision nicht angenommen, Beschl. v. 9.4.2002 – VI ZR 280/01 –) (US-Amerikaner); OLG Koblenz v. 15.10.2001 – 12 U 2123/98 – SP 2002, 239.
2 OLG Frankfurt v. 11.3.2004 – 26 U 28/98 – zfs 2004, 452 (Anm. *Diehl*); OLG Köln v. 30.4.1993 – 20 U 236/92 – zfs 1994, 47. Ergänzend *Jahnke* in Anwalts-Handbuch Verkehrsrecht, Teil 4 Rn 219.
3 OLG Naumburg v. 7.3.2005 – 12 W 118/04 – NJW-RR 2005, 900 (Ausnahmsweise kann eine Einziehungsermächtigung die Aktivlegitimation rechtfertigen).
4 BGH v. 6.12.1994 – VI ZR 80/94 – BB 1995, 431 = DAR 1995, 105 = FamRZ 1995, 288 = MDR 1995, 265 = NJW 1995, 783 = NZV 1995, 144 = r+s 1995, 92 = SP 1995, 169 (nur Ls.) = VersR 1995, 353 = zfs 1995, 88.
5 OLG München v. 16.12.1969 – 10 U 1691/68 – VersR 1970, 643. Siehe auch OLG München v. 3.5.1996 – 10 U 6205/95 – NZV 1997, 440 (BGH hat die Revision nicht angenommen, Beschl. v. 4.3.1997 – VI ZR 282/96 –) (Nichte und Neffe erben den Schmerzensgeldanspruch ihres Onkels, nachdem sie als Erben erst ein Jahr nach dem Unfall ermittelt wurden).
6 BGH v. 27.5.1981 – IVb ZR 577/80 – MDR 1981, 831 = VersR 1981, 838.
7 Bundesjustizministerium in Beantwortung einer parlamentarischen Anfrage, BT-Drucks 14/144 v. 4.12.1998.
8 KG v. 30.10.2000 – 12 U 5120/99 – NZV 2002, 38.
9 BGH v. 12.5.1998 – VI ZR 182/97 – BGHZ 138, 388 = DAR 1998, 330 = MDR 1998, 1029 (Anm. *Jaeger*) = NJW 1998, 2741 = NZV 1998, 370 = r+s 1998, 332 = SP 1998, 351 = VersR 1998, 1034 = VRS 95, 176 = zfs 1998, 330; KG v. 30.10.2000 – 12 U 5120/99 – NZV 2002, 38; KG v. 11.7.1996 –

IV. Kurze Überlebenszeit

Prägend für die Höhe des Schmerzensgeldes sind weniger die erlittenen Verletzungen als die Dauer der Überlebenszeit und die Frage, ob der Verletzte bei Bewusstsein war und seinen lebensbedrohenden Zustand realisierte oder sich überwiegend in einem Zustand der Empfindungsunfähigkeit oder Bewusstlosigkeit befand.[10] Auch der vererbliche Schmerzensgeldanspruch umfasst nur den bis zum Tod des Erblassers auszugleichenden Schaden und nicht etwa einen fiktiven immateriellen Schaden, der mit den Verletzungen, aber ohne den Tod eingetreten wäre.[11]

14

Bei nur kurzzeitigem Überleben kommt dem Schmerzensgeld ein eher symbolischer Charakter zu, der sich vor allem an der Genugtuungsfunktion und damit am Verschuldensgrad des Schädigers orientiert. Das Schmerzensgeld liegt deutlich unter den Beträgen, die bei vergleichbaren Verletzungen an einen längerfristig Überlebenden gezahlt worden wären. Der Umstand, dass der Geschädigte die Verletzungen nur kurze Zeit überlebt hat, ist selbst dann schmerzensgeldmindernd zu berücksichtigen, wenn der Tod gerade durch das Schadensereignis verursacht worden ist.[12]

15

V. Tod der Leibesfrucht[13]

Die Tötung des Nasciturus an sich führt nicht zu einem (von diesem vererbbaren) Schmerzensgeldanspruch.[14]

16

---

12 U 3625/95 – VersR 1997, 327; OLG Düsseldorf v. 11.3.1996 – 1 U 52/95 – MDR 1996, 915 (Anm. *Jaeger*) = NJW 1997, 806 = NJWE-FER 1997, 111 (nur Ls.) = NJW-VHR 1997, 107 (nur Ls.) = OLGR 1996, 170 = r+s 1996, 228 = VersR 1996, 985 = zfs 1996, 253 (Bei Versterben nach 3 Stunden ohne Wiedererlangung des Bewusstseins steht den Erben allenfalls ein ganz geringes Schmerzengeld – hier: 1.500 DM – aus dem Aspekt der Genugtuungsfunktion zu); OLG Naumburg v. 7.3.2005 – 12 W 118/04 – NJW-RR 2005, 900 (Die Körperverletzung muss nach den Fallumständen gegenüber dem alsbald eintretenden Tod eine abgrenzbare Beeinträchtigung darstellen); LG Wuppertal v. 8.1.1997 – 7 O 341/97 – SP 1998, 353.

10 BGH v. 12.5.1998 – VI ZR 182/97 – BGHZ 138, 388 = DAR 1998, 330 = MDR 1998, 1029 (Anm. *Jaeger*) = NJW 1998, 2741 = NZV 1998, 370 = r+s 1998, 332 = SP 1998, 351 = VersR 1998, 1034 = VRS 95, 176 = zfs 1998, 330; OLG Düsseldorf v. 6.3.2006 – 1 U 141/00 ———; OLG Koblenz v. 18.11.2002 – 12 U 566/01 – IVH 2003, 10; OLG Köln v. 28.4.1999 – 5 U 15/99 – r+s 2000, 457; OLG Schleswig v. 14.5.1998 – 7 U 87/96 – NJW-RR 1998, 1404 = VersR 1999, 632; AG Spandau v. 15.4.1999 – 9 C 613/98 – SP 2000, 87.

11 OLG Hamm v. 29.10.2002 – 9 U 64/02 – zfs 2003, 593 (Anm. *Diehl*) (BGH hat die Nichtzulassungsbeschwerde zurückgewiesen, Beschl. v. 30.9.2003 – VI ZR 27/03 –); OLG Naumburg v. 7.3.2005 – 12 W 118/04 – NJW-RR 2005, 900.

12 BGH v. 12.5.1998 – VI ZR 182/97 – BGHZ 138, 388 = DAR 1998, 330 = MDR 1998, 1029 (Anm. *Jaeger*) = NJW 1998, 2741 = NZV 1998, 370 = r+s 1998, 332 = SP 1998, 351 = VersR 1998, 1034 = VRS 95, 176 = zfs 1998, 330; BGH v. 16.12.1975 – VI ZR 175/74 – MDR 1976, 752 = VersR 1976, 660; OLG Düsseldorf v. 6.3.2006 – 1 U 141/00 –.

13 Ergänzend siehe Kap 2 Rn 172 ff.

14 OLG Düsseldorf v. 9.11.1987 – 8 W 56/87 – NJW 1988, 777 = VersR 1988, 580 (nur Ls.); OLG Hamm v. 22.4.1991 – 3 U 129/85 – VersR 1992, 876 (BGH hat die Revision nicht angenommen, Beschl. v. 11.2.1992 – VI ZR 209/91 –). Siehe auch OLG Schleswig v. 27.6.2001 – 4 W 2/01 – VersR 2001, 1559 (Schmerzensgeldanspruch der Kindesmutter besteht in Fällen vorwerfbarer Verhinderung eines Schwangerschaftsabbruches nur mit Einschränkungen) unter Hinweis auf BGH v. 27.11.1984 – VI ZR 43/83 – FamRZ 1985, 779 (Anm. *Stürner*, FamRZ 1985, 753) = JZ 1985, 331 (Anm. *Giesen*) = MDR 1985, 659 = NJW 1985, 671 = VersR 1985, 240.

3 Schmerzensgeld

17 Der Tod der Leibesfrucht an sich ist auch keine Körperverletzung der Mutter. Der Mutter, eher ausnahmsweise auch dem anderen **Elternteil**, kann aber aus dem Blickwinkel des Schockschadens ein Schmerzensgeldanspruch zustehen.[15]

18 Mutter und Leibesfrucht bilden vor der Geburt rechtlich eine Einheit,[16] sodass die **Mitverantwortung der Mutter** zu einer Anspruchskürzung ihrer etwaigen Schmerzensgeldansprüche bei Schockschaden führt.

C. Hinterbliebene

19 Ein Schmerzensgeld für Verwandte kennt – im Gegensatz zu anderen europäischen Rechtssystemen – das deutsche Ersatzrecht nicht. Auch die Schadensrechtsreform (2. Schadensrechtsänderungsgesetz) lehnt die Einführung eines Angehörigenschmerzensgeldes ausdrücklich ab. Die Zuerkennung eines geringen symbolischen Schmerzensgeldes zugunsten der Hinterbliebenen kommt nach der grundsätzlichen Wertung des Gesetzgebers nicht in Betracht.[17]

20 Angehörige, die anlässlich eines Unfalles einen sog. **Schock-** oder **Fernwirkungsschaden** erleiden,[18] haben, und zwar aus eigenem Recht, dann unter engen Voraussetzungen einen Schmerzensgeldanspruch.[19]

21 Um einer Ausuferung vorzubeugen, ist der Anspruch beschränkt auf **nahe Familienangehörige** (Ehegatte, Eltern bei Kinderunfall; Partner einer eingetragenen nicht-ehelichen Lebensgemeinschaft). Eine eventuelle **Mitverantwortlichkeit** des Getöteten wirkt sich schmerzensgeldmindernd aus.[20]

22 Die Verhältnisse im **Heimatland** der Hinterbliebenen sind mit zu berücksichtigen.[21]

---

15 LG Berlin v. 23.4.1996 – 31 O 346/95 – NZV 1997, 45; LG Osnabrück v. 28.11.1985 – 10 O 243/85 – VersR 1987, 167. Siehe auch OLG Schleswig v. 27.6.2001 – 4 W 2/01 – VersR 2001, 1559 (Schmerzensgeldanspruch der Kindesmutter besteht in Fällen vorwerfbarer Verhinderung eines Schwangerschaftsabbruches nur mit Einschränkungen) unter Hinweis auf BGH v. 27.11.1984 – VI ZR 43/83 – FamRZ 1985, 779 (Anm. *Stürner*, FamRZ 1985, 753) = JZ 1985, 331 (Anm. *Giesen*) = MDR 1985, 659 = NJW 1985, 671 = VersR 1985, 240.
16 OLG Koblenz v. 28.1.1988 – 5 U 1261/85 – ArztR 1989, 61 = NJW 1988, 2959 = VersR 1989, 196.
17 OLG Düsseldorf v. 6.3.2006 – 1 U 141/00 –.
18 Kap 2 Rn 176 ff.
19 Siehe auch BVerfG v. 8.3.2000 – 1 BvR 1127/96 – VersR 2000, 897, 1114 u.a. zu der gerechtfertigten Differenzierung zwischen Persönlichkeitsverletzungen einerseits und schweren psychischen Gesundheitsschäden anderseits.
20 KG v. 10.11.1997 – 12 U 5774/96 – NZV 1999, 329 = VersR 1999, 504; OLG Frankfurt v. 11.3.2004 – 26 U 28/98 – zfs 2004, 452 (Anm. *Diehl*).
21 OLG Frankfurt v. 11.3.2004 – 26 U 28/98 – zfs 2004, 452 (Anm. *Diehl*). Ergänzend Kap 3 Rn 6 f.

D. Drittleistungen

Der Forderungsübergang auf deutsche[22] **Sozialversicherer** oder **Sozialhilfeträger** erstreckt sich mangels Kongruenz nicht auf den Schmerzensgeldbetrag.[23]

23

Erhält ein Verletzter (Schockschaden) eine dem Schmerzensgeld vergleichbare Integritätsentschädigung eines **schweizerischen Sozialversicherungsträgers**, findet jedoch – unter gleichzeitiger Kürzung des Schmerzensgeldanspruches des Verletzten – ein Forderungsübergang statt.[24]

24

---

[22] Manches andere Rechtssystem (z.B. in der Schweiz, siehe *Jahnke* in Anwalts-Handbuch Verkehrsrecht, Teil 4 Rn 261) sieht unter Umständen einen Forderungsübergang auf einen Drittleistungsträger vor. Siehe auch OLG Stuttgart v. 25.7.1990 – 11 U 31/90 – r+s 1991, 255 (BGH hat Revision nicht angenommen, Beschl. v. 2.4.1991 – VI ZR 285/90 –) (Vom schweizerischen Träger der Sozialversicherung gezahlte Integritätsentschädigung ist kongruent zum Schmerzensgeld).

[23] BGH v. 3.12.2002 – VI ZR 304/01 – HVBG-Info 2003, 334 = NZV 2003, 172 = SP 2003, 89 = VersR 2003, 390; BGH v. 29.5.1984 – VI ZR 209/83 – VersR 1984, 864 = zfs 1984, 331; BGH v. 9.3.1982 – VI ZR 317/80 – BG 1982, 704 = NJW 1982, 1589 = VersR 1982, 552; BGH v. 22.9.1970 – VI ZR 270/69 – VersR 1970, 1053. *Groß*, Forderungsübergang im Schadensfall, DAR 1999, 343 = Schriftenreihe der Arbeitsgemeinschaft Verkehrsrecht im DAV – Homburger Tage 1998, S. 22; *Jahnke*, Forderungsübergang im Schadensfall, Schriftenreihe der Arbeitsgemeinschaft Verkehrsrecht im DAV – Homburger Tage 1998, S. 37; *Küppersbusch*, Rn 273, 602. Die Entscheidung des OLG Nürnberg v. 19.12.1979 – 4 U 22/79 – VersR 1980, 1149 = zfs 1981, 42 dürfte sich nicht mehr mit Sinn und Zweck des seit 1.7.1983 geltenden § 116 SGB X vertragen, der auch die sachliche Kongruenz von Schadensersatzansprüchen des Geschädigten einerseits und Sozialleistung andererseits verlangt. Die Entscheidung des BVerfG v. 8.2.1995 – 1 BvR 753/94 – NJW 1995, 1607 = NVwZ 1995, 783 verhält sich nicht zu Kongruenzfragen, sondern rechtfertigt letztlich nur die Tragweite des Haftungsausschlusses beim Arbeitsunfall (siehe ergänzend *Küppersbusch*, Rn 273 Fn 5 [S. 88]).

[24] OLG Stuttgart v. 25.7.1990 – 11 U 31/90 – r+s 1991, 255 (BGH hat die Revision nicht angenommen, Beschl. v. 2.4.1991 – VI ZR 286/90 –).

Kapitel 4 Beerdigungskosten

> **§ 844 BGB – Ersatzansprüche Dritter bei Tötung**
>
> (1) Im Falle der Tötung hat der Ersatzpflichtige die Kosten der Beerdigung demjenigen zu ersetzen, welchem die Verpflichtung obliegt, diese Kosten zu tragen.
>
> **§ 28 I 2 AtomG – Umfang des Schadensersatzes bei Tötung**
> **§ 5 I 2 HaftpflG – Umfang des Schadensersatzes bei Tötung**
> **§ 35 I 2 LuftVG – Schadenersatz bei Tötung**
> **§ 10 I 2 StVG – Umfang der Ersatzpflicht bei Tötung**
>
> (1) … . ²Der Ersatzpflichtige hat außerdem die Kosten der Beerdigung demjenigen zu ersetzen, dem die Verpflichtung obliegt, diese Kosten zu tragen.
>
> **§ 32 IV 2 GenTG – Haftung**
> **§ 7 I 2 ProdHaftG – Umfang der Ersatzpflicht bei Tötung**
> **§ 12 I 2 UmweltHG – Umfang der Ersatzpflicht bei Tötung**
>
> (…)… . ²Der Ersatzpflichtige hat außerdem die Kosten der Beerdigung demjenigen zu ersetzen, der diese Kosten zu tragen hat.

A. Forderungsberechtigung

> **§ 1968 BGB – Beerdigungskosten**
>
> Der Erbe trägt die Kosten der Beerdigung des Erblassers.

Die Kosten einer standesgemäßen Beerdigung (§ 1968 BGB) sind demjenigen zu erstatten, der zur Übernahme dieser Kosten verpflichtet ist (§§ 844 I BGB, 10 I 2 StVG u.ä.):

- Der **Erbe** (und nicht der unterhaltsberechtigte Hinterbliebene), bei Erbenmehrheit die Erbengemeinschaft, hat die standesgemäßen Beerdigungskosten (§§ 1968, 1615 II, 1615m, 1360a III, 1361 IV 4 BGB, § 5 S. 2 LPartG) zu tragen.

- Nach § 1615 II BGB hat der **Unterhaltsverpflichtete** die Beerdigungskosten des Unterhaltsberechtigten im Rahmen der §§ 1610, 1611 BGB zu tragen, soweit ihre Bezahlung nicht von den Erben zu erlangen ist.

- Im Ausnahmefall kann einem Dritten, der die Beerdigungskosten tatsächlich getragen hat, nicht aber Erbe ist, ein Anspruch aus **Geschäftsführung ohne Auftrag** (GoA) gegen den Erben, aber auch gegen den ersatzpflichtigen Schädiger zustehen.[1]

---

[1] KG v. 12.2.1979 – 12 W 289/79 – VersR 1979, 379; OLG Frankfurt v. 11.3.2004 – 26 U 28/98 – zfs 2004, 452 (Anm. *Diehl*) (Bei ausländischer Ehe jedenfalls GoA); OLG Saarbrücken v. 6.3.1964 – 3 U 132/62 – VersR 1964, 1257. *Palandt-Sprau*, § 844 Rn 4.

B. Überholende Kausalität

9 Der Ersatzpflichtige hat die Beerdigungskosten auch dann zu ersetzen, wenn der Getötete aufgrund seines schlechten Gesundheitszustandes ohnehin kurze Zeit später gestorben wäre.[2]

C. Mitverantwortlichkeit

10 Trifft den Verstorbenen eine Mitverantwortlichkeit zum Grund und/oder zur Höhe (Mitverschulden, aber auch Verantwortung für Betriebs- oder Tiergefahr), ist Ersatz nur entsprechend der Quote zu leisten, § 846 BGB.

D. Umfang[3]

I. Grundsatz

11 Die Ersatzpflicht aus § 844 I BGB, die denjenigen trifft, der für den Tod verantwortlich ist, geht nicht über den Umfang der Verpflichtungen hinaus, die den Erben bei der ihm nach § 1968 BGB obliegenden Kostenlast treffen.[4] § 844 I BGB ist restriktiv auszulegen.[5] Die Gesamtaufwendungen müssen sich im vertretbaren Rahmen halten.[6] Es sind auch die Besonderheiten eines fremden Kulturkreises, dem der Getötete angehört, zu berücksichtigen.[7]

12 Es sind die Kosten einer **standesgemäßen** Beerdigung (§ 1968 BGB) zu ersetzen. Bestimmend ist, was nach Herkunft, Lebensstellung und wirtschaftlichen Verhältnissen (Einkommen und Vermögen) des Verstorbenen und nach den in seinen Kreisen herrschenden Auffassungen, Sitten und Gebräuchen,[8] aber auch der wirtschaftlichen Lage der zur Übernahme dieser Kosten bestimmten Erben (und nicht etwa der Situation des Ersatzpflichtigen) zu einer würdigen und angemessenen Bestattung zählt.[9]

---

2 OLG Düsseldorf v. 11.2.1994 – 13 U 129/93 – OLGR 1994, 218 = zfs 1994, 405.
3 Zum Thema: *Böhme/Biela,* D 228 ff. (S. 128); *Küppersbusch,* Rn 452 ff. (S. 152 f.); *Theda,* Die Beerdigungskosten nach § 844 Abs. 1 BGB, DAR 1985, 10; *Wenker,* Die Kosten der Beerdigung gem. § 844 Abs. 1 BGB, VersR 1998, 557.
4 AG Rheinbach v. 9.4.1999 – 5 C 372/98 – SP 1999, 375.
5 BGH v. 4.4.1989 – VI ZR 97/88 – BB 1989, 1510 (nur Ls.) = DAR 1989, 263 = DB 1989, 1517 (nur Ls.) = MDR 1989, 805 = NJW 1989, 2317 = r+s 1989, 185 (nur Ls.) = VersR 1989, 853 (Anm. *Deutsch/Schramm,* VersR 1990, 715) = zfs 1989, 298 (nur Ls.); LG Siegen v. 17.6.1998 – 7 O 53/98 – SP 1998, 457.
6 OLG Hamm v. 6.7.1993 – 27 U 63/93 – NJW-RR 1994, 155 = zfs 1993, 407.
7 KG v. 10.11.1997 – 12 U 5774/96 – NZV 1999, 329 = VersR 1999, 504. *Bamberger/Roth-Spindler,* § 844 Rn 6.
8 KG v. 10.11.1997 – 12 U 5774/96 – NZV 1999, 329 = VersR 1999, 504; OLG Karlsruhe v. 7.10.1955 – 1 W 55/55 – VersR 1956, 542; OLG München v. 15.6.1978 – 1 U 4719/77 – VersR 1979, 1066 (BGH hat Revision nicht angenommen, Beschl. v. 10.7.1979 – VI ZR 228/78 –); LG Siegen v. 17.6.1998 – 7 O 53/98 – SP 1998, 457. Siehe auch die Nachweise bei *Küppersbusch,* Rn 450 (Fn. 7).
9 OLG Düsseldorf v. 23.3.1994 – 15 U 282/92 – VersR 1995, 1195.

II. Erstattungsfähige Positionen

Beerdigung im Sinne des § 844 BGB ist der **Bestattungsakt** als solcher, abgeschlossen durch die Herrichtung einer zur Dauereinrichtung bestimmten und geeigneten Grabstätte.[10]

Erstattungsfähig sind Aufwendungen für

- **Anzeigen** (in Zeitungen, Einzelnachrichten),[11]

  Danksagungen;[12]

  nicht aber Anzeigen und Karten für 6-Wochen-Seelenamt und Jahresgedächtnis.

- **Porto** für Trauerkarten.[13]

- Aufwendungen für den **Beerdigungsakt** an sich (auch **Feuerbestattungskosten**) einschließlich der **Bewirtung**[14] der Trauergäste anlässlich der Beerdigung (unter Umständen auch Unterbringung und Sammelfahrten zur Beerdigungsstätte), beschränkt aber auf einen angemessenen und üblichen Rahmen.

- **Blumen** und Kränze der nächsten Angehörigen, Sarg-, Trauerhallen- und Grabschmuck zur Beerdigung (nicht dagegen Aufwendungen zu späteren Erinnerungsakten).

- **Trauerbekleidung** für die Erben, d.h. Oberbekleidung, die extra für die Beerdigung angeschafft wurde (nicht aber sämtliche im zeitlichen Zusammenhang mit dem Tod angeschaffte Ober- und Unterbekleidung[15]).

  Da dieser Anspruch ausschließlich den Erben zusteht, ist die von und für **Verwandte** angeschaffte Kleidung grundsätzlich nicht erstattungsfähig.[16]

  Ein **Abzug** ist vorzunehmen, wenn die dunkle oder schwarze Kleidung (Schuhe, Anzug) auch ohne den Trauerfall noch weiter getragen werden kann und somit im zeitlichen Zusammenhang mit dem Trauerfall spätere Ausgaben erspart werden. In aller Regel kann man den Vorteilsausgleich mit mindestens 25 – 50 % der Kosten ansetzen.

- **Gebühren** (kirchliche und behördliche Bestattungsgebühren, Sterbeurkunden),

- angemessene[17] Kosten der Grabstelle (und zwar **Einzelgrab**[18]) und **Grabausstattung** (Grabstein, Grablaterne;[19] bei Mehrfachgrab sind die fiktiven Kosten eines Einzelgrabes anzusetzen),

---

10 LG Siegen v. 17.6.1998 – 7 O 53/98 – SP 1998, 457.
11 LG München I v. 23.2.1973 – 9 O 555/72 – VersR 1975, 73.
12 LG Kleve v. 5.12.1997 – 1 O 150/96 – SP 1998, 458.
13 OLG Frankfurt v. 11.3.2004 – 26 U 28/98 – zfs 2004, 452 (Anm. *Diehl*).
14 LG Siegen v. 17.6.1998 – 7 O 53/98 – SP 1998, 457 (nur in angemessenem Umfang); LG Ulm v. 2.12.1966 – 4 O 7/66 – VersR 1968, 183 (nur Ls.).
15 OLG Hamm v. 21.1.1954 – 9 UH 67/53 – VersR 1954, 129; OLG Karlsruhe v. 13.3.1998 – 10 U 239/97 – OLGR Karlsruhe 1998, 258.
16 LG Oldenburg v. 23.12.1992 – 4 O 2668/92 –.
17 OLG Düsseldorf v. 23.3.1994 – 15 U 282/92 – VersR 1995, 1195; LG Siegen v. 17.6.1998 – 7 O 53/98 – SP 1998, 457.
18 BGH v. 20.9.1973 – III ZR 148/71 – MDR 1974, 29 = VersR 1974, 140.
19 AG Aachen v. 27.4.1988 – 13 C 64/88 – zfs 1988, 168.

4   Beerdigungskosten

26   Grabbepflanzung (nur **Erstbepflanzung**[20]).

27   ■ Kosten einer **Überführung** sind grundsätzlich nur im Rahmen der Angemessenheit erstattungsfähig.[21]

28   ■ Nur im Ausnahmefall kann auch Ersatz von **Verdienstausfall** für die Vorbereitung und den Beerdigungstag geltend zu machen sein.[22]

III. Nicht erstattungsfähige Positionen

29   Nicht zu erstatten sind:

30   ■ Mehraufwendungen für Doppel- oder **Mehrfachgrabstellen**. Ersatzfähig ist nur der Anteil für ein Einzelgrab.[23]

31   ■ Kosten der **weiteren Grabunterhaltung** und Grabpflege.[24] Da der Ersatzanspruch mit der erstmaligen Herrichtung der Grabstätte endet, sind diese Aufwendungen ebenso wenig wie die Kosten für Jahresgedächtnis- und Allerheiligenschmuck zu ersetzen.

32   ■ **Umbettungskosten** sind nicht zu erstatten.[25] Eine Ausnahme kann allenfalls in Betracht kommen, wenn Friedhofsteile später neu aufgelassen werden.

33   ■ Aufwendungen zu späteren **Erinnerungsakten**.[26]

34   ■ **Fotos**.[27]

35   ■ **Erbscheinkosten**.[28]

---

20 BGH v. 20.9.1973 – III ZR 148/71 – MDR 1974, 29 = VersR 1974, 140; LG Kleve v. 5.12.1997 – 1 O 150/96 – SP 1998, 458.
21 OLG Frankfurt v. 11.3.2004 – 26 U 28/98 – zfs 2004, 452 (Anm. *Diehl*); LG GiessenGießen v. 30.6.1983 – 2 O 796/82 – DAR 1984, 151 = zfs 1984, 231; SG Hamburg v. 14.3.1994 – 25 U 31/92 – WI 1996, 60 (Keine Übernahme von Überführungskosten in die Türkei, wenn der Mittelpunkt der familiären Beziehungen des Verstorbenen in Deutschland war).
22 OLG Hamm v. 25.11.1955 – 9 U 214/55 – DAR 1956, 217 = VersR 1956, 666; LG München I v. 23.2.1973 – 9 O 555/72 – VersR 1975, 73 verneint Verdienstausfall für die Sargträger.
23 BGH v. 20.9.1973 – III ZR 148/71 – MDR 1974, 29 = VersR 1974, 140; OLG Celle v. 31.1.1996 – 3 U 24/95 – r+s 1997, 160 (BGH hat Revision nicht angenommen, Beschl. v. 3.12.1996 – VI ZR 81/96 –); LG Essen v. 16.1.2003 – 6 O 39/01 – PVR 2003, 335 (nur Ls.); LG Aurich v. 19.10.2000 – 4 O 828/00 – DAR 2001, 368 (nur Ls.).
24 BGH v. 20.9.1973 – III ZR 148/71 – MDR 1974, 29 = VersR 1974, 140; LG München I v. 23.2.1973 – 9 O 555/72 – VersR 1975, 73; LG Stuttgart v. 29.4.1985 – 8 O 83/85 – zfs 1985, 166; LG Rottweil v. 3.6.1987 – 1 O 268/87 – VersR 1988, 1246 (Selbst dann keine Erstattungspflicht, wenn die Rechtspflicht zur Unterhaltung sich aus der Friedhofsordnung ergibt). *Münchener Kommentar-Wagner*, § 844 Rn 19.
25 LG Bochum v. 16.9.1999 – 1 O 312/99 –, nachfolgend OLG Hamm v. 23.5.2000 – 9 U 221/99 – (Die Umbettung stellt keine adäquate Schadensfolge dar, sondern beruht auf der Entscheidung der Eltern, in eine andere Stadt zu ziehen und die sterblichen Überreste ihres bereits ordnungsgemäß bestatteten Sohnes mit zum neuen Wohnsitz zu überführen).
26 LG Siegen v. 17.6.1998 – 7 O 53/98 – SP 1998, 457.
27 LG München I v. 23.2.1973 – 9 O 555/72 – VersR 1975, 73.
28 OLG Köln v. 24.10.1980 – 20 U 42/80 – r+s 1982, 149 = VersR 1982, 558 = zfs 1981, 73 = zfs 1982, 235; Siehe aber auch: BGH v. 7.6.2005 – XI ZR 311/04 – WM 2005, 1432 und BGH v. 10.12.2004 – V ZR 120/04 – FamRZ 2005, 515 (Der Erbe ist nicht verpflichtet, sein Erbrecht durch einen Erbschein nachzuweisen, sondern kann den Nachweis auch in anderer Form – z.B. durch ein eröffnetes öffentliches Testament – erbringen); LG Nürnberg v. 20.10.1983 – 4 O 1735/83 – VersR 1984, 196 (Ersatz analog § 680 BGB, wenn Ersatzpflichtiger grundlos den Erbschein verlangt und die Erben den Erbschein nicht auch im eigenen Interesse erteilen ließen).

- Kosten der **Nachlassverwaltung** oder Testamentseröffnung. 36
- **Frustrierte Aufwendungen** (z.B. Abbruch bzw. Nichtantritt einer geplanten **Reise**,[29] **Stornokosten**). 37
- Dolmetscher- und **Übersetzungskosten**.[30] 38
- Reisekosten und Blumenspenden von weiteren **Verwandten** und Bekannten.[31] 39
- **Verdienstausfall** von Mitarbeitern.[32] 40

Aufwendungen für den Transport und die **ärztliche Behandlung** des Verletzten vor seinem Tod sind keine Kosten der Beerdigung, können aber nach §§ 823 BGB, 249 II 2 BGB vom eigenständigen Ersatzanspruch des Verletzten (und nach dem Tode seines Erben, § 1922 BGB) erfasst sein.[33] 41

E. Drittleistungen

Hinweis: Ergänzend ist auf die Darstellung der Drittleistungen beim Unterhaltsschaden (Kapitel 6 D Rn 314 ff.) hinzuweisen. 42

I. Sozialversicherung

Die Leistungen der Sozialversicherer sind anzurechnen, der Forderungsübergang erfolgt nach § 116 SGB X auch bei **freiwilliger**[34] Versicherung in der gesetzlichen Sozialversicherung. 43

Zu Besonderheiten der **Personenkreise** ist auf die Darstellung beim Unterhaltsschaden (vor allem Kap 6 Rn 277 ff.) hinzuweisen. 44

1. Arbeitsverwaltung

Leistungen im Todesfall sind von der Arbeitsverwaltung nicht vorgesehen. 45

---

29 BGH v. 4.4.1989 – VI ZR 97/88 – BB 1989, 1510 (nur Ls.) = DAR 1989, 263 = DB 1989, 1517 (nur Ls.) = MDR 1989, 805 = NJW 1989, 2317 = r+s 1989, 185 (nur Ls.) = VersR 1989, 853 (Anm. *Deutsch/Schramm*, VersR 1990, 715) = zfs 1989, 298 (nur Ls.). *Bamberger/Roth-Spindler*, § 844 Rn 6; *Münchener Kommentar-Wagner*, § 844 Rn 19.
30 OLG Frankfurt v. 11.3.2004 – 26 U 28/98 – zfs 2004, 452 (Anm. *Diehl*).
31 BGH v. 19.2.1960 – VI ZR 30/59 – DAR 1960, 179 = MDR 1960, 487 = VersR 1960, 357; LG Siegen v. 17.6.1998 – 7 O 53/98 – SP 1998, 457; AG Rheinbach v. 9.4.1999 – 5 C 372/98 – SP 1999, 375 (Auch der Erbe hat für nächste Angehörigen nicht die Anreisekosten zu tragen). Siehe auch KG v. 10.11.1997 – 12 U 5774/96 – NZV 1999, 329 = VersR 1999, 504 (Im türkischen Kulturkreis kann die Übernahme von Reisekosten der Angehörigen zu den geschuldeten Beerdigungskosten gehören).
32 OLG Hamburg v. 31.1.1967 – 7 U 83/66 – VersR 1967, 666; LG München I v. 23.2.1973 – 9 O 555/72 – VersR 1975, 73.
33 *Münchener Kommentar-Wagner*, § 844 Rn 19 mit Hinweis auf RG JW 1905, 144; *Palandt-Sprau*, § 844 Rn 4; *Soergel-Beater*, § 844 Rn 10.
34 BGH v. 25.2.1986 – VI ZR 229/84 – DAR 1986, 220 = NJW-RR 1986, 962 = r+s 1986, 156 (nur Ls.) = VersR 1986, 698 = VRS 71, 106 = zfs 1986, 267 (nur Ls.) (Sterbegeld Ersatzkasse); BGH v. 11.5.1976 – VI ZR 51/74 – VersR 1976, 756; BGH v. 3.5.1977 – VI ZR 235/75 – VersR 1977, 768; OLG Hamburg v. 3.3.1998 – 7 U 213/97 – SP 1998, 315; OLG Oldenburg v. 20.10.1994 – 1 U 56/94 – SP 1995, 39 = VersR 1996, 480 = zfs 1996, 332.

2. Krankenversicherung

46 Die gesetzliche Krankenversicherung (SGB V) sieht keine Leistungen im Sterbefall mehr vor. Mit der Gesundheitsreform wurde das **Sterbegeld** (§§ 58, 59 SGB V a.F.) für Sterbefälle ab dem 1.1.2004 ersatzlos gestrichen.

47 Für am 1.1.1989 nicht versicherte Personen entfiel ein Anspruch auf Sterbegeld bereits in der Vergangenheit vollständig. War der Verstorbene am 1.1.1989 gesetzlich krankenversichert, betrug nach §§ 58, 59 SGB V a.F. das auf die Beerdigungskosten anzurechnende Sterbegeld bis 31.12.2003:

48

Zeitraum	Mitglied	mitversicherte Familienmitglieder
bis 31.12.2002	2.100,00 DM	1.050,00 DM
ab 1.1.2002[35]	1.050,00 €	525,00 €
ab 1.1.2003[36]	525,00 €	262,50 €
ab 1.1.2004	0,00 €	0,00 €

49 Gezahlt wurde an den tatsächlichen Kostenträger der Beerdigung. Kongruenz bestand zu den Beerdigungskosten.[37]

3. Pflegeversicherung

50 Der Anspruch auf Leistungen aus der Pflegeversicherung erlischt mit dem Tode, §§ 35, 49 SGB XI. Leistungen für den Todesfall sieht das Gesetz nicht vor.

51 Soweit teilweise Leistungen bis zum jeweiligen **Monatsende** abgerechnet (§ 37 II 1 SGB XI) werden, sind diese allerdings nicht kongruent zu Schadenersatzforderungen.

4. Rentenversicherung

52 Zu den Beerdigungskosten kongruente Leistungen erbringt der Rentenversicherer nicht.

---

[35] Art. 1 des 8. €-Einführungsgesetzes v. 23.10.2001, BGBl I 2001, 2702.
[36] Erneute Kürzung aufgrund des Gesetzes zur Sicherung der Beitragssätze in der gesetzlichen Krankenversicherung und in der gesetzlichen Rentenversicherung (Beitragssatzsicherungsgesetz – BSSichG) v. 23.12.2002, BGBl I 2002, 4637.
[37] BGH v. 25.2.1986 – VI ZR 229/84 – DAR 1986, 220 = NJW-RR 1986, 962 = r+s 1986, 156 (nur Ls.) = VersR 1986, 698 = VRS 71, 106 = zfs 1986, 267 (nur Ls.).

5. Unfallversicherung

> **§ 64 SGB VII – Sterbegeld und Erstattung von Überführungskosten**
>
> (1) Witwen, Witwer, Kinder, Stiefkinder, Pflegekinder, Enkel, Geschwister, frühere Ehegatten und Verwandte der aufsteigenden Linie der Versicherten erhalten Sterbegeld in Höhe eines Siebtels der im Zeitpunkt des Todes geltenden Bezugsgröße.
>
> (2) Kosten der Überführung an den Ort der Bestattung werden erstattet, wenn der Tod nicht am Ort der ständigen Familienwohnung der Versicherten eingetreten ist und die Versicherten sich dort aus Gründen aufgehalten haben, die im Zusammenhang mit der versicherten Tätigkeit oder mit den Folgen des Versicherungsfalls stehen.
>
> (3) Das Sterbegeld und die Überführungskosten werden an denjenigen Berechtigten gezahlt, der die Bestattungs- und Überführungskosten trägt.
>
> (4) Ist ein Anspruchsberechtigter nach Abs. 1 nicht vorhanden, werden die Bestattungskosten bis zur Höhe des Sterbegeldes nach Abs. 1 an denjenigen gezahlt, der diese Kosten trägt.

a. Sterbegeld (§§ 63 I 1 Nr. 1, 64 I SGB VII)

Das Sterbegeld ist nicht vom Jahresarbeitsverdienst abhängig, sondern für alle Beschäftigten gleich hoch. Es beträgt **1/7** der im Todeszeitpunkt geltenden **jährlichen Bezugsgröße** (§ 64 I SGB VII, § 18 SGB IV).

Jahr	Sterbegeld West	Sterbegeld Ost
2000	7.680,00 DM	6.240,00 DM
2001	7.680,00 DM	6.480,00 DM
2002	4.020,00 €	3.360,00 €
2003	4.080,00 €	3.420,00 €
2004	4.140,00 €	3.480,00 €
2005	4.140,00 €	3.480,00 €
2006	4.200,00 €	3.540,00 €

Gezahlt wird an den tatsächlichen Kostenträger der Beerdigung (§ 64 III SGB VII). Kongruenz besteht nur zu den Beerdigungskosten (und nicht etwa auch zusätzlich noch zum Unterhaltsschaden).[38]

b. Überführungskosten (§§ 63 I 1 Nr. 2, 64 II SGB VII)

Neben dem Sterbegeld werden zusätzlich für die Überführung an den Bestattungsort (u.U. auch Überführung ausländischer Arbeitnehmer in die Heimat[39]) gewährt, wenn

---

38 OLG Hamm v. 3.12.1979 – 13 U 264/79 – VersR 1980, 390 = zfs 1980, 172 (nur Ls.).
39 Siehe dazu SG Hamburg v. 14.3.1994 – 25 U 31/92 – BG 1994, 661 = Breithaupt 1995, 31 = HVBG-Info 1994, 1411 = WI 1996, 60 (Entscheidend für den Anspruch auf Erstattung von Überführungskosten ist nicht der bloße Wunsch der Familie, den Verunglückten in der Türkei zu beerdigen. Ausschlaggebend ist vielmehr, ob der Ort der gewünschten Bestattung der Mittelpunkt der familiären Beziehungen des Verunglückten gewesen ist oder ob Anhaltspunkte dafür vorliegen, dass sich der Verunglückte und seine Familie in der BRD bereits sesshaft gemacht hatten und nicht beabsichtigten, diesen Zustand in absehbarer Zeit zu ändern.).

der Tod nicht am Ort der ständigen Familienwohnung des Versicherten eingetreten ist (§§ 63 I 1 Nr. 2, 64 II SGB VII). Die Überführungskosten werden demjenigen gezahlt, der die Kosten tatsächlich getragen hat, § 64 III SGB VII.

58 Kongruenz besteht zu den Beerdigungskosten.

59 *Beispiel 4.1*
Der in Hamburg wohnhafte A verunglückt durch alleiniges Verschulden des X am 31.12.2003 auf einer Dienstreise in München tödlich. Der Leichnam wird nach Hamburg überführt.
Die Kosten der Überführung betragen 1.800 €. Seine – nicht verheiratete – Lebensgefährtin F zahlt für die Beerdigung 6.000 €. Die BG zahlt der F als Kostenträgerin insgesamt 5.880 € (1.800 € Überführung, 4.080 € Sterbegeld).

Ergebnis
- Der X (bzw. sein Versicherer) hat der **BG** die konkreten Überführungskosten in Höhe von 1.800 € zu ersetzen.
Hinsichtlich der Beerdigungskosten ist die Forderung der Erben (die nicht mit F identisch sein müssen) bis zur Höhe der Leistungsverpflichtung ($^1/_7$ Bezugsgröße im Jahre 2003) übergegangen. Der BG sind 4.080 € zu ersetzen.
- Ob darüber hinaus der **F** weitere Ersatzansprüche wegen der Beerdigung zustehen, ist zweifelhaft. Der diesbezügliche Ersatzanspruch steht ausschließlich den Erben des A zu, nicht jedoch der F als Lebensgefährtin.

c. Übergangshilfe (§ 65 II Nr. 1 SGB VII)

60 Die Hinterbliebenenrente beträgt bis zum Ablauf des Sterbequartals $^2/_3$ des Jahresarbeitsverdienstes und wird erst ab dem 4. Kalendermonates nach dem Tode reduziert (§ 65 II Nr. 1 SGB VII).

61 Die Übergangshilfe dient der Umstellung auf die veränderten Lebensumstände und ist nicht kongruent zu den Beerdigungskosten;[40] Kongruenz besteht nur zum Unterhaltsschaden.[41] § 65 II Nr. 1 SGB VII setzt § 591 RVO inhaltlich unverändert fort.[42]

II. Sozialversorgung

1. BVG

a. Leistungen

62 Nach dem Recht der sozialen Entschädigung bei Gesundheitsschäden (§ 24 I SGB I, § 9 BVG) werden Bestattungsgeld, Überführungskosten und Sterbegeld gezahlt.

---

40 OLG Hamm v. 3.12.1979 – 13 U 264/79 – VersR 1980, 390 = zfs 1980, 172 (nur Ls.) (zu § 591 RVO). *Böhme/Biela* Rn D 231 (S. 229).
41 OLG Hamm v. 3.12.1979 – 13 U 264/79 – VersR 1980, 390 = zfs 1980, 172 (nur Ls.).
42 Ebenso *Böhme/Biela,* Rn D 231 (S. 229).

aa. Bestattungsgeld (§ 24 I Nr. 4 SGB I, § 36 BVG)

Stirbt der Verletzte an den Beschädigungsfolgen, besteht Anspruch auf Bestattungsgeld, § 36 I 2 1. Alt., III BVG in Höhe von 1.498 €. Eine aufgrund anderer gesetzlicher Vorschriften für denselben Zweck zu gewährende Leistung ist auf das Bestattungsgeld anzurechnen, § 36 IV BVG. **63**

Es besteht nach § 81a II BVG Kongruenz mit den Beerdigungskosten. **64**

bb. Bestattungsgeld für einen versorgungsberechtigten Hinterbliebenen (§§ 53, 36 BVG)

Das beim Tode von versorgungsberechtigten Hinterbliebenen (z.B. Witwe eines BVG-Leistungsempfängers wird bei einem Unfall getötet) gezahlte Bestattungsgeld (§ 53, 36 BVG) ist schadenkongruent zu dessen Beerdigungskosten. **65**

Soweit den Hinterbliebenen eines rentenberechtigten Beschädigten auch im Falle eines **nicht auf den Unfall** rückführbaren Tod nach § 36 I 2 2. Alt. BVG ein Bestattungsgeld in Höhe von 751 € gezahlt wird, **fehlt** es an einer **Kongruenz**. **66**

cc. Überführungskosten (§ 36 V BVG)

Neben dem Bestattungsgeld werden die Kosten für die **Überführung** an den Ort der Bestattung gewährt, wenn der Tod im Inland, aber nicht am Ort der ständigen Familienwohnung des Versicherten eingetreten ist, § 36 V 1 BVG. **67**

Die Überführungskosten werden demjenigen gezahlt, der die Kosten tatsächlich getragen hat, § 36 V BVG. **68**

Bei einem Auslandsunfall kann eine entsprechende **Beihilfe** gewährt werden, § 36 V 2 BVG. **69**

Kongruenz besteht zu den Beerdigungskosten. **70**

dd. Sterbegeld (§ 24 I Nr. 4 SGB I, § 37 BVG)

Das Sterbegeld beträgt das 3-fache der monatlichen Versorgungsbezüge des Verstorbenen (§§ 30 – 33, 34, 35 BVG) und wird unabhängig von der Todesursache gezahlt, um den Hinterbliebenen die Anpassung an die durch den Tod des Beschädigten veränderten wirtschaftlichen Verhältnisse zu erleichtern. **71**

Ein **kongruenter** Ersatzanspruch besteht **nicht**. **72**

b. Forderungsübergang

Auf die Versorgungsverwaltung geht der Regressanspruch im Zeitpunkt des Schadenereignisses über.[43] Erbringt die Versorgungsverwaltung an Soldaten (§ 80 SVG) nach deren Dienstbeendigung Versorgungsleistungen, findet § 81a BVG ebenfalls Anwendung.[44] **73**

---

[43] BGH v. 4.10.1983 – VI ZR 44/82 – BG 1985, 594 = MDR 1984, 216 = NJW 1984, 607 = r+s 1984, 9 (nur Ls.) = SGb 1984, 170 (Anm. *Sieg*) = VersR 1984, 35 = VRS 66, 165 = zfs 1984, 77 (nur Ls.).
[44] BGH v. 26.2.1991 – VI ZR 149/90 – DAR 1991, 293.

74 Im Bereich der Sozialversorgung nach dem BVG gilt ein **Quotenvorrecht** zugunsten des Verletzten, § 81a I 3 BVG.[45]

75 Kann der Verletzte zugleich Leistungen nach dem SGB V und nach dem BVG verlangen, so geht ein kongruenter Schadenersatzanspruch gegen Dritte gemäß § 116 SGB X sowohl auf die Krankenkasse wie auch nach § 81a BVG auf den Bund (als Gesamtgläubiger) über.[46] Erbringen Versorgungsverwaltung und Sozialversicherungsträger wegen desselben Unfalles Leistungen, so geht, reicht der übergangsfähige Schaden nicht zur vollen Deckung der unfallbedingten Leistungen aus, der Anspruch des Sozialversicherungsträgers dem der Versorgungsverwaltung vor.[47] Haben andere Träger ebenfalls Sozialleistungen an den Verletzten erbracht, besteht unter den Regressgläubigern keine Gesamtgläubigerschaft.[48]

2. OEG

76 Das OEG gewährt Versorgungsleistungen In- und Ausländern (§ 1 IV – VII OEG), die durch einen vorsätzlichen, rechtswidrigen tätlichen Angriff in Deutschland oder auf einem deutschen Schiff bzw. Flugzeug gesundheitlich zu Schaden gekommen sind (§ 1 I OEG). Auch deren Hinterbliebene sind anspruchsberechtigt (§ 1 VIII OEG).

77 Wurde für den tätlichen Angriff ein **Kraftfahrzeug** oder ein Anhänger gebraucht, ist das OEG, nicht zuletzt mit Blick auf die Verkehrsopferhilfe, unanwendbar, § 1 XI OEG. Die in § 7 II StVG enthaltene Einschränkung auf **Anhänger**, *die dazu bestimmt sind, von einem Kraftfahrzeug mitgeführt zu werden,* enthält das OEG nicht, was auf einem gesetzgeberischen Versehen beruht.

78 Der Verletzte oder seine Hinterbliebenen erhalten Leistungen nach den Vorschriften des **BVG** (§ 1 I 1, VIII 1 OEG), allerdings mit einigen Modifikationen zur Höhe des Leistungsanspruches. Die Kongruenzfragen sind parallel zur Anspruchssituation des BVG zu beantworten.

79 Beim Forderungsübergang ist das **Quotenvorrecht** nach § 5 I OEG, § 81a BVG zu beachten.

III. Soziale Grundversorgung

1. Sozialhilfe

80 Soweit die Sozialhilfe die Kosten der Bestattung (Bestattungskosten, § 74 SGB XII) zu tragen hat,[49] besteht Kongruenz zu den Beerdigungskosten wie zu § 15 BSHG.[50] Der Forderungsübergang erfolgt nach § 116 SGB X.

---

45 OLG Hamm v. 24.10.2001 – 13 U 85/01 – DAR 2002, 216 = NJW-RR 2002, 1322 = OLGR 2002, 214 = SP 2002, 162 = VersR 2003, 1595 = zfs 2002, 475.
46 BGH v. 12.4.2005 – VI ZR 50/04 – DAR 2005, 443 = MedR 2005, 526 (nur Ls.) = SP 2005, 302 = VersR 2005, 1004.
47 BGH v. 30.3.1971 – VI ZR 190/69 – MDR 1971, 569 = NJW 1971, 1217 (nur Ls.) = VersR 1971, 637.
48 BGH v. 17.11.1988 – III ZR 202/87 – MDR 1989, 614 = NJW 1989, 1735 = VersR 1989, 495 = zfs 1989, 229 (nur Ls.).
49 Zu den Anforderungen an die Kostentragungspflicht des Sozialhilfeträgers siehe BVerwG v. 13.3.2003 – 5 C 2/02 – NJW 2003, 3146.
50 Zu den sozialrechtlichen Voraussetzungen siehe BVerwG v. 5.6.1997 – 5 C 13/96 – NJW 1998, 1329.

2. AsylbLG

Gleiches wie bei der Sozialhilfe gilt für den Träger nach dem AsylbLG. § 6 AsylbLG als Auffangtatbestand kann auch Beerdigungskosten erfassen. Der Forderungsübergang erfolgt im Zweifel nur per Abtretung, da § 116 SGB X nicht für anwendbar erklärt ist.[51]

81

IV. Berufliche Versorgung

1. Arbeitgeber[52]

a. Forderungsberechtigung

Soweit einzelarbeits- oder tarifvertraglich Leistungen vom Arbeitgeber erbracht werden muss, erfasst der gesetzliche Forderungsübergang nach § 6 EFZG diese nicht. Die Vorschrift des **§ 6 I EFZG** erschöpft sich in einem Wechsel der Gläubigerstellung und verschafft dem (im Übrigen nur mittelbar geschädigten[53]) Arbeitgeber keine eigenen Ersatzansprüche. Dem Schädiger werden keine über seine Verpflichtungen zum Ersatz des Verdienstausfalles des verletzten Arbeitnehmers hinausgehenden zusätzlichen Lasten auferlegt.[54] Bei Tötung des Arbeitnehmers ist das EFZG mangels Leistungsspektrum bereits nicht einschlägig.

82

Die Haftung für einen **Eingriff in den eingerichteten und ausgeübten Gewerbebetrieb** kommt nur in Betracht, wenn der Eingriff sich irgendwie gegen den Betrieb als solchen richtet, also betriebsbezogen ist und nicht vom Gewerbetrieb ohne weiteres ablösbare Rechte oder Rechtsgüter betrifft. Ein derart begrenzter Eingriff liegt nicht vor, wenn es zu Störungen im Betriebsablauf aufgrund eines schädigenden Ereignisses kommt, das in keinerlei Beziehung zu dem Betrieb steht, mag dadurch auch eine für das Funktionieren des Betriebs maßgebliche Person oder Sache betroffen sein.[55]

83

---

51 LG Münster v. 6.11.1997 – 15 O 379/97 – NVwZ 1998, 104 = NZV 1998, 289 = r+s 1998, 199 = SP 1998, 210 = VersR 1998, 739 (Anm. *Jahnke*) (Kein gesetzlicher Forderungsübergang auf den Leistungsträger – konkret: Gemeindeverwaltung – nach § 116 SGB X oder § 90 BSHG); *Jahnke*, Forderungsübergang im Schadensfall, Schriftenreihe der Arbeitsgemeinschaft Verkehrsrecht im DAV – Homburger Tage 1998, S. 108 f. Siehe auch OLG Köln v. 29.5.1996 – 27 U 6/96 – VersR 1997, 225 (226 re. Sp., zu I. 2.). Die Möglichkeit einer Abtretung, auf die auch andere Drittleistungsträger (z.B. berufsständische Versorgung, betriebliche Altersversorgung) zurückgreifen müssen, lässt das LG Frankfurt (v. 29.9.1999 – 2/4 O 132/99 – VersR 2000, 340 [Anm. *Bloth/v.Pachelbel*]) unerwähnt. *Küppersbusch,* Rn 488 bejaht Forderungsübergang per Überleitungsanzeige nach § 90 BSHG.
52 Siehe ergänzend zum mittelbaren Schaden unter Kapitel 1 B.II.15.c Rn 73 ff. sowie zu Arbeitgeberleistung und Forderungswechsel unter Kapitel 6 D.VI.1 Rn 618 ff.
53 BGH v. 10.12.2002 – VI ZR 171/02 – NJW 2003, 1040 = NZV 2003, 171 = VersR 2003, 466 = zfs 2003, 224; BGH v. 21.11.2000 – VI ZR 231/99 – NJW 2001, 971 = VersR 2001, 648; BGH v. 18.1.1983 – VI ZR 270/80 – NJW 1983, 812 = VersR 1983, 346; BGH v. 23.11.1976 – VI ZR 191/74 – LM Nr. 21 zu § 249 (Hd) BGB = VersR 1977, 227; BGH v. 14.4.1954 – VI ZR 107/52 – LM Nr. 4 zu § 823 (Da) BGB = VersR 1954, 356; BGH v. 19.6.1952 – III ZR 295/51 – BGHZ 7, 30.
54 BGH v. 11.11.1975 – VI ZR 128/74 – NJW 1976, 326 = VersR 1976, 340.
55 BGH v. 10.12.2002 – VI ZR 171/02 – NJW 2003, 1040 = NZV 2003, 171 = VersR 2003, 466 = zfs 2003, 224; OLG Oldenburg v. 30.9.2004 – 8 U 152/04 – VersR 2005, 980.

b. Tarifvertragliche Leistungen

84 Tarifvertragliche Leistungen an Hinterbliebene, wie beispielsweise ein aufgrund tarifvertraglicher Bestimmung den Hinterbliebenen fortgezahltes vollständiges **Bruttomonatsgehalt**,[56] sind nicht zu ersetzen.[57]

85 Das **Sterbegeld** (z.B. nach § 41 BAT) hat sich die Witwe nicht auf die Beerdigungskosten anrechnen zu lassen, solange keine Abtretung zugunsten des Arbeitgebers vorliegt.[58]

c. Beihilfe

86 Manche Arbeitgeber gewähren bei Tod den Hinterbliebenen ihrer Beschäftigten zusätzliche Leistungen (z.B. **Beihilfen zu Beerdigungskosten**), die nicht als Entgeltzahlung im Sinne des § 6 EFZG zu werten sind.

87 Die Aufzählung in § 6 I EFZG ist abschließend. Da nur wegen der dort genannten Arbeitgeberaufwendungen der gesetzliche Forderungsübergang stattfindet, werden solche Leistungen nicht erfasst, die der Arbeitgeber jenseits seiner Verpflichtung nach dem EFZG aufgrund arbeitsvertraglicher oder tarifvertraglicher Verpflichtung, aber auch freiwillig erbringt.

88 Diese Beihilfeleistungen sind auf die Beerdigungskosten anzurechnen. Es bedarf, sofern der Arbeitgeber die Erstattung seiner Aufwendungen vom Ersatzpflichtigen verlangen will, der **Abtretung** seitens des Erben (dieser hat die Kosten der Beerdigung zu tragen und ist daher als Forderungsinhaber abtretungsberechtigt).

2. Beamtenrechtliche Versorgung

89 Zu den beamtenrechtlichen Leistungen ist auf die Darstellung im Rahmen des Unterhaltsschadens zu verweisen.[59]

3. Betriebliche Altersversorgung

90 Das **Sterbegeld** aus der betrieblichen Altersversorgung (z.B. § 38 VBL-Satzung-2001) ist nur kongruent zu den Beerdigungskosten und nicht zum Unterhaltsschaden.

---

56 OLG Nürnberg v. 13.5.1975 – 7 U 277/74 – VersR 1976, 598.
57 OLG Nürnberg v. 13.5.1975 – 7 U 277/74 – VersR 1976, 598 (Nicht zu ersetzen ist ein aufgrund tarifvertraglicher Bestimmung an den Arbeitnehmer gezahltes Bruttomonatsgehalt seiner bei dem Verkehrsunfall getöteten und beim gleichen Arbeitgeber beschäftigten Ehefrau); LG Bielefeld v. 23.3.1979 – 6 O 18/79 – MDR 1980, 145 = VersR 1980, 541; LG Freiburg v. 25.5.1977 – 6 O 2/77 – r+s 1978, 82 = VersR 1978, 162 (Kein Forderungsübergang bei Unterstützungszahlung des Arbeitgebers im Todesfall seines Arbeitnehmers; konkret Beihilfe aufgrund Arbeits-/Tarifvertrag); LG Limburg v. 11.3.1981 – 2 O 482/80 – VersR 1982, 254 = zfs 1982, 138. *Böhme/Biela*, Rn D 231 (S. 229).
58 BGH v. 29.11.1977 – VI ZR 177/76 – BB 1978, 1119 = DÖD 1978, 56 = FamRZ 1978, 235 = JA 1978, 278 (Anm. *Gansweid*) = MDR 1978, 568 = NJW 1978, 536 = r+s 1978, 106 (nur Ls.) = VersR 1978, 249.
59 Kap 6 Rn 653 ff. und Rn 740 ff.

4. Berufsständische Versorgung

Manche berufsständischen Versorgungswerke gewähren neben den gesetzlichen Leistungsträgern **Sterbegeld**er, die auf die Beerdigungskosten, nicht aber auf den Unterhaltsschaden, anzurechnen sind.

91

Der Forderungsübergang erfolgt nur per Abtretung, die ihrerseits das Quotenvorrecht des Abtretenden zu berücksichtigen hat.[60]

92

V. Private Vorsorge

1. Private Kranken- und Pflegeversicherung

Private Kranken- und Pflegeversicherer erbringen keine zu **Beerdigungskosten** kongruenten Leistungen.

93

Soweit **Überführungskosten** (z.B. bei einem Auslandsunfall) getragen werden, erfolgt ein Forderungsübergang nach § 67 VVG unter Beachtung des Quotenvorrechtes.

94

2. Reiserücktrittsversicherung

Es kann dahinstehen, ob die Reiserücktrittsversicherung Summen-[61] oder Schadenversicherung ist. Jedenfalls ist ihre Leistung nicht zu Beerdigungskosten kongruent, so dass bereits von daher ein Rückgriff entfällt.

95

3. Private Beerdigungsversicherung

Leistungen aus einer privaten Sterbefall-/Beerdigungsversicherung[61a] sind nicht anzurechnen und als Summenversicherung dem Forderungsübergang nach § 67 VVG nicht zugänglich.[62]

96

VI. Zusatzversorgungskasse

Kein Forderungswechsel und damit einhergehend keine Anrechnung folgt bei Leistungen solcher **Zusatzversorgungskassen**, die weder Sozialversicherer i.S.v. § 116 SGB X noch private Schadenversicherer i.S.v. § 67 VVG sind.[63]

97

Gleiches gilt für (vor allem berufsständisch gebildete) **Sterbekassen** (z.B. anwaltliche Sterbekasse).

98

---

60 *Jahnke*, Der Verdienstausfall im Schadenersatzrecht, Kap 3 Rn 420 f.
61 LG München v. 27.4.2006 – 31 S 21056/05 –.
61a Dazu *Teslau* in Handbuch Versicherungsrecht § 13 Rn 8.
62 *Bamberger/Roth-Spindler*, § 844 Rn 8.
63 BGH v. 26.9.1979 – IV ZR 94/78 – MDR 1980, 213 = VersR 1979, 1120 = VRS 58, 12 (Rheinische Zusatzversorgungskasse für Gemeinden und Gemeindeverbände); OLG Frankfurt v. 21.12.1999 – 14 U 60/94 – VersR 2000, 1523 (BGH hat die Revision nicht angenommen, Beschl. v. 1.8.2000 – VI ZR 26/00 –) (Versorgungsanstalt der Deutschen Bundespost). *Küppersbusch*, S. 30, Rn 91.

Kapitel 5 Entgangene Dienste

§ 845 BGB – Ersatzansprüche wegen entgangener Dienste

¹Im Falle der Tötung, der Verletzung des Körpers oder der Gesundheit sowie im Falle der Freiheitsentziehung hat der Ersatzpflichtige, wenn der Verletzte kraft Gesetzes einem Dritten zur Leistung von Diensten in dessen Hauswesen oder Gewerbe verpflichtet war, dem Dritten für die entgehenden Dienste durch Entrichtung einer Geldrente Ersatz zu leisten. ²Die Vorschrift des § 843 Abs. 2 bis 4 findet entsprechende Anwendung.

§ 843 BGB – Geldrente oder Kapitalabfindung

(2) ¹Auf die Rente findet die Vorschrift des § 760 Anwendung. ²Ob, in welcher Art und für welchen Betrag der Ersatzpflichtige Sicherheit zu leisten hat, bestimmt sich nach den Umständen.

(3) Statt der Rente kann der Verletzte eine Abfindung in Kapital verlangen, wenn ein wichtiger Grund vorliegt.

(4) Der Anspruch wird nicht dadurch ausgeschlossen, dass ein anderer dem Verletzten Unterhalt zu gewähren hat.

§ 760 BGB – Vorauszahlung

(1) Die Leibrente ist im Voraus zu entrichten.

(2) Eine Geldrente ist für drei Monate vorauszuzahlen; bei einer anderen Rente bestimmt sich der Zeitabschnitt, für den sie im Voraus zu entrichten ist, nach der Beschaffenheit und dem Zwecke der Rente.

(3) Hat der Gläubiger den Beginn des Zeitabschnitts erlebt, für den die Rente im voraus zu entrichten ist, so gebührt ihm der volle auf den Zeitabschnitt entfallende Betrag.

§ 1618a BGB – Pflicht zu Beistand und Rücksicht

Eltern und Kinder sind einander Beistand und Rücksicht schuldig.

§ 1619 BGB – Dienstleistungen in Haus und Geschäft

Das Kind ist, solange es dem elterlichen Hausstand angehört und von den Eltern erzogen oder unterhalten wird, verpflichtet, in einer seinen Kräften und seiner Lebensstellung entsprechenden Weise den Eltern in ihrem Hauswesen und Geschäft Dienste zu leisten.

§ 53 LuftVG – Haftung für Schäden außerhalb eines militärischen Luftfahrzeugs

(1) Für Schäden der in § 33 genannten Art, die durch militärische Luftfahrzeuge verursacht werden, haftet der Halter nach den Vorschriften des ersten Unterabschnitts dieses Abschnitts; jedoch ist § 37 nicht anzuwenden.

(2) War der Getötete oder Verletzte kraft Gesetzes einem Dritten zur Leistung von Diensten in dessen Hauswesen oder Gewerbe verpflichtet, so hat der Halter des militärischen Luftfahrzeugs dem Dritten auch für die entgehenden Dienste durch Entrichtung einer Geldrente Ersatz zu leisten.

5 Entgangene Dienste

3   Mittelbar durch ein Haftgeschehen beeinträchtigten Personen,[1] die zwar weder körperlich verletzt noch in Sachen geschädigt worden sind, die aber doch einen Vermögensschaden anlässlich des Haftpflichtgeschehens erlitten haben, gibt das Recht der unerlaubten Handlung (nur) in fest umrissenen Ausnahmefällen (u.a. §§ 844, 845 BGB) eigene Ersatzansprüche.

4   § 845 BGB ist durch die neuere Rechtsentwicklung weitgehend überholt und hat allenfalls noch in der Landwirtschaft eine geringe praktische Bedeutung.[2]

A. Aktivlegitimation

5   Werden Kinder oder Jugendliche verletzt oder getötet, so können neben der verletzten bzw. getöteten Person auch dritten, nur mittelbar betroffenen, Personen Ersatzansprüche wegen entgangener Dienste (§ 845 BGB) zustehen.

6   Den Ersatzanspruch hat der Dienstberechtigte und nicht etwa der unmittelbar Verletzte; eine **Klage** des unmittelbar Verletzten scheitert bereits an seiner fehlenden Aktivlegitimation. Der Anspruch kann nur von diesen dritten Personen (in der Regel **Eltern**) geltend gemacht werden und steht ihnen dabei originär und nicht etwa als Erben zu.

B. Anspruchsgrundlage

I. Anspruchsvoraussetzung

7   Haftungsvoraussetzung ist (nur)[3] die **Haftung** nach den Tatbeständen der **§§ 823 ff. BGB**, die anderweitigen haftpflichtrechtlichen Sondergesetze (siehe allerdings § 53 II LuftVG) sehen keinen entsprechenden Anspruch vor.

8   Einem Dienstberechtigten stehen bei Wegfall von Dienstleistungen Ersatzansprüche nach § 845 BGB zu, sofern und soweit die (**verletzte** oder) **getötete Person** im Unfallzeitpunkt[4] diesem gesetzlich (**familienrechtlich**)[5] zur Leistung von Diensten in Haushalt und/oder Gewerbe verpflichtet war. Eltern sind dabei nicht Gesamtgläubiger (§ 428 BGB); vielmehr steht jedem Elternteil ein Anspruch hinsichtlich derjenigen Dienste des Kindes zu, die ihm entgangen sind.[6]

---

1   BGH v. 5.2.1985 – VI ZR 198/83 – MDR 1985, 563 = VersR 1985, 499 (Verletzung der Leibesfrucht durch Angriff auf die Psyche der Schwangeren); OLG Köln v. 13.1.1993 – 11 U 224/92 – VersR 1994, 356 (Ausfall der Arbeitskraft des Verletzten bei Hausbau eines Dritten).
2   *Bamberger/Roth-Spindler*, § 845 Rn 1; *Erman-Schiemann*, § 845 Rn 1.
3   *Jauernig-Teichmann* § 845 Rn 1 i.V.m. § 844 Rn 5; *Soergel-Beater*, § 845 Rn 1. Kritische Anm. dazu *Münchener Kommentar-Wagner*, § 845 Rn 2.
4   BGH v. 18.6.1985 – VI ZR 6/84 – VRS 70, 91; OLG München v. 9.4.1965 – 10 U 1559/64 – VersR 1955, 1085; KG v. 6.2.1967 – 12 W 174/67 – DAR 1967, 220 = NJW 1967, 1089 = OLGZ 1968, 17 = VersR 1967, 983 = VRS 32, 247 (Verlobte).
5   OLG Celle v. 7.10.2004 – 14 U 27/04 – NZV 2006, 95 = SP 2004, 407 (BGH hat Revision nicht angenommen, Beschl. v. 15.3.2005 – VI ZR 278/04).
6   OLG Hamm v. 28.11.1984 – 13 U 251/83 – r+s 1986, 70.

II. Mitverantwortung des Getöteten

Trifft den verletzten oder getöteten Dienstpflichtigen eine Mitverantwortlichkeit, ist Ersatz nur entsprechend der Quote zu leisten, **§ 846 BGB**. Es gelten dieselben Grundsätze wie beim Unterhaltsschaden.

III. Vertragliche Verpflichtung

Einem Dienstberechtigten stehen bei Wegfall von Dienstleistungen Ersatzansprüche nach § 845 BGB zu, sofern und soweit die verletzte oder getötete Person **im Unfallzeitpunkt**[7] diesem **gesetzlich** (d.h. familienrechtlich) zur Leistung von Diensten in Haushalt und/oder Gewerbe verpflichtet war.

Der Ausfall nur **vertraglich** oder **tatsächlich** erbrachter Verpflichtungen begründet keinen Anspruch.[8] Voraussetzung ist eine gesetzlich bestehende Verpflichtung zur Leistung von Diensten in Haushalt und/oder Gewerbe.

IV. Personenkreis

1. Ehegatte

Ein Ehegatte erbringt weder durch die Haushaltsführung noch durch Mitarbeit im Geschäft oder im Büro Dienstleistungen i.S.d. § 845 BGB, sondern erfüllt seine Unterhaltspflicht.[9] Bei Verletzung des haushaltsführenden Ehegatten steht diesem ein eigener Ersatzanspruch zu, im Falle der Tötung richtet sich der Anspruch der Hinterbliebenen an § 844 II BGB aus, ohne dass § 845 BGB etwa subsidiär noch Anwendung fände.[10]

2. Nicht-eheliche Beziehung

Gegenüber nicht-ehelichen Partnern besteht keine **gesetzliche** Verpflichtung zur Dienstleistung.

Partner im Sinne des **LPartG** haben Verpflichtungen wie Ehegatten, so dass bereits von daher ein Anspruch nicht besteht.

3. Kind – Eltern

Wird ein (eheliches oder nicht-eheliches) Kind bzw. Adoptivkind durch einen Unfall verletzt oder getötet, kommen Ersatzansprüche der Eltern gegen den Schädiger in

---

7 BGH v. 18.6.1985 – VI ZR 6/84 – VRS 70, 91; OLG München v. 9.4.1965 – 10 U 1559/64 – VersR 1965, 1085; KG v. 6.2.1967 – 12 W 174/67 – DAR 1967, 220 = NJW 1967, 1089 = OLGZ 1968, 17 = VersR 1967, 983 = VRS 32, 247 (Verlobte).

8 BGH v. 21.11.2000 – VI ZR 231/99 – DAR 2001, 159 = NJW 2001, 971 = r+s 2001, 245 = VersR 2001, 648 (Hofbewirtschaftung aufgrund gesellschaftsrechtlicher Beziehung, Leibgeding)); OLG Celle v. 3.12.1987 – 5 U 299/86 – VersR 1988, 1240 (Ordensbruder); OLG Hamm v. 28.11.1984 – 13 U 251/83 – r+s 1986, 70; KG v. 6.2.1967 – 12 W 174/67 – DAR 1967, 220 = NJW 1967, 1089 = OLGZ 1968, 17 = VersR 1967, 983 = VRS 32, 247 (Verlobte). *Bamberger/Roth-Spindler*, § 845 Rn 3.

9 BGH v. 14.1.1971 – III ZR 107/67 – VersR 1971, 423; LG Hildesheim v. 26.7.1985 – 2 O 226/85 – zfs 1986, 4. Siehe auch OLG Zweibrücken v. 13.2.1976 – 1 U 165/75 – VersR 1977, 65 (unentgeltliche Mithilfe in der Gaststätte des Ehepartners).

10 BGH v. 20.5.1980 – VI ZR 202/78 – VersR 1980, 921.

Betracht, sofern und soweit das Kind seinen Eltern gesetzlich zur Leistung von Diensten in Haushalten und/oder Gewerbe verpflichtet war (§ 845 BGB).

16 Zur Dienstleistung sind gesetzlich die Kinder (§§ 1591, 1671 VI, 1705, 1754, 1755 BGB) verpflichtet, und zwar solange, wie sie ihren Lebensmittelpunkt im Hause der Eltern haben und von diesen erzogen und unterhalten werden (§ 1619 BGB). § 1619 BGB begründet eine selbständige Pflicht und keine Unterhaltspflicht; § 844 II BGB ist daher unanwendbar.[11]

17 Aus § 1618a BGB ist keine Dienstleistungsverpflichtung des Kindes herleitbar.[12]

18 Bei Kindern **ab dem 14. Lebensjahr** kann eine gesetzlich geschuldete Mitarbeitspflicht in der Größenordnung von 1h/Tag angenommen werden.[13]

19 Schwer abzugrenzen ist häufig, ob es sich um **familienrechtliche**, gesellschaftsrechtliche[14] oder arbeitsvertragliche[15] **Verpflichtungen** handelt; entscheidend ist hier der Wille der Beteiligten,[16] der zumeist schriftlich (z.B. in einem Ausbildungsvertrag) fixiert ist. Vermutungen für die eine oder die andere Variante gibt es nicht.

20 Bei Tätigkeit im **elterlichen Betrieb** ist eine Aufspaltung der Arbeitsleistung in einen familienrechtlichen und einen arbeitsvertraglichen Teil nicht möglich.[17] Auch in der Landwirtschaft entfällt ein Ersatzanspruch, wenn die Dienstleistung aufgrund eines Arbeits- oder Ausbildungsvertrages erfolgte.[18]

21 Hat das Kind eine **eigene Erwerbstätigkeit** aufgenommen, lebt es aber noch im Haushalt der Eltern und erhält dort Unterhaltsleistungen und arbeitet in seiner Freizeit im elterlichen Betrieb noch mit, so entfällt gleichwohl ein Ersatzanspruch der Eltern nach § 845 BGB bei Tötung des Kindes.[19]

22 Eltern sind **nicht Gesamtgläubiger** (§ 428 BGB). Vielmehr steht jedem Elternteil ein Anspruch hinsichtlich derjenigen Dienste des Kindes zu, die ihm entgangen sind.[20]

---

11 *Erman-Schiemann*, § 845 Rn 3.
12 *Bamberger/Roth-Spindler* § 845 Rn 2 m.w.N.; *Münchener Kommentar-Wagner*, § 845 Rn 4; *Soergel-Beater*, § 845 Rn 15.
13 BGH v. 12.6.1973 – VI ZR 26/72 – VersR 1973, 939; BGH v. 2.5.1972 – VI ZR 80/70 – VersR 1972, 948; OLG Celle v. 7.10.2004 – 14 U 27/04 – NZV 2006, 95 = SP 2004, 407 (Nicht mehr als 10 Stunden/Woche im landwirtschaftlichen Nebenerwerbsbetrieb des Vater geschuldet) (BGH hat Revision nicht angenommen, Beschl. v. 15.3.2005 – VI ZR 278/04).
14 Siehe BGH v. 21.11.2000 – VI ZR 231/99 – DAR 2001, 159 = NJW 2001, 971 = r+s 2001, 245 = VersR 2001, 648.
15 OLG Köln v. 13.12.1989 – 13 U 191/89 – JMBl NW 1990, 163 = VersR 1991, 1292 (Mithilfe der Tochter in der Bäckerei der Eltern aufgrund Arbeitsvertrages).
16 BGH v. 6.11.1990 – VI ZR 37/90 – MDR 1991, 425 = VersR 1991, 428.
17 OLG Köln v. 13.12.1989 – 13 U 191/89 – JMBl NW 1990, 163 = VersR 1991, 1292 (Mithilfe der Tochter in der Bäckerei der Eltern aufgrund Arbeitsvertrages).
18 Vgl. BGH v. 21.11.2000 – VI ZR 231/99 – DAR 2001, 159 = NJW 2001, 971 = r+s 2001, 245 = VersR 2001, 648.
19 BGH v. 7.10.1997 – VI ZR 144/96 – NJW 1998, 307 = NZV 1998, 67 = r+s 1998, 111 = SP 1998, 10 = WI 1997, 207 (Setzt ein noch im elterlichen Haushalt lebendes Kind seine volle Arbeitskraft für eine anderweitige entgeltliche Tätigkeit ein, so ist kein Raum mehr für unentgeltliche Dienstleistungen i.S.v. § 1619 BGB); OLG Celle v. 31.1.1996 – 3 U 24/95 – r+s 1997, 160 (BGH hat Revision nicht angenommen, Beschl. v. 3.12.1996 – VI ZR 81/96 -); LG Trier v. 25.5.1999 – 11 O 322/98 – SP 1999, 341.
20 OLG Hamm v. 28.11.1984 – 13 U 251/83 – r+s 1986, 70.

4. Eltern – Kind, Kind – Verwandtschaft

Eine umgekehrte Dienstleistungsverpflichtung der Eltern ihren Kindern gegenüber besteht ebenso wenig[21] wie eine Dienstpflicht des Kindes gegenüber anderen Verwandten der Seitenlinie (z.B. Geschwister untereinander, Neffe gegenüber Onkel).

V. Dauer des Anspruches

Die Dauer der Rente beschränkt sich auf denjenigen Zeitraum, den der Dienstverpflichtete voraussichtlich die Dienste geleistet hätte.[22]

Nach allgemeinen Regeln sind die Eltern dahin gehend darlegungs- und **beweis**belastet, dass die Dienstpflicht des Kindes über das 18. Lebensjahr hinaus fortbestanden hätte.[23]

Der Anspruch endet jedenfalls mit dem **Tod** des **Dienstberechtigten**.[24]

Zur Dienstleistung sind die Kinder gesetzlich (§§ 1591, 1671 VI, 1705, 1754, 1755 BGB) solange verpflichtet, wie sie ihren **Lebensmittelpunkt** im Hause der Eltern haben und von diesen erzogen und unterhalten werden (§ 1619 BGB). Eine eigene Wohnung oder ausreichendes eigenes Einkommen des Verpflichteten sprechen gegen einen Lebensmittelpunkt im elterlichen Hause.[25]

Sobald das Kind eine **eigene Erwerbstätigkeit** aufgenommen hätte, endet ein Ersatzanspruch der Eltern.[26]

Zu bedenken ist, dass ein volljähriges Kind die familiäre Dienstleistung **jederzeit** hätte **beenden** können, indem es aus dem elterlichen Haushalt ausscheidet und eine selbständige Lebensstellung begründet[27] oder mit seinen Eltern einen Arbeitsvertrag schließt.[28] Eine zeitliche Grenze für entgangene Dienste dürfte spätestens mit dem 25. Lebensjahr anzunehmen sein.[29]

VI. Höhe des Anspruches

Familienrechtliche Dienstleistungen kommen nach § 1619 BGB solange in Betracht, wie Kinder dem elterlichen Hausstand angehören und von diesen erzogen und unterhalten (Kost und Logis) werden.[30]

---

21 OLG Bamberg v. 3.1.1984 – 5 U 126/83 – und (offen gelassen in) BGH v. 20.11.1984 – VI ZR 48/84 – VersR 1985, 290 = VRS 68, 326 = zfs 1985, 142.
22 Vgl. BGH v. 6.11.1990 – VI ZR 37/90 – VersR 1991, 428.
23 BGH v. 25.10.1977 – VI ZR 220/75 – BGHZ 69, 380 = JR 1978, 152 = JZ 1978, 67 = MDR 1978, 216 = NJW 1978, 159 = VersR 1978, 90; *Münchener Kommentar-Wagner*, § 845 Rn 15.
24 *Palandt-Sprau*, § 845 Rn 5; *Soergel-Beater*, § 845 Rn 18.
25 OLG Nürnberg v. 4.7.1990 – 4 U 1553/90 – DAR 1991, 179 = VersR 1992, 188 = zfs 1991, 232; OLG Stuttgart v. 5.7.1989 – 9 U 52/89 – DAR 1990, 349 = VersR 1990, 902 = VRS 79, 169 = zfs 1990, 341, (BGH hat Revision nicht angenommen, Beschl. v. 17.4.1990 – VI ZR 234/89 -).
26 BGH v. 7.10.1997 – VI ZR 144/96 – NJW 1998, 307 = NZV 1998, 67 = r+s 1998, 111 = SP 1998, 10 = WI 1997, 207 (Setzt ein noch im elterlichen Haushalt lebendes Kind seine volle Arbeitskraft für eine anderweitige entgeltliche Tätigkeit ein, so ist kein Raum mehr für unentgeltliche Dienstleistungen i.S.v. § 1619 BGB).
27 BGH v. 6.11.1990 – VI ZR 37/90 – VersR 1991, 428; BGH v. 5.5.1961 – VI ZR 187/60 – VersR 1961, 694.
28 OLG Celle v. 10.8.1989 – 5 U 97/88 – VersR 1991, 1291.
29 *Böhme/Biela*, Rn D 301 (S. 246, Fn 762).
30 OLG Schleswig v. 14.5.1998 – 7 U 87/96 – DAR 1998, 354 = NJW-RR 1998, 1404 = VersR 1999, 633 = SP 1998, 421.

5 Entgangene Dienste

31 Bei der Bewertung der entgangenen Dienste ist nicht auf das (positive oder negative) Betriebsergebnis des von den Eltern betriebenen Gewerbes abzustellen.[31]

32 Es nicht der Schaden aus dem Verlust der Dienste zu erstatten, sondern

33 ■ der Wert der Dienste mit demjenigen Betrag, der auf dem **freien Arbeitsmarkt** für eine Ersatzkraft aufzuwenden ist, welche die Leistungen des Verletzten erbringt,[32]

34 ■ gekürzt um den **Vorteilsausgleich** für ersparte Aufwendungen für Wohnung und Verpflegung und

35 ■ erhöht um den Wert von **Sachbezügen**.[33]

36 Der Anspruch besteht ohne Rücksicht darauf, ob eine **Ersatzkraft** tatsächlich eingestellt wird.[34]

37 Regelmäßig ist der Wert der entgangenen familienrechtlich geschuldeten Dienstleistungen geringer als die ersparten Aufwendungen,[35] sodass unabhängig von Detailstreitigkeiten jedenfalls im Ergebnis ein Anspruch entfällt.[36]

C. Drittleistung

38 Erhält der **verletzte** Dienstpflichtige eine Rente eines Sozialversicherers, so müssen die Dienstberechtigten sich diese **anspruchsmindernd** anrechnen lassen.[37]

39 Da sich im Fall der **Tötung** eines Dienstpflichtigen Hinterbliebenenrenten nach dem entgangenen familienrechtlich geschuldeten Unterhalt und nicht nach den entgangenen Diensten richten, besteht **keine Kongruenz** zu Drittleistungen.[38]

---

31 BGH v. 18.6.1985 – VI ZR 6/84 – VersR 1985, 1140 = VRS 70, 91 = zfs 1986, 105; BGH v. 25.10.1977 – VI ZR 220/75 – BGHZ 69, 380 = JR 1978, 152 = JZ 1978, 67 = MDR 1978, 216 = NJW 1978, 159 = VersR 1978, 90.
32 OLG Karlsruhe v. 13.3.1987 – 10 U 128/86 – FamRZ 1988, 1050 = r+s 1988, 168 = VersR 1988, 1128 (BGH hat Revision nicht angenommen, Beschl. v. 29.3.1988 – VI ZR 107/87 -).
33 OLG Schleswig v. 14.5.1998 – 7 U 87/96 – DAR 1998, 354 = NJW-RR 1998, 1404 = SP 1998, 421.
34 *Erman-Schiemann*, § 845 Rn 4. BGH v. 9.7.1968 – GSZ 2/67 – BB 1968, 974 = BGHZ 50, 304 = DAR 1969, 18 = DB 1968, 1620 = FamRZ 1968, 507 = MDR 1968, 821 = NJW 1968, 1823 = VersR 1968, 852.
35 Siehe OLG Karlsruhe v. 13.3.1987 – 10 U 128/86 – FamRZ 1988, 1050 = r+s 1988, 168 = VersR 1988, 1128 (BGH hat Revision nicht angenommen, Beschl. v. 29.3.1988 – VI ZR 107/87 -).
36 OLG Schleswig v. 14.5.1998 – 7 U 87/96 – DAR 1998, 354 = NJW-RR 1998, 1404 = SP 1998, 421 = VersR 1999, 632.
37 BGH v. 25.10.1977 – VI ZR 220/75 – BGHZ 69, 380 = JR 1978, 152 = JZ 1978, 67 = MDR 1978, 216 = NJW 1978, 159 = VersR 1978, 90. *Küppersbusch*, Rn 602 (zu Ziff. 8).
38 *Münchener Kommentar-Wagner*, § 845 Rn 18.

Kapitel 6 Unterhaltsschaden[1]

A. Allgemeine Grundsätze zum Ersatzanspruch dem Grunde nach

I. Schadenersatzpflicht des Schädigers

War ein infolge eines Haftpflichtgeschehens Getöteter zu seinen Lebzeiten kraft Gesetzes verpflichtet, Dritten Unterhalt zu leisten, so geben die – als Ausnahmevorschriften **restriktiv**[2] auszulegenden – § 844 II BGB sowie die entsprechenden Vorschriften der speziellgesetzlichen Haftpflichtbestimmungen den Unterhaltsberechtigten trotz ihrer mittelbaren Betroffenheit einen eigenen Ersatzanspruch. Die Hinterbliebenen haben die Wahl zwischen Rentenzahlung und – bei wichtigem Grund – Kapitalabfindung, §§ 844 II 1, 843 III BGB.

Der Drittanspruch entsteht bereits mit der Verletzung des Unterhaltspflichtigen, so dass ein mit dem unmittelbar Verletzten abgeschlossener **Abfindungsvergleich** den unterhaltsberechtigten Hinterbliebenen nicht entgegengehalten werden kann.[3]

1. BGB

> **§ 844 BGB – Ersatzansprüche Dritter bei Tötung**
>
> (2) ¹Stand der Getötete zur Zeit der Verletzung zu einem Dritten in einem Verhältnis, vermöge dessen er diesem gegenüber kraft Gesetzes unterhaltspflichtig war oder unterhaltspflichtig werden konnte, und ist dem Dritten infolge der Tötung das Recht auf den Unterhalt entzogen, so hat der Ersatzpflichtige dem Dritten durch Entrichtung einer Geldrente insoweit Schadensersatz zu leisten, als der Getötete während der mutmaßlichen Dauer seines Lebens zur Gewährung des Unterhalts verpflichtet gewesen sein würde; die Vorschrift des § 843 Abs. 2 bis 4 findet entsprechende Anwendung. ²Die Ersatzpflicht tritt auch dann ein, wenn der Dritte zur Zeit der Verletzung gezeugt, aber noch nicht geboren war.
>
> **§ 843 BGB – Geldrente oder Kapitalabfindung**
>
> (2) ¹Auf die Rente findet die Vorschrift des § 760 Anwendung. ²Ob, in welcher Art und für welchen Betrag der Ersatzpflichtige Sicherheit zu leisten hat, bestimmt sich nach den Umständen.
>
> (3) Statt der Rente kann der Verletzte eine Abfindung in Kapital verlangen, wenn ein wichtiger Grund vorliegt.
>
> (4) Der Anspruch wird nicht dadurch ausgeschlossen, dass ein anderer dem Verletzten Unterhalt zu gewähren hat.

---

[1] Zum Thema: *Elsner*, Der Unterhaltsschaden, zfs 2001, 393; *Röthel*, Ehe und Lebensgemeinschaft im Personenschadenrecht, NZV 2001, 329.
[2] *Münchener Kommentar-Wagner*, § 844 Rn 26 m.w.N.; *Soergel-Beater*, § 844 Rn 15.
[3] BGH v. 13.2.1996 – VI ZR 318/94 – BGHZ 132, 39 = DAR 1996, 357 = JR 1996, 505 (Anm. *Fuchs*) = LM BGB § 844 II, Nr. 93 = MDR 1996, 799 = NJW 1996, 1674 = NVwZ 1996, 824 = NZV 1996, 229 = r+s 1996, 311 = SGb 1996, 328 = SP 1996, 168 = VersR 1996, 649 = VRS 91, 267. *Jahnke*, Abfindung von Personenschadenansprüchen, § 2 Rn 47 m.w.N. Siehe ergänzend Kap 7 Rn 2 ff.

6 Unterhaltsschaden

> **§ 760 BGB – Vorauszahlung**
>
> (1) Die Leibrente ist im Voraus zu entrichten.
>
> (2) Eine Geldrente ist für drei Monate vorauszuzahlen; bei einer anderen Rente bestimmt sich der Zeitabschnitt, für den sie im Voraus zu entrichten ist, nach der Beschaffenheit und dem Zwecke der Rente.
>
> (3) Hat der Gläubiger den Beginn des Zeitabschnitts erlebt, für den die Rente im voraus zu entrichten ist, so gebührt ihm der volle auf den Zeitabschnitt entfallende Betrag.

2. Haftpflichtgesetze

4 § 844 II BGB inhaltlich entsprechende Regelungen enthalten § 28 II AtomG, § 5 II HaftpflG, § 35 II LuftVG, § 10 II StVG, § 32 IV GenTG, § 7 II ProdHaftG, § 12 II UmweltHG.

5
> **§ 28 AtomG – Umfang des Schadensersatzes bei Tötung**
>
> (1) ¹Im Falle der Tötung ist der Schadenersatz durch Ersatz der Kosten einer versuchten Heilung sowie des Vermögensnachteils zu leisten, den der Getötete dadurch erlitten hat, daß während der Krankheit seine Erwerbsfähigkeit aufgehoben oder gemindert, eine Vermehrung seiner Bedürfnisse eingetreten oder sein Fortkommen erschwert war. ²Der Ersatzpflichtige hat außerdem die Kosten der Beerdigung demjenigen zu ersetzen, dem die Verpflichtung obliegt, diese Kosten zu tragen.
>
> (2) ¹Stand der Getötete zur Zeit der Verletzung zu einem Dritten in einem Verhältnis, vermöge dessen er diesem gegenüber kraft Gesetzes unterhaltspflichtig war oder unterhaltspflichtig werden konnte, und ist dem Dritten infolge der Tötung das Recht auf Unterhalt entzogen, so hat der Ersatzpflichtige dem Dritten insoweit Schadensersatz zu leisten, als der Getötete während der mutmaßlichen Dauer seines Lebens zur Gewährung des Unterhalts verpflichtet gewesen wäre. ²Die Ersatzpflicht tritt auch dann ein, wenn der Dritte zur Zeit der Verletzung erzeugt, aber noch nicht geboren war.
>
> **§ 5 HPflG – Umfang des Schadensersatzes bei Tötung**
>
> (1) ¹Im Falle der Tötung ist der Schadenersatz (§§ 1, 2 und 3) durch Ersatz der Kosten einer versuchten Heilung sowie des Vermögensnachteils zu leisten, den der Getötete dadurch erlitten hat, daß während der Krankheit seine Erwerbsfähigkeit aufgehoben oder gemindert oder eine Vermehrung seiner Bedürfnisse eingetreten war. ²Der Ersatzpflichtige hat außerdem die Kosten der Beerdigung demjenigen zu ersetzen, dem die Verpflichtung obliegt, diese Kosten zu tragen.
>
> (2) ¹Stand der Getötete zur Zeit der Verletzung zu einem Dritten in einem Verhältnis, vermöge dessen er diesem gegenüber kraft Gesetzes unterhaltspflichtig war oder unterhaltspflichtig werden konnte, und ist dem Dritten infolge der Tötung das Recht auf den Unterhalt entzogen, so hat der Ersatzpflichtige dem Dritten insoweit Schadensersatz zu leisten, als der Getötete während der mutmaßlichen Dauer seines Lebens zur Gewährung des Unterhalts verpflichtet gewesen sein würde. ²Die Ersatzpflicht tritt auch dann ein, wenn der Dritte zur Zeit der Verletzung gezeugt, aber noch nicht geboren war.
>
> **§ 35 LuftVG – Schadenersatz bei Tötung**
>
> (1) ¹Bei Tötung umfaßt der Schadenersatz die Kosten versuchter Heilung sowie den Vermögensnachteil, den der Getötete dadurch erlitten hat, daß während der Krankheit seine Erwerbsfähigkeit aufgehoben oder gemindert oder sein Fortkommen erschwert oder seine Bedürfnisse vermehrt waren. ²Außerdem sind die Kosten der Bestattung dem zu ersetzen, der sie zu tragen verpflichtet ist.

(2) ¹Stand der Getötete zur Zeit des Unfalls zu einem Dritten in einem Verhältnis, vermöge dessen er diesem gegenüber kraft Gesetzes unterhaltspflichtig war oder werden konnte, und ist dem Dritten infolge der Tötung das Recht auf Unterhalt entzogen, so hat der Ersatzpflichtige ihm so weit Schadenersatz zu leisten, wie der Getötete während der mutmaßlichen Dauer seines Lebens zur Gewährung des Unterhalts verpflichtet gewesen sein würde. ²Die Ersatzpflicht tritt auch dann ein, wenn der Dritte zur Zeit des Unfalls gezeugt, aber noch nicht geboren war.

§ 32 GenTG – Haftung

(1) Wird infolge von Eigenschaften eines Organismus, die auf gentechnischen Arbeiten beruhen, jemand getötet, sein Körper oder seine Gesundheit verletzt oder eine Sache beschädigt, so ist der Betreiber verpflichtet, den daraus entstehenden Schaden zu ersetzen.

(2) ¹Sind für denselben Schaden mehrere Betreiber zum Schadenersatz verpflichtet, so haften sie als Gesamtschuldner. ²Im Verhältnis der Ersatzpflichtigen zueinander hängt, soweit nichts anderes bestimmt ist, die Verpflichtung zum Ersatz sowie der Umfang des zu leistenden Ersatzes davon ab, inwieweit der Schaden vorwiegend von dem einen oder anderen Teil verursacht worden ist; im übrigen gelten die §§ 421 bis 425 sowie § 426 Abs. 1 S. 2 und Abs. 2 BGB.

(3) ¹Hat bei der Entstehung des Schadens ein Verschulden des Geschädigten mitgewirkt, so gilt § 254 BGB; im Falle der Sachbeschädigung steht das Verschulden desjenigen, der die tatsächliche Gewalt über die Sache ausübt, dem Verschulden des Geschädigten gleich. ²Die Haftung des Betreibers wird nicht gemindert, wenn der Schaden zugleich durch die Handlung eines Dritten verursacht worden ist; Abs. 2 S. 2 gilt entsprechend.

(4) ¹Im Falle der Tötung ist Ersatz der Kosten der versuchten Heilung sowie des Vermögensnachteils zu leisten, den der Getötete dadurch erlitten hat, daß während der Krankheit seine Erwerbsfähigkeit aufgehoben oder gemindert war oder seine Bedürfnisse vermehrt waren. ²Der Ersatzpflichtige hat außerdem die Kosten der Beerdigung demjenigen zu ersetzen, der diese Kosten zu tragen hat. ³Stand der Getötete zur Zeit der Verletzung zu einem Dritten in einem Verhältnis, aus dem er diesem gegenüber kraft Gesetzes unterhaltspflichtig war oder unterhaltspflichtig werden konnte und ist dem Dritten infolge der Tötung das Recht auf Unterhalt entzogen, so hat der Ersatzpflichtige dem Dritten insoweit Schadenersatz zu leisten, als der Getötete während der mutmaßlichen Dauer seines Lebens zur Gewährung des Unterhalts verpflichtet gewesen wäre. ⁴Die Ersatzpflicht tritt auch ein, wenn der Dritte zur Zeit der Verletzung gezeugt, aber noch nicht geboren war.

(5) ¹Im Falle der Verletzung des Körpers oder der Gesundheit ist Ersatz der Kosten der Heilung sowie des Vermögensnachteils zu leisten, den der Verletzte dadurch erleidet, daß infolge der Verletzung seine Erwerbsfähigkeit zeitweise oder dauernd aufgehoben oder gemindert oder eine Vermehrung seiner Bedürfnisse eingetreten ist. ²Wegen des Schadens, der nicht Vermögensschaden ist, kann auch eine billige Entschädigung in Geld gefordert werden.

(6) Der Schadenersatz wegen Aufhebung oder Minderung der Erwerbsfähigkeit und wegen vermehrter Bedürfnisse des Verletzten sowie der nach Abs. 4 S. 3 und 4 einem Dritten zu gewährende Schadenersatz ist für die Zukunft durch eine Geldrente zu leisten. 2§ 843 Abs. 2 bis 4 BGB ist entsprechend anzuwenden.

(7) ¹Stellt die Beschädigung einer Sache auch eine Beeinträchtigung der Natur oder der Landschaft dar, so ist, soweit der Geschädigte den Zustand herstellt, der bestehen würde, wenn die Beeinträchtigung nicht eingetreten wäre, § 251 Abs. 2 BGB mit der Maßgabe anzuwenden, daß Aufwendungen für die Wiederherstellung des vorherigen Zustands nicht allein deshalb unverhältnismäßig sind, weil sie den Wert der Sache erheblich

6 Unterhaltsschaden

übersteigen. ²Für die erforderlichen Aufwendungen hat der Schädiger auf Verlangen des Ersatzberechtigten Vorschuß zu leisten.

(8) Auf die Verjährung finden die für unerlaubte Handlungen geltenden Vorschriften des BGB entsprechende Anwendung.

§ 7 ProdHaftG – Umfang der Ersatzpflicht bei Tötung
§ 12 UmweltHG – Umfang der Ersatzpflicht bei Tötung

(1) ¹Im Falle der Tötung ist Ersatz der Kosten einer versuchten Heilung sowie des Vermögensnachteils zu leisten, den der Getötete dadurch erlitten hat, daß während der Krankheit seine Erwerbsfähigkeit aufgehoben oder gemindert war oder seine Bedürfnisse vermehrt waren. ²Der Ersatzpflichtige hat außerdem die Kosten der Beerdigung demjenigen zu ersetzen, der diese Kosten zu tragen hat.

(2) ¹Stand der Getötete zur Zeit der Verletzung zu einem Dritten in einem Verhältnis, aus dem er diesem gegenüber kraft Gesetzes unterhaltspflichtig war oder unterhaltspflichtig werden konnte, und ist dem Dritten infolge der Tötung das Recht auf Unterhalt entzogen, so hat der Ersatzpflichtige dem Dritten insoweit Schadenersatz zu leisten, als der Getötete während der mutmaßlichen Dauer seines Lebens zur Gewährung des Unterhalts verpflichtet gewesen wäre. ²Die Ersatzpflicht tritt auch ein, wenn der Dritte zur Zeit der Verletzung gezeugt, aber noch nicht geboren war.

§ 10 StVG – Umfang der Ersatzpflicht bei Tötung

(1) ¹Im Fall der Tötung ist der Schadenersatz durch Ersatz der Kosten einer versuchten Heilung sowie des Vermögensnachteils zu leisten, den der Getötete dadurch erlitten hat, dass während der Krankheit seine Erwerbsfähigkeit aufgehoben oder gemindert oder eine Vermehrung seiner Bedürfnisse eingetreten war. ²Der Ersatzpflichtige hat außerdem die Kosten der Beerdigung demjenigen zu ersetzen, dem die Verpflichtung obliegt, diese Kosten zu tragen.

(2) ¹Stand der Getötete zur Zeit der Verletzung zu einem Dritten in einem Verhältnis, vermöge dessen er diesem gegenüber kraft Gesetzes unterhaltspflichtig war oder unterhaltspflichtig werden konnte, und ist dem Dritten infolge der Tötung das Recht auf Unterhalt entzogen, so hat der Ersatzpflichtige dem Dritten insoweit Schadenersatz zu leisten, als der Getötete während der mutmaßlichen Dauer seines Lebens zur Gewährung des Unterhalts verpflichtet gewesen sein würde. ²Die Ersatzpflicht tritt auch dann ein, wenn der Dritte zurzeit der Verletzung gezeugt, aber noch nicht geboren war.

II. Haftungseinwände

6   Ein gesetzlicher oder vertraglicher **Haftungsausschluss** lässt auch die originären Ansprüche der Hinterbliebenen nach §§ 844, 845 BGB entfallen.

7   **Mitwirkendes Verschulden** des Getöteten, aber auch eine etwaige **Betriebsgefahr** müssen sich die Angehörigen (und damit auch die Drittleistungsträger) gemäß §§ 846, 254 BGB anspruchsmindernd zurechnen lassen. Voraussetzung ist, dass der **Getötete**, hätte er den Unfall überlebt, den Schädiger hätte auf Schadensersatz in Anspruch nehmen können.

8   Wenn neben dem getöteten Unterhaltsverpflichteten auch den **Unterhaltsberechtigten** eine weitere **Mitverantwortung** am Zustandekommen des Unfalles trifft, so mindert sich der Schadensersatzanspruch kumulativ um beide Mitverantwortungsanteile.

A. Allgemeine Grundsätze zum Ersatzanspruch dem Grunde nach

Wegen der Einzelheiten ist auf die zusammenfassende Darstellung im Kapitel 2 D (Rn 117 ff.) zu verweisen.

III. Unterhaltsberechtigter Personenkreis

1. Gesetzlich geschuldeter Unterhalt

Unterhaltsberechtigt und damit ersatzberechtigt sind diejenigen Personen, denen der Verstorbene

- zur Zeit der Verletzung (und nicht erst zu einem späteren Moment)
- kraft Gesetzes (und nicht nur aufgrund Vertrages[4] oder tatsächlichen Verhaltens)
    - bereits unterhaltspflichtig war oder
    - im Falle seines Fortlebens hätte unterhaltspflichtig werden können.

Beispiel 6.1
M und V haben den gemeinsamen Sohn S. S hat nach dem Abitur zunächst als Verwaltungsangestellter bis zu seinem 30. Lebensjahr gearbeitet. Anschließend gibt er diese Tätigkeit auf um Archäologie zu studieren. Nach erfolgreichem Abschluss ist er aber arbeitslos. M verstirbt anlässlich eines Verkehrsunfalls.

Ergebnis
- Auch volljährige und verheiratete Kinder bleiben grundsätzlich unterhaltsberechtigt.[5] Der Anspruch auf gesetzlichen Unterhalt erlischt nicht mit dem 25. oder 27. Lebensjahr.[6]
- Auch wenn S während seiner Erwerbsphase – mangels Bedürftigkeit – keinen Unterhaltsanspruch hatte, kann dieser doch mit Eintritt einer Arbeitslosigkeit wieder aufleben.

2. Zeitpunkt der Unterhaltsverpflichtung

Das die Unterhaltspflicht begründende familienrechtliche Verhältnis (wie Ehe, Zeugung, Adoption) muss bereits **im Zeitpunkt der Körperverletzung** des Unterhaltspflichtigen (**Unfalltag**) und nicht erst im Zeitpunkt seines Todes bestanden haben.[7]

Daher entfällt ein Ersatzanspruch einer Verlobten, die den bereits Verletzten später heiratet. Die Witwe, die ihren später aufgrund der Unfallverletzungen verstorbenen Ehemann erst nach dem Unfall geheiratet hat, hat ebenso wenig einen Anspruch auf Ersatz des Unterhaltsschadens wie dasjenige Kind, das erst nach dem Haftpflichtereignis gezeugt worden ist.[8] Eine Ausnahme gilt nach § 844 II 2 BGB nur für bereits gezeugte, im Unfallzeitpunkt aber noch ungeborene Kinder.

---

4 BGH v. 25.4.2006 – VI ZR 114/05 – (Berichtigungsbeschluss v. 20.6.2006 – VI ZR 114/05 –) VersR 2006, 1081.
5 Zu Einzelheiten *Kalthoener/Bütter/Niepmann*, Rn 155 ff.
6 OLG Frankfurt v. 26.7.2005 – 17 U 18/05 – SP 2005, 338.
7 BGH v. 13.2.1996 – VI ZR 318/94 – BGHZ 132, 39 = DAR 1996, 357 = JR 1996, 505 (Anm. *Fuchs*) = LM BGB § 844 II, Nr. 93 = MDR 1996, 799 = NJW 1996, 1674 = NVwZ 1996, 824 = NZV 1996, 229 = r+s 1996, 311 = SGb 1996, 328 = SP 1996, 168 = VersR 1996, 649 = VRS 91, 267.
8 OLG Hamm v. 23.9.1996 – 6 U 70/94 – r+s 1997, 65.

6 Unterhaltsschaden

18 *Beispiel 6.2*
A lebt mit seiner Freundin B seit Jahren zusammen. Die wechselseitigen Pflichten des Zusammenlebens haben sie durch notariellen Vertrag geregelt und sich zudem wechselseitig zu Erben eingesetzt. A zahlt des weiteren seiner Mutter M monatlich 100 € zu deren von ihm als zu gering empfundener Altersrente.

Bei einem von X verschuldeten Unfall am 1.7.2000 erleidet A einen schweren Leberschaden. A heiratet am 10.10.2000 die B. Aufgrund unfallkausalen Leberversagens verstirbt A am 12.6.2004. B und M verlangen Ersatz wegen der ihnen entgehenden Zahlungen; Rentenversicherung und betriebliche Altersversorgung verlangen Ersatz ihrer Witwenleistungen[9] an B.

Ergebnis
- A war im Unfallzeitpunkt nicht mit **B** verheiratet. Damit war B im Unfallzeitpunkt nicht familienrechtlich unterhaltsberechtigt. Der Verlust vertraglich zugesicherter Unterhaltszahlungen ist schadenersatzrechtlich nicht geschuldet. B hat keine Ansprüche gegen X.
Eine Erbeinsetzung verändert die unterhaltsrechtlichen Beziehungen nicht.
Die spätere Heirat führt nicht zu einer Anspruchsbegründung, da auf den Entzug einer im Unfallzeitpunkt bereits bestehenden Unterhaltsverpflichtung abzustellen ist.

- Soweit **Rentenversicherung** und **betriebliche Altersversorgung** Leistungen erbringen, hat mangels in der Person der A entstandener bzw. bestehender Ansprüche kein Forderungsübergang stattgefunden. Es besteht keine Regressmöglichkeit der Drittleistungsträger.

- M kann, sofern sie bedürftig ist, grundsätzlich Unterhaltsansprüche gegen A (aber auch dessen eventuell vorhandenen Geschwister) haben.
Der Umstand, dass A regelmäßig an seine Mutter zahlte, bedeutet aber noch nicht einmal ein Indiz für eine auch familienrechtlich bestehende Unterhaltsverpflichtung.

3. Unterhaltsberechtigte Personen

19 **§ 1360 BGB – Verpflichtung zum Familienunterhalt**

Die Ehegatten sind einander verpflichtet, durch ihre Arbeit und mit ihrem Vermögen die Familie angemessen zu unterhalten. Ist einem Ehegatten die Haushaltsführung überlassen, so erfüllt er seine Verpflichtung, durch Arbeit zum Unterhalt der Familie beizutragen, in der Regel durch die Führung des Haushalts.

§ 1589 BGB – Verwandtschaft

(1) Personen, deren eine von der anderen abstammt, sind in gerader Linie verwandt. Personen, die nicht in gerader Linie verwandt sind, aber von derselben dritten Person abstammen, sind in der Seitenlinie verwandt. Der Grad der Verwandtschaft bestimmt sich nach der Zahl der sie vermittelnden Geburten.

---

9 Ein Leistungsausschluss wegen einer Versorgungsehe besteht in aller Regel nur, wenn die Ehe weniger als 12 Monate vor dem Tode geschlossen wurde (z.B. § 46 IIa SGB VI, § 19 BeamtVG, § 38 II VBL-Satzung-2001).

§ 1601 BGB – Unterhaltsverpflichtete

Verwandte in gerader Linie sind verpflichtet, einander Unterhalt zu gewähren.

§ 1615l BGB – Unterhaltsanspruch von Mutter und Vater aus Anlass der Geburt

(1) ¹Der Vater hat der Mutter für die Dauer von sechs Wochen vor und acht Wochen nach der Geburt des Kindes Unterhalt zu gewähren. ²Dies gilt auch hinsichtlich der Kosten, die infolge der Schwangerschaft oder der Entbindung außerhalb dieses Zeitraums entstehen.

(2) ¹Soweit die Mutter einer Erwerbstätigkeit nicht nachgeht, weil sie infolge der Schwangerschaft oder einer durch die Schwangerschaft oder die Entbindung verursachten Krankheit dazu außerstande ist, ist der Vater verpflichtet, ihr über die in Abs. 1 S. 1 bezeichnete Zeit hinaus Unterhalt zu gewähren. ²Das Gleiche gilt, soweit von der Mutter wegen der Pflege oder Erziehung des Kindes eine Erwerbstätigkeit nicht erwartet werden kann. ³Die Unterhaltspflicht beginnt frühestens vier Monate vor der Geburt; sie endet drei Jahre nach der Geburt, sofern es nicht insbesondere unter Berücksichtigung der Belange des Kindes grob unbillig wäre, einen Unterhaltsanspruch nach Ablauf dieser Frist zu versagen.

(3) ¹Die Vorschriften über die Unterhaltspflicht zwischen Verwandten sind entsprechend anzuwenden. ²Die Verpflichtung des Vaters geht der Verpflichtung der Verwandten der Mutter vor. ³Die Ehefrau und minderjährige unverheiratete Kinder des Vaters gehen bei Anwendung des § 1609 der Mutter vor; die Mutter geht den übrigen Verwandten des Vaters vor. ⁴§ 1613 Abs. 2 gilt entsprechend. ⁵Der Anspruch erlischt nicht mit dem Tod des Vaters.

(4) Wenn der Vater das Kind betreut, steht ihm der Anspruch nach Abs. 2 S. 2 gegen die Mutter zu. In diesem Falle gilt Abs. 3 entsprechend.

§ 5 LPartG – Verpflichtung zum Lebenspartnerschaftsunterhalt

Die Lebenspartner sind einander zum angemessenen Unterhalt verpflichtet. Die §§ 1360a und 1360b BGB gelten entsprechend.

Unterhaltsberechtigt sind: 20

- **Ehegatten** (§ 1360 BGB), 21

    auch

    - geschiedene (§§ 1569 ff. BGB) Ehegatten, 22

    - getrennt lebende (§ 1361 BGB) Ehegatten; 23

- Partner einer **eingetragenen** (§ 1 I LPartG) **gleichgeschlechtlichen Lebensgemeinschaft** (§§ 2, 5 LPartG); 24

- Verwandte in **gerader Linie** (§ 1601 BGB); 25

- Kinder 26

    - minderjährige unverheiratete Kinder (§ 1602 II BGB), 27

    - volljährige Kinder (§ 1601 BGB), 28

    - eheliche Kinder (§ 1601 BGB), 29

    - adoptierte Kinder (§§ 1754, 1751 IV BGB, nach Volljährigkeit § 1770 III BGB), 30

6 Unterhaltsschaden

31 ▪ nicht-eheliche Kinder (§ 1615a BGB),[10]

32 ▪ ungeborene, aber bereits gezeugte Kinder (§ 844 II 2 BGB).

33 Ob eine Rechtsgutverletzung (Entzug des Unterhaltsanspruchs) dem Grunde nach vorliegt, hat der Anspruchsteller (dies gilt allgemein und nicht nur für Kindesunterhalt) im Rahmen des Strengbeweises (§ 286 ZPO) und nicht unter den Beweiserleichterungen des § 287 ZPO darzulegen und zu beweisen: Ob das Kind zum Zeitpunkt der Verletzung (nicht entscheidend ist ein etwaiger später Todeszeitpunkt) bereits gezeugt war, ist gemäß § 286 ZPO ohne Bindung an §§ 1592, 1600d III BGB zu entscheiden.[11] Nach derselben Maßgabe hat das einen unfallkausal entzogenen Unterhalt behauptende Kind seine familienrechtlich relevante Abstammung darzutun und zu beweisen; dieser Nachweis trifft nach den naturwissenschaftlichen Fortschritten nicht nur in der Medizin beide Elternteile (Vater und Mutter).

34 ▪ für einen begrenzten Zeitraum[12] – die **Mutter** des nicht-ehelichen Kindes[13] (§ 1615l BGB).[14]

4. Nicht unterhaltsberechtigte Personen

35 Der Kreis der anspruchsberechtigten Personen kann nicht vertraglich oder durch die Bejahung einer sittlichen Verpflichtung zur Unterhaltsgewährung (z.B. aufgrund langjähriger Partnerschaft) erweitert werden; dem steht der eindeutige gesetzliche Wortlaut entgegen.[15]

36 Nicht unterhaltsberechtigt sind

37 ▪ **Geschwister** und andere nicht in gerader Linie Verwandte (§ 1589 S. 2 BGB) und **verschwägerte** Personen (§ 1590 BGB) untereinander;[16]

---

10 *Wever/Schilling*, Streitfragen zum Unterhalt nicht miteinander verheirateter Eltern wegen Kindesbetreuung, FamRZ 2002, 581.
11 *Bamberger/Roth-Spindler,* § 844 Rn 10; *Münchener Kommentar-Wagner,* § 844 Rn 28; *Palandt-Sprau,* § 844 Rn 5.
12 BGH v. 17.11.2004 – XII ZR 183/02 – BGHZ 161, 124 = FamRZ 2005, 347 = MDR 2005, 578 = NJW 2005, 503 = NJW-Spezial 2005, 107 (nur Ls.) (Vorinstanz: OLG Stuttgart v. 4.7.2002 – 16 UF 25/02 – FamRZ 2003, 701 = NJW-RR 2002, 1441 = OLGR 2002, 313) (Wegfall des Unterhaltsanspruchs der nicht-ehelichen Mutter bei Heirat).
13 Seine Abstammung vom Vater hat das Kind zu beweisen, siehe auch BGH v. 5.7.2006 – XII ZR 11/04 – (Dauer des Unterhaltsanspruches der Mutter wegen Pflege und Erziehung eines nicht-ehelich geborenen Kindes, § 1615l II BGB).
14 *Küppersbusch, S.* 108 (Rn 323), Fn 11 verneint zu Recht einen Schadenersatzanspruch, da der Anspruch der Mutter nicht untergeht, sondern gegen den Nachlass fortbesteht (§ 1615l III 5 BGB); ebenso *Jahnke* in Anwalts-Handbuch, Teil 4 Rn 555; *Soergel-Beater,* § 844 Rn 17. Ein Entzug des Unterhalts kann insoweit anzunehmen sein als die Erben die volle Befriedigung verweigern können (§§ 1967 ff. BGB); der Dritte kann dann aber nur die Differenz beanspruchen: BGH v. 27.10.1970 – VI ZR 47/69 – BGHZ 54, 377 = VersR 1970, 149 (Anm. *Weyer,* VersR 1970, 413); RG v. 26.10.1910 – III 213/10 – RGZ 74, 375.
15 BGH v. 25.4.2006 – VI ZR 114/05 – (Berichtigungsbeschluss v. 20.6.2006 – VI ZR 114/05 –); VersR 2006, 1081; BGH v. 19.6.1984 – VI ZR 301/82 – FamRZ 1984, 976 = MDR 1984, 1016 = NJW 1984, 2520 = r+s 1984, 263 = VersR 1984, 936 = zfs 1984, 362.
16 *Palandt-Diederichsen,* § 1601 Rn 2.

- Verlobte, in **eheähnlicher Gemeinschaft** Lebende;[17] und zwar auch dann nicht, wenn später die Ehe geschlossen wird;[18]
- Partner einer nicht eingetragenen[19] **homophilen Lebensgemeinschaft** (also außerhalb des LPartG),

  selbst dann nicht, wenn ihnen vom Getöteten **vertraglich Unterhaltsansprüche** eingeräumt worden sind;[20]
- im **Unfallzeitpunkt** noch **nicht** vorhandene **Ehepartner**;
- im **Unfallzeitpunkt** noch **nicht gezeugte** (§ 844 II 2 BGB) Kinder;[21]
- **Stiefkinder** des getöteten Ehegatten;[22]
- Personen, die einen Anspruch auf Unterhalt ausschließlich aus einer **vertraglichen Vereinbarung** herleiten.[23]

5. Eheähnliche Gemeinschaft, außereheliche Beziehung[24]

Beispiel 6.3
A lebt mit seiner Freundin B seit Jahren zusammen. Die wechselseitigen Pflichten des Zusammenlebens haben sie durch notariellen Vertrag geregelt und sich zudem wechselseitig zu Erben eingesetzt. A verstirbt aufgrund eines von X verschuldeten Unfalls.
B ist im Unfallzeitpunkt schwanger von A. Das Kind K wird nach dem Unfall geboren.

---

17 BGH v. 13.2.1996 – VI ZR 318/94 – BGHZ 132, 39 = DAR 1996, 357 = JR 1996, 505 (Anm. *Fuchs*) = LM BGB § 844 II, Nr. 93 = MDR 1996, 799 = NJW 1996, 1674 = NVwZ 1996, 824 = NZV 1996, 229 = r+s 1996, 311 = SGb 1996, 328 = SP 1996, 168 = VersR 1996, 649 = VRS 91, 267; OLG Frankfurt v. 29.6.1983 – 7 U 267/82 – VersR 1984, 449 (Verlobte).

18 BGH v. 13.2.1996 – VI ZR 318/94 – BGHZ 132, 39 = DAR 1996, 357 = JR 1996, 505 [Anm. *Fuchs*] = LM BGB § 844 II, Nr. 93 = MDR 1996, 799 = NJW 1996, 1674 = NVwZ 1996, 824 = NZV 1996, 229 = r+s 1996, 311 = SGb 1996, 328 = SP 1996, 168 = VersR 1996, 649 = VRS 91, 267; OLG Frankfurt v. 29.6.1983 – 7 U 267/82 – VersR 1984, 449 (Verlobte).

19 Im Sinne von § 1 I des Gesetzes über die Eingetragene Lebenspartnerschaft (Lebenspartnerschaftsgesetz – LPartG –), BGBl I 2001, 266.

20 BGH v. 25.4.2006 – VI ZR 114/05 – (Berichtigungsbeschluss v. 20.6.2006 – VI ZR 114/05 –); VersR 2006, 1081; BGH v. 24.6.1969 – VI ZR 66/67 – MDR 1969, 921 = VersR 1969, 998; OLG Frankfurt v. 24.1.1984 – 8 U 24/83 – zfs 1984, 165 (Vereinbarung, dass Verdienst der Ehefrau ihr allein verbleiben solle, bleibt unberücksichtigt); OLG München v. 15.6.1978 – 1 U 4719/77 – VersR 1979, 1066 (BGH hat die Revision nicht angenommen, Beschl. v. 10.7.1979 – VI ZR 228/78 –).

21 OLG Hamm v. 23.9.1996 – 6 U 70/94 – r+s 1997, 65.

22 *Palandt-Diederichsen*, § 1601 Rn 2 unter Hinweis auf BGH NJW 1969, 2007.

23 BGH v. 25.4.2006 – VI ZR 114/05 – (Berichtigungsbeschluss v. 20.6.2006 – VI ZR 114/05 –); VersR 2006, 1081; BGH v. 19.6.1984 – VI ZR 301/82 – FamRZ 1984, 976 = MDR 1984, 1016 = NJW 1984, 2520 = r+s 1984, 263 = VersR 1984, 936 = zfs 1984, 362; OLG Frankfurt v. 24.1.1984 (8 U 24/83) zfs 1984, 165 (Vereinbarung, dass Verdienst der Ehefrau ihr allein verbleiben solle, bleibt unberücksichtigt); OLG München v. 15.6.1978 – 1 U 4719/77 – VersR 1979, 1066 (BGH v. 10.7.1979 – VI ZR 228/78 – hat die Revision nicht angenommen).

24 Zum Thema: *Wever/Schilling*, Streitfragen zum Unterhalt nicht miteinander verheirateter Eltern wegen Kindesbetreuung, FamRZ 2002, 581.

Ergebnis
- Nach § 1615l BGB hat für die dort geregelten Zeiträume die Mutter eines nichtehelichen Kindes Unterhaltsansprüche gegen den Vater.
  Ein Schadenersatzanspruch der **B** besteht aber nicht, da der Anspruch der Mutter nicht untergeht, sondern gemäß § 1615l III 5 BGB gegen den Nachlass fortbesteht;[25] der B wurde also kein Anspruch entzogen.
- K hat gegen A familienrechtliche Unterhaltsansprüche, die ihm unfallbedingt entzogen sind. X hat (nur) dem K Schadenersatz zu leisten.

B. Allgemeine Grundsätze zum Umfang der Ersatzpflicht der Höhe nach

I. Gesetzlicher Unterhalt

1. Barunterhalt – Naturalunterhalt

46 Die Unterhaltsansprüche der Hinterbliebenen gegenüber dem Ersatzverpflichteten aus § 844 II BGB orientieren sich allein an Umfang und Ende der gesetzlich, d.h. familienrechtlich geschuldeten Unterhaltsverpflichtung ohne dass es auf den tatsächlich gewährten Unterhalt des Getöteten ankommt.[26] „Gesetzlicher Unterhalt" im Sinne von § 844 II BGB ist, was im konkreten Fall das Ergebnis eines Unterhaltsprozesses der unterhaltsberechtigten Person gegen den Unterhaltspflichtigen wäre.[27] Eine nur auf Vertrag beruhende Unterhaltspflicht genügt nicht den Anforderungen, die § 844 II BGB an die Schadenersatzpflicht des Schadenersatzpflichtigen gegenüber mittelbar Geschädigten stellt.[28]

47 Der Unterhalt setzt sich zusammen aus

48 - dem **Barunterhalt** (wirtschaftliche Unterstützung durch Einkommen) und

49 - dem **Naturalunterhalt** (persönliche Zuwendung durch Betreuung, Erziehung und Haushaltsführung).

50 Am Unterhalt sind beide Ehegatten grundsätzlich zu gleichen Teilen beteiligt. Es obliegt ihnen dann, die Aufteilung der Pflichten nach den konkreten Bedürfnissen und Möglichkeiten zu bestimmen.[29]

---

25 Siehe Kap 6, Fn 14.
26 BGH v. 25.4.2006 – VI ZR 114/05 – (Berichtigungsbeschluss v. 20.6.2006 – VI ZR 114/05 –) VersR 2006, 1081; BGH v. 4.11.2003 – VI ZR 346/02 – BGHReport 2004, 157 (Anm. *Schiemann*) = DAR 2004, 79 = FamRZ 2004, 88 = MDR 2004, 449 = NJW 2004, 358 = NZV 2004, 23 = r+s 2004, 435 = SP 2004, 46 = VersR 2004, 75 = zfs 2004, 114.
27 BGH v. 25.4.2006 – VI ZR 114/05 – (Berichtigungsbeschluss v. 20.6.2006 – VI ZR 114/05 –) VersR 2006, 1081. *Soergel-Beater,* § 844 Rn 23.
28 BGH v. 25.4.2006 – VI ZR 114/05 – (Berichtigungsbeschluss v. 20.6.2006 – VI ZR 114/05 –) VersR 2006, 1081.
29 BGH v. 6.10.1987 – VI ZR 155/86 – DAR 1988, 20 = MDR 1988, 217 = VersR 1987, 1243; BGH v. 22.1.1985 – VI ZR 71/83 – DAR 1985, 215 = FamRZ 1985, 466 = JR 1985, 418 = MDR 1985, 482 = NJW 1985, 1460 = r+s 1985, 115 = VersR 1985, 365 = VRS 69, 7.

2. Unterhaltsschaden bei eingetragener Lebenspartnerschaft

Eingetragene gleichgeschlechtliche Lebenspartner (LPartG) haben Ehegatten angenäherte Rechte und Verpflichtungen, u.a. zur gegenseitigen Fürsorge und Unterstützung (§ 2 LPartG). Diese Gemeinschaft ist zwar in wirtschaftlicher Hinsicht der Ehe sehr stark angenähert, in ihrem Umfang aber noch nicht in allen rechtlichen Bereichen völlig identisch.

51

a. Barunterhalt

Die Partner sind untereinander zu angemessenem Barunterhalt verpflichtet (§ 5 LPartG, §§ 1360a, 1360b BGB); die Berechnung des Barunterhaltschadens folgt denselben Grundsätzen wie bei Ehegatten.

52

b. Naturalunterhalt

Eingetragene Lebenspartner (LPartG) waren **bis zum 31.12.2004** untereinander nur zu angemessenem Barunterhalt verpflichtet (§ 5 LPartG, §§ 1360a, 1360b BGB, begrenzt durch §§ 12, 16 LPartG). Eine Verpflichtung zum Naturalunterhalt bestand nicht, da eine Verweisung auf die die Haushaltsführung regelnden Bestimmungen der §§ 1356, 1360 BGB fehlte. Ersatz wegen entgangenen Naturalunterhaltes (Haushaltsführung) konnte daher bis zum 31.12.2004 **nicht** verlangt werden.

53

Durch das „Gesetz zur Überarbeitung des Lebenspartnerschaftsgesetzes"[30] sind eingetragene Lebenspartner (nur solche im Sinne des LPartG) **ab dem 1.1.2005** letztlich in den meisten zivilen Lebensbereichen Ehegatten gleichgestellt. Mit der Änderung des § 5 LPartG seit 1.1.2005 besteht seitdem auch eine Verpflichtung zur Haushaltsführung wie bei Ehegatten, sodass auch ein Haushaltsführungsschaden wie bei Ehegatten abzurechnen ist.

54

c. Drittversorgung

Soweit die Partner in das System der Hinterbliebenenversorgung eingebunden werden, kommt das **Verwandtenprivileg** zum Tragen.

55

Eine Hinterbliebenenrente aus der gesetzlichen **Rentenversicherung** sah das System bis zum 31.12.2004 nicht vor; der überlebende Lebenspartner ist weder Witwe noch Witwer im Sinne des § 46 SGB VI.[31] Eine Gleichstellung der Lebenspartner mit Ehegatten erfolgte – außerhalb der beamtenrechtlichen Versorgung – durch das Gesetz zur Überarbeitung des Lebenspartnerschaftsrechts.[32]

56

3. Unterhaltsrückstand

Die Ersatzpflicht besteht für die gesamte Zeit, für die dem Unterhaltsberechtigten der Unterhalt infolge des Unfalltodes tatsächlich entzogen ist und beginnt mit dem

57

---

30 Gesetz v. 15.12.2004, BGBl I 2004, 3396.
31 Hess. LSG v. 29.7.2004 – L 12 RJ 12/04 – NZS 2005, 32 (nur Ls.) = SGb 2005, 236 = SuP 2004, 595 (§ 46 SGB VI verstößt nicht gegen das Willkürverbot des Art 3 GG).
32 Gesetz zur Überarbeitung des Lebenspartnerschaftsrechts v. 15.12.2004, BGBl I 2004, 3396.

unfallbedingten Tod. Unterhaltsrückstände sind daher nicht zu ersetzen.[33] Insofern muss sich der Berechtigte nach § 1967 BGB an den Nachlass bzw. die Erben halten.[34]

4. Familienrechtlicher Unterhaltsanspruch

58 Zu ersetzen ist der familienrechtlich geschuldete und durch die Tötung entzogene Unterhalt (Barunterhalt, Betreuungsunterhalt). Der Umfang des geschuldeten Unterhaltes wird allein durch das Gesetz bestimmt; es kommt nicht auf individuelle Versorgungsabsprachen an.[35]

Gesetzliche Schadenersatzansprüche (z.B. wegen entzogenen Unterhaltes) sind keine familienrechtlich geschuldeten Unterhaltsansprüche im Sinne des § 844 BGB (und der vergleichbaren Haftungsnormen der Spezialgesetze).[35a]

59 Die §§ 1601 ff. BGB regeln ihrem Wortlaut nach zwar nur die Unterhaltsverpflichtung zwischen Verwandten in gerader Linie (§ 1589 S. 1 BGB), gelten aber auch bei Adoption (§ 1754) oder bloßer Scheinvaterschaft (§ 1592). Im Übrigen enthalten diese Normen allgemeine Bestimmungen jeder Unterhaltspflicht, so dass die Erfordernisse von Bedürftigkeit und Leistungsfähigkeit (§§ 1602, 1603 BGB) u.a. auch für §§ 1360 ff. BGB Geltung haben. Die **Grundvoraussetzungen** für das Bestehen eines familienrechtlichen Unterhaltsanspruches sind:

60 ■ **Verwandtschaft** in gerader Linie, § 1601 BGB,

61 ■ **Leistungsfähigkeit** des Unterhaltspflichtigen, § 1603 BGB,

62 ■ **Bedürftigkeit** des Unterhaltsberechtigten, § 1602 BGB.

a. Leistungsfähigkeit des unterhaltspflichtigen Getöteten

63 **§ 1603 BGB – Leistungsfähigkeit**

(1) Unterhaltspflichtig ist nicht, wer bei Berücksichtigung seiner sonstigen Verpflichtungen außerstande ist, ohne Gefährdung seines angemessenen Unterhalts den Unterhalt zu gewähren.

(2) ¹Befinden sich Eltern in dieser Lage, so sind sie ihren minderjährigen unverheirateten Kindern gegenüber verpflichtet, alle verfügbaren Mittel zu ihrem und der Kinder Unterhalt gleichmäßig zu verwenden. ²Den minderjährigen unverheirateten Kindern stehen volljährige unverheiratete Kinder bis zur Vollendung des 21. Lebensjahrs gleich, solange sie im Haushalt der Eltern oder eines Elternteils leben und sich in der allgemeinen Schulausbildung befinden. ³Diese Verpflichtung tritt nicht ein, wenn ein anderer unterhaltspflichtiger Verwandter vorhanden ist; sie tritt auch nicht ein gegenüber einem Kind, dessen Unterhalt aus dem Stamme seines Vermögens bestritten werden kann.

---

33 BGH v. 9.3.1973 – VI ZR 119/71 – MDR 1973, 662 = NJW 1973, 1076 = VersR 1973, 620; LG Düsseldorf v. 4.11.1999 – 13 O 309/99 – SP 2000, 379; AG Düsseldorf v. 24.5.1998 – 31 C 4132/98 – SP 1998, 459.
34 *Münchener Kommentar-Wagner*, § 844 Rn 28.
35 BGH v. 5.7.1988 – VI ZR 299/87 – BB 1988, 2061 = DAR 1989, 21 = DB 1988, 2456 (nur Ls.) = MDR 1988, 1047 = NJW-RR 1988, 1238 = NZV 1988, 217 = VersR 1988, 1116 = VRS 75, 416 = zfs 1988, 383; BGH v. 9.6.1967 – VI ZR 180/65 – VersR 1967, 880.
35a BGH v. 28.6.2006 – VII ZB 161/05 –. Siehe auch Kap 1 Rn 54 ff.

B. Allgemeine Grundsätze zum Umfang der Ersatzpflicht der Höhe nach

Die mutmaßliche Leistungsfähigkeit des Getöteten ist prognostisch mit einzubeziehen. Es ist zu ermitteln, wie sich bei hypothetischem Weiterleben der Unterhaltsanspruch des Berechtigten wahrscheinlich entwickelt haben würde. Es sind ähnliche Überlegungen anzustellen wie beim Erwerbsschaden.[36]

Ein Ersatzanspruch besteht nicht, wenn

- der Getötete **nicht leistungsfähig** war oder
- die Ansprüche gegen ihn **nicht durchsetzbar** gewesen wären.

Für den Nachweis der Realisierbarkeit kommt dem Geschädigten die Beweiserleichterung des **§ 287 ZPO** zugute.[37] Der Unterhaltsberechtigte erleidet in diesen Fällen keinen Schaden, durch den fremdverschuldeten Unfall kann er nicht in eine günstigere Lage kommen.

Schadenersatz ist für die Zeit zu leisten, in der der Getötete leistungsfähig und unterpflichtig gewesen wäre. Da die Leistungsfähigkeit ein **dynamischer Prozess** ist, unterliegt sie Wandlungen, wobei die Prognose sowohl positiv wie negativ sein kann:

- Nicht entscheidend ist, ob der Unterhaltsverpflichtete in der Vergangenheit seine Unterhaltspflicht erfüllt hat und ob er sie im Falle seines Weiterlebens freiwillig erfüllt hätte; es kommt auf das weitere künftige Bestehen und die Durchsetzbarkeit des Anspruchs an.[38]

- War der Getötete zwar zum Todeszeitpunkt nicht leistungsfähig, wäre er es aber ohne den Unfall später geworden, besteht der Ersatzanspruch von diesem Zeitpunkt an;[39] bis dahin haben die Hinterbliebenen nur einen Anspruch auf Feststellung der zukünftigen Ersatzpflicht.

Beispiel 6.4
Der Schüler A wird bei einem von X verschuldeten Unfall getötet. Im Unfallzeitpunkt war seine Freundin F von ihm schwanger. Das nach dem Unfall geborene Kind K verlangt Unterhaltsleistungen von X.

Ergebnis
- Bis zum hypothetischen Eintritt des A in das Berufsleben wäre A nicht leistungsfähig gewesen.
- Ab dem Eintritt in das Erwerbsleben (nach den Umständen erst nach Abschluss von Lehre und/oder Studium) käme dann ein durchsetzbarer Anspruch in Betracht. Es sind dann hypothetische Familienverhältnisse (u.U. auch weitere Unterhaltsberechtigte) des A zu prognostizieren.
- Ob und in welchem Umfang die Eltern des A und Großeltern des K Unterhaltsleistungen zu erbringen haben, ist schadenersatzrechtlich ohne Relevanz.

---

36 OLG Frankfurt v. 26.7.2005 – 17 U 18/05 – SP 2005, 338.
37 BGH v. 23.4.1974 – VI ZR 188/72 – MDR 1974, 922 = NJW 1974, 1373 = VersR 1974, 906; KG v. 6.10.1986 – 12 U 6341/84 – FamRZ 1987, 1030 = zfs 1987, 133; OLG Bremen v. 11.10.1988 – 1 U 79/88 – FamRZ 1990, 403 = r+s 1989, 399 = zfs 1990, 187 (BGH hat die Revision nicht angenommen).
38 OLG Hamm v. 14.3.2005 – 13 U 194/04 – NZV 2006, 85 = zfs 2006, 256 (Anm. *Diehl*); OLG Köln v. 26.2.1996 – 15 W 15/96 – NJWE-VHR 1996, 152; LG Düsseldorf v. 4.11.1999 – 13 O 309/99 – SP 2000, 379.
39 BGH v. 23.4.1974 – VI ZR 188/72 – MDR 1974, 922 = NJW 1974, 1373 = VersR 1974, 906.

73 *Beispiel 6.5*
A ist seit Jahren alkoholkrank und arbeitslos. A wird bei einem Unfall getötet und hinterlässt die Witwe W und das Kind K. W und K verlangen Unterhaltsleistungen.

Ergebnis
Die Prognose, dass A durch Erwerbstätigkeit wieder zum Unterhalt seiner Familie beitragen würde, ist ungünstig.[40] Ein Unterhaltsschaden ist zu verneinen.

74 *Beispiel 6.6*
Der im Unfallzeitpunkt 32 Jahre alte A hatte 2 Jahre zuvor die eidesstattliche Versicherung abgegeben und ist seither ohne nachgewiesenes Einkommen. A wird bei einem Unfall getötet und hinterlässt die Witwe W und das Kind K. W und K verlangen Unterhaltsleistungen.

Ergebnis
Ob es für A künftig Sinn gemacht hätte, auch unter Einbeziehung der Regeln über den sog. Privatkonkurs (Verbraucherinsolvenzverfahren, §§ 304 ff. InsO) wieder einer Einkommenstätigkeit jenseits der Pfändungsfreigrenzen nachzugehen, ist nach den Umständen abzuschätzen.

b. Bedürftigkeit des Unterhaltsberechtigten

aa. Ehegatte

75 Der Anspruch des Ehegatten auf den Familienunterhalt (§§ 1360, 1360a BGB) setzt, da § 1602 BGB nicht anwendbar ist, keine Bedürftigkeit voraus. Dass das eigene Einkommen zum eigenen Unterhalt reichen würde, berührt also nicht den Anspruch der Ehegatten untereinander auf Leistung eines Unterhaltsbeitrages.[41]

76 Gleiches gilt für den **eingetragenen Lebenspartner** (§ 5 LPartG).

bb. Unterhaltsberechtigte im Übrigen

77 Mit Ausnahme des Ehegattenunterhaltes setzt die gesetzliche Unterhaltspflicht die Bedürftigkeit des Unterhaltsberechtigten voraus (§ 1602 BGB).

78
> **§ 1602 BGB – Bedürftigkeit**
>
> (1) Unterhaltsberechtigt ist nur, wer außerstande ist, sich selbst zu unterhalten.
> (2) Ein minderjähriges unverheiratetes Kind kann von seinen Eltern, auch wenn es Vermögen hat, die Gewährung des Unterhalts insoweit verlangen, als die Einkünfte seines Vermögens und der Ertrag seiner Arbeit zum Unterhalt nicht ausreichen.

79 Bedürftigkeit wäre bei § 1615l BGB (**Mutter** des **nicht-ehelichen Kindes**) zu prüfen, sofern man ihr grundsätzlich einen schadenersatzrechtlich relevanten Unterhaltsschadenersatzanspruch zuspräche.[42]

80 Kann die minderjährige **Waise** sich bereits aus eigenem Vermögen (u.U. auch des vom Getöteten ererbten [Quellentheorie] oder vermachten Vermögens, so z.B. Auszahlung einer Lebens- oder Unfallversicherungsleistung an das Kind oder der Beleihungsfähigkeit

---
[40] OLG Köln v. 26.2.1996 – 15 W 15/96 – NJWE-VHR 1996, 152 (Getötete Ehefrau war aufgrund schweren Alkoholmissbrauchs ihrer Pflicht zur Haushaltsführung nicht nachgekommen).
[41] BGH v. 13.7.1971 – VI ZR 31/70 – MDR 1971, 999 = NJW 1971, 2066 = VersR 1971, 1065.
[42] Siehe Kap 6 Fn 14.

von Wohneigentum[43]; Erbschaft oder Pflichtteilsanspruch seitens der Großeltern) selbst unterhalten, so fehlt es an einer Barunterhaltspflicht des Getöteten, § 1602 II BGB.

Erhält der Hinterbliebene bereits vor dem Schadenfall **BAföG-Leistungen**, entfällt die Bedürftigkeit des Waisen.[44] Zu beachten ist das Bedürftigkeitsprivileg minderjähriger unverheirateter Kinder (§ 1602 II BGB), die zwar nicht den Stamm ihres Vermögens angreifen, jedoch Einkünfte aus dem Vermögen (z.B. Zinsen) für ihren Unterhalt verwenden müssen. Es kann allerdings bis zur **Volljährigkeit** noch ein Ersatzanspruch wegen entzogenen Betreuungsunterhalts in Betracht kommen.

Die Bedürftigkeit unterliegt ebenso wie die Leistungsfähigkeit einem **zeitlichen Wandel**. So kann bei Einkommenseinbußen (z.B. Arbeitslosigkeit) des Unterhaltsberechtigten der Anspruch wieder aufleben. Für eine zur Anspruchssicherung erhobene Klage besteht in der Regel ein ausreichendes Feststellungsinteresse.

cc. Pflichtteilsanspruch

Die Wertermittlung des Pflichtteils richtet sich nach §§ 2311 ff. BGB.

> **§ 2303 BGB – Pflichtteilsberechtigte; Höhe des Pflichtteils**
>
> (1) ¹Ist ein Abkömmling des Erblassers durch Verfügung von Todes wegen von der Erbfolge ausgeschlossen, so kann er von dem Erben den Pflichtteil verlangen. ²Der Pflichtteil besteht in der Hälfte des Wertes des gesetzlichen Erbteils.
>
> (2) ¹Das gleiche Recht steht den Eltern und dem Ehegatten des Erblassers zu, wenn sie durch Verfügung von Todes wegen von der Erbfolge ausgeschlossen sind. ²Die Vorschrift des § 1371 bleibt unberührt.
>
> **§ 2305 BGB – Zusatzpflichtteil**
>
> Ist einem Pflichtteilsberechtigten ein Erbteil hinterlassen, der geringer ist als die Hälfte des gesetzlichen Erbteils, so kann der Pflichtteilsberechtigte von den Miterben als Pflichtteil den Wert des an der Hälfte fehlenden Teils verlangen.

Dem **Waisen** steht, wenn er nicht neben dem hinterbliebenen Ehegatten (z.B. mangels Testament) Miterbe wurde, jedenfalls ein **Pflichtteilsanspruch** zu. Dieser nur auf Barabgeltung (§ 2303 I 2 BGB)[45] gerichtete Anspruch kann die Bedürftigkeit entfallen lassen, soweit Erträgnisse aus vorher bereits vorhandenem Vermögen (nur bzgl. Quellentheorie) in Betracht kommen; das gilt auch dann, wenn der Waise mit Rücksicht auf familiäre und moralische Bedenken von der Geltendmachung seines Anspruches absieht und diesen vielleicht auch noch verfristen (§ 2332 BGB) lässt.

Für den Pflichtteilsanspruch der **Eltern** und entfernter Verwandter gilt § 2309 BGB, für eingetragene Partner ist auf § 10 LPartG zu verweisen.

---

43 *Palandt-Diederichsen,* § 1602 Rn 6.
44 *Küppersbusch,* Rn 352 (S. 120), 437 (S. 146).
45 *Palandt-Edenhofer,* § 2317 Rn 2 unter Hinweis auf BGHZ 28, 178.

5. Familienrechtliche Unterhaltsgewähr und Ausfüllung durch Vereinbarung und Absprache

86 Für den Umfang des Schadenersatzanspruches wegen entzogenen Unterhaltes kommt es allein auf den vom Getöteten gesetzlich geschuldeten Unterhalt und nicht auf den tatsächlich gewährten an.[46]

87 Der Umstand, dass ausschließlich der familienrechtlich geschuldete Unterhalt maßgeblich ist, kann insbesondere dann bedeutsam werden, wenn mehrere Unterhaltspflichtige vorhanden sind und nur einer von ihnen tatsächlich Unterhalt leistet.[47] Vom Unterhaltspflichtigen erbrachte **überobligationsmäßige** Unterhaltsleistungen sind deshalb im Rahmen des § 844 II BGB nicht zu ersetzen.[48]

88 Die gesetzlichen Rahmenbedingungen für die Unterhaltsverpflichtung enthält das Familienrecht des BGB in §§ 1356 ff. (Ehegatten) und §§ 1601 ff. (Verwandtschaft).

89
> **§ 1356 BGB – Haushaltsführung, Erwerbstätigkeit**
>
> (1) Die Ehegatten regeln die Haushaltsführung im gegenseitigen Einvernehmen. Ist die Haushaltsführung einem der Ehegatten überlassen, so leitet dieser den Haushalt in eigener Verantwortung.
>
> (2) Beide Ehegatten sind berechtigt, erwerbstätig zu sein. Bei der Wahl und Ausübung einer Erwerbstätigkeit haben sie auf die Belange des anderen Ehegatten und der Familie die gebotene Rücksicht zu nehmen.
>
> **§ 1360 BGB – Verpflichtung zum Familienunterhalt**
>
> Die Ehegatten sind einander verpflichtet, durch ihre Arbeit und mit ihrem Vermögen die Familie angemessen zu unterhalten. Ist einem Ehegatten die Haushaltsführung überlassen, so erfüllt er seine Verpflichtung, durch Arbeit zum Unterhalt der Familie beizutragen, in der Regel durch die Führung des Haushalts.

90 Die Eheleute können die Aufteilung der gesetzlichen Unterhaltspflicht durch Vereinbarungen und Absprachen nach den konkreten Bedürfnissen und Möglichkeiten ausfüllen.[49] Erfüllung der Unterhaltspflicht durch Haushaltsführung und durch Arbeit sind nach dem Gesetz gleichwertig, § 1360 BGB. Die Ausgestaltung ihrer Lebensgemeinschaft bleibt den Eheleuten überlassen, damit auch der Umstand wie sie diese führen, ob als reine Haushaltsführungsehe (z.B. Rentnerhaushalt), als Alleinverdienerehe mit Rollenverteilung (einerseits Erwerbseinkommen und andererseits Haushaltsführung), als Doppelverdienerehe, als Hinzuverdienerehe.

---

46 BGH v. 9.6.1967 – VI ZR 180/65 – VersR 1967, 880.
47 BGH v. 5.7.1988 – VI ZR 299/87 – BB 1988, 2061 = DAR 1989, 21 = DB 1988, 2456 (nur Ls.) = MDR 1988, 1047 = NJW-RR 1988, 1238 = NZV 1988, 217 = VersR 1988, 1116 = VRS 75, 416 = zfs 1988, 383.
48 BGH v. 25.4.2006 – VI ZR 114/05 – (Berichtigungsbeschluss v. 20.6.2006 – VI ZR 114/05 –) VersR 2006, 1081; BGH v. 6.10.1992 – VI ZR 305/91 – DAR 1993, 25 = FamRZ 1993, 411 = MDR 1993, 124 = NJW 1993, 124 = NZV 1993, 21 = r+s 1993, 18 = VersR 1993, 56 = zfs 1992, 403; OLG Düsseldorf v. 5.3.1992 – 14 U 184/91 – NZV 1993, 473.
49 BGH v. 6.10.1987 – VI ZR 155/86 – DAR 1988, 20 = MDR 1988, 217 = VersR 1987, 1243; BGH v. 22.1.1985 – VI ZR 71/83 – DAR 1985, 215 = FamRZ 1985, 466 = JR 1985, 418 = MDR 1985, 482 = NJW 1985, 1460 = r+s 1985, 115 = VersR 1985, 365 = VRS 69, 7.

6. Angemessener Unterhalt

> **§ 1360a BGB – Umfang der Unterhaltspflicht**
>
> (1) Der angemessene Unterhalt der Familie umfasst alles, was nach den Verhältnissen der Ehegatten erforderlich ist, um die Kosten des Haushalts zu bestreiten und die persönlichen Bedürfnisse der Ehegatten und den Lebensbedarf der gemeinsamen unterhaltsberechtigten Kinder zu befriedigen.
>
> (2) Der Unterhalt ist in der Weise zu leisten, die durch die eheliche Lebensgemeinschaft geboten ist. Die Ehegatten sind einander verpflichtet, die zum gemeinsamen Unterhalt der Familie erforderlichen Mittel für einen angemessenen Zeitraum im Voraus zur Verfügung zu stellen.
>
> (3) Die für die Unterhaltpflicht der Verwandten geltenden Vorschriften der §§ 1613 bis 1615 sind entsprechend anzuwenden.
>
> (4) Ist ein Ehegatte nicht in der Lage, die Kosten eines Rechtsstreits zu tragen, der eine persönliche Angelegenheit betrifft, so ist der andere Ehegatte verpflichtet, ihm diese Kosten vorzuschießen, soweit dies der Billigkeit entspricht. Das Gleiche gilt für die Kosten der Verteidigung in einem Strafverfahren, das gegen einen Ehegatten gerichtet ist.
>
> **§ 1360b BGB – Zuvielleistung**
>
> Leistet ein Ehegatte zum Unterhalt der Familie einen höheren Beitrag als ihm obliegt, so ist im Zweifel anzunehmen, dass er nicht beabsichtigt, von dem anderen Ehegatten Ersatz zu verlangen.

91

Nach § 1360a I BGB wird der angemessene Unterhalt der Familie bestimmt durch Lebensumstände und persönliche Bedürfnisse. Neben dem Barunterhalt umfasst der gesetzlich geschuldete Unterhalt auch Haushaltsführung sowie Betreuungs- und Versorgungsleistungen.

92

7. Dauer des Unterhaltes

a. Rentendauer – Anspruchsdauer, Kapitalisierung

Zum zeitlichen Umfang des Unterhaltsschadens ist auf die Darstellung im Rahmen der Kapitalabfindung hinzuweisen.[50]

93

b. Junge Ehe

> **§ 1579 BGB – Beschränkung oder Wegfall der Verpflichtung**
>
> Ein Unterhaltsanspruch ist zu versagen, herabzusetzen oder zeitlich zu begrenzen, soweit die Inanspruchnahme des Verpflichteten auch unter Wahrung der Belange eines dem Berechtigten zur Pflege oder Erziehung anvertrauten gemeinschaftlichen Kindes grob unbillig wäre, weil
>
> 1. die Ehe von kurzer Dauer war; der Ehedauer steht die Zeit gleich, in welcher der Berechtigte wegen der Pflege oder Erziehung eines gemeinschaftlichen Kindes nach § 1570 Unterhalt verlangen konnte,
> 2. ...

94

---

50 Kap 7 Rn 137 ff.

95 Ob aus einer kinderlos gebliebenen kurzen Ehe wechselseitige Unterhaltsansprüche bis zum Lebensende auch schadenersatzrechtlich resultieren, ist zweifelhaft. Gerade bei jugendlichem Alter, zudem kurzer oder kinderlos gebliebener Ehe haben sich beide Ehepartner noch nicht wechselseitig so eingestellt, dass daraus eine dauerhafte Unterhaltsbeziehung resultiert (siehe auch § 1579 Nr. 1 BGB).

96 Unter Einbeziehung von § 242 BGB können Ersatzansprüche wegfallen oder zeitlich eingegrenzt sein.[51]

97 *Beispiel 6.7*
Der am 25.3.1980 geborene A verunfallt am 17.5.2002 tödlich. A hatte im Sommer 2001 die am 21.10.1980 geborene B geheiratet. Die Ehe ist kinderlos.
B verlangt von X, der den Unfall zu verantworten hat, Ersatz wegen entgangenen Unterhaltes.

Ergebnis
Zum einen ist die Wiederverheiratungschance berücksichtigt.
Zum anderen kann der Standpunkt vertreten werden, dass angesichts des jungen Alters und der Kürze der Ehe die beiden Ehepartner sich noch nicht wechselseitig auf eine dauerhafte Unterhaltsbeziehung eingerichtet hatten.

8. Unterhaltsschaden nach Trennung und Scheidung von Eheleuten

98 Grundsätzlich ist dem Aspekt einer möglichen Trennung und Scheidung Rechnung zu tragen. Der familienrechtliche Unterhalt – und damit auch der Schaden – richtet sich bei bestehender Ehe an §§ 1360, 1360a BGB aus, bei getrennt lebenden und geschiedenen Ehegatten an §§ 1569 ff. BGB.

a. Trennung

99 Es müssen **deutliche Anzeichen** dafür vorhanden sein, dass die Ehe vor dem Tod des Unterhaltspflichtigen bereits zum Scheitern verurteilt war.[52] Die Darlegungs- und Beweislast trifft den Schädiger. Aus geäußerten Scheidungsabsichten kann nicht zwingend geschlossen werden, dass die Ehe ohne den Unfalltod tatsächlich geschieden worden wäre.[53] Bei mehr als 3 Jahre getrennt lebenden Ehegatten kann dabei dem Schädiger die unwiderlegbare Vermutung des § 1566 II BGB zugute kommen, dass die Ehe gescheitert ist.

---

51 OLG Hamm v. 1.4.1987 – 5 UF 370/86 – FamRZ 1987, 1151 = zfs 1988, 5 (Eine zeitliche Begrenzung kommt in Betracht, wenn die Ehe zwar nicht von kurzer Dauer im Sinne des § 1579 Nr. 1 BGB war, die Eheleute tatsächlich aber nur wenige Monate zusammengelebt haben); LG Bielefeld v. 30.4.1968 – 4 O 19/68 – VersR 1968, 783 (Anm. *Löwe,* VersR 1968, 954) (Wegfall der Ansprüche bei junger Ehe [konkret: Ehedauer 6 Monate, kinderlos]. Dass die Ehefrau erwerbstätig war, ist nicht von Bedeutung.).
52 OLG Hamm v. 26.9.1990 – 13 U 168/89 – FamRZ 1991, 1179 = r+s 1991, 373 = VersR 1992, 511 = zfs 1991, 408 (Beweiswürdigung für wahrscheinliche Versöhnung der Eheleute bei anhängigem Scheidungsverfahren und notarieller Scheidungsfolgenvereinbarung).
53 *Röthel,* Ehe und Lebensgemeinschaft im Personenschadenrecht, NZV 2001, 329 (334) hebt hervor, dass mittlerweile jede 3. Ehe geschieden wird. Dieses wird man künftig ebenso wenig außer Acht lassen können wie die verkürzten nachehelichen Unterhaltspflichten, wie sie in der Reform der Unterhaltsrechts (Entwurf eines Gesetzes zur Änderung des Unterhaltsrechts, BR-Drucks 253/06 v. 7.4.2006) vorgesehen sind.

B. Allgemeine Grundsätze zum Umfang der Ersatzpflicht der Höhe nach

Lebten die Ehegatten bereits zum Unfallzeitpunkt getrennt oder war diese Trennung bereits abzusehen, entfällt ein **Haushaltsführungsschaden**.[54] **100**

Der **Barunterhaltschaden** richtet sich bei Getrenntlebenden[55] und Geschiedenen nach den familienrechtlichen Tabellen und Grundsätzen der OLG'e zur Bestimmung des angemessenen Unterhalts. **101**

b. Ersatzanspruch des geschiedenen Ehegatten

War die Ehe bereits im Unfallzeitpunkt geschieden, richtet sich der Barunterhaltsanspruch am Scheidungsurteil (oder einer adäquaten Entsprechung) aus. Naturalunterhalt ist nicht zugewähren, zu ersetzen ist der Verlust des nachehelichen Unterhaltsanspruches.[56] **102**

Ist der geschiedene Ehepartner bereits wieder neu verheiratet, so ist der Unterhaltsanspruch dadurch nicht untergegangen, sondern kann – wenn auch zur Höhe vielleicht nicht mehr messbar – zu späterer Zeit wieder aufleben. **103**

Änderungen (§ 323 ZPO) erfolgen entsprechend dem Scheidungsrecht und nicht dem Schadenersatzrecht. Ändert sich – z.B. aufgrund einer Novellierung des Scheidungsrechtes – der familienrechtliche Rahmen, so ist der Ersatzanspruch anzupassen. **104**

9. Einzelproblem bei Kindern

a. Adoption

Wie bei der Rentenversicherung (§ 48 VI SGB VI) beendet die Adoption auch in der gesetzlichen Unfallversicherung (§ 67 V SGB VII) nicht den Rentenanspruch. **105**

Der Schadenersatzanspruch von Waisen wegen der Entziehung des Unterhaltes wird nicht dadurch gemindert, dass die Unfallwaisen (z.B. vom Stiefvater oder den Großeltern) adoptiert werden (siehe auch § 1755 BGB).[57] Soweit das Kind durchsetzbare Ansprüche auf Ersatz seines Unterhaltsschadens hat, besteht keine Unterhaltspflicht der Adoptiveltern, da es nicht bedürftig ist.[58] **106**

> *Beispiel 6.8* **107**
> Durch einen von A verschuldeten Verkehrsunfall wird die M, Ehefrau des W und Mutter der beiden Kinder K und L (im Unfallzeitpunkt 4 und 6 Jahre alt) getötet. 2 Jahre nach dem Unfall heiratet der Witwer W die X, 1 Jahr später wird beider Sohn Y geboren. X entschließt sich, die Kinder des W aus erster Ehe (K und L) zu adoptieren.
> Anlässlich des Unfalles erhalten K und L Halbwaisenrenten aus der gesetzlichen Unfall- und Rentenversicherung. Zusätzlich zahlte die Versicherung des A wegen des Betreuungsschadens weitere Beträge.

---

54 LG Bayreuth v. 22.6.1981 – 3 O 117/81 – VersR 1982, 607.
55 OLG Hamm v. 23.6.1988 – 6 U 293/87 – NZV 1989, 271 = zfs 1989, 298.
56 BGH v. 19.3.1974 – VI ZR 19/73 – NJW 1974, 1236 = VersR 1974, 700.
57 BGH v. 22.9.1970 – VI ZR 28/69 – BGHZ 54, 269 = FamRZ 1970, 587 = JZ 1971, 657 (Anm. *Rother*) = MDR 1970, 1000 = NJW 1970, 2061 (Anm. *Schultze-Bley*, NJW 1971, 1137) = VersR 1970, 1051.
58 BGH v. 22.9.1970 – VI ZR 28/69 – BGHZ 54, 269 = FamRZ 1970, 587 = JZ 1971, 657 (Anm. *Rother*) = MDR 1970, 1000 = NJW 1970, 2061 (Anm. *Schultze-Bley*, NJW 1971, 1137) = VersR 1970, 1051.

Ergebnis
- Die Sozialversicherer müssen trotz der Adoption weiter **Halbwaisenrenten** an **K** und **L** zahlen.
  Die Haftpflichtversicherung des A muss weiterhin (neben einem etwaigen verbleibenden Barunterhaltschaden) den **Betreuungsschaden** von K und L, den diese durch den Tod der Mutter erlitten haben, ausgleichen. Die erneute Heirat ihres Vaters bleibt dabei rechnerisch ebenso außer Betracht wie dessen Verpflichtungen der X und dem Y gegenüber.
- Weder **X** noch **Y** erhalten Leistungen wegen des Unfalles der M.

108 Andererseits haben (vor dem Schadenereignis) bereits adoptierte Kinder gegenüber ihren Adoptiveltern einen ungekürzten familienrechtlichen Unterhaltsanspruch, der bei unfallkausalem Wegfall dann Schadenersatzansprüche auslöst.

b. Tod beider Eltern

109 Den Vollwaisen ist der durch den Tod der Eltern entgangene Barunterhalts- und Betreuungsschaden zu ersetzen. Die Anspruchshöhe ist vom Bedarf der Kinder abhängig.[59]

110 Eine Adoption beendet nicht den Rentenanspruch.[60]

111 Nicht zuletzt wegen der zu berücksichtigenden Forderungsübergänge ist der durch den Tod entstandene Unterhaltsschaden für jedes Elternteil getrennt zu bestimmen.[61]

112 Werden Unterhaltsberechtigte berechtigt in einem **Kinderheim** untergebracht, so sind Ausgangspunkt der Berechnung die Heimkosten, gekürzt um ersparte Aufwendungen, insbesondere für Wohnen und Verpflegung.[62] Bei unentgeltlicher Unterbringung von Waisen in einer **versorgenden Familie** ist der Schaden anhand der üblichen Kosten einer gleichwertigen Familienunterbringung zu schätzen;[63] einen praktikablen Anhaltspunkt für eine angemessene Bestimmung bietet der doppelte Regelbedarfssatz.[64]

---

59 OLG Düsseldorf v. 26.02.1999 – 22 U 187/98 – FamRZ 2000, 425 = JurBüro 2000, 163 (nur Ls.) = NJW-RR 1999, 1478 (Schätzung des entgangenen Naturalunterhalts für ein bei Tötung seiner Eltern 4 Jahre altes Kind auf 698 DM monatlich).

60 Kap 6 Rn 105 ff.

61 BGH v. 15.10.1985 – VI ZR 55/84 – DAR 1986, 51 (Anm. *Eckelmann/Nehls* DAR 1986, 284) = FamRZ 1986, 35 = MDR 1986, 306 = NJW 1986, 715 = NJW-RR 1986, 387 (nur Ls.) = r+s 1986, 7 = VersR 1986, 264 = VRS 70, 169; BGH v. 22.1.1985 – VI ZR 71/83 – DAR 1985, 215 = FamRZ 1985, 466 = JR 1985, 418 = MDR 1985, 482 = NJW 1985, 1460 = r+s 1985, 115 = VersR 1985, 365 = VRS 69, 7; OLG Hamm v. 30.11.1989 – 6 U 29/89 – FamRZ 1990, 878 = NJW-RR 1990, 452 = zfs 1990, 341.

62 OLG Düsseldorf v. 1.2.1985 – 14 U 189/84 – VersR 1985, 698, OLG Celle v. 20.3.2003 – 14 U 188/02 – DAR 2004, 352 = FamRZ 2004, 526 = NZV 2004, 307 = OLGR Celle 2003, 187 = SP 2004, 191 = zfs 2004, 208 (BGH hat die Nichtzulassungsbeschwerde zurückgewiesen, Beschl. v. 3.2.2004 – VI ZR 119/03 –) befasste sich mit dem Fall, dass die getötete Mutter zur Erziehung des Kindes nicht in der Lage gewesen sein sollte (Ersatz hoher Heimkosten bejaht. Eine fehlende Leistungsfähigkeit der getöteten Mutter wurde nicht berücksichtigt: Maßgeblich ist allein die Leistungsfähigkeit hinsichtlich der Erbringung von Unterhalt – auch in Form des Naturalunterhaltes –, nicht jedoch die Leistungsfähigkeit hinsichtlich einer förderlichen Erziehung. Unzureichende Erziehung auch mit starker Beeinträchtigung der sozialen Entwicklung des Kindes ist für die Frage der Leistungsfähigkeit der Unterhaltsgewährung ohne Bedeutung; es handelt sich um einen Fall der schadensgeneigten Konstitution.

63 BGH v. 13.7.1971 – VI ZR 260/69 – MDR 1971, 921 = VersR 1971, 1045; OLG Koblenz v. 1.2.1993 – 12 U 31/92 – VRS 84, 258 (Mehraufwand bei Unterbringung in Pflegefamilie).

64 *Küppersbusch*, Rn 381 (S. 129) und *Böhme/Biela*, Rn D 289 (S. 242) unter Hinweis auf einen entsprechenden Vorschlag des 15. deutschen Verkehrsgerichtstages. OLG Celle v. 22.12.1977 – 5 U 33/77 – VersR 1980, 583 (Mischung zwischen einfachem Regelsatz, aber veränderten Altersstufen); OLG Stuttgart v. 10.11.1992 – 14 W 4/92 – VersR 1993, 1536.

c. Tod der allein erziehenden Mutter[65]

§ 844 BGB begrenzt die Ersatzpflicht auf das Leistungsvermögen der Getöteten. **113**

- War die getötete Mutter nur zum Naturalunterhalt verpflichtet, so ist der Betreuungsschaden auszugleichen; der Barunterhalt gegenüber dem Vater bleibt unberührt. War die Mutter nur eingeschränkt leistungsfähig, ist das bei der Schadenzumessung zu berücksichtigen. **114**

- War die Mutter bar- und naturalunterhaltspflichtig, so ist neben dem Naturalschaden auch der Barunterhalt zu ersetzen. **115**

Werden die Kinder in einem Heim oder bei einer Pflegefamilie untergebracht, gilt das zum Tode beider Eltern Ausgeführte.[66] **116**

d. Unterhaltsschaden des volljährigen Kindes

Regelmäßig ist die Unterhaltsrente eines Kindes auf die Vollendung des 18. Lebensjahres (**Volljährigkeit**)[67] zu begrenzen (unter Berücksichtigung aller zukünftigen Entwicklungen[68]) und darüber hinaus nur durch Feststellungsurteil abzusichern.[69] Der familienrechtliche Barunterhaltsanspruch der Kinder **endet** häufig mit der Lehre (16. – 18. Lebensjahr), kann allerdings bis (z.B. bei Studium) auch darüber hinaus andauern.[70] **117**

Den Waisen ist (wenn und solange sie bedürftig sind) Schadenersatz wegen entgangenen Barunterhaltes bis zum Ende der familienrechtlich geschuldeten Ausbildung zu zahlen. Der Betreuungsschaden tritt aber nur bis zur Vollendung des 18. Lebensjahres daneben.[71] Nach Vollendung des 18. Lebensjahres können Waisen keine Ansprüche wegen entzogenen Betreuungsunterhaltes mehr geltend machen. **118**

Gegenüber **volljährigen Kindern** sind beide Elternteile **nur** noch **barunterhaltspflichtig**, wenn und solange die Kinder noch bedürftig sind.[72] Während der Barunterhalt auch gegenüber volljährigen Berechtigten besteht, ist der Betreuungsunterhalt nur minderjährigen Kindern zu gewähren. Betreuungsleistungen für ein volljähriges Kind sind keine Unterhaltsleistungen mehr. Leistungen, die ein Elternteil seinem Kind noch über die **119**

---

65 Zum Thema: *Wever/Schilling*, Streitfragen zum Unterhalt nicht miteinander verheirateter Eltern wegen Kindesbetreuung, FamRZ 2002, 581.
66 Kap 6 Rn 109 ff.
67 OLG Hamm v. 19.12.1995 – 27 U 117/95 – OLGR 1996, 67 = zfs 1996, 211.
68 BGH v. 24.4.1990 – VI ZR 183/89 – DAR 1990, 296 = MDR 1990, 809 = NJW-RR 1990, 962 = NZV 1990, 307 = r+s 1990, 272 (nur Ls.) = VersR 1990, 907 = VRS 90, 257 = zfs 1990, 340.
69 BGH v. 15.3.1983 – VI ZR 187/81 – BGHZ 87, 121 = DAR 1983, 294 = FamRZ 1983, 792 = MDR 1983, 835 = NJW 1983, 2197 = r+s 1983, 191 = VersR 1983, 688 = VRS 65, 182 = zfs 1983, 294.
70 Siehe dazu OLG Köln v. 17.2.1989 – 20 U 37/87 – VersR 1990, 1285 (nur Ls.) = zfs 1991, 11 (BGH v. 20.3.1990 – VI ZR 127/89 – DAR 1990, 228 = FamRZ 1990, 848 = MDR 1990, 1100 = NJW-RR 1990, 706 = NZV 1990, 306 = r+s 1990, 200 [nur Ls.] = VersR 1990, 748 = VRS 79, 166 = zfs 1990, 261 hat Revision teilweise nicht angenommen).
71 OLG München v. 11.5.2005 – 20 U 5275/04 –. *Jahnke*, Der Kinderunfall – Ein Überblick über haftungs- und schadenersatzrechtliche Aspekte, in Festschrift zum 25-jährigen Bestehen der Arbeitsgemeinschaft Verkehrsrecht des Deutschen Anwaltvereins (2004), S. 213. BGH v. 25.4.2006 – VI ZR 114/05 – (Berichtigungsbeschluss v. 20.6.2006 – VI ZR 114/05 –) VersR 2006, 1081. (Ein gesetzlich geschuldeter Unterhalt kann auch bei Gewährung des Unterhalts als Naturalunterhalt nach § 1612 I 2, II BGB vorliegen).
72 BGH v. 9.1.2002 – XII ZR 34/00 – FamRZ 2002, 815 = NJW 2002, 2026 = BGHReport 2002, 498 (Anm. *Hauß*) = MDR 2002, 826. *Staudinger-Engler*, § 1606 Rn 25; *Palandt-Diederichsen*, § 1606 Rn 9.

Vollendung seines 18. Lebensjahres hinaus in Natur erbringt, sind nicht mehr als Betreuungsunterhalt i.S.v. § 1606 III 3 BGB zu werten.[73] Mit dem Eintritt der Volljährigkeit endet die elterliche Sorge im Rechtssinne und – als Teil hiervon – die vor allem die Pflicht zur Pflege und Erziehung des Kindes beinhaltende Personensorge (§§ 1626, 1631 BGB) des betreuenden Elternteils. Damit entfällt nach dem Gesetz die Grundlage für eine Gleichbewertung von Betreuungs- und Barunterhalt ohne Rücksicht darauf, ob im Einzelfall etwa ein volljähriger Schüler weiter im Haushalt eines Elternteils lebt und von diesem noch gewisse Betreuungsleistungen erfährt.[74] Das gilt auch für die Pflege und Betreuung volljähriger Kinder.

Nur im eng begrenzten Ausnahmefall können nach § 1612 II BGB Pflegeleistungen – unter Einrechnung erzielter Pflegegelder – als gesetzlich geschuldeter Naturalunterhalt angesehen werden.[75] Dabei reicht eine bloße Vereinbarung aber nicht aus; vielmehr muss diese bereits vor dem Unfalltod praktiziert, d.h. umgesetzt und verwirklicht worden sein.[75a] Allein die Behauptung einer noch vor dem Tod getroffenen – allerdings noch nicht umgesetzten und vollzogenen – Abrede kann das schadenersatzrechtliche Maß des gesetzlich geschuldeten Unterhaltes ebenso wenig bestimmen wie eine Vereinbarung zwischen Unterhaltspflichtigem und Unterhaltsberechtigtem, es sei ein bestimmter – den gesetzlich geschuldeten Unterhalt übersteigender – Betrag als Unterhalt zu zahlen.[75b]

e. Unterhaltsschaden bei Tötung des Kindes

120 Den Eltern eines getöteten Kindes kann grundsätzlich ein Schadensersatzanspruch zustehen. Der Wegfall bzw. die Schmälerung von **Kinder-, Eltern-** und **Erziehungsgeldern** stellt keinen ersatzfähigen Schaden dar.

121 Es kommt nur ein Ersatzanspruch wegen entzogenen Barunterhaltes, nicht jedoch wegen **Betreuung** in Betracht; der Anspruch auf Betreuungsunterhalt endet mit der Volljährigkeit.[76]

122 Auch gegenüber Eltern eines getöteten Kindes kommt es nicht auf individuelle Versorgungsabsprachen, sondern allein auf den gesetzlich geschuldeten Unterhalt an. Die **gesetzliche Unterhaltspflicht** eines getöteten Kindes gegenüber seinen Eltern bestimmt sich

123 ■ zum einen nach deren Unterhalts**bedürftigkeit** (§ 1602 BGB),[77]

---

73 BGH v. 9.1.2002 – XII ZR 34/00 – FamRZ 2002, 815 = NJW 2002, 2026 = BGHReport 2002, 498 (Anm. *Hauß*) = MDR 2002, 826; BGH v. 2.3.1994 – XII ZR 215/92 – FamRZ 1994, 1013 = MDR 1994, 1013 = NJW 1994, 1530.
74 BGH v. 9.1.2002 – XII ZR 34/00 – FamRZ 2002, 815 = NJW 2002, 2026 = BGHReport 2002, 498 (Anm. *Hauß*) = MDR 2002, 826; BGH v. 2.3.1994 – XII ZR 215/92 – FamRZ 1994, 1013 = MDR 1994, 1013 = NJW 1994, 1530.
75 BGH v. 25.4.2006 – VI ZR 114/05 – (Berichtigungsbeschluss v. 20.6.2006 – VI ZR 114/05 –) VersR 2006, 1081.
75a BGH v. 25.4.2006 – VI ZR 114/05 – (Berichtigungsbeschluss v. 20.6.2006 – VI ZR 114/05 –) VersR 2006, 1081.
75b BGH v. 25.4.2006 – VI ZR 114/05 – (Berichtigungsbeschluss v. 20.6.2006 – VI ZR 114/05 –) VersR 2006, 1081 (Eine über die gesetzlich geschuldete Unterhaltspflicht hinausgehende [„überobligatorisch"] tatsächlich erbrachte Unterhaltsleistung ist im Rahmen des § 844 II BGB nicht zu ersetzen).
76 Kap 6 Rn 119.
77 BGH v. 18.6.1985 – VI ZR 6/84 – VersR 1985, 1140 = VRS 70, 91 = zfs 1986, 105 (Ein Unterhaltsbedürftiger im Sinne des § 1602 I BGB muss zur Deckung seines Lebensbedarfes zunächst seine eigenen Mittel einschließlich seines Vermögens verwerten, es sei denn, die Verwertung ist unwirtschaftlich

- zum zweiten nach der eigenen Leistungs**fähigkeit** (§ 1603 BGB) des getöteten Kindes,   **124**

- zum dritten aber auch danach, ob neben dem Getöteten noch **andere Unterhaltspflichtige** (Ehegatte – auch: geschiedener[78] –, Geschwister[79]) vorhanden sind.[80]   **125**

Bei Existenz weiterer Unterhaltspflichtiger neben dem Getöteten entfällt die Unterhaltspflicht nur anteilig und nicht gesamtschuldnerisch (§ 1606 III BGB).[81]   **126**

Es besteht regelmäßig ein Anspruch auf **Feststellung** der Ersatzpflicht hinsichtlich des Unterhaltsschadens.[82] Die Zukunftsprognose richtet sich wesentlich an der hypothetischen beruflichen und privaten Entwicklung des verstorbenen Kindes aus,[82a] ergänzt um die unterhaltsrechtlich relevanten Veränderungen bei den etwaig vorhandenen weiteren Unterhaltspflichtigen. Sind die Eltern sozialversichert oder beamtenrechtlich versorgt, sind vielleicht auch noch Geschwister vorhanden, so kann sich mangels ausreichender Wahrscheinlichkeit eine Feststellungsklage als unbegründet herausstellen.[83]   **127**

Auf die wenig bekannte **Aszendentenrente** (§ 69 SGB VII) aus der gesetzlichen Unfallversicherung ist hinzuweisen.   **128**

---

oder unzumutbar). Siehe auch zum Regress der Sozialhilfe beim Elternunterhalt BGH v. 17.12.2003 – XII ZR 224/00 – BGHReport 2004, 376 = FamRZ 2004, 370 (Anm. *Strohal*, FamRZ 2004, 441) = MDR 2004, 450 = NJW 2004, 677 (Zwar ist ein – nicht minderjähriger – Unterhaltsberechtigter im Verhältnis zum Unterhaltspflichtigen grundsätzlich gehalten, vorhandenes Vermögen zu verwerten, soweit ihm dies – auch unter Wirtschaftlichkeitsaspekten – zumutbar ist. Das schließt allerdings nicht aus, dem Unterhaltsberechtigten eine gewisse Vermögensreserve als sog. Notgroschen für Fälle plötzlich auftretenden Sonderbedarfs zu belassen. Der Notgroschen ist zumindest in der Größenordnung des Schonbetrages nach § 88 I Nr. 1 BSHG anzusetzen.).

78 Zu beachten ist, dass der geschiedene Ehemann nach § 1584 BGB grundsätzlich vor dem getöteten Nachkommen und dessen Geschwistern unterhaltspflichtig ist.
79 BGH v. 9.6.1967 – VI ZR 180/65 – VersR 1967, 880.
80 OLG Koblenz v. 18.11.2002 – 12 U 1035/01 – FamRZ 2003, 1661 = NJW 2003, 521 = OLGR 2003, 149 = PVR 2003, 254 (nur Ls.) = SP 2003, 200 = VRS 104,185.
81 Zu den Einzelheiten siehe *Birkmann*, DAR 1989, 209; BGH v. 5.7.1988 – VI ZR 299/87 – BB 1988, 2061 = DAR 1989, 21 = DB 1988, 2456 (nur Ls.) = MDR 1988, 1047 = NJW-RR 1988, 1238 = NZV 1988, 217 = VersR 1988, 1116 = VRS 75, 416 = zfs 1988, 383.
82 BGH v. 3.12.1951 – III ZR 119/51 – BGHZ 4,133 = NJW 1952, 539; BGH v. 21.10.1953 – VI ZR 320/52 – LM BGB § 844 Abs. 2 Nr. 9 = MDR 1954, 160; BGH v. 7.4.1952 – III ZR 194/51 – LM BGB § 844 Abs. 2 Nr. 7; OLG Düsseldorf v. 23.3.1994 – 15 U 282/92 – SP 1994, 210 (Voraussetzung ist, dass der Eintritt eines zukünftigen Unterhaltsschadens hinreichend wahrscheinlich ist); OLG Koblenz v. 18.11.2002 – 12 U 1035/01 – FamRZ 2003, 1661 = NJW 2003, 521 = OLGR 2003, 149 = PVR 2003, 254 (nur Ls.) = SP 2003, 200 = VRS 104, 185; OLG Nürnberg v. 31.10.1984 – 9 U 943/84 – (Bei Erlass des Feststellungsurteils darf nicht offen gelassen werden, ob sich die Eltern eine Mitverantwortung ihres getöteten Kindes anrechnen lassen müssen); LG Braunschweig v. 20.10.1971 – 5 O 151/71 – VersR 1972, 567, LG Mühlhausen v. 1.11.2005 – 2 S 237/05 – DAR 2006, 217; AG Eisenach v. 7.7.2005 – 57 C 518/05 – zfs 2006, 446 (LG hat das AG bestätigt) (Anm. Diehl) (Erforderlich ist nur, dass nach der Erfahrung des Lebens und dem gewöhnlichen Lauf der Dinge die spätere Verwirklichung des elterlichen Unterhaltsanspruchs nicht ausgeschlossen erscheint, sondern vielmehr mit einer gewissen Wahrscheinlichkeit anzunehmen ist).
82a BGH v. 3.12.1951 – III ZR 119/51 – BGHZ 4, 133 (Die mutmaßliche Leistungsfähigkeit des Getöteten ist anhand der im Zeitpunkt der Urteilsfindung bekannten Tatsachen zu prüfen. Eine bestimmte Altersgrenze, von der an die mutmaßliche Leistungsfähigkeit eines getöteten Kindes erst beurteilt werden kann, ist nicht festzulegen.); OLG Hamm v. 4.11.1991 – 6 U 109/91 – OLGR 1992, 44.
83 LG Rostock v. 9.2.2001 – 9 O 342/99 – SP 2001, 302 (Allein die theoretische Wahrscheinlichkeit einer möglichen Anspruchsberechtigung aus §§ 1601 ff. BGB reicht nicht aus; erforderlich ist schon eine gewisse Wahrscheinlichkeit).

II. Barunterhaltsschaden

1. Einkünfte

129 Der Barunterhalt richtet sich nach dem Einkommen des Getöteten. Auszugehen ist vom tatsächlichen Nettoeinkommen des Getöteten zum Unfallzeitpunkt. Für die Zukunft muss das jeweilige Einkommen des Getöteten (aber auch der unterhaltsberechtigten Hinterbliebenen), unter Umständen auch getrennt nach Zeitabschnitten, gemäß § 287 ZPO fiktiv ermittelt werden.[84]

130 Es ist zu ermitteln, wie sich bei hypothetischem Weiterleben der Unterhaltsanspruch des Berechtigten wahrscheinlich entwickelt haben würde. Die Bestimmung des Barunterhaltsschadens orientiert sich dabei an ähnlichen Aspekten wie die Ermittlung des Verdienstausfallschadens.[85]

a. Besondere Personengruppen

aa. Ausländer

131 Bei Ausländern ist für die rechtliche Unterhaltsverpflichtung das **ausländische Recht** maßgeblich,[86] wenn keine abweichende Regelung (siehe Art. 18 I EGBGB, Haager Übereinkommen v. 2.10.1973) Anwendung finden.[87] Die Frage, ob und in welcher Höhe ein Unterhaltsanspruch besteht, ist ansonsten nach dem Recht des jeweiligen Heimatlandes der Geschädigten zu beurteilen, auch wenn sich die Frage, ob überhaupt (dem Grunde nach) gehaftet wird, nach deutschen Deliktsrecht richtet.[88]

132 Bei Tötung eines ausländischen Arbeitnehmers kann für die Berechnung des Unterhaltsschadens der im Ausland lebenden Kinder die Düsseldorfer Tabelle zugrunde gelegt werden.[89]

133 Während Bürger der **Europäischen Union** ohne wesentliche Einschränkungen in Deutschland arbeiten können (§§ 1 II Nr. 1 AufenthG, 2 FreizügG/EU[90]), unterliegen

---

84 BGH v. 4.11.2003 – VI ZR 346/02 – BGHReport 2004, 157 (Anm. *Schiemann*) = DAR 2004, 79 = FamRZ 2004, 88 = MDR 2004, 449 = NJW 2004, 358 = NZV 2004, 23 = r+s 2004, 435 = SP 2004, 46 = VersR 2004, 75 = zfs 2004, 114; OLG Frankfurt v. 26.7.2005 – 17 U 18/05 – SP 2005, 338.
85 OLG Frankfurt v. 26.7.2005 – 17 U 18/05 – SP 2005, 338.
86 BGH v. 22.9.1967 – VI ZR 30/66 – VersR 1967, 1154; OLG Frankfurt v. 11.3.2004 – 26 U 28/98 – zfs 2004, 452 (Anm. *Diehl*) (Der im Recht des Staates Georgia/USA vorgesehene „Anspruch auf Ersatz des Wertes des vernichteten Lebens" ist nicht deckungsgleich mit dem deutschen Unterhaltsschadenersatzanspruch).
87 Siehe BGH v. 24.1.1978 – VI ZR 95/75 – MDR 1978, 570 = r+s 1978, 128 = VersR 1978, 346 (Gemäß Art. 1 I des Haager Übereinkommens über das auf Unterhaltsverpflichtungen anzuwendende Recht v. 24.10.1956 [BGBl II 1961, 1013] richtet sich das Bestehen und das Ausmaß des Unterhaltsanspruchs nach dem Recht des Staates, in dem das Kind seinen gewöhnlichen Aufenthalt hat. Auf die Staatsangehörigkeit des Kindes und darauf, ob der Staat, dem das Kind angehört, ein Vertragsstaat des Haager Übereinkommens ist, kommt es nicht an [BGH v. 31.1.1973 – IV ZR 67/71 – FamRZ 1973, 185, BGH v. 5.2.1975 – IV ZR 103/73 – FamRZ 1975, 272]). Zu Einzelheiten *Kalthoener/Bütter/Niepmann*, Rn 257 ff.
88 OLG Frankfurt v. 11.3.2004 – 26 U 28/98 – zfs 2004, 452 (Anm. *Diehl*).
89 OLG Hamm v. 23.6.1988 – 6 U 293/87 – DAVorm 1989, 799 (nur Ls.) = NJW 1989, 2067 (nur Ls.) = NZV 1989, 271 = zfs 1989, 298.
90 Art. 2 des Gesetzes zur Steuerung und Begrenzung der Zuwanderung und zur Regelung des Aufenthalts und der Integration von Unionsbürgern und Ausländern (Zuwanderungsgesetz) v. 30.7.2004, BGBl I 2004, 1950 enthält das „Gesetz über die allgemeine Freizügigkeit von Unionsbürgern (Freizügigkeitsgesetz/EU – FreizügG/EU)".

Personen, die **nicht Unionsbürger** sind, den Beschränkungen des AufenthG,[91] u.a. geregelt in §§ 18 ff. AufenthG.

Die Frage, ob jemand „**Ehegatte**" im Sinne von § 26 I 1 EStG ist, ist grundsätzlich nach Maßgabe des Zivilrechtes einschließlich der Vorschriften des deutschen internationalen Privatrechts zu beurteilen.[92]

134

War der Getötete nach ausländischem Recht mehrfach verehelicht (**Mehrehe**,[93] Polygamie), so besteht ein Schadensersatzanspruch nicht nur der Hauptfrau (und deren Kinder), sondern auch hinsichtlich der Nebenfrauen (und den gemeinsamen Kindern), soweit nach dem ausländischen Recht gesetzliche Unterhaltsansprüche begründet sind.

135

Soweit die **Drittleistungsträger** (insbesondere Sozialversicherung) Leistungen[94] auch an die Nebenfrauen und die gemeinsamen Abkömmlinge erbringen, sind deren Leistungen anspruchsmindernd auf den Direktanspruch anzurechnen[95] (es gilt zugleich der Forderungsübergang wie bei der Hauptfrau und deren Abkömmlingen).

136

bb. Asylbewerber

Asylbewerber dürfen – unter Beschränkungen (u.a. Meldepflicht bis zum 3. Tag ab Arbeitsaufnahme, § 8a AsylbLG) – grundsätzlich eine **Beschäftigung** aufnehmen (siehe u.a. § 61 AsylVfG, § 7 II AsylbLG). Anlässlich dieser Beschäftigung können sie sozialversichert sein, so dass dann die gesetzliche Sozialversicherung (vor allem Krankenversicherung) eintrittspflichtig sein kann.

137

Ob und in welchem Volumen einem Asylbewerber Verdienstausfallschaden und damit seinen Hinterbliebenen Unterhaltsschäden entstanden sind, ist nur schwer unter Berücksichtigung der Einzelfallumstände (Stand des Asylverfahrens, bisherige Aufenthaltsdauer, Herkunftsland, Erfüllung der Meldepflichten, örtliche Gebundenheit etc.) zu prognostizieren.

138

Für die **Kapitalisierung** ist neben den besonderen Fallumständen (insbesondere Verletzungsbild) hervorzuheben, dass nicht die Allgemeinen deutschen Sterbetafeln der

139

---

91 Art. 1 des Gesetzes zur Steuerung und Begrenzung der Zuwanderung und zur Regelung des Aufenthalts und der Integration von Unionsbürgern und Ausländern (Zuwanderungsgesetz) v. 30.7.2004, BGBl I 2004, 1950 enthält das „Gesetz über den Aufenthalt, die Erwerbstätigkeit und die Integration von Ausländern im Bundesgebiet (Aufenthaltsgesetz – AufenthG)".

92 BFH v. 17.4.1998 – VI R 16/97 – BB 1998, 1522 (nur Ls.) = BFHE 185, 475 = BStBl II 1998, 473 = DStRE 1998, 561 = NJWE-FER 1998, 212.

93 Die Mehrehe wird noch in den Ländern Ägypten, Algerien, Jordanien, Irak, Iran, Marokko, Pakistan, Saudi-Arabien, Sudan und Syrien praktiziert (vgl. *Eichenhofer*, SGb 1986, 136).

94 Bei Mehrehe besteht nach Tötung der einen Frau kein Anspruch auf Witwerrente, da die eine Rente ausschließende Wiederheirat nicht voraussetzt, dass die Ehe nach dem Tode des Rentenversicherten geschlossen wurde (Hess. LSG v. 29.6.2004 – L 2 RA 429/03 – nicht rechtskräftig). Die Rücknahme eines rechtswidrigen begünstigenden Verwaltungsaktes (Rentengewähr) kann entfallen, wenn der Rentenversicherer nicht nach dem Bestehen einer weiteren Ehe (Mehrehe) gefragt hat. Dieses Unterlassen ist im Rahmen der Vertrauensschutzabwägung nach § 45 II 1 SGB X zu berücksichtigen (BSG v. 7.7.1998 – B 5 RJ 58/97 R – HVBG-Info 1999, 1262).

95 Zu beachten sind die Verteilungsregeln von § 34 II SGB I und § 91 SGB VI. Die Aufteilung erfolgt zwar grundsätzlich entsprechend der Ehedauer und nicht nach Kopfteilen (siehe BR-Drucks 222/83, S. 97), eine andere Aufteilung ist aber möglich, dazu: BSG v. 30.8.2000 – B 5 RJ 4/00 R – BSGE 87, 88 = HVBG-Info 2001, 882 = NJWE-FER 2001, 190 = NZS 2001, 426 (Vorinstanz LSG Nordrhein-Westfalen v. 9.11.1999 – L 18 RJ 36/98 –) (Verteilung entsprechend der Zahl der Hinterbliebenen. Die Verteilung ist endgültig, d.h. sie kann nicht – auch nicht teilweise – rückgängig gemacht werden.).

Kapitalisierung zugrunde gelegt werden können.[96] Vielmehr ist auf das Ursprungsland und die dortige Lebenserwartung abzustellen.[97] Auch ist die Dauer der legalen Arbeitsmöglichkeiten und Aufenthaltsberechtigung mit einzubeziehen.[98]

cc. Selbständige

140 Bei Selbständigen sind die tatsächlichen Privatentnahmen anzusetzen, soweit diese mit Rücksicht auf den Geschäftsbetrieb vertretbar waren. Rücklagen für Investitionen und Beiträge zur privaten Vorsorge sind mindernd zu berücksichtigen.

141 Während der verletzte Unternehmer Anspruch auf vollständigen Ersatz seiner unfallbedingten Erwerbsschäden hat, sind im Falle der Tötung seinem Unterhaltsberechtigten nur diejenigen Beträge zu ersetzen, die der Unternehmer als Unterhaltspflichtiger gesetzlich schuldete.

142 Zu schätzen ist, welche Gewinne der Selbständige, wäre am Leben geblieben, erwirtschaftet hätte.[99] Die **Einkommensprognose** bereitet hier ähnlich große Schwierigkeiten wie bei der Bemessung des Verdienstausfallschadens.[100] Das Einkommen eines Selbständigen ist selten konstant, es wird – mehr noch als beim abhängig Beschäftigten – von Wirtschaftslage, Saisoneinflüssen, Geschäftsauf- und -abbau, Fehleinschätzungen und politischen Entwicklungen, aber auch der persönlichen Reputation geprägt und unterliegt mehr oder minder starken Schwankungen.

143 Grundsätzlich haben der Verletzte und damit im Falle der Tötung dessen Hinterbliebene den Umfang der Einbußen zu beweisen, wobei ihnen das Gesetz gewisse Beweiserleichterungen (§ 252 BGB, § 287 ZPO) einräumt: Es reicht aus, wenn dargelegt wird, dass der Gewinn mit einer gewissen Wahrscheinlichkeit erzielt worden wäre. In aller Regel kann der Gewinnausfall (Verdienstausfall) des Selbständigen nur mit Hilfe und Unterstützung eines Sachverständigen für Gewinnausfallschäden (Betriebswirt, Wirtschaftsprüfer, nur eingeschränkt Steuerberater, pp.) einigermaßen zuverlässig geschätzt werden, auch wenn die Ergebnisse manchmal eher einer Weissagung ähneln denn einer wissenschaftlich begründbaren Prognose. Die Ergebnisse des Finanzfachmannes sind anschließend unter schadenersatzrechtlichen Aspekten juristisch noch zu überprüfen; auch ein Richter muss das sachverständigerseits dargelegte Ergebnis einer eigenen Prüfung unterziehen.[101]

144 Wird das Unternehmen **nicht weitergeführt** oder tritt infolge des Todes eine **Entwertung** ein, ist dies ein nicht-ersatzfähiger Schaden der Erben.[102]

145 Wird das Unternehmen **weitergeführt**, gilt die Quellentheorie. Hat der Selbständige seine Unterhaltspflichten zuvor aus dem Unternehmen finanziert, so entsteht regelmäßig

---

96 Vgl. BGH v. 8.11.2001 – IX ZR 404/99 – BGHReport 2002, 373 = NZV 2002, 268.
97 Internationale Sterbetafeln enthält *Jahnke*, Abfindung von Personenschadensansprüchen, § 6 E (S. 249 ff.).
98 Vgl. BGH v. 8.11.2001 – IX ZR 404/99 – BGHReport 2002, 373 = NZV 2002, 268.
99 OLG Frankfurt v. 24.11.1988 – 1 U 29/87 – DAR 1990, 464 = VersR 1991, 595 (BGH hat die Revision nicht angenommen, Beschl. v. 31.5.1990 – III ZR 272/88 –).
100 Dazu ausführlich *Jahnke*, Der Verdienstausfall im Schadenersatzrecht, Kap 4.
101 BGH v. 7.3.2001 – X ZR 176/99 – BB 2001, 1012 (nur Ls.) = DAR 2001, 354 = LM ZPO § 286 (A) Nr. 79 (Das Gericht darf die Ergebnisse eines Sachverständigengutachten nicht ohne weiteres übernehmen. Auch wenn der Richter die Stellungnahme eines Fachmannes einholt, ist er einer eigenverantwortlichen Bewertung nicht enthoben, sondern muss darlegen, warum er sich von der Meinung des Sachverständigen hat überzeugen lassen.).
102 Dazu Kap 2 Rn 15 ff.

kein Unterhaltsschaden, da die Einkünfte aus dem Unternehmen auf den Anspruch im Wege des Vorteilsausgleiches zu verrechnen sind. Minderungen im Gewinn können aber durch personelle Veränderungen (Einstellung eines Geschäftsführers oder Personalaufstockung wegen des Todes) den Vorteilsausgleich mindernd und damit noch einen Restschaden im Einzelfall verbleiben lassen; da Maßstab der entgangene Unterhalt und nicht der entgangene Gewinn ist, führt nicht jede Gewinnminderung zwingend auch zugleich zu einem Unterhaltsschaden.

Wird das Unternehmen **verkauft** oder **verpachtet**, so sind die Pachtzinsen oder Kapitalzinsen im Wege des Vorteilsausgleiches zu verrechnen. 146

dd. Familienbetrieb

Bei unentgeltlicher Tätigkeit im Familienbetrieb ist nicht das tatsächlich vereinbarte Einkommen, sondern das dem Beitrag des Verstorbenen zum Geschäftsgewinn und der Arbeitsleistung entsprechende „wirkliche Arbeitseinkommen" anzusetzen.[103] 147

Schwierigkeiten bestehen insbesondere in denjenigen Fällen, in denen der Getötete zuvor insolvent geworden war und nur noch im pfändungsfreien Rahmen für einen von Familienangehörigem gegründeten Betrieb tätig ist: Hier wird man auch nur auf pfändungsfreies Einkommen als dem Unterhalt zur Verfügung stehend ausgehen können.

ee. Problemeinkommen

Unberücksichtigt bleiben 148

- Aufwandsentschädigungen und Spesen (unter denselben Voraussetzungen wie beim Verdienstausfall[104]), 149

- Einnahmen aus sittenwidrigen und rechtswidrigen Geschäften (insbesondere Schwarzarbeit[105]) (obwohl unter Umständen, wie § 110 Ia SGB VII zeigt, die gesetzliche Unfallversicherung eintrittspflichtig sein kann), 150

- Wert von Eigenleistungen für einen Hausbau.[106] Unterhaltsrechtlich geschuldet ist nur angemessener Mietraum. 151

---

103 BGH v. 22.11.1983 – VI ZR 22/82 – MDR 1984, 569 = VersR 1984, 353.
104 Siehe dazu *Jahnke*, Der Verdienstausfall im Schadenersatzrecht, Kap 5 Rn 27 ff.
105 BGH v. 11.1.1994 – VI ZR 143/93 – NJW 1994, 851 = VersR 1994, 355; OLG Köln v. 28.8.1968 – 13 U 29/68 – VersR 1969, 382. Siehe ferner *Jahnke* in Anwalts-Handbuch, Teil 4 Rn 274 ff., *ders.*, Der Verdienstausfall im Schadenersatzrecht, Kap 2 Rn 116 ff., Kap 4 Rn 88. Das „Gesetz zur Intensivierung der Bekämpfung der Schwarzarbeit und damit zusammenhängender Steuerhinterziehung – SchwarzArbG" v. 28.7.2004 BGBl I 2004, 1842 verdeutlicht den Rahmen der Schwarzarbeit.
106 BGH v. 22.6.2004 – VI ZR 112/03 – FamRZ 2004, 1543 = MDR 2004, 1355 = NJW 2004, 2894 = NZV 2004, 513 = r+s 2004, 434 = SP 2004, 368 = VersR 2004, 1192 = zfs 2004, 553 (Anm. *Diehl*) (Haus stand im Alleineigentum der Witwe); BGH v. 3.7.1984 – VI ZR 42/83 – MDR 1985, 220 = NJW 1985, 49 = VersR 1984, 961 (Aufwendungen für den Erwerb eines Eigenheims gehören nicht zum standesgemäßen Unterhalt; unterhaltsrechtlich geschuldet wird nur eine standesgemäße Mietwohnung); BGH v. 23.11.1966 – VI ZR 9/65 – VersR 1966, 1141.

ff. Prostituierte[107]

152 Zum 1.1.2002 trat das Gesetz zur Regelung der Rechtsverhältnisse der Prostituierten (Prostitutionsgesetz – ProstG)[108] in Kraft (Art. 3).

153 Die Aktivitäten der Prostituierten werden als **zivilrechtlich** wirksam definiert (§ 1 ProstG), die alte Rechtsprechung[109] zum Schadenersatz (Begrenzung auf die Höhe eines existenzdeckenden Einkommens) verliert damit ihre Gültigkeit.[110]

b. Nettoeinkommen

154 Für die Bemessung der Höhe von Unterhaltsansprüchen sind grundsätzlich alle Einkünfte heranzuziehen, die dem Unterhaltsschuldner zufließen, gleich welcher Art diese Einkünfte sind und aus welchem Anlass sie im Einzelnen erzielt wurden.[111] Ausschlaggebend ist, ob die Einkünfte tatsächlich zur (teilweisen) Deckung des Lebensbedarfes zur Verfügung stehen.[112] Steuerrechtliches und unterhaltsrechtliches Einkommen sind nicht zwingend deckungsgleich.[113]

155 Zu berücksichtigen sind (es gelten dieselben Grundsätze wie beim Verdienstausfallschaden):

156 ■ Sämtliche Einkünfte aus abhängiger oder selbständiger **Beschäftigung** einschließlich aller Gehaltsbestandteile (z.B. Überstundenvergütung, Urlaubsgeld, Weihnachtsgeld und ähnlicher Einmalzahlungen) und Nebenverdienste;

157 ■ Leistungen der **Sozialversicherung**, die grundsätzlich der Befriedigung des Unterhaltsbedarfes dienen (z.B. Altersrenten, Erwerbsersatzeinkommen wie Krankengeld, Arbeitslosengeld und -hilfe, Arbeitslosengeld II, Versorgungsbezüge, BG-Verletztenrente,[114] Mehrbedarfszulagen, soweit nicht durch den tatsächlichen Bedarf aufgezehrt[115]);

---

107 Zum Thema: *Armbrüster*, Zivilrechtliche Folgen des Gesetzes zur Regelung der Rechtsverhältnisse der Prostituierten, NJW 2002, 2763.
108 Prostitutionsgesetz (ProstG), BGBl I 2001, 3983.
109 Z.B. BGH v. 6.7.1976 – VI ZR 122/75 – VersR 1976, 491.
110 *Armbrüster* NJW 2002, 2764 (zu IV.1.).
111 BGH v. 4.11.2003 – VI ZR 346/02 – BGHReport 2004, 157 (Anm. *Schiemann*) = DAR 2004, 79 = FamRZ 2004, 88 = MDR 2004, 449 = NJW 2004, 358 = NZV 2004, 23 = r+s 2004, 435 = SP 2004, 46 = VersR 2004, 75 = zfs 2004, 114; BGH v. 22.2.1995 – XII ZR 80/94 – FamRZ 1995, 537; BGH v. 7.5.1986 – IVb ZR 55/85 – NJW-RR 1986, 1002 = FamRZ 1986, 780.
112 BGH v. 4.11.2003 – VI ZR 346/02 – BGHReport 2004, 157 (Anm. *Schiemann*) = DAR 2004, 79 = FamRZ 2004, 88 = MDR 2004, 449 = NJW 2004, 358 = NZV 2004, 23 = r+s 2004, 435 = SP 2004, 46 = VersR 2004, 75 = zfs 2004, 114; BGH v. 20.3.1990 – VI ZR 127/89 – DAR 1990, 228 = FamRZ 1990, 848 = MDR 1990, 1100 = NJW-RR 1990, 706 = NZV 1990, 306 = r+s 1990, 200 (nur Ls.) = VersR 1990, 748 = VRS 79, 166 = zfs 1990, 261 (Vorinstanz OLG Köln v. 17.2.1989 – 20 U 37/87 – VersR 1990, 1285 [nur Ls.] = zfs 1991, 11 (Unterhaltsschaden ist auf der Grundlage der Bruttoeinkommen der Ehepartner zu ermitteln, wenn und solange das Finanzamt den Eheleuten die von ihrem Arbeitseinkommen einbehaltenen Steuerbeträge zurückzuerstatten hatte und auch diese voll für den Familienunterhalt zur Verfügung standen).
113 BGH v. 4.11.2003 – VI ZR 346/02 – BGHReport 2004, 157 (Anm. *Schiemann*) = DAR 2004, 79 = FamRZ 2004, 88 = MDR 2004, 449 = NJW 2004, 358 = NZV 2004, 23 = r+s 2004, 435 = SP 2004, 46 = VersR 2004, 75 = zfs 2004, 114; BGH v. 15.10.1986 – IVb ZR 79/85 – FamRZ 1987, 46 = NJW 1987, 776.
114 OLG Braunschweig v. 6.7.1979 – 4 U 6/79 – VersR 1979, 1124.
115 BGH v. 27.5.1960 – VI ZR 131/59 – NJW 1960, 1615 = VersR 1960, 757 (Kriegsbeschädigtenrente); BGH v. 21.1.1981 – IVb ZR 548/80 – NJW 1981, 1313; BGH v. 16.9.1981 – IVb ZR 674/80 – NJW 1982, 41; OLG Braunschweig v. 6.7.1979 – 4 U 6/79 – VersR 1979, 1124.

- Vermögenserträgnisse, soweit sie zum Familienunterhalt verwendet wurden;[116] **158**
- Eigenheim- (§ 9 EigZulG) und Kinderzulagen.[117] **159**

Der Schadensberechnung ist – unabhängig vom theoretischen rechtsdogmatischen Ansatz[118] – das **Nettogehalt** zugrunde zu legen: **160**

- Ausgangspunkt ist das Bruttogehalt, **161**
- gemindert um Steuern und Sozialversicherungsbeiträge,[119] freiwillige Beiträge zu Versicherungen[120] (z.B. private Lebens-, Krankenzusatz- und Unfallversicherung), Rücklagen für die Alterssicherung,[121] Aufwendungen zur Vermögensbildung[122] sowie berufsbedingte Aufwendungen[123] und Werbungskosten, **162**
- gemindert um Leistungen an nicht-eheliche Kinder und Ex-Ehefrauen sowie sonstige regelmäßige Lasten (z.B. Schadenersatzleistungen[124]).

Ist der Unterhaltsschaden bei einer **Doppelverdienerehe** zu bestimmen, gelten für die Bestimmung und Berücksichtigung der Einkünfte des überlebenden Ehegatten die vorstehenden Ausführungen entsprechend. **163**

c. Kindergeld

Kindergeld ist eine allgemeine Sozialleistung des Staates, das von der Bundesagentur für Arbeit als Familienkasse (§ 7 BKGG) festgesetzt und grundsätzlich auch ausgezahlt wird (§ 70 EStG). Für Angehörige des öffentlichen Dienstes gilt die Anstellungskörperschaft als Familienkasse (§ 72 EStG). **164**

Bei der Berechnung des Unterhaltsschadens eines Hinterbliebenen bleibt das Kindergeld außer Betracht.[125] **165**

---

116 BGH v. 19.3.1974 – VI ZR 19/73 – NJW 1974, 1236 = VersR 1974, 700.
117 BGH v. 4.11.2003 – VI ZR 346/02 – BGHReport 2004, 157 (Anm. *Schiemann*) = DAR 2004, 79 = FamRZ 2004, 88 = MDR 2004, 449 = NJW 2004, 358 = NZV 2004, 23 = r+s 2004, 435 = SP 2004, 46 = VersR 2004, 75 = zfs 2004, 114.
118 Zu den Theorien siehe *Jahnke*, Der Verdienstausfall im Schadenersatzrecht, Kap 3 Rn 195 ff.
119 BGH v. 23.3.1971 – VI ZR 188/69 – VersR 1971, 717; OLG Frankfurt v. 15.4.1999 – 15 U 236/96 – SP 1999, 267.
120 Siehe auch OLG Zweibrücken v. 4.12.1992 – 1 U 155/89 – VersR 1994, 613 (BGH hat die Revision nicht angenommen, Beschl. v. 26.10.1993 – VI ZR 6/93 –).
121 Siehe zum selbständigen Gewerbetreibenden OLG Zweibrücken v. 4.12.1992 – 1 U 155/89 – VersR 1994, 613 (BGH hat die Revision nicht angenommen, Beschl. v. 26.10.1993 – VI ZR 6/93 –).
122 BGH v. 4.11.2003 – VI ZR 346/02 – BGHReport 2004, 157 (Anm. *Schiemann*) = DAR 2004, 79 = FamRZ 2004, 88 = MDR 2004, 449 = NJW 2004, 358 = NZV 2004, 23 = r+s 2004, 435 = SP 2004, 46 = VersR 2004, 75 = zfs 2004, 114; BGH v. 5.12.1989 – VI ZR 276/88 – MDR 1990, 532 = NJW-RR 1990, 221 = VersR 1990, 317; OLG Nürnberg v. 9.4.1997 – 4 U 1841/96 – NZV 1997, 439.
123 KG v. 20.10.2005 – 12 U 31/03 – DAR 2006, 149 (Berücksichtigung von 5 % ersparten berufsbedingten Aufwendungen bei Ermittlung des Schadens wegen verspäteten Berufseintritts); OLG Frankfurt v. 26.7.2005 – 17 U 18/05 – SP 2005, 338 (Pauschaler Abzug entsprechend den unterhaltsrechtlichen Regelungen mit 5 % des Nettoeinkommens auch nach Berücksichtigung der Arbeitnehmer-Werbungskostenpauschale des § 9a EStG).
124 Kap 1 Rn 54 ff., u.a. *Beispiel 1.2*.
125 BGH v. 12.7.1979 – III ZR 50/78 – DAR 1980, 85 = MDR 1979, 916 = VersR 1979, 1029 = VRS 57, 337; OLG Oldenburg v. 4.3.2003 – 12 U 36/02 – NJW-RR 2003, 1090 = OLGR 2003, 245 = VersR 2004, 654; OLG Saarbrücken v. 3.1.2005 – 3 U 568/03-53 – SP 2005, 160.

166 Der Verlust der Kindergeldzahlung stellt bei Tod des Kindes keinen ersatzfähigen Schaden der Eltern dar.[126]

d. Erziehungsgeld, Elterngeld

167 Entfällt Erziehungsgeld oder Elterngeld (oder wird es reduziert) wegen des Todes eines Kindes, so ist dieses ebenso wenig ein ersatzfähiger Schaden wie der Wegfall von Kindergeld nach dem Tode eines Kindes.[127]

168 Für die Berechnung der Schadenhöhe ist das Elterngeld / Erziehungsgeld wie Einkommen der Eltern anzusetzen, da der Bezug dieser Leistung vom (Nicht-)Vorhandensein anderweitiger Einkünfte abhängig ist.

e. Rücklagen

169 Eheleuten steht es frei, wie sie sich hinsichtlich ihrer Vermögensverhältnisse einrichten. Haben sie ihre Einkünfte vor dem Unfall vollständig dem Lebensunterhalt zugeführt, stellt sich auch der Unterhaltsschaden relativ hoch heraus.

170 Haben die Eheleute sparsam gelebt und Teile ihres Einkommens Rücklagen und Ersparnissen zugeführt, verringert dieses den Ersatzanspruch.[128] Die Motivation der Rücklage (Alterssicherung, Erwerb von Grundeigentum) bleibt grundsätzlich außer Betracht, solange die Rücklagen nicht Schönheitsreparaturen und Vergleichbarem dienen sollten.

171 Die Rechtsprechung des Familiensenates des BGH zum Elternunterhalt (beim Regress der Sozialhilfe) geht davon aus, dass Einkünfte „in einer etwas überdurchschnittlichen Größenordnung" nicht im Wesentlichen nur der Finanzierung der Lebensführung dienen; eine solche Annahme widerspräche der hohen **Sparquote** (rd. 10 % des verfügbaren Einkommens) in Deutschland.[129] Was die Ehegatten für ihren Familienunterhalt benötigen, ist nach den im Einzelfall maßgebenden Verhältnissen, insbesondere unter Berücksichtigung der jeweiligen Lebensstellung, des Einkommens, Vermögens und sozialen Ranges, bestimmt werden, woran sich erfahrungsgemäß der Lebensstandard ausrichtet.[130] Man

---

126 Kap 1 Rn 50, Kap 6 Rn 591 ff.
127 Kap 1 Rn 51, Kap 6 Rn 595 ff.
128 Dieses gilt auch im Rahmen der familienrechtlichen Rechtsprung zum Elternunterhalt (insbesondere beim Regress der Sozialhilfe): BGH v. 28.1.2004 – XII ZR 218/01 – BGHReport 2004, 879 (Anm. *Born*) = FamRZ 2004, 795 (Anm. *Strohal*) = MDR 2004, 753 = NJW 2004, 2167 (nur Ls.) = NJW-RR 2004, 721; BGH v. 17.12.2003 – XII ZR 224/00 – BGHReport 2004, 376 = FamRZ 2004, 370 (Anm. *Strohal*, FamRZ 2004, 441) = MDR 2004, 450 = NJW 2004, 677.
129 BGH v. 28.1.2004 – XII ZR 218/01 – BGHReport 2004, 879 (Anm. *Born*) = FamRZ 2004, 795 (Anm. *Strohal*) = MDR 2004, 753 = NJW 2004, 2167 (nur Ls.) = NJW-RR 2004, 721; BGH v. 14.1.2004 – XII ZR 69/01 – BGHReport 2004, 522 = FamRZ 2004, 443 (Anm. *Schürmann*) = JR 2005, 15 (Anm. *Koch*) = JurBüro 2004, 341 (nur Ls.) = NJW 2004, 769 (Die Sparquote betrug nach Angaben der Deutschen Bundesbank, abgedr. in Fischer Weltalmanach 2004, Sp. 277, im Jahr 1999 knapp 10 % des verfügbaren Einkommens und ist bis zum Jahr 2001 auf 10,1 % gestiegen); BGH v. 17.12.2003 – XII ZR 224/00 – BGHReport 2004, 376 = FamRZ 2004, 370 (Anm. *Strohal*, FamRZ 2004, 441) = MDR 2004, 450 = NJW 2004, 677. Die Sparquote betrug im Jahre 2004 10,6 % und im Jahre 2005 10,7 % (*Fischer Weltalmanach* 2007, S. 148; *Harenberg Aktuell* 2007 – Das Jahrbuch, S. 503). Siehe auch Kap 6 Rn 172 f.
130 BGH v. 28.1.2004 – XII ZR 218/01 – BGHReport 2004, 879 (Anm. *Born*) = FamRZ 2004, 795 (Anm. *Strohal*) = MDR 2004, 753 = NJW 2004, 2167 (nur Ls.) = NJW-RR 2004, 721; BGH v. 14.1.2004 – XII ZR 69/01 – BGHReport 2004, 522 = FamRZ 2004, 443 (Anm. *Schürmann*) = JR 2005, 15 (Anm. *Koch*) = JurBüro 2004, 341 (nur Ls.) = NJW 2004, 769; BGH v. 23.10.2002 – XII ZR 266/99 – FamRZ 2002, 1698; BGH v. 19.2.2003 – XII ZR 67/00 – FamRZ 2003, 860.

B. Allgemeine Grundsätze zum Umfang der Ersatzpflicht der Höhe nach

wird in Fortführung der Rechtsprechung[131] zum Familienrecht, jedenfalls aber unter dem Aspekt der sekundären Beweislast, vom Hinterbliebenen fordern müssen, dass er, wenn das Familieneinkommen – nach Berücksichtigung des den Kindern geschuldeten Unterhaltes – die ihm und dem Verstorbenen zuzubilligenden Mindestbedarfssätze[132] überschreitet, vorträgt, wie sich der Familienunterhalt gestaltet und ob und gegebenenfalls welche Beträge zur Vermögensbildung verwendet wurden.

f. Sättigungsgrenze

Überdurchschnittlich hohes Einkommen ist nicht vollständig dem Familienunterhalt zuzuführen. Auch übertriebener Aufwand der Ehegatten ohne irgendwelche Rücklagenbildung kann schadenersatzrechtlich unbeachtlich sein.[133]   **172**

Eine absolute Grenze gibt es nicht. Aktuelle Entscheidungen sind nicht bekannt, die älteren Entscheidungen[134] können nicht ohne weiteres mit einer Inflationsquote hochgerechnet werden. Der BGH scheint eine Sättigungsgrenze nur zurückhaltend anwenden zu wollen.[135] Bei hohen Einkommen besteht aber jedenfalls eine Vermutung, dass dieses nicht vollständig verbraucht worden wäre, sondern Rücklagen gebildet werden.[136]   **173**

g. Düsseldorfer Tabelle

Der Unterhaltsschaden orientiert sich am fiktiven familienrechtlich (BGB) geschuldeten Unterhalt; ein Schadenersatzprozess wäre also wie ein fiktiver Unterhaltsprozess zu entscheiden, allerdings mit einer zu beachtenden Einschränkung: Der familienrechtliche Unterhaltsprozess befasst sich mit einer gescheiterten Ehe und daraus folgend einer räumlichen Trennung mit 2 Haushalten. Im Rahmen des Haftpflichtprozess ist   **174**

---

131 BGH v. 28.1.2004 – XII ZR 218/01 – BGHReport 2004, 879 (Anm. *Born*) = FamRZ 2004, 795 (Anm. *Strohal*) = MDR 2004, 753 = NJW 2004, 2167 (nur Ls.) = NJW-RR 2004, 721; BGH v. 17.12.2003 – XII ZR 224/00 – BGHReport 2004, 376 = FamRZ 2004, 370 (Anm. *Strohal*, FamRZ 2004, 441) = MDR 2004, 450 = NJW 2004, 677.

132 Orientierung kann die letzte Einkommensgruppe der Düsseldorfer Tabelle sein, so zum Regreß der Sozialhilfe beim Elternunterhalt: BGH v. 28.1.2004 – XII ZR 218/01 – BGHReport 2004, 879 [Anm. *Born*] = FamRZ 2004, 795 [Anm. *Strohal*] = MDR 2004, 753 = NJW 2004, 2167 [nur Ls.] = NJW-RR 2004, 721); BGH v. 17.12.2003 – XII ZR 224/00 – BGHReport 2004, 376 = FamRZ 2004, 370 (Anm. *Strohal*, FamRZ 2004, 441) = MDR 2004, 450 = NJW 2004, 677.

133 BGH v. 23.9.1986 – VI ZR 46/85 – DAR 1987, 53 = FamRZ 1987, 35 = MDR 1987, 223 = NJW 1987, 322 = NJW-RR 1987, 151 (nur Ls.) = r+s 1987, 39, 44 = VersR 1987, 156 = VRS 72, 22. *Küppersbusch*, Rn 333.

134 BGH v. 19.12.1978 – VI ZR 218/76 – VersR 1979, 323 (Bei einem Nettoeinkommen von 5.000 DM [1971] und fixen Kosten in Höhe von 825 DM hätte der Verstorbene seiner Familie – Ehefrau, 2 unterhaltspflichtige Kinder – 3.000 DM zum Unterhalt überlassen); OLG Bamberg v. 22.12.1981 – 5 U 148/81 – VersR 1982, 856 = zfs 1982, 328 (Bei einem Nettoeinkommen von 4.000 DM [1978]) hätte der Verstorbene bei vernünftiger Lebensführung 400 DM zur langfristigen Vermögensbildung verwendet); OLG Bamberg v. 16.11.1982 – 5 U 90/82 – FamRZ 1983, 914 = zfs 1983, 295 (Bei einem Nettoeinkommen von 2.900 DM hätte der Verstorbene bei einem 2-Personen-Haushalt 555 DM zur Vermögensbildung verwendet); OLG Frankfurt v. 15.4.1999 – 15 U 236/96 – SP 1999, 267; OLG Frankfurt v. 24.11.1988 – 1 U 29/87 – DAR 1990, 464 = VersR 1991, 595 (BGH hat die Revision nicht angenommen, Beschl. v. 31.5.1990 – III ZR 272/88 –) (Bei dem Einkommen eines Selbständigen von 8.899 DM beträgt die Sättigungsgrenze für den Kindesunterhalt 7.000 DM. Für den Ehegatten wird eine Sättigungsgrenze konkret verneint).

135 BGH v. 6.10.1987 – VI ZR 155/86 – DAR 1988, 20 = MDR 1988, 217 = VersR 1987, 1243.

136 OLG Frankfurt v. 24.11.1988 – 1 U 29/87 – DAR 1990, 464 = VersR 1991, 595 (BGH hat die Revision nicht angenommen, Beschl. v. 31.5.1990 – III ZR 272/88 –). *Küppersbusch*, Rn 334.

zu berücksichtigen, dass hier ohne den Unfall eine intakte Familie bestanden hätte u.a. ohne die Kosten einer doppelten Haushaltsführung. Daher können die für den familienrechtlichen Unterhaltsprozess entwickelten Tabellen (Unterhaltsrechtliche Leitlinien und Tabellen der OLG)[137] nicht ohne weiteres zur Berechnung der Schadenhöhe beigezogen werden, bilden aber gerade für die Einschätzung des errechneten Kindesunterhaltes eine Einschätzungsbasis, wenn dieser unangemessen hoch erscheint.

aa. Teil A. Kindesunterhalt

175 Anmerkungen des OLG zur Anwendung von „Teil A. Kindesunterhalt" der Düsseldorfer Tabelle:

1. Die Tabelle hat keine Gesetzeskraft, sondern stellt eine Richtlinie dar. Sie weist monatliche Unterhaltsrichtsätze aus, bezogen auf einen gegenüber einem Ehegatten und zwei Kindern Unterhaltspflichtigen.

   Bei einer größeren/geringeren Anzahl Unterhaltsberechtigter sind **Ab-** oder **Zuschläge** durch Einstufung in niedrigere/höhere Gruppen angemessen. Anmerkung 6 ist zu beachten. Zur Deckung des notwendigen Mindestbedarfs aller Beteiligten – einschließlich des Ehegatten – ist gegebenenfalls eine Herabstufung bis in die unterste Tabellengruppe vorzunehmen. Reicht das verfügbare Einkommen auch dann nicht aus, erfolgt eine Mangelberechnung nach Abschnitt C.

2. Die Richtsätze der **1. Einkommensgruppe** entsprechen dem Regelbetrag in EURO nach der Regelbetrag-VO für den Westteil der Bundesrepublik in der ab 1.7.2003 geltenden Fassung. Der Vomhundertsatz drückt die Steigerung des Richtsatzes der jeweiligen Einkommensgruppe gegenüber dem Regelbetrag (= 1. Einkommensgruppe) aus. Die durch Multiplikation des Regelbetrages mit dem Vomhundertsatz errechneten Richtsätze sind entsprechend § 1612a Abs. 2 BGB aufgerundet.

3. **Berufsbedingte Aufwendungen**, die sich von den privaten Lebenshaltungskosten nach objektiven Merkmalen eindeutig abgrenzen lassen, sind vom Einkommen abzuziehen, wobei bei entsprechenden Anhaltspunkten eine Pauschale von 5 % des Nettoeinkommens – mindestens 50 €, bei geringfügiger Teilzeitarbeit auch weniger, und höchstens 150 € monatlich – geschätzt werden kann. Übersteigen die berufsbedingten Aufwendungen die Pauschale, sind sie insgesamt nachzuweisen.

4. Berücksichtigungsfähige **Schulden** sind in der Regel vom Einkommen abzuziehen.

5. Der notwendige Eigenbedarf (**Selbstbehalt**)
   - gegenüber minderjährigen unverheirateten Kindern,
   - gegenüber volljährigen unverheirateten Kindern bis zur Vollendung des 21. Lebensjahres, die im Haushalt der Eltern oder eines Elternteils leben und sich in der allgemeinen Schulausbildung befinden,

   beträgt beim nicht erwerbstätigen Unterhaltspflichtigen monatlich 730 €, beim erwerbstätigen Unterhaltspflichtigen monatlich 840 €. Hierin sind bis 360 € für Unterkunft einschließlich umlagefähiger Nebenkosten und Heizung (Warmmiete) enthalten. Der Selbstbehalt kann angemessen erhöht werden, wenn dieser Betrag im Einzelfall erheblich überschritten wird und dies nicht vermeidbar ist.

   Der angemessene Eigenbedarf, insbesondere gegenüber anderen volljährigen Kindern, beträgt in der Regel mindestens monatlich 1000 €. Darin ist eine Warmmiete bis 440 € enthalten.

6. Der **Bedarfskontrollbetrag** des Unterhaltspflichtigen ab Gruppe 2 ist nicht identisch mit dem Eigenbedarf. Er soll eine ausgewogene Verteilung des Einkommens zwischen dem Unterhaltspflichtigen und den unterhaltsberechtigten Kindern gewährleisten. Wird er unter Berücksichtigung auch des Ehegattenunterhalts (vgl. auch B V und VI) unterschritten, ist der Tabellenbetrag der nächst niedrigeren Gruppe, deren Bedarfskontrollbetrag nicht unterschritten wird, anzusetzen

7. Bei **volljährigen Kindern**, die noch im Haushalt der Eltern oder eines Elternteils wohnen, bemisst sich der Unterhalt nach der 4. Altersstufe der Tabelle.

   Der angemessene Gesamtunterhaltsbedarf eines **Studierenden**, der nicht bei seinen Eltern oder einem Elternteil wohnt, beträgt in der Regel monatlich 600 €. Dieser Bedarfssatz kann auch für ein Kind mit eigenem Haushalt angesetzt werden.

---

[137] Vgl. die Zusammenfassung in der Beilage zu NJW, Heft 9/2002 sowie die Wiedergabe in *Schönfelder* „Deutsche Gesetze – Ergänzungsband", Nrn. 47 – 47s.

B. Allgemeine Grundsätze zum Umfang der Ersatzpflicht der Höhe nach

8. Die Ausbildungsvergütung eines in der Berufsausbildung stehenden Kindes, das im Haushalt der Eltern oder eines Elternteils wohnt, ist vor ihrer Anrechnung in der Regel um einen ausbildungsbedingten Mehrbedarf von monatlich 85 € zu kürzen.
9. In den Unterhaltsbeträgen (Anmerkungen 1 und 7) sind **Beiträge** zur **Kranken-** und **Pflegeversicherung** nicht enthalten.
10. Das auf das jeweilige Kind entfallende **Kindergeld** ist nach § 1612b Abs. 1 BGB grundsätzlich zur Hälfte auf den Tabellenunterhalt anzurechnen. Die Anrechnung des Kindergeldes unterbleibt, soweit der Unterhaltspflichtige außerstande ist, Unterhalt in Höhe von 135 % des Regelbetrages (vgl. Abschnitt A Anm. 2) zu leisten, soweit also das Kind nicht wenigstens den Richtsatz der 6. Einkommensgruppe abzüglich des hälftigen Kindergeldes erhält (§ 1612b V BGB).

Das bis zur Einkommensgruppe 6 anzurechnende Kindergeld kann nach folgender Formel berechnet werden:

Anrechnungsbetrag = $1/2$ des Kindergeldes + Richtsatz der jeweiligen Einkommensgruppe – Richtsatz der 6. Einkommensgruppe (135 % des Regelbetrages).

Bei einem Negativsaldo entfällt die Anrechnung. Die Einzelheiten ergeben sich aus der Anlage[138] zu dieser Tabelle.

Abbildung 6.1: Düsseldorfer Tabelle – A. Kindesunterhalt (gültig ab dem 1.7.2003)

	Nettoeinkommen des Barunterhaltspflichtigen (Anm. 3, 4)	Altersstufen in Jahren (1612 a III BGB)				Prozentsatz	Bedarfskontrollbetrag (Anm. 6)
		0 - 5	6 - 11	12 - 17	ab 18		
1.	bis 1300 €	199 €	241 €	284 €	327 €	100 %	730 / 840 €
2.	1300 – 1500 €	213 €	258 €	304 €	350 €	107 %	900 €
3.	1500 – 1700 €	227 €	275 €	324 €	373 €	114 %	950 €
4.	1700 – 1900 €	241 €	292 €	344 €	396 €	121 %	1000 €
5.	1900 – 2100 €	255 €	309 €	364 €	419 €	128 %	1050 €
6.	2100 – 2300 €	269 €	326 €	384 €	442 €	135 %	1100 €
7.	2300 – 2500 €	283 €	343 €	404 €	465 €	142 %	1150 €
8.	2500 – 2800 €	299 €	362 €	426 €	491 €	150 %	1200 €
9.	2800 – 3200 €	319 €	386 €	455 €	524 €	160 %	1300 €
10.	3200 – 3600 €	339 €	410 €	483 €	556 €	170 %	1400 €
11.	3600 – 4000 €	359 €	434 €	512 €	589 €	180 %	1500 €
12.	4000 – 4400 €	379 €	458 €	540 €	622 €	190 %	1600 €
13.	4400 – 4800 €	398 €	482 €	568	654 €	200 %	1700 €
	über 4800 €	nach den Umständen des Falles					

---

138 Kap 6 Rn 180.

bb. Anlage zu Teil A. Kindesunterhalt, Anm. 10

177 Anlage zu Teil A Anmerkung 10 der Düsseldorfer Tabelle (Stand: 1.7.2003), Kindergeldanrechnung nach § 1612b V BGB:

Abbildung 6.2: Anrechnung des (hälftigen) Kindergeldes für das 1. bis 3. Kind von je 77 € (gültig ab dem 1.7.2003)

178

Einkommensgruppe	0 – 5 Jahre	6 – 11 Jahre	12 – 17 Jahre
1 = 100 %	199 – 7 = 192	241 – 0 = 241	284 – 0 = 284
2 = 107 %	213 – 21 = 192	258 – 9 = 249	304 – 0 = 304
3 = 114 %	227 – 35 = 192	275 – 26 = 249	324 – 17 = 307
4 = 121 %	241 – 49 = 192	292 – 43 = 249	344 – 37 = 307
5 = 128 %	255 – 63 = 192	309 – 60 = 249	364 – 57 = 307
6 = 135 %	269 – 77 = 192	326 – 77 = 249	384 – 77 = 307

Abbildung 6.3: Anrechnung des (hälftigen) Kindergeldes für das 4. Kind und jedes weitere Kind von je 89,50 € (gültig ab dem 1.7.2003)

179

Einkommensgruppe	0 – 5 Jahre	6 – 11 Jahre	12 – 17 Jahre
1 = 100 %	199 – 19,50 = 179,50	241 – 4,50 = 236,50	284 – 0 = 284,00
2 = 107 %	213 – 33,50 = 179,50	258 – 21,50 = 236,50	304 – 9,50 = 294,50
3 = 114 %	227 – 47,50 = 179,50	275 – 38,50 = 236,50	324 – 29,50 = 294,50
4 = 121 %	241 – 61,50 = 179,50	292 – 55,50 = 236,50	344 – 49,50 = 294,50
5 = 128 %	255 – 75,50 = 179,50	309 – 72,50 = 236,50	364 – 69,50 = 294,50
6 = 135 %	269 – 89,50 = 179,50	326 – 89,50 = 236,50	384 – 89,50 = 294,50

180 Anmerkung des OLG zur Anwendung von „Anlage zu Teil A Anmerkung 10" der Düsseldorfer Tabelle:

> Das anzurechnende Kindergeld kann auch nach folgender Formel berechnet werden:
> Anrechnungsbetrag = $^1/_2$ des Kindergeldes + Richtsatz der jeweiligen Einkommensgruppe – Richtsatz der 6. Einkommensgruppe (135 % des Regelbetrages).
> Bei einem Negativsaldo entfällt die Anrechnung.
> Ab Einkommensgruppe 6 wird stets das Kindergeld zur Hälfte auf den sich aus der Tabelle ergebenden Unterhalt angerechnet (§ 1612b Abs. 1 BGB).

B. Allgemeine Grundsätze zum Umfang der Ersatzpflicht der Höhe nach

cc. Teil B. Ehegattenunterhalt

Abbildung 6.4: Düsseldorfer Tabelle – B. Ehegattenunterhalt (gültig ab dem 1.7.2003)

181

I. Monatliche Unterhaltsrichtsätze des berechtigten Ehegatten ohne unterhaltsberechtigte Kinder (§§ 1361, 1569, 1578, 1581 BGB):
   1. gegen einen erwerbstätigen Unterhaltspflichtigen:
      a) wenn der Berechtigte kein Einkommen hat: 3/7 des anrechenbaren Erwerbseinkommens zuzüglich $^1/_2$ der anrechenbaren sonstigen Einkünfte des Pflichtigen, nach oben begrenzt durch den vollen Unterhalt, gemessen an den zu berücksichtigenden ehelichen Verhältnissen;
      b) wenn der Berechtigte ebenfalls Einkommen hat: 3/7 der Differenz zwischen den anrechenbaren Erwerbseinkommen der Ehegatten, insgesamt begrenzt durch den vollen ehelichen Bedarf; für sonstige anrechenbare Einkünfte gilt der Halbteilungsgrundsatz;
      c) wenn der Berechtigte erwerbstätig ist, obwohl ihn keine Erwerbsobliegenheit trifft: gemäß § 1577 II BGB;
   2. gegen einen nicht erwerbstätigen Unterhaltspflichtigen (z.B. Rentner): wie zu 1a), b) oder c), jedoch 50 %.

II. Fortgeltung früheren Rechts:
   1. Monatliche Unterhaltsrichtsätze des nach dem Ehegesetz berechtigten Ehegatten ohne unterhaltsberechtigte Kinder:
      a) §§ 58, 59 EheG: in der Regel wie I,
      b) § 60 EheG: in der Regel $^1/_2$ des Unterhalts zu I,
      c) § 61 EheG: nach Billigkeit bis zu den Sätzen I.
   2. Bei Ehegatten, die vor dem 03.10.1990 in der früheren DDR geschieden worden sind, ist das DDR-FGB in Verbindung mit dem Einigungsvertrag zu berücksichtigen (Art. 234 § 5 EGBGB).

III. Monatliche Unterhaltsrichtsätze des berechtigten Ehegatten, wenn die ehelichen Lebensverhältnisse durch Unterhaltspflichten gegenüber Kindern geprägt werden: Wie zu I. bzw. II.1, jedoch wird grundsätzlich der Kindesunterhalt (Tabellenbetrag ohne Abzug von Kindergeld) vorab vom Nettoeinkommen abgezogen. Führt dies zu einem Missverhältnis zwischen Kindes- und Ehegattenunterhalt, ist der Ehegattenunterhalt nach den Grundsätzen der Entscheidung des BGH v. 22.1.2003 (FamRZ 2003, 363 ff.) zu ermitteln.

IV. Monatlicher notwendiger Eigenbedarf (Selbstbehalt) gegenüber dem getrennt lebenden und dem geschiedenen Berechtigten:
   1. wenn der Unterhaltspflichtige erwerbstätig ist: 840 €
   2. wenn der Unterhaltspflichtige nicht erwerbstätig ist: 730 €

   Dem geschiedenen Unterhaltspflichtigen ist nach Maßgabe des § 1581 BGB u.U. ein höherer Betrag zu belassen.

V. Monatlicher notwendiger Eigenbedarf (Existenzminimum) des unterhaltsberechtigten Ehegatten einschließlich des trennungsbedingten Mehrbedarfs in der Regel:
   1. falls erwerbstätig: 840 €
   2. falls nicht erwerbstätig: 730 €

VI. Monatlicher notwendiger Eigenbedarf (Existenzminimum) des Ehegatten, der in einem gemeinsamen Haushalt mit dem Unterhaltspflichtigen lebt:
   1. falls erwerbstätig: 615 €
   2. falls nicht erwerbstätig: 535 €

182 Anmerkung des OLG zur Anwendung von „Anlage zu Teil B. Ehegattenunterhalt" der Düsseldorfer Tabelle:

> Anmerkung zu I. – III.:
> Hinsichtlich berufsbedingter Aufwendungen und berücksichtigungsfähiger Schulden gelten Anmerkungen A. 3 und 4 – auch für den erwerbstätigen Unterhaltsberechtigten – entsprechend. Diejenigen berufsbedingten Aufwendungen, die sich nicht nach objektiven Merkmalen eindeutig von den privaten Lebenshaltungskosten abgrenzen lassen, sind pauschal im Erwerbstätigenbonus von 1/7 enthalten.

2. Grundzüge zur Berechnung des Barunterhaltsschaden

183 Der Barunterhaltsschaden richtet sich an denjenigen Beträgen aus, die der getötete Unterhaltspflichtige, wäre er am Leben geblieben, aus seinem Einkommen hätte aufwenden müssen, um den Unterhaltsberechtigten denjenigen Lebensstandard zu verschaffen, den sie nach den familienrechtlichen Vorschriften des Unterhaltsrechts hätten beanspruchen können.[139] Wegen der Berechnung im Detail sind die Berechnungsbeispiele des BGH[140] hervorzuheben.

a. Fixe Kosten

aa. Berechnung mit und ohne fixe Kosten

184 Die Berechnung mit fixen Kosten ist **nicht zwingend**. Lässt man sie, nicht zuletzt häufig im Interesse einer vereinfachten Abwicklung der Regulierung, außer Acht, sind allerdings die Unterhaltsquoten anzuheben.[141]

185 Eine **pauschalierte Berücksichtigung**[142] von fixen Kosten ist außerhalb der Abwicklung von Regressen der Sozialversicherer und sonstigen Drittleistungsträger nicht angebracht.[143] Beim **Drittleistungsregress** lässt sich eine „Mischkalkulation" herbeiführen, die gerade auch unterschiedlichen Einkommensstrukturen Rechnung tragen kann. Bei der Abwicklung ist entweder gänzlich mit oder aber gänzlich ohne fixe Kosten (dann aber mit jeweils veränderter Quotenlage) abzurechnen.

bb. Fixkosten

186 Die fixen Kosten müssen den unterhaltsgeschädigten Familienangehörigen vorweg zugebilligt werden. Das geschieht **rechnerisch** dadurch, dass sie zunächst vom Nettoein-

---

139 BGH v. 1.1.1985 – VI ZR 36/84 – VersR 1986, 39 (Die „Düsseldorfer Tabelle" kann keine Grundlage der Schadensersatzberechnung sein).

140 BGH v. 23.6.1994 – III ZR 167/93 – NZV 1994, 475; BGH v. 11.10.1983 – VI ZR 251/81 – MDR 1984, 305 = VersR 1984, 79 = zfs 1984, 73; BGH v. 22.3.1983 – VI ZR 67/81 – MDR 1983, 923 = NJW 1983, 2315 = VersR 1983, 726; OLG Brandenburg v. 19.11.1998 -2 U 114/97 – OLGR 1999, 307 = r+s 2000, 69 = zfs 1999, 330. Siehe ferner *Böhme/Biela*, Rn D 290 ff. (S. 242 ff.); *Küppersbusch*, S. 120 ff. (Rn 353, 357 f., 385 ff., 409 ff.).

141 Kap 6 Rn 214.

142 Die generelle Schätzung von *Eckelmann/Nehls*, Schadensersatz bei Verletzung und Tötung, (1987), S. 115 mit 40 % des Nettoeinkommens ist deutlich überzogen. OLG Brandenburg v. 20.12.2000 – 14 U 84/99 – NZV 2001, 213 = VRS 101, 248 hat mit ausführlicher Darstellung im konkreten Fall die Fixkosten mit 27 % berücksichtigt.

143 OLG Celle v. 8.3.2001 – 14 U 69/00 – OLGR 2001, 227 (Ein pauschaler Ansatz der fixen Kosten im Rahmen der Unterhaltsschadenberechnung ist nicht zulässig, wenn beide Parteien eine konkrete Berechnung verlangen und zu den einzelnen Positionen streitig vortragen).

kommen abgezogen und dann dem Anteil der Unterhaltsgeschädigten wieder zugeschlagen werden.[144]

Die Höhe der fixen Kosten hängt davon ab, wie sich die Eheleute in ihrer Ehe eingerichtet haben. 187

Fixe Kosten sind keinesfalls gleichzusetzen mit den tatsächlichen Ausgaben für den täglichen Verbrauch und Bedarf. Zu den fixen Kosten[145] zählen vielmehr diejenigen Ausgaben, die weitgehend unabhängig vom Wegfall eines Familienmitglieds als feste Kosten des Haushalts weiterlaufen und deren Finanzierung der Getötete unterhaltsrechtlich geschuldet hätte.[146] Als Fixkosten scheiden daher Aufwendungen aus, wenn sie an die Person des Getöteten (z.B. Versicherungsbeitrag zur privaten Kranken- und Pflegeversicherung) gebunden waren.[147] 188

Existenz und Höhe der Fixkosten sind vom Geschädigten konkret darzulegen und zu **beweisen**, ohne dass auf Statistiken zurückgegriffen werden kann.[148] 189

(1) Fixkosten

Zu den Fixkosten gehören insbesondere 190

- Miete und Mietnebenkosten[149] einschließlich Energiekosten (Öl, Gas, Wasser, Strom), 191
- Rücklagen für Schönheitsreparaturen sowie Reparatur und Ersatzbeschaffung der Wohnungseinrichtung, 192
- Telefongrundgebühr, 193
- Zeitung, Fernsehen, Radio, 194
- Kosten für Versicherungen, die den Schutz der Familie sicherstellen sollen (Hausrat- und Wohngebäudeversicherung, Haftpflichtversicherung, Rechtsschutzversicherung), 195

---

144 BGH v. 1.1.1985 – VI ZR 36/84 – VersR 1986, 39.
145 Grundlegend BGH v. 2.12.1997 – VI ZR 142/96 – BGHZ 137, 237 = DAR 1998, 99 = DÖD 1998, 161 = FamRZ 1998, 416 = HVBG-Info 1998, 562 = LM BGB § 844 Abs. 2 Nr. 94 (Anm. *Schiemann*) = MDR 1998, 283 = NJW 1998, 985 = NJWE-VHR 1998, 110 (nur Ls.) = NZV 1998, 149 = r+s 1998, 153 = SP 1998, 159 = VersR 1998, 333 = VRS 94, 425 = WI 1998, 38; BGH v. 31.5.1988 – VI ZR 116/87 – MDR 1988, 950 = NJW 1988, 2365 = NZV 1988, 136 (Anm. Nehls) = VersR 1988, 954. Siehe auch *Ege*, DAR 1995, 305; *Schulz-Borck-Hofmann*, S. 35 (Tabelle 4c).
146 BGH v. 2.12.1997 – VI ZR 142/96 – BGHZ 137, 237 = DAR 1998, 99 = DÖD 1998, 161 = FamRZ 1998, 416 = HVBG-Info 1998, 562 = LM BGB § 844 Abs. 2 Nr. 94 (Anm. *Schiemann*) = MDR 1998, 283 = NJW 1998, 985 = NJWE-VHR 1998, 110 (nur Ls.) = NZV 1998, 149 = r+s 1998, 153 = SP 1998, 159 = VersR 1998, 333 = VRS 94, 425 = WI 1998, 38; BGH v. 1.1.1985 – VI ZR 36/84 – VersR 1986, 39; BGH v. 31.5.1988 – VI ZR 116/87 – MDR 1988, 950 = NJW 1988, 2365 = NZV 1988, 136 (Anm. *Nehls*) = VersR 1988, 954; OLG Brandenburg v. 20.12.2000 – 14 U 84/99 – NZV 2001, 213 = VRS 101, 248; OLG Frankfurt v. 11.3.2004 – 26 U 28/98 – zfs 2004, 452 (Anm. *Diehl*); OLG Karlsruhe v. 18.8.2005 – 19 U 120/04 – SP 2006, 276.
147 BGH v. 2.12.1997 – VI ZR 142/96 – BGHZ 137, 237 = DAR 1998, 99 = DÖD 1998, 161 = FamRZ 1998, 416 = HVBG-Info 1998, 562 = LM BGB § 844 Abs. 2 Nr. 94 (Anm. *Schiemann*) = MDR 1998, 283 = NJW 1998, 985 = NJWE-VHR 1998, 110 (nur Ls.) = NZV 1998, 149 = r+s 1998, 153 = SP 1998, 159 = VersR 1998, 333 = VRS 94, 425 = WI 1998, 38.
148 *Küppersbusch*, Rn 337. BGH v. 31.5.1988 – VI ZR 116/87 – MDR 1988, 950 = NJW 1988, 2365 = NZV 1988, 136 (Anm. *Nehls*) = VersR 1988, 954 lässt allerdings einen gewissen Raum im Rahmen des § 287 ZPO.
149 BGH v. 23.6.1987 – VI ZR 188/86 – MDR 1988, 41 = VersR 1987, 1241.

6 Unterhaltsschaden

196 ■ Kosten der Pkw-Haltung[149a] (ohne die variablen Betriebskosten wie Benzin, Wartung und Reparaturen[149b] sowie ADAC-Beiträge[149c]),

197 ■ Kindergartenkosten.[150]

(2) Keine Fixkosten

198 Nicht zu den fixen Kosten gehören

199 ■ Aufwendungen des täglichen Lebens (Essen, Trinken, Kleidung),[151]

200 ■ Aufwendungen für personengebundene Kosten (z.B. Ausbildung, Gewerkschaftsbeiträge, Reitstunden, Vereinsbeiträge),[152]

201 ■ Aufwendungen für personengebundene Versicherungen (Kranken-, Lebens-, Unfallversicherung),[152a]

202 ■ Aufwendungen zur Vermögensbildung,[153]

203 ■ Aufwendungen für den Erwerb eines Eigenheims (einschließlich Bausparkassenbeitrag, Tilgungsbeiträge[154] und Rücklagen).[155]

204 Es sind aber die Lasten eines vorhandenen Eigenheims (einschließlich Tilgung von Grunddarlehn, Instandhaltungsrücklagen) bis zur **maximalen** Höhe **fiktiver Mietkosten** einer vergleichbaren Unterkunft anzusetzen.[156] Ist das Haus jedoch unbelastet, können nicht fiktive Mietwertkosten angesetzt werden.[157]

149a OLG Karlsruhe v. 18.8.2005 – 19 U 120/04 – SP 2006, 276 („Fahrzeughaltungskosten pauschal" sind ohne Konkretisierung nicht zu berücksichtigen).
149b OLG Karlsruhe v. 18.8.2005 – 19 U 120/04 – SP 2006, 276.
149c OLG Karlsruhe v. 18.8.2005 – 19 U 120/04 – SP 2006, 276.
150 BGH v. 2.12.1997 – VI ZR 142/96 – BGHZ 137, 237 = DAR 1998, 99 = DÖD 1998, 161 = FamRZ 1998, 416 = HVBG-Info 1998, 562 = LM BGB § 844 Abs. 2 Nr. 94 (Anm. *Schiemann*) = MDR 1998, 283 = NJW 1998, 985 = NJWE-VHR 1998, 110 (nur Ls.) = NZV 1998, 149 = r+s 1998, 153 = SP 1998, 159 = VersR 1998, 333 = VRS 94, 425 = WI 1998, 38.
151 OLG Frankfurt v. 11.3.2004 – 26 U 28/98 – zfs 2004, 452 (Anm. *Diehl*).
152 BGH v. 2.12.1997 – VI ZR 142/96 – BGHZ 137, 237 = DAR 1998, 99 = DÖD 1998, 161 = FamRZ 1998, 416 = HVBG-Info 1998, 562 = LM BGB § 844 Abs. 2 Nr. 94 (Anm. *Schiemann*) = MDR 1998, 283 = NJW 1998, 985 = NJWE-VHR 1998, 110 (nur Ls.) = NZV 1998, 149 = r+s 1998, 153 = SP 1998, 159 = VersR 1998, 333 = VRS 94, 425 = WI 1998, 38; OLG Frankfurt v. 11.3.2004 – 26 U 28/98 – zfs 2004, 452 (Anm. *Diehl*), OLG Karlsruhe v. 18.8.2005 – 19 U 120/04 – SP 2006, 276 (ADAC-Beitrag, Turnverein).
152a OLG Karlsruhe v. 18.8.2005 – 19 U 120/04 – SP 2006, 276.
153 BGH v. 3.7.1984 – VI ZR 42/83 – MDR 1985, 220 = NJW 1985, 49 = VersR 1984, 961. Siehe ergänzend Kap 6 Rn 169 ff.
154 BGH v. 4.11.2003 – VI ZR 346/02 – BGHReport 2004, 157 (Anm. *Schiemann*) = DAR 2004, 79 = FamRZ 2004, 88 = MDR 2004, 449 = NJW 2004, 358 = NZV 2004, 23 = r+s 2004, 435 = SP 2004, 46 = VersR 2004, 75 = zfs 2004, 114 (Tilgungsbeiträge dienen der Vermögensbildung); OLG Hamm v. 1.9.1992 – 9 U 42/92 – r+s 1992, 413.
155 BGH v. 4.11.2003 – VI ZR 346/02 – BGHReport 2004, 157 (Anm. *Schiemann*) = DAR 2004, 79 = FamRZ 2004, 88 = MDR 2004, 449 = NJW 2004, 358 = NZV 2004, 23 = r+s 2004, 435 = SP 2004, 46 = VersR 2004, 75 = zfs 2004, 114; BGH v. 3.7.1984 – VI ZR 42/83 – MDR 1985, 220 = NJW 1985, 49 = VersR 1984, 961.
156 BGH v. 4.11.2003 – VI ZR 346/02 – BGHReport 2004, 157 (Anm. *Schiemann*) = DAR 2004, 79 = FamRZ 2004, 88 = MDR 2004, 449 = NJW 2004, 358 = NZV 2004, 23 = r+s 2004, 435 = SP 2004, 46 = VersR 2004, 75 = zfs 2004, 114; BGH v. 2.12.1997 – VI ZR 142/96 – BGHZ 137, 237 = DAR 1998, 99 = DÖD 1998, 161 = FamRZ 1998, 416 = HVBG-Info 1998, 562 = LM BGB § 844 Abs. 2 Nr. 94 (Anm. *Schiemann*) = MDR 1998, 283 = NJW 1998, 985 = NJWE-VHR 1998, 110 (nur Ls.) = NZV 1998, 149 = r+s 1998, 153 = SP 1998, 159 = VersR 1998, 333 = VRS 94, 425 = WI 1998, 38; BGH v. 5.12.1989 – VI ZR 276/88 – MDR 1990, 532 = NJW-RR 1990, 221 = VersR 1990, 317; BGH

B. Allgemeine Grundsätze zum Umfang der Ersatzpflicht der Höhe nach

cc. Vorher – nachher

Die Fixkosten können sich infolge des Todes des Unterhaltspflichtigen **verringern** (z.B. Umzug in kleinere Wohnung, geringere Energiekosten, Wegfall von Zeitschriften, geringere PKW-Kosten, Wegfall eines weiteren PKW oder Motorrades) oder **erhöhen** (z.B. Verlust einer billigen Werkswohnung, Verlust eines Dienstwagens, Beiträge zur privaten Kranken- und Pflegeversicherung). Soweit es sich nicht um berücksichtigenswerte Fixkosten handelt, erfolgt eine Berücksichtigung im Rahmen des Vorteilsausgleichs.

205

In der Praxis ist die Verringerung der fixen Kosten nach dem Tode häufig anzunehmen. Es sind dann zunächst die ursprünglichen Fixkosten vom Nettoeinkommen abzuziehen und die veränderten Fixkosten dem Anteil des Unterhaltsgeschädigten zuzuschlagen.

206

dd. Aufteilung

Die Fixkosten sind, da die Hinterbliebenen Einzel- und nicht Gesamtgläubiger nach § 844 II BGB sind,[158] unter den Anspruchsberechtigten aufzuteilen. Der Verteilungsschlüssel richtet sich nach den Umständen des Einzelfalles, wobei im Rahmen der Schätzung (§ 287 ZPO) davon auszugehen ist, dass der Unterhaltsbedarf eines Elternteiles höher ist als der des Waisen. Die Praxis akzeptiert folgende Quotierungen:

207

Witwe/r	Waise	Waise	Waise
100 %	–	–	–
66,7 %[159]	33,3 %	–	–
50 %[160]	25 %	25 %	–
40 %	20 %	20 %	20 %

208

b. Anteil der Hinterbliebenen am verteilbaren Nettoeinkommen

Die Praxis bedient sich pauschaler Prozentsätze bei der Berücksichtigung des Unterhaltsbedarfes, von denen im Einzelfall nur bei Vorliegen besonderer Umstände abgewichen werden kann.[161]

209

---

v. 3.7.1984 – VI ZR 42/83 – MDR 1985, 220 = NJW 1985, 49 = VersR 1984, 961; OLG Hamm v. 1.9.1992 – 9 U 42/92 – r+s 1992, 413.

157 OLG Frankfurt v. 11.3.2004 – 26 U 28/98 – zfs 2004, 452 (Anm. *Diehl*); OLG Köln v. 17.2.1989 – 20 U 37/87 – VersR 1990, 1285 (nur Ls.) = zfs 1991, 11 (BGH v. 20.3.1990 – VI ZR 127/89 – DAR 1990, 228 = FamRZ 1990, 848 = MDR 1990, 1100 = NJW-RR 1990, 706 = NZV 1990, 306 = r+s 1990, 200 [nur Ls.] = VersR 1990, 748 = VRS 79, 166 = zfs 1990, 261 hat Revision teilweise nicht angenommen); OLG Nürnberg v. 9.4.1997 – 4 U 1841/96 – NZV 1997, 439.

158 BGH v. 23.11.1971 – VI ZR 241/69 – VersR 1972, 176.

159 BGH v. 2.12.1997 – VI ZR 142/96 – BGHZ 137, 237 = DAR 1998, 99 = DÖD 1998, 161 = FamRZ 1998, 416 = HVBG-Info 1998, 562 = LM BGB § 844 Abs. 2 Nr. 94 (Anm. *Schiemann*) = MDR 1998, 283 = NJW 1998, 985 = NJWE-VHR 1998, 110 (nur Ls.) = NZV 1998, 149 = r+s 1998, 153 = SP 1998, 159 = VersR 1998, 333 = VRS 94, 425 = WI 1998, 38; OLG Karlsruhe v. 18.8.2005 – 19 U 120/04 – SP 2006, 276 (50 : 50 grundsätzlich zwar denkbar, bedarf aber ganz besonderer Darlegung; konkret dann $^2/_3 : {}^1/_3$ angenommen), OLG Zweibrücken v. 4.12.1992 – 1 U 155/89 – VersR 1994, 613 (BGH hat die Revision nicht angenommen, Beschl. v. 26.10.1993 – VI ZR 6/93 –) (Witwe 70 %, Waise 30 %).

160 BGH v. 31.5.1988 – VI ZR 116/87 – MDR 1988, 950 = NJW 1988, 2365 = NZV 1988, 136 (Anm. *Nehls*) = VersR 1988, 954.

161 BGH v. 15.10.1985 – VI ZR 55/84 – DAR 1986, 51 (Anm. *Eckelmann/Nehls*, DAR 1986, 284) = FamRZ 1986, 35 = MDR 1986, 306 = NJW 1986, 715 = NJW-RR 1986, 387 (nur Ls.) = r+s 1986, 7 = VersR 1986, 264 = VRS 70, 169 (Tod beider Eltern).

6 Unterhaltsschaden

210 Unter **Eheleuten** gilt der Grundsatz der gleichmäßigen Teilhabe am Familieneinkommen, wenn beide oder keiner von beiden (mehr) berufstätig ist.[162] Der erwerbstätige Ehegatte hat aber einen höheren Unterhaltsbedarf als der nicht erwerbstätige.[163]

211 Wird mit fixen Kosten gerechnet, ist beim Alleinverdiener dessen berufsbedingter Aufwand über eine Veränderung der Quote mit zu berücksichtigen,[164] sind beide Ehegatten berufstätig oder keiner von ihnen (mehr), bleibt es bei einer gleichmäßigen Aufteilung.

212 Der Unterhaltsbedarf von **Kindern** ändert sich in Abhängigkeit von Alter und schulischer Laufbahn. Ein familienrechtlicher Abgleich (z.B. anhand der Düsseldorfer Tabelle) der Anspruchshöhe ist angezeigt. Der Unterhaltsbedarf von Kindern richtet sich zwar an der Lebensstellung der Eltern aus,[165] sie haben aber nur einen Anspruch auf Deckung des notwendigen Lebensbedarfes, gedeckelt durch die Sättigungsgrenze.

213 Bei erheblichem Altersunterschied der Kinder kann eine unterschiedliche Quotierung geboten sein. Hohes Einkommen des Getöteten kann mit Rücksicht auf den tatsächlichen Bedarf zum Unterschreiten der ansonsten für Waisen üblichen Quoten führen. Es muss ein familienrechtlicher Abgleich erfolgen und das Gefüge der familienrechtlichen Maßstäbe gewahrt bleiben.[166]

aa. Quoten bei Rechnung ohne fixe Kosten[167]

214

Getöteter	Witwe	Waise	Waise	Waise
50 %	50 %	–	–	–
40 %	40 %	20 %	–	–
35 %	35 %	15 %	15 %	–
32 %	32 %	12 %	12 %	12 %

bb. Quoten bei Rechnung mit fixen Kosten

215 Wird mit fixen Kosten gerechnet und keine Abstufung nach Alter und schulischem Stand der Waisen vorgenommen, so kommen – je nachdem, ob die Witwe berufstätig ist oder nicht – folgende Quoten in Betracht:

216 (a) Quoten bei Rechnung mit fixen Kosten[168] (keine Abstufung nach Alter und schulischem Stand der Waisen) – **nicht erwerbstätige Witwe**

---

162 BGH v. 16.12.1986 – VI ZR 192/85 – VersR 1987, 507.
163 BGH v. 16.9.1981 – IVb ZR 674/80 – NJW 1982, 41.
164 OLG Brandenburg v. 19.11.1998 -2 U 114/97 – OLGR 1999, 307 = r+s 2000, 69 = zfs 1999, 330.
165 BGH v. 22.1.1985 – VI ZR 71/83 – DAR 1985, 215 = FamRZ 1985, 466 = JR 1985, 418 = MDR 1985, 482 = NJW 1985, 1460 = r+s 1985, 115 = VersR 1985, 365 = VRS 69, 7.
166 BGH v. 6.10.1987 – VI ZR 155/86 – DAR 1988, 20 = MDR 1988, 217 = VersR 1987, 1243.
167 *Küppersbusch*, Rn 351 (S. 120).
168 *Küppersbusch*, Rn 351 (S. 119).

Getöteter	nicht erwerbstätige Witwe	Waise	Waise	Waise
55 %	45 %	–	–	–
45 %	35 %	20 %	–	–
40 %	30 %	15 %	15 %	–
34 %	27 %	13 %	13 %	13 %

(b) Quoten bei Rechnung mit fixen Kosten[169] (keine Abstufung nach Alter und schulischem Stand der Waisen) – **erwerbstätige Witwe**   217

Getöteter	erwerbstätige Witwe	Waise	Waise	Waise
50 %	50 %	–	–	–
40 %	40 %	20 %	–	–
35 %	35 %	15 %	15 %	–
30,5 %	30,5 %	13 %	13 %	13 %

III. Hinterbliebenenvorrecht (Witwer-/Witwen-Quotenvorrecht)

Eigenes schadenersatzminderndes Verhalten kann beim mittelbar Verletzten auch hinsichtlich der Schadenhöhe zu berücksichtigen sein.   218

Besonderheiten gelten für den hinterbliebenen Ehegatten eines durch einen Unfall Getöteten: Haben Witwe/Witwer nach §§ 846, 254 BGB nur Anspruch auf Ersatz einer Quote ihres Unterhaltsschadens, so dürfen sie die durch den Wegfall der Unterhaltspflicht gegenüber dem Partner erzielten Vorteile dazu verwenden, ihren Unterhaltsschaden in Höhe der ungedeckten Quote auszugleichen. Sie müssen sich also Einkommen, mit dem sie nun nicht mehr zu den persönlichen Bedürfnissen des Getöteten beitragen müssen, nur dann mindernd anrechnen lassen, wenn es den von ihnen selbst zu tragenden Schadenanteil übersteigt.[170] Setzt die Witwe ihre freigewordene Arbeitskraft zur Bestreitung ihres Lebensunterhalts ein und erzielt sie damit selbst Einkünfte, kann sie diese vorrangig auf den nicht vom Schädiger zu ersetzenden Schadensanteil verrechnen.   219

Mit der Anwendung des Hinterbliebenenvorrechtes ist beabsichtigt, das vom Hinterbliebenen erzielte Einkommen diesem und nicht den **Drittleistungsträgern** zugute kommen zu lassen.[171] Der Drittleistungsträger profitiert also nicht vom Hinterbliebenenvorrecht. Der ersparte Barunterhaltsschaden des Hinterbliebenen wird also zunächst herangezogen, um die Differenz zwischen der Leistung der Drittleistungsträger (Sozialversicherer, aber betriebliche Altersversorgung u.Ä.) und dem bei 100 %iger Haftung zu zahlenden Schadenersatz zu decken.[172]   220

---

169 *Küppersbusch*, Rn 351 (S. 120).
170 BGH v. 16.9.1986 – VI ZR 128/85 – MDR 1987, 132 = VersR 1987, 70; BGH v. 22.3.1983 – VI ZR 67/81 – MDR 1983, 923 = VersR 1983, 726.
171 OLG Hamm v. 16.10.2003 – 6 U 16/03 – DAR 2004, 144 (nur Ls.) = NJW 2004, 1427 (nur Ls.) = NJW-RR 2004, 317 = NZV 2004, 43 = OLGR 2004, 43 = SP 2004, 153 = VersR 2004, 1425 (Anm. *Kerpen*) unter Hinweis auf *Wussow/Küppersbusch*, (7. Aufl. 2000) Rn 339a.
172 OLG Hamm v. 16.10.2003 – 6 U 16/03 – DAR 2004, 144 (nur Ls.) = NJW 2004, 1427 (nur Ls.) = NJW-RR 2004, 317 = NZV 2004, 43 = OLGR 2004, 43 = SP 2004, 153 = VersR 2004, 1425 (Anm. *Kerpen*) unter Hinweis auf *Wussow/Küppersbusch*, (7. Aufl. 2000) Rn 339a.

6 Unterhaltsschaden

221 Macht der Hinterbliebene selbst sein Quotenvorrecht nicht geltend, so kann der Drittleistungsträger nicht auf diesen (aufgegebenen) Anspruch zurückgreifen.[173]

IV. Naturalununterhalt

222 Bei Ausfall des Naturalunterhalts ist der Unterhaltsberechtigte vom Schädiger finanziell in die Lage zu versetzen, sich lebensüblicherweise wirtschaftlich gleichwertige Dienste zu verschaffen.

1. Haushaltsführungsschaden

223 Der Ersatz wegen Fortfalles der Haushaltsführung orientiert sich – anders als im Verletzungsfall – am gesetzlich geschuldeten Maß. Der Umfang der **gesetzlichen Unterhaltspflicht** hängt von den Lebensumständen und den persönlichen Bedürfnissen ab.[174]

224 Bei der Berechnung sind nicht alle haushaltsangehörigen, im Haushalt tatsächlich anwesenden bzw. mitversorgten Personen (z.B. Eltern oder Schwiegereltern) einzubeziehen, sondern ausschließlich die **familienrechtlich unterhaltsberechtigten**.

225 Nach § 1356 BGB ist es den Eheleuten überlassen, wie sie ihre Lebensgemeinschaft gestalten, ob sie an der herkömmlichen Rollenverteilung (Haushaltsführungsehe) festhalten wollen oder ob sie sich für eine andere Aufgabenverteilung (Doppelverdienerehe) entscheiden.[175] Eheleute können durch **tatsächliches Verhalten** oder durch **Vereinbarungen** den Haftungsrahmen des § 844 II BGB zwar nicht erweitern, sie können aber gemäß §§ 1356, 1360, 1360a BGB die Art und Weise der gegenseitigen Unterhaltsgewährung im Rahmen des Angemessenen unter Berücksichtigung der Belange der Familie frei gestalten mit der Folge, dass diese Vereinbarungen dann nicht nur unterhaltsrechtlich, sondern auch haftungsrechtlich verbindlich sind.[176]

226 **Eingetragene Lebenspartner** (LPartG) haben ehegattenähnliche Rechte und Verpflichtungen. Sie sind untereinander zu angemessenem Barunterhalt verpflichtet (§ 5 LPartG, §§ 1360a, 1360b BGB); die Berechnung des Barunterhaltschadens folgt denselben Grundsätzen wie bei der Ehe. Da eine Verpflichtung zum Naturalunterhalt mangels

---

173 KG v. 5.10.1998 – 22 U 3273/97 – NZV 1999, 208 (Lässt ein Beamter oder sein Hinterbliebener den ihm wegen des Quotenvorrechtes zustehenden Teil des Schadenersatzanspruches verjähren, kann auch der Dienstherr diesen Teil nicht mehr gegen den Schadenersatzpflichtigen geltend machen).
174 BGH v. 15.3.1983 – VI ZR 187/81 – MDR 1983, 835 = NJW 1983, 2197 = VersR 1983, 688.
175 Zum Elternunterhalt siehe BGH v. 28.1.2004 – XII ZR 218/01 – BGHReport 2004, 879 (Anm. *Born*) = FamRZ 2004, 795 (Anm. *Strohal*) = MDR 2004, 753 = NJW 2004, 2167 (nur Ls.) = NJW-RR 2004, 721 (Da die Ehegatten ihre persönliche und wirtschaftliche Lebensführung in gemeinsamer Verantwortung bestimmen können, steht es ihnen grundsätzlich frei, Vereinbarungen über die innerfamiliäre Arbeitsteilung zu treffen, die einen Ehegatten mehr belasten als den anderen. Die Mitwirkung an einer solchen Gestaltung ist einem Ehegatten im Verhältnis zu seinen unterhaltsberechtigten Eltern nach Treu und Glauben aber dann verwehrt, wenn ein erhebliches Missverhältnis der beiderseitigen Beiträge zum Familienunterhalt vorliegt. In einem solchen Fall ist darauf abzustellen, in welchem Umfang der Unterhaltspflichtige rechtlich gehalten ist, über die Haushaltsführung hinaus zum Familienunterhalt beizutragen.); BGH v. 17.12.2003 – XII ZR 224/00 – BGHReport 2004, 376 = FamRZ 2004, 370 (Anm. *Strohal, FamRZ* 2004, 441) = MDR 2004, 450 = NJW 2004, 677.
176 BGH v. 29.3.1988 – VI ZR 87/87 – MDR 1988, 664 = VersR 1988, 490; OLG Köln v. 17.2.1989 – 20 U 37/87 – VersR 1990, 1285 (nur Ls.) = zfs 1991, 11 (BGH v. 20.3.1990 – VI ZR 127/89 – DAR 1990, 228 = FamRZ 1990, 848 = MDR 1990, 1100 = NJW-RR 1990, 706 = NZV 1990, 306 = r+s 1990, 200 [nur Ls.] = VersR 1990, 748 = VRS 79, 166 = zfs 1990, 261 hat Revision teilweise nicht angenommen).

Verweisung auf die die Haushaltsführung regelnden Bestimmungen der §§ 1356, 1360 BGB bis zum 31.12.2004 nicht existierte, kann Ersatz wegen entgangenem Naturalunterhaltes (Haushaltsführung) erst[177] ab 1.1.2005 (Art. 7 I Gesetz zur Überarbeitung des Lebenspartnerschaftsrechts[178]) berücksichtigt werden.

2. Mitarbeitsverpflichtung

Zu berücksichtigen sind die gesetzlich geschuldeten Mitarbeitsverpflichtungen von Kindern und Ehegatten unabhängig davon, ob diese ohne den Tod des Haushaltsführenden ansonsten tatsächlich erbracht worden wären. Soweit vor dem Tod eine familienrechtliche Mithilfepflicht der Unterhaltsgeschädigten bestand, besteht keine Ersatzpflicht unabhängig von dem Umstand, ob und in welchem Umfang der Pflichtige tatsächlich mitgeholfen hat.

227

Die Mitarbeitspflicht des hinterbliebenen **Ehegatten** richtet sich zum einen nach der eigenen beruflichen Auslastung in Wechselwirkung zur beruflichen Situation des anderen verstorbenen Ehegatten.[178a] Die Mitarbeitspflicht desjenigen Ehegatten, der eine Vollschichttätigkeit hat, ist geringer als die Pflicht des Ehegatten mit Halbtags- oder Aushilfstätigkeit (Alleinverdiener 0 %,[179] Halbtagsbeschäftigung 25 %,[180] Doppelverdiener 50 %[181]). Veränderungen ergeben sich u.a. auch bei (hypothetischer) Verrentung des Ehegatten. Sind beide Ehegatten nicht oder nicht mehr berufstätig (z.B. Rentner, arbeitslos), ist die Haushaltstätigkeit hälftig zu teilen.

228

> **§ 1619 BGB – Dienstleistungen in Haus und Geschäft**
>
> Das Kind ist, solange es dem elterlichen Hausstand angehört und von den Eltern erzogen oder unterhalten wird, verpflichtet, in einer seinen Kräften und seiner Lebensstellung entsprechenden Weise den Eltern in ihrem Hauswesen und Geschäft Dienste zu leisten.

229

Auch **Kinder** sind zur Mitarbeit verpflichtet (ab 14. Lebensjahr in der Regel 1 h/Tag).[182] Der Umfang richtet sich zum einen am Alter des Kindes aus, zum anderen aber auch an dessen sonstiger Belastung (z.B. durch Schulbesuch).

230

3. Betreuungsschaden

Bestimmend für den Schadenersatz ist der erforderliche Arbeitszeitaufwand für einen um die getötete Person reduzierten Haushalt im Verhältnis zum nicht durch einen Tod verkleinerten Haushalt. Wird nach dem Tode der Hausfrau eine Haushaltshilfe tatsächlich eingestellt, kann nicht ohne weiteres das dieser gezahlte **Gehalt** als Schadenersatz

231

---

177 *Palandt-Brudermüller,* (64. Aufl. 2005), § 5 LPartG Rn 1.
178 Gesetz zur Überarbeitung des Lebenspartnerschaftsrechts v. 15.12.2004, BGBl I 2004, 3396.
178a Siehe auch OLG Karlsruhe v. 18.8.2005 – 19 U 120/04 – SP 2006, 276.
179 OLG Frankfurt v. 26.7.2005 – 17 U 18/05 – SP 2005, 338 (Der allein voll berufstätige Ehepartner erbringt Leistungen im Haushalt regelmäßig freiwillig und nicht aufgrund seiner Unterhaltspflichtung); OLG Oldenburg v. 20.12.1982 – 13 U 55/82 – VersR 1983, 890.
180 LG Bayreuth v. 30.11.1981 – 2 O 35/81 – VersR 1983, 66.
181 BGH v. 2.4.1974 – VI ZR 130 und 155/73 – NJW 1974, 1238.
182 BGH v. 12.6.1973 – VI ZR 26/72 – VersR 1973, 939; BGH v. 2.5.1972 – VI ZR 80/70 – VersR 1972, 948; OLG Stuttgart v. 10.11.1992 – 14 W 4/92 – SP 1994, 80 (nur Ls.) = VersR 1993, 1536.

verlangt werden; es kommt vielmehr darauf an, ob der Aufwand nach den konkreten Umständen des Einzelfalles und dem Familienzuschnitt angemessen ist.[183]

232 Wird keine Ersatzkraft eingestellt, können die Kosten einer **vergleichbaren Kraft** unter Berücksichtigung der örtlichen Gegebenheiten der Berechnung zugrunde gelegt werden.[184]

233 Werden Unterhaltsberechtigte berechtigt in einem **Kinderheim** untergebracht, so sind Ausgangspunkt der Berechnung die Heimkosten, gekürzt um ersparte Aufwendungen, insbesondere für Wohnen und Verpflegung.[185] Bei unentgeltlicher Unterbringung von Waisen in einer **versorgenden Familie** ist der Schaden anhand der üblichen Kosten einer gleichwertigen Familienunterbringung zu schätzen;[186] einen praktikablen Anhaltspunkt für eine angemessene Bestimmung bietet der doppelte Regelbedarfssatz.[187]

V. Teilgläubigerschaft

234 Mehrere Ersatzberechtigte sind nicht Gesamt-, sondern Teilgläubiger:[188] Jeder hat einen selbständigen Ersatzanspruch, der nach Höhe und Dauer seinen eigenen Verlauf nimmt. Der Unterhaltsbedarf ist getrennt für jeden einzelnen Berechtigten zu bestimmen, d.h. für jeden der Teilgläubiger ist auch die Kongruenz hinsichtlich der Drittleistungen selbständig zu prüfen.

235 Zu beachten ist die häufige Abhängigkeit der Ansprüche voneinander: Ist das gesamte verteilungsfähige Einkommen zu verteilen, so bedingt die Herabsetzung des einen Anspruches die Anhebung des anderen.

236 Der Anspruch auf bezifferte Rentenleistungen der Hinterbliebenen kommt nur bis zu demjenigen Zeitpunkt in Betracht, bis zu dem eine Unterhaltsberechtigung aller Hinterbliebenen feststeht. Schadensrenten sind daher in aller Regel auf den Zeitpunkt

---

183 OLG Köln v. 17.2.1989 – 20 U 37/87 – VersR 1990, 1285 (nur Ls.) = zfs 1991, 11 (BGH v. 20.3.1990 – VI ZR 127/89 – DAR 1990, 228 = FamRZ 1990, 848 = MDR 1990, 1100 = NJW-RR 1990, 706 = NZV 1990, 306 = r+s 1990, 200 [nur Ls.] = VersR 1990, 748 = VRS 79, 166 = zfs 1990, 261 hat Revision teilweise nicht angenommen).
184 BGH v. 29.3.1988 – VI ZR 87/87 – MDR 1988, 664 = VersR 1988, 490.
185 OLG Düsseldorf v. 1.2.1985 – 14 U 189/84 – VersR 1985, 698.
OLG Celle v. 20.3.2003 – 14 U 188/02 – DAR 2004, 352 = FamRZ 2004, 526 = NZV 2004, 307 = OLGR Celle 2003, 187 = SP 2004, 191 = zfs 2004, 208 (BGH hat die Nichtzulassungsbeschwerde zurückgewiesen, Beschl. v. 3.2.2004 – VI ZR 119/03 –) befasste sich mit dem Fall, dass die getötete Mutter zur Erziehung des Kindes nicht in der Lage gewesen sein sollte (Ersatz hoher Heimkosten bejaht. Eine fehlende Leistungsfähigkeit der getöteten Mutter wurde nicht berücksichtigt: Maßgeblich ist allein die Leistungsfähigkeit hinsichtlich der Erbringung von Unterhalt – auch in Form des Naturalunterhaltes –, nicht jedoch die Leistungsfähigkeit hinsichtlich einer förderlichen Erziehung. Unzureichende Erziehung auch mit starker Beeinträchtigung der sozialen Entwicklung des Kindes ist für die Frage der Leistungsfähigkeit hinsichtlich der Unterhaltsgewährung ohne Bedeutung; es handelt sich um einen Fall der schadensgeneigten Konstitution.). *Palandt-Sprau*, § 844 Rn 15.
186 BGH v. 13.7.1971 – VI ZR 260/69 – MDR 1971, 921 = VersR 1971, 1045; OLG Koblenz v. 1.2.1993 – 12 U 31/92 – VRS 84, 258 (Mehraufwand bei Unterbringung in Pflegefamilie).
187 *Küppersbusch*, Rn 381 (S. 129) und *Böhme/Biela*, Rn D 289 (S. 242) unter Hinweis auf einen entsprechenden Vorschlag des 15. deutschen Verkehrsgerichtstages. OLG Celle v. 22.12.1977 – 5 U 33/77 – VersR 1980, 583 (Mischung zwischen einfachem Regelsatz, aber veränderten Altersstufen); OLG Stuttgart v. 10.11.1992 – 14 W 4/92 – VersR 1993, 1536.
188 BGH v. 17.10.1972 – VI ZR 111/71 – VersR 1973, 84.

der Volljährigkeit des ältesten Kindes zu begrenzen, für die Zeit danach besteht nur ein Feststellungsanspruch.[189]

VI. Vorteilsausgleich

Ein Vorteilsausgleich findet statt, soweit Vor- und Nachteile korrespondieren. 237

Mit dem Tod des Unterhaltspflichtigen können auch „wirtschaftliche Vorteile" verbunden sein. Ein Vorteilsausgleich erfolgt, wenn Vor- und Nachteile in einem so engen Zusammenhang miteinander und zueinander stehen, dass beide Positionen zu einer Rechnungseinheit zu verbinden sind;[190] da der Schaden in dem Verlust des Unterhaltsanspruchs besteht, muss sich der Vorteil gerade darauf beziehen.[191] 238

1. Drittleistungsträger

Die von dritter Seite anlässlich des Todesfalles erbrachten Leistungen sind, soweit diese kongruent sind, auf den Ersatzanspruch der Hinterbliebenen anzurechen. Rechtlich betrachtet handelt es sich nicht um einen Vorteilsausgleich, sondern um einen Forderungswechsel mit daran anknüpfender Frage der Aktivlegitimation.[192] 239

Die Anrechnung gilt auch für Leistungen des Arbeitgebers (einzelarbeitsvertragliche oder tarifvertragliche Gehaltsfortzahlung für das Sterbequartal) bzw. Dienstherrn, der Sozialversicherer (gesetzliche Unfallversicherung, insbesondere Berufsgenossenschaft, Rentenversicherung) sowie der berufsständischen Versorgung und betrieblichen Altersvorsorge.[193] 240

Bei Leistungen nach dem Unterhaltsvorschussgesetz ist ebenfalls der mögliche Forderungsübergang (Art. II § 1 Nr. 18 SGB I, § 116 SGB X) zu beachten. 241

2. Eigenes Einkommen

Anspruchsmindernd sind der eigene Verdienst, aber auch die Mitarbeitsverpflichtung der Unterhaltsberechtigten im Haushalt (u.U. gesteigert nach eigenem Eintritt in den Ruhestand) und Beruf[194] mit einzubeziehen. 242

Zu berücksichtigen sind ferner erst mit Erreichen der Altersgrenze gezahlte Altersbezüge einschließlich etwaiger Betriebsrenten des Hinterbliebenen. 243

---

189 OLG Hamm v. 19.12.1995 – 27 U 117/95 – NJW 1996, 3423 (nur Ls.) = NJW-RR 1996, 1221 = zfs 1996, 211.
190 BGH v. 14.9.2004 – VI ZR 97/04 – DAR 2005, 19 (Anm. Halm) = NJW 2004, 3557 = NZV 2005, 39 = SP 2004, 409 = VersR 2004, 1468; BGH v. 2.4.2001 – II ZR 331/99 – VersR 2002, 242 = zfs 2001, 488; BGH v. 16.5.1980 – V ZR 91/79 – BB 1980, 1347 = BGHZ 77, 151 = MDR 1980, 919 = NJW 1980, 2187 = VersR 1980, 920 = WM 1980, 1033; BGH v. 17.5.1984 – VII ZR 169/82 – BB 1984, 2021 = BGHZ 91, 206 = MDR 1984, 833 = NJW 1984, 2457 = WM 1984, 1187; BGH v. 6.6.1997 – V ZR 115/96 – BB 1997, 1657 = BGHZ 136, 52 = DB 1997, 2018 = MDR 1997, 924 = NJW 1997, 2378 = WM 1997, 1671; BGH v. 19.12.1978 – VI ZR 218/76 – VersR 1979, 323.
191 BGH v. 19.6.1984 – VI ZR 301/82 – FamRZ 1984, 976 = MDR 1984, 1016 = NJW 1984, 2520 = r+s 1984, 263 = VersR 1984, 936 = zfs 1984, 362.
192 OLG Hamm v. 16.10.2003 – 6 U 16/03 – DAR 2004, 144 (nur Ls.) = NJW 2004, 1427 (nur Ls.) = NJW-RR 2004, 317 = NZV 2004, 43 = OLGR 2004, 43 = SP 2004, 153 = VersR 2004, 1425 (Anm. *Kerpen*) unter Hinweis auf *Wussow/Küppersbusch*, (7. Aufl. 2000), Rn 339a.
193 OLG Hamm v. 1.9.1992 – 9 U 42/92 – r+s 1992, 413.
194 OLG Düsseldorf v. 6.3.1992 – 14 U 184/91 – r+s 1992, 375.

244 Mindert sich die Schadensersatzrente eines Unterhaltsberechtigten aufgrund anzurechnenden Einkommens, so kann dieses zur Erhöhung der Ansprüche der übrigen Anspruchsberechtigten führen.

245 Soweit der Hinterbliebene bei Erziehung von Kindern **Erziehungsgeld** oder **Elterngeld** erhält, ist dieses wie eigenes Einkommen zu werten, da das Erziehungsgeld in Abhängigkeit vom Einkommen gezahlt wird.

3. Nicht-eheliche Lebensgemeinschaft

246 Im Zuge der gesellschaftlichen Fortentwicklung ist auch die nicht-eheliche Lebensgemeinschaft immer mehr in den Vordergrund gerückt.[195] Unterhaltsvergleichbare Leistungen begleiten die Aufnahme einer eheähnlichen Beziehung.[196] Diesem Umstand ist auch bei der Schadensberechnung anspruchsmindernd Rechnung zu tragen, auch wenn zum neuen Lebensabschnittspartner keine familienrechtliche Unterhaltsverpflichtung begründet wird, sondern allenfalls eine vertragliche.[197]

4. Waiseneinkommen

247 Eigene Einkommen (einschließlich solcher Einkünfte aus der Erbschaft) des Waisen mindern, da es auf dessen **Bedürftigkeit** ankommt, den Ersatzanspruch.

248 Bei Arbeitseinkommen sind seine **berufsbedingten Aufwendungen** herauszunehmen (Selbstbehalt nach den familienrechtlichen Tabellen).

249 Die verbleibenden Nettoeinkünfte mindern sowohl den Barunterhaltsanspruch als auch den Naturalunterhalt. Bei **minderjährigen** (nur diese haben überhaupt einen Naturalanspruch) Waisen (praktisch bedeutsam Lehrlinge) ist daher der Lehrlingslohn, ausgehend von der Gleichwertigkeit von Bar- und Betreuungsunterhalt, nur zur Hälfte abzusetzen.

250 *Beispiel 6.9*
A wird durch einen von X verschuldeten Unfall getötet. A hinterlässt die Waise K sowie die Witwe W.
K erzielt als Auszubildender ein Nettoeinkommen von 400,00 €.

---

[195] *Groß*, Forderungsübergang im Schadenfall, Schriftenreihe der Arbeitsgemeinschaft Verkehrsrecht – Homburger Tage 1998 –, S. 15 hebt im Zusammenhang mit dem Verwandtenprivileg die zwischenzeitlichen gesellschaftlichen Veränderungen hervor und weist auf Kriterien hin, die sich in der Rechtsprechung des BVerfG (BVerfGE 87, 264) sowie des VIII. Zivilsenates des BGH (BGH v. 13.1.1993 – VIII ARZ 6/92 – NJW 1993, 999) finden, um vielleicht schützenswerte nicht-eheliche Gemeinschaften zu typisieren.

[196] Siehe zur Problematik: BGH v. 19.6.1984 – VI ZR 301/82 – FamRZ 1984, 976 = MDR 1984, 1016 = NJW 1984, 2520 = r+s 1984, 263 = VersR 1984, 936 = zfs 1984, 362: Geht eine Witwe nach dem Unfalltod ihres Ehemannes eine eheähnliche Beziehung ein, so ist der Wert der dem neuen Partner erbrachten Haushaltsführung als solcher nicht auf den Unterhaltsschaden anzurechnen. Allerdings sind unter dem Aspekt einer Erwerbsobliegenheit Einkünfte aus einer der Witwe zumutbaren und möglichen Arbeitsleistung schadenmindernd zu berücksichtigen (§ 254 II BGB); BGH v. 13.3.1996 – XII ZR 2/95 – LM BGB § 1570 Nr. 16 = MDR 1996, 712 = NJW 1996, 1815 (Unterhaltspflicht eines nach der Scheidung zu einem Hausmann „Konvertierten"). Hinzuweisen ist ferner auf LG Zweibrücken v. 29.6.1993 – 3 S 94/93 – FamRZ 1994, 955 = NJW 1993, 3207 (mit Anm. *Raiser*, NJW 1994, 2672) = VersR 1994, 819 = zfs 1994, 363.

[197] Siehe ergänzend Kap 7 Rn 166 ff.

Ergebnis
Vorteilsausgleich bei Waiseneinkommen
Nettoeinkommen der Waise	400,00 €
./. Selbstbehalt (Düsseldorfer Tabelle)	85,00 €
anrechenbar	315,00 €
anspruchsmindernd zu berücksichtigen 50 %	**158,50 €**

Die **Verteilung 50:50** ist praktikabel, aber nicht immer zwingend gerecht. Angemessen erscheint (vor allem bei Tod eines Doppelverdieners), die anspruchsmindernde Verrechnung der anrechenbaren Ausbildungsvergütung (u.ä. Einkünfte des Waisen) entsprechend den Netto-Einkommensverhältnissen der Eltern vorzunehmen ähnlich der Berücksichtigung der fixen Kosten.

Beispiel 6.10
A wird bei einem Unfall getötet und hinterlässt die Witwe W und das Kind K. W und K verlangen Unterhaltsleistungen.
A hatte ein Netto-Einkommen von 2.000 €, W erzielte aus einer $^1/_2$-tagsbeschäftigung 1.000 €. Der 17-jährige K erhält eine Ausbildungsvergütung in Höhe von 385 €.

Ergebnis
- K hat einen Selbstbehalt (Düsseldorfer Tabelle) von 85 €. Der verbleibende Restbetrag von 300 € ist auf den Unterhaltsschaden anzurechnen.
Der minderjährige K hat gegenüber beiden Eltern gleichwertige Bar- und Betreuungsunterhaltsansprüche. Der Vorteilsausgleich beträgt 50 % von 300 €, also 150 €.

Beispiel 6.11
(Abwandlung von Beispiel 6.10)
K ist volljährig, sodass nur noch der Barunterhaltsanspruch gegen beide Eltern abzuwägen ist.

Ergebnis
- Der nach Abzug des Selbstbehalt von 85 € verbleibende Restbetrag von 300 € ist auf den Unterhaltsschaden anzurechnen.
Zu den Familieneinkünften trug A $^2/_3$ und seine Ehefrau B $^1/_3$ bei. Der Vorteilsausgleich ist in gleichem Maße vorzunehmen, d.h. K muss sich $^2/_3$ von 300 €, also 200 € anrechnen lassen.

5. Ererbtes Vermögen

Der **Stammwert** der Erbschaft ist auf den Unterhaltsersatzanspruch nicht zu verrechnen, da dieser den Erben sowieso später zugefallen wäre.

Soweit Erträgnisse aus dem ererbten Vermögen (z.B. Mieteinnahmen, Zinsen) bereits vor dem Schadensereignis dem Familienunterhalt zur Verfügung standen, sind sie insoweit auf den Schaden zu verrechnen (**Quellentheorie**).[198] Hat nur die Person des Unterhaltspflichtigen, nicht aber die Quelle des Unterhalts gewechselt (z.B. Aktiendepot,

---

198 BGH v. 19.12.1978 – VI ZR 218/76 – MDR 1979, 484 = VersR 1979, 32; 3; BGH v. 19.3.1974 – VI ZR 19/73 – NJW 1974, 1236 = VersR 1974, 700; BGH v. 16.11.1965 – VI ZR 139/64 – VersR 1966, 338; OLG Frankfurt v. 24.11.1988 – 1 U 29/87 – DAR 1990, 464 = VersR 1991, 595 (BGH hat die Revision nicht angenommen, Beschl. v. 31.5.1990 – III ZR 272/88 –).

6 Unterhaltsschaden

Bauernhof, Erwerbsgeschäft, Mieteinkünfte),[199] so sind die laufenden Erträge dann auf den Ersatzanspruch anzurechnen, wenn die Fortführung des Betriebes den Erben zugemutet werden kann.[200] Ist die Fortführung des Betriebes nicht zumutbar, ist der anderweitige Einsatz der verwertbaren Arbeitskraft der Hinterbliebenen zu prüfen.[201]

256 Wird die Quelle veräußert, sind die Erträgnisse aus dem Veräußerungserlös auf den Schaden zu verrechnen.[202] Wird die Quelle von den Erben heruntergewirtschaftet, kann eine Verletzung der Schadensgeringhaltungspflicht vorliegen.[203]

257 Die mit dem Getöteten nicht verheirateten Erben sind unter Umständen wegen der Erträgnisse aus der Erbschaft nicht mehr **bedürftig** und deshalb nicht unterhaltsgeschädigt.[204]

6. Privatvorsorge

258 Ansprüche aus Lebens-[205] und privater Unfallversicherung finden im Verhältnis zu einem Ersatzpflichtigen keine Anrechnung, es sei denn, die Versicherungen dienten bereits zu Lebzeiten des Erblassers dem Unterhalt.[206]

7. Unterhaltsleistungen

259 Den Wegfall eigener Unterhaltsleistungen an den Getöteten muss sich der Hinterbliebene ebenso anrechnen lassen wie ersparte Mehraufwendungen u.a. für dessen Bekleidung, Körperpflege, Freizeitaktivitäten (Urlaub), Verpflegung, Zweitwagen.

260 Familienrechtliche Unterhaltspflichten und -leistungen dritter Personen anstelle des Verstorbenen (z.B. Großeltern gegenüber dem Waisen nach dem Tode dessen Vaters) bleiben außer Betracht (§§ 844 II 1, 843 IV BGB).

261 Gewährt nach einer Wiederheirat der neue Partner Bar- und Naturalunterhalt, sind dessen Leistungen anspruchsmindernd zu berücksichtigen.[207]

---

199 BGH v. 24.6.1969 – VI ZR 52/67 – VersR 1969, 951; BGH v. 27.9.1957 – VI ZR 230/56 – VersR 1957, 783.
200 BGH v. 13.12.1966 – VI ZR 75/65 – VersR 1967, 259.
201 BGH v. 22.11.1983 – VI ZR 22/82 – MDR 1984, 569 = VersR 1984, 353.
202 Zurückhaltend ist BGH v. 22.11.1983 – VI ZR 22/82 – MDR 1984, 569 = VersR 1984, 353 zu sehen: Dort war der Verstorbene „pro forma" bei seiner Ehefrau angestellt, aber praktisch „die Seele des Betriebes". Die Witwe veräußerte den ihr gehörenden Betrieb.
203 BGH v. 25.1.1972 – VI ZR 75/71 – BB 1972, 468 = MDR 1972, 504 = VersR 1972, 460 = WM 1972, 490; BGH v. 4.2.1964 – VI ZR 79/63 – VersR 1964, 514; BGH v. 3.12.1951 – III ZR 68/51 – VersR 1952, 97.
204 Siehe Kap 6 Rn 77 ff.
205 BGH v. 19.12.1978 – VI ZR 218/76 – MDR 1979, 484 = VersR 1979, 323.
206 BGH v. 19.12.1978 – VI ZR 218/76 – MDR 1979, 484 = VersR 1979, 323 (Anm. *Rudolff,* VersR 1979, 1152).
207 BGH v. 17.10.1978 – VI ZR 213/77 – MDR 1979, 218 = NJW 1979, 268 = VersR 1979, 55; OLG Bamberg v. 22.3.1977 – 5 U 161/76 – DAR 1977, 300 = r+s 1978, 18.

VII. Schadenminderung

Die Hinterbliebenen sind im Rahmen der Zumutbarkeit zu eigener Erwerbstätigkeit verpflichtet. Eine junge, gesunde, kinderlose und arbeitsfähige Witwe ist regelmäßig zur Aufnahme einer angemessenen **Erwerbstätigkeit** verpflichtet.[208]

262

Als Erwerbstätigkeit kann auch die Haushaltsführung für einen neuen Lebenspartner gelten.[209]

263

Ein Umzug in eine kleinere Wohnung kann aufgrund der Schadengeringhaltungsverpflichtung geboten sein.

264

C. Ersatz des Unterhaltsschaden – Berechnungsbeispiele

I. Berechnung ohne Berücksichtigung fixer Kosten

Beispiel 6.12

265

Ehemann M wird anlässlich eines Verkehrsunfalls getötet und hinterlässt die Witwe F und den Waisen K. M war Alleinverdiener mit einem Nettoeinkommen von 2.000 €.

(1)	Einkommen Getöteter	3.000,00 €		
(2)	Einkommen Witwe	2.000,00 €		
(3)	Familieneinkommen	**5.000,00 €**		
(4)	Unterhaltsanteil der Ehefrau (50% von (1))		1.500,00 €	
(5)	Ersparnis der Witwe (50 % von (2))		1.000,00 €	
(6)	Barunterhaltsschaden der Witwe		**500,00 €**	500,00 €
(7)	Naturalunterhaltsschaden			**300,00 €**
(8)	Anspruch insgesamt			**800,00 €**

II. Berechnung mit fixen Kosten

1. Tod des Alleinverdieners

Beispiel 6.13

266

Ehemann M wird anlässlich eines Verkehrsunfalls getötet und hinterlässt die Witwe F und den Waisen K. M war Alleinverdiener mit einem Nettoeinkommen von 2.000 €.

				Witwe F	Waise K
(1)	Einkommen Getöteter		2.400,00 €		
(2)	Fixe Kosten (angenommen mit 25 % von (1))		600,00 €		
(3)	verteilbares Einkommen		1.800,00 €		
(4)	Einkommensanteile an (3)				
	(a) Getöteter M	45 %	810,00 €		
	(b) Witwe F	35 %		630,00 €	
	(c) Waise K	20 %			360,00 €

---

[208] BGH v. 6.4.1976 – VI ZR 240/74 MDR 1976, 751 = NJW 1976, 1501 = VersR 1976, 877); OLG Düsseldorf v. 6.3.1992 – 14 U 184/91 = r+s 1992, 375, *Böhme/Biela*, Rn D 265 ff. (S. 237).
[209] BGH v. 19.6.1984 – VI ZR 301/82 – FamRZ 1984, 976 = MDR 1984, 1016 = NJW 1984, 2520 = r+s 1984, 263 = VersR 1984, 936 = zfs 1984, 362. Siehe auch Kap 6 Rn 246.

6 Unterhaltsschaden

(5)	Fixkostenanteile			
	(a) Reduzierte fixe Kosten nach dem Tode des M		540,00 €	
	(b) Anteil der Witwe F an (5a)	2/3	+ 360,00 €	
	(c) Anteil des Waisen an (5a)	1/3		+ 180,00 €
(6)	Barunterhaltsschaden			
	(a) Witwe F (Summe von (4b) und (5b))		990,00 €	
	(b) Waisen K (Summe von (4c) und (5c))			540,00 €
(7)	Naturalunterhalt		300,00 €	
	(a) Anteil der Witwe F an (7)	2/3	+ 200,00 €	
	(b) Anteil des Waisen K an (7)	1/3		+ 100,00 €
(8)	Anspruch insgesamt		**1.190,00 €**	**640,00 €**

2. Tod des Alleinverdieners – Mithaftung

267 *Beispiel 6.14*
Fortführung von Beispiel 6.13 (Rn 266)
Den M trifft ein Mitverschulden in Höhe von 25 %, der Schaden ist also unter Zugrundelegung einer Haftung von 75 % zu regulieren.

				Witwe F	Waise K
(6)	Barunterhaltsschaden				
	(a) Witwe F			990,00 €	
	(b) Waisen K				540,00 €
(7)	Naturalunterhalt		300,00 €		
	(a) Anteil der Witwe F			+ 200,00 €	
	(b) Anteil des Waisen K				+ 100,00 €
(8)	Anspruch insgesamt			1.190,00 €	640,00 €
(9)	Mithaftung des Getöteten: 25 %		Quote 75 %:	**892,50 €**	**480,00 €**

3. Tod der Hausfrau

268 *Beispiel 6.15*
Ehefrau F wird anlässlich eines Verkehrsunfalls getötet und hinterlässt die Witwer M und den Waisen K. M ist Alleinverdiener mit einem Nettoeinkommen von 2.000 €, F war Hausfrau und Mutter.

				Witwer M	Waise K
(1)	Einkommen Witwer		2.400,00 €		
(2)	Fixe Kosten (angenommen mit 25 % von (1))		600,00 €		
(3)	verteilbares Einkommen		1.800,00 €		
(4)	Einkommensanteile an (3)				
	(a) Witwer M	45 %		810,00 €	
	(b) Getötete F (= Ersparnis)	35 %		630,00 €	
	(c) Waise K	20 %			360,00 €[210]
(5)	Naturalunterhalt		999,00 €		
	(a) Anteil des Witwer M an (5)	2/3		666,00 €	
	(b) Anteil des Waisen K an (5)	1/3			333,00 €
(6)	Vorteilsausgleich (Vorteil aus (4b))			– 630,00 €	– 0,00 €
(7)	Anspruch insgesamt			**36,00 €**	**333,00 €**

---

210 Der Unterhaltsanteil ist für die Schadenrechnung ohne Belang, da der Vater M nicht verstorben ist und kein Barunterhaltsschaden abzurechnen ist.

4. Tod der Hausfrau – Mithaftung

Beispiel 6.16
Fortführung von Beispiel 6.15 (Rn 268)
Die F trifft ein Mitverschulden in Höhe von 25 %, der Schaden ist also unter Zugrundelegung einer Haftung von 75 % zu regulieren.

				Witwer M	Waise K
(1)	Einkommen Witwer		2.400,00 €		
(2)	Fixe Kosten (angenommen mit 25 % von (1))		600,00 €		
(3)	verteilbares Einkommen		1.800,00 €		
(4)	Einkommensanteile an (3)				
	(a) Witwer M	45 %	810,00 €		
	(b) Getötete F (= Ersparnis)	35 %		630,00 €	
	(c) Waise K	20 %			360,00 €
(5)	Naturalunterhalt		999,00 €		
	(a) Anteil des Witwer M an (5)	2/3		666,00 €	
	(b) Anteil des Waisen K an (5)	1/3			333,00 €
(6)	Mithaftung des Getöteten: 25 %				
	(a) gekürzter Anspruch Witwer M (Quote 75 %)			**499,50 €**	
	(b) gekürzter Anspruch Waise K (Quote 75 %)				**249,75 €**
(7)	Vorteilsausgleich (Ersparnis aus (4b))		630,00 €		
(8)	Quotenvorrecht des Hinterbliebenen				
	(a) Naturalunterhaltsschaden (5a)		666,00 €		
	(b) davon Anspruchsausfall wegen Mithaftung (25 % von (5a))		166,50 €		
(9)	Verbleibender Vorteilsausgleich (Differenz zwischen (7) und (8b))		463,50 €	– 463,50 €	
(10)	Verbleiben			**36,00 €**	**249,75 €**

K muss sich im *Beispiel 6.16* (Rn 269) die Mithaftung seiner Mutter vollständig anrechnen lassen. Bei M ändert sich gegenüber dem *Beispiel 6.15 (Rn 268)* nichts, da der Eigenschuldanteil der getöteten Ehefrau betraglich geringer ausfällt als seine Ersparnis.

5. Tod des Doppelverdieners

Beispiel 6.17
Ehemann M wird anlässlich eines Verkehrsunfalls getötet und hinterlässt die Witwe F. F ist ebenfalls berufstätig.

			Familie	Witwe F	Getöteter M
(1)	Einkommen Getöteter M				2.500,00 €
(2)	Einkommen Witwe F			1.500,00 €	
(3)	Familieneinkommen		4.000,00 €		
(4)	Vermögensbildung (jeweils 10 % der Einnahmen)		400,00 €	150,00 €	250,00 €
(5)	verfügbares Haushaltseinkommen		3.600,00 €	1.350,00 €	2.250,00 €
(6)	Fixe Kosten (angenommen mit 25 % von (4))		900,00 €		
	(a) Anteil des Getöteten M	62,5 %			562,50 €
	(b) Anteil der Witwe F	37,5 %			337,50 €
(7)	verteilbares Einkommen		2.700,00 €	1.012,50 €	1.687,50 €

(8)	Einkommensanteile			
	(a) der Witwe	50 %	1.350,00 €	
	(b) davon 50 % Abgabe des M aus seinem Einkommen an F			**843,75 €**
	(c) des Getöteten	50 %	1.350,00 €	
	(d) davon 50 % Abgabe der F aus ihrem Einkommen an M (= Ersparnis)			**506,25 €**
(9)	Verluste der F aus dem Einkommen des M (6a) + (8b)			1.406,25 €
(12)	Vorteilsausgleich (8d) (ersparte Abgabe an M)		506,25 €	**506,25 €**
(13)	Verbleiben			**900,00 €**

D. Drittleistung

I. Gesetzliche Sozialversicherung

1. Verjährung

272 Ansprüche auf Sozialleistungen verjähren in vier Jahren nach Ablauf des Kalenderjahres, in dem sie entstanden sind, § 45 SGB I.

2. Auslandsberührung

a. Ausländische Sozialversicherungsträger

273 Leistungen ausländischer Sozialversicherungsträger sind auch dann bei der Forderung des Direktgeschädigten in Abzug zu bringen, wenn das ausländische Recht einen Forderungsübergang nicht kennt.[211]

b. Fremdrentenrecht[212]

274 Das Fremdrentenrecht führt häufig zu Barleistungen entsprechend einem hypothetischen inländischen Versicherungsverlauf. Die anrechenbaren Zeit bei Aussiedlern wurden im Rahmen des RV-Nachhaltigkeitsgesetzes[213] begrenzt, abstellend auf den Stichtag 7.5.1996 (Art. 15 III RV-Nachhaltigkeitsgesetz), § 22b FRG.[214]

275 **Aussiedler** aus dem Bereich der ehemaligen UdSSR (aber nicht nur diese) können unerwartet hohe Ansprüche auf Barleistungen aus der deutschen Sozialversicherung (Rentenversicherung, Arbeitsverwaltung, Kranken- und Pflegekasse) haben. Ob der Verletzte/Getötete dem problematischen Personenkreis angehört, lässt sich manchmal bereits aus der Ermittlungsakte (Geburtsort) entnehmen. Bei Unfällen mit Verletzten/Getöteten aus diesem Personenkreis ist stets aufzuklären, ob **Leistungen** aus der deutschen (oder ausländischen) **Sozialversicherung** bezogen werden (bzw. bezogen

---

211 LG Darmstadt v. 10.9.1985 – 1 O 294/84 – zfs 1986, 174. Siehe ergänzend *Küppersbusch*, Rn 482 ff.
212 Zum Fremdrenten- und Vertriebenenrecht siehe bei *Aichberger*, Sozialgesetzbuch, Nr. 6/50 – 6/53.
213 Gesetz zur Sicherung der nachhaltigen Finanzierungsgrundlagen der gesetzlichen Rentenversicherung (RV-Nachhaltigkeitsgesetz) v. 26.6.2004, BGBl I 2004, 1791.
214 BVerfG v. 13.6.2006 – 1 BvL 9/00, 1 BvL 11/00, 1 BvL 12/00, 1 BvL 5/01, 1 BvL 10/04 – BGBl I 2006, 1704 (Die reduzierte Berücksichtigung von Beitragszeiten aufgrund des FRG ist verfassungsrechtlich nicht zu beanstanden. Es bedarf jedoch einer Übergangsregelung für in 1996 bereits rentennahe Jahrgänge.).

werden können) oder beantragt sind. Da anstelle von Sozialhilfeleistungen dann Ansprüche aus einer Sozialversicherung bestehen können, sollten auch entsprechende Hinweise an den Verletzten bzw. dessen Hinterbliebenen erfolgen.

Häufig absolvieren die Aussiedler in der ersten Zeit nach der Einreise einen Deutsch-Kurs. Die Teilnahme an diesem Kurs und die Wege in diesem Zusammenhang stehen unter gesetzlichem **Unfallversicherungsschutz** („Schulunfall", zum Jahresarbeitsverdienst siehe § 8a FRG). 276

3. Besondere Personenkreise

Die Sozialversicherung umfasst Personen, die kraft Gesetzes oder Satzung oder aufgrund freiwilligen Beitrittes bzw. freiwilliger Fortsetzung der Versicherung versichert sind, § 2 I SGB IV.[215] 277

a. Freiwillig Versicherte

Die Barleistungen sind anspruchsmindernd auf die Forderung des unmittelbar Verletzten auch bei dessen freiwilliger Versicherung in der gesetzlichen Sozialversorgung anzurechnen.[216] 278

Der Forderungsübergang nach § 116 SGB X findet auch bei freiwillig in der gesetzlichen Sozialversicherung Versicherten statt, da der **Forderungsübergang** nach § 116 SGB X nicht differenziert zwischen gesetzlicher Pflichtversicherung und freiwilliger (Zusatz)Versicherung. Beide Verpflichtungen zur Leistung des Sozialversicherers gründen sich nämlich auf Satzungsbestimmungen, die letztlich auf der RVO bzw. den SGB beruhen. 279

b. Prostituierte

Nach längerer Vorlaufphase wurde am 20.12.2001 das Gesetz zur Regelung der Rechtsverhältnisse der Prostituierten[217] verabschiedet. Das Gesetz trat zum 1.1.2002 in Kraft (Art. 3).[218] 280

---

215 Zur Abgrenzung von entgeltlicher Beschäftigung und familienhafter Mithilfe siehe BSG v. 23.6.1994 – 12 RK 50/93 – VersR 1995, 437.
216 BGH v. 25.2.1986 – VI ZR 229/84 – DAR 1986, 220 = NJW-RR 1986, 962 = r+s 1986, 156 (nur Ls.) = VersR 1986, 698 = VRS 71, 106 = zfs 1986, 267 (nur Ls.) (Sterbegeld Ersatzkasse); BGH v. 1.1.1981 – VI ZR 203/79 – BG 1982, 479 = DAR 1982, 121 = FamRZ 1982, 368 = JR 1982, 202 (Anm. *Gitter*) = MDR 1982, 479 = NJW 1982, 1045 = r+s 1982, 30 (nur Ls.) = SGb 1982, 321 (Anm. *Sieg*) = VersR 1982, 291 = VRS 62, 253 = zfs 1982, 141 (unter Aufgabe von BGH v. 30.1.1962 – VI ZR 75/61 – NJW 1962, 800) (EU-Rente beim Selbständigen); BGH v. 11.5.1976 – VI ZR 51/74 – MDR 1976, 921 = NJW 1976, 2349 = VersR 1976, 756 (Ersatzkasse); BGH v. 3.5.1977 – VI ZR 235/75 – VersR 1977, 768; KG v. 26.1.2004 – 12 U 8954/00 – NZV 2005, 148 (Verletztengeld); OLG Hamburg v. 3.3.1998 – 7 U 213/97 – SP 1998, 315 (AOK); OLG Hamm v. 28.1.2002 – 6 U 124/01 – r+s 2002, 505; OLG Karlsruhe v. 1.7.1977 – 10 U 30/77 – VersR 1977, 1096 (Rentenversicherung); OLG Nürnberg v. 7.6.2002 – 6 U 3849/01 – VersR 2004, 1290; OLG Oldenburg v. 20.10.1994 – 1 U 56/94 – SP 1995, 39 = VersR 1996, 480 = zfs 1996, 332 (BG).
217 Gesetz zur Regelung der Rechtsverhältnisse der Prostituierten (Prostitutionsgesetz – ProstG –) v. 20.12.2001 BGBl I 2001, 3983. Zum Gesetzesvorlauf siehe BT-Drucks 14/5958 und BT-Drucks 14/4456.
218 Zum Thema: *Armbrüster*, NJW 2002, 2763; *Palandt-Heinrichs*, Anhang zu § 138 BGB.

281 Die Aktivitäten der Prostituierten werden als **zivilrechtlich** wirksam definiert (§ 1 ProstG), die alte Rechtsprechung[219] zum Schadenersatz (Begrenzung auf die Höhe eines existenzdeckenden Einkommens) verliert damit ihre Gültigkeit.[220]

282 § 3 ProstG erlaubt nunmehr eine **sozialversicherungsrechtliche** Absicherung. Bei den in § 1 S. 2 ProstG geregelten Dauerschuldverhältnissen handelt es sich um jederzeit kündbare atypische Dienst- und Arbeitsverträge, auf die u.a. auch die Grundsätze über den innerbetrieblichen Schadensausgleich Anwendung finden.[221]

c. Selbständige

283 Auch Selbständige können unter bestimmten Voraussetzungen Anspruch auf gesetzliche Sozialversicherungsleistungen haben.

aa. Versicherungsschutz

284 Da Selbständige und Inhaber von Betrieben oftmals nicht verpflichtet sind, Mitglied des Sozialversicherungssystems zu sein, haben sie es selbst in ihrer Hand, Risikovorsorge zu betreiben. Auch der Selbständige kann **freiwillig** am sozialen Sicherungssystem durch eigene Versicherung in der gesetzlichen Kranken-, Pflege-, Renten- und/oder Unfallversicherung teilnehmen, deren Leistungen dann aber auch anspruchsmindernd auf den Schaden des Selbständigen, aber auch seiner Hinterbliebenen, anzurechnen sind. Die Barleistungen (u.a. Hinterbliebenenrenten) sind anspruchsmindernd (z.B. im Falle gestörter Gesamtschuld) auf die Forderung des unmittelbar Verletzten und seiner Hinterbliebenen anzurechnen.[222]

285 Teilweise sind Selbständige aber auch wie Arbeitnehmer bereits **Pflichtmitglieder** in der gesetzlichen Rentenversicherung (z.B. in die Handwerksrolle eingetragene Handwerker, § 2 Nr. 8 SGB VI; Künstler, §§ 2 Nr. 5 SGB VI, 1 KSVG) oder berufsständischen Versorgungswerken (Ärzte, Apotheker, Architekten, Notare, Rechtsanwälte, Steuerberater und -bevollmächtigte, Tierärzte, Wirtschaftsprüfer und vereidigte Buchprüfer sowie Zahnärzte). In der gesetzlichen Unfallversicherung ist teilweise eine Pflichtversicherung von Unternehmern vorgesehen.

bb. Arbeitnehmerähnliche Selbständige, § 2 Nr. 9 SGB VI

286 Seit 1.1.1999 sind auch arbeitnehmerähnliche Selbständige von der gesetzlichen Rentenversicherung vereinnahmt worden (§ 2 Nr. 9 SGB VI): Hierbei handelt es sich Personen,

---

219 Z.B. BGH v. 6.7.1976 – VI ZR 122/75 – VersR 1976, 491.
220 *Armbrüster,* NJW 2002, 2764 (zu IV.1.). In diesem Sinne (Kontaktanzeigen von Prostituierten in Zeitungen sind wettbewerbsrechtlich nicht generell unzulässig. Verboten ist nur noch die Verletzung des Jugendschutzes.): BGH v. 13.7.2006 – I ZR 231/03 -; BGH v. 13.7.2006 – I ZR 241/03 -; BGH v. 13.7.2006 – I ZR 65/05 –. Siehe auch BGH v. 22.11.2001 – III ZR 5/01 – NJW 2002, 361 = WM 2002, 241 (Gegenüber der Rechnungsstellung eines Mobilfunknetzbetreibers kann nicht der Einwand erhoben werden, die in der Rechnung aufgeführten 0190-Sondernummern seien zum Zweck angewählt worden, sittenwidrige Telefonsex-Gespräche zu führen) sowie BGH v. 9.6.1998 – XI ZR 192/97 – MDR 1998, 1151 = NJW 1998, 2895 (Sittenwidrigkeit eines Vertriebs- und Vermarktungsvertrages von Telefonkarten für Telefonsex und Nichtigkeit des damit verbundenen Darlehensvertrages).
221 *Armbrüster,* NJW 2002, 2765 (zu IV.1.).
222 Kap 6 Rn 278 ff.

die im Zusammenhang mit ihrer selbständigen Tätigkeit keine weitere versicherungspflichtige Person beschäftigen und im Wesentlichen nur für einen Auftraggeber tätig sind.

Während Scheinselbständige rechtlich nichts anderes als Arbeitnehmer sind, handelt es sich bei den arbeitnehmerähnlichen Selbständigen um echte Selbständige, die der Gesetzgeber als Pflichtmitglieder (nur) in die Rentenversicherung einbezieht, die im Übrigen aber sozialversicherungsfrei bleiben. 287

> **§ 2 SGB VI-2000 – Selbständig Tätige**
>
> ¹Versicherungspflichtig sind selbständig tätige
>
> ...
>
> 9. Personen, die
> a) im Zusammenhang mit ihrer selbständigen Tätigkeit regelmäßig keinen versicherungspflichtigen Arbeitnehmer beschäftigen, dessen Arbeitsentgelt aus diesem Beschäftigungsverhältnis regelmäßig 400 € im Monat übersteigt, und
> b) auf Dauer und im Wesentlichen nur für einen Auftraggeber tätig sind,
>
> ...

288

§ 2 SGB VI ist rückwirkend[223] neu gefasst. § 2 Nr. 9 SGB VI greift nicht auf die Definition der arbeitnehmerähnlichen Personen in § 12a Tarifvertragsgesetz (TVG) zurück, sondern zieht eine eigene Begriffsbestimmung heran: Arbeitnehmerähnlicher Selbständiger ist gemäß § 2 Nr. 9 SGB VI, wer 289

- im Zusammenhang mit seiner selbständigen Tätigkeit **keinen versicherungspflichtigen Arbeitnehmer** beschäftigt, dessen Arbeitsentgelt regelmäßig **400 €** übersteigt[224] und 290

- auf Dauer und im Wesentlichen **nur für einen Auftraggeber tätig** ist. 291

Eine **Befreiungsmöglichkeit** von der Rentenversicherungspflicht besteht für Personen, die vor dem 2.1.1949 geboren sind und bislang nicht versicherungspflichtig waren. Wer vor dem 10.12.1998 bereits über eine private Lebensversicherung oder betriebliche Versorgungszusage verfügte, konnte sich bis zum 30.6.1999 rückwirkend befreien lassen, wenn diese private Vorsorge rentenversicherungsäquivalent ausgestaltet ist (§ 231 V SGB VI). Die Entscheidung über die Rentenversicherungspflicht trifft der RVT ebenso wie über die Zulässigkeit einer vom Regelbeitrag abweichenden Beitragszahlung. 292

cc. § 105 II SGB VII – Schutz des nicht-versicherten Unternehmer

Manchmal genießt ein Selbständiger unvermuteten Schutz nach § 105 II SGB VII. Diese Vorschrift ist, was ausdrücklich hervorzuheben ist, weitgehend unbekannt. Für Unfälle ab dem 1.1.1997 bezieht § 105 II SGB VII ausnahmsweise auch gänzlich unversicherte Personen zwangsweise in den gesetzlichen Unfallversicherungsschutz mit ein und nimmt dabei zugleich in Kauf, dass ganz erheblich weiter gehende zivilrechtliche Ersatzansprüche abgeschnitten werden.[225] 293

---

223 Art. 3 I des Gesetzes zur Förderung der Selbständigkeit, BGBl I 2000, 2.
224 Familienangehörige werden in der Novellierung nicht mehr genannt.
225 Dazu *Jahnke*, Ausgewählte Probleme für die Schadenregulierung, S. 139 ff.

6 Unterhaltsschaden

294

> **§ 105 SGB VII – Beschränkung der Haftung anderer im Betrieb tätiger Personen**
>
> (1) ¹Personen, die durch eine betriebliche Tätigkeit einen Versicherungsfall von Versicherten desselben Betriebs verursachen, sind diesen sowie deren Angehörigen und Hinterbliebenen nach anderen gesetzlichen Vorschriften zum Ersatz des Personenschadens nur verpflichtet, wenn sie den Versicherungsfall vorsätzlich oder auf einem nach § 8 Abs. 2 Nr. 1 bis 4 versicherten Weg herbeigeführt haben. ²Satz 1 gilt entsprechend bei der Schädigung von Personen, die für denselben Betrieb tätig und nach § 4 Abs. 1 Nr. 1 versicherungsfrei sind. ³§ 104 Abs. 1 S. 2, Abs. 2 und 3 gilt entsprechend.
>
> (2) ¹Abs. 1 gilt entsprechend, wenn nicht versicherte Unternehmer geschädigt worden sind. ²Soweit nach S. 1 eine Haftung ausgeschlossen ist, werden die Unternehmer wie Versicherte, die einen Versicherungsfall erlitten haben, behandelt, es sei denn, eine Ersatzpflicht des Schädigers gegenüber dem Unternehmer ist zivilrechtlich ausgeschlossen. ³Für die Berechnung von Geldleistungen gilt der Mindestjahresarbeitsverdienst als Jahresarbeitsverdienst. ⁴Geldleistungen werden jedoch nur bis zur Höhe eines zivilrechtlichen Schadenersatzanspruchs erbracht.

295 Der nicht-versicherte Unternehmer ist, liegen die Voraussetzungen des § 105 II 2 SGB VII vor, **leistungsrechtlich** wie ein **Versicherter** zu behandeln, der einen Versicherungsfall erlitten hat. Dementsprechend werden Leistungen auch an Hinterbliebene erbracht.

296 Nach § 105 II 3 SGB VII richtet sich die Berechnung des Jahresarbeitsverdienstes (JAV), der die Höhe der Geldleistungen bestimmt, nach dem **Mindest-JAV** (§ 85 I SGB VII). Unternehmereinkommen liegen häufig über dem Mindest-JAV; gleichwohl kann der nicht-versicherte Unternehmer seine darüber hinaus gehenden zivilrechtlichen Ansprüche nicht gegenüber dem Schädiger verfolgen. Das Haftungsprivileg gilt absolut und ist nicht teilbar, selbst Schmerzensgeldansprüche sind dem nicht-versicherten Unternehmer verwehrt.

297 Eine **Mitverantwortung** des Geschädigten (§ 254 BGB) führt nicht zu einer Reduktion der vom Unfallversicherer zu erbringenden Leistungen (siehe auch § 7 II SGB VII); eine andere Regelung ist mit der gewollten Gleichstellung in § 105 II SGB VII nicht vereinbar.

298 § 105 II 4 SGB VII **beschränkt** die Geldleistungen an nicht-versicherte Unternehmer der Höhe nach auf den zivilrechtlichen Schadenersatzanspruch, der ohne die Regelung des § 105 II 1 SGB VII hätte geltend gemacht werden können. Die Unfallversicherungsträger müssen danach abweichend vom ansonsten geltenden Prinzip der abstrakten Berechnung des gesetzlichen Unfallversicherungsrechtes den Schaden nach der zivilrechtlichen Differenzmethode konkret berechnen.

dd. Forderungsübergang

299 Der Forderungsübergang auf die Sozialversicherer (§ 116 SGB X) findet auch bei **freiwillig Sozialversicherten**[226] statt.

300 Leistungen der **privaten Unfallversicherung** sind ebenso wenig wie Leistungen der **Lebensversicherung** auf den Schaden anzurechnen.

---

[226] Kap 6 Rn 279.

D. Drittleistung

d. Scheinselbständige, § 7 IV SGB IV[227]

aa. Arbeitnehmerstellung

„Scheinselbständige" sind lediglich falsch betitelte, tatsächlich aber abhängig beschäftigte, Arbeitnehmer. Sie sind rechtlich den Arbeitnehmern nicht nur gleichgestellt, es sind vielmehr „echte" Arbeitnehmer. Kündigt ein Betriebsinhaber ein aus seiner Sicht freies Mitarbeiterverhältnis, betrachtet sich der Gekündigte jedoch als Arbeitnehmer, so ist dieses vor den Arbeitsgerichten und nicht vor den Zivilgerichten zu klären.[228]

301

bb. Regelung 2003[229]

Mit dem 2. Gesetz für moderne Dienstleistungen am Arbeitsmarkt (Hartz II)[230] wurde erneut versucht, die Scheinselbständigkeit in den Griff zu bekommen, nachdem zwei gesetzliche Vorgängerregeln[231] (Regelung 1999, Regelung 2000[232]) in der Praxis Probleme aufwarfen.

302

> **§ 7 SGB IV-2003 – Beschäftigung**[233]
>
> (1) ¹Beschäftigung ist die nichtselbständige Arbeit, insbesondere in einem Arbeitsverhältnis. ²Anhaltspunkte für eine Beschäftigung sind eine Tätigkeit nach Weisungen und eine Eingliederung in die Arbeitsorganisation des Weisungsgebers.
>
> ...
>
> (4) ¹Für Personen, die für eine selbständige Tätigkeit einen Zuschuss nach § 421l SGB III beantragen, wird widerlegbar vermutet, dass sie in dieser Tätigkeit als Selbständige tätig sind. ²Für die Dauer des Bezugs dieses Zuschusses gelten diese Personen als selbständig Tätige.

303

Scheinselbständige gibt es auch nach der erneuten Novellierung weiterhin. § 7 I 2 SGB IV-2003 benennt aber nur noch einen Punkt und überlässt weitere Aspekte der Rechtsprechungsentwicklung und Praxis:

304

- **Typische Arbeitnehmerleistung.**
  Der Beschäftigte unterliegt Weisungen des Auftraggebers und ist in dessen Arbeitsorganisation eingegliedert. § 7 I 2 SGB IV-2003 entspricht dem Katalogtatbestand des § 7 IV Nr. 3 SGB IV-1999+2000.

305

- **Weitere Aspekte** sind nicht mehr namentlich aufgeführt.
  Bereits der Katalog des § 7 IV SGB IV-2000 war nach der Gesetzesbegründung aber nicht als abschließende Regelung gedacht, vielmehr sollte Raum für weitere Aspekte bestehen, die im Einzelfall für ein Beschäftigungsverhältnis oder eine selbständige Tätigkeit sprechen. Eine endgültige Beurteilung ergibt sich aus einer **Gesamtschau** und Gewichtung aller Umstände, § 7a II SGB IV.

306

---

227 Siehe *Jahnke*, Der Verdienstausfall im Schadenersatzrecht, Kap 3 Rn 68 ff.
228 BAG v. 24.4.1996 – 5 AZB 25/95 – BAGE 83, 40 = DB 1996, 1578 = NJW 1996, 2948 = NZA 1996, 1005.
229 Zum Thema: *Reiserer/Freckmann*, Scheinselbständigkeit – heute noch ein schillernder Rechtsbegriff, NJW 2003, 180.
230 Zweites Gesetz für moderne Dienstleistungen am Arbeitsmarkt v. 23.12.2002, BGBl I 2002, 4621.
231 Dazu *Jahnke*, Der Verdienstausfall im Schadenersatzrecht, Kap 3 Rn 68 ff.
232 Art. 3 I des Gesetzes zur Förderung der Selbständigkeit v. 20.12.1999, BGBl I 2000, 2.

307 Der Aspekt der Scheinselbständigkeit ist nach wie vor zu beachten u.a. bei der Regulierung folgender **Personenkreise**: Auslieferungs- und Kurierfahrer, LKW-Fahrer, Bauarbeiter, Betontransporter, Auslieferungsfahrer, Fliesenleger, Rohrleger, Programmierer, Journalisten, Franchisenehmer[234].

cc. Auswirkungen

308 Bleibt die Vermutung unwiderlegt, wird der Betreffende sozialversicherungsrechtlich wie ein abhängig Beschäftigter behandelt.

(1) Versicherungspflicht

309 Es besteht Versicherungspflicht in allen Zweigen der Sozialversicherung. Der Auftraggeber gilt dann als Arbeitgeber und hat demzufolge u.a. die Hälfte der Sozialversicherungsbeiträge zu tragen.

(2) Sozialleistungen

310 Da der Scheinselbständige ein abhängig Beschäftigter ist, greifen die Sicherungen und Zuständigkeiten des Sozialleistungssystems, insbesondere kann die Zuständigkeit der gesetzlichen Unfallversicherung begründet sein. Auch Warte- und Vorversicherungszeiten können nunmehr erfüllt sein.

311 Da der Forderungsübergang nach **§ 116 SGB X** auch bei erst späterer Feststellung bereits im Unfallzeitpunkt erfolgt,[235] kann der Schadenersatzpflichtige (zumeist Haftpflichtversicherung) kaum ohne Missachtung der §§ 412, 407 I BGB (gutgläubige Leistung an einen Nichtberechtigten) mit befreiender Wirkung noch Leistungen an den unmittelbar Verletzten erbringen.

312 Ein **Verzicht** auf Sozialleistungen und/oder eine Abtretung seitens des unmittelbar Verletzten helfen nur eingeschränkt weiter. Zwar kann nach § 46 I 1. Halbsatz SGB I der Versicherte auf alle Sozialleistungen verzichten, der Verzicht ist jederzeit mit Wirkung für die Zukunft widerruflich (§ 46 I 2. Halbsatz SGB I).

(3) Arbeitsunfall, §§ 104 ff. SGB VII

313 Auch im Rahmen der §§ 104 ff. SGB VII (Haftungsausschluss beim Arbeitsunfall) gilt der „Scheinselbständige" als versicherter Arbeitnehmer.

4. Arbeitsverwaltung

314 Leistungen der Arbeitsverwaltung (SGB II, SGB III) sind im Todesfall nicht vorgesehen.

5. Krankenversicherung

315 Mit der Gesundheitsreform wurde das Sterbegeld (§§ 58, 59 SGB V a.F.) für Sterbefälle ab dem 1.1.2004 ersatzlos gestrichen. Die gesetzliche Krankenversicherung (SGB V) sieht damit keine Leistungen im Sterbefall mehr vor.

---

234 BAG v. 16.7.1997 – 5 AZB 29/96 – ZIP 1997 (Anm. *Flohr*) (Eismann-Beschluss); BGH v. 4.11.1998 – VIII ZB 12/98 – DStR 1998, 2020 (Eismann-Beschluss); BGH v. 16.10.2002 – VIII ZB 27/02 – WM 2003, 343 (Anm. *Flohr*) (vom Fass); OLG Düsseldorf v. 18.3.1998 – 6 W 2/97 – (Eismann II).

235 BGH v. 8.7.2003 – VI ZR 274/02 – HVBG-Info 2003, 2869 = NJW 2003, 3193 = SP 2003, 376 = zfs 2003, 542 (Berufung zu OLG Hamm v. 18.6.2002 – 29 U 81/01 – HVBG-Info 2003, 811 = r+s 2002, 460).

6. Pflegeversicherung

Leistungen für den Todesfall sieht das SGB XI nicht vor. Der Anspruch auf Leistungen aus der gesetzlichen Pflegeversicherung erlischt mit dem Tode, §§ 35, 49 SGB XI, z.T. werden Leistungen bis zum jeweiligen Monatsende abgerechnet (§ 37 II 1 SGB XI).

316

7. Rentenversicherung

Durch das RVOrgG[236] ist die Rentenversicherung in Deutschland zum 1.10.2005 (§ 274d SGB VI) neu gegliedert. Die Zuständigkeit in der allgemeinen Rentenversicherung (früher Rentenversicherung der Arbeiter und Angestellten) wird nach §§ 127, 274c SGB VI mit der Vergabe der Versicherungsnummer[237] bestimmt. Bis zur Vergabe einer Versicherungsnummer ist die Deutsche Rentenversicherung Bund zuständig (§ 127 I 2 SGB VI). Für Hinterbliebene ist derjenige Träger zuständig, an den zuletzt Beiträge gezahlt wurden (§ 127 III SGB VI).

317

a. Personenkreis

Die gesetzliche Rentenversicherung (SGB VI) erbringt Leistungen an Hinterbliebene ihrer Versicherten (Pflichtmitglieder, freiwillig Versicherte und Nachversicherte, §§ 1 ff. SGB VI).

318

Wichtig ist, dass auch bei im Unfallzeitpunkt **nicht** oder **nicht mehr versicherten** (z.B. Hausfrau, Selbständiger, Beamter) oder von der Versicherung befreiten Personen (z.B. berufsständische Versorgung) Leistungen in Betracht kommen können, wenn der Verstorbene bereits zu früheren Zeiten die versicherungsrechtlichen Voraussetzungen vervollständigt hatte.

319

Anspruchsberechtigte Personen sind im Todesfall:

320

- **Hinterbliebene** des Mitgliedes.
  Hinterbliebene des Mitgliedes erhalten für einen eng begrenzten Rahmen (insbesondere Renten) Leistungen.

321

- **Versicherte** geschiedene Hinterbliebene eines Getöteten.
  Im Ausnahmefall des § 47 SGB VI erhält der Versicherte Leistungen aus eigener Sozialversicherung wegen des Todes seines Ehepartners und nicht wegen eigener Erkrankung.[238]

322

- **Kinder** von Versicherten.
  Im Ausnahmefall des § 31 I Nr. 4 SGB VI (Heilbehandlung für Kinder) ist auch das Kind eines Versicherten anspruchsberechtigt.[239]

323

---

236 Gesetz zur Organisationsreform in der gesetzlichen Rentenversicherung (RVOrgG) v. 9.12.2004, BGBl I 2004, 3242.
237 Versicherungsnummern-, Kontoführungs- und Versicherungsverlaufsverordnung v. 30.3.2001, BGBl I 2001, 475; zuletzt geändert am 14.12.2004, BGBl I 2004, 3289 benennt die Bereichsnummern.
238 Kap 6 Rn 365 ff.
239 Kap 6 Rn 372 ff.

b. Allgemeine Voraussetzung der Rentengewährung

324 Leistungen aus der gesetzlichen Rentenversicherung werden grundsätzlich nur auf **Antrag** erbracht, es sei denn, eine spezialrechtliche Bestimmung bestimmt hiervon Abweichendes, § 19 S. 1 SGB IV. Der Antrag ist dabei materiell-rechtliche Anspruchsvoraussetzung.

325 Versicherte und ihre Hinterbliebenen haben Anspruch auf Rente, wenn die für die jeweilige Renten erforderliche Wartezeit erfüllt ist und die jeweiligen besonderen versicherungsrechtlichen und persönlichen Voraussetzungen vorliegen, § 34 I SGB VI.[240]

326 Grundvoraussetzung für alle Renten aus der gesetzlichen Rentenversicherung ist die Erfüllung einer **Wartezeit**, im Einzelnen geregelt in §§ 50, 51 – 53 SGB VI.

327 ■ Witwen- und Waisenrente aus der gesetzlichen Rentenversicherung wird gewährt, wenn der Verstorbene die **allgemeine Wartezeit** (§ 50 I 1 SGB VI: 60 Monate; § 50 I 2 SGB VI: Rentenbezug des Verstorbenen; Verkürzung unter den Voraussetzungen des § 53 SGB VI) erfüllt hatte (§§ 34 I, 46 I Nr. S. 1, 48 I Nr. 2, II Nr. 2 SGB VI), ohne dass weitere Voraussetzungen wie z.B. das Erfüllen einer unmittelbar vor dem Tod bestehenden Vorversicherungszeit gefordert sind.

328 ■ Die allgemeine Wartezeit ist **vorzeitig** erfüllt bei Vorliegen eines Arbeitsunfalls oder einer Wehr-/Zivildienstbeschädigung (§ 53 I SGB VI); ferner, wenn der Versicherte vor Ablauf von 6 Jahren nach Beendigung einer Ausbildung erwerbsunfähig geworden ist bzw. starb und in den letzten 2 Jahren vorher mindestens 1 Jahr mit Pflichtbeiträgen belegt ist (§ 53 II SGB VI).[241] Bei Vorliegen eines Arbeits(Wege)unfalles ist zusätzlich erforderlich, dass der Versicherte im Zeitpunkt des Ereignisses versicherungspflichtig gewesen sein muss oder in den letzten 2 Jahren vor dem Arbeitsunfall mindestens 1 Jahr mit Pflichtbeiträgen belegt hatte, § 53 I 2 SGB VI.

329 Weitere Voraussetzung ist in allen Fällen, dass der Betreffende bei Eintritt des Versicherungsfalles „**Versicherter**" gewesen ist. Diese Eigenschaft ist erfüllt, wenn mindestens ein rechtswirksamer, auf die Wartezeit des zu beurteilenden Rentenanspruches anrechenbarer Beitrag vorliegt (auch Kindererziehungszeiten sind Pflichtbeitragszeiten).

c. Leistungen

330 Nach dem Recht der gesetzlichen Rentenversicherung können in Anspruch genommen werden (§ 23 I Nr. 1 SGB I):

---

[240] Zum Umfang der Haftung des RVT für eine unrichtige Rentenauskunft (§ 109 SGB VI) siehe BGH v. 10.7.2003 – III ZR 155/02 – NJW 2003, 3049 = VersR 2004, 606 = zfs 2003, 495 (Vorzeitiges Ausscheiden aus dem Erwerbsleben).

[241] Im Fall des § 53 II SGB VI ist für den Eintritt der Erwerbsunfähigkeit oder des Todes ein „Unfall" nicht gefordert, er kann – muss aber nicht! – Ursache für einen Rentenanspruch sein.

aa. Hinterbliebenenrente (§§ 33 I und IV, 46 ff., 243 SGB VI)

(1) Witwer-/Witwenrente

> **§ 46 SGB VI – Witwenrente und Witwerrente** 331
>
> (1) ¹Witwen oder Witwer, die nicht wieder geheiratet haben, haben nach dem Tod des versicherten Ehegatten Anspruch auf kleine Witwenrente oder kleine Witwerrente, wenn der versicherte Ehegatte die allgemeine Wartezeit erfüllt hat. ²Der Anspruch besteht längstens für 24 Kalendermonate nach Ablauf des Monats, in dem der Versicherte verstorben ist.
>
> (2) ¹Witwen oder Witwer, die nicht wieder geheiratet haben, haben nach dem Tod des versicherten Ehegatten, der die allgemeine Wartezeit erfüllt hat, Anspruch auf große Witwenrente oder große Witwerrente, wenn sie
> 1. ein eigenes Kind oder ein Kind des versicherten Ehegatten, das das 18. Lebensjahr noch nicht vollendet hat, erziehen,
> 2. das 45. Lebensjahr vollendet haben oder
> 3. erwerbsgemindert sind.
>
> ²Als Kinder werden auch berücksichtigt:
> 1. Stiefkinder und Pflegekinder (§ 56 Abs. 2 Nr. 1 und 2 SGB I), die in den Haushalt der Witwe oder des Witwers aufgenommen sind,
> 2. Enkel und Geschwister, die in den Haushalt der Witwe oder des Witwers aufgenommen sind oder von diesen überwiegend unterhalten werden.
>
> ³Der Erziehung steht die in häuslicher Gemeinschaft ausgeübte Sorge für ein eigenes Kind oder ein Kind des versicherten Ehegatten, das wegen körperlicher, geistiger oder seelischer Behinderung außerstande ist, sich selbst zu unterhalten, auch nach dessen vollendetem 18. Lebensjahr gleich.
>
> (2a) Witwen oder Witwer haben keinen Anspruch auf Witwenrente oder Witwerrente, wenn die Ehe nicht mindestens ein Jahr gedauert hat, es sei denn, dass nach den besonderen Umständen des Falles die Annahme nicht gerechtfertigt ist, dass es der alleinige oder überwiegende Zweck der Heirat war, einen Anspruch auf Hinterbliebenenversorgung zu begründen.
>
> (2b) Ein Anspruch auf Witwenrente oder Witwerrente besteht auch nicht mit Ablauf des Monats, in dem die Bestandskraft der Entscheidung des Rentenversicherungsträgers über das Rentensplitting unter Ehegatten eintritt.
>
> (3) Überlebende Ehegatten, die wieder geheiratet haben, haben unter den sonstigen Voraussetzungen der Abs. 1 bis 2b Anspruch auf kleine oder große Witwenrente oder Witwerrente, wenn die erneute Ehe aufgelöst oder für nichtig erklärt ist (Witwenrente oder Witwerrente nach dem vorletzten Ehegatten).

Gewährt wird eine Witwer-/Witwenrente nach dem Tode des Versicherten (§§ 33 IV Nr. 1, 46 SGB VI) als 332

- **kleine Witwen-/Witwerrente** (§ 46 I SGB VI) oder 333
- **große Witwen-/Witwerrente** (§§ 46 II, 89 II SGB VI) 334
  und zwar (alternativ)
  - bei Versorgung von **Kindern**, die das 18. Lebensjahr noch nicht vollendet haben, 335
  - mit Vollendung des **45. Lebensjahres**, 336
  - bei Berufs- bzw. Erwerbsunfähigkeit bzw. **verminderter Erwerbsfähigkeit**. 337

6 Unterhaltsschaden

338 Der Anspruch auf die **kleine Witwenrente** besteht längstens für 24 Kalendermonate nach Ablauf des Monats, in dem der Versicherte verstorben ist, § 46 I 2 SGB VI.[242] Anzumerken ist, das gerade bei jungen Witwen/Witwern nach Wegfall der Kinderversorgung die große Witwenrente zunächst zwar wegfällt, mit Vollendung des 45. Lebensjahres dann aber wieder (aufgrund dieses Tatbestandes) wieder gewährt wird.

339 Der Anspruch des hinterbliebenen Ehegatten entfällt im Fall einer sog. **Versorgungsehe** (§ 46 IIa SGB VI, § 14 II 2 ALG, § 65 VI SGB VII; § 38 II VBL-Satzung-2001), d.h. wenn die Ehe erst nach dem Versicherungsfall geschlossen wurde und der Tod innerhalb des ersten Ehejahres eintritt. Die gesetzliche Vermutung, es handele sich um eine Versorgungsehe, ist nur dann als widerlegt anzusehen, wenn unter Berücksichtigung der Motive beider Ehegatten die Versorgungsabsicht insgesamt nicht Vordergrund steht.

340 Bis zum Ende des dritten Kalendermonates nach Ablauf des Sterbemonates (**Sterbequartal**) wird die Rente nach § 67 Nr. 5, 6 SGB VI mit dem Rentenartfaktor 1,0 (also in Höhe des Altersrentenanspruches des Versicherten) gezahlt; während dieser 3 Monate erfolgt auch keine Einkommensanrechnung (§ 97 I 2 SGB VI). Die Übergangsfähigkeit ist für diesen 3-Monats-Zeitraum häufig nicht vollständig gegeben.

341 Für die Zeit **ab dem 4. Monat** (bei der kleinen Witwenrente bis maximal zum 24. Monat) bestimmt der Rentenartfaktor (§ 67 SGB VI) die Höhe der Witwenrente wie folgt:

342 ■ große Witwenrente (§ 67 Nr. 6 SGB VI)   55 % der Versichertenrente,

343 ■ kleine Witwenrente (§ 67 Nr. 5 SGB VI)   25 % der Versichertenrente.

(2) Lebenspartner nach dem LPartG

344 Zum in § 46 genannten Personenkreis zählte **bis zum 31.12.2004** nicht der überlebende Lebenspartner einer eingetragenen Lebenspartnerschaft.[243] Es handelt sich bei der eingetragenen Lebenspartnerschaft nicht um eine „Ehe", da diese begriffsnotwendig das unterschiedliche Geschlecht unabdingbar voraussetzt.[244]

345 Nach § 46 IV SGB VI (eingefügt durch Art. 3 Gesetz zur Überarbeitung des Lebenspartnerschaftsrechts[245]) sind eingetragene Lebenspartner (nur solche im Sinne des LPartG) **ab dem 1.1.2005** (Art. 7 I des Gesetzes zur Überarbeitung des Lebenspartnerschaftsrechts) Ehegatten rentenversicherungsrechtlich gleichgestellt und können **Hinterbliebenenrenten** aus der gesetzlichen Renten- und Unfallversicherung (§ 46 IV SGB VI, § 63 Ia SGB VII, § 14a ALG, § 38 I BVG) unter denselben Voraussetzungen wie Ehegatten beanspruchen.

346 Mit der Änderung des § 5 LPartG **seit 1.1.2005** besteht nun auch eine Verpflichtung zur **Haushaltsführung** wie bei Ehegatten, sodass auch ein Haushaltsführungsschaden wie bei Ehegatten abzurechnen ist.

---

242 Eingefügt ab 1.1.2002 durch Art. 1 des Altersvermögensergänzungsgesetzes v. 21.3.2001 (BGBl I 2001, 403.
243 Hess. LSG v. 29.7.2004 – L 12 RJ 12/04 – NZS 2005, 32 (nur Ls.) = SGb 2005, 236 = SuP 2004, 595 (§ 46 SGB VI verstößt nicht gegen das Willkürverbot des Art 3 GG).
244 Hess. LSG v. 29.7.2004 – L 12 RJ 12/04 – NZS 2005, 32 (nur Ls.) = SGb 2005, 236 = SuP 2004, 595.
245 Gesetz zur Überarbeitung des Lebenspartnerschaftsrechts v. 15.12.2004, BGBl I 2004, 3396.

(3) Nicht-eheliche Partner

Das Hinterbliebenenrecht kennt grundsätzlich[246] keine Versorgungsansprüche von Verlobten oder vergleichbaren nicht-ehelichen Partnern, und zwar unabhängig von dem Umstand, dass gemeinsame Kinder vorhanden sind.[247]

347

(4) Waisenrente

> **§ 48 SGB VI – Waisenrente**
>
> (1) Kinder haben nach dem Tod eines Elternteils Anspruch auf Halbwaisenrente, wenn
> 1. sie noch einen Elternteil haben, der unbeschadet der wirtschaftlichen Verhältnisse unterhaltspflichtig ist, und
> 2. der verstorbene Elternteil die allgemeine Wartezeit erfüllt hat.
>
> (2) Kinder haben nach dem Tod eines Elternteils Anspruch auf Vollwaisenrente, wenn
> 1. sie einen Elternteil nicht mehr haben, der unbeschadet der wirtschaftlichen Verhältnisse unterhaltspflichtig war, und
> 2. der verstorbene Elternteil die allgemeine Wartezeit erfüllt hat.
>
> (3) Als Kinder werden auch berücksichtigt:
> 1. Stiefkinder und Pflegekinder (§ 56 Abs. 2 Nr. 1 und 2 SGB I), die in den Haushalt des Verstorbenen aufgenommen waren,
> 2. Enkel und Geschwister, die in den Haushalt des Verstorbenen aufgenommen waren oder von ihm überwiegend unterhalten wurden.
>
> (4) Der Anspruch auf Halb- oder Vollwaisenrente besteht längstens
> 1. bis zur Vollendung des 18. Lebensjahres oder
> 2. bis zur Vollendung des 27. Lebensjahres, wenn die Waise
>   a) sich in Schulausbildung oder Berufsausbildung befindet oder ein freiwilliges soziales Jahr im Sinne des Gesetzes zur Förderung eines freiwilligen sozialen Jahres oder ein freiwilliges ökologisches Jahr im Sinne des Gesetzes zur Förderung eines freiwilligen ökologischen Jahres leistet oder
>   b) wegen körperlicher, geistiger oder seelischer Behinderung außerstande ist, sich selbst zu unterhalten.
>
> (5) In den Fällen des Abs. 4 Nr. 2 Buchstabe a erhöht sich die für den Anspruch auf Waisenrente maßgebende Altersbegrenzung bei Unterbrechung oder Verzögerung der Schulausbildung oder Berufsausbildung durch den gesetzlichen Wehrdienst, Zivildienst oder einen gleichgestellten Dienst um die Zeit dieser Dienstleistung, höchstens um einen der Dauer des gesetzlichen Grundwehrdienstes oder Zivildienstes entsprechenden Zeitraum.
>
> (6) Der Anspruch auf Waisenrente endet nicht dadurch, dass die Waise als Kind angenommen wird.

348

Gezahlt wird eine Waisenrente nach dem Tode eines oder beider Elternteile (§§ 33 IV Nr. 3, 48 SGB VI).

349

Der Waisenrentenanspruch besteht grundsätzlich bis zum 18. Lebensjahr (§ 48 IV Nr. 1 SGB VI), verlängert bis längstens zum 27. Lebensjahr[248] bei Ausbildung (§ 48 IV Nr. 2

350

---

246 Ausnahmen gelten im Opferentschädigungsrecht, dazu Kap 6 Rn 518.
247 BVerfG v. 9.11.2004 – 1 BvR 684/98 – (Der fehlende Schutz von Lebenspartnern im Opferentschädigungsrecht ist jedenfalls verfassungswidrig, soweit möglichen Anspruch und dem zeitlichen Rahmen des § 1615l II 2 BGB nicht Rechnung getragen ist).
248 U.U. geringfügig verlängert um Wehr-/Ersatzdienstzeiten, 48 V SGB VI.

lit. a SGB VI) oder dem aufgrund einer Behinderung fehlenden Vermögen, sich selbst zu unterhalten (§ 48 IV Nr. 2 lit. b SGB VI).

351 Die Höhe der Waisenrente **ab dem 1. Monat** bestimmt der Rentenartfaktor (§ 67 SGB VI) wie folgt:

352 ■ Halbwaisenrente (§ 67 Nr. 7 SGB VI)   10 % der Versichertenrente,

353 ■ Vollwaisenrente (§ 67 Nr. 8 SGB VI)   20 % der Versichertenrente.

(5) Zuschüsse zu den Aufwendungen für die Kranken- und Pflegeversicherung (§§ 106, 106a SGB VI)[249]

354 Bezieher von Hinterbliebenenrenten sind nach Maßgabe von § 5 I Nr. 11 und Nr. 12 SGB V versicherungspflichtig. Der Beitragssatz bestimmt sich nach § 247 SGB V, die Verteilung der Beitragslast nach § 249a SGB V.

355 Rentenbezieher, die freiwillig in der gesetzlichen Kranken- oder Pflegeversicherung oder bei einem privaten Kranken- oder Pflegeversicherer versichert sind, erhalten einen Zuschuss in Höhe der Leistung an einen Pflichtversicherten, § 106 SGB VI:

356 ■ Der Zuschuss zur gesetzlichen Krankenversicherung (**KVdR**) (§ 106 SGB VI) berechnet sich nach dem durchschnittlichen allgemeinen Beitragssatz der Krankenkassen auf den Zahlbetrag der Rente. Der Zuschuss beträgt hiervon 50 %.

357 ■ Der Zuschuss zur gesetzlichen Pflegeversicherung (**PVdR**) (§ 106a SGB VI, § 23 I Nr. 1 lit. e SGB I) ist vollständig gestrichen mit Wirkung ab 1.4.2004, Art. 13 IV des 2. SGB VI-Änderungsgesetzes[250]. Die Beiträge aus der Rente der gesetzlichen Rentenversicherung trägt das Mitglied allein (§ 59 I SGB XI); gleiches gilt u.a. für Altersrenten in der Landwirtschaft.

358 Die Aufwendungen für die Kranken- und Pflegeversicherung der Rentner sind nur ein einzelner Rechnungsfaktor eines einheitlichen Anspruchs auf Ersatz des Unterhaltsschadens.[251] Das gilt sowohl für den vom Rentenversicherer gezahlten Zuschuss zu den Aufwendungen für die Kranken- und Pflegeversicherung als auch für den verbleibenden Eigenanteil der Hinterbliebenen. Der Schadensersatzanspruch geht nach § 116 SGB X auf den Rentenversicherer über, so dass der Beitrag zur Kranken- und Pflegeversicherung der Rentner dem Rentenversicherungsträger zu erstatten ist.[252]

359 Sind die Hinterbliebenen allerdings **selbst sozialversicherungspflichtig**, kann der Anspruch auf Erstattung von Beiträgen zur Kranken- bzw. Pflegekasse ganz entfallen, wenn bereits ohne die Hinterbliebenenrente Kranken- und Pflegeversicherungsschutz bestand; die Leistungen aus diesen am Solidarprinzip ausgerichteten Sozialversicherungen sind nicht von der Beitragshöhe abhängig.

---

249 Zum Thema: *Fuchs*, Kann der Rentenversicherer mit der Regreßklage auch Ersatz für Aufwendungen zur Krankenversicherung der Rentner verlangen? NZV 1989, 307.
250 Zweites Gesetz zur Änderung des SGB VI und anderer Gesetze v. 27.12.2003, BGBl I 2003, 3013.
251 BGH v. 31.1.1989 – VI ZR 199/88 – HVBG-Info 1989, 802 = MDR 1989, 623 = NJW-RR 1989, 610 = NZV 1989, 306 (Anm. *Fuchs*) = r+s 1989, 187 = VersR 1989, 604 = VRS 76, 406 = zfs 1989, 261; BGH v. 24.1.1978 – VI ZR 95/75 – MDR 1978, 570 = r+s 1978, 128 = VersR 1978, 346; BGH v. 8.11.1960 – VI ZR 183/59 – MDR 1961, 132 = VersR 1960, 1122.
252 BGH v. 31.1.1989 – VI ZR 199/88 – HVBG-Info 1989, 802 = MDR 1989, 623 = NJW-RR 1989, 610 = NZV 1989, 306 (Anm. *Fuchs*) = r+s 1989, 187 = VersR 1989, 604 = VRS 76, 406 = zfs 1989, 261 (KVdR-Beiträge). *Küppersbusch*, Rn 123, 607.

Sind **beide Eltern** (auch als Beamte[253]) für den Fall der Krankheit, aber auch im Sinne des SGB XI (Pflegeversicherung) von dritter Seite abgesichert oder erzielen beide Elternteile Einkünfte, so ist der auf die Waisenrente entfallende KVdR und PVdR-Beitrag nur zu Hälfte zu erstatten.[254] Zur elterlichen Barunterhaltspflicht gehört die gleichberechtigte Vorsorge für den Krankheits- und Pflegefall, die nicht im Verhältnis der Ehegatteneinkommen zueinander zu bemessen ist.[255]

360

Wird die nur im Haushalt und **nicht mehr beruflich tätige** Mutter getötet, und verliert das bislang über den Vater familienmitversicherte Kind aufgrund der selbständigen Krankenversicherung in der KVdR diesen Anspruch auf Familienkrankenhilfe, so kann der die Versicherungsbeiträge zahlende Rentenversicherer keinen Ersatz hinsichtlich der KVdR-Beiträge beanspruchen, da der Getöteten kein eigener Anspruch auf Familienkrankenhilfe zustand, den sie hätte weitergeben können.[256]

361

(6) Regress

Kongruenz besteht zum Unterhaltsschaden einschließlich des Haushaltshilfeschadens[257] und Betreuungsschadens gegenüber den Waisen.[258]

362

Die Ersatzpflicht setzt allerdings voraus, dass der Unterhaltsanspruch gegen den getöteten Unterhaltspflichtigen auch hätte beigetrieben werden können, dem Unterhaltsberechtigten also insoweit ein Schaden entstanden ist.[259] Nicht vom Forderungsübergang erfasst werden Unterhaltsrückstände.[260]

363

Soweit dem Hinterbliebenen aufgrund einer Mithaftung ein **Hinterbliebenenvorrecht** zusteht, kommt dieses nicht zugunsten des Rentenversicherers zum Tragen.[261]

364

---

253 BGH v. 28.2.1989 – VI ZR 208/88 – DAR 1989, 222 = FamRZ 1989, 596 = MDR 1989, 625 = NJW-RR 1989, 608 = NZV 1989, 227 = VersR 1989, 486 = VRS 77, 93 = zfs 1989, 229.
254 BGH v. 24.1.1978 – VI ZR 95/75 – MDR 1978, 570 = r+s 1978, 128 = VersR 1978, 346.
255 BGH v. 24.1.1978 – VI ZR 95/75 – MDR 1978, 570 = r+s 1978, 128 = VersR 1978, 346.
256 BGH v. 6.5.1980 – VI ZR 149/78 – DAR 1980, 342 = FamRZ 1980, 775 = MDR 1980, 924 = VersR 1980, 844 = VRS 59, 96 = zfs 1980, 301, 333 (nur Ls.). *Küppersbusch*, Rn 610.
257 BGH v. 1.1.1981 – VI ZR 203/79 – BG 1982, 479 = DAR 1982, 121 = FamRZ 1982, 368 = JR 1982, 202 (Anm. *Gitter*) = MDR 1982, 479 = NJW 1982, 1045 = r+s 1982, 30 (nur Ls.) = SGb 1982, 321 (Anm. *Sieg*) = VersR 1982, 291 = VRS 62, 253 = zfs 1982, 141 (unter Aufgabe von BGH v. 30.1.1962 – VI ZR 75/61 – NJW 1962, 800); OLG Frankfurt v. 21.8.1992 – 24 U 72/81 – NZV 1993, 474 = r+s 1993, 420; OLG Hamm v. 7.7.1994 – 27 U 4/94 – r+s 1994, 420. *Nagel*, Schadenersatzansprüche wegen entgangener Haushaltsführung bei Verletzung oder Tod des Versicherten und Forderungsübergang auf den Unfallversicherungsträger gem. § 1542 RVO a.F. bzw. § 116 SGB X, VersR 1990, 138.
258 BGH v. 19.5.1987 – VI ZR 167/86 – FamRZ 1987, 903 = MDR 1987, 1016 = MedR 1988, 89 = NJW 1987, 2293 = NJW-RR 1987, 1311 (nur Ls.) = r+s 1988, 72 = VersR 1987, 1092 = zfs 1987, 332 (nur Ls.).
259 BGH v. 23.4.1974 – VI ZR 188/72 – MDR 1974, 922 = NJW 1974, 1373 = VersR 1974, 906 (Für den Beweis der Nichtrealisierbarkeit des Anspruches gilt die Regelung des § 287 ZPO); KG v. 6 10.1986 – 12 U 6341/84 – FamRZ 1987, 1030 = zfs 1987, 133; OLG Bremen v. 11.10.1988 – 1 U 79/88 – FamRZ 1990, 403 = zfs 1990, 187 (BGH hat die Revision nicht angenommen).
260 BGH v. 9.3.1973 – VI ZR 119/71 – MDR 1973, 662 = NJW 1973, 1076 = VersR 1973, 620; LG Düsseldorf v. 4.11.1999 – 13 O 309/99 – SP 2000, 379; AG Düsseldorf v. 24.5.1998 – 31 C 4132/98 – SP 1998, 459.
261 Kap 6 Rn 220, insb. Fn 679.

6 Unterhaltsschaden

bb. Erziehungsrente (§ 47 SGB VI)

365

§ 47 SGB VI – Erziehungsrente

(1) Versicherte haben bis zur Vollendung des 65. Lebensjahres Anspruch auf Erziehungsrente, wenn

1. ihre Ehe nach dem 30.6.1977 geschieden und ihr geschiedener Ehegatte gestorben ist,
2. sie ein eigenes Kind oder ein Kind des geschiedenen Ehegatten erziehen (§ 46 Abs. 2),
3. sie nicht wieder geheiratet haben und
4. sie bis zum Tod des geschiedenen Ehegatten die allgemeine Wartezeit erfüllt haben.

(2) Geschiedenen Ehegatten stehen Ehegatten gleich, deren Ehe für nichtig erklärt oder aufgehoben ist.

(3) Anspruch auf Erziehungsrente besteht bis zur Vollendung des 65. Lebensjahres auch für verwitwete Ehegatten, für die ein Rentensplitting unter Ehegatten durchgeführt wurde, wenn

1. sie ein eigenes Kind oder ein Kind des verstorbenen Ehegatten erziehen (§ 46 Abs. 2),
2. sie nicht wieder geheiratet haben und
3. sie bis zum Tod des Ehegatten die allgemeine Wartezeit erfüllt haben.

(4) Für einen Anspruch auf Erziehungsrente gelten als Scheidung einer Ehe auch die Aufhebung einer Lebenspartnerschaft, als geschiedener Ehegatte auch der frühere Lebenspartner, als Heirat auch die Begründung einer Lebenspartnerschaft, als verwitweter Ehegatte auch ein überlebender Lebenspartner und als Ehegatte auch der Lebenspartner.

366

§ 1570 BGB – Unterhalt wegen Betreuung eines Kindes

Ein geschiedener Ehegatte kann von dem anderen Unterhalt verlangen, solange und soweit von ihm wegen der Pflege oder Erziehung eines gemeinschaftlichen Kindes eine Erwerbstätigkeit nicht erwartet werden kann.

367 Die Erziehungsrente an geschiedene Ehegatten folgt aus der **eigenen** Rentenversicherung des Hinterbliebenen und nicht etwa aus der Versicherung des Verstorbenen.

368 Der **Forderungsübergang** nach § 116 SGB X ist nicht unproblematisch, resultierend aus dem Umstand, dass bei § 47 SGB VI die Rentenzahlung nicht aus der Versicherung des unmittelbar Unfallbeteiligten (Verstorbenen) erfolgt, sondern ausschließlich aus der anderweitigen Versicherung des Anspruchsberechtigten. Dass die Sozialleistung aus der Versicherung des unmittelbar Verletzten herrühren muss, gilt regelmäßig nur für den Überlebensfall (Ausnahme: Anspruch eines unfallverletzten Kindes auf Heilbehandlung[262] nach § 31 I Nr. 4 SGB VI). Im Fall der Tötung geht es demgegenüber um mittelbare Schäden, die nur unter Ausnahmebedingungen sozialrechtlich zu leisten und schadenersatzrechtlich zu ersetzen sind. § 116 SGB X stellt aber bei näherer Betrachtung nicht ausschließlich auf eine Versicherung des unmittelbar Beteiligten ab, sondern letztlich nur auf das Erbringen von schadenkongruenten Sozialleistungen im Zusammenhang

---

262 Kinder von Versicherten, Beziehern einer Rente wegen Alters, wegen verminderter Erwerbsfähigkeit oder für Bezieher einer Waisenrente haben nach § 31 I Nr. 4 SGB VI Anspruch auf stationäre Heilbehandlung, wenn hierdurch voraussichtlich eine erhebliche Gefährdung der Gesundheit beseitigt oder eine beeinträchtigte Gesundheit wesentlich gebessert oder wiederhergestellt werden kann.

mit dem Unfallgeschehen: Nach § 116 I 1 SGB X geht „ein auf anderen gesetzlichen Vorschriften beruhender Anspruch auf Ersatz eines Schadens auf den Versicherungsträger ... über, soweit dieser aufgrund des Schadensereignisses Sozialleistungen zu erbringen hat, die der Behebung eines Schadens der gleichen Art dienen und sich auf denselben Zeitraum wie der vom Schädiger zu leistende Schadenersatz beziehen." Hinsichtlich der Erziehungsrente geht der (eigene) Schadensersatzanspruch des unterhaltsberechtigten Hinterbliebenen nach § 844 II 1 BGB auf den Rentenversicherer über, der dem Hinterbliebenen eine dem familienrechtlichen Anspruch des § 1570 BGB entsprechende Leistung erbringt.

Bei der Erziehungsrente handelt es sich nicht um eine Hinterbliebenenrente, sondern um eine „Rente wegen Todes" (siehe § 33 IV SGB VI, Überschrift des 3. Titels). Die Erziehungsrente soll den wegen des Todes des geschiedenen Ehegatten weggefallenen Unterhaltsanspruch (§ 1570 BGB) ersetzen und ergänzt die eigenständigen Rentenansprüche des geschiedenen Ehegatten aufgrund eines (für Scheidungen ab 1.7.1977 geltenden) Versorgungsausgleichs (§§ 1587 ff. BGB). Die Rente wird nur auf Antrag gezahlt, § 115 I SGB VI. Es besteht Schadenkongruenz zum Unterhaltsschaden. 369

Zu beachten ist § 1586b BGB, wonach der familienrechtliche Unterhaltsanspruch des geschiedenen Ehegatten – anders als bei bestehender Ehe (§§ 1615 I, 1360a III BGB) – nicht untergeht, sondern sich vielmehr gegen den **Nachlass** fortsetzt und von daher jedenfalls zur Höhe häufig kein ersatzfähiger Schaden besteht. 370

Für geschiedene Ehegatten gelten **Erwerbsobliegenheiten** des familienrechtlichen Unterhaltsrechtes. Mit dem Einwand, einen angemessenen Arbeitsplatz nicht gefunden zu haben, hat sich die familienrechtliche Rechtsprechung häufig auseinander zu setzen gehabt.[263] Nach der Ansicht des BGH hat sich der Tatrichter mit der Frage zu befassen, ob die Chance, bei intensiverer Arbeitssuche einen Arbeitsplatz zu finden, real oder doch nicht völlig irreal oder nur theoretischer Art ist. Familienrechtliche Ansprüche entfallen, soweit für den Fall sachgerechter Bemühungen eine nicht ganz von der Hand zu weisende Beschäftigungschance besteht. Nur ganz unrealistische und bloß theoretische Beschäftigungschancen bleiben außer Betracht; dies trifft zu, wenn nach der tatrichterlichen Beweiswürdigung die Beschäftigungschance „gleich null" ist, eine Beschäftigung also praktisch nicht in Betracht kommt. 371

cc. Heilbehandlung für Kinder (§ 31 I Nr. 4 SGB VI)

> **§ 31 SGB VI – Sonstige Leistungen**
>
> (1) Als sonstige Leistungen zur Teilhabe können erbracht werden:
>
> ...
>
> 4. stationäre Heilbehandlung für Kinder von Versicherten, Beziehern einer Rente wegen Alters, wegen verminderter Erwerbsfähigkeit oder für Bezieher einer Waisenrente, wenn hierdurch voraussichtlich eine erhebliche Gefährdung der Gesundheit beseitigt oder eine beeinträchtigte Gesundheit wesentlich gebessert oder wiederhergestellt werden kann,
>
> ...
>
> Für Kinderheilbehandlungen findet § 12 Abs. 2 Anwendung.

372

---

263 BGH v. 15.11.1995 – XII ZR 231/94 – FamRZ 1996, 345 = MDR 1996, 345 = NJW 1996, 517; BGH v. 4.6.1986 – IVb ZR 45/85 – NJW 1986, 3080 (Keine Beweiserleichterung nach § 287 II BGB für den Unterhalt begehrenden Ehegatten, der keine angemessene Erwerbstätigkeit zu finden vermag).

> (2) Die Leistungen nach Abs. 1 Satz 1 Nr. 1 setzen voraus, dass die persönlichen und versicherungsrechtlichen Voraussetzungen, die Leistungen nach Abs. 1 Satz 1 Nr. 2 und die Leistungen für Versicherte nach Abs. 1 Satz 1 Nr. 3, dass die versicherungsrechtlichen Voraussetzungen erfüllt sind, die Leistungen nach Abs. 1 Satz 1 Nr. 4, dass der Versicherte die versicherungsrechtlichen Voraussetzungen für Leistungen zur medizinischen Rehabilitation erfüllt. Sie werden nur aufgrund von Richtlinien der Deutschen Rentenversicherung Bund erbracht, die im Benehmen mit dem Bundesministerium für Gesundheit und Soziale Sicherung erlassen werden.
>
> **§ 12 SGB VI – Ausschluss von Leistungen**
>
> (2) Leistungen zur medizinischen Rehabilitation werden nicht vor Ablauf von 4 Jahren nach Durchführung solcher oder ähnlicher Leistungen zur Rehabilitation erbracht, deren Kosten aufgrund öffentlich-rechtlicher Vorschriften getragen oder bezuschusst worden sind. Dies gilt nicht, wenn vorzeitige Leistungen aus gesundheitlichen Gründen dringend erforderlich sind.

373 Nach § 31 I Nr. 4 SGB VI (i.V.m. Gemeinsame Richtlinie der Träger der Rentenversicherung für Kinderheilbehandlung) können Kinder aus der Rentenversicherung eines Elternteiles (und nicht aus eigener Versicherung oder Mitversicherung) Anspruch auf stationäre Heilbehandlung haben.

(1) Stationäre Heilbehandlung

374 Die Leistungen für Kinder von Versicherten werden **nur stationär** in ausgewählten Kindereinrichtungen durchgeführt Der Rentenversicherungsträger trägt die Kosten für Reise, Unterkunft, Verpflegung, ärztliche Betreuung, therapeutische Leistungen und medizinische Anwendungen; Zuzahlungen werden nicht geleistet.

375 Die Leistungen sind kongruent zu den Heilbehandlungskosten des Kindes und dem Rentenversicherer nach **§ 116 SGB X** zu erstatten, auch wenn die Leistung aus der Versicherung eines Dritten (Elternteil des verletzten Kindes) herrührt.[264] Mit der gesetzlichen Krankenkasse besteht Gesamtgläubigerschaft (§ 117 SGB X),[265] sodass eine vorherige Abfindung der Krankenkasse dann auch den Regress der Rentenversicherung ausschließt.[266]

(2) Verjährung, Feststellungsinteresse

376 Zu beachten ist, dass der Rentenversicherer damit **Kenntnis** vom Schadenfall des Kindes hat und von daher eine Verjährung in Gang gesetzt wird; die Verjährung dürfte mit Begründung eines (freiwilligen oder pflichtigen) Rentenversicherungsverhältnisses beginnen. Für nach §§ 116, 119 SGB X aus einer späteren Rentenversicherung des Kindes resultierende Ansprüche kann der Rentenversicherer aber mangels Aktivlegitimation keinen Verjährungsverzicht fordern oder gar Feststellungsklage erheben; die entsprechenden Schadensersatzansprüche sind noch in der Hand des verletzten Kindes.[267]

---

264 Zutreffend im Ergebnis OLG Dresden v. 30.9.2005 – 7 U 1147/05 – (Der Schädiger soll nicht freigestellt werden, soweit er ohne das Bestehen der Sozialversicherung dem Geschädigten Ersatz zu leisten gehabt hätte).
265 OLG Dresden v. 30.9.2005 – 7 U 1147/05 –.
266 Zu Einzelheiten einer Gesamtgläubigerschaft siehe BGH v. 4.3.1986 – VI ZR 234/84 – BG 1986, 756 = DAR 1986, 267 (nur Ls.) = MDR 1986, 746 = NJW 1986, 1861 = NJW-RR 1986, 902 = r+s 1986, 182 = VersR 1986, 810 = zfs 1986, 267 (nur Ls.).
267 *Jahnke,* Anwaltshandbuch Verkehrsrecht, Teil 4 Rn 384, 403 f.

Ein **Feststellungsanspruch** besteht vor eigener Versicherung des verletzten Kindes nur wegen der Heilversorgung aus der Versicherung des Elternteils nach § 31 SGB VI.

d. Leistungshöhe

aa. Rentenrechtliche Zeiten

Zu den rentenrechtlich relevanten Zeiten gehören:

- **Beitragszeiten** (§§ 55, 56 SGB VI) sind Zeiten, in denen Pflicht- oder freiwillige Beiträge gezahlt wurden oder die als Pflichtbeiträge gelten (u.a. auch Kindererziehungszeiten,[268] Beitragszeiten bei Pflege eines Pflegebedürftigen nach § 44 SGB XI, Regresseinnahmen nach § 119 SGB X),
- **Berücksichtigungszeiten** (§ 57 SGB VI) (z.B. Kindererziehungszeit),
- **Anrechnungszeiten** (§ 58 SGB VI) sind u.a. Zeiten, in denen der Versicherte krankheitsbedingt arbeitsunfähig war bzw. Reha-Leistungen erhielt oder als arbeitsuchend Gemeldeter Leistungen bezog, ferner Schul- und Hochschulzeiten nach vollendetem 16. Lebensjahr für längstens 3 Jahre,
- **Zurechnungszeiten** (§ 59 SGB VI) sind Zeiten, die bei einer Erwerbs- oder Berufsunfähigkeits- oder Hinterbliebenenrente hinzugerechnet werden, wenn der Versicherte das 60. Lebensjahr noch nicht vollendet hatte.

Die Berücksichtigung rentenrechtlicher Zeiten war in den letzten Jahren ständigen Veränderungen unterworfen. Auch die zukünftige rechtliche Entwicklung wird sich m.E. nicht durch Konstanz auszeichnen.

bb. Änderung der Rentenzahlung

Die Renten der gesetzlichen Renten- und Unfallversicherung werden seit dem 1.3.2004 (Art. 8 I des 3. SGB VI-Änderungsgesetzes[269]) für **Neu-Rentner** nicht mehr monatlich im Voraus, sondern erst am letzten Bankarbeitstag des Monats ausgezahlt (§ 118 I SGB VI, § 96 SGB VII).

Das **Schlupfloch** zur Befreiung von der Pflichtmitgliedschaft in der gesetzlichen Rentenversicherung für Vorstände einer Aktiengesellschaft ist durch die Änderung von § 1 S. 4 SGB VI mit der Übergangsvorschrift des § 229 SGB VI geschlossen.

Die **Renten** wurden zum 1.7.2004,[270] 1.7.2005[271] und 1.7.2006[272] nicht **angepasst**. Prinzipiell ist auch eine **Rentenkürzung** rechtlich nicht ausgeschlossen,[273] auch wenn

---

268 BVerfG (2. Kammer des 1. Senates) v. 2.7.1998 – 1 BvR 810/90 – NJW 1998, 2963 (Nichtanrechnung von Kindererziehungszeiten für solche Personen, die sich während der Zeit der Kindererziehung im Ausland – konkret: Mitgliedstaat der EU – aufgehalten haben, verstößt nicht gegen Art 3 I GG).
269 Drittes Gesetz zur Änderung des SGB VI und anderer Gesetze v. 27.12.2003, BGBl I 2003, 3019.
270 Art. 2 des Zweiten Gesetzes zur Änderung des SGB VI und anderer Gesetze v. 27.12.2003, BGBl I 2003, 3013.
271 Zur Berechnung im Detail siehe die Begründung zur Rentenwertbestimmungsverordnung 2005 – RW-BestVO 2005 in BR-Drucks 242/05 v. 14.4.2005. Wegen der Schutzklausel im Rentennachhaltigkeitsgesetz (§§ 68 VI, 255e V SGB VI) durften die Renten zum 1.7.2005 nicht gemindert werden (BR-Drucks 242/05 v. 14.4.2005, S. 4 zu Ziff. 1 und S. 5 zu Ziff. 2).
272 Gesetz über die Weitergeltung der aktuellen Rentenwerte ab 1.6.2006, BGBl I 2006, 1304.
273 Die Rentenanpassung orientiert sich an der Lohn- und Gehaltsentwicklung der versicherungspflichtig Beschäftigten des Vorjahres (§§ 68, 255e SGB VI). Bei der Rentenberechnung berücksichtigt der

dieses politisch nur schwer durchsetzbar wäre; eine – eigentlich rechnerisch sogar erforderliche – Absenkung der Renten zum 1.7.2005 verhinderte § 68 VI SGB VI (Änderung durch das RV-Nachhaltigkeitsgesetz[274]).

cc. Anrechnung eigenen Einkommens

387 Eigenes Einkommen der Hinterbliebenen wird angerechnet (§§ 18a ff. SGB IV) wie bei der Unfallversicherung, allerdings nicht uneingeschränkt auf beide Renten: Die Kürzung erfolgt zunächst in der Unfallversicherung (§ 97 III SGB VI).

dd. Zusammentreffen mit anderem Leistungsträger

388 Treffen Leistungen der Rentenversicherung mit denen aus der gesetzlichen Unfallversicherung zusammen, findet eine Reduzierung der nach den jeweiligen gesetzlichen Vorschriften der Renten- und Unfallversicherung ermittelten Renten statt, soweit die Gesamtheit des Leistungsbezuges die Grenzwerte übersteigt (§ 93 SGB VI).[275]

389 Den beiden leistenden Sozialversicherungsträgern ist im Verhältnis ihrer Leistungen zum Gesamtrentenbezug anteilig Ersatz des zur Höhe nachgewiesenen Verdienstausfall- oder Unterhaltsschadens zu leisten (zzgl. der anteiligen KVdR und – bis 1.4.2004 – PVdR).[276]

e. Unfallfremde Hinterbliebenenrentenleistungen

390 Werden im Verletzungsfall Leistungen an einen unfallfremd Verwitweten oder Waisen erbracht, sind diese Leistungen dem Rentenversicherer nicht zu ersetzen.[277]

8. Gesetzliche Unfallversicherung[278]

a. Personenkreis

391 Ein hoher Prozentsatz aller Haftpflichtereignisse, aus denen Personenschäden resultieren, unterfällt gleichzeitig dem gesetzlichen Unfallversicherungsschutz. Manchmal ist sich der Verletzte (im Fall der Tötung der Hinterbliebenen) gar nicht bewusst, dass er diesen Schutz genießt (insbesondere in den Fällen der Eingliederung); manchmal hat dieses dann allerdings auch für ihn haftungsrechtliche Konsequenzen (§§ 104 ff. SGB VII), was bei der Regulierung zu beachten ist.

Nachhaltigkeitsfaktor (§ 68 IV SGB VI) das Verhältnis von Rentenempfängern und versicherungspflichtig Beschäftigten: Weniger Beitragszahler führen zu geringeren Rentenerhöhungen, bei Zuwachs bei den Beitragszahlern lässt dieses auch die Renten steigen.

274 Gesetz zur Sicherung der nachhaltigen Finanzierungsgrundlagen der gesetzlichen Rentenversicherung (RV-Nachhaltigkeitsgesetz) v. 21.7.2004, BGBl I 2004, 1791.
275 Der Grenzbetrag beträgt 70 % eines Zwölftels des Jahresarbeitsverdienstes (JAV), der der Berechnung der Rente aus der Unfallversicherung zugrunde liegt, vervielfältigt mit dem jeweiligen Rentenartfaktor (§ 67 SGB VI) für persönliche Entgeltpunkte (§ 70 SGB VI) der gesetzlichen Rentenversicherung (§ 93 IV SGB VI).
276 Zur Berechnung der KVdR-Beiträge siehe Kap 6 Rn 442 ff. sowie das Beispiel 6.18, Kap 6 Rn 446.
277 Kap 1 Rn 82 ff.
278 Zum Berufs- und Dienstunfallrecht der DDR und der Fortzahlung der Renten siehe *Schulze/Kaulbach*, Differenzrenten bei Berufs- und Dienstunfällen, VersR 1997, 1178. Ferner zum Thema *Jahnke*, NZV 1996, 297, *ders.*, Ausgewählte Probleme für die Schadenregulierung, S. 92 ff.

Der Kreis der gesetzlich unfallversicherten Personen wird durch den Katalog des § 2 I SGB VII bestimmt, ergänzt um diejenigen Personen, die – auch bei nur vorübergehender Tätigkeit – wie ein nach § 2 I SGB VII Versicherter tätig geworden sind, § 2 II SGB VII.

392

Freiwillig Versicherte (§ 6 SGB VII) und kraft Satzung des Unfallversicherungsträgers miteinbezogene betriebsfremde Personen (§ 3 SGB VII) kommen ebenso wie der nichtversicherte Unternehmer nach § 105 II SGB VII in den Genuss der unfallversicherungsrechtlichen Leistungen.

393

b. Arbeitsunfall

Voraussetzung des Leistungsbezuges ist ein Arbeitsunfall oder Arbeitswegeunfall (§ 7 I SGB VII) des unfallkausal Verstorbenen. Nach dem Recht der gesetzlichen Unfallversicherung erhalten nach Eintritt eines Arbeits- oder Arbeitswegeunfalls des Versicherten (§ 7 I SGB VII) dessen Hinterbliebene (§ 22 I Nr. 4, 5 SGB I) neben Sterbegeld (§§ 63 I 1 Nr. 1, 64 I SGB VII) und Überführungskosten (§§ 63 I 1 Nr. 2, 64 II SGB VII) auch Hinterbliebenenrenten (§§ 63 I 1 Nr. 3, 65 ff. SGB VII) **ohne Rücksicht** darauf, ob der Unfall von dem Getöteten ganz oder teilweise **mitverschuldet** wurde.

394

Leistungen der gesetzlichen Unfallversicherung sind **von Amts wegen** zu erbringen, es sei denn, die Vorschriften für die gesetzliche Unfallversicherung bestimmen etwas anderes, § 19 S. 2 SGB IV.

395

c. Leistungen

> **§ 63 SGB VII – Leistungen bei Tod**
>
> (1) ¹Hinterbliebene haben Anspruch auf
>   1. Sterbegeld,
>   2. Erstattung der Kosten der Überführung an den Ort der Bestattung,
>   3. Hinterbliebenenrenten,
>   4. Beihilfe.
>
> ²Der Anspruch auf Leistungen nach S. 1 Nr. 1 bis 3 besteht nur, wenn der Tod infolge eines Versicherungsfalls eingetreten ist.
> …

396

aa. Beerdigung

Ist die gesetzliche Unfallversicherung (z.B. Berufsgenossenschaft, Gemeinde-Unfallversicherungsverband) eintrittspflichtig, werden Sterbegeld und Überführungskosten gezahlt. Zu Einzelheiten ist auf die Darstellung bei den Beerdigungskosten (Kap 4 Rn 54 ff.) hinzuweisen.

397

Das **Sterbegeld** (§§ 63 I 1 Nr. 1, 64 I SGB VII) beträgt 1/7 der im Todeszeitpunkt geltenden jährlichen Bezugsgröße und ist ausschließlich kongruent zu den Beerdigungskosten und nicht zusätzlich auch zum Unterhaltsschaden.[279]

398

---

[279] OLG Hamm v. 3.12.1979 – 13 U 264/79 – VersR 1980, 390 = zfs 1980, 172 (nur Ls.).

bb. Übergangshilfe (§ 65 II Nr. 1 SGB VII)

399 Die **Hinterbliebenenrente** beträgt bis zum Ablauf des Sterbequartals $^2/_3$ des Jahresarbeitsverdienstes und wird erst ab dem 4. Kalendermonat nach dem Tode reduziert.

400 Diese Übergangshilfe dient der Umstellung auf die veränderten Lebensumstände und ist **nicht kongruent** zu den Beerdigungskosten;[280] Kongruenz besteht nur zum Unterhaltsschaden.[281] § 65 II Nr. 1 SGB VII setzt § 591 RVO inhaltlich unverändert fort.[282]

cc. Hinterbliebenenrente

401 Nach dem Tod aufgrund eines Arbeits- oder Arbeitswegeunfalls erhalten Hinterbliebene des Versicherten Hinterbliebenenrenten (§§ 63 I 1 Nr. 3, 65 ff. SGB VII).

402 Die Hinterbliebenenrente aus der gesetzlichen Unfallversicherung ist **steuerfrei** (§ 3 Nr. 1 lit. a EStG).

(1) Jahresarbeitsverdienst

403 Berechnungsgrundlage für die Barleistungen des Unfallversicherungsträgers an die Hinterbliebenen ist der Jahresarbeitsverdienst (kurz: «JAV») (§§ 81 ff. SGB VII).

404 Der JAV beträgt höchstens das Doppelte der im Zeitpunkt des Versicherungsfalles maßgeblichen Bezugsgröße, es sei denn, durch Satzung ist ein höherer Betrag vorgesehen (§ 85 II SGB VII). Letzteres ist allerdings vielfach geschehen.

405 Gemäß §§ 89, 95 I 1 SGB VII wurden bis 2004 die vom JAV abhängigen Geldleistungen (z.B. Renten) – mit Ausnahme des Verletzten- und Übergangsgeldes – für Versicherungsfälle, die im vergangenen Kalenderjahr oder früher eingetreten sind, jeweils zum 1.7. eines Jahres unabhängig von anderen Sozialleistungen angepasst. Seit 1.8.2004 erfolgt die Anpassung jeweils zum selben Zeitpunkt wie die Rentenanpassung in der gesetzlichen Rentenversicherung. Ändert sich die Rentenhöhe der gesetzlichen Rentenversicherung (wie in den letzten Jahren)[283] nicht, wird auch die Rente aus der gesetzlichen Unfallversicherung nicht angehoben.

(a) Gesamteinkünfte, Mehrfachbeschäftigung

406 Als JAV gilt grundsätzlich der Gesamtbetrag aller[284] Arbeitsentgelte (§ 14 SGB IV) und Arbeitseinkünfte (§ 15 SGB IV) des Verletzten/Getöteten in den letzten 12 Kalendermonaten vor dem Unfallmonat (§ 82 I 1 SGB VII).

407 Der JAV errechnet sich dabei nicht nur aus dem Einkommen derjenigen Beschäftigung oder Tätigkeit, bei der sich der Unfall ereignete,[285] zu berücksichtigen sind auch weitere Einnahmen z.B. aus Nebenbeschäftigungen.[286] Entscheidend ist dabei nur, dass alle Tätigkeiten (z.B. Putzfrau, Taxifahrer) in der gesetzlichen Unfallversicherung – freiwillig oder gesetzlich – versichert sind.

---

280 OLG Hamm v. 3.12.1979 – 13 U 264/79 – VersR 1980, 390 = zfs 1980, 172 (nur Ls.) (zu § 591 RVO).
281 OLG Hamm v. 3.12.1979 – 13 U 264/79 – VersR 1980, 390 = zfs 1980, 172 (nur Ls.).
282 Ebenso *Böhme/Biela*, Rn D 231 (S. 229).
283 Kap 6 Rn 386.
284 BSG v. 4.7.1995 – 2 RU 33/94 – NZS 1996, 80 = SP 1996, 43 = VersR 1996, 522 (Bei einem nebenberuflich tätigen Taxifahrer ist für die Berechnung seiner Verletztenrente auch sein aus seiner „Hauptbeschäftigung" erzieltes Einkommen zusätzlich mit zu berücksichtigen).
285 BSG v. 4.7.1995 – 2 RU 33/94 – NZS 1996, 80 = SP 1996, 43 = VersR 1996, 522 m.w.N.
286 BSG v. 4.7.1995 – 2 RU 33/94 – NZS 1996, 80 = SP 1996, 43 = VersR 1996, 522 m.w.N.

(b) Keine festen Einkünfte

Für Zeiten, in denen der Verletzte im Zeitjahr vor dem Unfall **kein Arbeitsentgelt** bezog, wird ein Durchschnittseinkommen zugrunde gelegt, das sich an einem zeitnahen Berechnungszeitraum zum die Unfallversicherungsleistung auslösenden Ereignis orientiert und die tatsächlich erzielten vorangegangenen Einkünfte des Versicherten berücksichtigt (§ 82 II 1 SGB VII).

408

Kann ein JAV im letzten Jahr **nicht festgestellt** werden (z.B. Ausländer im Heimatland; Aus- und Umsiedler), ist ein JAV im Rahmen billigen Ermessens festzusetzen,[287] §§ 87, 91 SGB VII.

409

(c) Spezielle Personengruppen

Sonderregelungen bestehen u.a. für in der Schul- oder Berufsausbildung befindliche Personen sowie für **jüngere unfallbeteiligte Personen** (§ 90 SGB VII), für die **landwirtschaftliche** (§ 93 SGB VII) und **See-Unfallversicherung** (§ 92 SGB VII) sowie für Beamte, Soldaten u.Ä. Personen (die z.B. bei einer Nebentätigkeit verunfallen) (§§ 61, 82 II 2, 82 IV, 90 VI SGB VII).

410

Der JAV der **freiwillig** versicherten Personen richtet sich nach der Satzung, § 83 SGB VII.

411

(2) Witwe/Witwer

> **§ 65 SGB VII – Witwen- und Witwerrente**
>
> (1) ¹Witwen oder Witwer von Versicherten erhalten eine Witwen- oder Witwerrente, solange sie nicht wieder geheiratet haben. ²Der Anspruch auf eine Rente nach Abs. 2 Nr. 2 besteht längstens für 24 Kalendermonate nach Ablauf des Monats, in dem der Ehegatte verstorben ist.
>
> (2) Die Rente beträgt
>
>   1. zwei Drittel des Jahresarbeitsverdienstes bis zum Ablauf des dritten Kalendermonats nach Ablauf des Monats, in dem der Ehegatte verstorben ist,
>   2. 30 % des Jahresarbeitsverdienstes nach Ablauf des dritten Kalendermonats,
>   3. 40 % des Jahresarbeitsverdienstes nach Ablauf des dritten Kalendermonats,
>   a) solange Witwen oder Witwer ein waisenrentenberechtigtes Kind erziehen oder für ein Kind sorgen, das wegen körperlicher, geistiger oder seelischer Behinderung Anspruch auf Waisenrente hat oder nur deswegen nicht hat, weil das 27. Lebensjahr vollendet wurde,
>   b) wenn Witwen oder Witwer das 45. Lebensjahr vollendet haben oder
>   c) solange Witwen oder Witwer erwerbsgemindert, berufs- oder erwerbsunfähig im Sinne SGB VI sind; Entscheidungen des Trägers der Rentenversicherung über Erwerbsminderung, Berufs- oder Erwerbsunfähigkeit sind für den Unfallversicherungsträger bindend.
>
> (3) ¹Einkommen (§§ 18a bis 18e SGB IV) von Witwen oder Witwern, das mit einer Witwenrente oder Witwerrente nach Abs. 2 Nr. 2 und 3 zusammentrifft, wird hierauf angerechnet. ²Anrechenbar ist das Einkommen, das monatlich das 26,4 fache des aktuellen Rentenwerts der gesetzlichen Rentenversicherung übersteigt. ³Das nicht anrechenbare

412

---

[287] LSG Nordrhein-Westfalen v. 15.8.1979 – L 17 U 231/77 –.

Einkommen erhöht sich um das 5,6 fache des aktuellen Rentenwerts für jedes waisenrentenberechtigte Kind von Witwen oder Witwern. ⁴Von dem danach verbleibenden anrechenbaren Einkommen werden 40 % angerechnet.

(4) ¹Für die Einkommensanrechnung ist bei Anspruch auf mehrere Renten folgende Rangfolge maßgebend:

1. Waisenrente,
2. Witwenrente oder Witwerrente,
3. Witwenrente oder Witwerrente nach dem vorletzten Ehegatten.

²Das auf eine Rente anrechenbare Einkommen mindert sich um den Betrag, der bereits zu einer Einkommensanrechnung auf eine vorrangige Rente geführt hat.

(5) ¹Witwenrente oder Witwerrente wird auf Antrag auch an überlebende Ehegatten gezahlt, die wieder geheiratet haben, wenn die erneute Ehe aufgelöst oder für nichtig erklärt ist und sie im Zeitpunkt der Wiederheirat Anspruch auf eine solche Rente hatten. ²Auf eine solche Witwenrente oder Witwerrente nach dem vorletzten Ehegatten werden für denselben Zeitraum bestehende Ansprüche auf Witwenrente oder Witwerrente, auf Versorgung, auf Unterhalt oder auf sonstige Rente nach dem letzten Ehegatten angerechnet, es sei denn, daß die Ansprüche nicht zu verwirklichen sind; dabei werden die Vorschriften über die Einkommensanrechnung auf Renten wegen Todes nicht berücksichtigt.

(6) ... .

413 Witwe/Witwer erhalten bis zu ihrem Tode (§ 73 VI SGB VII) oder ihrer Wiederverheiratung (§ 65 I, V SGB VII) die **große Hinterbliebenenrente** (§ 65 II Nr. 3 SGB VII). Die **kleine Hinterbliebenenrente** (§ 65 II Nr. 2 SGB VII) wird – wie in der Rentenversicherung (§ 46 I 2 SGB VI) – nur für maximal 24 Monate ab dem Todesmonat gezahlt, § 65 I 2 SGB VII.[288] Die vorzeitige Beendigung der kleinen Hinterbliebenenrente ist gerade bei jungen kinderlosen Witwen/Witwern ebenso zu bedenken wie das spätere Wiederaufleben mit Erreichen der Altersgrenze (§ 65 II Nr. 3 lit. b SGB VII).

414 Anzumerken ist, dass Witwen-/Witwerrenten auch nach deren **Wiederverheiratung** und Auflösung der zweiten Ehe (§ 65 V SGB VII) bzw. für eine frühere Ehefrau (§ 66 SGB VII) möglich sind.

415 Der Anspruch des hinterbliebenen Ehegatten entfällt im Fall einer sog. **Versorgungsehe** (§ 65 VI SGB VII), d.h. wenn die Ehe erst nach dem Versicherungsfall geschlossen wurde und der Tod innerhalb des ersten Ehejahres eintritt. Die gesetzliche Vermutung, es handele sich um eine Versorgungsehe, ist nur dann als widerlegt anzusehen, wenn unter Berücksichtigung der Motive beider Ehegatten die Versorgungsabsicht insgesamt nicht Vordergrund steht.

416 In den ersten 3 Monate nach dem Tode (**Sterbevierteljahr**) erhält der hinterbliebene Ehegatte ohne Berücksichtigung eigenen Einkommens (§ 65 III 1 SGB VII) eine monatliche Rente in Höhe von $^2/_3$ des JAV, § 65 II Nr. 1 SGB VII.

417 Die Rente beträgt grundsätzlich 30 % des JAV (§ 65 II Nr. 2 SGB VII). Sie erhöht sich (ähnlich der großen Witwenrente in der Rentenversicherung) auf 40 % des JAV, wenn der Berechtigte entweder das 45. Lebensjahr vollendet hat, aber auch schon früher bei Versorgung von nach § 67 SGB VII waisenrentenberechtigten Kindern (ferner u.a. im Falle der Versorgung von Kindern, die wegen einer Behinderung Waisenrente erhalten

---

[288] Eingefügt ab 1.1.2002 durch Art. 5 des Altersvermögensergänzungsgesetzes v. 21.3.2001 (BGBl I 2001, 403), geändert durch Art. 1 des Gesetzes zur Verbesserung des Hinterbliebenenrechtes v. 17.7.2001 (BGBl I 2001, 1598).

oder wenn der Berechtigte erwerbs- bzw. berufsunfähig im Sinne des SGB VI ist) (§§ 65 II Nr. 3, 73 V SGB VII). Eigenes Einkommen ist nach Maßgabe des § 65 III, IV SGB VII (in Verbindung mit §§ 18a – 18e SGB IV) wie in der gesetzlichen Rentenversicherung anzurechnen.

Die Rente ist (einschließlich der 3-monatigen Übergangshilfe[289] im Sterbequartal) kongruent zum Unterhaltsschaden. **418**

(3) Witwen-/Witwerabfindung

Bei der ersten **Wiederheirat** erhält der hinterbliebene Ehegatte nach § 80 SGB VII eine Abfindung seitens des Unfallversicherungsträgers in Höhe eines 2-Jahresbetrages der Rente. **419**

Es handelt sich dabei allerdings nicht um eine Rentenzahlung und damit nicht um eine übergangsfähige Schadenposition, so dass dem abfindenden Sozialversicherer der Betrag nicht zu ersetzen ist.[290] **420**

(4) Lebenspartner nach dem LPartG

Eingetragene Lebenspartner stehen in der Hinterbliebenenversorgung Ehegatten seit dem 1.1.2005 gleich, § 63 Ia SGB VII (eingefügt durch Art. 5 XXXV Gesetz zur Überarbeitung des Lebenspartnerschaftsrechts[291] mit Wirkung ab 1.1.2005) und erhalten aus der gesetzlichen Renten- und Unfallversicherung (§ 46 IV SGB VI, § 63 Ia SGB VII, § 14a ALG, § 38 I BVG) **Hinterbliebenenrenten** unter denselben Voraussetzungen wie Ehegatten. **421**

Anzumerken ist, dass seit In-Kraft-Treten des LPartG am 1.8.2001 sich bei der Versorgung von Lebenspartnern von **Beamten** bislang nichts geändert hat. **422**

(5) Nicht-eheliche Partner

Das Hinterbliebenenrecht kennt grundsätzlich[292] keine Versorgungsansprüche von Verlobten oder vergleichbaren nicht-ehelichen Partnern, und zwar unabhängig von dem Umstand, dass gemeinsame Kinder vorhanden sind.[293] **423**

---

289 OLG Hamm v. 3.12.1979 – 13 U 264/79 – VersR 1980, 390 = zfs 1980, 172 (nur Ls.) (zu § 591 RVO).
290 LG Kiel v. 31.5.1990 – 11 O 411/89 – (Unter Hinweis auf BSG NJW 1970, 487 stellt die Witwenabfindung keine echte Abfindung bestehender Ansprüche dar, sondern ist eher eine Prämie für die mit der Wiederheirat verbundene Entlastung des SVT). *Böhme/Biela*, Rn F 47 (S. 272) m.w.H.
291 Gesetz zur Überarbeitung des Lebenspartnerschaftsrechts v. 15.12.2004, BGBl I 2004, 3396.
292 Ausnahmen gelten im Opferentschädigungsrecht, dazu Kap 6 Rn 518.
293 BVerfG v. 9.11.2004 – 1 BvR 684/98 – BGBl I 2005, 1047 = FamRZ 2005, 590 (Anm. *Klinkhammer*) = NJW 2005, 1413 (Vorinstanz BSG v. 11.3.1998 – B 9 VG 8/97 B –) (Der fehlende Schutz von Lebenspartnern im Opferentschädigungsrecht ist jedenfalls verfassungswidrig und verstößt gegen Art 3 I, 6 I GG, soweit möglichen Ansprüchen im zeitlichen Rahmen des § 1615l II 2 BGB nicht Rechnung getragen ist). Der Gesetzgeber hat mit Art. 2 des Gesetzes zur Änderung von Vorschriften des Sozialen Entschädigungsrechts und des Gesetzes über einen Ausgleich für Dienstbeschädigungen im Beitrittsgebiet v. 19.6.2006, BGBl I 2006, 1305 (dazu BT-Drucks 16/444 v. 24.1.2006) – rückwirkend ab 1.11.1994 – § 1 VIII OEG, § 80 SVG, § 47 I ZDG, § 60 Infektionsschutzgesetz auf Partner einer eheähnlichen Gemeinschaft erweitert, während die Änderungen im BVG (Art. 4 des Gesetzes zur Überarbeitung des Lebenspartnerschaftsrechts v. 15.12.2004, BGBl I 2004, 3396) sich nur auf eingetragene Partner nach LPartG beschränken (siehe BT-Drucks 15/3445 v. 29.6.2004, S. 17, Begründung zu Art. 4).

(6) Waise

424

> **§ 67 SGB VII – Voraussetzungen der Waisenrente**
>
> (1) Kinder von verstorbenen Versicherten erhalten eine
>   1. Halbwaisenrente, wenn sie noch einen Elternteil haben,
>   2. Vollwaisenrente, wenn sie keine Eltern mehr haben.
>
> (2) Als Kinder werden auch berücksichtigt
>   1. Stiefkinder und Pflegekinder (§ 56 Abs. 2 Nr. 1 und 2 SGB I), die in den Haushalt der Versicherten aufgenommen waren,
>   2. Enkel und Geschwister, die in den Haushalt der Versicherten aufgenommen waren oder von ihnen überwiegend unterhalten wurden.
>
> (3) Halb- oder Vollwaisenrente wird gezahlt
>   1. bis zur Vollendung des 18. Lebensjahres,
>   2. bis zur Vollendung des 27. Lebensjahres, wenn die Waise
>   a) sich in Schulausbildung oder Berufsausbildung befindet,
>   b) ein freiwilliges soziales oder ökologisches Jahr leistet oder
>   c) wegen körperlicher, geistiger oder seelischer Behinderung außerstande ist, sich selbst zu unterhalten.
>
> (4) In den Fällen des Abs. 3 Nr. 2 Buchstabe a erhöht sich die maßgebende Altersgrenze bei Unterbrechung oder Verzögerung der Schulausbildung oder Berufsausbildung durch den gesetzlichen Wehrdienst, Zivildienst oder einen gleichgestellten Dienst um die Zeit dieser Dienstleistung, höchstens um einen der Dauer des gesetzlichen Grundwehrdienstes oder Zivildienstes entsprechenden Zeitraum.
>
> (5) Der Anspruch auf Waisenrente endet nicht dadurch, daß die Waise als Kind angenommen wird.

425 Der Begriff des Kindes (§ 67 II SGB VII) orientiert sich am Bundeskindergeldrecht. Wie bei der Rentenversicherung beendet die Adoption nicht den Rentenanspruch, § 67 V SGB VII.

426

> **§ 68 SGB VII – Höhe der Waisenrente**
>
> (1) Die Rente beträgt
>   1. 20 % des Jahresarbeitsverdienstes für eine Halbwaise,
>   2. 30 % des Jahresarbeitsverdienstes für eine Vollwaise.
>
> (2) ¹Einkommen (§§ 18a bis 18e SGB IV) einer über 18 Jahre alten Waise, das mit der Waisenrente zusammentrifft, wird auf die Waisenrente angerechnet. ²Anrechenbar ist das Einkommen, das das 17,6 fache des aktuellen Rentenwerts in der gesetzlichen Rentenversicherung übersteigt. ³Das nicht anrechenbare Einkommen erhöht sich um das 5,6 fache des aktuellen Rentenwerts für jedes waisenrentenberechtigte Kind der Berechtigten. ⁴Von dem danach verbleibenden anrechenbaren Einkommen werden 40 % angerechnet.
>
> (3) Liegen bei einem Kind die Voraussetzungen für mehrere Waisenrenten aus der Unfallversicherung vor, wird nur die höchste Rente gezahlt und bei Renten gleicher Höhe diejenige, die wegen des frühesten Versicherungsfalls zu zahlen ist.

427 Jede einzelne Waise erhält bis zur Vollendung des 18. Lebensjahres eine Vollwaisenrente von 30 % des JAV bzw. eine Halbwaisenrente von 20 % des JAV (§§ 67, 68 SGB VII).

Befindet sich das Kind z.B. in einer Schul- oder Berufsausbildung, kann die Rente bis zum 27. Lebensjahr[294] gewährt werden (§ 67 III Nr. 2, IV SGB VII mit weiteren Ausnahmetatbeständen, u.a. auch bei Gebrechlichkeit). Eigenes Einkommen ist nach Maßgabe des § 68 II SGB VII anzurechnen. 428

Die Rente ist kongruent zum Unterhaltsschaden. 429

(7) Eltern

Eltern des Verstorbenen erhalten bei Bedürftigkeit eine sog. **Aszendentenrente**, wenn sie vom Getöteten zuvor wesentlich unterhalten wurden oder ohne den Arbeitsunfall unterhalten worden wären (§ 69 SGB VII), in Höhe von 20 % des JAV für einen Elternteil und von 30 % für beide Elternteile. 430

Die Rente ist kongruent zum Unterhaltsschaden. 431

(8) Mehrheit von Hinterbliebenen, Leistungsbegrenzung

Sind an mehrere Hinterbliebene (Ehegatte, Kinder) Renten zu leisten, so dürfen sie zusammen nicht 80 % des JAV überschreiten, ansonsten muss gekürzt werden (§ 70 SGB VII). 432

Treffen Hinterbliebenenrenten der gesetzlichen Unfallversicherung mit solchen aus der Rentenversicherung zusammen, kann es ebenfalls zu Kürzungen kommen. 433

dd. Hinterbliebenenbeihilfe

Nach § 71 SGB VII erhalten Witwen, Witwer und Waisen eine einmalige Hinterbliebenenbeihilfe in Höhe von 40 % des Jahresarbeitsverdienstes, wenn 434

- ein Anspruch auf Hinterbliebenenrente nicht besteht, weil der Tod der Versicherten nicht Folge eines Versicherungsfalls war, und 435

- die Versicherten zur Zeit ihres Todes Anspruch auf eine Rente nach einer MdE von 50 % oder mehr oder auf mehrere Renten hatten, deren Prozentsätze zusammen mindestens die Zahl 50 erreichen. 436

Haben Versicherte länger als zehn Jahre eine Rente nach einer MdE von 80 % oder mehr bezogen und sind sie nicht an den Folgen eines Versicherungsfalls gestorben, kann anstelle der einmaligen Beihilfe eine laufende Beihilfe bis zur Höhe einer Hinterbliebenenrente gezahlt werden, wenn die Versicherten infolge des Versicherungsfalls gehindert waren, eine entsprechende Erwerbstätigkeit auszuüben, und wenn dadurch die Versorgung der Hinterbliebenen um mindestens 10 % gemindert ist. 437

Es besteht **keine Kongruenz** zum Unterhaltsschaden.[295] Eine Gleichstellung mit § 48 BVG[296] scheitert am Fehlen einer § 81a II BVG entsprechenden Regelung. 438

ee. Satzungsgemäße Leistungen

Die Satzung der Unfallversicherung kann weiter gehende Leistungen (§ 94 SGB VII) vorsehen, die dann kongruent zu Erwerbsschaden und Unterhalt sind. 439

---

294 U.U. geringfügig verlängert um Wehr-/Ersatzdienstzeiten.
295 Ebenso *Küppersbusch*, Rn 602 (zu Ziff. 7) (zu § 600 RVO, der Vorläufervorschrift zu § 71 SGB VII. § 600 RVO gilt weiterhin im Bereich der ehemaligen DDR, §§ 215, 217 II, III SGB VII).
296 Zu § 48 BVG Kap 6 Rn 505 f.

ff. Unfallfremde Hinterbliebenenrentenleistungen

440 Werden im Verletzungsfall Leistungen an einen unfallfremd Verwitweten oder Waisen erbracht, sind diese Leistungen dem Unfallversicherer nicht zu ersetzen.[297]

d. Konkurrenzen

aa. Rentenversicherung – Unfallversicherung

441 Leistungen der gesetzlichen Rentenversicherung und gesetzlichen Unfallversicherung werden grundsätzlich nebeneinander gewährt. Übersteigen die Gesamtleistungen das Gesamteinkommen des Getöteten vor dem Unfall, so bestimmt § 93 SGB VI die Kürzung der Renten vorrangig aus der gesetzlichen Rentenversicherung.[298]

bb. Rentenversicherung (KVdR) – Unfallversicherung

442 Besonderheiten bei der Berücksichtigung der KVdR (bis 31.3.2004 auch PVdR) gelten beim Zusammentreffen mit Leistungen der gesetzlichen Unfallversicherung.

443 Die in § 116 SGB X namentlich genannten Sozialleistungsträger (Sozialversicherer, Sozialhilfeträger, Arbeitsverwaltung) sind, wenn der Schadenersatzanspruch nicht ausreicht, die kongruenten Leistungen aller Sozialleistungsträger zu erfüllen, Gesamtgläubiger (entsprechend § 117 S. 1 SGB X).[299] Reicht der übergehende Schadensersatzanspruch nicht zur vollen Deckung der unfallkausalen Leistungen von Renten- und Unfallversicherung aus, so bestimmt sich im Innenverhältnis ihre Berechtigung nach dem Größenverhältnis ihrer unfallbedingten Leistungen.[300]

444 Im Innenverhältnis zur Unfallversicherung kann der Rentenversicherer, da der Unfallversicherer zur Aufrechterhaltung des Kranken- und Pflegeversicherungsschutzes der Hinterbliebenen keinen Beitrag leistet, wegen seines nicht aus der Rente entnommenen Zuschusses zur KVdR (nur bis 31.3.2004 auch PVdR) aus der übergegangenen Forderung ungekürzt befriedigen.[301]

445 Soweit allerdings die vom Rentenversicherer abgeführten Beiträge zur K/PVdR nicht aus den von ihm zu zahlenden Zuschüssen stammen, sondern von den Hinterbliebenenrenten einzubehalten sind, fehlt es an einem rechtlichen Grund dafür, der Rentenversicherung für ihren Regress die Ersatzforderung im Innenverhältnis zum Unfallversicherer

---

297 Kap 1 Rn 82 ff.
298 Siehe ergänzend Kap 6 Rn 388 f.
299 BGH v. 3.12.2002 – VI ZR 304/01 – HVBG-Info 2003, 334 = NZV 2003, 172 = SP 2003, 89 = VersR 2003, 390 (ebenso die Vorinstanzen: KG v. 9.7.2001 – 12 U 636/00 – KGR 2002, 10 = NZV 2002, 93 und LG Berlin v. 24.11.1999 – 1 O 119/99 – HVBG-Info 2000, 185 = SP 2000, 270 = zfs 2000, 270).
300 BGH v. 3.12.2002 – VI ZR 304/01 – HVBG-Info 2003, 334 = NZV 2003, 172 = SP 2003, 89 = VersR 2003, 390 (ebenso die Vorinstanzen: KG v. 9.7.2001 – 12 U 636/00 – KGR 2002, 10 = NZV 2002, 93 und LG Berlin v. 24.11.1999 – 1 O 119/99 – HVBG-Info 2000, 185 = SP 2000, 270 = zfs 2000, 270); BGH v. 31.1.1989 – VI ZR 199/88 – HVBG-Info 1989, 802 = MDR 1989, 623 = NJW-RR 1989, 610 = NZV 1989, 306 (Anm. *Fuchs*) = r+s 1989, 187 = VersR 1989, 604 = VRS 76, 406 = zfs 1989, 261; BGH v. 27.6.1958 – VI ZR 98/57 – BGHZ 28, 68 = MDR 1958, 763. BGH v. 14.2.1989 – VI ZR 244/88 – VersR 1989, 648 hatte einen Fall zu beurteilen, in dem die beteiligten Sozialversicherer jeweils lediglich Inhaber eines bestimmten Teils des der Geschädigten zustehenden Schadensersatzforderung geworden waren; sie konnten daher bzgl. dieser Forderung nicht miteinander konkurrieren.
301 BGH v. 31.1.1989 – VI ZR 199/88 – HVBG-Info 1989, 802 = MDR 1989, 623 = NJW-RR 1989, 610 = NZV 1989, 306 (Anm. Fuchs) = r+s 1989, 187 = VersR 1989, 604 = VRS 76, 406 = zfs 1989, 261; BGH v. 1.7.1969 – VI ZR 216/67 – MDR 1969, 922 = NJW 1969, 1901 = VersR 1969, 898.

allein zuzuweisen. Diese Zahlungen sind nicht Leistungen der Rentenversicherung zur KVdR, sondern sie führen vielmehr zu einer entsprechenden Kürzung der Renten. Das bedeutet, dass diese Leistungen aus dem Vermögen der Hinterbliebenen herrühren. In den verbliebenen Unterhaltsersatzanspruch haben sich wegen ihrer noch nicht gedeckten Gesamtleistung im Innenverhältnis beide Gesamtgläubiger (RVT, UVT) nach dem Verhältnis ihrer Rentenleistungen zu teilen.[302]

Beispiel 6.18[303]

Nach dem Tode des A zahlen der Unfallversicherer (UVT) und der Rentenversicherer (RVT) an die Hinterbliebenen Renten:

– RVT-Rente	500 €
– UVT-Rente	+ 750 €
Renten gesamt	1.250 €

Der Unterhaltsschaden der Hinterbliebenen beträgt:

– Unterhaltsschaden	1.000 €
– Beitragsschaden[304]	+ 70 €
(davon Eigenanteil des Rentners 35 €)	
Gesamtschaden	1.070 €

Ergebnis

1. RVT und UVT erhalten als **Gesamtgläubiger**
   a. UVT

$$\frac{(1.000\ \text{€} + 35\ \text{€} =)[305]\quad 1.035\ \text{€}}{(500\ \text{€} + 750\ \text{€} =)\quad 1.250\ \text{€}} \quad * \quad 750\ \text{€} \quad = \quad 621\ \text{€}$$

$$\frac{1.035\ \text{€}}{1.250\ \text{€}} \quad * \quad 500\ \text{€} \quad = \quad 414\ \text{€}$$

2. RVT als **Einzelgläubiger**
   Trägerbeitrag des RVT   +   35 €
                                        449 €   +   449 €

3. Gesamtschaden   1.070 €

cc. Krankenversicherung – Unfallversicherung

Auf Leistungen der gesetzlichen Krankenversicherung besteht kein Anspruch, wenn sie als Folge eines Arbeitsunfalls im Sinne der gesetzlichen Unfallversicherung zu erbringen sind, § 11 IV SGB V. Dieses galt auch für das zum 1.1.2004 weggefallene Sterbegeld für Sterbefälle bis 31.12.2003.

---

302 BGH v. 31.1.1989 – VI ZR 199/88 – HVBG-Info 1989, 802 = MDR 1989, 623 = NJW-RR 1989, 610 = NZV 1989, 306 (Anm. *Fuchs*) = r+s 1989, 187 = VersR 1989, 604 = VRS 76, 406 = zfs 1989, 261 (KVdR-Beiträge).
303 Nach *Küppersbusch*, Rn 609.
304 Angenommen werden im Beispiel 14 % der Rente aus der gesetzlichen Rentenversicherung. Davon soll im Beispiel der hinterbliebene Rentner 50 % = 35 € tragen.
Zu beachten ist, dass sich die KVdR-Beitragsanteile ab 1.7.2005 zu Lasten des Rentners verschoben (§ 249a SGB V). Der Zuschuss zur PVdR ist vollständig gestrichen mit Wirkung ab 1.4.2004, Art. 13 IV des 2. SGB VI-Änderungsgesetzes.
305 Unterhaltsschaden (1.000 €) + Beitragseigenanteil des Rentners (35 €).

e. Zuständigkeitswechsel zur Unfallversicherung

448 Ergibt sich zu einem späteren Zeitpunkt, dass ein Schadenfall als Arbeits- oder Wegeunfall in die Zuständigkeit der gesetzlichen Unfallversicherung gehört, so stellt sich u.a. zwar die **Anspruchsberechtigung** der gesetzlichen Krankenkasse als **von Anfang** fehlend heraus.[306]

449 Auch wenn in der Praxis der Hauptanwendungsfall Krankenkassenleistungen betrifft, gilt Vorstehendes ebenso für Leistungen der **Rentenversicherung** (u.a. Kürzungen), soweit die gesetzliche Unfallversicherung ebenfalls leistungspflichtig ist oder eine Anrechnung/Kürzung von Leistungen erfolgt. Bei der Beurteilung der Übergangsfähigkeit von Leistungen ist zu sehen, dass sämtliche Sozialversicherer Gesamtgläubiger der Regressforderung sind, wobei mit befreiender Wirkung auch an einen von ihnen geleistet werden kann. Erwägenswert ist ferner die (gutgläubige) erfüllende Leistung an den unmittelbar Anspruchsberechtigten (Hinterbliebene).

9. Sozialversorgung der Landwirte

a. Krankenversicherung für Landwirte

450 Für die landwirtschaftliche Krankenversicherung gilt neben dem SGB V auch das „2. Gesetz über die Krankenversicherung der Landwirte (KVLG 1989)". Zum Leistungsumfang gehören grundsätzlich die Leistungen des SGB V (gesetzliche Krankenversicherung) (§ 8 I KVLG 1989) einschließlich des im SGB V geregelten Sterbegeldes. Nach Abschaffung des Sterbegeldes ab 1.1.2004 sind keine Leistungen mehr zu berücksichtigen.

b. Landwirtschaftliche Unfallversicherung

451 Leistungen der landwirtschaftliche Unfallversicherung erhalten nach § 2 I Nr. 5 SGB VII insbesondere die landwirtschaftlichen Unternehmer und ihre mitarbeitenden Familienangehörigen. Was zur Landwirtschaft gehört, bestimmen §§ 123 f. SGB VII.

452 Der Leistungsumfang entspricht der allgemeinen gesetzlichen Unfallversicherung. Für die Berechnung des Jahresarbeitsverdienstes (JAV) sind beim landwirtschaftlichen Arbeitsunfall die besonderen Regeln des § 93 SGB VII zu beachten.

---

306 BGH v. 8.7.2003 – VI ZR 274/02 – HVBG-Info 2003, 2869 = NJW 2003, 3193 = SP 2003, 376 = zfs 2003, 542 (Berufung zu OLG Hamm v. 18.6.2002 – 29 U 81/01 – HVBG-Info 2003, 811 = r+s 2002, 460); OLG Rostock v. 18.6.2004 – 8 U 93/03 – NZV 2005, 206 = r+s 2004, 481 = VersR 2006, 430; LG Stuttgart v. 28.1.2002 – 27 O 317/01 – r+s 2002, 460. Die Schwierigkeit einer Rückabwicklung zeigt ein Prozess mit der Sozialversicherung (BGH v. 8.7.2003 – VI ZR 274/02 – BB 2004, 164 [nur Ls.] = BGHZ 155, 342 = DAR 2003, 512 = HVBG-Info 2003, 2869 = LMK 2003, 207 [nur Ls.] [Anm. *Eichenhofer*] = NJW 2003, 3193 = r+s 2003, 524 = SP 2003, 376 = SVR 2004, 75 [nur Ls.] [Anm. *Engelbrecht*] = zfs 2003, 542 [Berufung zu OLG Hamm v. 18.6.2002 – 29 U 81/01 – HVBG-Info 2003, 811 = r+s 2002, 460]) (Rückabwicklung der an die Krankenkasse gezahlten Beträge wegen späterer Zuständigkeitsbegründung der gesetzlichen Unfallversicherung [GUV]). Derselbe Unfall war wegen des Verhaltens des Direktgeschädigten bereits Gegenstand eines anderen Zivilverfahrens: OLG Hamm v. 3.4.2001 – 27 U 199/00 – DAR 2001, 360 (nur Ls.) = OLGR 2002, 7 = VersR 2002, 483 = VRS 100, 401 (Ein Geschädigter, der eine Unfallrente des GUV erhalten hat, kann in Höhe dieser Leistungen den dem Grunde nach zum Schadenersatz verpflichteten Versicherer nicht aus einem zum Vergleich des Verdienstausfallschadens geschlossenen Abfindungsvergleich in Anspruch nehmen, wenn er den Versicherer vor Vergleichsabschluss pflichtwidrig nicht auf die in jenem Zeitpunkt bereits anerkannte Leistungspflicht des Sozialversicherers hingewiesen hat).

c. Altershilfe für Landwirte

aa. Gesetzliche Regelung

Für die Altersversorgung der Landwirte galt außerhalb des SGB VI bis zum 31.12.1994 das Gesetz über eine Altershilfe für Landwirte (GAL), das ab dem 1.1.1995 durch das Gesetz über die Alterssicherung der Landwirte (ALG) abgelöst wurde. Mit dem ALG erfolgt im Wesentlichen eine Annäherung an das Recht der gesetzlichen Rentenversicherung (SGB VI).

453

Träger der landwirtschaftlichen Altershilfe sind die bei den landwirtschaftlichen Berufsgenossenschaften errichteten Landwirtschaftlichen Alterskassen, § 23 II Nr. 4 SGB I, § 49 ALG.

454

bb. Besonderheiten der Leistungsgewährung

(1) Unternehmer

Leistungen erhalten der **landwirtschaftliche Unternehmer** (auch ehemalige) (§ 1 I Nr. 1, II, III ALG), aber auch seine Angehörigen. Neben mitarbeitenden Familienangehörigen (auch ehemaligen) (§ 1 I Nr. 2, VIII ALG) können im Einzelfall auch noch deren Ehegatten, eingetragene Lebenspartner (§ 14a ALG) und Hinterbliebene leistungsberechtigt sein.

455

(2) Ehegatte

Hervorzuheben ist eine wichtige Änderung durch das ALG gegenüber dem früheren Recht des GAL durch das Agrarsozialreformgesetz:[307] Auch der **Ehegatte** eines Landwirtes gilt seither selbst als landwirtschaftlicher Unternehmer (§ 1 III ALG), d.h. er ist versicherungs- und beitragspflichtig[308] und erwirbt eigene Ansprüche (u.a. auch auf Rente wegen Alter oder Erwerbsunfähigkeit).

456

Voraussetzung für die Versicherungspflicht des Ehegatten des landwirtschaftlichen Unternehmers ist ausschließlich die Ehe mit einem Landwirt. Die Ehegatten dürfen nur nicht getrennt leben. Die Versicherungspflicht entsteht unabhängig von einer tatsächlichen Mitarbeit des Ehegatten im landwirtschaftlichen Unternehmen; der landwirtschaftliche Ehegatte darf nur nicht voll erwerbsgemindert im Sinne von § 43 II SGB VI sein. Auch der Ehegatte eines nach altem Recht befreiten Landwirtes ist versicherungspflichtig.

457

Damit haben vor allem Ehefrauen von Landwirten Rentenansprüche aus eigenem Recht. Dieses stellt eine **Systemänderung** dar mit den daraus folgenden Besonderheiten insbesondere bei Abfindungen vor der Rechtsänderung.[309]

458

Bei Tötung eines landwirtschaftlichen **Ehegatten** haben dessen Hinterbliebene Anspruch auf Hinterbliebenenrenten. Bei Tötung des **Landwirtes** ist zu bedenken, dass

459

---

307 Agrarsozialreformgesetz 1995 v. 29.7.1994, BGBl I 1994, 1890.
308 BSG v. 25.11.1998 – B 10 LW 10/97 R u.a. – AgrarR 1999, 355 = BSGE 83, 145 = NZS 199, 353 (nur Ls.) (Beitragspflicht besteht auch dann, wenn der Ehegatte nicht im Betrieb des Landwirtes mitarbeitet, sich aber auch nicht nach § 3 ALG befreien lassen kann) (Verfassungsbeschwerde wurde nicht zur Entscheidung angenommen, BVerfG v. 12.2.2004 – 1 BvR 561/99 –).
309 Das ALG wurde als Art. 1 Agrarsozialreformgesetz am 29.7.1994 verkündet, BGBl I 1994, 1890 und trat zum 1.1.1995 in Kraft (Art. 48 I Agrarsozialreformgesetz).

dessen landwirtschaftlicher Ehegatte eigene Rentenansprüche wegen Alter bzw. Erwerbsunfähigkeit haben kann, was bei der Bestimmung des Familieneinkommens zu berücksichtigen ist.

cc. Leistungen

460 Nach dem Recht der Altershilfe für Landwirte können in Anspruch genommen werden (§§ 23 I Nr. 2 SGB I), wobei etliche Sonderregelungen[310] für ältere Personengruppen gelten:

(1) Betriebs- und Haushaltshilfe (§ 37 ALG)

461 Diese Hilfe wird zur Fortführung des landwirtschaftlichen Unternehmens dem überlebenden Ehegatten eines Landwirtes für max. 12 Monate innerhalb eines 2-Jahres-Zeitraumes gewährt, § 37 ALG. Eine Selbstbeteiligung bis max. 50 % der entstehenden Aufwendungen ist möglich, § 37 III ALG.

462 Kongruenz kann zum Unterhaltsschaden bestehen. Schwierigkeiten bereitet vor allem die Ermittlung der Schadenshöhe bei Weiterführung des Betriebes.

(2) Überbrückungsgeld (§ 38 ALG)

463 Anstelle der Hinterbliebenenrente kann dem das Unternehmen weiterführenden Ehegatten Überbrückungsgeld gezahlt werden, wenn (neben weiteren kumulativen Voraussetzungen) das landwirtschaftliche Unternehmen weitergeführt wird und der Überlebende Kinder unter 18 Jahren erzieht (Ausnahme: § 38 I Nr. 2 2. Alt. ALG bei behinderten Kindern), § 38 I ALG.

464 Die **Höhe** ähnelt der Hinterbliebenenrente, § 38 II ALG. Das Überbrückungsgeld wird für maximal 36 Monate gezahlt, § 38 III ALG.

465 Kongruenz kann zum Unterhaltsschaden bestehen.

(3) Hinterbliebenenrente (§§ 14, 15 ALG)

466 Barleistungen knüpfen an eine vorherige Hofübergabe (vgl. § 21 ALG) an, § 14 I Nr. 1 ALG.

467 Der überlebende Ehegatte erhält bis zu einer Wiederheirat (aber auch nach Auflösung dieser neuen Ehe, § 14 II ALG) **Witwen-/Witwerrente**, wenn das landwirtschaftliche Unternehmen abgegeben ist, der Verstorbene die Wartezeit (§ 17 ALG) von 60 Monaten erfüllte, der Überlebende kein Landwirt ist und zudem entweder Kinder unter 18 Jahren erzieht (Ausnahme: § 14 I 4 ALG bei behinderten Kindern) oder älter als 45 Jahre oder aber erwerbsgemindert ist, § 14 I ALG. Bei Versorgungsehe entfällt der Anspruch wie in der gesetzlichen Rentenversicherung, §§ 14 I 2 ALG, 46 IIa SGB VI.

468 Hinterbliebene **Lebenspartner** nach dem LPartG erhalten ebenfalls Rentenleistungen wie Ehegatten, § 14a LPartG.

469 **Waisenrente** wird entsprechend den Vorschriften der gesetzlichen Rentenversicherung geleistet (§ 15 ALG, § 48 SGB VI), wenn das Kind kein Landwirt ist.

470 Die **Höhe** der laufenden Rentenleistung sowie die Rentenberechnung ergibt sich aus der speziellen Rentenformel des § 23 ALG. Reduzierungen und abweichende Berechnungsmodalitäten für die zu erbringende Geldleistung sehen §§ 23 VII, VIII und 24 ALG vor. Die Renten werden jeweils zum 1. Juli eines Jahres angepasst, § 25 ALG.

---

310 Siehe dazu das 5. Kapitel des ALG: §§ 82 ff. ALG.

Rentenbezieher der landwirtschaftlichen Altersversorgung erhalten wie Rentner in der gesetzlichen Rentenversicherung Zuschüsse zu Krankenversicherung und Pflegeversicherung nach Maßgabe der §§ 35a, 35b ALG. Die Kürzungen und Streichungen erfolgten parallel zum Recht der gesetzlichen Rentenversicherung mit Wirkung zum 1.4.2004,[311] der Zuschuss zur gesetzlichen Pflegeversicherung (**PVdR**) (§§ 35b ALG) ist vollständig gestrichen mit Wirkung ab 1.4.2004, Art. 7 2. SGB VI-Änderungsgesetzes.[312]

471

Kongruenz besteht zum Unterhaltsschaden wie in der gesetzlichen Rentenversicherung.

472

(4) Unfallfremde Hinterbliebenenrentenleistungen

Werden im Verletzungsfall Leistungen an einen unfallfremd Verwitweten oder Waisen erbracht, sind diese Leistungen dem Sozialversicherer nicht zu ersetzen.[313]

473

II. Sozialversorgung

1. BVG

a. Gesetzliche Regelung

Nach § 5 I SGB I hat derjenige, der einen Gesundheitsschaden erleidet, für dessen Folgen die staatliche Gemeinschaft in Abgeltung eines besonderen Opfers oder aus anderen Gründen nach versorgungsrechtlichen Grundsätzen einsteht, ein Recht auf die notwendigen Maßnahmen u.a. zur Besserung und Wiederherstellung der Gesundheit und Leistungsfähigkeit sowie auf eine angemessene wirtschaftliche Versorgung (auch der Hinterbliebenen, § 5 II SGB I). Die zentralen Vorschriften finden sich im Bundesversorgungsgesetz (BVG).

474

In zahlreichen Gesetzen wird auf das BVG und dessen Leistungsrecht verwiesen, u.a. Gesetz über den Bundesgrenzschutz (§ 59 I BGSG i.V.m. § 80 SVG), Soldatenversorgungsgesetz (§ 80 SVG), Zivildienstgesetz (§ 47 ZDG), Gesetz über das Zivilschutzkorps (§ 46 ZSG).

475

b. Versorgungsfall

Die Leistungen der sozialen Entschädigung bei Gesundheitsschäden sind, da keine präventiven Maßnahmen durchgeführt werden, ausnahmslos abhängig vom Eintritt des Versorgungsfalles sowie einem entsprechenden Antrag.

476

Die Versorgungsfälle des sozialen Entschädigungsrechtes weisen im Wesentlichen dieselbe Grundstruktur auf wie der Versicherungsfall „Arbeitsunfall" in der gesetzlichen Unfallversicherung. Erforderlich ist, dass es bei einer risikogeschützten Tätigkeit zu einer Gesundheitsschädigung oder zum Tod gekommen ist und dieses eine gesundheitliche und/oder wirtschaftliche Beeinträchtigung zur Folge hat **ohne Rücksicht** darauf, ob der Unfall vom Verstorbenen ganz oder teilweise **mitverschuldet** wurde.

477

---

311 Kap 6 Rn 354 ff.
312 Zweites Gesetz zur Änderung des SGB VI und anderer Gesetze v. 27.12.2003, BGBl I 2003, 3013.
313 Kap 1 Rn 82 ff.

6 Unterhaltsschaden

478

> **§ 1 BVG**
>
> (1) Wer durch eine militärische oder militärähnliche Dienstverrichtung oder durch einen Unfall während der Ausübung des militärischen oder militärähnlichen Dienstes oder durch die diesem Dienst eigentümlichen Verhältnisses eine gesundheitliche Schädigung erlitten hat, erhält wegen der gesundheitlichen und wirtschaftlichen Folgen auf Antrag Versorgung.

479 Versorgungsfall nach dem BVG ist zunächst eine **Wehrdienstbeschädigung**, ohne dass der Bundeswehrdienst erfasst wird, §§ 2 f. BVG, SVG. Der Wehrdienstbeschädigung nachgebildet sind die Versorgungsfälle bei Verletzung von Angehörigen der Bundeswehr einschließlich der Wehrpflichtigen (§ 81 SVG), des Bundesgrenzschutzes (§ 59 I BGSG i.V.m. §§ 80 ff. SVG) sowie von Zivildienstleistenden (§ 47 II ZDG).

480 **Wegeunfälle** gelten ebenfalls als Dienstbeschädigungen (§ 4 BVG, § 81 IV SVG, § 47 V ZDG).

c. Leistungen

481 Nach dem Recht der sozialen Entschädigung bei Gesundheitsschäden können in Anspruch genommen werden (§ 24 I SGB I, § 9 BVG):

aa. Beerdigung[314]

482 Nur das **Bestattungsgeld** (§ 24 I Nr. 4 SGB I, § 36 I 2 1. Alt., III BVG) in Höhe von derzeit 1.498 € ist kongruent (§ 81a II BVG) zu den Beerdigungskosten. Neben dem Bestattungsgeld können anzurechnende Überführungskosten (§ 36 V 1 BVG) anfallen.

483 Das beim Tode von **versorgungsberechtigten Hinterbliebenen** gezahlte Bestattungsgeld (§§ 53, 36 BVG) ist schadenkongruent zu dessen Beerdigungskosten.

484 Soweit den **Hinterbliebenen** eines rentenberechtigten Beschädigten auch im Falle eines **nicht auf den Unfall** rückführbaren Tod nach § 36 I 2 2. Alt. BVG ein Bestattungsgeld in Höhe von 751 € gezahlt wird, fehlt es an einer Kongruenz.

bb. Sterbegeld (§§ 24 I Nr. 4 SGB I, 37 BVG)

485 Das Sterbegeld beträgt das 3-fache der monatlichen Versorgungsbezüge des Verstorbenen (§§ 30 – 33, 34, 35 BVG) und wird unabhängig von der Todesursache gezahlt, um den Hinterbliebenen die Anpassung an die durch den Tod des Beschädigten veränderten wirtschaftlichen Verhältnisse zu erleichtern.

486 Ein kongruenter Ersatzanspruch besteht nicht.

cc. Hinterbliebenenrente (§§ 24 I Nr. 4 SGB I, 38 ff. BVG)

487 Stirbt der Beschädigte an den Folgen seiner Beschädigung, haben Witwen, Witwer (§ 43 BVG), Waisen und Verwandte der aufsteigende Linie Anspruch auf Hinterbliebenenrente. Treffen mehrere Hinterbliebenenrenten aufeinander, regeln deren Verrechnung §§ 54, 55 BVG.

---

314 Im Detail Kap 4 Rn 62 ff.

(1) Witwenrente (§§ 40 ff. BVG)

Die Witwenrente setzt sich zusammen aus Grundrente, Ausgleichsrente und Schadenausgleich: **488**

- Die **Grundrente** (§ 40 BVG) wird ohne Anrechnung vorhandenen Einkommens nach abstrakter Berechnung gezahlt (derzeit 372 €). **489**

- Die **Ausgleichsrente** (§ 41 BVG) erhält die Witwe (ähnlich wie bei der großen Witwenrente aus der Rentenversicherung), wenn sie entweder selbst um mehr als 50 % erwerbsgemindert oder älter als 45 Jahre alt ist oder mindestens ein waisenrentenberechtigtes Kind des Verstorbenen erzieht. Das bestimmte Freibeträge übersteigende Einkommen der Witwe wird angerechnet. **490**

- Ist das Witweneinkommen geringer als die Hälfte des Einkommens, das der Verstorbene ohne die Verletzung erzielt hätte, besteht Anspruch auf **Schadenausgleich** (§ 40a BVG). **491**

Es besteht Kongruenz zum Unterhaltsschaden, wobei dieselben Grundsätze wie bei der Rentenversicherung[315] gelten. Die einem Versorgungsberechtigten nach dem Tode der ihn pflegenden Person gewährte **erhöhte Pflegezulage** (§ 35 I BVG) kann hinsichtlich der Erhöhung kongruent zum Unterhaltsschaden sein.[316] **492**

Bei der **Wiederheirat** erhält der hinterbliebene Ehegatte nach § 44 BVG eine Abfindung. Es handelt sich dabei allerdings nicht um eine übergangsfähige Schadenposition, so dass dem abfindenden Sozialversicherer der Betrag nicht zu ersetzen ist.[317] **493**

(2) Witwerrente (§ 43 BVG)

Der Witwer erhält dieselbe Versorgung wie die Witwe, § 43 BVG. **494**

(3) Lebenspartner nach LPartG

Nach § 38 1 S. 1 BVG[318] sind eingetragene Lebenspartner (nur solche im Sinne des LPartG) **ab dem 1.1.2005** (Art. 7 I des Gesetzes zur Überarbeitung des Lebenspartnerschaftsrechts) Ehegatten rentenversicherungsrechtlich gleichgestellt und können Hinterbliebenenrenten wie ein Ehegatte (§§ 38 I, 40 BVG) beanspruchen. **495**

(4) Nicht-eheliche Partner

Das Hinterbliebenenrecht kennt grundsätzlich[319] keine Versorgungsansprüche von Verlobten oder vergleichbaren nicht-ehelichen Partnern, und zwar unabhängig von dem Umstand, dass gemeinsame Kinder vorhanden sind.[320] **496**

---

315 Kap 6 Rn 362.
316 BGH v. 6.10.1992 – VI ZR 305/91 – DAR 1993, 25 = FamRZ 1993, 411 = MDR 1993, 124 = NJW 1993, 124 = NZV 1993, 21 = r+s 1993, 18 = VersR 1993, 56 = zfs 1992, 403.
317 So zum Unfallversicherungsrecht der RVO: LG Kiel v. 31.5.1990 – 11 O 411/89 – (Unter Hinweis auf BSG NJW 1970, 487 stellt die Witwenabfindung keine echte Abfindung bestehender Ansprüche dar, sondern ist eher eine Prämie für die mit der Wiederheirat verbundene Entlastung des SVT). *Böhme/Biela*, Rn F 47 (S. 272) m.w.H.
318 Eingefügt durch Art. 4 Gesetz zur Überarbeitung des Lebenspartnerschaftsrechts v. 15.12.2004, BGBl I 2004, 3396.
319 Ausnahmen gelten im Opferentschädigungsrecht, dazu Kap 6 Rn 518.
320 BVerfG v. 9.11.2004 – 1 BvR 684/98 – BGBl I 2005, 1047 = FamRZ 2005, 590 (Anm. *Klinkhammer*) = NJW 2005, 1413 (Vorinstanz BSG v. 11.3.1998 – B 9 VG 8/97 B –) (Der fehlende Schutz von Lebenspartnern im Opferentschädigungsrecht ist jedenfalls verfassungswidrig und verstößt gegen Art 3 I, 6 I GG, soweit möglichen Ansprüchen und dem zeitlichen Rahmen des § 1615l II 2 BGB nicht Rechnung

(5) Waisenrente (§ 45 BVG)

497 Waisen erhalten bis zur Vollendung des 18. Lebensjahres (unter besonderen Voraussetzungen auch darüber hinaus, § 45 III BVG) Waisenrente, die sich zusammensetzt aus **Waisengrundrente** (§ 46 BVG) und **Ausgleichsrente** für Waisen (§ 47 BVG).

498 Schadenausgleich wird an Waisen nicht gezahlt.

499 Es besteht Kongruenz zum Unterhaltsschaden, wobei dieselben Grundsätze wie bei der Rentenversicherung[321] gelten.

(6) Aszendentenrente (§ 49 BVG)

500 **Eltern** des Verstorbenen erhalten eine sog. Aszendentenrente, wenn sie entweder erwerbsunfähig im Sinne des SGB VI oder älter als 60 Jahre alt sind oder keine zumutbare Erwerbstätigkeit ausüben können.

501 Die Rente wird unabhängig davon gezahlt, ob der Verstorbene seine Eltern unterhalten hat bzw. unterhalten würde (§§ 49 ff. BVG). Die Rentengewährung stellt also, anders als das Familienrecht und daran anknüpfend das Schadenersatzrecht, nicht auf eine Bedürftigkeit der Eltern ab.

502 Es besteht Kongruenz zum Unterhaltsschaden, wobei dieselben Grundsätze wie bei der Rentenversicherung[322] gelten.

dd. Heilbehandlung für Angehörige (§ 10 BVG)

503 Soweit Angehörige nach § 10 IV BVG auch für unfallfremde Erkrankungen ein Anspruch auf Heilbehandlung gewährt ist, sind diese Heilbehandlungskosten nach 81a II BVG zu erstatten.

504 Es besteht Kongruenz zum Unterhaltsschaden.

ee. Hinterbliebenenbeihilfe (§ 48 BVG)

505 Verstirbt ein Beschädigter zwar nicht an den Folgen seiner Schädigung, konnte er aber infolge der Schädigung keine Erwerbstätigkeit mehr in vollem Umfange ausüben und wurde infolgedessen die Versorgung seiner Hinterbliebenen nicht unerheblich beeinträchtigt, so besteht Anspruch auf Witwen-/Witwer- und Waisenbeihilfe.

506 Es besteht nach § 81a II BVG Kongruenz zum Unterhaltsschaden.[323]

---

getragen ist). Der Gesetzgeber hat mit Art. 2 des Gesetzes zur Änderung von Vorschriften des Sozialen Entschädigungsrechts und des Gesetzes über einen Ausgleich für Dienstbeschädigungen im Beitrittsgebiet v. 19.6.2006, BGBl I 2006, 1305 (dazu BT-Drucks 16/444 v. 24.1.2006) – rückwirkend ab 1.11.1994 – § 1 VIII OEG, § 80 SVG, § 47 I ZDG, § 60 Infektionsschutzgesetz auf Partner einer eheähnlichen Gemeinschaft erweitert, während die Änderungen im BVG (Art. 4 des Gesetzes zur Überarbeitung des Lebenspartnerschaftsrechts v. 15.12.2004, BGBl I 2004, 3396) sich nur auf eingetragene Partner nach LPartG beschränken (siehe BT-Drucks 15/3445 v. 29.6.2004, S. 17, Begründung zu Art. 4).

321 Kap 6 Rn 362.
322 Kap 6 Rn 362.
323 BGH v. 4.10.1983 – VI ZR 44/82 – BG 1985, 594 = MDR 1984, 216 = NJW 1984, 607 = r+s 1984, 9 (nur Ls.) = SGb 1984, 170 (Anm. *Sieg*) = VersR 1984, 35 = VRS 66, 165 = zfs 1984, 77 (nur Ls.).

ff. Unfallfremde Hinterbliebenenrentenleistungen

Werden im Verletzungsfall Leistungen an einen unfallfremd Verwitweten oder Waisen erbracht, sind diese Leistungen außerhalb des § 81a II BVG nicht zu ersetzen.[324]

507

d. Forderungsübergang

Den Forderungsübergang regelt § 81a BVG mit den Einschränkungen des § 81a I 3 BVG (Quotenvorrecht des Verletzten) und des § 81 BVG (Schadensersatzansprüche gegenüber dem Bund). Die Grundsätze der kongruenten Schadendeckung gelten auch für den Regress nach § 81a BVG.

508

aa. § 81a BVG

> **§ 81a BVG**
>
> (1) Soweit den Versorgungsberechtigten ein gesetzlicher Anspruch auf Ersatz des ihnen durch die Schädigung verursachten Schadens gegen Dritte zusteht, geht dieser Anspruch im Umfang der durch dieses Gesetz begründeten Pflicht zur Gewährung von Leistungen auf den Bund über. Das gilt nicht bei Ansprüchen, die aus Schwangerschaft und Niederkunft erwachsen sind. Der Übergang des Anspruchs kann nicht zum Nachteil des Berechtigten geltend gemacht werden.
>
> (2) Abs. 1 gilt entsprechend, soweit es sich um Ansprüche nach diesem Gesetz handelt, die nicht auf einer Schädigung beruhen.

509

Erbringt die Versorgungsverwaltung an Soldaten nach deren Dienstbeendigung Versorgungsleistungen, findet § 81a BVG ebenfalls Anwendung.[325]

510

Auf die Versorgungsverwaltung geht der Regressanspruch im Zeitpunkt des Schadenereignisses über.[326]

511

Zu beachten ist das **Quotenvorrecht** der Hinterbliebenen, § 81a I 3 BVG.

512

Erbringen Versorgungsverwaltung und Sozialversicherungsträger wegen desselben Unfalles Leistungen, so geht, reicht der übergangsfähige Schaden nicht zur vollen Deckung der unfallbedingten Leistungen aus, der Anspruch des Sozialversicherungsträgers dem der Versorgungsverwaltung vor.[327] Haben andere Träger ebenfalls Sozialleistungen an die Hinterbliebenen erbracht, besteht unter den Regressgläubigern keine Gesamtgläubigerschaft.[328]

513

bb. § 81 BVG

Schadenersatzansprüche **gegenüber** dem **Bund** unterliegen den Beschränkungen des § 81 BVG:

514

---

324 Kap 1 Rn 82 ff.
325 BGH v. 26.2.1991 – VI ZR 149/90 – DAR 1991, 293.
326 BGH v. 4.10.1983 – VI ZR 44/82 – BG 1985, 594 = MDR 1984, 216 = NJW 1984, 607 = r+s 1984, 9 (nur Ls.) = SGb 1984, 170 (Anm. *Sieg*) = VersR 1984, 35 = VRS 66, 165 = zfs 1984, 77 (nur Ls.).
327 BGH v. 30.3.1971 – VI ZR 190/69 – MDR 1971, 569 = NJW 1971, 1217 (nur Ls.) = VersR 1971, 637.
328 BGH v. 17.11.1988 – III ZR 202/87 – MDR 1989, 614 = NJW 1989, 1735 = VersR 1989, 495 = zfs 1989, 229 (nur Ls.).

6 Unterhaltsschaden

515 | § 81 BVG

Erfüllen Personen die Voraussetzungen des § 1 BVG oder entsprechender Vorschriften anderer Gesetze, die dieses Gesetz für anwendbar erklären, so haben sie wegen einer Schädigung gegen den Bund nur die auf diesem Gesetz beruhenden Ansprüche; jedoch finden die Vorschriften beamtenrechtlichen Unfallfürsorge, das Gesetz über die erweiterte Zulassung von Schadenersatzansprüchen bei Dienstunfällen in der ... bereinigten Fassung und § 82 BeamtVG Anwendung.

2. OEG

516 Das OEG gewährt Versorgungsleistungen In- und Ausländern (§ 1 IV – VII OEG), die durch einen vorsätzlichen, rechtswidrigen tätlichen Angriff in Deutschland oder auf einem deutschen Schiff bzw. Flugzeug gesundheitlich zu Schaden gekommen sind (§ 1 I OEG). Auch deren Hinterbliebene sind anspruchsberechtigt (§ 1 VIII OEG). Wurde für den tätlichen Angriff ein **Kraftfahrzeug** oder ein Anhänger gebraucht, ist das OEG, nicht zuletzt mit Blick auf die Verkehrsopferhilfe, unanwendbar, § 1 XI OEG. Die in § 7 II StVG enthaltene Einschränkung auf **Anhänger**, *die dazu bestimmt sind, von einem Kraftfahrzeug mitgeführt zu werden,* enthält das OEG nicht, was auf einem gesetzgeberischen Versehen beruht.

517 Das OEG sah bis zum Jahre 2006 keine Versorgungsleistungen für den Partner einer nicht-ehelichen Lebensgemeinschaft vor, der nach dem gewaltsamen Tod des anderen Partners unter Verzicht auf eine Erwerbstätigkeit die Betreuung des gemeinsamen Kindes übernimmt.[329]

518 Im Opferentschädigungsrecht erkannte das BVerfG[330] eine nicht-gerechtfertigte Benachteiligung der nicht-ehelichen Partnerschaft mit Kindern; der Gesetzgeber hat daraufhin rückwirkend ab 1.11.1994 – § 1 VIII OEG (ferner auch § 80 SVG, § 47 I ZDG, § 60 Infektionsschutzgesetz)[331] auf Partner einer eheähnlichen Gemeinschaft erweitert, während die Änderungen im BVG[332] sich nur auf eingetragene Partner nach LPartG beschränken.[333]

3. BAföG

519 Erhielt der Hinterbliebene bereits **vor dem Schadenfall** BAföG-Leistungen, entfällt die Bedürftigkeit des Waisen.[334] Mangels Schaden stellt sich dann auch die Frage des Forderungsüberganges nicht.

---

329 BVerfG v. 9.11.2004 – 1 BvR 684/98 – BGBl I 2005, 1047 = FamRZ 2005, 590 (Anm. *Klinkhammer*) = NJW 2005, 1413 (Der fehlende Schutz des nicht-ehelichen Gefährten ist verfassungswidrig und verstößt gegen Art. 3 I, 6 I GG).
330 BVerfG v. 9.11.2004 – 1 BvR 684/98 – BGBl I 2005, 1047 = FamRZ 2005, 590 (Anm. *Klinkhammer*) = NJW 2005, 1413 (Vorinstanz BSG v. 11.3.1998 – B 9 VG 8/97 B –) (Der fehlende Schutz des nicht-ehelichen Gefährten ist verfassungswidrig und verstößt gegen Art. 3 I, 6 I GG).
331 Art. 2 des Gesetzes zur Änderung von Vorschriften des Sozialen Entschädigungsrechts und des Gesetzes über einen Ausgleich für Dienstbeschädigungen im Beitrittsgebiet v. 19.6.2006, BGBl I 2006, 1305. Dazu BT-Drucks 16/444 v. 24.1.2006.
332 Art. 4 des Gesetzes zur Überarbeitung des Lebenspartnerschaftsrechts v. 15.12.2004, BGBl I 2004, 3396.
333 BT-Drucks 15/3445 v. 29.6.2004, S. 17 (Begründung zu Art. 4).
334 *Küppersbusch*, Rn 352, 437.

Erhält die Waise erst **wegen des Todes** des Unterhaltspflichtigen BAföG-Leistungen, so bleiben diese bei der Schadensberechnungen unberücksichtigt.³³⁵ 520

III. Soziale Grundversorgung

Das soziale Netz fängt letztlich auch diejenigen auf, die nicht im Rahmen gesetzlicher oder privater Vorsorge Schutz genießen: Hier greifen Sozialhilfeträger oder ausführende Behörden im Rahmen des BSHG, GSiG (die beide seit 1.1.2005 im SGB XII aufgegangen sind) und des AsylbLG ein. 521

1. Sozialhilfe (SGB XII, bis 31.12.2004 BSHG)

Die dritte sozialrechtliche Stütze neben der Sozialversicherung (Arbeitsverwaltung, Krankenkasse, Pflegekasse, Rentenversicherung, Unfallversicherung) und der Sozialversorgung (u.a. BVG) bildet die Sozialhilfe. Bis zum In-Kraft-Treten des SGB XII galt das BSHG, ab 2.1.2005 gelten die Bestimmungen des SGB XII.³³⁶ 522

Dem Verletzten, aber auch seinen Hinterbliebenen, können Ansprüche zustehen, die unser soziales Netz als Grundbedürfnis gewährleistet, ohne dass der Berechtigte eigene individuelle Vorleistungen erbrachte. Aufgabe der Sozialhilfe ist, den Leistungsberechtigten ein der Menschenwürde entsprechendes Lebens zu ermöglichen ohne den Leistungsberechtigten dabei die Eigenverantwortung (im Sinne des Grundsatzes „Fördern und Fordern") abzunehmen. 523

a. Leistungsberechtigung

Anspruchsberechtigt ist derjenige, der seinen notwendigen Lebensunterhalt nicht oder nicht ausschließlich aus eigenen Kräften und Mitteln bestreiten kann, § 19 I SGB XII (§ 11 BSHG). 524

Grundsätzlich wird jedes Einkommen und Vermögen angerechnet (zur Berechnung im Einzelnen siehe §§ 82 ff. SGB XII). Auch Vermögen von ehelichen und vergleichbaren Partnern wird – wie im Rahmen des SGB II – einbezogen (§§ 19 I 2, 20,³³⁷ 36 SGB XII). Einige Vermögensgegenstände und Einnahmen sind allerdings geschützt. 525

Auch **Ausländer**, die sich in Deutschland aufhalten, haben nach § 23 SGB XII (§ 120 I BSHG) Anspruch u.a. auf Hilfen zum Lebensunterhalt und Krankenhilfe. **Ausgeschlossen** sind dabei allerdings Leistungsberechtigte nach § 1 **Asylbewerber**leistungsgesetz (AsylbLG), § 23 II SGB XII. 526

---

335 *Küppersbusch*, Rn 352, 424. OLG Brandenburg v. 20.12.2000 – 14 U 84/99 – NZV 2001, 213 = VRS 101, 248 (Keine Anrechnung unter dem Aspekt der Vorteilsausgleichung noch im Rahmen der Bedürfnisprüfung. Es bedarf dabei auch keiner Differenzierung zwischen Zuschussanteil und Darlehensanteil).
336 Gesetz zur Einordnung des Sozialhilferechts v. 27.12.2003, BGBl I 2003, 3022.
337 § 20 SGB XII setzt inhaltsgleich § 122 BSHG fort (BT-Drucks 15/1514, S. 57).

b. Subsidiarität

527

> **§ 2 SGB XII – Nachrang der Sozialhilfe**
>
> (1) Sozialhilfe erhält nicht, wer sich vor allem durch Einsatz seiner Arbeitskraft, seines Einkommens und seines Vermögens selbst helfen kann oder wer die erforderliche Leistung von anderen, insbesondere von Angehörigen oder von Trägern anderer Sozialleistungen, erhält.
>
> (2) Verpflichtungen anderer, insbesondere Unterhaltspflichtiger oder der Träger anderer Sozialleistungen, bleiben unberührt. Auf Rechtsvorschriften beruhende Leistungen anderer dürfen nicht deshalb versagt werden, weil nach dem Recht der Sozialhilfe entsprechende Leistungen vorgesehen sind.

528 Die Sozialhilfe kommt weiterhin (wie zuvor[338] nach § 2 I BSHG) nur subsidiär zum Tragen: Sozialhilfe erhält nicht, wer sich selbst helfen oder auf andere zugreifen kann, § 2 SGB XII.

529 „**Andere**" im Sinne des § 2 I SGB XII sind nicht nur Angehörige und Sozialleistungsträger, sondern alle Personen und Organisationen, von denen der Bedürftige Hilfe zu erhalten hat oder tatsächlich erhält. Die Sozialhilfe ist nachrangig gegenüber allen Versicherungs- oder Versorgungsansprüchen, ferner gegenüber privatrechtlichen Ansprüchen aus Vertrag oder Delikt.[339]

c. Leistungen[340]

530 Art, Form und Maß der Sozialhilfeleistung richten sich nach den Besonderheiten des Einzelfalles (§ 9 SGB XII überträgt im Wesentlichen inhaltsgleich § 3 I BSHG).

531 Die Leistungen der Sozialhilfe sind **subsidiär** zu erbringen, § 2 I SGB XII, wobei die Geldleistung grundsätzlich Vorrang hat (§ 10 III SGB XII).

aa. Hilfe zum Lebensunterhalt

532 Hilfe zum Lebensunterhalt erhält, wer seinen notwendigen Lebensunterhalt nicht oder nur unzureichend aus eigenen Kräften und Mitteln bestreiten kann (§ 19 SGB XII). Die Hilfe kann durch einmalige oder laufende Leistungen erfolgen.

533 Die Hilfe zum Lebensunterhalt sichert den Lebensunterhalt von Menschen, die bei Bedürftigkeit sonst keine Leistungen erhalten, also weder als erwerbsfähige Personen im Alter von 15 – 65 Jahren das ALG II noch als 65-jährige oder Ältere bzw. als dauerhaft voll Erwerbsgeminderte die Leistungen der Grundsicherung im Alter und bei Erwerbsminderung. Hilfe zum Lebensunterhalt erhalten demnach Menschen im erwerbsfähigen Alter, für die vorübergehend keine Erwerbstätigkeit möglich ist (z.B. Bezieher einer Zeitrente wegen Erwerbsminderung, längerfristig Erkrankte, in Einrichtungen betreute Menschen).

---

338 BT-Drucks 15/1514, S. 55.
339 BGH v. 4.3.1997 – VI ZR 243/95 – MDR 1997, 937 = NJW 1997, 2943 = NJW-VHR 1997, 200 (nur Ls.) = NZV 1997, 302 = r+s 1997, 371 = SP 1997, 245 = VersR 1997, 751 = VRS 93, 269 = zfs 1997, 250 (Zukünftige Verdienstausfallrente darf wegen des Subsidiaritätsgrundsatzes nicht von vornherein im Hinblick auf dem Geschädigten für den Fall seiner Mittellosigkeit zustehende Sozialhilfeansprüche gekürzt werden).
340 Zum Thema: *Waltermann*, Forderungsübergang auf Sozialleistungsträger, NJW 1996, 1644.

(1) Laufende Leistungen

Laufende Leistungen sind die zur Deckung des Lebensunterhaltes notwendigen, regelmäßig wiederkehrenden und voraussehbaren Leistungen. Der notwendige Lebensunterhalt umfasst u.a. Unterkunft (einschließlich Hausrat und notwendige Energiezufuhr), Verpflegung (einschließlich Kleidung und Körperpflegemittel) und persönliche Bedürfnisse des täglichen Lebens (u.a. Teilnahme am kulturellen Leben), § 27 SGB XII.

534

§§ 28 ff. SGB XII setzen aus Verwaltungskostenersparnis auf verstärkte **Pauschalierung** der meisten einmaligen Leistungen und ihre Einbeziehung in den Regelsatz, sodass detaillierte Bedarfsprüfungen und Einzelfallentscheidungen weitgehend entfallen.[341] Sie bemessen sich nach festen, durch Landesrecht festgesetzten (§ 28 II SGB XII) monatlichen **Regelsätzen** (§ 28 SGB XII), ergänzt durch die Sonderregeln zu Unterkunft und Heizung (§ 29 SGB XII) sowie den Mehrbedarf (§ 30 SGB XII). Alle pauschalierbaren Leistungen werden in einem gemeinsamen, monatlich auszuzahlenden Gesamtbetrag zusammengefasst.[342]

535

Verdienstausfall- und Unterhaltsschadenberechnung bei Sozialhilfeempfang und Prognose sind nicht einfach.[343] Kongruenz kann zum Unterhaltsschaden bestehen.[344] Wegen der pauschalisierten Gewährung ist aber auf die Übergangsfähigkeit eines konkreten Schadens zu achten.

536

(2) Einmalige Leistungen

Einmalige Leistungen werden, nachdem etliche Ansprüche nach § 21 Ia BSHG in den pauschalen Regelsatz des § 28 SGB XII einbezogen sind, nur noch in engen Grenzen nach § 31 SGB XII (**abschließende Aufzählung**) erbracht.

537

Die in § 31 I SGB XII abschließend genannten Leistungen haben **keine Schadenkongruenz**.

538

bb. Hilfen in besonderen Lebenslagen

Die im BSHG genannten „Hilfen in besonderen Lebenslagen" umfassten etliche Leistungen, die gewährt wurden, soweit es dem Hilfesuchenden (oder ihm Verpflichteten) nicht zuzumuten[345] war, die erforderlichen Mittel aus eigenem Einkommen oder Vermögen aufzubringen, § 28 BSHG. Die „Hilfe in besonderen Lebenslagen" ist mit dem SGB XII nur begrifflich aufgegeben, wird inhaltlich aber weitgehend fortgeführt.[346]

539

---

341 BT-Drucks 15/1514, S. 53.
342 BT-Drucks 15/1514, S. 59.
343 Vgl. BGH v. 10.10.2002 – III ZR 205/01 – HVBG-Info 2002, 3168 = MDR 2003, 26 = NJW 2002, 3769 = NZV 2002, 557 = r+s 2003, 80 = SP 2003, 10 = VersR 2002, 1521 = zfs 2003, 14.
344 Siehe dazu BGH v. 1.10.1991 – VI ZR 334/90 – DAR 1992, 103 = NJW 1992, 115 = NZV 1992, 26 = VersR 1991, 1417 = zfs 1992, 7 (nur Ls.).
345 Die Leistung erfolgt – anders als bei den Hilfen zum Lebensunterhalt – also nicht nur, wenn der Hilfesuchende die erforderlichen Mittel nicht selbst aufbringen kann, sondern schon dann, wenn ihm dieses lediglich nicht zuzumuten ist.
346 BT-Drucks 15/1514, S. 53.

Hilfe in besonderen Lebenslagen	§ 27 I BSHG	§ 8 SGB XII
Hilfe zum Aufbau oder zur Sicherung der Lebensgrundlage	§ 30 BSHG	
Hilfen zur Gesundheit	§§ 36 – 38 BSHG	§§ 47 – 52 SGB XII
Grundsicherung im Alter und bei Erwerbsminderung	GSiG	§§ 41 – 46 SGB XII
Eingliederungshilfe für behinderte Menschen	§§ 39 – 47 BSHG	§§ 53 – 60 SGB XII
Blindenhilfe	§§ 67 BSHG	§ 72 SGB XII
Hilfe zur Pflege	§§ 68 – 69c BSHG	§§ 61 – 66 SGB XII
Hilfe zur Weiterführung des Haushalts	§§ 70 – 71 BSHG	§ 70 SGB XII
Hilfe zur Überwindung besonderer sozialer Schwierigkeiten	§ 72 BSHG	§§ 67 – 69 SGB XII
Altenhilfe	§ 75 BSHG	§ 71 SGB XII
Bestattungskosten	§ 15 BSHG	§ 74 SGB XII
Hilfe in sonstigen Lebenslagen		§ 73 SGB XII

(1) Grundsicherung im Alter und bei Erwerbsminderung

541 Leistungen wegen Todesfall sind nicht vorgesehen, wegen der Details wird auf die Darstellung zum GSiG verwiesen.[347]

(2) Hilfe zur Weiterführung des Haushaltes (§§ 27 I Nr. 10, 70 f. BSHG)

542 Personen mit eigenem Haushalt erhalten (in der Regel nur **vorübergehende**, § 70 I 2 SGB XII) Hilfe zur Haushaltsweiterführung, wenn ein Haushaltsangehöriger den Haushalt nicht weiterführen kann, obwohl dieses geboten ist (z.B. Versorgung der Familie bei vorübergehender krankheitsbedingter Abwesenheit der Mutter nach einem Unfall, aber auch nach deren Unfalltod). Es wird entweder eine Pflegekraft eingesetzt (§ 70 II SGB XII) oder die auswärtige Unterbringung übernommen (§ 70 IV SGB XII).

543 Die §§ 27 I Nr. 10, 70 f. BSHG inhaltlich fortsetzende[348] Leistung kann kongruent zum Haushaltshilfe- und Betreuungsschaden oder den vermehrten Bedürfnissen sein.

(3) Altenhilfe (§ 71 SGB XII)

544 Die Altenhilfe gemäß § 71 SGB XII dient wie §§ 27 I Nr. 12, 75 BSHG dazu, altersbedingte Schwierigkeiten den betroffenen Personen zu erleichtern (§ 71 I 2 SGB XII).

545 Die Leistung beruht auf unfallfremden Ursachen und ist daher nicht kongruent zu einem Schadenersatzanspruch.

cc. Bestattungskosten (§ 74 SGB XII))

546 Kongruenz besteht wie zu § 15 BSHG[349] zu den Beerdigungskosten.

---

347 Kap 6 Rn 566 ff.
348 BT-Drucks 15/1514, S. 63.
349 Zu den sozialrechtlichen Voraussetzungen siehe BVerwG v. 5.6.1997 – 5 C 13/96 – NJW 1998, 1329.

dd. Alterssicherung (§ 33 SGB XII)

§ 33 SGB XII setzt § 14 BSHG unverändert fort.³⁵⁰ Zu den Hilfen zum Lebensunterhalt gehören auch diejenigen Aufwendungen, die erforderlich sind eine angemessene Alterssicherung zu gewährleisten. **547**

Kongruenz kann zum Unterhaltsschaden bestehen. **548**

d. Forderungsübergang

aa. § 93 SGB XII, § 116 SGB X

§ 93 IV SGB XII bestimmt den Vorrang von § 116 SGB X gegenüber § 93 SGB XII (Überleitungsanzeige) in gleicher Weise wie zuvor § 90 IV 2 BSHG.³⁵¹ **549**

Tritt wegen einer Mitverantwortlichkeit des Geschädigten Sozialhilfebedürftigkeit ein, besteht – auch bei Mitverantwortlichkeit – ein **Quotenvorrecht** des Geschädigten, § 116 III 3 SGB X.³⁵² **550**

bb. Zeitpunkt des Forderungswechsels

Der Forderungswechsel nach § 116 SGB X erfolgt grundsätzlich im Zeitpunkt des schädigenden Ereignisses (§§ 116, 119 SGB X), wenn ein Sozialversicherungsverhältnis oder eine Leistungsbeziehung bereits in diesem Zeitpunkt besteht. Wird das Sozialversicherungsverhältnis erst später begründet, vollzieht sich die cessio legis auch erst in diesem späteren Zeitpunkt. Wurde mit dem Rechtsvorgänger (häufig der Anspruchsberechtigte selbst) ein Abfindungsvergleich zuvor geschlossen, entfällt ein Forderungsübergang auf den Sozialversicherer.³⁵³ **551**

Für den Sozialhilfeträger gelten Besonderheiten: **552**

- Der Forderungsübergang auf den Sozialhilfeträger erfolgt bereits, sobald infolge des schädigenden Ereignisses aufgrund konkreter Anhaltspunkte („**Orakel**"), auch für eine Bedürftigkeit des Anspruchsberechtigten, mit der **Leistungspflicht** eines Sozialhilfeträgers **zu rechnen** ist. Das kann bereits im Unfallzeitpunkt der Fall sein, aber auch erst im weiteren Verlaufe der Schadenabwicklung und u.U. auch erst nach Abschluss der Regulierung mit dem unmittelbar Anspruchsberechtigten. Erforderlich für den Rechtsübergang ist also, dass nach den konkreten Einzelfallumständen Sozialleistungen ernsthaft in Betracht zu ziehen sind.³⁵⁴ **553**

---

350 BT-Drucks 15/1514, S. 60.
351 BT-Drucks 15/1514, S. 66.
352 Dazu *Küppersbusch*, VersR 1983, 193 (S. 198 ff. zu III.2). Siehe auch: BGH v. 27.6.2004 – VI ZR 337/04; BGH v. 21.11.2000 – VI ZR 120/99 – HVBG-Info 2001, 488 = MDR 2001, 328 = NJW 2001, 1214 = r+s 2001, 151 = SP 2001, 87 = VersR 2001, 387; Siehe auch OLG Düsseldorf v. 26.2.1996 – 1 U 124/95 – HVBG-Info 1996, 1850 = NZV 1996, 238 (Die eingelegte Revision wurde am 25.10.1996 zurückgenommen) (Zur Reichweite des Quotenvorrechtes, insbesondere zur Erstreckung auch auf nicht-kongruenten Schaden unter Darstellung des Meinungsstandes).
353 Zu Einzelheiten siehe *Jahnke*, Abfindung von Personenschadensansprüchen, § 2 Rn 87 ff.
354 BGH v. 9.7.1996 – VI ZR 5/95 – NJW 1996, 2933 = NZV 1996, 445 = r+s 1996, 398 = SP 1996, 345 = VersR 1996, 1258 = WI 1996, 171; BGH v. 25.6.1996 – VI ZR 117/95 – NJW 1996, 2508 = NZV 1996, 402 = r+s 1996, 404 = SP 1996, 312 = VersR 1996, 1126 = zfs 1996, 140; BGH v. 13.2.1996 – VI ZR 318/94 – BGHZ 132, 39 = DAR 1996, 357 = JR 1996, 505 (Anm. *Fuchs*) = LM BGB § 844 Abs. 2, Nr. 93 = MDR 1996, 799 = NJW 1996, 1674 = NVwZ 1996, 824 = NZV 1996, 229 = r+s 1996, 311 =

6 Unterhaltsschaden

554 ■ Zugleich hat der BGH den Schutz des Schadenersatzverpflichteten nach §§ 407 I, 412 BGB (**gutgläubige Leistung an einen Nichtberechtigten**) drastisch eingeschränkt. Der BGH[355] legt die Hürde sehr niedrig: An die Kenntnis des Forderungsüberganges seien „nur maßvolle Anforderungen zu stellen, um den Schutz der sozialen Leistungsträger nicht durch die Behauptung fehlenden Wissens vom Gläubiger unterlaufen zu können".

555 Da der Forderungsübergang auf den Sozialhilfeträger somit zu einem Zeitpunkt erfolgt, den in der Praxis eigentlich niemand voraussehen kann („Orakel"), ist die außergerichtliche Regulierung von Unfallschäden für den Schadenersatzleistenden mit einem erheblichen Risiko behaftet, wenn beide Parteien (Verletzter/Hinterbliebener, Ersatzpflichtiger) eine in die Zukunft gerichtete Erledigung gemeinsam anstreben. Gleiches gilt, wenn der Anspruchsberechtigte auf der Kapitalisierung besteht oder eine solche im Gerichtsverfahren ausgeurteilt wird (vgl. §§ 843 III, 844 II 1, 2. Halbsatz BGB: Anspruch auf Kapitalisierung bei Bestehen eines wichtigen Grundes).[356]

cc. Anrechnung von Leistungen, Forderungsbefugnis

556 Soweit Sozialversicherer und sonstige Drittleistungsträger kongruente Leistungen erbringen, kürzen diese wegen des Forderungsüberganges nach § 116 SGB X den vom Anspruchsberechtigten selbst noch geltend zu machenden Ersatzanspruch. Bei möglicher Zuständigkeit eines Sozialhilfeträgers sind aber Besonderheiten zu beachten:

(1) Vergangenheit

557 Soweit ein Sozialhilfeträger in der Vergangenheit bereits Leistungen erbrachte und im Verlaufe der weiteren Regulierung auch noch weiter erbringt, erfolgt der Forderungsübergang nach § 116 SGB X. Die Sozialleistungen sind auf den vom unmittelbar Anspruchsberechtigten verfolgten Schaden anzurechnen und an den regressnehmenden Sozialhilfeträger, soweit übergangsfähig, zu erstatten. Vor Zahlung an den unmittelbar Anspruchsberechtigten muss geklärt sein, welche Zahlungen vom Träger erfolgt sind und ob diese Leistungen zwischenzeitlich eingestellt wurden.

(2) Zukunft

558 Hätte der Anspruchsberechtigte auch in Zukunft Anspruch auf Sozialhilfeleistungen, so sind diese zukünftig anfallenden Leistungen nur ausnahmsweise mindernd beim Anspruch des Anspruchsberechtigten zu berücksichtigen.[357] Vor allem in regelmäßig wiederkehrender Höhe zu entrichtende Verdienstausfallansprüche (aber auch andere in regelmäßig wiederkehrender Höhe zu entrichtende Rentenbeträge wie Unterhaltszah-

---

SGb 1996, 328 = SP 1996, 168 = VersR 1996, 649 = VRS 91, 267; BGH v. 12.12.1995 – VI ZR 271/94 – BGHZ 131, 274 = FamRZ 1996, 279 = HVBG-Info 1996, 516 = JR 1997, 14 (Anm. *Müller/Steinmeyer*) = MDR 1996, 799 = NJW 1996, 726 = NJW-RR 1996, 1306 = NVwZ 1996, 515 (nur Ls.) = NZV 1996, 110 = r+s 1996, 102 = SP 1996, 79 = VersR 1996, 349 = VRS 90, 358 = WI 1996, 34 = zfs 1996, 90.

355 BGH v. 12.12.1995 – VI ZR 271/94 – BGHZ 131, 274 = FamRZ 1996, 279 = HVBG-Info 1996, 516 = JR 1997, 14 (Anm. *Müller/Steinmeyer*) = MDR 1996, 799 = NJW 1996, 726 = NJW-RR 1996, 1306 = NVwZ 1996, 515 (nur Ls.) = NZV 1996, 110 = r+s 1996, 102 = SP 1996, 79 = VersR 1996, 349 = VRS 90, 358 = WI 1996, 34 = zfs 1996, 90.
356 Wegen weiterer Einzelheiten siehe Kap 6 Rn 560 ff.
357 OLG Bremen v. 21.4.1998 – 3 U 45/96 – VersR 1999, 1030 (BGH hat die Revision nicht angenommen, Beschl. v. 24.11.1998 – VI ZR 169/98 –).

lungen), die einem Anspruchsberechtigten für die Zukunft zustehen, müssen ihm ohne Berücksichtigung etwaiger Sozialhilfeansprüche zuerkannt werden.[358]

Im Hinblick auf den Subsidiaritätscharakter der Sozialhilfe muss ein Geschädigter seinen Lebensbedarf zunächst aus dem Schadensersatzanspruch gegen den Schädiger decken, bevor er auf die Sozialhilfe zurückgreifen kann. Der Haftpflichtige hat keine Möglichkeit, den unmittelbar Anspruchsberechtigten zunächst auf die Sozialhilfe zu verweisen.[359]

(3) Kapitalisierung

Der BGH[360] hat dem Geschädigten für seine **künftigen Ansprüche** eine **Einzugsermächtigung** erteilt, u.a. mit der Konsequenz, dass der Schadenersatzpflichtige auch im Verlaufe der weiteren Regulierung mit befreiender Wirkung an den unmittelbar Anspruchsberechtigten zahlen kann. Der BGH begründet seine Entscheidung zum Zeitpunkt des Forderungsüberganges („Absehbarkeit der Leistungspflicht des Sozialhilfeträgers") u.a. damit, dass ein bereits mit Eintritt des Schadens eintretender Forderungsübergang auf den Sozialhilfeträger „in einer Vielzahl von Fällen, in denen es nie zu Sozialhilfeleistungen kommt, ohne sachlichen Grund eine Schadensregulierung, insbesondere in Form eines Abfindungsvergleiches, unmöglich machen oder zumindest erheblich erschweren würde."[361] Der BGH führt weiter aus: „Der Zweck der von der Subsidiarität der Sozialhilfe geprägten Einziehungsermächtigung besteht aber nach auf Auffassung des BGH darin, durch Realisierung des Ersatzanspruches gegenüber dem Schädiger den Eintritt der Hilfsbedürftigkeit und damit eine Inanspruchnahme des Sozialhilfeträgers zu vermeiden. Rechtshandlungen des Anspruchsberechtigten muss der Sozialhilfeträger also nur soweit gegen sich gelten lassen, als sie durch diesen Einziehungszweck gedeckt sind."[362]

Trotz der dem Anspruchsberechtigten für die Zukunft zugewiesenen Einzugsermächtigung ist es **problematisch**, ob diese auch das Recht erfasst, letztlich mit Wirkung gegen den Sozialhilfeträger anstelle einer laufenden Leistung auch die einmalige Kapitalabfindung zu verlangen. Wird nach Verbrauch des erhaltenen Kapitalbetrages dann der Anspruchsberechtigte sozialhilfebedürftig, stellt sich die Frage des Regresses des Sozialhilfeträgers erneut.

---

358 BGH v. 10.10.2002 – III ZR 205/01 – HVBG-Info 2002, 3168 = MDR 2003, 26 = NJW 2002, 3769 = NZV 2002, 557 = r+s 2003, 80 = SP 2003, 10 = VersR 2002, 1521 = zfs 2003, 14; BGH v. 3.3.1998 – VI ZR 385/96 – DAR 1998, 231 = EWiR 1998, 393 (Anm. *Grunsky*) = MDR 1998, 595 = NJW 1998, 1634 = NZV 1998, 279 = r+s 1998, 196 = SP 1998, 241 = VersR 1998, 772 = zfs 1998, 210; BGH v. 4.3.1997 – VI ZR 243/95 – MDR 1997, 937 = NJW 1997, 2943 = NZV 1997, 302 = r+s 1997, 371 = SP 1997, 245 = VersR 1997, 751 = VRS 97, 269 = zfs 1997, 250.
359 BGH v. 10.10.2002 – III ZR 205/01 – HVBG-Info 2002, 3168 = MDR 2003, 26 = NJW 2002, 3769 = NZV 2002, 557 = r+s 2003, 80 = SP 2003, 10 = VersR 2002, 1521 = zfs 2003, 14.
360 BGH v. 27.6.2006 – VI ZR 337/04; BGH v. 10.10.2002 – III ZR 205/01 – HVBG-Info 2002, 3168 = MDR 2003, 26 = NJW 2002, 3769 = NZV 2002, 557 = r+s 2003, 80 = SP 2003, 10 = VersR 2002, 1521 = zfs 2003, 14; BGH v. 5.3.2002 – VI ZR 442/00 – BGHZ 150, 94 = DAR 2002, 305 = EWiR 2002, 745 (nur Ls., Anm. *Plagemann*) = HVBG-Info 2002, 1949 = NJW 2002, 1877 = NVersZ 2002, 563 = r+s 2002, 241 = SP 2002, 337 = VersR 2002, 869 = VRS 102, 447 = zfs 2002, 337; BGH v. 12.12.1995 – VI ZR 271/94 – BGHZ 131, 274 = FamRZ 1996, 279 = HVBG-Info 1996, 516 = JR 1997, 14 (Anm. *Müller/Steinmeyer*) = MDR 1996, 799 = NJW 1996, 726 = NJW-RR 1996, 1306 = NVwZ 1996, 515 (nur Ls.) = NZV 1996, 110 = r+s 1996, 102 = SP 1996, 79 = VersR 1996, 349 = VRS 90, 358 = WI 1996, 34 = zfs 1996, 90.
361 BGH v. 12.12.1995 – VI ZR 271/94 – VersR 1996, 350 (li. Sp. zu II.1.b. bb).
362 BGH v. 12.12.1995 – VI ZR 271/94 – VersR 1996, 351 (re. Sp. zu II.1.c. cc. (a)).

6 Unterhaltsschaden

562 Wird in einem **Gerichtsverfahren** (bei Bestehen eines wichtigen Grundes, vgl. §§ 843 III, 844 II 1, 2. Halbsatz BGB[363]) ein Anspruch auf Kapitalisierung bejaht – dieses ist in der Praxis äußerst selten –, so muss man eine abschließende Wirkung auch gegenüber dem Sozialhilfeträger annehmen. Die Interessenabwägung bei der Feststellung des wichtigen Grundes hat die Möglichkeit späterer Sozialhilfeansprüche mit einbeziehen.

563 **Außerhalb** des klagbaren **Anspruches** auf Kapitalabfindung ist die endgültige Fallabschließung durch Zahlung eines Kapitalbetrages problematisch: Es besteht trotz und wegen der BGH-Rechtsprechung das Risiko, dass der Ersatzpflichtige sich gegenüber dem später eintrittspflichtigen Sozialhilfeträger nicht auf die Abfindung berufen kann. Ist der Abfindungsbetrag nachvollziehbar und vor allem ausreichend (auch unter Einbeziehung des nunmehr die Sozialhilfeleistung auslösenden Risikos) kalkuliert, mag die Chance auf Bestand eines Abfindungsvergleiches bestehen; Risikovergleiche (vor allem bei problematischer Haftung oder schwieriger Zukunftsprognose) ohne konkrete Nachrechenbarkeit sind in ihrem Bestand aber deutlich eher gefährdet.

2. Unterhaltsvorschussgesetz

564 Personen, die das 12. Lebensjahr noch nicht vollendet haben, können bei Tod eines Unterhaltspflichtigen nach Maßgabe der §§ 1, 2 UnterhVG Anspruch auf Unterhaltsvorschuss für bis zu 72 Monate (§ 3 UnterhVG) haben.

565 Bei Leistungen nach dem Unterhaltsvorschussgesetz ist ebenfalls der mögliche Forderungsübergang (Art. II § 1 Nr. 18 SGB I, § 116 SGB X) zu beachten (siehe auch §§ 2 III Nr. 2, 7 UnterhVG).

3. Grundsicherung

566 Das zum 1.1.2003 in Kraft getretene Gesetz über eine bedarfsorientierte Grundsicherung im Alter und bei Erwerbsminderung (GSiG)[364] ist zum 1.1.2005 – inhaltlich unverändert[365] – in das SGB XII (§§ 41 – 52 SGB XII) überführt.

567 Bei den Grundsicherungsleistungen handelt es sich um eigenständige, bedürftigkeitsabhängige Leistungen (ab 1.1.2005 Sozialhilfeleistung gemäß § 8 Nr. 2 SGB XII), die regelmäßig für einen Zeitraum von 12 Monaten bewilligt (§ 44 I SGB XII, § 6 I GSiG: vom 1. Juli bis zum 30. Juni des Folgejahres) und dann jeweils neu erteilt werden, wenn die Bedürftigkeitsvoraussetzungen auch weiterhin vorliegen.

a. Leistungsberechtigung

568 Anspruchsberechtigt sind ältere Menschen ab 65 Jahren sowie volljährige, aus medizinischen Gründen dauerhaft voll erwerbsgeminderte Menschen. Die gesetzliche Regelung will für alte und dauerhaft voll erwerbsgeminderte Menschen eine eigenständige soziale Leistung vorsehen, die den grundlegenden Bedarf für den Lebensunterhalt sicherstellt.[366]

569 Anders als bei Leistungen der Sozialhilfe galt keine **Subsidiarität** der Ansprüche nach dem GSiG, § 2 I BSHG war nicht anwendbar. Nach Eingliederung in das Sozialhilferecht des SGB XII gelten zwar die allgemeinen Vorschriften der §§ 1 – 7 auch für die

---

363 *Jahnke*, Abfindung von Personenschadenansprüchen, § 1 Rn 15.
364 Art. 12 des Altersvermögensgesetzes – AVmG – v. 29.6.2001, BGBl I 2001, 1310.
365 Pressemitteilung des Bundesministeriums für Gesundheit und Soziale Sicherung v. 19.12.2003 (Ziff. 5).
366 BT-Drucks 14/5150 v. 25.01.2001, S. 48 (Zu Art. 8a, § 1 GSiG).

Grundsicherungsleistung. § 41 II SGB XII geht aber der Subsidiaritätsanordnung in § 2 II SGB XII als lex specialis vor; erklärtermaßen[367] sollte keine inhaltliche Veränderung des bereits auf eine künftige Eingliederung angelegte[368] GSiG durch die Überführung in das SGB XII erfolgen.

Es sind, ähnlich wie bei der Sozialhilfe, **eingeschränkt** familienrechtliche **Unterhaltsansprüche** zu berücksichtigen; darüber hinaus ist auch die Verpflichtung eheähnlicher Partner anzurechnen (§ 43 I SGB XII, § 2 I GSiG): Unterhaltsansprüche gegenüber Eltern oder Kindern bleiben unberücksichtigt, sofern deren Jahresgesamteinkommen (§ 16 SGB IV) – was gesetzlich vermutet wird (§ 43 II 2 SGB XII, § 2 I 3, II GSiG) – unter 100.000 € liegt. | 570

Kein Anspruch besteht bei Leistungsberechtigung nach § 1 **AsylbLG** (§ 23 II SGB XII, § 2 III 2 1. Alt. GSiG). | 571

b. Leistung

Das GSiG enthält keine Leistungen wegen eines Todesfalls. | 572

Denkbar ist ein Leistungserhalt, wenn z.B. ein Elternteil Leistungen nach dem GSiG oder den Folgeregeln des SGB XII nicht erhielt, weil der unfallkausal getötete Sohn die Einkommensgrenze von 100.000 € überschritt (§ 43 II SGB XII, § 2 III 1 GSiG). Wenn jetzt Leistungen der Grundsicherung erfolgen, sind diese – als kongruent zum Unterhaltsschaden – anzurechnen. Es kann dann auch im Einzelfall ein Forderungsübergang auf den Leistungsträger erfolgen. | 573

4. „Sozialhilfe"leistungen an Asylbewerber

Leistungen an Asylbewerber regelt das Asylbewerberleistungsgesetz (AsylbLG). Im Zusammenhang mit der Einführung des SGB XII ist das AsylbLG nicht entscheidend verändert worden.[369] | 574

a. Leistungsberechtigung

Grundsätzlich ist Sozialhilfe auch Ausländern nach den Regelungen des BSHG (bis 31.12.2004) und SGB XII (ab 1.1.2005) zu gewähren. Besonderheiten gelten aber für Asylbewerber, die **anstelle** von **Sozialhilfeleistungen** Leistungen nach dem Asylbewerberleistungsgesetz (AsylbLG) erhalten. | 575

Leistungsberechtigt sind diejenigen Ausländer, die sich tatsächlich im Bundesgebiet aufhalten und eine Aufenthaltserlaubnis nach dem Asylverfahrensgesetz (AsylVfG) besitzen (§ 1 I Nr. 1 AsylbLG) oder über einen Flughafen einreisen wollen und denen die Einreise (noch) nicht gestattet ist (§ 1 I Nr. 2 AsylbLG), eine Aufenthaltserlaubnis nach §§ 23 I, 24, 25 IV, V Aufenthaltsgesetz besitzen (§ 1 I Nr. 3 AsylbLG), einen Folge-/Zweitantrag nach §§ 71, 71a AsylVfG stellen (§ 1 I Nr. 4 AsylbLG), vollziehbar zur Ausreise verpflichtet sind (§ 1 I Nr. 5 AsylbLG) oder Ehegatte, Lebenspartner bzw. Kind der vorbezeichneten Ausländer sind (§ 1 I Nr. 6 AsylbLG). | 576

---

367 Pressemitteilung des Bundesministeriums für Gesundheit und Soziale Sicherung v. 19.12.2003 (Ziff. 5).
368 BT-Drucks 14/5150 v. 25.1.2001, S. 32 (Zu Art. 1a, § 68 SGB I).
369 BT-Drucks 15/1514, S. 74 f.

6 Unterhaltsschaden

577 Die Leistungsberechtigung **endet** u.a. mit der Ausreise oder der Anerkennung der Asylberechtigung (§ 1 III AsylbLG). Nach Anerkennung der Asylberechtigung können dann Sozialhilfeleistungen erfolgen (vgl. § 120 BSHG, § 23 SGB XII).

578 Ansprüche nach dem **BSHG** und **SGB XII** sind ausgeschlossen (§§ 120 II BSHG, 23 II SGB XII, 9 I AsylbLG).[370] Ausnahmen gelten nach § 2 I AsylbLG für solche Leistungsberechtigte (§ 1 AsylbLG), die über eine Dauer von insgesamt 36 Monaten Leistungen nach § 3 AsylbLG (Grundleistungen) erhalten und die Aufenthaltsdauer nicht rechtsmissbräuchlich beeinflusst haben.

579 Die Leistungen sind wie bei der Sozialhilfe nur **subsidiär** zu erbringen, §§ 8, 9 II AsylbLG. Diese Regelung entspricht inhaltlich § 2 SGB XII, § 2 BSHG (Nachrang der Sozialhilfe). Vorhandenes Vermögen ist aufzubrauchen, § 7 AsylbLG.

b. Leistungen

aa. Hilfen zum Lebensunterhalt (§ 3 AsylbLG)

580 Der notwendige Bedarf für Unterkunft und Verpflegung (Grundleistungen) wird nach § 3 AsylbLG grundsätzlich durch **Sachleistungen** gedeckt. Kongruenz kann ausnahmsweise im Einzelfall nur zu den vermehrten Bedürfnissen, nicht aber zum Unterhaltsschaden bestehen.

581 Soweit zusätzlich **Barleistungen** von monatlich 20,45 € für Kinder bis zum vollendeten 14. Lebensjahr und 40,90 € für Personen ab dem 15. Lebensjahr zur Deckung der persönlichen Bedürfnisse des täglichen Lebens gezahlt werden (§ 3 I 4 AsylbLG), besteht keine schadensrechtliche Kongruenz.

bb. Sonstige Leistungen (§ 6 AsylbLG)

582 Das AsylbLG bestimmt keine ausdrücklichen Leistungen für den Todesfall. Im Einzelfall können zur Sicherung des Lebensunterhaltes oder der Gesundheit, aber auch der Deckung besonderer Bedürfnisse von Kindern Leistungen erbracht werden. § 6 AsylbLG kann als Auffangtatbestand dienen.

583 Kongruenz kann im Ausnahmefall zum **Unterhaltsschaden** bestehen. Problematisch ist zur Höhe die Bestimmung der Einkommenssituation des Getöteten.[371]

c. Forderungsübergang

584 Das **AsylbLG** selbst enthält keine Regelung zum Forderungsübergang von Schadensersatzansprüchen.

585 Der Träger nach dem AsylbLG ist in § 116 SGB X nicht aufgeführt, **§ 116 SGB X** gilt nicht. Das BSHG, SGB XII und vergleichbare Regelungen werden ausdrücklich für unanwendbar erklärt, § 9 I AsylbLG. Nach § 68 Nr. 11 SGB I gilt das AsylbLG als besonderer Teil des SGB nur soweit, als § 9 IV AsylbLG die entsprechende Anwendung des BSHG vorsieht. Die Ausgliederung der Leistungen nach dem AsylbLG aus dem BSHG in ein besonderes Leistungsgesetz schließt die Anwendung der Vorschriften des

---

[370] BVerwG v. 29.9.1998 – 5 B 82/97 – AuAS 1999, 23 = FEVS 49, 97 (An der Verfassungsmäßigkeit der §§ 1, 3, 6, 9 AsylbLG bestehen keine Zweifel).
[371] Kap 6 Rn 137 ff.

D. Drittleistung

SGB I und SGB X aus.[372] Selbst wenn man die Grundgedanken aus § 37 S. 1 SGB I einbeziehet, so gilt damit das SGB X nur soweit als nichts Abweichendes geregelt ist. Eine anderweitige Bestimmung i.S.v. § 37 S. 1 SGB I enthält § 9 III AsylbLG: Nach § 9 III AsylbLG sind ausdrücklich nur die §§ 102 – 114 SGB X entsprechend anzuwenden, nicht aber § 116 SGB X.[373]

Gesetzlich angeordnete Forderungsübergänge sind Enteignungen i.S.d. Art 14 GG und daher nur durch Gesetz oder aufgrund eines Gesetzes statthaft; eine **analoge** Anwendung von **§ 116 SGB X**[374] verbietet sich bereits von daher.[375] Im Verwaltungsrecht gilt das Verbot, die gesetzliche Ermächtigungsgrundlage für einen belastenden Verwaltungsakt im Wege der analogen Anwendung einer Norm zu gewinnen;[376] nichts anderes kann auch für gesetzliche Forderungsübergänge gelten.

586

§ 7 III AsylbLG n.F. verweist zwar nunmehr auf **§ 90 BSHG** bzw. auf **§ 93 SGB XII**, die Verweisung erfasst m.E. allerdings nicht Schadensersatzansprüche,[377] für die § 116 SGB X die grundsätzliche Übergangsnorm im Sozialrecht darstellt. Bereits nach der Gesetzesüberschrift des § 7 AsylbLG („Einkommen und Vermögen") bezieht sich die Überleitung auf familienrechtliche Unterhaltsansprüche, Arbeitseinkommen und diesen vergleichbare eigene Vermögen. Der Gesetzgeber hat mit § 116 SGB X im Bereich der Drittleistungen eine klare Grenzziehung gerade auch gegenüber § 90 BSHG vorgenommen, inwieweit Schadenersatzansprüche insbesondere in Ansehung von Kongruenzproblematiken auf Drittleistungsträger übergehen. Im Verhältnis zu § 116 SGB X ist der Anwendungsbereich des § 90 BSHG gesperrt:[378] Wenn der Gesetzgeber, dem die Vorschrift des § 116 SGB X bekannt ist, im AsylbLG diese in den Verweisungskatalog nicht mit einbezieht, so ist hier positives Schweigen des Gesetzgebers anzunehmen;[379] das gilt umso mehr, als der Gesetzgeber § 116 X SGB X für den Regress nach SGB II angepasst hat.[379a]

587

Ein Ersatzanspruch kann nicht auf **Geschäftsführung ohne Auftrag** (GoA) gestützt werden.[380] Ebenso entfällt ein **bereicherungsrechtlicher** Anspruch.[381]

588

Der Forderungsübergang auf den Leistungsträger kann wohl nur im Wege der **Abtretung** erfolgen.[382] Dabei ist dann offen, ob in Fällen der unzureichenden Schadensersatzleistung (insbesondere Mithaftung) ein Quotenvorrecht des Anspruchsberechtigten gilt

589

---

372 BT-Drucks 13/2746 v. 24.10.1995, S. 17 (zu Nr. 6, Buchstabe b).
373 LG Münster v. 6.11.1997 – 15 O 379/97 – NVwZ 1998, 104 = NZV 1998, 289 = r+s 1998, 199 = SP 1998, 210 = VersR 1998, 739 (Anm. *Jahnke*) (Kein gesetzlicher Forderungsübergang auf den Leistungsträger – konkret: Gemeindeverwaltung – nach § 116 SGB X oder § 90 BSHG).
374 LG Frankfurt v. 29.9.1999 – 2/4 O 132/99 – VersR 2000, 340 (Anm. *Bloth/v.Pachelbel*).
375 Dieses übersieht das LG Frankfurt in seinem Kostenbeschluss nach § 91a ZPO v. 29.9.1999 – 2/4 O 132/99 – VersR 2000, 340 (Anm. *Bloth/v.Pachelbel*).
376 VG Minden v. 29.7.2002 – 6 K 2617/01 – NJW 2003, 1411 (nur Ls.) = NVwZ 2003, 370.
377 A.A.: *Küppersbusch*, Rn 488 (Forderungsübergang per Überleitungsanzeige nach § 90 BSHG).
378 Siehe auch OLG Köln v. 13.3.1998 – 3 U 131/97 – VersR 1998, 1262.
379 *Jahnke*, Forderungsübergang im Schadensfall, Schriftenreihe der Arbeitsgemeinschaft Verkehrsrecht im DAV – Homburger Tage 1998, S. 108 f.
379a Gesetz zur Fortentwicklung der Grundsicherung für Arbeitsuchende v. 20.7.2006, BGBl I 2006, 1706.
380 *Jahnke*, VersR 1998, 739 (Anm. zu LG Münster v. 6.11.1997 – 15 O 379/97 – VersR 1998, 739). Siehe auch OLG Köln v. 29.5.1996 – 27 U 6/96 – VersR 1997, 225 (226 re. Sp., zu I. 2.).
381 *Jahnke*, VersR 1998, 739 (Anm. zu LG Münster v. 6.11.1997 – 15 O 379/97 – VersR 1998, 739). Siehe auch OLG Köln v. 29.5.1996 – 27 U 6/96 – VersR 1997, 225 (226 re. Sp., zu I. 2.).
382 *Jahnke*, VersR 1998, 739 (Anm. zu LG Münster v. 6.11.1997 – 15 O 379/97 – VersR 1998, 739). Diese Möglichkeit, auf die auch andere Drittleistungsträger (z.B. berufsständische Versorgung, betriebliche Altersversorgung) zurückgreifen müssen, lässt das LG Frankfurt (v. 29.9.1999 – 2/4 O 132/99 – VersR 2000, 340 [Anm. *Bloth/v.Pachelbel*]) unerwähnt.

oder eine relative Verrechnung (wie bei § 116 SGB X) zum Tragen kommt. Ein Quotenvorrecht zugunsten des Trägers nach dem AsylbLG dürfte wohl nicht anzunehmen sein; dieses würde auch dem Rechtsgedanken von § 116 III 3 SGB X, der m.E. übertragbar ist, widersprechen.

590 Festzuhalten bleibt, dass die Frage, wie der Träger nach dem AsylbLG die Forderung vom Geschädigten erwirbt, rechtlich ungeklärt ist. Es sollte von daher stets versucht werden, eine Abtretung mit beinhalteter Abklärung auch der Frage, ob Quotenvorrecht oder relative Verrechnung gilt, zu erhalten. Wieweit das Verbot nach § 32 SGB I (Verbot privatrechtlicher Vereinbarungen zum Nachteil des Sozialleistungsträgers) dabei Auswirkungen haben könnte, bleibt unbeantwortet.

IV. Familienförderung

1. Kindergeld

591 Kindergeld wird nach den Bestimmungen des Bundeskindergeldgesetzes (BKGG) als allgemeine Sozialleistung des Staates gewährt.

592 Bei der **Berechnung** des Unterhaltsschadens eines Hinterbliebenen bleibt das Kindergeld außer Betracht.[383]

593 Zwar können Eltern eines getöteten Kindes dem Grunde nach einen Unterhaltsschaden haben, der **Wegfall** des Kindergeldes nach dem Tod des Kindes stellt aber keinen ersatzfähigen Schaden dar.

594 Das Bundeskindergeldgesetz gilt zwar als besonderer Teil des SGB (§ 68 Nr. 9 SGB I), gleichwohl erfolgt bei Schadenfällen kein **Forderungsübergang**.

2. Erziehungsgeld

a. Leistung

595 Nach § 1 BErzGG hat Anspruch auf Erziehungsgeld, wer in Deutschland mit einem ihm anvertrauten Kind lebt und dieses selbst betreut und erzieht. Nach § 3 BErzGG erhält nur eine erziehende Person (Elternteil, Lebenspartner) das Erziehungsgeld, wobei das Geld demjenigen ausgezahlt wird, der als Berechtigter bestimmt wurde.

596 Der Anspruch setzt voraus, dass der Betreuende keine oder aber keine volle Erwerbstätigkeit ausübt; nach § 2 BErzGG darf bei Erwerbstätigkeit die wöchentliche Arbeitszeit 30 Wochenstunden nicht übersteigen. Werden die Einkommensgrenzen (§§ 5, 6 BErzGG) überschritten, entfällt der Anspruch auf Erziehungsgeld.

597 Gezahlt wird das Erziehungsgeld vom Tag der Geburt an maximal für 24 Monate (§ 4 BErzGG) in Höhe von derzeit 450 € (bis zum Ende des 12. Lebensmonats) und anschließend in Höhe von 300 € (§ 5 BErzGG).

---

383 BGH v. 12.7.1979 – III ZR 50/78 – DAR 1980, 85 = MDR 1979, 916 = VersR 1979, 1029 = VRS 57, 337.

D. Drittleistung

b. Schadenrechtliche Relevanz

Soweit der **Hinterbliebene** bei Erziehung von Kindern Erziehungsgeld erhält, ist dieses wie eigenes Einkommen zu werten, da das Erziehungsgeld in Abhängigkeit vom Einkommen gezahlt wird.   598

Entfällt Erziehungsgeld wegen des Todes eines Kindes (oder kommt es zu Kürzungen), so ist dieses ebenso wenig ein ersatzfähiger Schaden wie der todesbedingte **Wegfall** von Kindergeld.   599

c. Forderungsübergang

Das BErzGG ist kein besonderes Buch des SGB, wie sich aus der Auflistung in § 68 SGB I sowie der Verweisungsregelung des § 22 BErzGG ergibt. Soweit das gezahlte Erziehungsgeld den Verdienstausfallschaden mindert oder bei Hinterbliebenenrenten Berücksichtigung findet, erfolgt kein Forderungsübergang auf den Leistungsträger des Erziehungsgeldes statt.   600

3. Elterngeld[384]

a. Anspruchsberechtigung

Nach § 1 BEEG-E hat Anspruch auf Elterngeld, wer in Deutschland mit seinem Kind in einem Haushalt lebt und dieses selbst betreut und erzieht und keiner bzw. keiner vollen Erwerbstätigkeit nachgeht.   601

Elterngeld erhalten Erwerbstätige, Beamte, Selbstständige und erwerbslose Elternteile, Studierende und Auszubildende, aber auch ALG II-Bezieher (§ 1 II BEEG-E).

Anspruch besteht erst für Kinder, die ab dem 1.1.2007 geboren werden. Für Kinder, die vor dem 1.1. 2007 zur Welt kommen, gilt das bisherige BErzGG, § 27 BEEG-E.   602

b. Zeitraum

Das Elterngeld wird im Kernzeitraum 12 Monate gezahlt. 2 zusätzliche Partnermonate kommen hinzu, wenn sich der jeweils andere Partner Zeit für das Kind nimmt und im Beruf kürzer tritt. Die insgesamt 14 Monate (§ 4 BEEG-E) können somit frei zwischen Vater und Mutter aufgeteilt werden, mindestens 2 Monate sind allein für den Vater oder die Mutter reserviert.   603

Nimmt der Vater oder die Mutter die 2 Partnermonate nicht in Anspruch, so wird für diese 2 Monate kein Elterngeld, auch kein Mindestelterngeld, gezahlt (§ 4 III BEEG-E).   604

Das Elterngeld kann bei gleichem Gesamtbudget auch auf den doppelten Zeitraum (auf bis zu 28 Monate) gestreckt werden, dann werden die halben Monatsbeträge gezahlt (§ 6 BEEG-E).   605

Alleinerziehende, die vor der Geburt des Kindes erwerbstätig waren, erhalten das Elterngeld 14 Monate, da sie Vater- und Muttermonate erfüllen (§ 4 III BEEG-E).   606

---

[384] Zum Gesetzesentwurf des „Gesetz zum Elterngeld und zur Elternzeit (Bundeselterngeld- und Elternzeitgesetz – BEEG) siehe BR-Drucks 426/1/06 v. 14.6.2006 (Kabinettsbeschluss) und 26.6.2006.

607 Bei der Geburt eines weiteren Kindes innerhalb von 24 Monaten wird zusätzlich zum neuen Elterngeld ein Geschwisterbonus gezahlt. Er errechnet sich aus der Hälfte der Differenz der höchstmöglichen Elterngelder für beide Kinder.

c. Berechnung – Höhe

608 Das Elterngeld wird nicht – wie ursprünglich vorgesehen –[385] auf der Basis der letzten 3 Einkommensmonate vor dem Mutterschutz oder der Geburt berechnet. Auf Wunsch der Länder wird nun einheitlich für alle Eltern ein Zwölfmonatszeitraum bei der Einkommensermittlung berücksichtigt: Maßgeblich für die Berechnung des Elterngeldes ist nach § 2 BEEG-E der Durchschnittsbetrag aus dem Einkommen der vergangenen zwölf Kalendermonate vor der Geburt des Kindes bzw. vor der in Anspruch genommenen Mutterschutzfrist. So wird sichergestellt, dass auch befristet Beschäftigte und Selbstständige mit unregelmäßiger Auftragslage angemessen berücksichtigt werden.

609 67 % des wegfallenden Einkommens, mindestens 300 €, maximal 1800 €, werden ersetzt, wenn die Arbeitszeit auf maximal 30 Stunden pro Woche (§ 1 VI BEEG-E) reduziert wird, § 2 I BEEG-E.

610 Das Mindestelterngeld in Höhe von 300 € (§ 2 V BEEG-E) wird im Kernzeitraum von 12 Monaten immer gezahlt, wenn ein Elternteil das Kind betreut, unabhängig davon, ob der Elternteil vorher erwerbstätig war. Das betrifft Transferempfänger ebenso wie Einverdienerfamilien.

611 Für Geringverdiener gibt es ein erhöhtes Elterngeld, § 2 BEEG-E. Ist das zugrunde liegende Nettoeinkommen geringer als 1.000 € monatlich, wächst der Einkommensersatz bis zu 100 %. Je 20 € geringerem Einkommen erhöht sich die Ersatzrate um jeweils ein Prozent.

d. Steuer, Anrechnung

612 Das Mindestelterngeld in Höhe von 300 € wird während der Kernzeit von 12 Monaten nicht als Einkommen auf andere Sozialleistungen oder Wohngeld angerechnet, § 10 BEEG-E.

613 Das Elterngeld ist steuerfinanziert. Es ist für die Einkommenssteuer progressionsrelevant: Es wird zum Einkommen hinzugerechnet und bestimmt die Höhe des Steuersatzes. Selbst wird es nicht versteuert und ist abgabenfrei, § 3 Nr. 67 EStG.

e. Schadenrechtliche Relevanz

614 Soweit der **Hinterbliebene** bei Erziehung von Kindern Elterngeld erhält, ist dieses wie eigenes Einkommen zu werten, da das Elterngeld in Abhängigkeit vom Einkommen gezahlt wird.

615 Entfällt Elterngeld wegen des Todes eines Kindes (oder kommt es zu Kürzungen), so ist dieses ebenso wenig ein ersatzfähiger Schaden wie der todesbedingte **Wegfall** von Erziehungsgeld.

---

[385] Gesetzesentwurf der Bundesregierung, Kabinettsbeschluss v. 14.6.2006: http://www.bmfsfj.de/Redaktion BMFSFJ/Internetredaktion/Pdf-Anlagen/gesetzentwurf-elterngeld,property=pdf,bereich=,rwb=true.pdf.

f. Kein Forderungsübergang

§ 116 SGB X ist nicht anwendbar, § 26 I BEEG-E.

616

V. Zusatzversorgungskasse

Ein Forderungswechsel und damit einhergehend keine Anrechnung folgt bei Leistungen solcher Zusatzversorgungskassen, die weder Sozialversicherer i.S.v. § 116 SGB X noch private Schadenversicherer i.S.v. § 67 VVG sind.[386]

617

VI. Berufliche Vorsorge

1. Arbeitsunfähigkeit

Kann ein abhängig Beschäftigter (Arbeitnehmer im weiteren Sinne) unfallbedingt nicht arbeiten (ist er also **arbeitsunfähig**), werden ihm seine Bezüge (Lohn, Gehalt) in der Regel für einen bestimmten Zeitraum vom Arbeitgeber bzw. Dienstherrn weitergezahlt, der zu dieser Fortzahlung gesetzlich und/oder vertraglich (Individualarbeitsvertrag, Tarifvertrag, Satzung, Betriebsvereinbarung, Besoldungsrecht usw.) verpflichtet ist.

618

Einem abhängig (unselbständig) beschäftigten **Verletzten** können aus seinem Beschäftigungsverhältnis Ansprüche gegenüber seinem Arbeitgeber zustehen, die dieser dann beim Ersatzpflichtigen regressiert. Anlässlich eines Unfalles hat der (private) Arbeitgeber bzw. (öffentlich-rechtliche) Dienstherr darüber hinaus häufig auch eigene Einbußen, die ihm allerdings regelmäßig nicht zu ersetzen sind. Dieses gilt ebenso im Fall der **Tötung**.

619

2. Arbeitgeber[387]

Lohnfortzahlung und Regress des Arbeitgebers richten sich bei Arbeitnehmern nach dem **EFZG**. Weitergehende **privatrechtliche** Regelungen können Individualarbeitsverträge, Betriebsvereinbarungen und Tarifverträge enthalten.

620

a. Leistungen

aa. EFZG

> **§ 3 EFZG**
>
> (1) Wird ein Arbeitnehmer durch Arbeitsunfähigkeit infolge Krankheit an seiner Arbeitsleistung verhindert, ohne dass ihn ein Verschulden trifft, so hat er Anspruch auf Entgeltfortzahlung im Krankheitsfall durch den Arbeitgeber bis zur Dauer von 6 Wochen. Wird der Arbeitnehmer infolge derselben Krankheit erneut arbeitsunfähig, so verliert er wegen der erneuten Arbeitsunfähigkeit den Anspruch nach S. 1 für einen weiteren Zeitraum von höchstens 6 Wochen nicht, wenn

621

---

[386] BGH v. 26.9.1979 – IV ZR 94/78 – MDR 1980, 213 = VersR 1979, 1120 = VRS 58, 12 (Rheinische Zusatzversorgungskasse für Gemeinden und Gemeindeverbände); OLG Frankfurt v. 21.12.1999 – 14 U 60/94 – VersR 2000, 1523 (BGH hat die Revision nicht angenommen, Beschl. v. 1.8.2000 – VI ZR 26/00 –) (Versorgungsanstalt der Deutschen Bundespost). *Küppersbusch,* S. 30, Rn 91.

[387] Zum Thema: *Jahnke,* Entgeltfortzahlung und Regress des Arbeitgebers im Schadenfall seines Arbeitnehmers, NZV 1996, 169.

> 1. er vor der erneuten Arbeitsunfähigkeit mindestens 6 Monate nicht infolge derselben Krankheit arbeitsunfähig war, oder
> 2. seit Beginn der ersten Arbeitsunfähigkeit infolge derselben Krankheit eine Frist von 12 Monaten abgelaufen ist.
>
> ...
>
> (3) Der Anspruch nach Abs. 1 entsteht nach 4-wöchiger ununterbrochener Dauer des Arbeitsverhältnisses.
>
> **§ 8 EFZG**
>
> (1) Der Anspruch auf Fortzahlung des Arbeitsentgelts wird nicht dadurch berührt, dass der Arbeitgeber das Arbeitsverhältnis aus Anlaß der Arbeitsunfähigkeit kündigt. ...
> (2) Endet das Arbeitsverhältnis vor Ablauf der in § 3 Abs. 1 bezeichneten Zeit nach dem Beginn der Arbeitsunfähigkeit, ohne dass es einer Kündigung bedarf, oder infolge einer Kündigung aus anderen als den in Abs. 1 bezeichneten Gründen, so endet der Anspruch mit dem Ende des Arbeitsverhältnisses.

622 Arbeitnehmer (Arbeiter, Angestellte sowie Auszubildende, § 1 II EFZG) haben bei unfallbedingter Arbeitsunfähigkeit (Krankheit) grundsätzlich gegen ihren Arbeitgeber Anspruch auf Entgeltfortzahlung für einen vorübergehenden Zeitraum (6 Wochen innerhalb eines 12-Monats-Zeitraumes). Für die Zeit der Arbeitsunfähigkeit bis zum Tod besteht Kongruenz zum **Verdienstausfallschaden**. Zu erstatten sind dem Arbeitgeber seine nach dem EFZG („fortgezahltes Entgelt") erbrachten Leistungen.

623 Bei **Tod** endet die Lohnfortzahlung mit dem Tag des Versterbens; bis zu diesem Zeitpunkt bestehen ein Lohnfortzahlungsanspruch wegen Arbeitsunfähigkeit (siehe auch § 8 I 1 EFZG). Über den Tag des Versterbens hinaus besteht mangels Krankheit nach dem EFZG kein gesetzlicher Fortzahlungsanspruch mehr.

624 Arbeitgeber bzw. Dienstherrn eines Verletzten erleiden infolge des Fortfalls dieser Arbeitskraft zwar oft erhebliche wirtschaftliche Einbußen, können diese allerdings nur in eng umrissenem Rahmen beim Schädiger einfordern.[388] Der Arbeitgeber eines verletzten oder getöteten Arbeitnehmers hat keinen eigenen (originären) Schadenersatzanspruch, sondern kann nur die aufgrund gesetzlichen **Forderungsüberganges** (§ 6 EFZG) auf ihn übergegangenen Schadenersatzansprüche seines Arbeitnehmers (nicht dessen Hinterbliebene) verfolgen. Die Vorschrift des § 6 I EFZG erschöpft sich in einem Wechsel der Gläubigerstellung und verschafft dem (im Übrigen nur mittelbar geschädigten) Arbeitgeber keine eigenen Ersatzansprüche. Aufwendungen, die in die wirtschaftliche Zuständigkeit des Arbeitgebers gehören, sind diesem nicht zu erstatten. Dem Schädiger werden keine über seine Verpflichtungen zum Ersatz des Verdienstausfalles des verletzten Arbeitnehmers hinausgehenden zusätzlichen Lasten auferlegt.[389]

bb. Leistungen außerhalb des EFZG

(1) Beihilfe

625 Manche Arbeitgeber gewähren bei Krankheit oder Tod ihren Beschäftigten und deren Angehörigen zusätzliche Leistungen (z.B. Beihilfen zu Heilbehandlungs- und Beerdigungskosten), die aber nicht als Entgeltzahlung im Sinne des EFZG zu werten sind.

---

[388] Zu Einzelheiten siehe *Jahnke*, Der Verdienstausfall im Schadensersatzrecht, Kap 4 Rn 129 ff.
[389] BGH v. 11.11.1975 – VI ZR 128/74 – NJW 1976, 326 = VersR 1976, 340.

Die Aufzählung in § 6 I EFZG ist abschließend. Da nur wegen der dort genannten Arbeitgeberaufwendungen der gesetzliche Forderungsübergang stattfindet, werden solche Leistungen nicht erfasst, die der Arbeitgeber jenseits seiner Verpflichtung nach dem EFZG aufgrund arbeitsvertraglicher oder tarifvertraglicher Verpflichtung, aber auch freiwillig erbringt.

Soweit Beihilfeleistungen Bestandteil einer Individual- oder Betriebsvereinbarung sind, handelt es sich aber letztlich doch um Einkommen,[390] so dass Kongruenz zum Verdienstausfallschaden und nicht zu den Heilbehandlungskosten bzw. den vermehrten Bedürfnissen besteht. Steuerrechtlich sind sog. Notstandsbeihilfen des Arbeitgebers bis zu 600,00 € im Jahr steuer- und sozialversicherungsfrei (R 11 II 4 LStR 2004). 626

(2) Tarifvertragliche Leistungen an Hinterbliebene

Der Arbeitgeber kann einzelarbeitsvertraglich, aber auch aufgrund Tarifvertrags verpflichtet sein, über den Todestag hinaus (z.B. bis zum Monatsende) das Gehalt fortzuzahlen. So sieht § 41 BAT ein den Hinterbliebenen zu zahlendes **Sterbegeld** vor, das zusätzlich zum Gehalt des Sterbemonates 2 weitere Monatsgehälter beträgt, ohne kongruent zu Beerdigungskosten oder Unterhaltsschaden zu sein.[391] Tarifvertragliche Leistungen an Hinterbliebene sind nicht zu ersetzen.[392] 627

(3) Abtretung

Erbringt der Arbeitgeber über die nach dem EFZG vorgeschriebenen Leistungen hinaus weitere, bedarf es der Abtretung des Schadenersatzanspruches seitens des **Arbeitnehmers** zugunsten seines Arbeitgebers (Abtretungsvertrag). Satzungen, Tarifverträge und Individualarbeitsverträge können mangels Bestimmtheit, Verfügungsbefugnis bzw. Vertretungsmacht keine wirksame antizipierte Abtretung enthalten, sondern allenfalls die Verpflichtung zur Abtretung. Zu einer Abtretung kann der Arbeitnehmer einzel- oder tarifvertraglich verpflichtet sein, soweit Kongruenz zum Verdienstausfall besteht; seine Verpflichtung folgt dabei auch aus einer Nebenpflicht des Anstellungsvertrag und letztlich dann analog § 255 BGB.[393] 628

Manche Arbeitsverträge und Betriebsvereinbarungen sehen die Verpflichtung der **Hinterbliebenen** zur Abtretung vor. Treten die Hinterbliebenen den Anspruch an den Arbeitgeber ab, so ist dieser – wie jeder andere Abtretungsgläubiger auch – Inhaber der Schadensersatzforderung, soweit diese materiellrechtlich gegenüber dem Ersatzpflichtigen auch berechtigt ist. Ob der Arbeitgeber allerdings auch aufgrund des Arbeitsvertrages oder der Betriebsvereinbarung einen gegenüber den Hinterbliebenen seines Arbeitnehmers durchsetzbaren Anspruch auf eine Abtretung hat, ist arbeitsvertraglich und nicht schadensersatzrechtlich zu klären. Die zivil- und arbeitsrechtliche Verpflichtung 629

---

390 Es handelt sich wegen der fehlenden Regelmäßigkeit der Einkünfte allerdings nicht um Einnahmen i.S.d. EFZG.
391 BGH v. 29.11.1977 – VI ZR 177/76 – BB 1978, 1119 = DÖD 1978, 56 = FamRZ 1978, 235 = JA 1978, 278 (Anm. *Gansweid*) = MDR 1978, 568 = NJW 1978, 536 = r+s 1978, 106 (nur Ls.) = VersR 1978, 249.
392 OLG Nürnberg v. 13.5.1975 – 7 U 277/74 – VersR 1976, 598 (Nicht zu ersetzen ist ein aufgrund tarifvertraglicher Bestimmung an den Arbeitnehmer gezahltes Bruttomonatsgehalt seiner bei dem Verkehrsunfall getöteten und beim gleichen Arbeitgeber beschäftigten Ehefrau); LG Bielefeld v. 23.3.1979 – 6 O 18/79 – MDR 1980, 145 = VersR 1980, 541; LG Freiburg v. 25.5.1977 – 6 O 2/77 – r+s 1978, 82 = VersR 1978, 162 (Kein Forderungsübergang bei Unterstützungszahlung des Arbeitgebers im Todesfall seines Arbeitnehmers; konkret Beihilfe aufgrund Arbeits-/Tarifvertrag); LG Limburg v. 11.3.1981 – 2 O 482/80 – VersR 1982, 254 = zfs 1982, 138.
393 OLG Nürnberg v. 25.11.1993 – 2 U 1737/93 – SP 1994, 312.

zur Abtretung findet m.E. ihre Grenze in der Kongruenz ausschließlich zum Verdienstausfallschaden (§ 842 BGB),[394] Unterhaltsschäden können nicht auf den Arbeitgeber übergehen.[395]

630 Durch eine Abtretung dürfen zudem weder das **Familienprivileg** noch das **Quotenvorrecht** des Arbeitnehmers umgangen werden.[396]

631 *Beispiel 6.19*
X wird durch Verschulden des B am Morgen des 10.6.2006 auf dem Weg zur Arbeit verletzt und verstirbt 10 Tage später am 20.6.2006. Der Arbeitgeber des X zahlt das Monatsgehalt für Juni 2006 auf das Konto des X und verlangt von B Schadenersatz.

Ergebnis
- In der Zeit vom 1.6. bis 9.6.2006 hat X gearbeitet. Für diesen Zeitraum besteht überhaupt kein Ersatzanspruch.
- Ab dem 10.6.2006 ist X arbeitsunfähig erkrankt. Bis zum seinen Tode besteht ein Anspruch auf Gehaltsfortzahlung nach § 3 EFZG. Der Fortzahlungsanspruch wegen Krankheit endet mit dem Tode des X am 20.6.2006. Für 10 Tage erfolgt ein Forderungsübergang des bei X entstandenen Verdienstausfallschadens auf seinen Arbeitgeber nach § 6 EFZG. Es hat eine Anteilsabrechnung für 10 Tage zu erfolgen.
- Soweit der Arbeitgeber das restliche Junigehalt 2006 den Erben (entscheidend ist die Erbfolge und nicht die Unterhaltsberechtigung) des X belässt (wozu er unter Umständen sogar arbeits- oder tarifvertraglich verpflichtet ist), erfolgt kein gesetzlicher Forderungsübergang. Mit dem Tode des X erlischt dessen Verdienstausfallschaden.
Ab dem 20.6.2006 bestehen Unterhaltsschäden der Hinterbliebenen, die keine dem Arbeitsvertrag ähnliche eigene Rechtsbeziehung zum Arbeitgeber des X haben.

632

633 *Beispiel 6.20*
(Abwandlung von Beispiel 6.19)
Der Arbeitgeber verlangt von den Erben des A eine Abtretung der „Ersatzansprüche aus dem Verkehrsunfall bis zur Höhe des von ihm gezahlten Junigehaltes 2006".

Ergebnis
- Ob der Arbeitgeber von den Erben des X die Abtretung ihrer (der Erben) Ersatzansprüche verlangen kann, ist arbeitsrechtlich zu beurteilen. Das Bestehen eines solchen Anspruch ist m.E. zweifelhaft – ähnlich der Rechtsprechung zur Überbrückungshilfe[397] –.

---

394 OLG Nürnberg v. 25.11.1993 – 2 U 1737/93 – SP 1994, 312. Siehe auch OLG Düsseldorf v. 12.7.1991 – 22 U 23/91 – NJW-RR 1992, 164 (Geltendmachung des beim Arbeitgeber infolge Gehaltsfortzahlung entstandenen Schadens im Wege der Drittschadensliquidation ist nicht durch §§ 844 f. BGB ausgeschlossen).
395 OLG Nürnberg v. 13.5.1975 – 7 U 277/74 – VersR 1976, 598; LG Freiburg v. 25.5.1977 – 6 O 2/77 – r+s 1978, 82 = VersR 1978, 162.
396 Siehe ergänzend *Jahnke*, Der Verdienstausfall im Schadensersatzrecht, Kap 1 Rn 39, *ders.*, NZV 1995, 380.
397 OLG Hamm v. 3.12.1979 – 13 U 264/79 – VersR 1980, 390 = zfs 1980, 172 (nur Ls.).

D. Drittleistung

- Wird eine (Quotenvorrecht und Verwandtenprivileg beachtende) Abtretung vorgelegt, ist diese vom Ersatzpflichtigen wie jeder andere privatrechtliche Forderungswechsel zu beachten.

b. Mittelbare Einbußen[398]

Anlässlich eines Unfalles hat der (private) Arbeitgeber bzw. (öffentlich-rechtliche) Dienstherr darüber hinaus häufig auch eigene Einbußen, die ihm allerdings nicht zu ersetzen sind. Er ist und bleibt insoweit nicht zum Ersatz berechtigter mittelbar Geschädigter.[399] Die Haftung für einen **Eingriff in den eingerichteten und ausgeübten Gewerbebetrieb** kommt nur in Betracht, wenn der Eingriff sich irgendwie gegen den Betrieb als solchen richtet, also betriebsbezogen ist und nicht vom Gewerbebetrieb ohne weiteres ablösbare Rechte oder Rechtsgüter betrifft. Ein derart begrenzter Eingriff liegt nicht vor, wenn es zu Störungen im Betriebsablauf aufgrund eines schädigenden Ereignisses kommt, das in keinerlei Beziehung zu dem Betrieb steht, mag dadurch auch eine für das Funktionieren des Betriebs maßgebliche Person oder Sache betroffen sein.[400]

634

Mittelbare, ihn nur wirtschaftlich treffende, Belastungen kann der Arbeitgeber nicht ersetzt verlangen, u.a.:

635

- **Beiträge** des Arbeitgebers zur **gesetzlichen Unfallversicherung** sind, da nicht dem Erwerb des Arbeitnehmers – auf den entscheidend abzustellen ist – zuzurechnen, dem Arbeitgeber nicht zu ersetzen. Es handelt sich auch nicht um einen Arbeitgeberanteil zur Sozialversicherung, sondern um eine genossenschaftliche Umlage.[401]
  Handelt es sich bei dem leistungsauslösenden tödlichen Unfall um einen Arbeitsunfall und steigt wegen des Unfalles der Beitrag zur gesetzlichen Unfallversicherung oder fallen **Beitragsnachlässe** fort, so hat ein Arbeitgeber gegen den Schädiger keine Ersatzansprüche.[402]

636

- **Beiträge** zur **privaten Unfallversicherung** sind – auch nicht anteilig – ersatzfähig.[403]

637

- Allgemeine das Unternehmen treffende **Versorgungslasten** (z.B. Firmenpensionszusage, Nachversicherungspflicht) sind nicht zu erstatten.

638

  Die einem Dienstherrn auferlegten Aufwendungen im **Umlageverfahren** mehrerer öffentlicher Versorgungsträger sind nicht zu erstatten.[404]

639

---

398 Siehe auch Kap 1 Rn 63 ff.
399 BGH v. 10.12.2002 – VI ZR 171/02 – NJW 2003, 1040 = NZV 2003, 171 = VersR 2003, 466 = zfs 2003, 224. Ausführlich *Jahnke*, Der Verdienstausfall im Schadensersatzrecht, Kap 4 Rn 99 ff., 134 ff.
400 BGH v. 10.12.2002 – VI ZR 171/02 – NJW 2003, 1040 = NZV 2003, 171 = VersR 2003, 466 = zfs 2003, 224; OLG Oldenburg v. 30.9.2004 – 8 U 152/04 – VersR 2005, 980.
401 BGH v. 28.1.1986 – VI ZR 30/85 – DAR 1986, 218 = DB 1986, 1015 = MDR 1986, 572 = r+s 1986, 207 (nur Ls.) = VersR 1986, 650 = zfs 1986, 267 (nur Ls.); BGH v. 13.7.1976 – VI ZR 230/75 – VersR 1976, 1158; BGH v. 11.11.1975 – VI ZR 128/74 – NJW 1976, 326 = VersR 1976, 340.
402 LG Oldenburg v. 10.12.1990 – 7 O 2853/90 – zfs 1991, 190; AG München v. 28.12.1989 – 284 C 37147/89 – zfs 1990, 79.
403 OLG Nürnberg v. 13.5.1975 – 7 U 277/74 – VersR 1976, 598.
404 BGH v. 8.6.1982 – VI ZR 21/81 – r+s 1983, 6 = VersR 1982, 1193 = VRS 63, 171 = zfs 1982, 329; BGH v. 24.4.1979 – VI ZR 21/77 – MDR 1979, 1011 = r+s 1979, 216 = VersR 1979, 737 = VRS 57, 84; LG Münster v. 3.7.1981 – 6 O 290/81 – VersR 1983, 1085.

640 ▪ **Umsatzausfall** und **Gewinneinbuße** (z.B. aufgrund des Ausfalles eines besonders qualifizierten, nur schwer oder gar nicht ersetzbaren Spezialisten)[405] sind nicht zu ersetzen.[406]

641 ▪ **Tarifvertragliche Leistungen** an Hinterbliebene sind nicht zu ersetzen.[407]

2. Dienstherr

a. Leistungsberechtigung

aa. Beamte

642 Beamte (§ 48 BRRG), Ruhestandsbeamte (§ 4 I BeamtVG), Richter (§§ 46, 71, 71a DRiG), Staatsanwälte (§ 122 DRiG) erhalten beamtenrechtliche Versorgungsleistungen.

643 Das Soldatenversorgungsgesetz (SVG) verweist regelmäßig auf die Bestimmungen des BeamtVG. Das SVG gilt nicht nur für Zeitsoldaten, sondern auch für Wehrpflichtige.

644 Erleidet ein Zivildienstleistender eine Zivildienstbeschädigung, erhält er u.a. nach Beendigung des Dienstverhältnisses Versorgung nach dem BVG, § 47 I ZDG. Nach § 35 I ZDG gelten zunächst die Vorschriften des Soldatengesetzes.

645 Das Beamtenverhältnis endet durch Tod (§ 21 I BRRG), Familienangehörige erhalten danach **Hinterbliebenenversorgung** (§ 48 BRRG, § 2 I Nrn. 2, 4 BeamtVG). Auch Hinterbliebene von Ruhestandsbeamten zählen zu den möglichen Leistungsempfängern. Im Einzelfall können auch geschiedene Ehegatten Ansprüche haben (vgl. § 22 II BeamtVG).

bb. Nicht-beamtete Beschäftigte

646 Die Vorschriften des BeamtVG gelten entsprechend für Richter (§§ 46, 71, 71a DRiG) und Soldaten, nicht aber für Arbeitnehmer (Arbeiter, Angestellte, Auszubildende) im öffentlichen Dienst. Nicht-beamtete Beschäftigte im öffentlichen Dienst erhalten ihre Gehaltszahlung nach dem BAT bzw. den tariflichen Nachfolgeregelungen des TVöD[408].

647 Soweit öffentlich Bedienstete Arbeitnehmer (Arbeiter oder Angestellte) sind, gelten die Vorschriften der Sozialversicherung, das private Arbeitsrecht und nicht das beamtenrechtliche Dienstrecht. Neben die gesetzliche Sozialversicherung tritt regelmäßig

---

405 LG Hamburg v. 9.11.1989 – 6 O 174/89 – r+s 1991, 198 (BGH hat Sprungrevision des Arbeitgebers zurückgewiesen, Beschl. v. 19.6.1990 – VI ZR 346/89 –). *Lemcke,* r+s 1999, 376 (zu 3.).

406 OLG Stuttgart v. 21.12.1983 – 1 U 114/83 – NJW 1984, 1904 = zfs 1984, 290; LG Duisburg v. 11.4.1972 – 1 O 377/71 – r+s 1975, 95; LG Wiesbaden v. 27.7.1971 – 1 S 18/71 – VersR 1972, 989; LG Zweibrücken v. 9.6.1980 – 1 O 1/80 – VersR 1981, 990 = zfs 1981, 360; AG Frankfurt v. 29.2.1980 – 32 C 12730/79 – zfs 1980, 163 (Verzögerung durch Unfallaufnahme und daraus folgender Schaden des Arbeitgebers). Siehe BGH v. 15.5.1979 – VI ZR 187/78 – DB 1979, 2225 = MDR 1980, 46 = NJW 1979, 2244 = r+s 1979, 262 = VersR 1979, 936 (Inhaber eines Taxiunternehmens kann, wenn bei einem Unfall nicht nur das Taxi beschädigt, sondern auch der Fahrer verletzt wurde, vom Schädiger keinen Ausgleich für die Arbeitsunfähigkeit des Fahrers fordern). Siehe auch *Lemcke,* r+s 1999, 376 (zu 3.).

407 OLG Nürnberg v. 13.5.1975 – 7 U 277/74 – VersR 1976, 598 (Nicht zu ersetzen ist ein aufgrund tarifvertraglicher Bestimmung an den Arbeitnehmer gezahltes Bruttomonatsgehalt seiner bei dem Verkehrsunfall getöteten und beim gleichen Arbeitgeber beschäftigten Ehefrau); LG Bielefeld v. 23.3.1979 – 6 O 18/79 – MDR 1980, 145 = VersR 1980, 541; LG Limburg v. 11.3.1981 – 2 O 482/80 – VersR 1982, 254 = zfs 1982, 138.

408 Tarifvertrag öffentlicher Dienst v. 9.2.2005 (Einzelheiten siehe www.verdi.de).

zusätzlich eine betriebliche Altersversorgung. Es ist daher für die Beschäftigten im öffentlichen Dienst, soweit sie nicht beamtet[409] sind, auf die Ausführungen zur Sozialversicherung und zum Arbeitgeber zu verweisen.

cc. Pfarrer und kirchliche Bedienstete

Das BeamtVG und das BBesG gelten explizit nicht für die öffentlich-rechtlichen Religionsgesellschaften und ihre Verbände, § 1 III BeamtVG, § 2 V BBesG. **Kirchliche Bedienstete** und ihre Angehörigen erhalten häufig analog der beamtenrechtlichen Versorgung Leistungen. Vielfach sieht dabei das Kirchenbesoldungsrecht eine entsprechende Anwendung des Beamtenversorgungsrechtes (BeamtVG) vor. Der Forderungsübergang erfolgt jedoch wie bei einem Angestellten im öffentlichen Dienst (d.h. EFZG und Abtretung), ein gesetzlicher Forderungsübergang existiert nicht.

648

Auch **Pfarrer** werden nach beamtenrechtlichen Grundsätzen bezahlt. Gleichwohl gilt nicht der gesetzliche Forderungsübergang des Beamtenrechts. Vielmehr bedarf es stets – soweit der Pfarrer nur in kirchlichen Diensten und nicht (z.B. als Lehrer) in staatlichen Diensten steht – der Abtretung an den kirchlichen Dienstherrn. Dies gilt für den Gehaltsregress, Beihilfeleistungen und Hinterbliebenenleistungen.

649

Die in Pfarrerbesoldungsgesetzen enthaltene Abtretungsverpflichtung[410] sieht häufig ein **Quotenvorrecht** des Pfarrers vor (ähnlich der beamtenrechtliche Regelung bzw. der Altersversorgung durch VBL und ZVK).

650

b. Beamtenrechtliche Versorgungsregelung

Der Dienstherr eines verletzten oder getöteten Beamten ist nicht nur wie ein Arbeitgeber für die Gehaltsfortleistung zuständig, sondern er übernimmt zusätzlich noch Funktionen eines Kranken- und Pflegeversicherers, ferner die Ruhestands-, Alters- und Hinterbliebenenversorgung sowie die Unfallversorgung. An Leistungen darf nur erbracht werden, was durch die Besoldungs- und Versorgungsgesetze (vor allem im Beamtenversorgungsgesetz [**BeamtVG**]) festgelegt ist.

651

Das **BRRG** stellt bestimmte Grundprinzipien auf, an denen sich die im Bund und in den Ländern geltenden Beamtengesetze inhaltlich orientieren müssen, § 1 BRRG. § 48 BRRG begründet die Fürsorgepflicht des Dienstherrn gegenüber seinen Beamten und dessen Familie, auch nach der Beendigung des Beamtenverhältnisses. Die in § 1 BRRG geforderte Umsetzung in das Bundesrecht (BBG) und das Landesrecht (Landesbeamtengesetze) ist erfolgt.

652

---

[409] Auch Beamten gleichstehende Personen: Soldaten, Zivildienstleistende, Richter und Staatsanwälte.
[410] Z.B. § 24 Kirchengesetz der Konföderation evangelischer Kirchen in Niedersachsen über die Besoldung und Versorgung der Pfarrer und Pfarrerinnen (Pfarrerbesoldungs- und Versorgungsgesetz).

6   Unterhaltsschaden

aa. Beerdigungskosten

(1) Sterbegeld (§§ 16 Nr. 2, 18 BeamtVG)

653

> **§ 18 BeamtVG – Sterbegeld**
>
> (1) ¹Beim Tode eines Beamten mit Dienstbezügen oder eines Beamten auf Widerruf im Vorbereitungsdienst erhalten der überlebende Ehegatte und die Abkömmlinge des Beamten Sterbegeld. ²Das Sterbegeld ist in Höhe des Zweifachen der Dienstbezüge oder der Anwärterbezüge des Verstorbenen ausschließlich der Auslandskinderzuschläge und der Vergütungen in einer Summe zu zahlen; § 5 Abs. 1 S. 2 und 3 gilt entsprechend. ³Die Sätze 1 und 2 gelten entsprechend beim Tode eines Ruhestandsbeamten oder eines entlassenen Beamten, der im Sterbemonat einen Unterhaltsbeitrag erhalten hat; an die Stelle der Dienstbezüge tritt das Ruhegehalt oder der Unterhaltsbeitrag zuzüglich des Unterschiedsbetrages nach § 50 Abs. 1.
>
> (2) Sind Anspruchsberechtigte im Sinne des Abs. 1 nicht vorhanden, so ist Sterbegeld auf Antrag zu gewähren
>
> 1. Verwandten der aufsteigenden Linie, Geschwistern, Geschwisterkindern sowie Stiefkindern, wenn sie zur Zeit des Todes des Beamten mit diesem in häuslicher Gemeinschaft gelebt haben oder wenn der Verstorbene ganz oder überwiegend ihr Ernährer gewesen ist,
> 2. sonstigen Personen, die die Kosten der letzten Krankheit oder der Bestattung getragen haben, bis zur Höhe ihrer Aufwendungen, höchstens jedoch in Höhe des Sterbegeldes nach Abs. 1 S. 2 und 3.
>
> (3) ¹Stirbt eine Witwe oder eine frühere Ehefrau eines Beamten, der im Zeitpunkt des Todes Witwengeld oder ein Unterhaltsbeitrag zustand, so erhalten die in Abs. 1 genannten Kinder Sterbegeld, wenn sie berechtigt sind, Waisengeld oder einen Unterhaltsbeitrag zu beziehen und wenn sie zur Zeit des Todes zur häuslichen Gemeinschaft der Verstorbenen gehört haben. ²Abs. 1 S. 2 erster Halbsatz gilt entsprechend mit der Maßgabe, daß an die Stelle der Dienstbezüge das Witwengeld oder der Unterhaltsbeitrag tritt.
>
> (4) Sind mehrere gleichberechtigte Personen vorhanden, so ist für die Bestimmung des Zahlungsempfängers die Reihenfolge der Aufzählung in den Abs. 1 und 2 maßgebend; bei Vorliegen eines wichtigen Grundes kann von dieser Reihenfolge abgewichen oder das Sterbegeld aufgeteilt werden.

654 Das Sterbegeld beträgt das 2-fache der Dienst- oder Ruhestandsbezüge des Verstorbenen (§ 18 I BeamtVG) und wird **neben** den Witwen- und Waisenbezügen als einmaliger Betrag gezahlt. Im Ausnahmefall (§ 18 II, III BeamtVG) kann das Sterbegeld auch an sonstige Dritte, die mit dem Verstorbenen in häuslicher Gemeinschaft lebten, gezahlt werden.

655 Nach Beamtenrecht ist zu unterscheiden zwischen dem Sterbegeld als Pauschale zur Erleichterung der Umstellung nach dem Tode des Beamten und der Übernahme der Bestattungskosten. Nur das sog. „Kostensterbegeld" fällt unter den Forderungsübergang, Kongruenz besteht nur zu den Beerdigungskosten.[411]

---

411 BGH v. 29.11.1977 – VI ZR 177/76 – BB 1978, 1119 = DÖD 1978, 56 = FamRZ 1978, 235 = JA 1978, 278 (Anm. *Gansweid*) = MDR 1978, 568 = NJW 1978, 536 = r+s 1978, 106 (nur Ls.) = VersR 1978, 249; BGH v. 18.1.1977 – VI ZR 250/74 – DÖD 1977, 128 = FamRZ 1977, 246 = LM Nr. 3 zu § 844 Abs. 1 BGB = MDR 1977, 569 = NJW 1977, 802 = r+s 1977, 126 (nur Ls.) = VersR 1977, 427; BVerwG v. 30.9.1974 – VI C 34/72 – BVerwGE 47, 55 = DÖD 1975, 90 = MDR 1975, 520 = VersR 1975, 1038; KG v. 20.10.1980 – 12 U 346/80 – VersR 1981, 536 (nur Ls.) = VRS 60, 261 = zfs 1981, 168 (nur Ls.); OLG Celle v. 8.3.2001 – 14 U 69/00 – OLGR 2001, 227; OLG Hamm v. 3.12.1979 – 13 U 264/79 –

D. Drittleistung 6

(2) Beihilfe

Anlässlich der Beerdigung können auch Beihilfen gezahlt werden (dazu Rn 692 ff.). 656

bb. Hinterbliebenenversorgung

Das Beamtenverhältnis endet u.a. durch Tod (§ 21 I BRRG). Nach dem Tod eines Beamten, Ruhestandsbeamten oder einer diesen gleichstehenden Person erhalten Familienangehörige Hinterbliebenenversorgung (§ 48 BRRG, § 2 I Nrn. 2, 4 BeamtVG). Im Einzelfall können auch geschiedene Ehegatten Ansprüche haben (vgl. § 22 II BeamtVG). Im Einzelfall können auch geschiedene Ehegatten Ansprüche haben (vgl. § 22 II BeamtVG). § 25 BeamtVG bestimmt für das Zusammentreffen mehrerer Hinterbliebenenbezüge, dass das (fiktive) Ruhegehalt nicht überschritten werden darf. 657

> **§ 16 BeamtVG – Allgemeines** 658
>
> Die Hinterbliebenenversorgung (§§ 17 bis 28) umfaßt
> 1. Bezüge für den Sterbemonat,
> 2. Sterbegeld,
> 3. Witwengeld,
> 4. Witwenabfindung,
> 5. Waisengeld,
> 6. Unterhaltsbeiträge,
> 7. Witwerversorgung.

(1) Einkommensanrechnung

Die Bestimmungen für die Hinterbliebenenversorgung enthalten die §§ 16 ff. BeamtVG. Das Zusammentreffen mit anderweitigen Versorgungsrenten regelt u.a. § 55 BeamtVG. 659

§ 25 BeamtVG bestimmt für das Zusammentreffen mehrerer Hinterbliebenenbezüge, dass das (fiktive) Ruhegehalt nicht überschritten werden darf. 660

Ein im öffentlichen Dienst beschäftigter Witwer kann nicht Schadenersatz dafür verlangen, dass er mit Rücksicht auf die Anrechnungsvorschrift des § 53 BeamtVG kein Witwengeld erhält.[412] 661

(2) Monatsbezüge des verstorbenen Beamten/Ruhestandsbeamten (§§ 16 Nr. 1, 17 BeamtVG)

> **§ 17 BeamtVG – Bezüge für den Sterbemonat** 662
>
> (1) [1]Den Erben eines verstorbenen Beamten, Ruhestandsbeamten oder entlassenen Beamten verbleiben für den Sterbemonat die Bezüge des Verstorbenen. [2]Dies gilt auch für eine für den Sterbemonat gewährte Aufwandsentschädigung.

VersR 1980, 390 = zfs 1980, 172 (nur Ls.); OLG München v. 9.11.1984 – 10 U 3759/84 – VersR 1985, 97 = zfs 1985, 78; OVG Rheinland-Pfalz v. 21.12.1966 – 2 A 54/66 – ZBR 1967, 54; LG Freiburg v. 25.5.1977 – 6 O 2/77 – r+s 1978, 82 = VersR 1978, 162.

412 OLG Köln v. 17.2.1989 – 20 U 37/87 – VersR 1990, 1285 (nur Ls.) = zfs 1991, 11 (BGH v. 20.3.1990 – VI ZR 127/89 – DAR 1990, 228 = FamRZ 1990, 848 = MDR 1990, 1100 = NJW-RR 1990, 706 = NZV 1990, 306 = r+s 1990, 200 [nur Ls.] = VersR 1990, 748 = VRS 79, 166 = zfs 1990, 261 hat Revision teilweise nicht angenommen).

> (2) Die an den Verstorbenen noch nicht gezahlten Teile der Bezüge für den Sterbemonat können statt an die Erben auch an die in § 18 Abs. 1 bezeichneten Hinterbliebenen gezahlt werden.

663 Für den Sterbemonat werden die vollen Monatsbezüge einschließlich etwaiger Aufwandsentschädigung den Hinterbliebenen (oder deren Erben, § 17 II BeamtVG) des verstorbenen Beamten/Ruhestandsbeamten belassen, § 17 BeamtVG.

664 Kongruenz besteht zum Unterhaltsschaden. Weitergezahlte Monatsbezüge sind nicht zu ersetzen, wenn der Verstorbene keinem Dritten unterhaltsverpflichtet war.[413]

(3) Witwenbezüge inklusive Beihilfe (§§ 16 Nr. 3, 17 BeamtVG)

665 Bei Jungverheirateten, aber auch wenn der heiratende Ruhestandsbeamte älter als 65 Jahre ist, ist Witwengeld ausgeschlossen, §§ 19, 22 BeamtVG (Versorgungsehe mit geringfügigen Ausnahmetatbeständen).

666
> **§ 19 BeamtVG – Witwengeld**
>
> (1) ¹Die Witwe eines Beamten auf Lebenszeit, der die Voraussetzungen des § 4 Abs. 1 erfüllt hat, oder eines Ruhestandsbeamten erhält Witwengeld. ²Dies gilt nicht, wenn
>
> 1. die Ehe mit dem Verstorbenen nicht mindestens ein Jahr gedauert hat, es sei denn, daß nach den besonderen Umständen des Falles die Annahme nicht gerechtfertigt ist, daß es der alleinige oder überwiegende Zweck der Heirat war, der Witwe eine Versorgung zu verschaffen, oder
> 2. die Ehe erst nach dem Eintritt des Beamten in den Ruhestand geschlossen worden ist und der Ruhestandsbeamte zur Zeit der Eheschließung das fünfundsechzigste Lebensjahr bereits vollendet hatte.
>
> (2) Abs. 1 gilt auch für die Witwe eines Beamten auf Probe, der an den Folgen einer Dienstbeschädigung (§ 46 Abs. 1 BBG oder entsprechendes Landesrecht) verstorben ist oder dem die Entscheidung nach § 46 Abs. 2 BBG oder dem entsprechenden Landesrecht zugestellt war.
>
> **§ 20 BeamtVG – Höhe des Witwengeldes**
>
> (1) ¹Das Witwengeld beträgt 55 % des Ruhegehalts, das der Verstorbene erhalten hat oder hätte erhalten können, wenn er am Todestage in den Ruhestand getreten wäre. ²Das Witwengeld beträgt nach Anwendung des § 50c mindestens 60 % des Ruhegehaltes nach § 14 Abs. 4 S. 2; § 14 Abs. 4 S. 3 ist anzuwenden. ³§ 14 Abs. 6 und § 14a finden keine Anwendung. ⁴Änderungen des Mindestruhegehalts (§ 14 Abs. 4) sind zu berücksichtigen.
>
> (2) ¹War die Witwe mehr als zwanzig Jahre jünger als der Verstorbene und ist aus der Ehe ein Kind nicht hervorgegangen, so wird das Witwengeld (Abs. 1) für jedes angefangene Jahr des Altersunterschiedes über zwanzig Jahre um 5 % gekürzt, jedoch höchstens um 50 %. ²Nach fünfjähriger Dauer der Ehe werden für jedes angefangene Jahr ihrer weiteren Dauer dem gekürzten Betrag 5 % des Witwengeldes hinzugesetzt, bis der volle Betrag wieder erreicht ist. ³Das nach S. 1 errechnete Witwengeld darf nicht hinter dem Mindestwitwengeld (Abs. 1 in Verbindung mit § 14 Abs. 4) zurückbleiben.
>
> (3) Von dem nach Abs. 2 gekürzten Witwengeld ist auch bei der Anwendung des § 25 auszugehen.

---

413 LG Hamburg v. 18.1.1979 – 6 O 216/78 – zfs 1983, 45 (Weiterzahlung von Wehrsold und Verpflegungsgeld); AG Hamburg v. 10.10.1979 – 54 C 308/79 – zfs 1983, 45.

§ 27 BeamtVG – Beginn der Zahlungen

(1) ¹Die Zahlung des Witwen- und Waisengeldes sowie eines Unterhaltsbeitrages nach § 22 Abs. 1 oder § 23 Abs. 2 beginnt mit dem Ablauf des Sterbemonats. ²Kinder, die nach diesem Zeitpunkt geboren werden, erhalten Waisengeld vom Ersten des Geburtsmonats an.

(2) Die Zahlung eines Unterhaltsbeitrages nach § 22 Abs. 2 oder 3 beginnt mit dem Ersten des Monats, in dem eine der in § 22 Abs. 2 S. 2 genannten Voraussetzungen eintritt, frühestens jedoch mit Ablauf des Sterbemonats.

(3) Die Abs. 1 und 2 gelten entsprechend für die Zahlung eines Unterhaltsbeitrages nach § 26.

Die Witwe eines Beamten oder Ruhestandsbeamten erhält lebenslang Witwengeld (§ 19 BeamtVG) in Höhe von 55 % (für Versorgungsfälle vor dem 1.1.2002 betrug die Quote 60 %;[414] siehe zu den Übergangsregeln § 69e BeamtVG) des (gegebenenfalls fiktiv unter Abstellung auf das Todesdatum zu berechnenden) Ruhegehaltes des Verstorbenen (§ 20 BeamtVG) mit dem Ablauf des Sterbemonates (§ 27 BeamtVG). **667**

Die Witwenversorgung **endet** mit dem Tode der Witwe (§ 61 I Nr. 1 BeamtVG) sowie mit ihrer Wiederheirat (§ 61 I Nr. 2 BeamtVG). **668**

Es besteht Kongruenz mit dem Unterhaltsschaden. Auch jedweder **Beihilfebezug** der Witwe gehört zum erstattungspflichtigen Schadenersatz, ohne dass es auf die Unfallbedingtheit der Erkrankung der Hinterbliebenen ankommt.[415] **669**

Die Hinterbliebenenbezüge hat der Ersatzpflichtige nicht nur bis zum Zeitpunkt der normalen Versetzung des Beamten in den Ruhestand zu ersetzen, sondern regelmäßig bis zum voraussichtlichen natürlichen Tod des Beamten.[416] Zwar ist dem hinterbliebenen Ehegatten die auf das Witwengeld entfallende konkrete **Steuerbelastung** zu ersetzen; dieser auf die Steuerbelastung gerichtete Schadenersatzanspruch verbleibt jedoch uneingeschränkt beim Hinterbliebenen und geht nicht – mangels Kongruenz – auf den Dienstherrn über;[417] während aber dieser (zusätzliche) Anspruch beim Hinterbliebenen verbleibt, wird der auf Ersatz des Unterhaltsschadens gerichtete Anspruch als solcher in Höhe des entsprechenden (an Witwe/Witwer ausgezahlten sowie an das Finanzamt abgeführten) Teils vom Forderungsübergang auf den beamtenrechtlichen Versorgungsträger **670**

---

414 Geändert durch Versorgungsänderungsgesetz 2001 vom 20.12.2001 (BGBl I 2001, 3926).
415 Kap 6 Rn 711 ff.
416 Zur Berechnung des auf den Dienstherrn übergegangenen Schadenersatzanspruches siehe: BGH v. 2.12.1997 – VI ZR 142/96 – BGHZ 137, 237 = DAR 1998, 99 = DÖD 1998, 161 = FamRZ 1998, 416 = HVBG-Info 1998, 562 = LM BGB § 844 Abs. 2 Nr. 94 (Anm. *Schiemann*) = MDR 1998, 283 = NJW 1998, 985 = NJWE-VHR 1998, 110 (nur Ls.) = NZV 1998, 149 = r+s 1998, 153 = SP 1998, 159 = VersR 1998, 333 = VRS 94, 425 = WI 1998, 38; OLG Nürnberg v. 9.4.1997 – 4 U 1841/96 – NZV 1997, 439; OLG Stuttgart v. 12.10.2000 – 1 U 31/00 – r+s 2002, 18 = VersR 2002, 1520 = zfs 2001, 495 (Anm. *Diehl*) (BGH hat Revision nicht angenommen, Beschl. v. 26.6.2001 – VI ZR 387/00 –).
417 BGH v. 2.12.1997 – VI ZR 142/96 – BGHZ 137, 237 = DAR 1998, 99 = DÖD 1998, 161 = FamRZ 1998, 416 = HVBG-Info 1998, 562 = LM BGB § 844 Abs. 2 Nr. 94 (Anm. *Schiemann*) = MDR 1998, 283 = NJW 1998, 985 = NJWE-VHR 1998, 110 (nur Ls.) = NZV 1998, 149 = r+s 1998, 153 = SP 1998, 159 = VersR 1998, 333 = VRS 94, 425 = WI 1998, 38; OLG Nürnberg v. 9.4.1997 – 4 U 1841/96 – NZV 1997, 439.

erfasst.[418] Der Versorgungsträger kann nicht auf eine fiktiv ermittelte Einkommensteuer zurückgreifen.[419]

671

Beispiel 6.21[420]
Nach dem Tode des A zahlt der beamtenrechtliche **Versorgungsträger** dessen Witwe W Witwenbezüge in Höhe von brutto von 2.000 €:

– Auszahlung an W (netto)		1.500 €
– Steuern[421]	+	500 €
Gesamtpension		2.000 €

Der monatliche Unterhaltsschaden der **W** beträgt:

– Barunterhalt		2.600 €
– Naturalunterhalt	+	400 €
Gesamtschaden		3.000 €

Ergebnis
- Der Versorgungsträger regressiert die Witwenbezüge in Höhe von 2.000 €
- Der Witwe stehen zu:
  - Unterhaltsschaden 3.000 €
  - abzgl. netto Witwenbezug ./. 1.500 €
  - verbleiben 1.500 €

672

Beispiel 6.22
Nach dem Tode des A zahlt der beamtenrechtliche **Versorgungsträger** dessen Witwe W Witwenbezüge in Höhe von brutto von 2.000 €:

– Auszahlung an W (netto)		1.500 €
– Steuern	+	500 €
Gesamtpension		2.000 €

Der monatliche Unterhaltsschaden der **W** beträgt:

– Barunterhalt nach Verrechnung eigenen Einkommens		500 €
– Naturalunterhalt	+	400 €
Gesamtschaden		900 €

Ergebnis
- W hat keinen verbleibenden Restschaden. Ein Steuerschaden entfällt, da W bereits vom Versorgungsträger eine ihren Schaden übersteigende Leistung erhält 0 €
- Ist die beamtenrechtliche Versorgungsleistung höher als der Unterhaltsschaden, beschränkt sich der Regress des beamtenrechtlichen Versorgungsträgers auf den Netto-Unterhaltsschaden in Höhe von 900 €

---

418 BGH v. 2.12.1997 – VI ZR 142/96 – BGHZ 137, 237 = DAR 1998, 99 = DÖD 1998, 161 = FamRZ 1998, 416 = HVBG-Info 1998, 562 = LM BGB § 844 Abs. 2 Nr. 94 (Anm. *Schiemann*) = MDR 1998, 283 = NJW 1998, 985 = NJWE-VHR 1998, 110 (nur Ls.) = NZV 1998, 149 = r+s 1998, 153 = SP 1998, 159 = VersR 1998, 333 = VRS 94, 425 = WI 1998, 38.

419 BGH v. 2.12.1997 – VI ZR 142/96 – BGHZ 137, 237 = DAR 1998, 99 = DÖD 1998, 161 = FamRZ 1998, 416 = HVBG-Info 1998, 562 = LM BGB § 844 Abs. 2 Nr. 94 (Anm. *Schiemann*) = MDR 1998, 283 = NJW 1998, 985 = NJWE-VHR 1998, 110 (nur Ls.) = NZV 1998, 149 = r+s 1998, 153 = SP 1998, 159 = VersR 1998, 333 = VRS 94, 425 = WI 1998, 38.

420 Nach *Küppersbusch*, Rn 756 ff.

421 Es bleibt der Anspruch der Hinterbliebenen, der aber vom Dienstherrn einbehalten und abgeführt wird.

(4) Witwenabfindung (§§ 16 Nr. 4, 21 BeamtVG)

> **§ 21 BeamtVG – Witwenabfindung**
>
> (1) Eine Witwe, die Anspruch auf Witwengeld oder auf einen Unterhaltsbeitrag hat, erhält im Falle einer Wiederverheiratung eine Witwenabfindung.
>
> (2) ¹Die Witwenabfindung beträgt das Vierundzwanzigfache des für den Monat, in dem sich die Witwe wiederverheiratet, nach Anwendung der Anrechnungs-, Kürzungs- und Ruhensvorschriften zu zahlenden Betrages des Witwengeldes oder Unterhaltsbeitrages; eine Kürzung nach § 25 und die Anwendung der §§ 53 und 54 Abs. 1 Nr. 3 bleiben jedoch außer Betracht. ²Die Abfindung ist in einer Summe zu zahlen.
>
> (3) Lebt der Anspruch auf Witwengeld oder auf Unterhaltsbeitrag nach § 61 Abs. 3 wieder auf, so ist die Witwenabfindung, soweit sie für eine Zeit berechnet ist, die nach dem Wiederaufleben des Anspruchs auf Witwengeld oder Unterhaltsbeitrag liegt, in angemessenen monatlichen Teilbeträgen einzubehalten.

673

Im Falle der Wiederheirat erhält die Witwe eine Abfindung nach Maßgabe der §§ 16 Nr. 4, 21 BeamtVG. Im Fall der Auflösung der neuen Ehe lebt der ursprüngliche Anspruch auf Witwengeld wieder auf, § 61 III BeamtVG.

674

Es besteht **keine Kongruenz** zum Unterhaltsschaden, sodass ein Erstattungsanspruch entfällt.[422]

675

(5) Witwerversorgung (§§ 16 Nr. 7, 28 BeamtVG)

> **§ 28 BeamtVG – Witwerversorgung**
>
> ¹Die §§ 19 bis 27 gelten entsprechend für den Witwer oder den geschiedenen Ehemann (§ 22 Abs. 2, 3) einer verstorbenen Beamtin oder Ruhestandsbeamtin. ²An die Stelle des Witwengeldes im Sinne der Vorschriften dieses Gesetzes tritt das Witwergeld, an die Stelle der Witwe der Witwer.

676

Die §§ 19 – 27 BeamtVG gelten entsprechend für die Versorgung des Witwers oder geschiedenen Ehemannes. Witwengeld und Witwergeld sind nicht immer gleich, Unterschiede ergeben sich z.B. nach § 55 BeamtVG.

677

Kongruenz besteht zum Unterhaltsschaden.

678

(6) Unterhaltsbeiträge (§§ 16 Nr. 6, 26 BeamtVG)

> **§ 22 BeamtVG – Unterhaltsbeitrag für nicht witwengeldberechtigte Witwen und frühere Ehefrauen**
>
> (1) ¹In den Fällen des § 19 Abs. 1 S. 2 Nr. 2 ist, sofern die besonderen Umstände des Falles keine volle oder teilweise Versagung rechtfertigen, ein Unterhaltsbeitrag in Höhe des Witwengeldes zu gewähren. ²Erwerbseinkommen und Erwerbsersatzeinkommen sind in angemessenem Umfang anzurechnen. ³Wird ein Erwerbsersatzeinkommen nicht beantragt oder wird auf ein Erwerbs- oder Erwerbsersatzeinkommen verzichtet oder wird an deren Stelle eine Kapitalleistung, Abfindung oder Beitragserstattung gezahlt, ist der Betrag zu berücksichtigen, der ansonsten zu zahlen wäre.

679

---

422 So zum Unfallversicherungsrecht der RVO: LG Kiel v. 31.5.1990 – 11 O 411/89 – (Unter Hinweis auf BSG NJW 1970, 487 stellt die Witwenabfindung keine echte Abfindung bestehender Ansprüche dar, sondern ist eher eine Prämie für die mit der Wiederheirat verbundene Entlastung des SVT).

6 Unterhaltsschaden

> (2) ¹Der geschiedenen Ehefrau eines verstorbenen Beamten oder Ruhestandsbeamten, die im Falle des Fortbestehens der Ehe Witwengeld erhalten hätte, ist auf Antrag ein Unterhaltsbeitrag insoweit zu gewähren, als sie im Zeitpunkt des Todes des Beamten oder Ruhestandsbeamten gegen diesen einen Anspruch auf schuldrechtlichen Versorgungsausgleich nach § 1587f Nr. 2 des Bürgerlichen Gesetzbuchs wegen einer Anwartschaft oder eines Anspruchs nach § 1587a Abs. 2 Nr. 1 BGB hatte. ²Der Unterhaltsbeitrag wird jedoch nur gewährt,
>
> 1. solange die geschiedene Ehefrau erwerbsgemindert im Sinne SGB VI ist oder mindestens ein waisengeldberechtigtes Kind erzieht oder
> 2. wenn sie das sechzigste Lebensjahr vollendet hat.
>
> ³Der Erziehung eines waisengeldberechtigten Kindes steht die Sorge für ein waisengeldberechtigtes Kind mit körperlichen oder geistigen Gebrechen gleich. ⁴Der nach S. 1 festgestellte Betrag ist in einem Vomhundertsatz des Witwengeldes festzusetzen; der Unterhaltsbeitrag darf fünf Sechstel des entsprechend § 57 gekürzten Witwengeldes nicht übersteigen. 5§ 21 gilt entsprechend.
>
> (3) Abs. 2 gilt entsprechend für die frühere Ehefrau eines verstorbenen Beamten oder Ruhestandsbeamten, deren Ehe mit diesem aufgehoben oder für nichtig erklärt war.
>
> **§ 26 BeamtVG – Unterhaltsbeitrag für Hinterbliebene von Beamten auf Lebenszeit und auf Probe**
>
> (1) Der Witwe, der geschiedenen Ehefrau (§ 22 Abs. 2, 3) und den Kindern eines Beamten, dem nach § 15 ein Unterhaltsbeitrag bewilligt worden ist oder hätte bewilligt werden können, kann die in den §§ 19, 20 und 22 bis 25 vorgesehene Versorgung bis zu der dort bezeichneten Höhe als Unterhaltsbeitrag bewilligt werden.
>
> (2) § 21 gilt entsprechend.

680 Nicht-witwengeldberechtigte Witwen und geschiedene Ehefrauen erhalten unter besonderen Voraussetzungen Unterhaltsbeiträge nach §§ 22, 26 BeamtVG.

681 Kongruenz besteht zum Unterhaltsschaden.

(7) Lebenspartner nach dem LPartG

682 Mit dem Gesetz zur Überarbeitung des Lebenspartnerschaftsrechts[423] sind eingetragene Lebenspartner (nur solche im Sinne des LPartG) **ab dem 1.1.2005** (Art. 7 I des Gesetzes zur Überarbeitung des Lebenspartnerschaftsrechts) Ehegatten renten- und unfallversicherungsrechtlich gleichgestellt und können **Hinterbliebenenrenten** wie ein Ehegatte beanspruchen.

683 Seit In-Kraft-Treten des LPartG am 1.8.2001 hat sich bei der Versorgung von Lebenspartnern von **Beamten** bislang allerdings nichts geändert. Im Beamtenrecht ist noch keine Gleichstellung bei der Hinterbliebenenversorgung erfolgt.[424] Die eingetragene Lebenspartnerschaft wirkt sich im gesamten Beamtenrecht, und damit auch bei der Beamtenversorgung, nicht unmittelbar aus.

---

423 Gesetz zur Überarbeitung des Lebenspartnerschaftsrechts v. 15.12.2004, BGBl I 2004, 3396.
424 VG Koblenz v. 7.2.2006 – 6 K 871/05.KO) (Der Umstand, dass beamten- und europarechtliche Regelungen keine Gewährung von Witwer- oder Sterbegeld vorsehen, stellt keinen Verstoß gegen das Gleichbehandlungsgebot dar).

(8) Nicht-eheliche Partner

Das Hinterbliebenenrecht kennt grundsätzlich[425] keine Versorgungsansprüche von nicht-ehelichen Partnern, und zwar unabhängig von dem Umstand, dass gemeinsame Kinder vorhanden sind.

684

(9) Waisengeld inklusive Beihilfe (§§ 16 Nr. 5, 23 BeamtVG)

> **§ 23 BeamtVG – Waisengeld**
>
> (1) Die Kinder eines verstorbenen Beamten auf Lebenszeit, eines verstorbenen Ruhestandsbeamten oder eines verstorbenen Beamten auf Probe, der an den Folgen einer Dienstbeschädigung (§ 46 Abs. 1 BBG oder entsprechendes Landesrecht) verstorben ist oder dem die Entscheidung nach § 46 Abs. 2 BBG oder dem entsprechenden Landesrecht zugestellt war, erhalten Waisengeld, wenn der Beamte die Voraussetzungen des § 4 Abs. 1 erfüllt hat.
>
> (2) ¹Kein Waisengeld erhalten die Kinder eines verstorbenen Ruhestandsbeamten, wenn das Kindschaftsverhältnis durch Annahme als Kind begründet wurde und der Ruhestandsbeamte in diesem Zeitpunkt bereits im Ruhestand war und das fünfundsechzigste Lebensjahr vollendet hatte. ²Es kann ihnen jedoch ein Unterhaltsbeitrag bis zur Höhe des Waisengeldes bewilligt werden.
>
> **§ 24 BeamtVG – Höhe des Waisengeldes**
>
> (1) ¹Das Waisengeld beträgt für die Halbwaise 12 % und für die Vollwaise 20 % des Ruhegehalts, das der Verstorbene erhalten hat oder hätte erhalten können, wenn er am Todestag in den Ruhestand getreten wäre. ²§ 14 Abs. 6 und § 14a finden keine Anwendung. ³Änderungen des Mindestruhegehalts (§ 14 Abs. 4) sind zu berücksichtigen.
>
> (2) Wenn die Mutter des Kindes des Verstorbenen nicht zum Bezuge von Witwengeld berechtigt ist und auch keinen Unterhaltsbeitrag in Höhe des Witwengeldes erhält, wird das Waisengeld nach dem Satz für Vollwaisen gezahlt; es darf zuzüglich des Unterhaltsbeitrages den Betrag des Witwengeldes und des Waisengeldes nach dem Satz für Halbwaisen nicht übersteigen.
>
> (3) Ergeben sich für eine Waise Waisengeldansprüche aus Beamtenverhältnissen mehrerer Personen, wird nur das höchste Waisengeld gezahlt.

685

Das Kind eines verstorbenen Beamten oder Ruhestandsbeamten erhält Waisengeld (§ 23 BeamtVG) in Höhe von 12 % des (gegebenenfalls fiktiv unter Abstellung auf das Todesdatum zu berechnenden) Ruhegehaltes des Verstorbenen (§ 24 I BeamtVG; in Sonderfällen 20 %, § 24 II BeamtVG) mit dem Ablauf des Sterbemonates (§ 27 BeamtVG). Für **Vollwaisen** erhöht sich der Betrag auf 20 % des Ruhegehaltes (§ 20 I BeamtVG).

686

Waisengeld wird längstens bis zur Vollendung des 18. Lebensjahres gezahlt (§ 61 I Nr. 3 BeamtVG); für Waisen in der Ausbildung (ausgerichtet an den Bestimmungen des Kindergeldrechtes) längstens bis zum 27. Lebensjahr, § 61 II BeamtVG, darüber hinaus nur bei Gebrechlichkeit des Waisen, § 61 II BeamtVG. Die Waisenversorgung **endet** auch mit dem Tode des Waisen (§ 61 I Nr. 1 BeamtVG).

687

Es besteht Kongruenz zum Unterhaltsschaden. Auch der **Beihilfebezug** (unabhängig von Unfallfolgen) des Waisen gehört zum erstattungspflichtigen Schadenersatz.[426] Haben

688

---

[425] Ausnahmen gelten im Opferentschädigungsrecht, dazu Kap 6 Rn 518.
[426] Kap 6 Rn 711 ff.

beide Elternteile als Beamte für ihr Kind Anspruch auf Beihilfe, so hat der Dienstherr Anspruch auf nur 50 % seiner Beihilfeleistungen an das Kind.[427]

(10) Zivildienstleistender

689 Nach § 35 VII ZDG gilt § 17 BeamtVG über die Bezüge für den Sterbemonat entsprechend.

690 Stirbt ein Dienstpflichtiger an den Folgen einer Zivildienstbeschädigung, so erhalten die Eltern bei bestehender häuslicher Gemeinschaft ein **Sterbegeld** in Höhe desjenigen Betrages, der wehrpflichtigen Soldaten zusteht (§ 35 VIII ZDG).

cc. Unfallfremde Hinterbliebenenversorgung und Verletzungsfall

691 Hat ein beamtenrechtlicher Versorgungsträger nach einem Haftpflichtgeschehens an einen Unfallverletzten länger oder höher eine Hinterbliebenenversorgung (resultierend aus dem unfallfremden Tod eines Elternteiles oder Ehegatten) zu zahlen, so kann er diese mangels Kongruenz zum Unterhaltsschaden nicht regressieren[428] Er ist nur mittelbar geschädigt.

dd. Beihilfe an Hinterbliebene

692 Beamte unterliegen nicht der Versicherungspflicht in der gesetzlichen Kranken- und Pflegeversicherung (SGB V, SGB XI). Sie – und im Einzelfall auch ihre Angehörigen – erhalten statt dessen eine Beihilfe zu den Heil- und Pflegekosten. Der durch die Beihilfe nicht gedeckte verbleibende Anteil muss vom Beamten durch private Vorsorge abgedeckt werden, in aller Regel durch Abschluss einer privaten Kranken- und Pflegeversicherung. Auch Hinterbliebene von Beamten und Ruhegehaltsempfängern können Anspruch auf beamtenrechtliche Gesundheits- und Pflegeversorgung in Form der Beihilfe haben.

(1) Beihilfevorschriften

693 Zu § 79 BBG wurde nach § 200 BBG die „Allgemeine Verwaltungsvorschrift für Beihilfen im Krankheitsfall-, Pflege-, Geburts- und Todesfällen (Beihilfevorschriften-BhV)"[429] erlassen. Die allgemeine Verwaltungsvorschrift trat am 1.1.2002 in Kraft (Art. II der 26. allgemeinen Verwaltungsvorschrift zur Änderung der Beihilfevorschriften vom 1.11.2001). Die Beihilfevorschriften des Bundes genügen nicht den Anforderungen des verfassungsrechtlichen Gesetzesvorbehaltes; für eine Übergangszeit gilt die BhV aber noch weiter.[430]

694 Die BhV gilt unmittelbar für Beamte, Richter/Staatsanwälte, Versorgungsempfänger des Bundes, § 1 II BhV. Aufgrund entsprechender Verweisung gilt die BhV in etlichen Bundesländern unmittelbar, und zwar nicht nur für die beim Lande bediensteten Beamten, Richter und Staatsanwälte, sondern auch für das Personal der Gemeinden und der übrigen, dem Landesrecht unterliegenden, öffentlich-rechtlichen Körperschaften.

---

427 BGH v. 28.2.1989 – VI ZR 208/88 – DAR 1989, 222 = FamRZ 1989, 596 = MDR 1989, 625 = NJW-RR 1989, 608 = NZV 1989, 227 = VersR 1989, 486 = VRS 77, 93 = zfs 1989, 229.
428 Kap 1 Rn 82 ff.
429 Anlage 1 zum BMI-Rundschreiben (D I 5 – 213 100 – 1/1a und h) v. 2.11.2001.
430 BVerwG v. 17.6.2004 – 2 C 50/02 – VersR 2004, 1441.

Die übrigen Bundesländer haben teilweise dem Bundesrecht vergleichbare Regelungen geschaffen, teilweise aber auch (insbesondere hinsichtlich der Bemessungssätze) abweichende Systeme.

(2) Beihilfe

(a) Berechtigung

Leistungsträger der Beihilfe (Heilbehandlungskosten, Pflege) ist der beamtenrechtliche Dienstherr. **695**

Beihilfeberechtigt sind nach § 2 I Nr. 3 BhV Witwen/Witwer, die Kinder im Sinne von § 23 BeamtVG i.V.m. § 2 I Nr. 1 und 2 BhV sowie im Einzelfall auch **geschiedene** Ehegatten von Beamten **696**

Die entstehenden Beihilfeaufwendungen entsprechen im Wesentlichen den Leistungen der gesetzlichen Kranken- und Pflegeversicherung. Leistungen der Beihilfe sind lohn- und einkommensteuerfrei, § 3 Nr. 11 EStG. **697**

(b) Beihilfesätze

Die Beihilfe erstattet nur einen Anteil der beihilfefähigen Aufwendungen (Bemessungssatz). Der verbleibende Anteil wird durch selbst gewählte private Vorsorge (regelmäßig private Krankenzusatzversicherung, private Pflegeversicherung) der Beamten und dessen Hinterbliebene abgedeckt. **698**

> **§ 14 BhV – Bemessung der Beihilfen** **699**
>
> (1) ¹Die Beihilfe bemisst sich nach einem Vomhundertsatz der beihilfefähigen Aufwendungen (Bemessungssatz). ²Der Bemessungssatz beträgt für Aufwendungen, die entstanden sind für
>
>   1. den Beihilfeberechtigten nach § 2 Abs. 1 Nr. 1 sowie für den entpflichteten Hochschullehrer 50 %,
>   2. den Empfänger von Versorgungsbezügen, der als solcher beihilfeberechtigt ist, 70 %,
>   3. den berücksichtigungsfähigen Ehegatten 70 %,
>   4. ein berücksichtigungsfähiges Kind sowie eine Waise, die als solche beihilfeberechtigt ist, 80 %.
>
>   ³Sind zwei oder mehr Kinder berücksichtigungsfähig, beträgt der Bemessungssatz für den Beihilfeberechtigten nach Nr. 1 70 %; bei mehreren Beihilfeberechtigten beträgt der Bemessungssatz nur bei einem von ihnen zu bestimmenden Berechtigten 70 %, die Bestimmung kann nur in Ausnahmefällen neu getroffen werden.
>
> (2) Für die Anwendung des Abs. 1 gelten die Aufwendungen
>
>   1. nach § 6 Abs. 1 Nr. 8 als Aufwendungen der stationär untergebrachten Person,
>   2. einer Begleitperson als Aufwendungen des Begleiteten,
>   3. nach § 11 Abs. 1 Nr. 1 bis 4 als Aufwendungen der Mutter,
>   4. nach § 11 Abs. 1 Nr. 5 für das gesunde Neugeborene als Aufwendungen der Mutter,
>   5. nach § 12 Abs. 3 als Aufwendungen der ältesten verbleibenden Person.
>
> (3) ¹Für beihilfefähige Aufwendungen, für die trotz ausreichender und rechtzeitiger Versicherung wegen angeborener Leiden oder bestimmter Krankheiten aufgrund eines individuellen Ausschlusses keine Versicherungsleistungen gewährt werden oder für die die Leistungen auf Dauer eingestellt worden sind (Aussteuerung), erhöht sich der

> Bemessungssatz um 20 %, jedoch höchstens auf 90 %. ²Ab 1.7.1994 gilt S. 1 nur, wenn das Versicherungsunternehmen die Bedingungen nach § 257 Abs. 2a S. 1 Nr. 1 bis 4 SGB V erfüllt.
>
> (4) ¹Bei freiwilligen Mitgliedern der gesetzlichen Krankenversicherung mit der Höhe nach gleichen Leistungsansprüchen wie Pflichtversicherte erhöht sich der Bemessungssatz auf 100 % der sich nach Anrechnung der Kassenleistung ergebenden beihilfefähigen Aufwendungen. ²Dies gilt nicht, wenn sich der Beitrag nach der Hälfte des allgemeinen Beitragssatzes bemisst (§ 240 Abs. 3a SGB V), oder wenn ein Zuschuss, Arbeitgeberanteil oder dergleichen von mindestens 21 € monatlich zum Krankenkassenbeitrag gewährt wird.
>
> (5) ¹Für beihilfefähige Aufwendungen der in § 2 Abs. 1 und § 3 Abs. 1 bezeichneten Personen, zu deren Beiträgen für eine private Krankenversicherung ein Zuschuss aufgrund von Rechtsvorschriften oder eines Beschäftigungsverhältnisses mindestens in Höhe von 41 € monatlich gewährt wird, ermäßigt sich der Bemessungssatz für den Zuschussempfänger um 20 %. ²Beiträge für Krankentagegeld- und Krankenhaustagegeldversicherungen bleiben außer Betracht.
>
> (6) ¹Die oberste Dienstbehörde kann den Bemessungssatz erhöhen,
> 1. für Aufwendungen infolge einer Dienstbeschädigung,
> 2. im Einvernehmen mit dem Bundesministerium des Innern in besonderen Ausnahmefällen, die nur bei Anlegung des strengsten Maßstabes anzunehmen sind. Eine Erhöhung ist ausgeschlossen in Fällen des § 9.
>
> ²Die oberste Dienstbehörde kann die Zuständigkeit nach S. 1 auf eine andere Behörde übertragen.

700 Den in Abhängigkeit vom beamtenrechtlichen Status (aktiver Beamter, Versorgungsempfänger) sowie den familiären Umständen (Familienstand, Kinderzahl) zugrunde zu legenden Bemessungssatz bestimmt § 14 BhV in Prozentpunkten.[431] Der Prozentsatz kann sich im Laufe der Zeit verändern. In manchen Sonderfällen ist der Bemessungssatz individuell erhöht.

(c) Subsidiarität

701 Grundsätzlich gilt bei der Beihilfegewährung der Nachrang der Beihilfe gegenüber anderen Krankheitsfürsorgeträgern. Gewährt der Dienstherr Beihilfe bei Unfällen, ist der **Forderungsübergang** auf den Dienstherrn zu beachten. Für Bundesbeamte bestimmt die Beihilfevorschrift:

702
> **§ 5 BhV – Beihilfefähigkeit der Aufwendungen**
>
> (4) Nicht beihilfefähig sind ...
> 4. Aufwendungen insoweit, als Schadenersatz von einem Dritten erlangt werden kann oder hätte erlangt werden können oder die Ansprüche auf einen anderen übergegangen oder übertragen worden sind, ...
>
> (5) Abweichend von Abs. 4 Nr. 4 sind Aufwendungen beihilfefähig, die auf einem Ereignis beruhen, das nach § 87a BBG oder entsprechenden landesrechtlichen Vorschriften zum Übergang des gesetzlichen Schadenersatzanspruchs auf den Dienstherrn führt.

---

[431] Abweichungen der Prozentpunkte sind in manchen Fällen möglich, u.a. wenn die beihilfeberechtigten Personen Beitragszuschüsse erhalten oder der Ehegatte erhebliche eigene Einkünfte hat.

In allen Bundesländern gilt im Ergebnis eine der bundesrechtlichen Beihilfevorschrift vergleichbare Regelung.[432] 703

(d) Leistungsumfang

(aa) Beihilfe an vorzeitig unfallkausal pensionierte Beamte[433]

Der schadenersatzpflichtige Unfallverursacher ist nicht verpflichtet, dem Dienstherrn eines unfallkausal vorzeitig in den Ruhestand versetzten Beamten auch solche Beihilfeleistungen zu ersetzen, die mit dem Unfall nichts zu tun haben.[434] Der Schadenersatzpflichtige hat dem Dienstherrn eines verletzten Beamten nur diejenigen Beihilfen zu ersetzen, denen eine kausal auf das Unfallgeschehen zurückzuführende Heilbehandlungsmaßnahme oder Pflege zugrunde liegt. 704

Die Rechtsprechung gilt, da sie auf die Regeln des Beamtenrahmenrechtes abstellt, für alle Beamten (Bund, Land, Gemeinden; aber auch z.B. Post und Bahn) gleichermaßen. 705

Die BGH-Entscheidung v. 17.12.2002[435] befasste sich zwar nur mit Beihilfeleistungen für unfallfremde Erkrankungen an verletzte und wegen der Verletzung dann in den Ruhestand versetzte Beamte selbst. Die Entscheidung gilt aber letztlich auch für beihilfeberechtigte Familienangehörige solcher Ruhestandsbeamten. 706

(bb) Beihilfe in Todesfällen, § 12 BhV

> **§ 12 BhV – Beihilfefähige Aufwendungen in Todesfällen** 707
>
> (1) ¹In Todesfällen wird zu den Aufwendungen für die Leichenschau, den Sarg, die Einsargung, die Aufbahrung, die Einäscherung, die Urne, den Erwerb einer Grabstelle oder eines Beisetzungsplatzes, die Beisetzung, die Anlegung einer Grabstelle einschließlich der Grundlage für ein Grabdenkmal eine Beihilfe bis zur Höhe von 665 €, in Todesfällen von Kindern bis zur Höhe von 435 € gewährt, wenn der Beihilfeberechtigte versichert, dass ihm Aufwendungen in dieser Höhe entstanden sind. ²Stehen Sterbe- oder Bestattungsgelder aufgrund von Rechtsvorschriften, aus einem Beschäftigungsverhältnis oder aus einer im Sterbemonat nicht ausschließlich durch eigene Beiträge

---

432 Unmittelbare Geltung des Bundesrechtes kraft Verweisung: Baden-Württemberg (§ 101 LBG), Brandenburg (§ 45 III LBG), Mecklenburg-Vorpommern (§ 91 LBG), Niedersachsen (§ 87 III NBG), Sachsen (§ 102 SächsBG). In folgenden Bundesländern gelten dem Bundesrecht praktisch inhaltsgleiche Regelungen: Hamburg: § 85 HmbgBG (§ 5 VII der Hamburgischen BeihilfeVO v. 8.7.1985 bestimmt darüber hinaus, dass Aufwendungen nur beihilfefähig sind, wenn der Verletzte seine Forderungen abtritt, es sei denn, ein gesetzlicher Forderungsübergang findet auf die Stadt Hamburg statt), Hessen (§ 5 VI Nr. 4 der Hessischen BeihilfeVO v. 11.7.1990), Nordrhein-Westfalen (§ 3 IV 2 der BeihilfeVO v. 27.3.1975), Rheinland-Pfalz (§ 90 LBG), Saarland (§ 4 IX der BeihilfeVO v. 11.12.1962). Auch in den nicht aufgeführten Bundesländern gilt vergleichbares Recht: Bayern, Berlin, Bremen, Schleswig-Holstein, Sachsen-Anhalt, Thüringen.
433 Zum Thema: *Ebener/Schmalz*, Zur Frage, ob der Dienstherr vom Schädiger Regress für Beihilfeaufwendungen für unfallunabhängige Heilbehandlungsmaßnahmen verlangen kann, VersR 2002, 594.
434 BGH v. 17.12.2002 – VI ZR 271/01- BGHZ 153, 223 = MDR 2003, 388 = NVwZ 2003, 635 = NZV 2003, 141 = r+s 2003, 125 = SP 2003, 126 = VersR 2003, 330 = VRS 104, 338 = zfs 2003, 178 (Vorinstanz: OLG Nürnberg v. 21.3.2001 – 4 U 3965/00 – NZV 2001, 512 = OLGR 2001, 227 = SP 2001, 265 = VersR 2002, 592 (Anm. *Ebener/Schmalz*). A.A.: OLG Frankfurt v. 20.3.1997 – 1 U 135/95 – VersR 1997, 1297 = VersR 1998, 210 (nur Ls.).
435 BGH v. 17.12.2002 – VI ZR 271/01- BGHZ 153, 223 = MDR 2003, 388 = NVwZ 2003, 635 = NZV 2003, 141 = r+s 2003, 125 = SP 2003, 126 = VersR 2003, 330 = VRS 104, 338 = zfs 2003, 178 (Vorinstanz: OLG Nürnberg v. 21.3.2001 – 4 U 3965/00 – NZV 2001, 512 = OLGR 2001, 227 = SP 2001, 265 = VersR 2002, 592 (Anm. *Ebener/Schmalz*).

> finanzierten Krankenversicherung oder Schadenersatzansprüche von insgesamt mindestens 1.000 € zu, so beträgt die Beihilfe 333 € beim Tod eines Kindes 218 €; stehen Ansprüche von insgesamt mindestens 2.000 € zu, wird keine Beihilfe gewährt. ³Soweit wegen Gewährung von Sterbe- oder Bestattungsgeldern Schadenersatzansprüche kraft Gesetzes übergehen, werden diese Schadenersatzansprüche nicht neben den Sterbe- oder Bestattungsgeldern im Sinne des S. 2 bei der Bemessung der Pauschalbeihilfe berücksichtigt. ⁴Bestattungsgeld nach §§ 36 oder 53 BVG bleibt unberücksichtigt.
>
> (2) Ferner sind beihilfefähig die Aufwendungen für die Überführung der Leiche oder Urne bis zur Höhe der Kosten einer Überführung an den Familienwohnsitz im Zeitpunkt des Todes.
>
> (3) Verbleibt mindestens ein pflegebedürftiger berücksichtigungsfähiger oder selbst beihilfeberechtigter Familienangehöriger oder ein berücksichtigungsfähiges Kind unter 15 Jahren im Haushalt und kann dieser beim Tod des den Haushalt allein führenden Beihilfeberechtigten oder berücksichtigungsfähigen Angehörigen nicht durch eine andere im Haushalt lebende Person weitergeführt werden, so sind die Aufwendungen für eine Familien- und Haushaltshilfe in entsprechender Anwendung des § 6 Abs. 1 Nr. 8 bis zu 6 Monaten, in Ausnahmefällen bis zu einem Jahr beihilfefähig.
>
> **§ 16 BhV – Beihilfen beim Tod des Beihilfeberechtigten**
>
> (1) ¹Der hinterbliebene Ehegatte, die leiblichen Kinder und Adoptivkinder eines verstorbenen Beihilfeberechtigten erhalten Beihilfen zu den bis zu dessen Tod und aus Anlass des Todes entstandenen beihilfefähigen Aufwendungen. ²Die Beihilfe bemisst sich nach den Verhältnissen am Tage vor dem Tod; für die Aufwendungen aus Anlass des Todes gilt § 12. ³Die Beihilfe wird demjenigen gewährt, der die Originalbelege zuerst vorlegt; dies gilt auch für Aufwendungen aus Anlass des Todes, für die abweichend von § 12 Abs. 1 ebenfalls Ausgabebelege vorzulegen sind.
>
> (2) ¹Andere als die in Abs. 1 genannten natürlichen Personen sowie juristische Personen erhalten die Beihilfe nach Abs. 1, soweit sie die von dritter Seite in Rechnung gestellten Aufwendungen bezahlt haben und die Originalbelege vorlegen. ²Sind diese Personen Erben des Beihilfeberechtigten, erhalten sie eine Beihilfe auch zu Aufwendungen des Erblassers, die von diesem bezahlt worden sind. ³Die Beihilfe darf zusammen mit Sterbe- und Bestattungsgeldern sowie sonstigen Leistungen, die zur Deckung der in Rechnung gestellten Aufwendungen bestimmt sind, die tatsächlich entstandenen Aufwendungen nicht übersteigen.

708 Nach § 12 I BhV beträgt die Beihilfe in Todesfällen bis zu 665 €, bei Todesfällen von Kindern bis 435 €.

709 Daneben sind Überführungskosten beihilfefähig, § 12 II BhV.

710 Kongruenz besteht zu Beerdigungskosten.

(cc) Beihilfeaufwand für Hinterbliebene des Unfallbeteiligten

711 Zum dem Dienstherrn zu ersetzenden Schaden zählt auch jedweder Beihilfebezug der Hinterbliebenen, also sämtliche Beihilfeaufwendungen an Witwe/r und Waisen unabhängig von einer kausalen Verknüpfung beispielsweise zu einer Verletzung des hinterbliebenen Ehegatten bzw. Kindes durch denselben Unfall.

712 Es besteht Kongruenz mit dem Unterhaltsschaden.[436]

---

[436] BGH v. 17.12.1985 – VI ZR 155/84 – DAR 1986, 114 = MDR 1986, 665 = NVwZ 1986, 507 = r+s 1986, 67 = VersR 1986, 463 (Anm. *Schmalzl*) VersR 1998, 210) = VRS 71, 102 = zfs 1986, 174; BGH

D. Drittleistung

Beispiel 6.23 **713**
Nach dem Tode des A, den X verschuldete, erkranken seine Witwe W und das gemeinsame Kind K an einer Grippe. Der beamtenrechtliche Versorgungsträger erstattet der W und dem K die Heilbehandlungskosten nach Abzug der Selbstbeteiligung entsprechend den Beihilfevorschriften:
- W (privatärztliche Abrechnung) 1.500 €
- K 500 €

Ergebnis
Da es nicht darauf ankommt, ob die Grippe auf dem Unfall des K beruht oder nicht, ist dem Versorgungsträger dessen Leistung (2.000 € für W und K) zu erstatten.

In seiner Entscheidung v. 17.12.2002 verdeutlicht der BGH[437] zugleich, dass die Rechtsprechung **nicht** für Beihilfeleistungen (unfallfremde Erkrankungen) an **Hinterbliebene** (Witwe und Waisen[438]) von unfallkausal verstorbenen Beamten[439] gilt. Der BGH hat dabei aber nicht die Frage beantwortet, ob ein Regress des Beihilfeträgers der Höhe nach beschränkt ist durch die (fiktiven) Kosten einer privaten Kranken- und Pflegeversicherung oder ob immer der konkrete Heil- und Pflegeaufwand des Angehörigen den Schadenersatzanspruch festlegt. Gerade bei schweren Erkrankungen (Witwe oder Waise ist z.B. dialysepflichtig oder bedarf einer Organtransplantation), Unfällen (Witwe verschuldet selbst einen Verkehrsunfall und wird verletzt) oder unfallfremder Pflegebedürftigkeit (Witwe ist wegen Altersdemenz im Pflegeheim) der Hinterbliebenen stellt sich – nicht zuletzt auch angesichts der von Zufälligkeiten geprägten deutlichen Kostenersparnis auf Seiten des Beihilfeträgers – die Frage, ob einerseits vom getöteten Unterhaltsverpflichteten Heil- und Pflegeversorgung in tatsächlicher Höhe oder aber – was m.E. sachgerecht wäre – andererseits nur Vorsorge durch entsprechenden Abschluss einer Kranken- und Pflegeversicherung geschuldet ist, da eine unzumutbare (unter den Aspekten von § 242 BGB zu würdigende) Belastung des Ersatzpflichtigen vorliegt, der anders als in der gesetzlichen Rentenversicherung (pauschale Beiträge, KVdR) eher zufällig mit nicht in der Person des Getöteten liegenden Umständen (Beamter mit beihilfeberechtigten Angehörigen) einer unkalkulierbaren Ersatzpflicht ausgesetzt ist. **714**

Die Hinterbliebenenbezüge und damit auch den Beihilfeaufwand hat der Ersatzpflichtige nicht nur bis zum Zeitpunkt der normalen Versetzung des Beamten in den Ruhestand zu ersetzen, sondern regelmäßig für die mutmaßliche Dauer seiner Unterhaltspflicht, d.h. bis zum voraussichtlichen natürlichen Tod des Beamten;[440] hinsichtlich der Waisen beschränkt auf die voraussichtlicher Dauer der Unterhaltsverpflichtung. **715**

---

v. 28.2.1989 – VI ZR 208/88 – DAR 1989, 222 = FamRZ 1989, 596 = MDR 1989, 625 = NJW-RR 1989, 608 = NZV 1989, 227 = VersR 1989, 486 = VRS 77, 93 = zfs 1989, 229.

437 BGH v. 17.12.2002 – VI ZR 271/01- BGHZ 153, 223 = MDR 2003, 388 = NVwZ 2003, 635 = NZV 2003, 141 = r+s 2003, 125 = SP 2003, 126 = VersR 2003, 330 = VRS 104, 338 = zfs 2003, 178 (Vorinstanz: OLG Nürnberg v. 21.3.2001 – 4 U 3965/00 – NZV 2001, 512 = OLGR 2001, 227 = SP 2001, 265 = VersR 2002, 592 (Anm. *Ebener/Schmalz*).

438 BGH v. 28.2.1989 – VI ZR 208/88 – DAR 1989, 222 = FamRZ 1989, 596 = MDR 1989, 625 = NJW-RR 1989, 608 = NZV 1989, 227 = VersR 1989, 486 = VRS 77, 93 = zfs 1989, 229 (Haben beide Elternteile als Beamte für das Kind Anspruch auf Beihilfe, so hat der Dienstherr Anspruch auf 50 % seiner Beihilfeleistungen an das Kind).

439 BGH v. 17.12.1985 – VI ZR 155/84 – DAR 1986, 114 = MDR 1986, 665 = NVwZ 1986, 507 = r+s 1986, 67 = VersR 1986, 463 (Anm. *Schmalz*) VersR 1998, 210) = VRS 71, 102 = zfs 1986, 174.

440 BGH v. 30.3.1953 – GSZ 1 – 3/53 – BGHZ 9, 179 = VersR 1953, 229; BGH v. 17.12.1985 – VI ZR 155/84 – DAR 1986, 114 = MDR 1986, 665 = NVwZ 1986, 507 = r+s 1986, 67 = VersR 1986, 463 (Anm. *Schmalz*) VersR 1998, 210) = VRS 71, 102 = zfs 1986, 174 (Der Schädiger hat dem Dienstherrn eines getöteten Beamten die Beihilfeleistungen an dessen Hinterbliebene für die mutmaßliche Dauer seiner Unterhaltspflicht zu ersetzen).

716 Maßstab für die Dauer ist die Lebenserwartung im Unfallzeitpunkt, die der **Sterbetafel** zu entnehmen ist.[441] Weiteren Einflussfaktoren (vor allem individueller Vorversterblichkeit des Unfallbeteiligten) ist daneben Rechnung zu tragen. Zu berücksichtigen ist die allgemeine Lebenserwartung der durch das Lebensalter gekennzeichneten Personengruppe, der die verstorbene Person angehörte und dessen besondere Lebens- und Gesundheitsverhältnisse zu berücksichtigen sind.[442] Die mutmaßliche Lebensdauer eines getöteten Unterhaltspflichtigen ist beim Fehlen individueller Anhaltspunkte anhand der vom Statistischen Bundesamt herausgegebenen Sterbetafeln für die BRD zu ermitteln. Dabei ist auf diejenige Sterbetafel abzustellen, deren Erhebungsjahr dem Todestag zeitlich am nächsten ist.[443]

(3) Konkurrenzen

717 Haben **beide Elternteile** eines hinterbliebenen Waisen als Beamte für ihr Kind Anspruch auf **Beihilfe**, so hat der Dienstherr Anspruch auf nur **50 %** seiner Beihilfeleistungen an das Kind.[444]

(4) Quotenvorrecht

718 *Beispiel 6.24*
Nach dem Unfalltod des Beamten B erhält dessen Witwe (AS) Beihilfeleistungen des Dienstherrn. Der Beihilfesatz beträgt 70 %. Die restlichen 30 % hat AS bei einer privaten Krankenversicherung abgedeckt. Anlässlich einer stationären Behandlung betragen die Krankenhauskosten 10.000 €.

Aufwand der Beteiligten		Geschuldeter Schadenersatzbetrag			
		Haftung:	100 %	80 %	50 %
Gesamtaufwand	10.000 €	Ersatz:	10.000 €	8.000 €	5.000 €
davon: 1. AS	1.000 €	Rechtslage	1.000 €	1.000 €	1.000 €
2. Private Krankenversicherung	2.000 €	**kein Regress**, aber Anrechnung	2.000 €	2.000 €	2.000 €
3. Beihilfe	7.000 €	Rechtslage	7.000 €	5.000 €	2.000 €

719 Neben der **Beihilfe** kommen als konkurrierende Leistungsträger in Betracht:

720 ■ die **private Kranken-** und **Pflegeversicherung** (PKV) (Forderungsübergang: § 67 VVG, also mit jeweiliger Leistung unter Beachtung des Quotenvorrechtes des unmittelbar Verletzten),

---

[441] BGH v. 27.1.2004 – VI ZR 342/02 – DAR 2004, 346 = FamRZ 2004, 777 = IVH 2004, 117 (nur Ls.) = MDR 2004, 810 (nur Ls.) = NJW-RR 2004, 821 = NZV 2004, 291 = r+s 2004, 342 = SP 2004, 190 = SVR 2004, 339 (Anm. *Luckey*) = VersR 2004, 653 = VRS 106, 413 = zfs 2004, 260 (Die für die zeitliche Begrenzung der Geldrente maßgebliche mutmaßliche Lebensdauer des Getöteten ist im Urteil kalendermäßig anzugeben).

[442] BGH v. 27.1.2004 – VI ZR 342/02 – DAR 2004, 346 = FamRZ 2004, 777 = IVH 2004, 117 (nur Ls.) = MDR 2004, 810 (nur Ls.) = NJW-RR 2004, 821 = NZV 2004, 291 = r+s 2004, 342 = SP 2004, 190 = SVR 2004, 339 (Anm. *Luckey*) = VersR 2004, 653 = VRS 106, 413 = zfs 2004, 260; BGH v. 25.4.1972 – VI ZR 134/71 – MDR 1972, 769 = VersR 1972, 834; OLG Hamm v. 8.9.1998 – 9 U 86/98 – MDR 1998, 1414.

[443] BGH v. 27.1.2004 – VI ZR 342/02 – DAR 2004, 346 = FamRZ 2004, 777 = IVH 2004, 117 (nur Ls.) = MDR 2004, 810 (nur Ls.) = NJW-RR 2004, 821 = NZV 2004, 291 = r+s 2004, 342 = SP 2004, 190 = SVR 2004, 339 (Anm. *Luckey*) = VersR 2004, 653 = VRS 106, 413 = zfs 2004, 260; OLG Hamm v. 8.9.1998 – 9 U 86/98 – MDR 1998, 1414.

[444] BGH v. 28.2.1989 – VI ZR 208/88 – DAR 1989, 222 = FamRZ 1989, 596 = MDR 1989, 625 = NJW-RR 1989, 608 = NZV 1989, 227 = VersR 1989, 486 = VRS 77, 93 = zfs 1989, 229.

- die **gesetzliche Kranken-** und **Pflegeversicherung** (z.B. bei freiwilliger Mitgliedschaft) sowie gesetzliche Unfallversicherungsträger (Forderungsübergang: § 116 SGB X, im Unfallzeitpunkt unter Beachtung der relativen Theorie). **721**

Soweit die Hinterbliebenen eines Beamten Leistungen der **privaten** (oder gesetzlichen) **Kranken-** und **Pflegeversicherung** für unfallfremde Erkrankungen erhalten, müssen sie sich diese Leistungen unterhaltsschadenmindernd (hinsichtlich des Anspruches auf Heilversorgung und Pflege) anrechnen lassen. Auf die private Krankenversicherung erfolgt kein Forderungsübergang nach § 67 VVG, da sie **keine** zum Unterhaltsschaden **kongruente** Leistung, sondern eine durch die Krankenversicherungsprämie abgedeckte Leistung erbringt; gleiches gilt für § 116 SGB X. **722**

Die Hinterbliebenen sind verpflichtet, die private (oder gesetzliche) Krankenversicherung in Anspruch zu nehmen bzw. sich so behandeln lassen, als ob sie von dort Leistungen erhalten hätten, da die Versicherungsprämie bei der Unterhaltsschadensberechnung (fixe Kosten) Berücksichtigung gefunden hat. **723**

Die Beihilfe ist aber wegen der **Quotenvorrechte** so zu behandeln, als ob die von ihr nicht gedeckten Heilbehandlungs- und Pflegeleistungen von den Hinterbliebenen selbst zu tragen wären. Es sind letztlich hier tragende Aspekte der Rechtsprechung zum doppelten Quotenvorrecht zu übertragen:[445] **724**

- Der unmittelbar verletzte Beamte erhält vom (vom Ersatzverpflichteten zur Verfügung gestellten) Schadenersatz soviel, wie erforderlich ist, um die Lücke zwischen der Leistung der Zessionare (Leistungsträger im Sinne von § 67 VVG und Dienstherr) und seinem Schaden zu decken. Nur der Rest geht auf Dritte über. **725**

- Werden beamtenrechtliche Beihilfeleistungen und Leistungen einer privaten Krankenversicherung oder Pflegeversicherung erbracht, so nimmt der private Kranken- bzw. Pflegeversicherer am Quotenvorrecht des Versicherten (in vollem noch verbliebenen Umfang) teil und genießt damit vor dem Beihilfeträger (aber nach dem unmittelbar Verletzten, § 67 I VVG) das Recht, seine Aufwendungen aus der (noch) vorhandenen Regressmasse bevorrechtigt zu befriedigen. **726**

Der einzige Unterschied zur Abrechnung bei einem verletzten Beamten ist der Umstand, dass auf den anderweitigen Träger kein Forderungsübergang stattfindet, da er keine schadenkongruente Leistung erbringt und der Hinterbliebene für die von ihm bezahlte Leistung ein Äquivalent bei der Berechnung seines Unterhaltsschaden (bei den fixen Kosten) erhalten hat. **727**

c. Beamtenrechtliche Unfallversorgung

Das BeamtVG regelt in den §§ 30 ff. BeamtVG die beamtenrechtliche Unfallfürsorge bundeseinheitlich und abschließend (§ 46 BeamtVG). **728**

---

445 BGH v. 10.2.1998 – VI ZR 139/97 – DAR 1998, 351 (nur Ls.) = NZV 1998, 243 = NJW-RR 1998, 1103 = NVersZ 1999, 25 = r+s 1998, 198 = SP 1998, 279; BGH v. 30.9.1997 – VI ZR 335/96 – NJW-RR 1998, 237 = NZV 1997, 512 = r+s 1997, 506 = SP 1998, 12 (nur Ls.) = VersR 1997, 1537 = WI 1998, 15 (Revisionsentscheidung zu OLG Schleswig v. 3.9.1996 – 9 U 34/96 – NZV 1997, 79); BGH v. 9.11.1956 BGHZ 22, 136 = VersR 1957, 26. A.A.: OLG Schleswig v. 3.9.1996 – 9 U 34/96 – NZV 1997, 79 (Vorinstanz zu BGH v. 30.9.1997 – VI ZR 335/96 –); LG Darmstadt v. 9.7.1970 – 6 S 107/70 – VersR 1975, 574.

aa. Personenkreis

729 Während Arbeitnehmer kraft Gesetzes in der gesetzlichen Unfallversicherung bei Arbeits- bzw. Arbeitswegeunfällen versichert sind, erhalten Beamte (oder eine vergleichbare Person: Richter, Soldat, Zivildienstleistender[446]) und Hinterbliebene des Verunfallten bei Vorliegen eines Dienst- oder Dienstwegeunfalls Unfallversorgung durch ihren Dienstherrn (§§ 1 I, 30 I BeamtVG) und damit Leistungen aus der Dienstunfallversorgung, §§ 30 I, 39 I BeamtVG.

730 Die Vorschriften des BeamtVG gelten entsprechend für Richter (§§ 46, 71, 71a DRiG) und Soldaten, nicht aber für Arbeitnehmer (Arbeiter, Angestellte, Auszubildende) im öffentlichen Dienst.

731 Unfälle, aus denen Unfallfürsorgeansprüche nach §§ 30 ff. BeamtVG entstehen können, sind vom verletzten Beamten oder im Todesfall von den anspruchsberechtigten Hinterbliebenen grundsätzlich (Ausnahme: § 45 II BeamtVG) innerhalb einer Ausschlussfrist von 2 Jahren nach Eintritt des Unfalles beim Dienstvorgesetzten zu melden, § 45 I 1 BeamtVG, spätestens aber nach 10 Jahren. Die Versäumung der **Meldefrist** führt zum Erlöschen der Unfallfürsorgeansprüche.[447] Eine Wiedereinsetzung nach § 32 VwVfG ist nicht möglich, da § 45 BeamtVG eine entgegenstehende Regelung (siehe § 45 II BeamtVG) enthält.

bb. Dienstunfall[448]

732 Voraussetzung des Leistungsbezuges aus der Unfallfürsorge ist das Vorliegen eines **Dienstunfalles** (§ 31 I BeamtVG) oder **Dienstwegeunfalls** (§ 31 II BeamtVG).

733 Die Leistungsvoraussetzungen regeln sozialrechtliche und beamtenrechtliche Unfallfürsorge annähernd gleich, es gelten daher die Grundzüge der gesetzlichen Unfallversicherung auch hier. Die Dienstunfallfürsorge schützt den Beamten allerdings ausschließlich auf dem unmittelbaren Weg zwischen Wohnung und Dienststelle, soweit gesetzlich nicht ausdrücklich andere Wege einbezogen sind, die Rechtsprechung des BSG zum **dritten Ort** gilt nicht.[449]

cc. Tod eines Ruhestandsbeamten mit Bezug von Unfallruhegehalt

734
> **§ 39 BeamtVG – Unfall-Hinterbliebenenversorgung**
>
> (2) Ist ein Ruhestandsbeamter, der Unfallruhegehalt bezog, nicht an den Folgen des Dienstunfalles verstorben, so steht den Hinterbliebenen nur Versorgung nach Abschnitt III (§§ 16 bis 28) zu; diese Bezüge sind aber unter Zugrundelegung des Unfallruhegehalts zu berechnen.

735 Verstirbt ein Ruhestandsbeamter, der Unfallgehalt bezog, nicht an den Folgen des Dienstunfalls, so erhalten seine Hinterbliebenen nur Versorgung nach den allgemeinen

---

446 AG Düsseldorf v. 30.5.1979 – 31 C 740/78 – VersR 1981, 880. Vgl. auch OLG Frankfurt v. 4.2.1981 – 7 U 194/80 – zfs 1982, 267.
447 VG Frankfurt v. 15.9.1960 – I/1 1264/59 – ZBR 1961, 29.
448 Zum Thema: *Jahnke*, Ausgewählte Probleme für die Schadenregulierung, S. 161.
449 BVerwG v. 27.5.2004 – 2 C 29/03 – BVerwGE 121, 67 = DÖD 2005, 39 = DVBl 2004, 1377 = NVwZ-RR 2004, 865 = ZBR 2004, 433 = zfs 2005, 103 (Anm. *Haus*).

Vorschriften (§§ 16 – 28 BeamtVG), jedoch unter Zugrundelegung des Unfallruhegehaltes (§ 39 II BeamtVG).

dd. Leistungen

Leistungen der gesetzlichen Unfallversicherung (SGB VII) und Sozialversorgung (BVG) sowie der beamtenrechtlichen Unfallversorgung sind gesetzestechnisch zwar unterschiedlich aufgebaut, in der Sache aber ähnlich.[450]

736

Die beamtenrechtliche Unfallfürsorge regeln die §§ 30 ff. BeamtVG bundeseinheitlich und abschließend (§ 46 BeamtVG),[451] die Hinterbliebenenunfallversorgung enthalten die §§ 30 II Nr. 5, 39 – 42 BeamtVG.

737

> **§ 30 BeamtVG – Allgemeines**
>
> (1) ¹Wird ein Beamter durch einen Dienstunfall verletzt, so wird ihm und seinen Hinterbliebenen Unfallfürsorge gewährt. ²Unfallfürsorge wird auch dem Kind einer Beamtin gewährt, das durch deren Dienstunfall während der Schwangerschaft unmittelbar geschädigt wurde. ³Satz 2 gilt auch, wenn die Schädigung durch besondere Einwirkungen verursacht worden ist, die generell geeignet sind, bei der Mutter einen Dienstunfall im Sinne des § 31 Abs. 3 zu verursachen.
>
> (2) ¹Die Unfallfürsorge umfaßt
>
> 1. Erstattung von Sachschäden und besonderen Aufwendungen (§ 32),
> 2. Heilverfahren (§§ 33, 34),
> 3. Unfallausgleich (§ 35),
> 4. Unfallruhegehalt oder Unterhaltsbeitrag (§§ 36 bis 38),
> 5. Unfall-Hinterbliebenenversorgung (§§ 39 bis 42),
> 6. einmalige Unfallentschädigung (§ 43),
> 7. Schadensausgleich in besonderen Fällen (§ 43a),
> 8. Versorgung bei gefährlichen Dienstgeschäften im Ausland (§ 46a).
>
> ²Im Fall von Abs. 1 S. 2 und 3 erhält das Kind der Beamtin Leistungen nach den Nummern 2 und 3 sowie nach § 38a.
>
> (3) Im übrigen gelten die allgemeinen Vorschriften.

738

§ 42 BeamtVG bestimmt für das Zusammentreffen mehrerer Hinterbliebenenbezüge, dass die (fiktiven) Bezüge des Verunfallten nicht überschritten werden dürfen.

739

---

450 Siehe die Gegenüberstellung bei *Scheerbarth/Höfken*, § 30 V 1c (S. 642).
451 Siehe auch BGH v. 17.6.1997 – VI ZR 288/96 – NJW 1997, 2883 (Übergang zivilrechtlicher Schadensersatzansprüche eines Beamten auf SVT).

(1) Beerdigungskosten

(a) Sterbegeld (§§ 30 III, 18 I BeamtVG)

740
> **§ 18 BeamtVG – Sterbegeld**
>
> (1) ¹Beim Tode eines Beamten mit Dienstbezügen oder eines Beamten auf Widerruf im Vorbereitungsdienst erhalten der überlebende Ehegatte und die Abkömmlinge des Beamten Sterbegeld. ²Das Sterbegeld ist in Höhe des Zweifachen der Dienstbezüge oder der Anwärterbezüge des Verstorbenen ausschließlich der Auslandskinderzuschläge und der Vergütungen in einer Summe zu zahlen; § 5 Abs. 1 S. 2 und 3 gilt entsprechend. ²Die Sätze 1 und 2 gelten entsprechend beim Tode eines Ruhestandsbeamten oder eines entlassenen Beamten, der im Sterbemonat einen Unterhaltsbeitrag erhalten hat; an die Stelle der Dienstbezüge tritt das Ruhegehalt oder der Unterhaltsbeitrag zuzüglich des Unterschiedsbetrages nach § 50 Abs. 1.
>
> (2) Sind Anspruchsberechtigte im Sinne des Abs. 1 nicht vorhanden, so ist Sterbegeld auf Antrag zu gewähren
>
> 1. Verwandten der aufsteigenden Linie, Geschwistern, Geschwisterkindern sowie Stiefkindern, wenn sie zur Zeit des Todes des Beamten mit diesem in häuslicher Gemeinschaft gelebt haben oder wenn der Verstorbene ganz oder überwiegend ihr Ernährer gewesen ist,
>
> 2. sonstigen Personen, die die Kosten der letzten Krankheit oder der Bestattung getragen haben, bis zur Höhe ihrer Aufwendungen, höchstens jedoch in Höhe des Sterbegeldes nach Abs. 1 S. 2 und 3.
>
> (3) ¹Stirbt eine Witwe oder eine frühere Ehefrau eines Beamten, der im Zeitpunkt des Todes Witwengeld oder ein Unterhaltsbeitrag zustand, so erhalten die in Abs. 1 genannten Kinder Sterbegeld, wenn sie berechtigt sind, Waisengeld oder einen Unterhaltsbeitrag zu beziehen und wenn sie zur Zeit des Todes zur häuslichen Gemeinschaft der Verstorbenen gehört haben. ²Abs. 1 S. 2 erster Halbsatz gilt entsprechend mit der Maßgabe, daß an die Stelle der Dienstbezüge das Witwengeld oder der Unterhaltsbeitrag tritt.
>
> (4) Sind mehrere gleichberechtigte Personen vorhanden, so ist für die Bestimmung des Zahlungsempfängers die Reihenfolge der Aufzählung in den Abs. 1 und 2 maßgebend; bei Vorliegen eines wichtigen Grundes kann von dieser Reihenfolge abgewichen oder das Sterbegeld aufgeteilt werden.

741 Das Sterbegeld beträgt das 2-fache der Dienst- oder Ruhestandsbezüge des Verstorbenen (§§ 30 III, 18 I BeamtVG) und wird neben den Witwen- und Waisenbezügen als einmaliger Betrag gezahlt.

742 Es besteht Kongruenz nur zu den Beerdigungskosten.[452]

(b) Beihilfe

743 Anlässlich der Beerdigung können auch Beihilfen gezahlt werden (dazu Rn 692 ff.).

---

452 Siehe die Nachweise zu Kap 6 Fn 411.

(2) Hinterbliebenenversorgung

(a) Laufendes Monatsgehalt (§§ 30 III, 17 BeamtVG)

Die Monatsbezüge und gegebenenfalls die Aufwandsentschädigung des verstorbenen Beamten/Ruhestandsbeamten für den Sterbemonat werden weitergezahlt, §§ 30 III, 17 BeamtVG.

744

Kongruenz besteht zum Unterhaltsschaden.

745

(b) Witwenbezüge inklusive Beihilfe (§ 39 I Nr. 1 BeamtVG)

> **§ 39 BeamtVG – Unfall-Hinterbliebenenversorgung**
>
> (1) ¹Ist ein Beamter, der Unfallruhegehalt erhalten hätte, oder ein Ruhestandsbeamter, der Unfallruhegehalt bezog, an den Folgen des Dienstunfalles verstorben, so erhalten seine Hinterbliebenen Unfall-Hinterbliebenenversorgung. ²Für diese gelten folgende besondere Vorschriften:
>
> 1. Das Witwengeld beträgt 60 % des Unfallruhegehalts (§§ 36, 37).
> 2. Das Waisengeld beträgt für jedes waisengeldberechtigte Kind (§ 23) 30 % des Unfallruhegehalts. Es wird auch elternlosen Enkeln gewährt, deren Unterhalt zur Zeit des Dienstunfalles ganz oder überwiegend durch den Verstorbenen bestritten wurde.

746

Die Witwe eines an den Folgen eines Dienst- oder Dienstwegeunfalles verstorbenen Beamten oder Ruhestandsbeamten erhält Witwengeld (§ 39 I Nr. 1 BeamtVG) in Höhe von 60 % des Unfallruhegehaltes nach §§ 36, 37 BeamtVG mit dem Ablauf des Sterbemonates (§ 30 III BeamtVG).

747

Nicht-witwengeldberechtigte Witwen und geschiedene Ehefrauen erhalten keine Unfall-Hinterbliebenenversorgung (§§ 44 III, 22 I BeamtVG).

748

Auch jedweder **Beihilfebezug** der Witwe gehört zum erstattungspflichtigen Schadenersatz.[453] Gemeint sind sämtliche Beihilfeaufwendungen an Witwe/r unabhängig von einer kausalen Verknüpfung zu einer Verletzung des hinterbliebenen Ehegatten z.B. durch denselben Unfall.

749

Es besteht Kongruenz mit dem Unterhaltsschaden.[454] Die Hinterbliebenenbezüge hat der Ersatzpflichtige nicht nur bis zum Zeitpunkt der normalen Versetzung des Beamten in den Ruhestand zu ersetzen, sondern regelmäßig bis zum voraussichtlichen natürlichen Tod des Beamten.[455]

750

(c) Witwenabfindung (§§ 30 III, 21 BeamtVG)

Eine Witwenabfindung (§§ 30 III, 21 BeamtVG) ist nicht ersatzfähig.[456]

751

---

453 Kap 6 Rn 711 ff.
454 BGH v. 2.12.1997 – VI ZR 142/96 – BGHZ 137, 237 = DAR 1998, 99 = DÖD 1998, 161 = FamRZ 1998, 416 = HVBG-Info 1998, 562 = LM BGB § 844 Abs. 2 Nr. 94 (Anm. *Schiemann*) = MDR 1998, 283 = NJW 1998, 985 = NJWE-VHR 1998, 110 (nur Ls.) = NZV 1998, 149 = r+s 1998, 153 = SP 1998, 159 = VersR 1998, 333 = VRS 94, 425 = WI 1998, 38.
455 BGH v. 30.3.1953 – GSZ 1 – 3/53 – BGHZ 9, 179 = VersR 1953, 229.
456 Kap 6 Rn 675.

(d) Witwerversorgung (§§ 30 III, 28 BeamtVG)

752 Man wird entsprechend §§ 30 III, 28 S. 2 BeamtVG eine grundsätzliche Gleichbehandlung von Witwern und Witwen annehmen müssen. Witwengeld und Witwergeld sind nicht immer gleich, Unterschiede ergeben sich z.B. nach § 55 BeamtVG.

753 Es besteht Kongruenz zum Unterhaltsschaden.

(e) Unterhaltsbeiträge für Hinterbliebene (§ 41 BeamtVG)

754
> **§ 41 BeamtVG – Unterhaltsbeitrag für Hinterbliebene**
>
> (1) Ist in den Fällen des § 38 der frühere Beamte oder der frühere Ruhestandsbeamte an den Folgen des Dienstunfalles verstorben, so erhalten seine Hinterbliebenen einen Unterhaltsbeitrag in Höhe des Witwen- und Waisengeldes, das sich nach den allgemeinen Vorschriften unter Zugrundelegung des Unterhaltsbeitrages nach § 38 Abs. 2 Nr. 1 ergibt.
>
> (2) Ist der frühere Beamte oder der frühere Ruhestandsbeamte nicht an den Folgen des Dienstunfalles verstorben, so kann seinen Hinterbliebenen ein Unterhaltsbeitrag bis zur Höhe des Witwen- und Waisengeldes bewilligt werden, das sich nach den allgemeinen Vorschriften unter Zugrundelegung des Unterhaltsbeitrages ergibt, den der Verstorbene im Zeitpunkt seines Todes bezogen hat.
>
> (3) Für die Hinterbliebenen eines an den Unfallfolgen verstorbenen Beamten gilt Abs. 1 entsprechend, wenn nicht Unfall-Hinterbliebenenversorgung nach § 39 zusteht.
>
> (4) § 21 gilt entsprechend.

755 Verstirbt ein **früherer** Beamter an den Folgen eines Dienstunfalles, erhalten seine Hinterbliebenen Unterhaltsbeiträge, berechnet nach Maßgabe der §§ 41, 38 BeamtVG.

756 Es besteht Kongruenz zum Unterhaltsschaden.

(f) Lebenspartner nach dem LPartG

757 Im Beamtenunfallrecht ist noch keine Gleichstellung bei der Hinterbliebenenversorgung erfolgt. Die eingetragene Lebenspartnerschaft wirkt sich im gesamten Beamtenrecht, und damit auch bei der Beamtenversorgung, nicht unmittelbar aus.

(g) Nicht-eheliche Partner

758 Das Hinterbliebenenrecht kennt grundsätzlich[457] keine Versorgungsansprüche von nichtehelichen Partnern, und zwar unabhängig von dem Umstand, dass gemeinsame Kinder vorhanden sind.

---

[457] Ausnahmen gelten im Opferentschädigungsrecht, dazu Kap 6 Rn 518.

D. Drittleistung

(h) **Waisengeld inklusive Beihilfe (§ 39 I Nr. 2 BeamtVG)**

> **§ 39 BeamtVG – Unfall-Hinterbliebenenversorgung**
>
> (1) ¹Ist ein Beamter, der Unfallruhegehalt erhalten hätte, oder ein Ruhestandsbeamter, der Unfallruhegehalt bezog, an den Folgen des Dienstunfalles verstorben, so erhalten seine Hinterbliebenen Unfall-Hinterbliebenenversorgung. ²Für diese gelten folgende besondere Vorschriften:
>
> 1. ...
> 2. Das Waisengeld beträgt für jedes waisengeldberechtigte Kind (§ 23) 30 % des Unfallruhegehalts. Es wird auch elternlosen Enkeln gewährt, deren Unterhalt zur Zeit des Dienstunfalles ganz oder überwiegend durch den Verstorbenen bestritten wurde.
>
> ...

Das Kind eines verstorbenen Beamten oder Ruhestandsbeamten erhält Waisengeld (§§ 39 I Nr. 2 i.V.m. 23 BeamtVG) in Höhe von 30 % (je Waise) des Ruhegehaltes des Verstorbenen mit dem Ablauf des Sterbemonates (§§ 30 III, 27 BeamtVG).

§ 42 BeamtVG bestimmt für das Zusammentreffen mehrerer Hinterbliebenenbezüge, dass die (fiktiven) Bezüge des Verunfallten nicht überschritten werden dürfen.

Auch der **Beihilfebezug** (unabhängig von Unfallfolgen) des Waisen gehört zum erstattungspflichtigen Schadenersatz.[458] Es besteht Kongruenz zum Unterhaltsschaden.

(i) **Verwandte in auf- und steigender Linie (§§ 39 I Nr. 2 S. 2, 40 BeamtVG)**

> **§ 39 BeamtVG – Unfall-Hinterbliebenenversorgung**
>
> (1) ¹Ist ein Beamter, der Unfallruhegehalt erhalten hätte, oder ein Ruhestandsbeamter, der Unfallruhegehalt bezog, an den Folgen des Dienstunfalles verstorben, so erhalten seine Hinterbliebenen Unfall-Hinterbliebenenversorgung. ²Für diese gelten folgende besondere Vorschriften:
>
> 1. ...
> 2. ... . Es wird auch elternlosen Enkeln gewährt, deren Unterhalt zur Zeit des Dienstunfalles ganz oder überwiegend durch den Verstorbenen bestritten wurde.
>
> ...
>
> **§ 40 BeamtVG – Unterhaltsbeitrag für Verwandte der aufsteigenden Linie**
>
> ¹Verwandten der aufsteigenden Linie, deren Unterhalt zur Zeit des Dienstunfalles ganz oder überwiegend durch den Verstorbenen (§ 39 Abs. 1) bestritten wurde, ist für die Dauer der Bedürftigkeit ein Unterhaltsbeitrag von zusammen 30 % des Unfallruhegehalts zu gewähren, mindestens jedoch 40 % des in § 36 Abs. 3 S. 3 genannten Betrages. ²Sind mehrere Personen dieser Art vorhanden, so wird der Unterhaltsbeitrag den Eltern vor den Großeltern gewährt; an die Stelle eines verstorbenen Elternteiles treten dessen Eltern.

Verwandte der aufsteigenden Linie (Eltern, Großeltern), deren Unterhalt der Verstorbene überwiegend bestritt, haben für die Zeit ihrer Bedürftigkeit Anspruch auf Zahlung eines Unterhaltsbeitrages (Aszendentenversorgung, § 40 BeamtVG).

---

458 Kap 6 Rn 711 ff.

765 Elternlose Enkel können ebenfalls Waisengeld erhalten (§ 39 I Nr. 2 S. 2 BeamtVG).

766 Es besteht Kongruenz zum Unterhaltsschaden.

(3) Einmalige Unfallentschädigung (§§ 43, 37 BeamtVG)

767 Nach § 43 BeamtVG wird eine einmalige Leistung in Höhe von bis zu 38.350 € an die Hinterbliebenen gezahlt, wenn ein Beamter unter Einsatz seines Lebens bei einer besonders gefährlichen Diensthandlung getötet wird.

768 Es besteht **keine Kongruenz** zu Ansprüchen des unmittelbar Geschädigten.

ee. Unfallfremde Hinterbliebenenversorgung und Verletzungsfall

769 Hat ein beamtenrechtlicher Versorgungsträger nach einem Haftpflichtgeschehen an einen Unfallverletzten länger oder höher eine Hinterbliebenenversorgung (resultierend aus dem unfallfremden Tod eines Elternteiles oder Ehegatten) zahlen, so kann er diese mangels Kongruenz zum Unterhaltsschaden nicht regressieren.[459] Er ist nur mittelbar geschädigt.

ff. Beihilfe

770 Auch nach einem Dienstunfall wird den Hinterbliebenen Beihilfe im Krankheits- und Pflegefall gewährt.

771 Es besteht Kongruenz zum Unterhaltsschaden. Es gelten die Ausführungen zur beamtenrechtlichen Versorgung.[460]

d. Forderungsberechtigung

772 Ist der Schädiger der Dienstherr und handelt es sich um einen Dienstunfall, sind die Ansprüche grundsätzlich auf die Dienstunfallversorgung begrenzt.[461]

aa. Forderungsübergang

773
> **§ 52 BRRG**
> [1]Wird ein Beamter oder Versorgungsberechtigter oder einer ihrer Angehörigen körperlich verletzt oder getötet, so geht ein gesetzlicher Schadenersatzanspruch, der diesen Personen infolge der Körperverletzung oder der Tötung gegen einen Dritten zusteht, insoweit auf den Dienstherrn über, als dieser während einer auf der Körperverletzung beruhenden Aufhebung der Dienstfähigkeit oder infolge der Körperverletzung oder der Tötung zur Gewährung von Leistungen verpflichtet ist. [2]Ist eine Versorgungskasse zur Gewährung der Versorgung verpflichtet, so geht der Anspruch auf sie über. [3]Der Übergang des Anspruchs kann nicht zum Nachteil des Verletzten oder der Hinterbliebenen geltend gemacht werden.

---

459 Kap 1 Rn 82 ff.
460 Kap 6 Rn 692 ff.
461 Zum Anspruchsübergang nach § 116 SGB X bei später ins Beamtenverhältnis berufenen Personen siehe BGH v. 17.6.1997 – VI ZR 288/96 – DAR 1997, 403 = NJW 1997, 2883 = NZV 1997, 393 = r+s 1997, 418 = VersR 1997, 1161 = VRS 93, 405 = zfs 1997, 451.

Eine § 52 BRRG entsprechende Regelung enthalten alle Bundes- (§ 87a BBG) und Landesgesetze, § 1 BRRG; auch § 30 III SVG. Lediglich § 52 S. 2 BRRG ist – mangels Erforderlichkeit – nicht in allen Ländergesetzen enthalten. 774

Der Forderungsübergang erstreckt sich nicht nur auf die **Hinterbliebenenbezüge** sondern gilt auch für die **Beihilfeleistungen**, für die allerdings besondere Berechnungen anzustellen sind.[462] 775

Die Unfallkasse **Post** und **Telekom** (Tübingen) führt als Träger der Versicherung alle Aufgaben der gesetzlichen Unfallversicherung in Nachfolge der Bundespost-Ausführungsbehörde für Unfallversicherung und der Zentralstelle Arbeitsschutz beim Bundesamt für Post und Telekommunikation weiter (§ 1 PostSVOrgG[463]) und ist dabei auch zur Geltendmachung von Ansprüchen nach § 87a BBG befugt (§ 2 I Nr. 4 PostSVOrgG).[464] 776

Entsprechendes gilt für die **Bahnbeamten**. 777

(1) Zeitpunkt

Der Forderungsübergang auf den Dienstherrn nach den beamtenrechtlichen Bestimmungen findet grundsätzlich im **Unfallzeitpunkt** statt (§ 87a BBG bzw. den vergleichbaren Vorschriften der Landesbeamtengesetze – siehe § 52 BRRG). 778

War der Verletzte im Unfallzeitpunkt noch nicht verbeamtet, erfolgt der Forderungsübergang mit dem Erwerb der Beamtenstellung.[465] War zuvor ein Sozialversicherer Leistungsträger, so ist der Dienstherr dessen Rechtsnachfolger.[466] 779

(2) Verwandtenprivileg

Als Ausfluss der Fürsorgepflicht entfällt entsprechend § 67 II VVG, § 116 SGB X der Forderungsübergang bei Verletzung oder Tötung durch einen in häuslichen Gemeinschaft lebenden Familienangehörigen.[467] Durch Abtretung kann dieser Schutz des Angehörigen nicht umgangen werden.[468] 780

bb. Quotenvorrecht und dessen Auswirkungen

Zu beachten ist das in § 52 S. 3 BRRG begründete Quotenvorrecht des Beamten. Wird ein Beamter bzw. eine beihilfeberechtigte Person durch ein Haftpflichtgeschehen verletzt oder getötet und reicht die vom Haftpflichtigen zur Verfügung zu stellende Entschädigungsleistung nicht aus, den Gesamtaufwand auf Seiten der anspruchsberechtigten Personen auszugleichen, so ist bei der Regulierung die Quotenbevorrechtigung des Beamten bzw. Hinterbliebenen zu berücksichtigen. 781

Die Berücksichtigung der unterschiedlichen Forderungsübergänge führt dazu, dass auf den Dienstherrn bzw. Beihilfeträger nicht ein der Haftungsquotierung entsprechender Anteil an den Leistungen entfällt, sondern ein deutlich hierunter liegender Betrag. Die anderen Beteiligten (Anspruchsteller, sonstige Drittleistungsträger) erhalten u.U. sogar 782

---

462 Kap 6 Rn 718 ff.
463 Gesetz über die Träger der gesetzlichen Sozialversicherung im Bereich der früheren Deutschen Bundespost – Postsozialversicherungsorganisationsgesetz – PostSVOrgG –, BGBl I 1994, 2338.
464 OLG Saarbrücken v. 7.6.1996 – 3 U 198/95 –.
465 BayObLG v. 30.10.1986 – RReg. 1 Z 21/86 – VersR 1987, 992 (nur Ls.).
466 BGH v. 7.12.1982 – VI ZR 9/81 – VersR 1983, 262.
467 BGH v. 8.1.1965 – VI ZR 234/63 – NJW 1965, 907.
468 *Jahnke*, NZV 1995, 380 (II.7.c.) m.w.N.

6 Unterhaltsschaden

mehr als einen der Haftungsquote entsprechenden Anteil. Aus dem Vorrecht folgt u.a., dass der private (Kranken- bzw. Pflege-)Versicherer, der sein Recht vom Beamten nach § 67 I VVG überleitet, dessen Bevorrechtigung mit übernimmt und daher seine Leistungen vor der Beihilfe geltend machen kann.[469]

783 Das Quotenvorrecht des Beamten bewirkt häufig, dass **Mitverantwortungsanteile** und Verstöße gegen die **Schadenminderungspflicht** letztlich nur den Anspruch des Dienstherrn, nicht aber den Direktanspruch beeinträchtigen.[470]

784 Lässt ein Beamter oder sein Hinterbliebener den ihm wegen des Quotenvorrechtes zustehenden Teil des Schadenersatzanspruches **verjähren**, kann auch der Dienstherr diesen Teil nicht mehr gegen den Schadenersatzpflichtigen geltend machen.[471]

(1) Versorgungsträger – Hinterbliebener

785 *Beispiel 6.25*
Der A wird durch ein Haftpflichtgeschehen getötet. Der monatliche Unterhaltsschaden seiner Witwe AS beträgt 3.000 €.
Der Dienstherr zahlt Hinterbliebenenpensionen in Höhe von 2.000 €.

Aufwand der Beteiligten			Geschuldeter Schadenersatzbetrag		
		Haftung:	100 %	50 %	30 %
Gesamtkosten	3.000 €	Ersatz:	3.000 €	1.500 €	900 €
davon: 1. AS	1.000 €	Rechtslage	1.000 €	1.000 €	900 €
2. Dienstherr	2.000 €	Rechtslage	2.000 €	500 €	---
Rangfolge der bevorrechtigten Befriedigung:		1. Unmittelbar anspruchsberechtigte Person.			
		2. Dienstherr / Beihilfeträger.			

(2) Versorgungsträger – Abtretung (Quotenvorrecht, doppeltes Quotenvorrecht)

786 Die beamtenrechtliche Versorgung kann mit Leistungen der betrieblichen Altersversorgung (z.B. VBL, ZVK) oder der berufsständischen Versorgung zusammentreffen. Der Forderungsübergang auf letztere Träger erfolgt per Abtretungsvertrag.

787 *Beispiel 6.26*
Der A wird durch ein Haftpflichtgeschehen getötet. Der monatliche Unterhaltsschaden seiner Witwe AS beträgt 3.000 €.

---

[469] BGH v. 10.2.1998 – VI ZR 139/97 – DAR 1998, 351 (nur Ls.) = NZV 1998, 243 = NJW-RR 1998, 1103 = NVersZ 1999, 25 = r+s 1998, 198 = SP 1998, 279; BGH v. 30.9.1997 – VI ZR 335/96 – NJW-RR 1998, 237 = NZV 1997, 512 = r+s 1997, 506 = SP 1998, 12 (nur Ls.) = VersR 1997, 1537 = WI 1998, 15 (Revisionsentscheidung zu OLG Schleswig v. 3.9.1996 – 9 U 34/96 – NZV 1997, 79).

[470] OLG Frankfurt v. 22.10.1992 – 3 U 146/93 – VRS 86, 17 (BGH hat Revision nicht angenommen, Beschl. v. 6.7.1993 – VI ZR 293/92 –) (Ein wegen unfallbedingter Dienstunfähigkeit in den vorzeitigen Ruhestand versetzter Beamter verletzt seine Schadengeringhaltungsverpflichtung, wenn er seine verbliebene Restarbeitskraft nicht anderweitig einsetzt. Dieser Einwand kommt allerdings zunächst in vollem Umfang des anzusetzenden fiktiven anderweitigen Verdienstes beim Dienstherrenregress zum Tragen – Quotenvorrecht des Beamten-.); OLG Karlsruhe v. 5.9.1996 (19 U 131/95) r+s 1997, 413 (BGH hat Revision nicht angenommen, Beschl. v. 6.5.1997 – VI ZR 333/96 –) (Verwertet eine in den Ruhestand versetzte Lehrerin nicht ihre Restarbeitskraft, so wirkt sich dies erst dann auf den Direktanspruch aus, wenn aus der Verwertung dieser Restarbeitskraft mehr als die gezahlten Ruhestandsbezüge zu erzielen gewesen wäre).

[471] KG v. 5.10.1998 – 22 U 3273/97 – NZV 1999, 208.

Der Dienstherr zahlt Hinterbliebenenpensionen in Höhe von 2.000 €.

Daneben erbringt eine berufständische Versorgung (oder ein Träger der betrieblichen Altersversorgung) Leistungen in Höhe von 400 €.

Aufwand der Beteiligten		Geschuldeter Schadenersatzbetrag			
		Haftung:	100 %	50 %	30 %
Gesamtkosten	3.000 €	Ersatz:	3.000 €	1.500 €	900 €
davon: 1. AS	600 €	Rechtslage	600 €	600 €	600 €
2. berufständische Versorgung	400 €	Rechtslage	400 €	400 €	300 €
3. Dienstherr	2.000 €	Rechtslage	2.000 €	500 €	---
Rangfolge der bevorrechtigten Befriedigung:		1. **Unmittelbar anspruchsberechtigte Person.**			
		2. **Berufsständische Versorgung, betriebliche Altersversorgung.**			
		3. **Dienstherr / Beihilfeträger.**			

Dem Hinterbliebenen stehen bei der Abwicklung seines Unterhaltsschadens sowohl gegenüber dem beamtenrechtlichen Versorgungsträger wie auch gegenüber dem Träger der berufsständischen Versorgung oder der betrieblichen Altersversorgung Rechte auf bevorzugte Befriedigung seiner verbliebenen Schadenersatzansprüche zu. Diese Drittleistungsträger können nur auf diejenigen Schadenersatzansprüche zugreifen, die nach vollständigem Ausgleich der beim unmittelbar Anspruchsberechtigten auszugleichenden Schäden noch verblieben sind.

788

Danach greift der Träger der berufsständischen Versorgung (der betrieblichen Altersversorgung) bevorrechtigt vor dem Dienstherrn auf die verbliebenen Schäden zu.[472]

789

(3) Versorgungsträger – § 116 SGB X (Quotenvorrecht, relative Theorie)

Beispiel 6.27

790

Der A wird durch ein Haftpflichtgeschehen getötet. Der monatliche Unterhaltsschaden der Witwe AS beträgt 3.000 €.

Der Dienstherr zahlt Hinterbliebenenpensionen in Höhe von 2.000 €.

Daneben erbringt die gesetzliche Rentenversicherung Leistungen in Höhe von 400 €.

Aufwand der Beteiligten		Geschuldeter Schadenersatzbetrag			
		Haftung:	100 %	50 %	30 %
Gesamtkosten	3.000 €	Ersatz:	3.000 €	1.500 €	900 €
davon: 1. AS	600 €	Rechtslage	600 €	600 €	540 €
2 Rentenversicherung	400 €	Rechtslage	400 €	400 €	360 €
3. Dienstherr	2.000 €	Rechtslage	2.000 €	500 €	---
Rangfolge der bevorrechtigten Befriedigung:		1. **Unmittelbar anspruchsberechtigte Person, Sozialversicherungsträger (gleichberechtigt).**			
		(2. Siehe 1.)			
		3. **Dienstherr / Beihilfeträger.**			

---

472 So zum vergleichbaren Verhältnis Beihilfe – private Krankenversicherung: BGH v. 10.2.1998 – VI ZR 139/97 – DAR 1998, 351 (nur Ls.) = NZV 1998, 243 = NJW-RR 1998, 1103 = NVersZ 1999, 25 = r+s 1998, 198 = SP 1998, 279; BGH v. 30.9.1997 – VI ZR 335/96 – NJW-RR 1998, 237 = NZV 1997, 512 = r+s 1997, 506 = SP 1998, 12 (nur Ls.) = VersR 1997, 1537 = WI 1998, 15 (Revisionsentscheidung zu OLG Schleswig v. 3.9.1996 – 9 U 34/96 – NZV 1997, 79).

791 Die unmittelbar betroffene Person (Anspruchsteller) und ein gesetzlicher Sozialversicherer sind im Außenverhältnis gegenüber dem beamtenrechtlichen Versorgungsträger gemeinsam quotenbevorrechtigt, erst im Innenverhältnis von Anspruchsteller und Sozialversicherer ist der bevorrechtigte Betrag dann anteilig und gleichberechtigt aufzuteilen (relative Theorie): Der Gesamtschaden von Anspruchsteller und Rentenversicherung beträgt 1.000 € (600 € + 400 €). Das Quotenvorrecht ist anteilig entsprechend der jeweiligen Belastung auf Anspruchsteller (600/1000 = 60 %) und Rentenversicherung (400/1000 = 40 %) anzuwenden.

792 Liegt der Gesamtaufwand von Anspruchsteller und Sozialversicherung unter dem vom Haftpflichtigen geschuldeten Gesamtschadenersatz, erhalten beide (Anspruchsteller, Sozialversicherer) trotz der Haftungsquote vollen Ersatz ihrer Aufwendungen.

793 Reicht der zur Verfügung stehende Betrag (Beispielsquote in Höhe von nur noch 30 % = 900 €) nicht mehr aus, den kumulierten Aufwand von Anspruchsteller und Rentenversicherung zu decken, so erfolgt jetzt eine anteilige Kürzung: Der Anspruchsteller erhält 60 % des zur Verfügung stehenden Schadenbetrages (900 € * 60 % =) 540 € und der Rentenversicherer 40 % (900 € * 40 % =) 360 €.

(4) Dienstherr – § 116 SGB X – Abtretung

794 *Beispiel 6.28*
Der A wird durch ein Haftpflichtgeschehen getötet. Der monatliche Unterhaltsschaden der Witwe AS beträgt 3.000 €.

Der Dienstherr zahlt Hinterbliebenenpensionen in Höhe von 2.000 €.

Daneben erbringt die gesetzliche Rentenversicherung Leistungen in Höhe von 400 €.

Ferner zahlt die berufsständische Versorgung (oder ein Träger der betrieblichen Altersversorgung) 100 €.

Aufwand der Beteiligten			Geschuldeter Schadenersatzbetrag		
		Haftung:	100 %	50 %	30 %
Gesamtkosten	3.000 €	Ersatz:	3.000 €	1.500 €	900 €
davon: 1. AS	500 €	Rechtslage	500 €	500 €	500 €
2. Rentenversicherung	400 €	Rechtslage	400 €	400 €	400 €
3. Berufsständische Versorgung	100 €	Rechtslage	100 €	100 €	---
4. Beihilfe	2.000 €	Rechtslage	2.000 €	500 €	---
Rangfolge der bevorrechtigten Befriedigung:			1. Unmittelbar anspruchsberechtigte Person, Sozialversicherungsträger (gleichberechtigt). 2. Berufsständische Versorgung, betriebliche Altersversorgung. 3. Dienstherr / Beihilfeträger.		

(5) Dienstherr – Abrechnung nach Teilungsabkommen

795 *Beispiel 6.29*
Die Ausgangswerte entsprechen dem Beispiel 6.28 (Rn 794).

Die Haftpflichtversicherung rechnet mit dem Sozialversicherungsträger nach Teilungsabkommen und nicht nach Rechtslage ab. Nach Teilungsabkommen sind 50 % der Rentenzahlung zu ersetzen.

Aufwand der Beteiligten			Geschuldeter Schadenersatzbetrag		
		Haftung:	100 %	50 %	30 %
Gesamtkosten	3.000 €	Ersatz:	3.000 €	1.500 €	900 €
davon: 1. AS	500 €	Rechtslage	500 €	500 €	500 €
2. Rentenversicherung	400 €	TA-Quote	200 €[473]	200 €	200 €
3. Berufsständische Versorgung	100 €	Rechtslage	100 €	100 €	---
4. Beihilfe	2.000 €	Rechtslage	2.000 €	500 €	---
Rangfolge der bevorrechtigten Befriedigung:		1. Unmittelbar anspruchsberechtigte Person, Sozialversicherungsträger (gleichberechtigt).			
		2. Berufsständische Versorgung, betriebliche Altersversorgung.			
		3. Dienstherr / Beihilfeträger.			

Die Grundzüge zum Quotenvorrecht gelten auch dann, wenn Teile der Drittleistungen im Rahmen eines Teilungsabkommens abgerechnet werden. Für Anspruchsteller und beamtenrechtlichen Versorgungsträger ist dann unter Berücksichtigung der Haftungsquote eine **fiktive Berechnung** wie im Beispiel 6.28 (Rn 794) anzustellen und der jeweils (bei **unterstelltem Rechtslageregress**) an die Sozialversicherer zu entrichtende Betrag der Berechnung zugrunde zu legen und nicht die tatsächlichen Zahlungen (an die Sozialversicherung). Die Berücksichtigung des Quotenvorrechts orientiert sich ausschließlich an den nach Rechtslage der Rentenversicherung – fiktiv – geschuldeten Zahlungen.

796

cc. Versicherungsschutzversagung

Eine Ausdehnung des § 158c IV VVG auf andere Fälle, in denen ein weiterer solventer Schuldner (wie z.B. ein öffentlich-rechtlicher Dienstherr) zur Verfügung steht, ist von der Rechtsprechung abgelehnt worden.[474]

797

Dem Dienstherrn sind auch bei fehlendem Versicherungsschutz die übergangsfähigen Aufwendungen in den Grenzen des Quotenvorrechtes zu ersetzen.

798

3. Betriebliche Altersversorgung

a. Regelung

Seit 2002 hat jeder Arbeitnehmer einen **Anspruch** darauf, dass sein Arbeitgeber ihm mindestens eine von 5 Formen der betrieblichen Altersversorgung anbietet. Das Gesetz zur Verbesserung der betrieblichen Altersversorgung (BetrAVG) regelt Einzelheiten der Rechtsverhältnisse.

799

Exemplarisch dargestellt wird im Folgenden die Versorgung der bei öffentlich-rechtlichen Arbeitgebern beschäftigten Arbeitnehmer durch die VBL.

800

---

473 Übergangsfähiger Aufwand (400 €) * Teilungsabkommensquote (50 %) = Zahlbetrag (200 €).
474 BGH v. 26.9.1979 – VI ZR 94/78 – VersR 1979, 1120 = zfs 1980, 60 (Rheinische Zusatzversorgungskasse der Gemeinden und Gemeindeverbände); BGH v. 17.10.1957 – II ZR 39/56 – BGHZ 25, 330 = NJW 1957, 1874 = VersR 1957, 729.

b. Leistungsträger

801 Das Gesetz zur Verbesserung der betrieblichen Altersversorgung (BetrAVG) regelt Einzelheiten der Rechtsverhältnisse. Als Leistungsträger nach dem BetrAVG kommen in Betracht (§ 1 BetrAVG):

802 ■ bei **Direktversicherung** ein Lebensversicherungsunternehmen (§ 1b II BetrAVG),

803 ■ im übrigen **Pensionsfonds, Pensions-** und **Unterstützungskassen** (§ 1b III, IV BetrAVG).

804 Für die Versorgung der bei öffentlich-rechtlichen Arbeitgebern beschäftigten Arbeitnehmer ist die „Versorgungsanstalt des Bundes und der Länder" (VBL) als rechtsfähige Anstalt des öffentlichen Rechtes zuständig.

c. Beitragsausfall

805 Den Zusatzkassen (im öffentlichen Dienst z.B. VBL oder ZVK) und Trägern der betrieblichen Altersversorgung steht kein § 119 SGB X vergleichbarer Regressanspruch auf Ersatz der ihnen entgehenden, für einen Verletzten zu entrichtenden, Beiträge zu.

806 Muss ein Verletzter seine Tätigkeit unfallbedingt ganz oder teilweise einstellen und entstehen deshalb Beitragsausfälle in der betrieblichen Altersversorgung, so hat der Schädiger nur dem Verletzten die Minderungen bei der Betriebsrente zu ersetzen. Keine Ersatzpflicht besteht allerdings gegenüber Familienangehörigen, wenn diese nunmehr nach einem unfallfremden Tode des Unfallbeteiligten gekürzte Betriebsrenten erhalten (mittelbarer Schaden).

807 Gleiches gilt, wenn aufgrund des Todes die Betriebsrentenansprüche verringert werden oder ganz entfallen.

d. Leistungen

808 Die Leistungen der betrieblichen Altersversorgung hat ein Hinterbliebener sich anspruchsmindernd anrechnen zu lassen.[475]

aa. BetrAVG

809 Die Leistungen der betrieblichen Altersversorgung sind in regelmäßigen Abständen anzupassen, § 16 BetrAVG.

bb. Beispiel: VBL

810 Exemplarisch dargestellt wird im Folgenden die Versorgung der bei öffentlich-rechtlichen Arbeitgebern beschäftigten Arbeitnehmer (VBL-Satzung in der Neufassung zum 1.1.2001).

811 **Leistungsberechtigt** sind Versicherte und deren Hinterbliebene (Witwen, Witwer, Waisen, u.U. auch Partner im Sinne des LPartG), § 24 II 4 VBL-Satzung.[476]

---

475 OLG Hamm v. 1.9.1992 – 9 U 42/92 – r+s 1992, 413. *Böhme/Biela*, Rn D 307 (S. 247); differenzierend *Küppersbusch*, Rn 425.
476 OLG Karlsruhe v. 21.10.2004 – 12 U 195/04 – VersR 2005, 636 (Keine Gleichstellung von eingetragenen Lebenspartnern).

Versicherte, die die **Wartezeit** von 60 Monaten **nicht** haben erfüllen können, haben Anspruch auf Erstattung der von ihnen geleisteten Beiträge (§ 44 VBL-Satzung).

Der Versicherungs-/**Leistungsfall** tritt ein, wenn und solange Anspruch auf Hinterbliebenenrente aus der gesetzlichen Rentenversicherung besteht (§ 38 VBL-Satzung. Für nicht gesetzlich Rentenversicherte gelten die Bestimmungen entsprechend (§ 45 VBL-Satzung).

812

Bezweckt ist eine zusätzliche Alters- und Hinterbliebenenversorgung von Arbeitnehmern der Beteiligten (§ 19 VBL-Satzung: öffentlich-rechtliche Arbeitgeber) im Wege privatrechtlicher Versicherung zu gewähren, § 2 VBL-Satzung. Kongruenz besteht zum Unterhaltsschaden.[477]

813

- Versorgungsrente[478] erhalten **Witwe/Witwer** (u.U. auch der Partner im Sinne des LPartG) des Versicherten (§ 38 I 1 VBL-Satzung), wenn der Hinterbliebene eine Witwen-/Witwer-Rente aus der gesetzlichen Rentenversicherung bezieht.

814

- Der Anspruch des hinterbliebenen Ehegatten entfällt im Fall einer sog. **Versorgungsehe** (§ 38 II VBL-Satzung-2001), d.h. wenn die Ehe erst nach dem Versicherungsfall geschlossen wurde und der Tod innerhalb des ersten Ehejahres eintritt. Die gesetzliche Vermutung, es handele sich um eine Versorgungsehe, ist nur dann als widerlegt anzusehen, wenn unter Berücksichtigung der Motive beider Ehegatten die Versorgungsabsicht insgesamt nicht Vordergrund steht.

815

- Versorgungsrenten werden auch an **Waisen** des Versicherten (§ 38 II 4 VBL-Satzung) gezahlt, wenn und solange der Waise eine Rente aus der gesetzlichen Rentenversicherung erhält.

816

cc. Sterbegeld

Manche Versorgungswerke sehen auch ein Sterbegeld vor.

817

Kongruenz besteht dann nur zu den Beerdigungskosten, nicht aber zum Unterhaltsschaden.

818

e. Haftungsausschluss, Verwandtenprivileg

§§ 104 ff. SGB VII (§§ 636 f. RVO) schließen den Regress aus, da hier bereits der Haftungsanspruch zu Fall gebracht wird. Eine § 110 SGB VII vergleichbare Regelung gibt es nicht.

819

Da der Schutzzweck des **Verwandtenprivileges** auch im Bereich der Abtretung von Ansprüchen greift, findet m.E. ein Forderungsübergang in diesen Fällen nicht statt. Insoweit kommt ein allgemein geltender Grundsatz zum Tragen.[479]

820

---

477 OLG Hamm v. 1.9.1992 – 9 U 42/92 – r+s 1992, 413 (Betriebsrente ist auf den Direktanspruch anzurechnen).

478 Nach in Versorgungsregelungen enthaltenen sog. „Spätehenklauseln" müssen die betrieblichen Renten häufig nicht an den Partner des Verstorbenen ausgezahlt werden, wenn die Ehe erst nach Eintritt in den Ruhestand geschlossen worden ist. Das gilt auch, wenn jemand nach dem Tod seiner ersten Ehefrau erneut heiratet: Die zweite Frau hat nach dem Tod des Betriebsrentners keinen Anspruch auf diejenige Betriebswitwenrente, die der ersten Frau – bei Weiterleben – hätte gezahlt werden müssen (so BAG v. 26.8.1997 – 3 AZR 235/96 – BAGE 86, 216 = BB 1998, 1114 = DB 1998, 1190 = MDR 1998, 850 (nur Ls.) = NZA 1998, 817 3 AZR 235/96).

479 *Jahnke*, NZV 1995, 379 f.

6 Unterhaltsschaden

f. Forderungsübergang

821 Leistungsberechtigter (aus der betrieblichen Versorgung) und Anspruchsberechtigter (hinsichtlich des Schadenersatzanspruches) müssen personenidentisch sein. In den Fällen der §§ 844, 845 BGB entfällt damit ein Anspruch, wenn der Leistungsberechtigte den Leistungsfall selbst herbeiführte.

aa. Abtretung

822 Ein gesetzlicher Forderungsübergang ist nicht vorgesehen.[480] Der Forderungswechsel erfolgt nur per Abtretung,[481] wobei die Verpflichtung zur Abtretung häufig in der Satzung (vgl. § 50 VBL-Satzung) geregelt ist.

bb. Quotenvorrecht

823
> **§ 50 VBL-Satzung – Schadensersatzansprüche gegen Dritte**
>
> [1]Steht der/dem Versicherten, der/dem Betriebsrentenberechtigten oder einem anspruchsberechtigten Hinterbliebenen aus einem Ereignis, das die Anstalt zur Gewährung oder Erhöhung von Leistungen verpflichtet, ein Schadensersatzanspruch gegen einen Dritten zu, so haben die anspruchsberechtigten Personen ihre Ansprüche gegen den Dritten bis zur Höhe des Brutto-Betrags der Betriebsrente an die Anstalt abzutreten. [2]Der Übergang kann nicht zum Nachteil der anspruchsberechtigten Person geltend gemacht werden. [3]Verweigern die anspruchsberechtigten Personen die Abtretung oder Beibringung der erforderlichen Unterlagen, so ist die Anstalt solange zu einer Leistung nicht verpflichtet.

824 § 50 VBL-Satzung (in der Neufassung zum 1.1.2001) verpflichtet den Versicherten/Hinterbliebenen zur **Abtretung** von Schadenersatzansprüchen. Nach § 50 S. 2 VBL-Satzung darf der „Forderungsübergang nicht zum Nachteil der anspruchsberechtigten Personen Versicherten geltend gemacht" werden, es gilt also ein **Quotenvorrecht** zugunsten des Verletzten. Vergleichbares muss auch für die anderweitigen Institutionen der betrieblichen Altersversorgung gelten; es kommt also nicht, wie bei § 116 SGB X, zu einer relativen Verteilung.

825 Ähnliche Bestimmungen wie die VBL-Satzung enthalten andere Pensionswerke.

g. Besonderheit bei Zusammentreffen mit anderen Leistungsträgern

826 Treffen Leistungen der betrieblichen Altersversorgung mit denen aus der gesetzlichen Renten- und/oder Unfallversicherung zusammen, so geht der Forderungsübergang auf die Sozialversicherungsträger vor.[482]

---

480 OLG Hamm v. 1.9.1992 – 9 U 42/92 – r+s 1992, 413 (Betriebsrente ist auf den Direktanspruch anzurechnen – konkret: Unterhaltsschaden).
481 BGH v. 26.9.1979 – VI ZR 94/78 – VersR 1979, 1120 = zfs 1980, 60 (Rheinische Zusatzversorgungskasse der Gemeinden und Gemeindeverbände); OLG Frankfurt v. 21.12.1999 – 14 U 60/94 – VersR 2000, 1523 (nur Ls.) (BGH hat Revision nicht angenommen, Beschl. v. 1.8.2000 – VI ZR 26/00 –). Siehe ergänzend *Küppersbusch,* Rn 88, 91 sowie S. 239 (Fn 24).
482 Im Einzelnen Kap 2 Rn 323 ff. und Rn 353 ff.

h. Versicherungsschutzversagung

Fehlender Versicherungsschutz berührt die Ansprüche des Abtretungsgläubigers, dem Träger der betrieblichen Altersversorgung, grundsätzlich nicht. Insoweit steht er in derselben Rechtsposition wie der unmittelbar Geschädigte.

4. Berufsständische Versorgung

Außerhalb der gesetzlichen Rentenversicherung finden sich für Angehörige der klassischen verkammerten freiberuflich Tätigen (Ärzte, Apotheker, Architekten, Notare, Rechtsanwälte, Steuerberater und -bevollmächtigte, Tierärzte, Wirtschaftsprüfer und vereidigte Buchprüfer sowie Zahnärzte) als Träger der sozialen Sicherung[483] (in aller Regel durch Landesgesetze installierte) berufsständische Versorgungswerke, die im Wesentlichen der Altersvorsorge dienen, daneben aber im Falle des Todes Hinterbliebenen eines Mitgliedes Leistungen erbringen.

a. Leistungsberechtigung

Die berufsständischen Versorgungswerke sind offen für die selbständigen **Freiberufler**. Dabei wird z.T. auch eine Pflichtmitgliedschaft begründet. Aber auch **abhängig Beschäftigte** dieser Berufsgruppen können sich – jedenfalls für die Zeitdauer ihrer Zugehörigkeit zur Berufsgruppe[484]- von ihrer Versicherungspflicht bei einem gesetzlichen Rentenversicherer befreien lassen und in eine berufsständische Versorgung eintreten (§ 6 SGB VI). Versicherungsfrei in der gesetzlichen Rentenversicherung sind auf Antrag die in § 6 SGB VI genannten Personen (Mitglieder berufsständischer Versorgungswerke).

Die **Wartezeiten** bis zur Möglichkeit der Inanspruchnahme von Leistungen sind häufig erheblich kürzer als in der gesetzlichen Rentenversicherung. Auch gehen die Barleistungen nicht selten über das aus der gesetzlichen Rentenversicherung bekannte Maß deutlich hinaus.

b. Leistungen

Der Leistungsumfang entspricht i.d.R. grob dem Spektrum der gesetzlichen Rentenversicherung. Die Leistungen sind anspruchsmindernd auf den Ersatzanspruch der Hinterbliebenen anzurechnen.

aa. Sterbegeld

Manche Versorgungswerke gewähren neben den Leistungen der Krankenkasse (bis 31.12.2003) bzw. gesetzlichen Unfallversicherung ein zusätzliches Sterbegeld.

Kongruenz besteht dann nur zu den Beerdigungskosten, nicht aber zum Unterhaltsschaden.

---

[483] BVerfG (2. Kammer des 1. Senates) v. 23.1.1997 – 1 BvR 1317/86 – NJW 1997, 1634.
[484] BSG v. 30.4.1997 – 12 RK 34/96 – NJW 1997, 3333 (Endet die Pflichtmitgliedschaft in der Versorgungseinrichtung – konkret: Anwaltsversorgung –, so ist die Befreiung von der Rentenversicherungspflicht mit Wirkung für die Zukunft aufzuheben).

bb. Hinterbliebenenrente

834 Die Hinterbliebenen (**Witwe, Witwer**, Waise) erhalten Hinterbliebenenrenten.

835 Manche Versorgungswerke haben gleichgeschlechtliche Partner im Sinne des **LPartG** den Witwen und Witwern gleichgestellt.

836 Im Einzelfall kann für **Versorgungsehen** der Anspruch ausgeschlossen sein.[485]

837 Die **Waisenrente** wird in der Regel wie in der gesetzlichen Rentenversicherung längstens bis zur Vollendung des 18. Lebensjahres gezahlt, bei darüber hinaus gehender Ausbildung längstens bis zum 27. Lebensjahr.

838 Kongruenz besteht zum Unterhaltsschaden einschließlich des Haushaltshilfeschadens und Betreuungsschadens gegenüber den Waisen.

cc. Zuschüsse zu den Aufwendungen für die Kranken- und Pflegeversicherung

839 Solche Leistungen sehen die Versorgungswerke in aller Regel nicht vor.

c. Forderungsübergang

840 Die mir bislang bekannten Versorgungswerke sind nicht durch einen gesetzlichen Forderungsübergang für drittverursachte Leistungen geschützt.

aa. Abtretung

841 Sie müssen daher – wie die betriebliche Altersversorgung – ihren Regress im Wege der privatrechtlichen Abtretung verfolgen. Dabei ist die Verpflichtung zur Abtretung manchmal in der Satzung statuiert, z.T. verbunden mit einem Quotenvorrecht des Verletzten bzw. seiner Hinterbliebenen (ähnlich § 6 EFZG, § 67 I 2 VVG).

842 Eine Abfindung des unmittelbar Anspruchsberechtigten vor einer Abtretung verhindert den Forderungsübergang.

bb. Quotenvorrecht

843 Zu beachten ist, dass der Versorgungsträger den Forderungsübergang auf sich nur unter Wahrung der Interessen des unmittelbar verletzten Mitgliedes und dessen Hinterbliebenen geltend machen und eine dementsprechende Abtretungserklärung verlangen kann. Soweit (z.B. bei Mithaftung) die berufsständische Versorgung in Konkurrenz zu ihrem Mitglied tritt, wird man, wenn keine Regelung vom Versorgungswerk vorgesehen ist, differenzieren müssen:

844 ■ Nachdem sich der Gesetzgeber bei der Novellierung des § 1542 RVO gegen ein Quotenvorrecht für Drittleistungsträger entschieden hat, scheidet m.E. in allen Fällen jedenfalls ein Anspruch des Versorgungsträgers auf vorrangige Befriedigung aus.

845 ■ Handelt es sich um eine **befreite Mitgliedschaft** (beispielsweise bei angestellten Ärzten oder Anwälten) i.S.v. § 6 SGB VI, so wird man ausnahmsweise analog § 116

---

[485] VGH Mannheim v. 29.10.2002 – 9 S 2062/01 – NJW 2003, 374 (Der Einwand der Scheinehe [§ 1314 II Nr. 5 BGB] ist unbeachtlich).

SGB X die relative Theorie anzuwenden haben. Die Mithaftung schlägt sich dann bei den Direktansprüchen verhältnismäßig („relativ") wie bei einem Sozialversicherten (Rentenpflichtversicherten) nieder.

- War die verletzte Person **nicht** in der gesetzlichen **Rentenversicherung versicherungspflichtig** (und lag kein Befreiungstatbestand zugunsten einer berufsständischen Versorgung vor), so wird man analog § 6 EFZG, § 67 VVG, § 52 S. 3 BRRG ein Quotenvorrecht zugunsten des Verletzten annehmen müssen. 846

- Reichen Haftungshöchst- oder Versicherungssumme nicht aus, steht dem Verletzten stets ein Befriedigungsvorrecht vor dem Träger der berufsständischen Versorgung zu. Bei Mithaftung im Fall der befreiten Mitgliedschaft müssen konsequenterweise dieselben Grundsätze wie bei Pflichtmitgliedern der Sozialversicherung gelten. 847

Zu beachten ist ferner, dass der Versorgungsträger den Forderungsübergang auf sich nur unter Wahrung der Interessen des unmittelbar Verletzten geltend machen kann. Insoweit gilt ein allgemeiner Grundsatz, der in § 6 EFZG (früher: § 4 LFZG), § 67 VVG einen gesetzlichen Ausdruck gefunden hat („Quotenvorrecht"). Reichen z.B. Haftungshöchst- oder Versicherungssumme nicht aus, steht dem Verletzten/Hinterbliebenen ein Befriedigungsvorrecht vor dem Träger der berufsständischen Versorgung zu. 848

cc. Arbeitsunfall, Verwandtenprivileg

Der **Haftungsausschluss** nach §§ 104 ff. SGB VII (bis 31.12.1996: §§ 636 f. RVO) kommt zum Tragen, da bereits die Haftung entfällt. 849

Das **Verwandtenprivileg** ist anwendbar. Insoweit kommt ein allgemein geltender Grundsatz zum Tragen.[486] 850

dd. Besonderheiten bei Zusammentreffen mit anderem Leistungsträger

Treffen Leistungen der Versorgungswerke mit denen aus der gesetzlichen Renten- oder Unfallversicherung zusammen, so geht der Forderungsübergang auf den Sozialversicherungsträger dann vor, wenn ein § 116 SGB X entsprechender[487] gesetzlicher Forderungsübergang auf das Versorgungswerk fehlt (oder nicht analog § 116 SGB X anzunehmen ist). 851

Ist der beim Hinterbliebenen eingetretene Schaden geringer als die Summe der kongruenten Leistungen von Sozialversicherer und berufsständischer Versorgung, so ist der Schaden wegen des zeitlich vorrangigen Forderungsüberganges (§ 116 SGB X) zunächst zwischen den Sozialversicherungsträgern verhältnismäßig zu verteilen; erst ein danach noch verbleibender Restschaden kann nach erfolgter Abtretung vom Versorgungswerk eingefordert werden.[488] 852

Ansonsten (Anwendung von § 116 SGB X) ist den Leistungsträgern (Sozialversicherungsträger, Versorgungswerk) im Verhältnis ihrer jeweiligen Leistung zum Gesamtrentenbezug anteilig Ersatz des zur Höhe nachgewiesenen Verdienstausfall- oder Unterhaltsschadens zu leisten. 853

---

486 *Jahnke*, NZV 1995, 379 f.
487 Ansonsten ist den Leistungsträgern (Sozialversicherungsträger, Versorgungswerk) im Verhältnis ihrer jeweiligen Leistung zum Gesamtrentenbezug anteilig Ersatz des zur Höhe nachgewiesenen Verdienstausfall- oder Unterhaltsschadens zu leisten.
488 Siehe *Beispiel 2.26*, Kap 2 Rn 327 und *Beispiel 2.27*, Rn 329.

d. Versicherungsschutzversagung[489]

854 Fehlender Versicherungsschutz berührt die Ansprüche des Abtretungsgläubigers, dem Träger der berufsständischen Versorgung, grundsätzlich nicht. Insoweit steht er in derselben Rechtsposition wie der unmittelbar Geschädigte.

VII. Privatvorsorge

1. Private Versicherer, § 67 VVG

a. Private Krankenversicherung

855 Die private Krankenversicherung (§§ 178a ff. VVG) enthält keine zum Unterhaltsschaden kongruenten Leistungen für den Todesfall. Die Eintrittspflicht kann aber bei Hinterbliebenen von Beamten von Bedeutung sein.[490]

b. Private Pflegeversicherung

856 Für den Bereich der privaten Pflegeversicherung (§§ 110 f. SGB XI) sind gesetzlich keine Leistungen für den Todesfall vorgesehen. Ihre Eintrittspflicht kann aber bei Hinterbliebenen von Beamten von Bedeutung sein.[491]

2. Summenversicherung

857 Ansprüche aus Lebens- und privater Unfallversicherung finden im Verhältnis zu einem Ersatzpflichtigen keine Anrechnung; es sei denn, die Versicherungen dienten bereits zu Lebzeiten des Erblassers dem Unterhalt.[492] Es erfolgt dann bei den Unterhaltsgeschädigten eine Verrechnung im Wege des **Vorteilsausgleiches** ohne Forderungsübergang auf den Versicherungsträger.

858 Der Übergang einer Schadensersatzforderung nach § 67 VVG auf den aufgrund eigener vertraglicher Vereinbarung mit dem Verletzten eintrittspflichtigen Privatversicherer erfolgt nur bei Schaden-, nicht aber bei Summenversicherern (arg. e. § 178a II 1 VVG).

a. Private Unfallversicherung

859 Privaten Unfall- und Lebensversicherern ist als Summenversicherern der Regress mangels Forderungsübergang gegenüber dem Verursacher ihrer Leistungspflicht nicht möglich.

860 Eine Anrechnung auf Schadensersatzleistungen zu Lasten der Hinterbliebenen entfällt.[493]

---

489 Siehe auch die Ausführungen zur betrieblichen Altersversorgung (Kap 6 Rn 827).
490 Siehe Kap 6 Rn 718 ff.
491 Siehe Kap 6 Rn 718 ff.
492 BGH v. 19.12.1978 – VI ZR 218/76 – MDR 1979, 484 = VersR 1979, 323 (Anm. *Rudolff,* VersR 1979, 1152).
493 Siehe OLG Düsseldorf v. 23.5.1995 – 4 W 17/95 – r+s 1995, 386 = VersR 1996, 480 (Anspruch auf Leistungen aus einem privaten Unfallversicherungsvertrag geht nicht nach § 116 SGB X auf einen Sozialhilfeträger über).

b. Insassenunfallversicherung

Bei grundsätzlich bestehender Leistungsverpflichtung einer Insassenunfallversicherung darf der für den Unfall seines Kraftfahrzeuges Haftende die Anrechnung der ausbezahlten Versicherung auf den Insassenschaden bestimmen,[494] wenn er hieran ein anzuerkennendes Interesse (z.B. zur Rettung seines Schadensfreiheitsrabatts) hat.

861

c. Lebensversicherung

Leistungen der Lebensversicherung sind dem Forderungsübergang nach § 67 VVG nicht zugänglich.

862

d. Private Sterbeversicherung

Wie Leistungen der Lebensversicherung sind Leistungen aus einer privaten Sterbeversicherung nicht anzurechnen und als Summenversicherung dem Forderungsübergang nach § 67 VVG nicht zugänglich.[495]

863

e. FahrerPlus

Bei dieser Absicherung handelt es sich um eine private Unfallversicherung, die sich hinsichtlich ihres Leistungsvolumens nicht an festen Sätzen, sondern an den Grundsätzen der Schadenversicherung mit bestimmten Anrechnungs- und Verrechnungsmodalitäten orientiert. Sie ist qua definitionem eine Schadenversicherung mit speziell geregelten Verrechnungsvorgaben, auch wenn sie im Ansatz eine Unfallversicherung darstellt.

864

3. Reiserücktrittsversicherung

Nach Auffassung des LG München[496] handelt es sich bei der Reiserücktrittsversicherung nicht um eine Schaden- sondern um eine **Summenversicherung**, sodass bereits von daher ein Forderungsübergang nach § 67 VVG entfällt.

865

Selbst wenn man die Reiserücktrittsversicherung zu den **Schadenversicherern** im Sinne des § 67 VVG rechnet, stehen ihr auch dann Ansprüche nicht zu, da es bereits an einem Anspruch des unmittelbar Verletzten fehlt, der dann auf den Reiserücktrittsversicherer übergehen könnte.[497]

866

Urlaub hat zwar grundsätzlich vermögenswerten Charakter, gleichwohl ist bei unfallbedingtem Wegfall oder **Verfall dieser Freizeit** keine Entschädigung in Geld zu leisten. Für den Fall des vertanen Urlaubs differenziert der BGH[498] zwischen einerseits dem Vertragsrecht, soweit die Urlaubsdurchführung Gegenstand des Vertrages ist (also dem Anwendungsfall des § 651f BGB), und andererseits den übrigen Schadenersatznormen, die keine Erstattungsfähigkeit bedingen. Der Fortfall des Urlaubs kann allenfalls bei

867

---

494 BGH v. 13.1.1981 – VI ZR 180/79 – BGHZ 80, 8 = DAR 1981, 291 = MDR 1981, 574 = NJW 1981, 1613 = VersR 1981, 447 = VRS 61, 90; BGH v. 7.5.1975 – IV ZR 209/73 – BGHZ 64, 260 = NJW 1975, 1273; BGH v. 4.4.1973 – IV ZR 130/71 – NJW 1973, 1368.
495 *Bamberger/Roth-Spindler*, § 844 Rn 8.
496 LG München v. 27.4.2006 – 31 S 21056/05 –.
497 Siehe Kap 1 Rn 28.
498 BGH v. 11.1.1983 – VI ZR 222/80 – BGHZ 86, 212 = DAR 1983, 163 = DB 1983, 1198 = JZ 1983, 390 = MDR 1983, 477 = NJW 1983, 1107 = r+s 1983, 82 = VersR 1983, 392 = zfs 1983, 169.

6 Unterhaltsschaden

der – nicht übergangsfähigen – Schmerzensgeldbemessung in eng begrenztem Rahmen von Bedeutung sein.[499]

868 Soweit Dritten (Ehegatte[500] bzw. Angehörige eines Verletzten oder Getöteten) **Stornokosten** für die einer geplanten gemeinsamen oder bereits gebuchten Reise entstehen, sind diese Kosten als mittelbare Schäden nicht zu ersetzen.[501]

869 Soweit der Versicherte vor Reiseantritt **verstirbt**, erbringt die Reiserücktrittsversicherung jedenfalls keine kongruenten Leistungen.

---

499 Vgl. BGH v. 11.1.1983 – VI ZR 222/80 – BGHZ 86, 212 = DAR 1983, 163 = DB 1983, 1198 = JZ 1983, 390 = MDR 1983, 477 = NJW 1983, 1107 = r+s 1983, 82 = VersR 1983, 392 = zfs 1983, 169; LG Köln v. 13.9.2000 – 4 O 152/00 – SP 2000, 420 = SP 2001, 13; LG München I v. 29.4.1993 – 19 O 864/93 – SP 1994, 250.
500 AG Langen v. 9.6.1995 – 51 C 1054/93 – zfs 1995, 325.
501 BGH v. 4.4.1989 – VI ZR 97/88 – MDR 1989, 805 = VersR 1989, 853; BGH v. 15.12.1970 – VI ZR 120/69 – BGHZ 55, 146 = MDR 1971, 470 = NJW 1971, 796 = VersR 1971, 444 (Jagdpacht); OLG Celle v. 23.2.1984 – 5 U 132/83 – zfs 1984, 358; LG Lüneburg v. 13.7.1973 – 3 O 111/73 – VersR 1975, 1016; AG Langen v. 9.6.1995 – 51 C 1054/93 – zfs 1995, 325.

Kapitel 7 Regulierung

A. Schadenaufnahme

Die Schadenbearbeitung wird sachlich zunächst durch das Zusammentragen der erforderlichen Informationen und weniger durch die Beantwortung von Rechtsfragen bestimmt:

Informationen zu	Aspekte
Persönliche Verhältnisse	■ **Verstorbene** Person: Alter (Geburtsdatum), Beruf (beruflicher Vorlauf) und Familienstand (verheiratet, ledig; getrennt lebend; geschieden); ■ hinterbliebener **Partner** (Witwe, Witwer, eingetragener Partner): Geburtsdatum, Beruf; ■ weitere unterhaltsberechtigten Personen: 　■ etwaige **Kinder:** 　　Geburtsdatum, Beruf bzw. Ausbildungsstand; 　■ u.U. aber auch **geschiedene** Ehegatten / eingetragene **Partner:** 　　Geburtsdatum, Beruf, Familienstand.
Gesundheitliche Verhältnisse	■ Vorerkrankungen (u.U. auch aus dem Obduktionsbericht in der Ermittlungsakte ersichtlich).
Wirtschaftliche Verhältnisse	■ Zur Berechnung des Barunterhaltes empfiehlt es sich wie beim Verdienstausfallschaden, **Einkommensteuerbescheide** bzw. **Gehaltsbescheinigungen** des Getöteten für einen Zeitraum von 3 – 5 Jahren vor dem Unfall beizuziehen. Bei einem abhängig Beschäftigten (Arbeiter, Angestellte, Beamte) können die ersatzpflichtigen Beträge wie beim Erwerbschaden in aller Regel verhältnismäßig einfach ermittelt werden, manchmal schafft bereits ein Blick auf die Gehaltsabrechnungen der letzten 12 – 18 Monate vor dem Unfall Klarheit. Werden Unterlagen nur unvollständig zugänglich gemacht (z.B. Verdienstbescheinigungen nur für unterjährige Zeiträume [Februar bis Oktober] oder nur für Sommermonate), ist Skepsis hinsichtlich des Jahreseinkommen angezeigt. ■ Einkommensnachweise der Unterhaltsberechtigten sind beizubringen.

Informationen zu	Aspekte
Versorgungsträger, Drittleistungsträger	▪ Von wem werden aufgrund des Sterbefalles Leistungen erbracht? ▪ Sind bereits **Anträge** gestellt worden? Ist hierüber bereits (rechtskräftig) entschieden? ▪ Insbesondere bei **Ausländern**, aber auch bei Aussiedlern/Umsiedlern aus Osteuropa ist Nachfrage nach der früheren Mitgliedschaft in einer – ausländischen – sozialversicherungsähnlichen Versorgung zu halten. ▪ Die vollständigen **Rentenbescheide** der (sämtlichen) Drittleistungsträger sind vorzulegen.
Unfallhergang	▪ Haftung. ▪ Information, warum der Verletzte/Getötete sich zum Unfallzeitpunkt am Unfallort befand (gesetzlicher Unfallversicherungsschutz?).
Rechtsnachfolge	▪ Soweit Ansprüche mit den **Erben** abzuwickeln sind, kann es im Einzelfall geboten sein (gerade bei hohen Sach- und Personschadenansprüchen), den **Erbschein** einzusehen.[1]

B. Abfindung

2 Verdienstausfall des unmittelbar Verletzten einerseits und Unterhaltsschäden (aber auch Beerdigungskosten und entgangene Dienste) seiner Hinterbliebenen andererseits sind verschiedene, von einander getrennt zu betrachtende Schadenersatzpositionen, die unterschiedlichen Rechtspersönlichkeiten zustehen. Daher ist auch der Forderungsübergang differenziert zu betrachten:

3 ▪ Der **Verdienstausfallschaden** leitet sich vom unmittelbar Verletzten ab,

4 ▪ der **Unterhaltsschaden** vom Hinterbliebenen und

5 ▪ der Ersatz der **Beerdigungskosten** vom Erben.

I. Verhandlungen mit dem Unfallbeteiligten

6 Bei Abfindungsverhandlungen mit einem Schwerverletzten muss die Möglichkeit einbezogen werden, dass dieser unfallkausal später verstirbt und danach seinen Hinterbliebenen einen Unterhaltsschadenersatzanspruch eröffnet. Ein Vergleich, der nur mit dem unmittelbar Verletzten geschlossen wird, betrifft nicht automatisch zugleich auch die

---

1 Erbscheinkosten sind nicht zu ersetzen, solange der Erbschein nicht grundlos angefordert wurde. Im übrigen dürfte gerade bei größeren Erbmassen sowieso ein Erbschein ausgefertigt werden, sodass für den Schadenbereich keine weitergehenden Kosten entstehen oder beziffert werden könnten: OLG Köln v. 24.10.1980 – 20 U 42/80 – r+s 1982, 149 = VersR 1982, 558 = zfs 1981, 73 = zfs 1982, 235; LG Nürnberg v. 20.10.1983 – 4 O 1735/83 – VersR 1984, 196. Siehe auch BGH v. 7.6.2005 – XI ZR 311/04 – WM 2005, 1432 und BGH v. 10.12.2004 – V ZR 120/04 – FamRZ 2005, 515 (Der Erbe ist nicht verpflichtet, sein Erbrecht durch einen Erbschein nachzuweisen, sondern kann den Nachweis auch in anderer Form – z.B. durch ein eröffnetes öffentliches Testament – erbringen).

Ersatzansprüche der mittelbar Geschädigten, wenn und soweit diesen eigene Ersatzansprüche zugewiesen sind (Hauptanwendungsfälle: Unterhaltsschaden,[2] entgangene Dienste, §§ 844, 845 BGB). Diese Drittansprüche entstehen bereits mit der Verletzung des Unterhalts- bzw. Dienstpflichtigen.[3]

Eine Nachforderung seitens der Hinterbliebenen erledigt sich in aller Regel nicht schon wegen eines Zeitablaufes (**Verjährung**seinwand).[4]

Beispiel 7.1
Der A verunfallt am 10.3.2003. Seine Verdienstausfallansprüche werden am 25.7.2005 durch Abfindungserklärung auch hinsichtlich künftiger Einbußen abgefunden.

Aufgrund einer vom Schädiger zu verantwortenden gesundheitlichen Komplikation verstirbt A am 10.12.2005. A hinterlässt die Witwe W und den minderjährigen Waisen K.

Ergebnis
W und K können Beerdigungskosten und Unterhaltsschäden geltend machen. Die Abfindung der Ansprüche des A berührt die Ansprüche der Hinterbliebenen nicht.

Werden insbesondere erhebliche künftige Verdienstausfallansprüche kapitalisiert, sollte daher klargestellt werden, dass – wenn eine wesentliche Vorversterblichkeit nicht einbezogen ist – auch etwaige Unterhaltsansprüche Dritter erledigt sind. Diese Ansprüche von Dritten können mit in die Abfindungsverhandlungen einbezogen werden. Der unmittelbar Verletzte kann entweder Verzichtserklärungen dieser Dritten beibringen oder aber diese veranlassen, dem Vergleich beizutreten. Vorzuschlagen wäre folgende **Formulierung**[5] (Die **Variablen** sind in Klammer < ... > gesetzt):

Abbildung 7.1: Einbindung Dritter in den Abfindungsvergleich

Die Rechtswirksamkeit des Vergleiches ist davon abhängig, dass der <*Anspruchsteller/ Kläger*> binnen <*einer Woche*> eine Erklärung folgender unterhalts- und dienstberechtigten Personen <*Hannelore Müller, Bahnhofstr. 12, 12345 Glücksburg; Peter Müller, Bahnhofstrasse 12, 12345 Glücksburg*> beibringt, dass auch sie gegenüber den <*Schadenersatzverpflichteten / Beklagten*> auf ihre etwaigen Ansprüche verzichten und an die <*Schadenersatzpflichtigen / Beklagten*> ihre etwaigen Ansprüche gegen dritte Personen abtreten.

Die Problematik stellt sich parallel bei der Abfindung von **Drittleistungsträgern**, wenn diese später unfallkausal Hinterbliebenenleistungen erbringen. Hinsichtlich des Verdienstausfalles erfolgt der Forderungsübergang vom unmittelbar Verletzten, der Unterhaltsschaden leitet sich demgegenüber von den unterberechtigten Hinterbliebenen ab.

---

2 BGH v. 13.2.1996 – VI ZR 318/94 – BGHZ 132, 39 = DAR 1996, 357 = JR 1996, 505 (Anm. *Fuchs*) = LM BGB § 844 Abs. 2, Nr. 93 = MDR 1996, 799 = NJW 1996, 1674 = NVwZ 1996, 824 = NZV 1996, 229 = r+s 1996, 311 = SGb 1996, 328 = SP 1996, 168 = VersR 1996, 649 = VRS 91, 267 (Ein vom Unterhaltspflichtigen zwischen Verletzung und Tod erklärter Verzicht oder ein in dieser Zeit abgeschlossener Vergleich kann den Anspruch des Unterhaltsberechtigten nicht beeinträchtigen.)
3 BGH v. 13.2.1996 – VI ZR 318/94 – BGHZ 132, 39 = DAR 1996, 357 = JR 1996, 505 (Anm. *Fuchs*) = LM BGB § 844 Abs. 2, Nr. 93 = MDR 1996, 799 = NJW 1996, 1674 = NVwZ 1996, 824 = NZV 1996, 229 = r+s 1996, 311 = SGb 1996, 328 = SP 1996, 168 = VersR 1996, 649 = VRS 91, 267.
4 Siehe Kap 7 Rn 232 ff.
5 *Jahnke*, Abfindung von Personenschadenansprüchen, § 2 Rn 48. Ähnlich *Geigel-Kolb*, Kap 40, Rn 52.

II. Direktanspruch

12 Sind Drittleistungsträger, insbesondere Sozialversicherungsträger, anlässlich eines Schadenfalles eintrittspflichtig, so kann die Regulierung mit dem Direktgeschädigten regelmäßig erst dann erfolgen, wenn die **Leistungen der Dritten** feststehen oder ausreichend überschaubar sind. Bei einem Abfindungsvergleich auch für die Zukunft müssen diese Drittleistungen teilweise im Wege der Schätzung Berücksichtigung finden.

13 Der Geschädigte bzw. seine leistungsberechtigten Hinterbliebenen können zwar auf ihre Ansprüche gegenüber dem Sozialversicherungsträger verzichten (§ 46 SGB I). Der **Verzicht** ist allerdings für die Zukunft widerruflich (§ 46 I SGB I).

14 Aufrechnung, Übertragung und Pfändung von Sozialleistungsansprüchen sind geregelt in §§ 51 – 54 SGB I. Zur Erfüllung oder Sicherung von Ansprüchen auf Rückzahlung von Darlehen oder auf Erstattung von Aufwendungen können – unter Beachtung des Bestimmtheitsgrundsatzes[6] – solche Ansprüche gegenüber einem Sozialversicherungsträger auf Geldleistungen **abgetreten** und **verpfändet** werden (§ 53 II SGB I), die im Vorgriff auf fällig gewordene Sozialleistungen zu einer angemessenen Lebensführung erbracht wurden. Soweit ein Anspruch des Versicherten auf Geldleistungen gegenüber einem Sozialversicherungsträger dann abgetreten werden kann, bedarf die Abtretung allerdings der **Genehmigung** des zuständigen Sozialversicherungsträgers (§ 53 II Nr. 2 SGB I).[7]

III. Anspruchsberechtigung

1. Erbfolge

15 Zur Erbfolge siehe die Ausführungen im Kapitel 2 (Kap 2 Rn 1 ff.).

2. Vertretung der Kinder

16 Bei Minderjährigen ist der Vergleich vom **Erziehungsberechtigten** zu genehmigen (§ 1629 I 2 BGB), bei Halbwaisen vom überlebenden Elternteil (§§ 1680 I, 1681 BGB), bei Geschiedenen bzw. Getrenntlebenden (§ 1672 BGB) vom nach dem Spruch des Familiengerichtes Sorgeberechtigten (§ 1671 BGB). Ist einem Elternteil die Sorge allein übertragen (auch nach § 1628 BGB), so vertritt es allein das Kind (§ 1629 I 3 BGB).

17 Sind die Eltern bei der Geburt des Kindes nicht miteinander verheiratet, so steht ihnen die elterliche Sorge dann gemeinsam zu, wenn sie durch wirksame Sorgerechtserklärung (§§ 1626b ff. BGB) kund tun, die Sorge gemeinsam übernehmen zu wollen (§ 1626a I Nr. 1 BGB) oder einander heiraten (§ 1626a I Nr. 2 BGB). Bei **nicht-ehelichen Kindern** ist ansonsten (nur) die Mutter zuständig (§ 1626a II BGB).

18 Grundsätzlich hat der Inhaber der elterlichen Sorge bei Verfügungen über den Ersatzanspruch (insbesondere Abschluss eines Abfindungsvergleiches) keine **vormund-**

---

6 BSG v. 19.3.1992 – 7 RAr 26/91 – BSGE 70, 186 (Erst zukünftig entstehende Ansprüche eines Arbeitslosen gegen das Arbeitsamt sind nach § 53 SGB I nur dann wirksam abgetreten, wenn sie nach ihrer konkreten Bezeichnung ausreichend bestimmt sind. Eine Erklärung, wonach „hiermit meine Ansprüche gegenüber dem Arbeitsamt ... in Höhe der mir zu gewährenden Leistungen nach dem AFG" abgetreten werden, genügt diesen Anforderungen nicht.).
7 Siehe auch BGH v. 13.5.1997 – IX ZR 246/96 – NJW 1997, 2823 (Zur Zulässigkeit der Abtretung mehrerer pfändungsfreier Anspruchsteile auf laufende Geldleistungen).

schaftsgerichtliche Genehmigung einzuholen.[8] Zu beachten sind (wegen möglicher Gefährdung der Kindesinteressen) die Beschränkungen nach §§ 1629 II 1, 1795 BGB u.a. dann, wenn die Eltern eines verletzten Kindes an der Schadenentstehung beteiligt waren. Letztes ist gerade für Unfälle im Lichte des neuen Schadenrechtes (ab 1.8.2002) problematischer geworden.[9]

IV. RA-Kosten – Erhöhungsgebühr

1. Erhöhungsgebühr, § 6 BRAGO, Nr. 1008 RVG-VV

Der Anwalt kann im Falle des § 6 BRAGO (Mandatserteilung vor dem 1.7.2004) seine Gebühren nicht nach Kopfzahl der Mandanten berechnen, sondern erhält stattdessen nur die Erhöhungsgebühr.   19

Für Mandate **ab 1.7.2004** gilt Nr. 1008 RVG-VV.   20

§ 6 BRAGO und Nr. 1008 RVG-VV sind hinsichtlich der Anspruchsvoraussetzungen identisch und unterscheiden sich lediglich im Volumen.   21

2. Eheleute, Erbengemeinschaft

Sind **Eheleute** gemeinsam Anspruchsinhaber und sind sie wirtschaftlich betrachtet eine Einheit (z.B. bei einer Sachbeschädigung des gemeinsamen Kfz.), so entfällt eine Erhöhungsgebühr.[10] Sind beide eigenständig verletzt (z.B. Körperverletzung), so handelt es sich um zwei getrennt zu betrachtende Einzelmandate, ohne dass § 6 BRAGO / Nr. 1008 RVG-VV anwendbar wäre.[11]   22

Hinsichtlich der **Beerdigungskosten** stellt die **Erbengemeinschaft** nur eine Person dar.[12]   23

Hinsichtlich des **Unterhaltsschadens** besteht Mandantenmehrheit (**Witwe** und **Waise**).   24

C. Steuerrechtliche Aspekte[13]

Schadensersatzleistungen können sowohl die betriebliche wie die private Sphäre des Ersatzberechtigten betreffen. Der Ersatz der Schäden für persönliche Rechtsgüter (Leben, Gesundheit) unterfällt generell der privaten Sphäre.[14]   25

---

8 Ebenso *Geigel-Kolb*, Kap 40, Rn 47; *Palandt-Diederichsen,* § 1643 Rn 1. Zu Einzelheiten *Jahnke*, Abfindung von Personenschadenansprüchen, § 2 Rn 19.
9 *Heß/Jahnke*, Das neue Schadensrecht, S. 35 f.
10 LG Dortmund v. 27.5.1986 – 9 T 270/86 – JurBüro 1986, 1534; LG Köln v. 20.12.1989 – 6 T 264/89 – JurBüro 1990, 857.
11 Siehe auch LG Krefeld v. 8.12.1976 – 9 Qs 598/76 – AnwBl 1977, 121 (Anwalt vertritt Ehemann als Strafverteidiger und zugleich dessen Ehefrau als Nebenkläger gegenüber einem Mitangeklagten).
12 OLG Frankfurt v. 15.1.1981 – 20 W 832/80 – AnwBl 1981, 403 = JurBüro 1981, 1008.
13 Zum Thema: *Hartung*, Steuern beim Personenschaden, VersR 1986, 308; *Jahnke*, Steuern und Schadensersatz, r+s 1996, 205, *ders*., Der Verdienstausfall im Schadenersatzrecht, Kap 16 Rn 1 ff.; *Weber-Grellet*, Erwerbsschäden im Steuerrecht, DAR 1994, 52.
14 BFH v. 29.10.1963 – VI 290/62 U – BStBl III 1964, 12; BFH v. 29.10.1959 – IV 235/58 U – BStBl III 1960, 87.

I. Ermittlung des Unterhaltsschadens

1. Netto-Schaden[15]

26 Steuerrechtliche Umstände sind bei der Ermittlung des entgehenden hypothetischen Nettoeinkommens des Getöteten zu berücksichtigen.[16] Für die Ermittlung des Schadens ist das **Nettoeinkommen** des Getöteten und – sofern dieses vorhanden ist – das Nettoeinkommen des anspruchsberechtigten Hinterbliebenen anzusetzen.[17]

27 Der Regulierung sollte nicht ohne Überprüfung der konkreten Fallumstände die aus den Lohn- und Einkommensteuertabellen ermittelte **Monatssteuer** zugrunde gelegt werden.[18] Die Monatssteuer berücksichtigt die unterhalb des Jahres von den Ehegatten gewählte Steuerklasse und die vorgenommene Verteilung von Kinder- und sonstigen Freibeträgen. Dabei handelt es sich letztlich aber nur um Vorschüsse auf die noch festzusetzende Jahres-Einkommensteuerschuld der Ehegatten, die dann im Innenverhältnis der Ehegatten untereinander verhältnismäßig zu verteilen ist.

2. Berechnungsgrundlage

28 Zu ersetzen ist grundsätzlich nur derjenige Steuerbetrag, der sich ergäbe, würde der Anspruchsberechtigte allein steuerlich veranlagt.[19] Die Art und Weise, wie sich Eheleute steuerlich eingerichtet haben, darf sich aber nicht zum Nachteil des Ersatzpflichtigen auswirken.[20] Vorteile, die in Wahrheit nur für das Einkommen des nicht getöteten, aber höher verdienenden Ehegatten bestehen, dürfen nicht dem Schädiger angelastet werden. Der Schädiger ist nur verpflichtet, diejenigen Steuern auf den zu leistenden Schadensersatz zu zahlen, die auf das Einkommen der Verletzten entfallen.[21] Unberücksichtigt bleiben dabei auch Fremdeinnahmen (z.B. Einnahmen aus Aktien, Immobilien pp.).

29 Bei einer Unterhaltsrente hat der BGH[22] hervorgehoben, dass die konkrete Steuerbelas-

---

15 Siehe auch Kap 6 Rn 154 ff.
16 BGH v. 4.11.2003 – VI ZR 346/02 – BGHReport 2004, 157 (Anm. *Schiemann*) = DAR 2004, 79 = FamRZ 2004, 88 = MDR 2004, 449 = NJW 2004, 358 = NZV 2004, 23 = r+s 2004, 435 = SP 2004, 46 = VersR 2004, 75 = zfs 2004, 114. Siehe auch BGH v. 20.3.1990 – VI ZR 127/89 – DAR 1990, 228 = FamRZ 1990, 848 = MDR 1990, 1100 = NJW-RR 1990, 706 = NZV 1990, 306 = r+s 1990, 200 (nur Ls.) = VersR 1990, 748 = VRS 79, 166 = zfs 1990, 261 (Vorinstanz OLG Köln v. 17.2.1989 – 20 U 37/87 – VersR 1990, 1285 [nur Ls.] = zfs 1991, 11 (Unterhaltsschaden ist auf der Grundlage der Bruttoeinkommen der Ehepartner zu ermitteln, wenn und solange das Finanzamt den Eheleuten die von ihrem Arbeitseinkommen einbehaltenen Steuerbeträge zurückzuerstatten hatte und auch diese voll für den Familienunterhalt zur Verfügung standen).
17 Zu den Berechnungsmethoden (einerseits „Bruttolohnmethode", andererseits „modifizierte Nettolohntheorie"), deren Unterschieden sowie den jeweiligen Beweisanforderungen siehe zusammenfassend: BGH v. 15.11.1994 – VI ZR 194/93 – DAR 1995, 109 = LM § 249 (Ha) BGB Nr. 51 = MDR 1995, 155 = NJW 1995, 389 = NJW-RR 1995, 476 (nur Ls.) = NZV 1995, 63 = r+s 1995, 61 = VersR 1995, 105 = WI 1995, 14 = zfs 1995, 90. Siehe ferner die Anmerkungen zur vorgenannten Entscheidung des BGH (v. 15.11.1994 – VI ZR 194/93) *v.Gerlach*, DAR 1995, 221; *Hofmann*, NZV 1995, 94 sowie *Lange*, JZ 1995, 406.
18 Siehe BGH v. 29.9.1987 – VI ZR 293/86 – DAR 1988, 23 = NJW-RR 1988, 149 = r+s 1988, 12 = VRS 74, 3.
19 BGH v. 28.4.1970 – VI ZR 193/68 – MDR 1970, 669 = NJW 1970, 1271 (Anm. *Wais*, NJW 1970, 1637) = VersR 1970, 640 = VRS 39, 1.
20 Zu den Möglichkeiten der Steuerberücksichtigung unter – geschiedenen bzw. getrennt lebenden – Ehegatten siehe BGH v. 31.5.2006 – XII ZR 111/03 –.
21 BGH v. 28.4.1970 – VI ZR 193/68 – MDR 1970, 669 = NJW 1970, 1271 (Anm. *Wais*, NJW 1970, 1637) = VersR 1970, 640 = VRS 39, 1.
22 BGH v. 2.12.1997 – VI ZR 142/96 – DAR 1998, 99 = NJW 1998, 985 = r+s 1998, 153 = SP 1998, 159 = VersR 1998, 333.

C. Steuerrechtliche Aspekte

tung zu ermitteln sei: Im zugrunde liegenden Fall war damit für die ersten 2 Jahre der Witwe noch der Splittingtarif steuerrechtlich zuzubilligen; danach war die – konkret zu bestimmende Steuermehrbelastung – der (teueren) Grundtabelle zu entnehmen.

Erzielten sowohl die unmittelbar getötete Person als auch zugleich sein Ehegatte zu versteuernde Einkünfte (Doppelverdienerehe), so ist für die hypothetische Betrachtung zunächst die auf das Familieneinkommen zu entrichtende Steuer zu ermitteln, sodann das Verhältnis der beiden Bruttoeinkommen (der Ehegatten) zueinander zu errechnen und entsprechend diesem Verhältnis dann der relative hypothetische Steueranteil beim Verletzten anzusetzen. 30

Beispiel 7.2 31

Der aufgrund eines Unfalles getötete A wohnt in Nordrhein-Westfalen und ist verheiratet. Seine Witwe W erzielt aus abhängiger Beschäftigung ein Jahresbruttoeinkommen von 15.000 €. A und W haben keine Kinder.

Die einfache Entfernung zur Arbeitsstelle beträgt 39 km. Weitere Ersparnisse[23] sind nicht zu berücksichtigen.

1. **Ermittlung des Familien-Jahresbruttoeinkommens**
   Getöteter **A** (rd. 65 %) 27.900,00 € 27.900,00 €
   Witwe **W** (rd. 35 %) 15.000,00 €
   Familien-Jahresbruttoeinkommen 42.900,00 €
2. **Abzüge vom Gehalt**
   a. **Arbeitnehmer-Sozialversicherungsanteile des** A *(unterstellte Werte)*
      ■ Arbeitnehmeranteil Sozialversicherung 21,75 % ./. 6.068,25 €
   b. **anteilige Steuern**
      (Berücksichtigung im Verhältnis Bruttoeinkommen des A zum Familien-Bruttoeinkommen)
      ■ Familien-Bruttoeinkommen 42.900,00 €
      ./. (anteiliger = 65 %) Vorsorgeaufwand[24] 2.535,00 €
      ./. Sonderausgaben 240,00 €
      ./. Werbungskosten[25] 3.611,00 €
   Summe Abzüge 6.386,00 € ./. 6.386,00 €
   → **zu versteuerndes** Einkommen **36.514,00 €**
      ■ Einkommensteuer[26] 6.691,00 €
      ■ Kirchensteuer (NRW: 9 %) 602,19 €
      ■ Solidarzuschlag (5,5 %) 368,01 €
   Summe Steuern (Eheleute A und W) 7.661,20 €
   → hieran Anteil des A (65 %) 4.982,46 € ./. 4.982,46 €
3. **Jahresnettoeinkommen des** A 16.849,29 €
4. **Vorteilsausgleich**
   Ersparnis Fahrtkosten bei A 4.485,00 €[27]
   ./. 4.485,00 €
5. **Den Eheleuten zur Verfügung stehendes Einkommen des** A 12.364,29 €

---

23 Siehe ausführlich zum Vorteilsausgleich *Jahnke*, Der Verdienstausfall im Schadenersatzrecht, Kap 8 Rn 1 ff.
24 Die tatsächlichen Vorsorgeaufwendungen (u.a. Sozialversicherungsabgaben und Haftpflichtbeiträge) werden hinsichtlich ihrer steuerrechtlichen Wirksamkeit und Bedeutung durch Vorsorgepauschale und Vorsorgehöchstbetrag eingegrenzt. Konkret soll der steuerrechtliche Höchstbetrag für die Eheleute mit 3.900 € angenommen werden, hiervon entfällt dann 65 % anteilig auf V (3.900 € * 65 % = 2.535 €).
25 Für A werden 39 Entfernungs-km * 230 Arbeitstage/Jahr * Steuerpauschale 0, 30 €/km = 2.691 € angesetzt, für seine Ehefrau W die Werbungskostenpauschale von 920 €, zusammen 3.611 €.
26 Splittingtarif.
27 39 Entfernungs-km (Hin- und Rückweg) * 2 * 230 Arbeitstage/Jahr * PKW-Kosten 0, 25 €/km = 4.485,00 €.

3. Einkommensteuer

a. Zu versteuerndes Einkommen

32 Zur Ermittlung der zu zahlenden Einkommensteuer ist zunächst das „zu versteuernde Einkommen" zu ermitteln, danach ist entsprechend der Höhe des zu versteuernden Einkommens die tarifliche Einkommensteuer entsprechend der Formeln des § 32a I EStG zu berechnen.

b. Steuertarif

33 Auf das zu versteuernde und entsprechend § 32a EStG abgerundete Einkommen ist dann entweder der Grund- oder der Splittingtarif zur Ermittlung der individuellen Steuerbelastung anzuwenden.

aa. Grundtarif

34 Der Grundtarif (§ 32a EStG) gilt für alle Steuerpflichtigen, die keinen Anspruch auf den Splittingtarif haben (negative Abgrenzung).

bb. Splittingtarif

35 Der gegenüber dem Grundtarif günstigere Splittingtarif gilt für Verheiratete mit Zusammenveranlagung, § 32a V EStG. Verwitwete Personen erhalten ihn letztmals im Jahr nach dem Tod des Ehegatten, § 32a VI Nr. 1 EStG. Auf geschiedene und getrennt lebende Ehegatten findet dieser Tarif nur ausnahmsweise Anwendung; wegen der Einzelheiten ist auf § 32a VI EStG zu verweisen.

36 Nach § 32a V EStG bestimmt sich die aufgrund des Splittingtarifes zu zahlende Einkommensteuer wie folgt: Das zu versteuernde (Familien-)Einkommen wird zunächst halbiert, für die Hälfte des zu versteuernden Einkommens wird dann die tarifliche Einkommenssteuer nach dem Grundtarif errechnet und dieser Betrag sodann wieder verdoppelt.

37 Zur Bestimmung des Unterhaltsschadens ist für die fiktive Betrachtung der Splittingtarif anzusetzen, wenn die Ehegatten sich steuerlich vorher ebenso verhielten und auch weiterhin so verhalten hätten.

cc. Versteuerung von Renten

38 Renten und Pensionen werden unterschiedlich versteuert.

39 ■ **Pensionen**, die vor allem von Beamten, Richtern und deren Witwen und Waisen bezogen werden, sind steuerpflichtig (§ 19 I 1 Nr. 2 EStG)[28], jedoch durch einem Versorgungsfreibetrag (§ 19 II EStG) begünstigt. Beamtenrechtliche Versorgungsemp-

---

28 § 19 II EStG wurde neu gefasst mit Wirkung vom 1.1.2005 durch Art. 1 Nr. 11b) i.V.m. Art. 18 III des Alterseinkünftegesetzes v. 5.7.2004, BGBl I 2004, 1427.

fänger haben ihre Hinterbliebenenbezüge zu versteuern.[29] Änderungen sind durch das Alterseinkünftegesetz[30] vorgenommen.

- **Renten** unterliegen ebenfalls der Versteuerung (§ 22 Nr. 1 S. 3 lit. a EStG), wobei die Besteuerung sich am Jahr des Rentenbeginns orientiert.

40

c. Kirchensteuer

Die Kirchensteuerpflicht knüpft zum einen an die Kirchenzugehörigkeit an, zum anderen an den Wohnsitz im Gebiet einer steuerberechtigten Kirche. Die Kirchensteuer wird unterschiedlich je nach Bundesland als prozentuale Zuschlagssteuer zur Einkommen-/Lohnsteuer erhoben (§ 51a EStG) und beträgt entweder 8 %[31] oder 9 %[32].

41

Bei der Ermittlung des Netto-Verdienstes ist eine etwaige Kirchensteuerpflicht anspruchsmindernd zu berücksichtigen.

42

Der Ersatzberechtigte muss sich dahin gehend **erklären** und beweisen, ob er und der Getötete Kirchensteuer zahlten oder nicht.[33]

43

d. Solidaritätszuschlag

Bei der Ermittlung des Netto-Verdienstausfallschadens ist auch der Solidarzuschlag anspruchsmindernd zu berücksichtigen.

44

Der Solidaritätszuschlag wird wie die Kirchensteuer als prozentuale Zuschlagsteuer (§ 3 SolZG) zur Einkommen-/Lohnsteuer (Jahressteuer) erhoben.

45

II. Steuerrechtliche Nachteile

Soweit der hinterbliebene Ehegatte steuerliche Vorteile (z.B. Splittingtarif, höhere Pauschalen bei Sonderausgaben) durch den Wechsel in eine ungünstigere Steuerklasse verliert, stellt dieses, auch wenn es kausal auf dem Haftpflichtgeschehen beruht, keinen ersatzfähigen Schaden dar.[34]

46

III. Steuervergünstigung

Steuerfreie Leistungen (insbesondere nach § 3 EStG) sind zugunsten des Schädigers zu berücksichtigen. Es gilt der Grundsatz, dass schadensbedingte Steuerersparnisse des Geschädigten stets den zu ersetzenden konkreten Schaden verringern.[35]

47

---

29 Zum Ersatz der Steuern siehe BGH v. 2.12.1997 – VI ZR 142/96 – BGHZ 137, 237 = DAR 1998, 99 = DÖD 1998, 161 = FamRZ 1998, 416 = HVBG-Info 1998, 562 = LM BGB § 844 Abs. 2 Nr. 94 (Anm. *Schiemann*) = MDR 1998, 283 = NJW 1998, 985 = NJWE-VHR 1998, 110 (nur Ls.) = NZV 1998, 149 = r+s 1998, 153 = SP 1998, 159 = VersR 1998, 333 = VRS 94, 425 = WI 1998, 38.

30 Gesetz zur Neuordnung der einkommensteuerrechtlichen Behandlung von Altersvorsorgeaufwendungen und Altersbezügen (Alterseinkünftegesetz – AltEinkG) v. 9.7.2004, BGBl I 2004, 1427.

31 Bundesländer: Baden-Württemberg, Bayern, Bremen, Hamburg.

32 Bundesländer: Berlin, Brandenburg, Hessen, Mecklenburg-Vorpommern, Niedersachsen, Nordrhein-Westfalen, Rheinland-Pfalz, Saarland, Sachsen, Sachsen-Anhalt, Schleswig-Holstein, Thüringen.

33 *Berz/Burmann-Heß*, Kap. 6 O, Rn 25.

34 Kap 1 Rn 52.

35 BGH v. 28.9.1999 – VI ZR 165/98 – DAR 2000, 62 = NZV 1999, 508 = r+s 1999, 506 = SP 1999, 411 = VersR 2000, 65 = zfs 2000, 14; BGH v. 15.11.1994 – VI ZR 194/93 – DAR 1995, 109 = LM § 249

48 Steuererleichterungen sind bei der Schadenbemessung zugunsten des Schädigers nur dann nicht zu berücksichtigen, wenn sie dazu dienen, eine sonst gegebene steuerliche Schlechterstellung des Geschädigten zu vermeiden.[36] Zugunsten des Ersatzpflichtigen, dem damit die Steuervorteile zufließen, sind zu berücksichtigen u.a.:

49 ■ Steuervergünstigung für **Arbeitnehmerabfindungen** (§ 3 Nr. 9 EStG),[37]

50 ■ Rückerstattung von **Mehrwertsteuer** wegen Gemeinnützigkeit,[38]

51 ■ Steuervorteile bei Bezug von **Sozialhilfe** (§ 3 Nrn. 2b, 11 EStG),[39]

52 ■ Steuerfreiheit von Bar- und Sachleistungen der gesetzlichen **Unfallversicherung** (§ 3 Nr. 1 lit. a EStG),

53 ■ Steuerfreiheit der **Beihilfe**, § 3 Nr. 11 EStG,

54 ■ steuerliche **Progressionsdifferenzen** (die sich beispielsweise bei nur quotenmäßiger Haftung oder aber bei anzurechnenden steuerbegünstigten Leistungen Dritter ergeben).[40]

IV. Schadenersatz

1. Aufteilung

55 Erhält ein Steuerpflichtiger von einem Haftpflichtigen aufgrund eines Vergleiches eine Entschädigung wegen entgehender und entgangener Einnahmen, für aufgewendete Heilbehandlungskosten sowie Schmerzensgeld, so kann (wenn der Vergleich nichts über die Abgeltung der einzelnen Schadenpositionen aussagt) die Finanzverwaltung die Aufteilung der Abfindungssumme schätzen, soweit es steuerrechtlich auf die Zuordnung zu einzelnen Schadenspositionen ankommt.[41]

2. Versteuerung

56 Schadensersatzansprüche können (gänzlich oder in Teilbereichen) durch Einmalzahlung abgefunden werden. Diese Abfindung ist steuerfrei, wenn und soweit es sich nicht um den Ersatz entgangener Einnahmen handelt.[42]

(Ha) BGB Nr. 51 = MDR 1995, 155 = NJW 1995, 389 = NJW-RR 1995, 476 (nur Ls.) = NZV 1995, 63 = r+s 1995, 61 = VersR 1995, 105 = WI 1995, 14 = zfs 1995, 90.

36 BGH v. 30.5.1989 – VI ZR 193/88 – DAR 1989, 243 = DB 1989, 2067 = MDR 1989, 982 = NJW 1989, 3150 = NZV 1989, 345 = r+s 1989, 288 (nur Ls.) = VersR 1989, 855 = zfs 1989, 338. Allgemein zur Anrechnung von Steuervorteilen BGH v. 9.12.1987 – IVa ZR 204/86 – NJW-RR 1988, 856 = WM 1988, 220.

37 BGH v. 30.5.1989 – VI ZR 193/88 – DAR 1989, 243 = DB 1989, 2067 = MDR 1989, 982 = NJW 1989, 3150 = NZV 1989, 345 = r+s 1989, 288 (nur Ls.) = VersR 1989, 855 = zfs 1989, 338.

38 LG Zweibrücken v. 8.12.1997 – 4 S 65/97 – NJW-RR 1998, 1246.

39 BGH v. 28.9.1999 – VI ZR 165/98 – DAR 2000, 62 = NZV 1999, 508 = r+s 1999, 506 = SP 1999, 411 = VersR 2000, 65 = zfs 2000, 14.

40 BGH v. 15.11.1994 – VI ZR 194/93 – DAR 1995, 109 = LM § 249 (Ha) BGB Nr. 51 = MDR 1995, 155 = NJW 1995, 389 = NJW-RR 1995, 476 (nur Ls.) = NZV 1995, 63 = r+s 1995, 61 = VersR 1995, 105 = WI 1995, 14 = zfs 1995, 90.

41 BFH v. 29.10.1959 – IV 235/58 U – VersR 1960, 336.

42 Siehe OLG München v. 18.9.1998 – 10 U 5352/97 – NZV 1999, 513 = r+s 1999, 417 (Anm. *Lemcke*) (BGH hat die Revision nicht angenommen, Beschl. v. 6.7.1999 – VI ZR 352/98 –).

Etwaiger **Steuerschaden** muss dann vom Schädiger ebenfalls ersetzt werden.[43] 57

a. Verdienstausfall

Nach §§ 2 I, 24 Nr. 1 lit. a EStG unterliegen (nur) „Entschädigungen, die gewährt worden sind als Ersatz für entgangene oder entgehende Einnahmen", der Steuerpflicht. Entschädigungen als Ersatz in diesem Sinne können bei allen Einkunftsarten in Betracht kommen[44] und erfassen auch die Leistungen aufgrund haftpflichtrechtlicher Bestimmungen.[45] 58

b. Periodische Zahlungen

Allein die periodische Zahlungsweise führt nicht zur Steuerpflichtigkeit einer Zahlung. 59

Für die steuerliche Behandlung wiederkehrender Leistungen kommt es vielmehr darauf an, ob die Schadensersatzrente einer bestimmten Einkunftsart des EStG zuzuordnen ist: Schadensersatzrenten sind bei periodischer Zahlungsweise (siehe § 22 Nr. 1 EStG) vom Empfänger (dem Geschädigten) als Einkommen zu versteuern, es sei denn, bei einmaliger Leistung wäre die Ersatzleistung nicht steuerbar.[46] 60

aa. Schmerzensgeld, Heilbehandlung, vermehrte Bedürfnisse

Zahlungen auf Schmerzensgeld,[47] Heilbehandlungskosten[48] (Ersatz von Krankheitskosten, insbesondere Selbstbeteiligungen), vermehrte Bedürfnisse,[49] sind (kapitalisiert[50] oder als Einmal-Betrag) nicht steuerpflichtig.[51] 61

---

43 BGH v. 2.12.1997 – VI ZR 142/96 – BGHZ 137, 237 = DAR 1998, 99 = DÖD 1998, 161 = FamRZ 1998, 416 = HVBG-Info 1998, 562 = LM BGB § 844 Abs. 2 Nr. 94 (Anm. *Schiemann*) = MDR 1998, 283 = NJW 1998, 985 = NJWE-VHR 1998, 110 (nur Ls.) = NZV 1998, 149 = r+s 1998, 153 = SP 1998, 159 = VersR 1998, 333 = VRS 94, 425 = WI 1998, 38; BGH v. 10.4.1979 – VI ZR 151/75 – BB 1979, 2320 = DAR 1980, 16 = DB 1979, 2320 = JZ 1979, 474 = MDR 1979, 833 = NJW 1979, 1501 = r+s 1979, 195 = VersR 1979, 670 = VRS 57, 94; BGH v. 19.3.1974 – VI ZR 19/73 – VersR 1974, 700. BFH v. 25.10.1994 – VIII R 79/91 – BFHE 175, 439 = BStBl II 1995, 121 = DStR 1995, 49 = NJW 1995, 1238 = NZV 1995, 206 = r+s 1995, 300 (nur Ls.) = SP 1995, 235 = VersR 1995, 856.
44 BFH v. 26.5.1965 – I 84/63 U – BStBl III 1965, 480; BFH v. 17.12.1959 – IV 223/58 U – BStBl III 1960, 72.
45 Dazu im Detail *Jahnke*, Der Verdienstausfall im Schadenersatzrecht, Kap 16 Rn 1 ff.
46 BFH v. 25.10.1994 – VIII R 79/91 – BFHE 175, 439 = BStBl II 1995, 121 = DStR 1995, 49 = NJW 1995, 1238 = NZV 1995, 206 = r+s 1995, 300 (nur Ls.) = SP 1995, 235 = VersR 1995, 856.
47 BFH v. 25.10.1994 – VIII R 79/91 – BFHE 175, 439 = BStBl II 1995, 121 = DStR 1995, 49 = NJW 1995, 1238 = NZV 1995, 206 = r+s 1995, 300 (nur Ls.) = SP 1995, 235 = VersR 1995, 856. Ebenso: Erlass des Finanzministers Brandenburg v. 3.4.1995 (- 34 – S 2255 – 2/95) SP 1995, 236 und die Anordnung des Bundesministers der Finanzen mit Schr. v. 8.11.1995 (IV B 3 – S 2255 – 22/95) NZV 1996, 140.
48 *Jahnke*, Abfindung von Personenschadensansprüchen, § 4 Rn 21.
49 BFH v. 25.10.1994 – VIII R 79/91 – BFHE 175, 439 = BStBl II 1995, 121 = DStR 1995, 49 = NJW 1995, 1238 = NZV 1995, 206 = r+s 1995, 300 (nur Ls.) = SP 1995, 235 = VersR 1995, 856 (klarstellend gegenüber BFH v. 19.10.1978 – VIII R 9/77 – BFHE 126, 405 = BStBl II 1979, 133 = DB 1979, 529 = NJW 1979, 2423 [nur Ls] = r+s 1980, 20). Ebenso: Anordnung des Bundesministers der Finanzen mit Schr. v. 8.11.1995 (IV B 3 – S 2255 – 22/95) NZV 1996, 140. A.A. vor Änderung der BFH-Rechtsprechung: BGH v. 23.5.1985 – III ZR 69/84 – VersR 1985, 859 = NJW 1985, 3011.
50 BFH v. 25.10.1994 – VIII R 79/91 – BFHE 175, 439 = BStBl II 1995, 121 = DStR 1995, 49 = NJW 1995, 1238 = NZV 1995, 206 = r+s 1995, 300 (nur Ls.) = SP 1995, 235 = VersR 1995, 856.
51 BFH v. 25.10.1994 – VIII R 79/91 – BFHE 175, 439 = BStBl II 1995, 121 = DStR 1995, 49 = NJW 1995, 1238 = NZV 1995, 206 = r+s 1995, 300 (nur Ls.) = SP 1995, 235 = VersR 1995, 856.

bb. Haushaltsführung

62 Der Ausfall eines **Verletzten** im Haushalt ist, soweit die Haushaltsführung zugunsten der Familienangehörigen erfolgt, rechtlich als „Erwerbstätigkeit" (gegenüber der Familie) im Sinne von § 842 BGB zu qualifizieren, im Übrigen handelt es sich um vermehrte Bedürfnisse (der verletzten Person). Die Haushaltsführung in der Familie ist kein steuerbarer Einkommenstatbestand. Ersatzleistungen auf den Haushaltsführungsschaden sind daher nicht zu versteuern.[52]

63 Im Falle der **Tötung** wird nicht differenziert zwischen Baruntherhalt und Naturalunterhalt; Anspruchsgrundlage ist stets der Unterhaltsschaden im Sinne des § 844 BGB. Es entfällt damit ein steuerbarer Tatbestand.

cc. Beerdigungskosten, Unterhaltsschaden

64 Aus der Entscheidung des BFH v. 25.10.1994[53] ergibt sich, dass auch Unterhaltsschadensrenten nach § 844 BGB nicht mehr zu versteuern sind;[54] zu versteuern sind danach nur noch Verdienstausfallrenten.

65 Zahlungen auf Unterhaltsschaden[55] und Beerdigungskosten[56] sind (kapitalisiert[57] oder als Einmal-Betrag) nicht steuerpflichtig.[58]

3. Mehrwertsteuer[59]

66 Im **Sachschadenrecht** ist für Unfälle ab dem 1.8.2002 § 249 BGB n.F. zu beachten. Soweit wegen des Unfalles Sachschäden abzuwickeln sind (Fahrzeugschaden, Gebäudeschaden, Schäden an anderen Sachen), werden diese Ansprüche bei Tötung des ursprünglichen Eigentümers und Anspruchsberechtigten nunmehr von dessen Erben

---

52 Ebenso *Berz/Burmann-Heß*, Kap. 6 O, Rn 5a; *Jahnke*, Abfindung von Personenschadensansprüchen, § 4 Rn 21, 24.
53 BFH v. 25.10.1994 – VIII R 79/91 – NJW 1995, 1238 = VersR 1995, 856; siehe auch BGH v. 2.12.1997 – VI ZR 142/96 – BGHZ 137, 237 = DAR 1998, 99 = DÖD 1998, 161 = FamRZ 1998, 416 = HVBG-Info 1998, 562 = LM BGB § 844 Abs. 2 Nr. 94 (Anm. *Schiemann*) = MDR 1998, 283 = NJW 1998, 985 = NJWE-VHR 1998, 110 (nur Ls.) = NZV 1998, 149 = r+s 1998, 153 = SP 1998, 159 = VersR 1998, 333 = VRS 94, 425 = WI 1998, 38.
54 OLG Brandenburg v. 20.12.2000 – 14 U 84/99 – NZV 2001, 213 = VRS 101, 248; OLG Nürnberg v. 9.4.1997 – 4 U 1841/96 – NZV 1997, 439 (Dienstherrnregress bei Tod eines Beamten); LG Paderborn v. 10.10.2002 – 2 O 254/02 –; LG Stuttgart v. 25.1.1991 – 21 O 586/89 –. *Beiser*, Unterhaltsersatzrenten in der Einkommensteuer, DB 2001, 1900. *Küppersbusch*, Rn 439, 754.
55 OLG Brandenburg v. 20.12.2000 – 14 U 84/99 – NZV 2001, 213 = VRS 101, 248; OLG Nürnberg v. 9.4.1997 – 4 U 1841/96 – NZV 1997, 439 (Dienstherrnregress bei Tod eines Beamten); LG Paderborn v. 10.10.2002 – 2 O 254/02 –; LG Stuttgart v. 25.1.1991 – 21 O 586/89 –. *Beiser*, Unterhaltsersatzrenten in der Einkommensteuer, DB 2001, 1900; *Jahnke* in Anwalts-Handbuch Verkehrsrecht, Teil 4, Rn 625; *Küppersbusch*, S. 146, Rn 439 und S. 245, Rn 754.
56 BFH v. 25.10.1994 – VIII R 79/91 – BFHE 175, 439 = BStBl II 1995, 121 = DStR 1995, 49 = NJW 1995, 1238 = NZV 1995, 206 = r+s 1995, 300 (nur Ls.) = SP 1995, 235 = VersR 1995, 856 (klarstellend gegenüber BFH v. 19.10.1978 – VIII R 9/77 – BFHE 126, 405 = BStBl II 1979, 133 = DB 1979, 529 = NJW 1979, 2423 [nur Ls.] = r+s 1980, 20).
57 BFH v. 25.10.1994 – VIII R 79/91 – BFHE 175, 439 = BStBl II 1995, 121 = DStR 1995, 49 = NJW 1995, 1238 = NZV 1995, 206 = r+s 1995, 300 (nur Ls.) = SP 1995, 235 = VersR 1995, 856.
58 BFH v. 25.10.1994 – VIII R 79/91 – BFHE 175, 439 = BStBl II 1995, 121 = DStR 1995, 49 = NJW 1995, 1238 = NZV 1995, 206 = r+s 1995, 300 (nur Ls.) = SP 1995, 235 = VersR 1995, 856.
59 Zum Thema: *Behnke*, Vorsteuerschaden bei Verkehrsunfällen, DAR 2000, 60.

C. Steuerrechtliche Aspekte

verfolgt. Die Erstattung von Mehrwertsteuer ist zum einen davon abhängig, ob der ursprünglich Geschädigte diese mit dem Finanzamt hätte verrechnen können, zum anderen, ob diese Verrechnung auch nach dem Tode noch möglich ist. Es gelten dabei die allgemeinen Grundsätze für die Erstattung von Mehrwertsteuer.

a. Schaden

Grundsätzlich kann ein Geschädigter vom Ersatzpflichtigen die für die Wiederherstellung des Zustandes aufzuwendenden Kosten einschließlich der Mehrwertsteuer ersetzt verlangen. Ob allerdings nach § 249 BGB ein Anspruch auf Erstattung auch der Mehrwertsteuer besteht, richtet sich danach, ob der Verletzte die Steuer auf das Finanzamt abwälzen kann. Ist er hierzu berechtigt, besteht wirtschaftlich sein Schaden nur im Nettobetrag. **67**

Der Anspruchsberechtigte muss von seiner Berechtigung zum Vorsteuerabzug **Gebrauch** machen.[60] **68**

Bei **Gläubiger-** oder **Schuldnermehrheit** kann bedeutsam sein, wer im Innenverhältnis sich als letztlich Berechtigter oder Verpflichteter herausstellt (z.B. Kfz-Haftpflichtversicherer im Verhältnis zu den mitversicherten Personen).[61] **69**

Die **Beweislast** für die fehlende Mehrwertsteuerabzugsberechtigung trifft den Geschädigten.[62] Der Geschädigte ist hiermit auch nicht übermäßig belastet, da das entsprechende Negativattest ohne weiteres von seinem zuständigem Finanzamt erteilt werden kann. Je nach den Fallumständen kann auch die nachprüfbare Stellungnahme des Steuerberaters zum Nachweis ausreichen. **70**

Bei **Schadenersatzleistungen** wegen entgangenen Gewinns fällt keine zu ersetzende Umsatzsteuer an.[63] **71**

b. Berechtigung

Macht ein Steuerpflichtiger von der **Steuerpauschalisierungsmöglichkeit** (§ 24 UStG) Gebrauch (z.B. als Landwirt), so hat er Anspruch auf Erstattung der bei der Schadenbeseitigung anfallenden Mehrwertsteuer.[64] Im Falle der Pauschalierung wird von der Finanzverwaltung unterstellt, dass der Steuerpflichtige genauso viel Mehrwertsteuer **72**

---

60 AG Bremen v. 25.4.1980 – 14 C 11/80 – VersR 1980, 1153 = zfs 1981, 44; LG Kiel v. 15.6.1994 – 5 S 173/93 – DAR 1994, 500 = SP 1995, 46, 407 = VersR 1995, 1322 (Wiederbeschaffung eines Fahrzeuges von privat, so dass Umsatzsteuer nicht ausgewiesen wurde, verstößt gegen § 254 BGB); LG Zweibrücken v. 8.12.1997 – 4 S 65/97 – NJW-RR 1998, 1246 (Gemeinnütziger Verein, der keine Mehrwertsteuer zu entrichtet hat, hat Anspruch nur auf Nettoersatz).
61 KG v. 28.10.1997 – 1 W 1070/97 – VersR 1999, 464 = zfs 1999, 318 (Werden Kfz-Haftpflichtversicherung und Halter gemeinsam verklagt und obsiegen beide, so ist auch bei Vorsteuerabzugsberechtigung des Halters dem Haftpflichtversicherer die Mehrwertsteuer auf die gesamte Vergütung des gemeinsamen Prozessbevollmächtigten einschließlich der Erhöhungsgebühr – § 6 BRAGO – zu erstatten, weil der nicht zum Vorsteuerabzug berechtigte Haftpflichtversicherer im Innenverhältnis allein zur Kostentragung verpflichtet ist).
62 KG v. 10.3.1975 – 12 U 1768/74 – VersR 1976, 391; LG München I v. 28.3.1985 – 19 S 20610/84 – zfs 1985, 198.
63 BGH v. 21.11.1991 – VII ZR 4/90 – NJW 1992, 1620.
64 OLG Hamm v. 18.6.1997 – 13 U 10/97 – r+s 1997, 505 = SP 1998, 58 = VersR 1998, 1260 (Anm. *Schmalz*, VersR 1998, 1564).

zahlt wie er einnimmt: Der Steuerpflichtige führt einerseits keine Mehrwertsteuer an das Finanzamt ab, erhält andererseits aber auch keine Vorsteuer vom Finanzamt erstattet.

73 Ein Handelsvertreter zahlt von seinen Provisionsabgaben Mehrwertsteuer, ein Gewerbetreibender die Gewerbesteuer. Die Schadensersatzleistung ist nicht mehrwertsteuerpflichtig. Unfallbedingt verminderte oder entfallende Mehrwertsteuern sind als Vorteil auf den Erwerbsschaden anzurechnen.[65]

c. Zeitpunkt

74 Maßgeblicher Zeitpunkt für den Ersatz aufgewendeter Mehrwertsteuer ist der Zeitpunkt des Versicherungsfalles[66] bzw. der Tag des Schaden.

75 Bei einer sich über einen längeren Zeitraum erstreckenden Schadenabwicklung kann ein Wechsel in der Vorsteuerabzugsberechtigung geschehen. Dann hat eine entsprechend zeitabschnittweise Berücksichtigung zu erfolgen.

D. Kapitalisierung

76 Eine Erledigung von in der Zukunft liegenden Ansprüchen dient der wirtschaftlichen Erledigung von Regressfällen im Interesse aller Beteiligten. Die Abfindung eines Drittleistungsträgers wird dabei nicht immer von denselben Kriterien bestimmt wie die Abfindung des Direktanspruches.

77 Kriterien für die richtige – besser gesagt akzeptable[67] – Abfindungssumme sind neben den vergangenen und künftigen Forderungen, sofern sie konkret absehbar sind, aber auch Prophetie und Spökenkiekerei.

I. Grundzüge der Kapitalisierung

78 Die Kapitalabfindung ansonsten zu verrentender Forderungen der Hinterbliebenen oder eines Ersatzgläubigers (z.B. Abtretungsgläubiger, Drittleistungsträger) erfolgt regelmäßig im Vergleichswege, häufig verbunden mit einem Abfindungsvertrag, manchmal allerdings auch durch Prozessvergleich unter Mitwirkung eines Gerichtes.

Zur Ermittlung eines Kapitalabfindungsbetrages werden

79 ■ in der **Vergangenheit** aufgelaufene fällige Schadenzahlungen **addiert**,

80 ■ **künftig** erst noch fällig werdende Forderungen **kapitalisiert**.

1. Addition vergangener Positionen

81 Die Höhe des Schadenersatzbetrages ist durch Probleme im tatsächlichen und rechtlichen Bereich gekennzeichnet. Eine Prognose anhand mathematischer Wahrscheinlichkeiten entfällt regelmäßig.

---

65 BGH v. 10.2.1987 – VI ZR 17/86 – BB 1987, 715 = DB 1987, 1682 = JZ 1987, 574 (Anm. v. *Laumen*) = MDR 1987, 571 = NJW 1987, 1814 = r+s 1987, 132 (nur Ls.) = VersR 1987, 668 = zfs 1987, 263.
66 OLG Köln v. 3.6.1993 – 5 U 202/92 – VersR 1994, 303 = zfs 1995, 102.
67 M.E. kann es wegen der hellseherischen Rahmenbedingungen keine „richtigen" Ergebnisse geben sondern nur „nicht falsche", d.h. für die beteiligten Parteien akzeptable Abschlüsse.

2. Kapitalisierung künftiger Forderungen

Kapitalisierung bedeutet die Zurverfügungstellung eines einmaligen Betrages anstelle ansonsten ratierlicher, erst zu späteren Zeitpunkten sukzessive fällig werdender Zahlungen bereits vor deren jeweiliger Fälligkeit. Der Berechtigte (so der BGH[68] für die sich im Prinzip von der außergerichtlichen Regulierung nicht unterscheidende gerichtliche Kapitalisierung) soll denjenigen Kapitalbetrag erhalten, der – ausgerichtet an den individuellen Verhältnissen des Berechtigten – während der voraussichtlichen Laufzeit der Rente zusammen mit dem Zinsertrag dieses Kapitals ausreicht, die an sich geschuldete Rente zu zahlen. Am Ende der voraussichtlichen Laufzeit ist dann das (zwischenzeitlich immer wieder verzinste Rest-)Kapital bis auf Null abgebaut.

Die (auf die Abgeltung künftig fällig werdender Renten gerichtete) Kapitalabfindung ist selbstredend **niedriger als** die **Addition** der sukzessive fällig werdenden Renten. Nur die im Zeitpunkt der Kapitalisierung bereits aufgelaufenen fälligen Renten aus der Vergangenheit werden, soweit noch nicht ausbezahlt, addiert und die künftigen Rentenleistungen hingegen kapitalisiert.

Die **Berechnung** der künftigen Kapitalabfindung erfolgt für die Zukunft durch Multiplikation der jährlichen Schadenhöhe mit dem ermittelten Kapitalisierungsfaktor:

Abbildung 7.2: Kapitalisierung (Formel)

$$\left.\begin{array}{l}\text{Jahresschadenbetrag}\\ \text{oder } \text{monatlicher Ansatzbetrag} * 12\end{array}\right\} * \text{Kapitalisierungsfaktor} = \textbf{Kapitalbetrag}$$

- Der **Jahresschadenbetrag** wird für die Berechnung häufig als fester gleichbleibender Betrag angesetzt. Die Bestimmung des Betrages unterliegt ähnlichen Kriterien wie der bereits in der Vergangenheit fällige Betrag, begleitet durch die Schwierigkeit, die künftige hypothetische persönliche Entwicklung des Verstorbenen und seiner Hinterbliebenen, aber auch die allgemeine wirtschaftliche Weiterentwicklung zu prognostizieren.

- Der **Kapitalisierungsfaktor** wird mit Hilfe mathematischer Tabellen ermittelt, in die Laufzeit, Zinsfuß und Zahlungsweise einfließen.

    Unterschiedliche Laufzeiten verschiedener Schadenarten sind gegebenenfalls durch **Differenzfaktoren** zu berücksichtigen.

Das Produkt aus Jahresschadenbetrag und Kapitalisierungsfaktor ergibt denjenigen **Kapitalbetrag**, aus dem der Anspruchsberechtigte für die zugrunde zu legende Laufzeit durch Kapitalabbau einerseits und Zinserträgnisse andererseits in der vereinbarten Höhe seinen jährlichen Schadenbedarf decken kann.

- Der versicherungsmathematisch exakt ermittelte Abfindungsbetrag kann allerdings im Einzelfall zu hoch oder zu niedrig sein, weil beispielsweise der Rentenberechtigte (von der Statistik abweichend) früher oder später als statistisch der Norm entsprechend verstorben wäre oder sich in seinen persönlichen (familiär, beruflich) Verhältnissen verändert hätte. Hier muss dann eine **individuelle Korrektur** erfolgen.

---

[68] BGH v. 8.1.1981 – VI ZR 128/79 – BGHZ 79, 187 = DAR 1981, 46 = DB 1981, 786 = NJW 1981, 818 = MDR 1981, 306 = VersR 1981, 283 = VRS 65, 182 = zfs 1981, 105.

7 Regulierung

91 ■ Die einzelnen Berechnungsfaktoren sind je nach den Besonderheiten des Falles zu **schätzen**, wobei die Beteiligten Prognosen zur künftigen Entwicklung der Lebensumstände des Getöteten und der wirtschaftlichen Daten wagen müssen.[69]

92 ■ Letztlich ist der Kapitalbetrag frei auszuhandeln unter **Abwägung** der beiderseitigen Interessenlagen. Das Risiko, durch eine Abfindung zu viel bezahlen zu müssen bzw. zu wenig zu erhalten, haben die beteiligten Parteien abzuwägen und zu tragen.

93 Zwar hat auch die Rechtsprechung zwischenzeitlich die Zweckmäßigkeit und das Interesse von Geschädigten und Ersatzpflichtigem an einer Erledigung von Schadenersatzansprüchen durch Kapitalabfindung erkannt,[70] gleichwohl erschwert gerade die BGH-Rechtsprechung zum Forderungsübergang auf Drittleistungsträger (nicht nur Sozialhilfeträger,[71] sondern auch Arbeitsverwaltung[72] und Krankenkasse[73]) diese Kapitalisierung für den Schadenersatzpflichtigen unnötig und behaftet sie mit Risiken.[74]

II. Summenbeschränkung

94 Ein geschuldeter Haftungshöchstbetrag (z.B. § 12 I Nr. 1 StVG) – gleiches gilt bei Überschreiten von Versicherungssummen – kann auch durch den Abschluss eines Abfindungsvergleiches über eine geringere Summe (z.B. bei Kapitalisierung) mit Erlass der Restschuld erbracht werden.[75]

III. Mathematische Aspekte

95 Zur Ermittlung des Multiplikators des Jahresschadenbetrages (= Kapitalisierungsfaktor) bedient sich die Praxis sog. **Kapitalisierungstabellen**, die allerdings nur die mathematische Grundlage der Kapitalisierung bilden. Weitere Faktoren sind individualisiert einzubeziehen.

96 Kapitalisierungstabellen unterscheiden sich – rein mathematisch –

97 ■ nach der **Laufzeit**,

---

69 BGH v. 28.11.1979 – IV ZR 83/78 – BB 1980, 126 = DAR 1980, 115 = MDR 1980, 387 = VerBAV 1980, 142 = VersR 1980, 132 = VRS 58, 178; BGH v. 8.1.1981 – VI ZR 128/79 – BGHZ 79, 187 = DAR 1981, 46 = DB 1981, 786 = MDR 1981, 306 = NJW 1981, 818 = VersR 1981, 283 = VRS 65, 182 = zfs 1981, 105; BGH v. 24.4.1990 – VI ZR 183/89 – DAR 1990, 296 = MDR 1990, 809 = NJW-RR 1990, 962 = NZV 1990, 307 = r+s 1990, 272 (nur Ls.) = VersR 1990, 907 = VRS 90, 257 = zfs 1990, 340; OLG Koblenz v. 29.9.2003 – 12 U 854/02 – IVH 2004, 33 = NZV 2004, 197.

70 Vgl. BGH v. 12.12.1995 – VI ZR 271/94 – BGHZ 131, 274 = FamRZ 1996, 279 = HVBG-Info 1996, 516 = JR 1997, 14 (Anm. *Müller/Steinmeyer*) = MDR 1996, 799 = NJW 1996, 726 = NJW-RR 1996, 1306 = NVwZ 1996, 515 (nur Ls.) = NZV 1996, 110 = r+s 1996, 102 = SP 1996, 79 = VersR 1996, 349 = VRS 90, 358 = WI 1996, 34 = zfs 1996, 90; OLG Bamberg v. 2.10.1996 – 5 U 217/95 – SP 1998, 49. Siehe auch *Lemcke*, r+s 1999, 24 und r+s 1999, 69.

71 Siehe die Nachweise zu Kap 6 Fn 354.

72 BGH v. 20.9.1994 – VI ZR 285/93- BB 1995, 50 (nur Ls.) = DAR 1994, 493 = MDR 1995, 366 = NJW 1994, 3097 = r+s 1995, 15 = SP 1995, 9 = VersR 1994, 1450 = zfs 1994, 441.

73 BGH v. 8.12.1998 – VI ZR 318/97 – BB 1999, 1766 (nur Ls.) = DAR 1999, 166 = MDR 1999, 353 = NJW 1999, 1782 = NZV 1999, 158 = NVersZ 99, 189 = r+s 1999, 109 (Anm. *Lemcke*, r+s 1999, 510) = SP 1999, 87 = VersR 1999, 382 = VRS 96, 321 = zfs 1999, 190.

74 *Jahnke*, Abfindung von Personenschadenansprüchen, § 1 Rn 4; *ders*,. VersR 1995, 1155 (E., vor I.); *ders*., Forderungsübergang im Schadensfall, Schriftenreihe der Arbeitsgemeinschaft Verkehrsrecht im DAV – Hamburger Tage 1998, S. 70 ff.

75 BGH v. 24.9.1996 – VI ZR 315/95 – DAR 1997, 24 = NJW 1996, 3418 = NZV 1997, 36 = r+s 1996, 488 = SP 1996, 410 = VersR 1996, 1548.

- der Höhe der **Verzinsung** und 98
- der teilweise eingearbeiteten **Versterblichkeit** 99
  - des **Berechtigten** (Hinterbliebenen) und 100
  - zusätzlich – bei Todesfall vom Hinterbliebenen getrennt zu berücksichtigen – des verunfallten **Verstorbenen**. 101

1. Zeitrententabelle – Feste Laufzeit

Zeitrententabellen[76] enthalten den Kapitalisierungsfaktor bei einer gewählten Abzinsung über einen Zeitraum von y Jahren. 102

Die Zeittabelle ermittelt ausschließlich aufgrund mathematischer Formel den Multiplikator (Kapitalisierungsfaktor), ohne dass auf zwischenzeitliche Versterblichkeiten oder anderweitige – die Laufzeit beeinflussende – Faktoren (wie z.B. unfallfremde Erkrankungen oder Arbeitsplatzgefährdungen) Rücksicht genommen wird. 103

Die Zeittabelle wird benutzt, wenn man sich im Rahmen der Regulierung auf eine **feste Restlaufzeit** (z.B. noch 10 Jahre) verständigt. 104

Auch bei der Berechnung mit **Differenzfaktoren** ist die Zeittabelle hilfreich.[77] 105

2. Kapitalisierung bis zum Lebensende

Muss die künftige Forderung bis zum hypothetischen Lebensende des Unfallverletzten kapitalisiert werden, so ist die Laufzeit der **Sterbetafel** zu entnehmen.[78] 106

Zu berücksichtigen ist die allgemeine Lebenserwartung der durch das Lebensalter gekennzeichneten Personengruppe, der die verstorbene Person angehörte und dessen besondere Lebens- und Gesundheitsverhältnisse zu berücksichtigen sind.[79] Die mutmaßliche Lebensdauer eines getöteten Unterhaltspflichtigen ist beim Fehlen individueller Anhaltspunkte anhand der vom Statistischen Bundesamt herausgegebenen Sterbetafeln für die Bundesrepublik Deutschland zu ermitteln. Dabei ist auf diejenige Sterbetafel abzustellen, deren **Erhebungsjahr** dem Todestag zeitlich am nächsten ist.[80] 107

Weiteren Einflussfaktoren (vor allem **individuelle Vorversterblichkeit** des Unfallbeteiligten) ist daneben Rechnung zu tragen. 108

---

76 zfs 1980, 236 f.;*Jahnke*, Abfindung von Personenschadenansprüchen, § 6 Rn 6.
77 *Jahnke*, Abfindung von Personenschadenansprüchen, § 1 Rn 140, 142.
78 BGH v. 27.1.2004 – VI ZR 342/02 – DAR 2004, 346 = FamRZ 2004, 777 = IVH 2004, 117 (nur Ls.) = MDR 2004, 810 (nur Ls.) = NJW-RR 2004, 821 = NZV 2004, 291 = r+s 2004, 342 = SP 2004, 190 = SVR 2004, 339 (Anm. *Luckey*) = VersR 2004, 653 = VRS 106, 413 = zfs 2004, 260 (Die für die zeitliche Begrenzung der Geldrente maßgebliche mutmaßliche Lebensdauer des Getöteten ist im Urteil kalendermäßig anzugeben).
79 BGH v. 27.1.2004 – VI ZR 342/02 – DAR 2004, 346 = FamRZ 2004, 777 = IVH 2004, 117 (nur Ls.) = MDR 2004, 810 (nur Ls.) = NJW-RR 2004, 821 = NZV 2004, 291 = r+s 2004, 342 = SP 2004, 190 = SVR 2004, 339 (Anm. *Luckey*) = VersR 2004, 653 = VRS 106, 413 = zfs 2004, 260; BGH v. 25.4.1972 – VI ZR 134/71 – MDR 1972, 769 = VersR 1972, 834; OLG Hamm v. 8.9.1998 – 9 U 86/98 – MDR 1998, 1414.
80 BGH v. 27.1.2004 – VI ZR 342/02 – DAR 2004, 346 = FamRZ 2004, 777 = IVH 2004, 117 (nur Ls.) = MDR 2004, 810 (nur Ls.) = NJW-RR 2004, 821 = NZV 2004, 291 = r+s 2004, 342 = SP 2004, 190 = SVR 2004, 339 (Anm. *Luckey*) = VersR 2004, 653 = VRS 106, 413 = zfs 2004, 260; OLG Hamm v. 8.9.1998 – 9 U 86/98 – MDR 1998, 1414.

7 Regulierung

a. Sterbetafel

109 Vom Statistischen Bundesamt werden in Deutschland in regelmäßigen Abständen sog. **„Allgemeine Sterbetafeln für die Bundesrepublik Deutschland"** ermittelt und veröffentlicht. Diese berücksichtigen die gesamte deutsche Bevölkerung der Bundesrepublik, und zwar alle Bevölkerungsgruppen ohne irgendwelche Differenzierungen (beispielsweise nach Beruf, Wohnort und Familienstand). Unterschieden wird ausschließlich nach dem Geschlecht.

110 Die Kapitalisierungstabellen berücksichtigen nur die **durchschnittliche** und nicht die individuelle **Lebenserwartung**. Einer konkreten gesundheitlich verkürzten Lebenserwartung ist durch Kürzung des Kapitalisierungsfaktors Rechnung zu tragen. Bei **Risikoarbeitsgruppen** (z.B. Schwerarbeit, Untertagetätigkeit) ist die verkürzte Lebensarbeitszeit mit zu berücksichtigen.[81]

111 Die Sterbetafeln erfassen nur deutsche Staatsangehörige.[82] Für **Staatsangehörige anderer Länder** ist hervorzuheben, dass nicht die Allgemeinen deutschen Sterbetafeln der Kapitalisierung zugrunde gelegt werden können,[83] sondern vielmehr auf das Ursprungsland und die dortige Lebenserwartung abzustellen ist.[84] Die Lebenserwartung von **Gastarbeitern** der „ersten Generation" ist kürzer,[85] eine Korrektur des Kapitalisierungsfaktors ist damit erforderlich. Die Lebenserwartung der sog. „zweiten und dritten Generation" dürfte der berücksichtigten statistischen Entwicklung entsprechen. Gleiches wie für die Gastarbeiter gilt für **Aussiedler/Übersiedler** aus Osteuropa.[86]

112 Sterbetafeln **europäischer Länder** und für das **außereuropäisches Ausland** finden sich in den statistischen Jahrbüchern für das Ausland des Statistischen Bundesamtes, gestützt auf internationale Quellen.[87]

b. Leibrententabelle – Berechnung bei Verletzung

113 Kombinierte Kapitalisierungstabellen verbinden die Zeittabelle mit einer Sterbetafel und ermitteln aus der Kombination dieser beiden Aspekte und Faktoren dann den Kapitalisierungsfaktor. Die Leibrententabellen berücksichtigen nicht das Vorversterbensrisiko der Unterhaltsberechtigten. Sie sollten daher grundsätzlich nicht der Berechnung zugrunde gelegt werden, jedenfalls wäre dann aber ein Abschlag für die Vorversterblichkeit des Berechtigten vorzunehmen.

114 In der Praxis werden die auf der Sterbetafel 1997/99 beruhenden Tabellen von *Arnau*[88] verwendet. Daneben enthält die *Standardliteratur*[89] zum Schadenersatzrecht in Anhängen die wichtigsten Kapitalisierungstabellen.

---

[81] *Jahnke*, Abfindung von Personenschadenansprüchen, § 1 Rn 127.
[82] BGH v. 8.11.2001 – IX ZR 404/99 – BGHReport 2002, 373 = NZV 2002, 268.
[83] BGH v. 8.11.2001 – IX ZR 404/99 – BGHReport 2002, 373 = NZV 2002, 268.
[84] Internationale Sterbetafeln enthält *Jahnke*, Abfindung von Personenschadenansprüchen, § 6 E (S. 249 ff.).
[85] *Becker/Böhme*, (19. Aufl. 1994), S. 265 (Rn D 268) unter Hinweis auf das Statistische Jahrbuch 1984, S. 656 f.; *Jahnke*, Abfindung von Personenschadenansprüchen, § 1 Rn 128; *Küppersbusch*, Rn 864, Fn 17 (S. 280); *Wussow/Küppersbusch*, (7. Aufl. 2000), Rn 374 und S. 332 (Tabellen 23, 24).
[86] *Jahnke*, Abfindung von Personenschadenansprüchen, § 1 Rn 129; *Küppersbusch*, Rn 864, Fn 17 (S. 280).
[87] *Jahnke*, Abfindung von Personenschadenansprüchen, § 6 Rn 21 ff. enthält eine Zusammenstellung internationaler Sterbetafeln für Männer und Frauen.
[88] Sterbetafel 1997/99: *Arnau*, VersR 2001, 953 ff. mit Fehlerkorrekturen in VersR 2002, 35.
[89] *Küppersbusch*, (8. Aufl. 2004) S. 287 – 327 berücksichtigt die Sterbetafel 1998/2000; *Böhme/Biela*, S. 486 ff. berücksichtigt die Sterbetafel 2001/2003.

c. Tabellen „verbundene Leben" – Berechnung im Todesfall

Unterhaltsschäden finden ihre Grenze in u.a. zwei Eckdaten (Tod des Unterhaltsberechtigten, hypothetischer Tod des Unterhaltsverpflichteten), die beide in die Einschätzung der Restlaufzeit von Renten einfließen müssen. 115

Die Tabellen „verbundene Leben" berücksichtigen, ausgehend vom Alter des Mannes und dem Altersunterschied zur **Ehefrau**, für den Unterhaltsschaden auch die Versterblichkeit der Hinterbliebenen durch doppelte Limitierung einer Unterhaltszahlung längstens bis zum mutmaßlichen Lebensende des Getöteten (statistische Lebenserwartung im Todeszeitpunkt) und weiter längstens bis zum Tod des Berechtigten (statistische Lebenserwartung im Kapitalisierungszeitpunkt). 116

Spezielle Tabellen, die auf demselben Prinzip aufbauen, existieren für die Kapitalisierung von **Waise**nansprüchen. 117

Weitere **individuelle Faktoren** in der Person von Verpflichteten und Berechtigten sind darüber hinaus mit einzubeziehen. 118

d. Korrekturfaktoren

Werden Hinterbliebenenrenten erst etliche Jahre nach dem Tod des Verunfallten kapitalisiert, so wäre theoretisch der (noch nicht korrigierte) Abfindungsbetrag mit einem mathematisch ermittelten[90] Faktor zu multiplizieren, um der zwischenzeitlichen durchschnittlichen (weiteren) Versterblichkeit des Unfalltoten Rechnung zu tragen, wenn man bei der Kapitalisierung das Alter des Verstorbenen im Zeitpunkt der Abfindung zugrunde legt. 119

Relevanz hat diese Berechnungsmethode in der Praxis kaum. 120

IV. Kapitalbetrag

Die Berechnung des Kapitalbetrages wird durch folgende **Faktoren** wesentlich bestimmt: 121

- **Volumen** der Ersatzforderung, 122
- **Laufzeit** des Schadensersatzes, 123
- **Zahlungsweise** der Rente, 124
- rechnerischer **Zinsfuß,** 125
- voraussichtliche **Änderungen** der **Rentenhöhe**. 126

Die einzelnen Berechnungsfaktoren sind je nach den Besonderheiten des Falles zu schätzen, wobei Prognosen zur künftigen Entwicklung der Lebensumstände des Getöteten, aber auch der Hinterbliebenen, und der wirtschaftlichen Daten zu treffen sind.[91] 127

---

90 *Schneider/Schlund/Haas*, S. 163 f. (Tabelle A 5). Die Tabellen von *Schneider/Schlund/Haas* enthalten weitere Korrekturfaktoren bis zu einem Abstand von 10 Jahren zwischen dem Tod des unterhaltspflichtigen Ehemannes/Vaters und dem Abfindungszeitpunkt. In der Praxis erfolgt die Kapitalisierung allerdings regelmäßig erheblich früher.
91 BGH v. 8.1.1981 – VI ZR 128/79 – BGHZ 79, 187 = DAR 1981, 46 = DB 1981, 786 = NJW 1981, 818 = MDR 1981, 306 = VersR 1981, 283 = VRS 65, 182 = zfs 1981, 105; BGH v. 24.4.1990 – VI ZR 183/89 – DAR 1990, 296 = MDR 1990, 809 = NJW-RR 1990, 962 = NZV 1990, 307 = r+s 1990, 272 (nur Ls.) = VersR 1990, 907 = VRS 90, 257 = zfs 1990, 340.

1. Höhe

128 Haftung und Schadenvolumen sind nach Rechtslage oder (beim Drittleistungsregress) aber auch Teilungsabkommen festzustellen.

2. Laufzeit der Schadenersatzrente

129 Die Laufzeit der Schadenersatzrente bestimmt sich

130 ■ aus dem **Stichtag** der Barwertberechnung,

131 ■ dem **Alter** des Getöteten (und damit dessen hypothetischer Lebenserwartung) und

132 ■ dem in der Zukunft liegenden **Ende** der **Rentenempfangsberechtigung**.

a. Stichtag

133 Zwischen Schadenereignis (Unfall), Schadeneintritt (Tod) und Abfindungsverhandlung (Kapitalisierung) liegt nicht selten eine größere Zeitspanne. Als Stichtag der Berechnung ist versicherungsmathematisch derjenige Tag zu verstehen, zu welchem das Alter des Berechtigten bestimmt wird:

134 ■ Bei der Kapitalisierung derjenigen Renten, bei denen es nur auf das **Leben des Berechtigten** ankommt (Verdienstausfallschaden, vermehrte Bedürfnisse u. ä.), ist als Berechnungsstichtag der **Tag der Kapitalisierung** anzusetzen.

135 ■ Für die Barwertberechnung von Hinterbliebenenrenten (Unterhaltsschaden) gilt derjenige Tag, an dem der Schaden (= **Tod des Unterhaltspflichtigen**) eintrat, als Berechnungsstichtag.[92] Der **Unfallzeitpunkt** ist nur bei sofortigem Tod nach dem Unfall als Stichtag relevant.

136 Legte man den Tag der Abfindungsverhandlung zugrunde, bliebe ansonsten (zum Nachteil des Schadenersatzverpflichteten bzw. dessen Haftpflichtversicherer) die zwischenzeitliche (fiktive) Versterblichkeit des unfallbedingt Verstorbenen außer Betracht. Die Laufzeit der Unterhaltsschadenrente ist nach der fiktiven Rest-Lebensdauer am Todestag (und nicht erst am Tag der Abfindung) zu bestimmen. Es empfiehlt sich, anhand der Sterbetafel zu vergleichen, einerseits welches fiktive Todesdatum sich im Todeszeitpunkt ergäbe und andererseits welches unter Berücksichtigung des Tages der Abfindungsverhandlung.[93]

b. Entgangener Unterhalt

aa. Startpunkt

137 Die Ersatzpflicht besteht für die gesamte Zeit, für die dem Unterhaltsberechtigten

---

92 BGH v. 22.1.1986 – IVa ZR 65/84 – MDR 1986, 365 = NJW-RR 1986, 650 = VersR 1986, 392 (ergänzende Hinweise VersR 1986, 552) = zfs 1986, 182 lässt ausdrücklich offen, ob in denjenigen Fällen ein späterer Stichtag zugrunde gelegt werden muss, in denen der Schaden, der durch die Gewährung der Rente ausgeglichen werden soll, erst in einem späteren Zeitpunkt eintritt (z.B. wenn der Unterhaltsverpflichtete nicht am Unfallort, sondern einige Zeit später an den Unfallfolgen verstirbt).
93 Siehe ergänzend Kap 7 Rn 119.

der Unterhalt infolge des Unfalltodes tatsächlich entzogen ist und **beginnt** mit dem unfallbedingten Tod. **Unterhaltsrückstände** sind daher nicht zu ersetzen.[94]

bb. Veränderungen im weiteren Verlauf der hypothetischen Unterhaltsberechtigung

Bei der Ermittlung des künftigen Unterhaltsschadens sind **wirtschaftliche Veränderungen** bei den Einkommensverhältnissen von Getötetem und Hinterbliebenen (z.B. hypothetische Verrentung) ebenso zu beachten wie Veränderungen im **familiären** Rahmen (Herausfallen der Kinder aus der Unterhaltsberechtigung, Wiederaufnahme einer Berufstätigkeit durch den hinterbliebenen Ehegatten, mögliche Wiederheirat). Die Rente ist jeweils für bestimmte Zeiträume unterschiedlich zu bemessen. **138**

Beim **Barunterhaltsschaden** ist die wichtigste Zäsur das Ausscheiden aus dem Berufsleben. Aber auch der Wegfall der Unterhaltsberechtigung von Kindern (z.B. Wegfall eines gehaltswirksamen Kinderzuschlages) kann das Anspruchsvolumen ebenso verändern wie die erneute Berufsaufnahme oder -erweiterung des Hinterbliebenen. **139**

Beim **Naturalunterhalt** gibt es keine allgemein gültigen Grenzen, insbesondere kann die Beeinträchtigung in der Haushaltsführung nicht auf das 65. Lebensjahr begrenzt werden. Zu berücksichtigen ist allerdings eine altersbedingte Herabsetzung der Leistungsfähigkeit,[95] ferner auch die unfallunabhängige Einstellung, aber auch die vorbestehende Existenz von Ersatzkräften.[96] In der Rechtsprechung besteht eine gefestigte Tendenz, das Ende des Haushaltführungsschaden mit dem 75. Lebensjahr (bei langjährigen Feststellungsurteilen) anzunehmen, da ab diesem Zeitpunkt die in ihrer Haushaltsführung beeinträchtigte Person auch unfallfremd nicht mehr in der Lage sein würde, ihren Haushalt vollumfänglich ohne Unterstützung zu führen.[97] Hinzu kommt die Veränderung im Haushalt durch Wegzug von Kindern, aber auch deren gesetzlich geforderte Einbeziehung in die Haushaltsführung bei häufig gleichzeitiger Reduktion des Betreuungsanspruches und das Hinzutreten des Ehegatten nach Aufgabe beruflicher Tätigkeit. **140**

Der Betreuungsunterhalt endet für **Kinder** mit deren Volljährigkeit.[98] **141**

---

94 BGH v. 9.3.1973 – VI ZR 119/71 – MDR 1973, 662 = VersR 1973, 620; LG Düsseldorf v. 4.11.1999 – 13 O 309/99 – SP 2000, 379.
95 BGH v. 25.4.2006 – VI ZR 114/05 – (Berichtigungsbeschluss v. 20.6.2006 – VI ZR 114/05 –) VersR 2006, 1081; OLG Zweibrücken v. 29.7.1977 – 1 U 108/76 – VersR 1978, 356; LG Essen v. 12.2.1976 – 4 O 126/73 – VersR 1977, 674 (Mithilfeverpflichtung des Ehemannes endet allgemein mit dem 70. Lebensjahr).
96 BGH v. 10.10.1989 – VI ZR 247/88 – r+s 1989, 399 = VersR 1989, 1273.
97 OLG Celle v. 23.6.1983 – 5 U 247/82 – zfs 1983, 291; OLG Frankfurt v. 14.7.1981 – 12 U 65/80 – VersR 1982, 981 = zfs 1982, 363 (BGH hat Revision nicht angenommen, Beschl. v. 8.6.1982 – VI ZR 206/81 –); OLG Hamm v. 21.2.1994 – 6 U 225/92 – NJW-RR 1995, 599; OLG Hamm v. 10.11.1994 – 6 U 147/93 –; OLG Zweibrücken v. 29.7.1977 – 1 U 108/76 – VersR 1978, 356. Siehe auch: BGH v. 7.5.1974 – VI ZR 10/73 – MDR 1974, 1012 = NJW 1974, 1651 (Anm. *v.Denck*, NJW 1974, 2280) = VersR 1974, 1016 = VRS 47, 321; KG v. 29.11.1996 – 9 U 2238/95 – r+s 1997, 461 (BGH hat Revision nicht angenommen, Beschl. v. 8.7.1997 – VI ZR 39/97 –) (Ohne Darlegung besonderer Verhältnisse kann nicht davon ausgegangen werden, dass eine bei einem Unfall getötete Ehefrau auch mit mehr als 78 Jahren noch zur Haushaltsführung verpflichtet gewesen wäre. Anm.: Die Frage nach einem etwaig jüngeren Endalter stellte sich im entschiedenen Fall nicht, da der Schadenersatzpflichtige bis zur Erreichung des fiktiven 79. Lebensjahres tatsächlich gezahlt hatte.).
98 Kap 7 Rn 179 f.

cc. Grenzpunkte

142 | **§ 1615 BGB – Erlöschen des Unterhaltsanspruchs**
> (1) Der Unterhaltsanspruch erlischt mit dem Tode des Berechtigten oder des Verpflichteten, soweit er nicht auf Erfüllung oder Schadenersatz wegen Nichterfüllung für die Vergangenheit oder auf solche im Voraus zu bewirkende Leistungen gerichtet ist, die zur Zeit des Todes des Berechtigten oder des Verpflichteten fällig sind.

143 Das zeitliche **Ende** der Ersatzverpflichtung bestimmen drei Punkte kumulativ:[99]

144 ■ Das mutmaßliche **Lebensende** des getöteten Unterhalts**verpflichteten**,

145 ■ der **Wegfall** oder die **Verringerung** der Unterhalts**verpflichtung** des getöteten Verpflichteten aus anderen Gründen und

146 ■ das tatsächliche **Lebensende** des Unterhalts**berechtigten**.

147 Über den **fiktiven Todeszeitpunkt** (des Getöteten, aber auch des Berechtigten) hinaus besteht keine Ersatzpflicht mehr.[100]

(1) Faktoren in der Person des Verpflichteten

148 Zunächst sind die sich verändernden Beendigungs- und Veränderungsgründe in der Person des Verpflichteten zu berücksichtigen.

149 Die mutmaßliche Leistungsfähigkeit des Getöteten und damit die hypothetische Entwicklung seiner Unterhaltsverpflichtung sind prognostisch mit einzubeziehen.[101] Es ist zu ermitteln, wie sich bei hypothetischem Weiterleben der Unterhaltsanspruch des Berechtigten wahrscheinlich entwickelt haben würde. Es sind ähnliche Überlegungen anzustellen wie beim Erwerbsschaden, da ja der hypothetische Erwerb teilweise dem Unterhalt dann zugeführt worden wäre.

150 Neben dem – aus der Sterbetafel zu entnehmenden – mutmaßlichen Todeszeitpunkt wird die fiktiv zu betrachtende Unterhaltsverpflichtung des Getöteten individuell beeinflusst (Schätzung nach § 252 BGB, § 287 ZPO)[102] durch

151 ■ die von der statistischen Wahrscheinlichkeit konkret **abweichende Lebenserwartung** im Todeszeitpunkt (z.B. gesundheitsgefährdender Arbeitsplatz, schwere unfallfremde Erkrankung[103]) und absehbare Veränderungen im **gesundheitlichen Status**;

152 ■ alters- oder gesundheitsbedingte **Herabsetzung der körperlichen Leistungsfähigkeit**[104] (z.B. Wegfall von Überstunden, Wegfall oder Unwirtschaftlichkeit von Nebentätigkeiten);

---

99 Siehe auch *Wussow*, WI 1998, 75 f.
100 BGH v. 27.1.2004 – VI ZR 342/02 – DAR 2004, 346 = FamRZ 2004, 777 = IVH 2004, 117 (nur Ls.) = MDR 2004, 810 (nur Ls.) = NJW-RR 2004, 821 = NZV 2004, 291 = r+s 2004, 342 = SP 2004, 190 = SVR 2004, 339 (Anm. *Luckey*) = VersR 2004, 653 = VRS 106, 413 = zfs 2004, 260; KG v. 23.10.1969 – 12 W 6556/69 – VersR 1970, 350 (und 746); OLG Stuttgart v. 12.10.2000 – 1 U 31/00 – r+s 2002, 18 = VersR 2002, 1520 = zfs 2001, 495 (Anm. *Diehl*) (BGH hat Revision nicht angenommen, Beschl. v. 26.6.2001 – VI ZR 387/00 –).
101 BGH v. 25.4.2006 – VI ZR 114/05 – (Berichtigungsbeschluss v. 20.6.2006 – VI ZR 114/05 –) VersR 2006, 1081; BGH v. 11.7.1972 – VI ZR 21/71 – MDR 1973, 129 = VersR 1972, 945.
102 BGH v. 25.4.2006 – VI ZR 114/05 – (Berichtigungsbeschluss v. 20.6.2006 – VI ZR 114/05 –), OLG Karlsruhe v. 18.8.2005 – 19 U 120/04 – SP 2006, 276; VersR 2006, 1081.
103 Manchmal ausgewiesen im Obduktionsgutachten im Strafverfahren.
104 BGH v. 7.5.1974 – VI ZR 10/73 – NJW 1974, 1651 = VersR 1974, 1016; BGH v. 25.4.1972 – VI ZR 134/71 – MDR 1972, 769 = VersR 1972, 834.

- **positive** (insbesondere berufliche) **Weiterentwicklungen** (z.B. Beförderung, Altersstufen, beruflicher Aufstieg; tarifliche Gehaltssteigerungen nur soweit, wie nicht durch den Kapitalisierungsfaktor bereits ausreichend kompensiert); 153

- **Verdiensteinbußen** (z.B. durch Wegfall des Arbeitsplatzes, Wegfall von Nebentätigkeiten, vorzeitiges Ausscheiden aus dem Beruf; Verringerungen/Wegfall des Einkommens wegen überholender Kausalität); 154

- Reduzierung des Nettoeinkommens nach hypothetischer **Verrentung** des Getöteten, 155

- ebenso **Mitarbeitspflicht im Haushalt** nach Pensionierung. 156

Anhaltspunkte für die Einschätzung der künftigen Leistungsfähigkeit, aber auch für eine abweichende Beurteilung der hypothetischen Lebenserwartung, kann ein im Strafverfahren eingeholtes **Obduktionsgutachten** enthalten. 157

Ein **Gericht** darf die Unterhaltsrente nicht ohne zeitliche Befristung festsetzen;[105] auch ist der geschätzte Zeitpunkt der mutmaßlichen Lebenserwartung und die dementsprechende zeitliche Begrenzung der Leistungsverpflichtung im Urteil kalendermäßig anzugeben.[106] 158

(2) Faktoren in der Person des Berechtigten

Schadenersatz ist grundsätzlich in Rentenform zu zahlen, und zwar drei Monate im Voraus (§§ 843 II, 760 BGB). Die Rente ist, da hinsichtlich des Unterhaltsschadens mehrere Ersatzberechtigte Teilgläubiger sind, für jeden Unterhaltsgeschädigten getrennt zu ermitteln, wobei für die Zukunft auch die unterschiedlichen Höhen zu beachten sind. 159

Die Unterhaltsansprüche der Hinterbliebenen gegenüber dem Ersatzverpflichteten orientieren sich am Umfang und Ende der familienrechtlich geschuldeten Unterhaltsverpflichtung. 160

(a) Tod des Berechtigten

Die Unterhaltsverpflichtung endet mit dem individuellen Tod des jeweiligen Unterhaltsberechtigten. Dessen statistische Lebenserwartung kann länger, ebenso aber auch kürzer als die des Unterhaltsverpflichteten sein. 161

Über den **hypothetisch** bestimmten **Todeszeitpunkt** hinaus besteht kein Anspruch.[107] 162

(b) Neue Lebensgemeinschaft

(aa) Wiederheirat

Die für die Kapitalisierung zu berücksichtigende individuelle Wahrscheinlichkeit einer Wiederheirat ist abhängig u.a. von Kinderzahl, Vermögen und sozialer Stellung, u.U. 163

---

105 BGH v. 27.1.2004 – VI ZR 342/02 – DAR 2004, 346 = FamRZ 2004, 777 = IVH 2004, 117 (nur Ls.) = MDR 2004, 810 (nur Ls.) = NJW-RR 2004, 821 = NZV 2004, 291 = r+s 2004, 342 = SP 2004, 190 = SVR 2004, 339 (Anm. *Luckey*) = VersR 2004, 653 = VRS 106, 413 = zfs 2004, 260 (Bei einem Nicht-Selbständigen ist wie beim Erwerbsschaden die Unterhaltsrente betragsmäßig auf das 65. Lebensjahr festzusetzen).

106 BGH v. 27.1.2004 – VI ZR 342/02 – DAR 2004, 346 = FamRZ 2004, 777 = IVH 2004, 117 (nur Ls.) = MDR 2004, 810 (nur Ls.) = NJW-RR 2004, 821 = NZV 2004, 291 = r+s 2004, 342 = SP 2004, 190 = SVR 2004, 339 (Anm. *Luckey*) = VersR 2004, 653 = VRS 106, 413 = zfs 2004, 260; BGH v. 17.12.1985 – VI ZR 155/84 – DAR 1986, 114 = MDR 1986, 665 = NVwZ 1986, 507 = r+s 1986, 67 = VersR 1986, 463 (Anm. *Schmalzl*, VersR 1998, 210) = VRS 71, 102 = zfs 1986, 174.

107 OLG Stuttgart v. 12.10.2000 – 1 U 31/00 – r+s 2002, 18 = VersR 2002, 1520 = zfs 2001, 495 (Anm. *Diehl*) (BGH hat Revision nicht angenommen, Beschl. v. 26.6.2001 – VI ZR 387/00 –).

aber auch von der ethnischen Zugehörigkeit.[108] Verlässliche Statistiken existieren allerdings nicht.[109]

164 Beim hinterbliebenen Ehegatten endet der Schadensersatzanspruch nicht mit der **Wiederheirat**. Bei einer Wiederheirat ruht der Unterhaltsanspruch und kann nach Beendigung der zweiten Ehe der Unterhaltsanspruch wieder aufleben.[110]

165 Mit der erneuten Heirat des überlebenden Ehegatten (Witwe, Witwer) erwirbt dieser gegen den neuen Ehegatten gesetzliche Unterhaltsansprüche. Die Unterhaltspflichten des neuen Ehepartners sind bei der Regulierung anspruchsmindernd als Vorteil zu berücksichtigen.[111]

(bb) Nicht-eheliche Gemeinschaft[112]

166 Im Zuge der gesellschaftlichen Fortentwicklung ist auch die nicht-eheliche Lebensgemeinschaft immer mehr in den Vordergrund gerückt.[113] Unterhaltsvergleichbare Leistungen begleiten die Aufnahme einer eheähnlichen Beziehung.[114] Diesem Umstand ist m.E. auch bei der Schadensberechnung anspruchsmindernd Rechnung zu tragen, auch wenn zum neuen „Lebensabschnittspartner" keine familienrechtliche Unterhaltsverpflichtung begründet wird, sondern allenfalls eine vertragliche.[115]

167 Für eine Gleichbehandlung der nicht-ehelichen Gemeinschaft sprechen auch Vergleiche zu anderen Rechtsbereichen:

168 ■ Es bestehen berechtigte Zweifel, ob angesichts der gesellschaftlichen Veränderungen noch an der Ausklammerung der eheähnlichen Gemeinschaft aus der Privilegierung der **§§ 67 II VVG, 116 VI SGB X** festgehalten werden kann.[116] Etliche

---

108 Siehe zur Berücksichtigung der Wiederverheiratungsmöglichkeit ergänzend *Schlund/Schneider,* VersR 1976, 809 (Teil I. 2) und 810 (Teil II. a.); ferner *Schlund* in *Schneider/Schlund/Haas,* S. 114 (Rn 168), 117 f. (Rn 186 ff.); *Böhme/Biela,* Rn D 277 (S. 239) und *Wussow/Küppersbusch,* (7. Aufl. 2000) Rn 657.
109 *Küppersbusch,* Rn 865.
110 BGH v. 17.10.1978 – VI ZR 213/77 – MDR 1979, 218 = NJW 1979, 268 = VersR 1979, 55; OLG Bamberg v. 22.3.1977 – 5 U 161/76 – DAR 1977, 300 = r+s 1978, 18. *Böhme/Biela,* D 277 (S. 239).
111 BGH v. 17.10.1978 – VI ZR 213/77 – MDR 1979, 218 = NJW 1979, 268 = VersR 1979, 55; BGH v. 16.2.1970 – III ZR 183/66 – VersR 1970, 522.
112 Siehe auch Kap 6 Rn 246.
113 *Groß,* Forderungsübergang im Schadenfall, Schriftenreihe der Arbeitsgemeinschaft Verkehrsrecht – Homburger Tage 1998 –, S. 15 hebt im Zusammenhang mit dem Verwandtenprivileg die zwischenzeitlichen gesellschaftlichen Veränderungen hervor und weist auf Kriterien hin, die sich in der Rechtsprechung des BVerfG (BVerfGE 87, 264) sowie des VIII. Zivilsenates des BGH (BGH v. 13.1.1993 – VIII ARZ 6/92 – NJW 1993, 999) finden, um vielleicht schützenswerte nicht-eheliche Gemeinschaften zu typisieren.
114 Siehe zur Problematik: BGH v. 19.6.1984 – VI ZR 301/82 – FamRZ 1984, 976 = MDR 1984, 1016 = NJW 1984, 2520 = r+s 1984, 263 = VersR 1984, 936 = zfs 1984, 362: Geht eine Witwe nach dem Unfalltod ihres Ehemannes eine eheähnliche Beziehung ein, so ist der Wert der dem neuen Partner erbrachten Haushaltsführung als solcher nicht auf den Unterhaltsschaden anzurechnen. Allerdings sind unter dem Aspekt einer Erwerbsobliegenheit Einkünfte aus einer der Witwe zumutbaren und möglichen Arbeitsleistung schadenmindernd zu berücksichtigen (§ 254 II BGB); BGH v. 13.3.1996 – XII ZR 2/95 – LM BGB § 1570 Nr. 16 = MDR 1996, 712 = NJW 1996, 1815 (Unterhaltspflicht eines nach der Scheidung zu einem Hausmann „Konvertierten"). Hinzuweisen ist ferner auf LG Zweibrücken v. 29.6.1993 – 3 S 94/93 – FamRZ 1994, 955 = NJW 1993, 3207 (mit Anm. *Raiser,* NJW 1994, 2672) = VersR 1994, 819 = zfs 1994, 363.
115 Siehe OLG Nürnberg v. 10.6.2005 – 5 U 195/05 – DAR 2005, 629 = FamRZ 2005, 2069 (Anm. *Löhnig*) = HVBG-Info 2005, 939 = NZV 2006, 209 = OLGR 2005, 618 = r+s 2005, 440 = SP 2006, 132; *Geigel-Pardey,* Kap 4 Rn 149.
116 *Groß,* Forderungsübergang im Schadenfall, Schriftenreihe der Arbeitsgemeinschaft Verkehrsrecht – Homburger Tage 1998, S. 15, 25 = DAR 1999, 340 hebt die zwischenzeitlichen gesellschaftlichen

D. Kapitalisierung

Gerichte[117] haben bereits (vor allem zum Regress von Sachversicherern) den § 67 II VVG zugunsten von eheähnlichen Gemeinschaften gelten lassen. Bereits früher hatte der BGH[118] das Verwandtenprivileg auf ein Pflegekind angewandt, da dieses letztlich tatsächlich die Stelle eines Verwandten eingenommen hatte; dieses Argument lässt sich angesichts der sozialen Veränderungen auf verfestigte nicht-eheliche Beziehungen problemlos übertragen.

- Im **Bürgschaftsrecht** hat sich der BGH[119] für eine Gleichbehandlung von Ehegatten und eheähnlichen Gemeinschaften entschieden. **169**

- Im **Arzthaftungsrecht** gilt die Sicherungsaufklärung nicht nur für den Ehepartner, sondern ebenfalls für den ständigen Lebensgefährten des Patienten.[120] **170**

- Im **Familienrecht** entwickelt sich mittlerweile eine Annäherung, wenn minderjährige Kinder zu erziehen sind.[121] **171**

- Auch im **Mietrecht**[122] (siehe §§ 553, 563 I 1, II 2 BGB) und **Zivilprozessrecht**[123] **172**

Veränderungen hervor. Die Interessenlage von § 67 II VVG und § 116 VI SGB X bewertet *Groß*, a.a.O. offensichtlich gleich (S. 25 = DAR 1999, 344).

117 OLG Brandenburg v. 6.3.2002 – 14 U 104/01 – EEK 3072 = FPR 2002, 420 = JA 2002, 829 (Anm. *Moritz*) = NJW 2002, 1581 = NVersZ 2002, 302 = r+s 2002, 275 = VersR 2002, 839 = VRS 103, 89 = zfs 2002, 53; OLG Hamm v. 8.3.1996 – 20 U 3/96 – NJW-RR 1997, 90 = NJWE-VHR 1997, 81 (nur Ls.) = OLGR 1996, 173 = VersR 1997, 567 = zfs 1997, 62 (Partner einer nicht-ehelichen Lebensgemeinschaft kann Mitversicherter nach Nr. 2 II AHB sein mit der Konsequenz, dass ein Regress des Versicherers aus gemäß § 67 I VVG übergegangenen oder abgetretenen Recht nicht in Betracht kommt); LG Saarbrücken v. 19.9.1994 – 6 O 60/94 – VersR 1995, 158 (Regress eines Feuerversicherers) mit ausführlicher und durchaus nachdenkenswerter Begründung (Berufung: OLG Saarbrücken – 7 U 903/94 – 134 –); LG Potsdam v. 11.6.1996 – 10 O 586/95 – FamRZ 1997, 878 = NJW-VHR 1997, 273 = VersR 1997, 93 = WI 1997, 33 (Regress eines Kaskoversicherers) (Das Berufungsurteil des OLG Brandenburg v. 28.1.1997 – 2 U 94/96 – lässt ausdrücklich die Frage, ob die nicht-eheliche Gemeinschaft den Schutz des § 67 II VVG genießt, offen und weist die Berufung des Klägers zurück, weil der Vorwurf grob fahrlässigen Verhaltens nicht bewiesen war); AG München v. 19.5.1981 – 27 C 22/81 – DAR 1981, 358 = FamRZ 1982, 65 = VersR 1982, 335 = zfs 1982, 14.

118 BGH v. 15.1.1980 – VI ZR 181/78 – MDR 1980, 570 = NJW 1980, 1468 = r+s 1980, 111 = VersR 1980, 526 = zfs 1980, 242.

119 BGH v. 27.1.2000 – IX ZR 198/98 – DB 2000, 767 = FamRZ 2000, 736 = JZ 2000, 674 = MDR 2000, 467 (nur Ls.) = NJW 2000, 1182 = WM 2000, 410; BGH v. 23.1.1997 – IX ZR 55/96 – BB 1997, 543 = DB 1997, 623 = EWiR 1997, 397 (nur Ls.) (Anm. *Schmidt*) = FamRZ 1997, 481 = MDR 1997, 358 = NJW 1997, 1005 = WM 1997, 465; BGH v. 5.1.1995 – IX ZR 85/94 – BB 1995, 378 = BGHZ 128, 230 = FamRZ 1995, 469 = MDR 1995, 1025 = NJW 1995, 592 = NJW-RR 1995, 498 (nur Ls.) = WM 1995, 237.

120 BGH v. 14.6.2005 – VI ZR 179/04 – NJW 2005, 2614 = VersR 2005, 1238 = zfs 2006, 141 (Anm. *Diehl*) (Vorinstanz OLG Koblenz v. 7.6.2004 – 13 U 1527/01 – GesR 2004, 330 [nur Ls.] = OLGR Koblenz 2004, 505).

121 BGH v. 5.7.2006 – XII ZR 11/04 – (Die grundsätzliche Befristung des Unterhaltsanspruchs der nicht-ehelichen Mutter wegen Pflege und Erziehung eines nicht-ehelich geborenen Kindes [§ 1615 l II BGB] auf die Dauer von 3 Jahren ab Geburt des Kindes bewirkt keine verfassungswidrige Schlechterstellung des nicht-ehelich geborenen Kindes. Ob es insbesondere unter Berücksichtigung der Belange des Kindes grob unbillig ist, einen Unterhaltsanspruch nach Ablauf von 3 Jahren zu versagen, ist in verfassungskonformer Auslegung unter Berücksichtigung kindbezogener wie elternbezogener Gründe zu entscheiden.).

122 BGH v. 5.11.2003 – VIII ZR 371/02 – BGHZ 157, 1 = ArbuR 2004, 40 (nur Ls.) = DB 2004, 485 (nur Ls.) = EWiR 2004, 743 (nur Ls.) (Anm. *Eckert*) = FamRZ 2004, 91 = FamRZ 2004, 358 (nur Ls.) (Anm. *Brudermüller*) = JA 2004, 345 (nur Ls.) = JR 2004, 377 = MDR 2004, 141 = NJW 2004, 56 = WM 2004, 528 = WuM 2003, 688 = ZMR 2004, 100 (Für die Aufnahme eines Lebensgefährten in eine gemietete Wohnung bedarf der Mieter der Erlaubnis des Vermieters. Auf die Erteilung der Erlaubnis hat er im Regelfall einen Anspruch.); BGH v. 13.3.1993 – VIII ARZ 6/92 – BGHZ 121, 116 = DB 1993,

werden nicht-eheliche Gemeinschaften in die Nähe der ehelichen Partnerschaft gerückt oder unterschiedslos behandelt.

173 ■ **Sozialrechtlich** ist die nicht-eheliche Lebensgemeinschaft durch Anrechnung der Einkommen im Bereich der Sozialhilfe, Grundsicherung, Arbeitslosenhilfe und Arbeitslosengeld II den Ehegatten belastend gleichgestellt (siehe § 122 BSHG,[124] § 137 II AFG a.F., § 194 I S. 1 Nr. 2 SGB III, § 9 II, V SGB II, §§ 20, 36 SGB XII, § 22b FRG). Es gibt eine gängige Praxis der Arbeitsverwaltung, bei Zusammenleben von mehr als 3 Jahren eine eheähnliche Lebensgemeinschaft anzunehmen;[125] bei den für ALG II-Gewährung zuständigen Behörden gibt es Bestrebungen, auch bei geringerer Dauer von eheähnlicher Gemeinschaft auszugehen. Mit der Rechtsänderung zum 1.8.2006[125a] enthält § 7 III Nr. 3 lit. c), IIIa SGB II die Vermutung für eine wechselseitige Verantwortung bei einem Zusammenleben von mehr als einem Jahr.[125b]

174 ■ Im **Opferentschädigungsrecht** sowie dem BVG sieht das BVerfG[126] sogar eine nicht-gerechtfertigte Benachteiligung der nicht-ehelichen Partnerschaft mit Kindern; der Gesetzgeber hat daraufhin – rückwirkend ab 1.11.1994 – § 1 VIII OEG (ferner auch § 80 SVG, § 47 I ZDG, § 60 Infektionsschutzgesetz)[127] auf Partner einer eheähnlichen Gemeinschaft erweitert, während die Änderungen im BVG[128] sich nur auf eingetragene Partner nach LPartG beschränken.[129]

175 Die Schwierigkeit, das Bestehen einer eheähnlichen Gemeinschaft festzustellen, ist in den vorgenannten Rechtsgebieten nicht als unüberwindlich empfunden worden.[130] Kriterien wurden im SGB II sogar fixiert.

978 = FamRZ 1993, 533 = FPR 1995, 127 = JuS 1993, 597 (Anm. *Emmerich*; *Stintzing*, JuS 1994, 550) = JZ 1993, 950 (Anm. *Medicus*) = MDR 1993, 440 = NJW 1993, 999 = WM 1993, 552 = ZMR 1993, 261 (Anm. *Merschmeier*, ZMR 1994, 13) (Eintritt des nicht-ehelichen Partners in das Mietverhältnis des verstorbenen Mieters).
123 OLG Köln v. 8.6.201 – 13 W 26/01 – VersR 2001, 1536 (Ersatzzustellung eines Versäumnisurteils an die in der Wohnung des Beklagten angetroffene Lebensgefährtin ist wirksam).
124 Zum Begriff der „eheähnlichen Gemeinschaft" i.S.d. § 122 S. 1 BSHG und § 137 IIa AFG: BVerwG v. 17.5.1995 – 5 C 16/93 – NJW 1995, 2802 m.w.N.; BVerfG v. 17.11.1992 – 1 BvL 8/87 – BGBl I 1993, 42 = BVerfGE 87, 234 = FamRZ 1993, 164 = JZ 1993, 144 (Anm. *Seewald*) = NJW 1993, 643 (Anm. *Ruland*, NJW 1993, 2855) = NZS 1993, 72 (Anm. *Bubeck*, NZS 1993, 247) = SGb 1993, 364 (Anm. *Hase*, 1993, 345) (Eine eheähnliche Gemeinschaft liegt bei verfassungskonformer Auslegung vor, wenn zwischen den Partnern so enge Bindungen bestehen, dass von ihnen ein gegenseitiges Einstehen in den Not- und Wechselfällen des Lebens erwartet werden kann [Verantwortungs- und Einstehensgemeinschaft]. Gemeint ist eine Lebensgemeinschaft von Mann und Frau, die auf Dauer angelegt ist, daneben keine weitere Lebensgemeinschaft gleicher Art zulässt und sich durch innere Bindung auszeichnet, die ein gegenseitiges Einstehen der Partner füreinander begründen, also über die Beziehungen in einer reinen Haushalts- und Wirtschaftsgemeinschaft hinausgehen.).
125 LSG Nordrhein-Westfalen v. 17.2.2006 – L 19 B 85/05 AS ER – (Vorinstanz SG Düsseldorf – 35 AS 146/05 –).
125a Art. 1 Nr. 7 i.V.m. Art. 16 des Gesetzes zur Fortentwicklung der Grundsicherung für Arbeitsuchende v. 20.7.2006 BGBl I 2006, 1706.
125b Zur Gesetzesbegründung siehe BT-Drucks 16/1410, S. 19 f.
126 BVerfG v. 9.11.2004 – 1 BvR 684/98 – BGBl I 2005, 1047 = FamRZ 2005, 590 (Anm. *Klinkhammer*) = NJW 2005, 1413 (Vorinstanz BSG v. 11.3.1998 – B 9 VG 8/97 B –) (Der fehlende Schutz des nicht-ehelichen Gefährten ist verfassungswidrig und verstößt gegen Art 3 I, 6 I GG).
127 Art. 2 des Gesetzes zur Änderung von Vorschriften des Sozialen Entschädigungsrechts und des Gesetzes über einen Ausgleich für Dienstbeschädigungen im Beitrittsgebiet v. 19.6.2006, BGBl I 2006, 1305. Dazu BT-Drucks 16/444 v. 24.1.2006.
128 Art. 4 des Gesetzes zur Überarbeitung des Lebenspartnerschaftsrechts v. 15.12.2004, BGBl I 2004, 3396.
129 BT-Drucks 15/3445 v. 29.6.2004, S. 17 (Begründung zu Art. 4).
130 *Groß*, Forderungsübergang im Schadenfall, Schriftenreihe der Arbeitsgemeinschaft Verkehrsrecht – Homburger Tage 1998 (S. 15, 25) = DAR 1999, 340 weist auf Kriterien hin, die sich in der Rechtsprechung

(c) Scheidung[131]

Grundsätzlich ist auch dem Aspekt einer möglichen Scheidung[132] Rechnung zu tragen. Relevant wird dieses in der Praxis, wenn deutliche Anzeichen dafür vorhanden sind, dass die Ehe vor dem Tod des Unterhaltspflichtigen bereits zum Scheitern verurteilt war.

176

Bei mehr als 3 Jahre getrennt lebenden Ehegatten kann dem Schädiger die unwiderlegbare Vermutung des § 1566 II BGB für ein Scheitern der Ehe zugute kommen.

177

(d) Waise

Bei Kindern ist die **Bedürftigkeit** ein mitbestimmender Faktor für die Ersatzfähigkeit entgangenen Unterhaltes. Wann und wielange Bedürftigkeit anzunehmen ist, ist bei der Kapitalisierung prognostisch mit einzubeziehen.

178

Den Waisen ist Schadenersatz wegen entgangenen Barunterhaltes bis zum Ende der familienrechtlich geschuldeten Ausbildung zu zahlen. Der Betreuungsschaden tritt aber nur bis zur Vollendung des 18. Lebensjahres daneben. Gegenüber **volljährigen Kindern** sind beide Elternteile **nur** noch **barunterhaltspflichtig**.[133]

179

Regelmäßig ist die Unterhaltsrente eines Kindes auf die Vollendung des 18. Lebensjahres (**Volljährigkeit**)[134] zu begrenzen (unter Berücksichtigung aller zukünftigen Entwicklungen[135]) und darüber hinaus nur durch Feststellungsurteil abzusichern.[136] Der familienrechtliche Barunterhaltsanspruch der Kinder **endet** häufig mit der Lehre (16. – 18. Lebensjahr), kann allerdings (z.B. bei Studium) auch darüber hinaus andauern.[137]

180

Eine **Adoption** (z.B. durch den neuen Ehegatten des Witwers) beendet nicht den Rentenanspruch aus der Rentenversicherung (§ 48 VI SGB VI) und gesetzlichen Unfallversicherung (§ 67 V SGB VII). Auch der Schadenersatzanspruch wegen der Entziehung des Unterhaltes wird nicht durch die Adoption gemindert.[138]

181

(e) Eigenes Einkommen

Anspruchsmindernd ist der eigene Verdienst oder aber auch die Mitarbeitsverpflichtung der Unterhaltsberechtigten im Haushalt (u.U. gesteigert nach eigenem Eintritt in den Ruhestand) und Beruf[139] mit einzubeziehen.

182

---

des BVerfG (BVerfG v. 17.11.1992 – 1 BvL 8/87 – NJW 1993, 643 [weitere Fundstellen: Kap 7, Fn 124]) sowie des VIII. Zivilsenates des BGH (BGH v. 13.1.1993 – VIII ARZ 6/92 – NJW 1993, 999 [weitere Fundstellen: Kap 7, Fn 122]) finden, um nicht-eheliche Gemeinschaften zu typisieren.

131 Siehe ergänzend Kap 6 Rn 98 ff.
132 Vertiefend zur Problematik: *Böhme/Biela*, Rn D 249 ff. (S. 232); *Jahnke*, Abfindung von Personenschadenansprüchen, § 1 Rn 93 und § 6 Rn 30 f.; *Schlund* in *Schneider/Schlund/Haas*, S. 114 (Rn 169 ff.).
133 Siehe Kap 6 Rn 117 ff.
134 OLG Hamm v. 19.12.1995 – 27 U 117/95 – OLGR 1996, 67 = zfs 1996, 211.
135 BGH v. 24.4.1990 – VI ZR 183/89 – DAR 1990, 296 = MDR 1990, 809 = NJW-RR 1990, 962 = NZV 1990, 307 = r+s 1990, 272 (nur Ls.) = VersR 1990, 907 = VRS 90, 257 = zfs 1990, 340.
136 BGH v. 15.3.1983 – VI ZR 187/81 – BGHZ 87, 121 = DAR 1983, 294 = FamRZ 1983, 792 = MDR 1983, 835 = NJW 1983, 2197 = r+s 1983, 191 = VersR 1983, 688 = VRS 65, 182 = zfs 1983, 294.
137 OLG Frankfurt v. 26.7.2005 – 17 U 18/05 – SP 2005, 338; OLG Köln v. 17.2.1989 – 20 U 37/87 – VersR 1990, 1285 (nur Ls.) = zfs 1991, 11 (BGH v. 20.3.1990 – VI ZR 127/89 – DAR 1990, 228 = FamRZ 1990, 848 = MDR 1990, 1100 = NJW-RR 1990, 706 = NZV 1990, 306 = r+s 1990, 200 [nur Ls.] = VersR 1990, 748 = VRS 79, 166 = zfs 1990, 261 hat Revision teilweise nicht angenommen).
138 BGH v. 22.9.1970 – VI ZR 28/69 – BGHZ 54, 269 = FamRZ 1970, 587 = JZ 1971, 657 (Anm. *Rother*) = MDR 1970, 1000 = NJW 1970, 2061 (Anm. *Schultze-Bley*, NJW 1971, 1137) = VersR 1970, 1051.
139 OLG Düsseldorf v. 6.3.1992 – 14 U 184/91 – r+s 1992, 375.

183 Prognostisch ist auch die mögliche Veränderung im weiteren beruflichen Leben der Hinterbliebenen einzubeziehen.

(f) Eltern

184 Den Eltern eines getöteten Kindes kann grundsätzlich ein Schadenersatzanspruch zustehen.[140] Dabei kommt es nicht auf individuelle Versorgungsabsprachen, sondern allein auf den gesetzlich geschuldeten Unterhalt an. Die gesetzliche Unterhaltspflicht eines getöteten Kindes gegenüber seinen Eltern bestimmt sich nicht nur nach deren Unterhaltsbedürftigkeit (§ 1602 BGB) und des Kindes eigener Leistungsfähigkeit (§ 1603 BGB), sondern auch danach, ob neben dem Getöteten noch andere Unterhaltspflichtige (u.a. Ehegatte, Geschwister) vorhanden waren. Die Unterhaltspflicht entfällt nur anteilig und nicht gesamtschuldnerisch (§ 1606 III BGB).

185 Die Zukunftsprognose für die Kapitalabfindung richtet sich wesentlich an der hypothetischen beruflichen und privaten (Gründung eigener Familie) Entwicklung des verstorbenen Kindes aus, ergänzt um die unterhaltsrechtlich relevanten Veränderungen bei den etwaig vorhandenen weiteren Unterhaltspflichtigen. Eine Kapitalisierung ist schwer, ein wirtschaftlich tragbarer pauschaler Gesamtvergleich bietet sich regelmäßig an.

dd. Differenzberechnung bei Mehrheit von Anspruchsberechtigten

186 Sind die Ansprüche mehrerer Hinterbliebener[141] zu kapitalisieren, so ist mit Differenzfaktoren den sich verändernden Unterhaltsverpflichtungen Rechnung zu tragen (sog. „Schadenharfe").

187 *Beispiel 7.3*
(Beispiel mit vereinfachter Berechnung)
Der aufgrund eines Schadenereignisses verstorbene Ehegatte V (45 Jahre, Nettoeinkommen 2.500 €) hinterlässt seine Witwe F (40 Jahre, ohne eigenes Einkommen) sowie 2 Kinder (Sohn S, 10 Jahre, und Tochter T, 15 Jahre alt). Leistungen von Sozialversicherern sind nicht vorhanden.

Anm.: Die Unterhaltsquoten und -beträge wurden bei dieser vereinfachten Darstellung nicht, wie vielleicht geboten,[142] korrigiert![143]

Die – gerundeten – Kapitalisierungsfaktoren betragen (Zeittabelle,[144] Zinsfuß 5,0 %, verbundene Leben:[145] Mann 45 Jahre, Ehefrau 5 Jahre jünger):

---

140 Kap 6 Rn 120 ff.
141 Siehe dazu beispielsweise OLG Hamm v. 19.12.1995 – 27 U 117/95 – OLGR 1996, 67 = zfs 1996, 211.
142 Siehe dazu *Küppersbusch*, Rn 344 ff.
143 Bei langen Zeiträumen kann man zur Vereinfachung der Berechnung einen (über den zu kapitalisierenden Zeitraum) gemittelten Betrag zugrunde legen.
144 *Jahnke*, Abfindung von Personenschadenansprüchen, § 6 Rn 6 (S. 240 f.).
145 *Küppersbusch*, 8. Aufl., Tabellen 13 (lebenslang) und 15 (bis 65. Lebensjahr).

D. Kapitalisierung

Jahre ab heute	Kapitalisierungsfaktor
5	4,33
16	10,84
Mann, bis 65. Lebensjahr	12,01
Mann, lebenslang	14,79

	Unfall	„heute"				
	↙	↙	Tochter T			
T	erledigt	4,33	↙	Sohn S		
S	erledigt	4,33	(10,84 - 4,33 =) 6,51	↙		
F	erledigt	4,33	6,51	(12,01 - 10,84 =) 1,17	Pensionierung des V ↙	Tod V bzw. F
F	erledigt	4,33	6,51	1,17	(14,79 - 12,01 =) 2,78	↙
		↑	↑	↑	↑	↑
KF		0	4,33	10,84	12,01	14,79
Jahre		0	5	16	20	

- Die Addition der – in der obigen Grafik gerundeten – vier Differenzfaktoren (4,33 + 6,51 + 1,17 + 2,78) entspricht dem zuletzt benutzten Kapitalisierungsfaktor (= 14,79), der für die gesamte Laufzeit von „heute" bis zum Tod zusetzen ist.

- Da sich die Werte mit Ausscheiden einzelner Unterhaltsberechtigter verändern, muss der gesamte Zeitraum in Teil-Zeiträume mit den dann jeweils zugehörigen Kapitalisierungsfaktoren zerlegt werden.

Falsch wäre es, einfach nur die Teil-Kapitalisierungsfaktoren für jede Person zu addieren und dann einen herausgegriffenen Wert damit für den gesamten Zeitraum zu multiplizieren.

Für eine Abfindung ergeben sich nach einer Zerlegung in vier Zeitabschnitte die nachfolgenden Beträge.

Berechnung (mit auf 2 Kommastellen gerundeten Faktoren):

1. Bis zum Ende der **Unterhaltspflicht** des V gegenüber seiner **Tochter T** (Ende der Lehre mit 20 Jahren):
   → noch 5 Jahre ab heute[146] (Zeittabelle: 5 Jahre, 5,0 %; KF: 4,32948):
   - Witwe   F: 35 % von 2.500 € * 12 Monate * KF 4,33   = **45.465,00 €**
   - Sohn   S: 15 % von 2.500 € * 12 Monate * KF 4,33   = **19.485,00 €**
   - Tochter   T: 15 % von 2.500 € * 12 Monate * KF 4,33   = **19.485,00 €**

2. Bis Ende der **Unterhaltspflicht** gegenüber **Sohn S** (Ende des Studiums mit 26 Jahren):
   → noch 16 Jahre ab heute (Zeittabelle: 16 Jahre, 5,0 %; KF: 10,83777), allerdings zu kürzen um die bereits zu 1. berücksichtigten ersten 5 Jahre (Differenzfaktor):
   - Witwe   F: 40 % von 2.500 € * 12 Monate * KF (10,84 – 4,33) 6,51 = **78.120,00 €**
   - Sohn   S: 20 % von 2.500 € * 12 Monate * KF (10,84 – 4,33) 6,51 = **39.060,00 €**

3. Bis zum Ende der **Unterhaltsberechtigung** der **Witwe F** (Berechnung zur Vereinfachung ohne Wiederverheiratung und Mitarbeitspflicht)
   a. und zwar zunächst bis zum **Ende des Erwerbslebens** des Unterhaltsverpflichteten V (verbundene Leben, Mann 5 Jahre älter; *Küppersbusch*, 8. Aufl., Tabelle 15 [Mann 40 Jahre, bis 65. Lebensjahr, 5,0 %]: KF 12,007), gekürzt um die zu 1. und 2. bereits berücksichtigten Zeiträume:
   - Witwe   F: 50 % von 2.500 € * 12 Monate * KF (12,01 – 10,84) 1,17 = **17.550,00 €**

---

[146] „Heute" ist gleichbedeutend mit dem „Tag der Abfindung".

b. Nach Veränderung der Einkommensverhältnisse mit dem Eintritt ins Pensionsalter (Nettoeinkommen: 1.200 €) bis zum **Tod** des **V** (fiktiv) bzw. der **F** (verbundene Leben, Mann 5 Jahre älter; *Küppersbusch*, 8. Aufl., Tabelle 13 [Mann 40 Jahre, lebenslang, 5,0 %]: KF 14,789), gekürzt um die zu 1., 2. und 3.a. bereits berücksichtigten Zeiträume:
Witwe F: 50 % von 3.000 € * 12 Monate * KF (14,79 – 12,01) 2,78 = 20.016,00 €

Es erhalten damit:

Witwe F:	45.465,00 €	**Sohn S:**	19.485,00 €	**Tochter T:**	19.485,00 €
	78.120,00 €		39.060,00 €		
	17.550,00 €				
	20.016,00 €				
Summe:	**161.151,00 €**		**58.545,00 €**		**19.485,00 €**

c. Entgangene Dienste

188 Wird ein Kind durch einen Unfall (verletzt oder) getötet, kommen Ersatzansprüche der Eltern gegen den Schädiger in Betracht, sofern und soweit das Kind ihnen (Eltern) gesetzlich zur Leistung von Diensten in Haushalten und/oder Gewerbe verpflichtet war (§ 845 BGB).

189 Die **Dauer der Rente** beschränkt sich auf denjenigen Zeitraum, den der Dienstverpflichtete voraussichtlich seine Dienste geleistet hätte.

190 Zur Leistung von Diensten im Hauswesen oder Geschäft der Eltern sind gesetzlich (§ 1619 BGB) „Kinder" solange **verpflichtet** wie sie ihren Lebensmittelpunkt im Hause der Eltern haben (§ 1619 BGB). Sobald das Kind eine eigene Erwerbstätigkeit aufgenommen hätte, endet ein Ersatzanspruch der Eltern.[147]

191 Zu ersetzen ist der **Wert der Dienste** mit demjenigen Betrag, der auf dem freien Arbeitsmarkt für eine Ersatzkraft aufzuwenden ist, die die Leistungen des Verletzten erbringt (zuzüglich dem Wert von Sachbezügen abzüglich eines Vorteilsausgleichs für ersparte Aufwendungen für Wohnung und Verpflegung).

3. Zinsfuß

192 Der Zinsertrag ist abhängig von dem Zinsfuß, den der Geschädigte nachhaltig erzielen kann.[148] Die gängigen Tabellen enthalten Berechnung für Zinsfüße von 3,5 % bzw. 4 % bis 7 %.

193 Es ist ein realistischer[149] Zinsfuß zugrunde zu legen. Abzustellen ist nicht auf Sparbuchzinsen, sondern auf den Geld- und Wertpapiermarkt, und zwar auch außerhalb mündelsicherer Anlagen:

194 ■ Ein Zinsfuß von **5,5 – 6 %** wird vom **Gesetzgeber** und den **Finanzverwaltungen** als Ausgangspunkt der Berechnung von Kapitalwerten angenommen.[150]

---

147 Siehe Kap 5 Rn 24 ff.
148 BGH v. 22.1.1986 – IVa ZR 65/84 – MDR 1986, 365 = NJW-RR 1986, 650 = VersR 1986, 392 (ergänzende Hinweise VersR 1986, 552) = zfs 1986, 182 (Es ist ein realistischer Zinsfuß zugrunde zu legen, d.h. also ein Zinsfuß, der der Effektivverzinsung entspricht, die auf dem Kapitalmarkt für Rentenwerte von vergleichbarer Laufzeit erzielt wird. Nicht abzustellen ist etwa auf die im Unfallzeitpunkt üblichen Zinssätze, sachgerechter ist vielmehr die Abstellung auf einen langfristigen Durchschnittssatz.).
149 BGH v. 22.1.1986 – IVa ZR 65/84 – VersR 1986, 552 (Ergänzung der Urteilsgründe der zuvor bereits unvollständig abgedruckten Entscheidung in VersR 1986, 392).
150 § 19 des Gesetzes zur Verbesserung der betrieblichen Altersversorgung v. 19.12.1974 (BGBl I 1974, 3610 ff.) fasste § 6a III EStG dahingehend, dass bei der Berechnung des Teilwertes der Pensions-

D. Kapitalisierung

- Anzumerken ist, dass bei der Kapitalabfindung im Rahmen des § 12 I StVG das noch vorhandene Kapital mit **6 %** bei unbegrenzter Laufzeit zu kapitalisieren ist, da der Höchstbetrag der Jahresrente jeweils 6 % des Kapitalhöchstbetrages ausmacht.[151]

195

Die **Steuergesetzgebung** geht bei der Umstellung der Pensionsrückstellung von einer Mindest-Renditeerwartung von 6 % aus (§ 6a III letzter Satz EStG).

196

Die Praxis (Rechtsprechung[152] und Literatur[153]) legt regelmäßig einen Zinsfuß von **5 – 5,5 %** zugrunde. Dieser Satz entspricht über einen längeren Zeitraum betrachtet dem Realzins. Der erzielbare Marktzins ist (über einen langen Zeitraum betrachtet) höher; durch den üblichen niedrigen Zinsfuß werden mögliche Erhöhungen des Schadens in Zukunft ausgeglichen.[154]

197

Sind an einen Anspruchsberechtigten Rentenzahlungen zu erbringen und übersteigt der Kapitalwert der Rente die Versicherungssumme, so ist der in diesem Zusammenhang maßgebliche Rentenwert unter Zugrundelegung des Rechnungszinses, der die tatsächlichen Kapitalmarktzinsen in Deutschland berücksichtigt, zu berechnen. Zugrunde zu legen ist der nach § 8 I KfzPflVV (Kraftfahrzeug-Pflichtversicherungsverordnung) ermittelte arithmetische Mittelwert über die letzten 10 Jahre der Umlaufrenditen der öffentlichen Hand entsprechend den Veröffentlichungen der Bundesbank. Die durchschnittliche Rendite für festverzinsliche Wertpapiere betrug in den Jahren 1970 – 1983 mehr als 8 %, für Kommunalobligationen in den Jahren 1980 – 1990 7,6 % bzw. in

198

---

verpflichtungen ein Rechnungszinsfuß von 5,5 % anzuwenden ist (BGBl I 1974, 3620). Durch das 2. Haushaltsstrukturgesetz v. 22.12.1981 (BGBl I 1982, 235) wurde dieser Rechnungszinsfuß dann auf 6 % erhöht (zum zeitlichen Geltungsbereich siehe § 52 VIII EStG). § 13 III BewertungsG (zuletzt geändert durch Gesetz zur Änderung steuerlicher Vorschriften [Steueränderungsgesetz 2001 – StÄndG 2001] v. 20.12.2001, BGBl I 2001, 3794, 3807) sieht für den Kapitalwert wiederkehrender Nutzungen und Leistungen ebenfalls 5,5 % als aktuellen Zinssatz vor.

151 Einzelheiten siehe bei *Hofmann*, Haftpflichtrecht, S. 292 (1.11.9.2, Rn 186a); ferner BGH v. 17.3.1964 – VI ZR 15/63 – VersR 1964, 638 = VRS 27, 87; BGH v. 16.12.1968 – III ZR 179/67 – VersR 1969, 281.

152 BFH v. 30.7.2003 – X R 12/01 – NJW 2004, 1756; BGH v. 8.1.1981 – VI ZR 128/79 – VersR 1981, 283 (285 re. Sp.) (5 – 5,5 %); KG v. 2.9.2002 – 12 U 1969/00 – NZV 2003, 416 (5 %); OLG Brandenburg v. 9.2.2006 – 12 U 116/05 – r+s 2006, 260 (5 %); OLG Celle v. 14.7.2005 – 14 U 17/05 – VersR 2006, 1085 (5 %); OLG Celle v. 7.10.2004 – 14 U 27/04 – NZV 2006, 95 (5 %) (BGH hat Revision nicht angenommen, Beschl. v. 15.3.2005 – VI ZR 278/04); OLG Hamm v. 12.9.2003 – 9 U 50/99 – zfs 2005, 1223 (Anm. *Diehl*) (5 %); OLG Hamm v. 12.2.2001 – 13 U 147/00 – SP 2001, 267 (5 – 6 %); OLG Jena v.12.8.1999 – 1 U 1622/98 – zfs 1999, 419 (5 %); OLG Naumburg v. 28.11.2001 – 1 U 161/99 – VersR 2002, 1295 (5 %); OLG Nürnberg v. 6.7.2004 – 2 U 1260/04 – (5 %); OLG Oldenburg v. 7.5.2001 – 15 U 6/01 – SP 2002, 56 (5 %); OLG Stuttgart v. 4.1.2000 – 14 U 31/98 – VersR 2001, 1560 (BGH hat Revision nicht angenommen, Beschl. v. 6.3.2001 – VI ZR 51/0 –) (5 – 5,5 %); OLG Stuttgart v. 30.1.1997 – 14 U 45/95 – VersR 1998, 366 (BGH hat Revision nicht angenommen, Beschl. v. 14.10.1997 – VI ZR 62/97 –) legt sich zwischen 5, 5 % und 6, 5 % durchschnittlicher Verzinsung nicht fest; LG Kleve v. 9.2.2005 – 2 O 370/01 – zfs 2005, 235 (5 %);LG Neuruppin v. 12.7.2005 – 5 O 76/02 – (5 %).

153 *Böhme/Biela*, Rn D 325 (für Direktanspruch: 5 %; Rn D 332 für Sozialversicherer: 5,5 %); *Erman-Schiemann*, § 843 Rn 19 (5 – 5,5 %); *Geigel-Schlegelmilch*, Anhang I (S. 1709) (5 – 6 %); *Jahnke*, Abfindung von Personenschadenansprüchen, § 1 Rn 120 m.w.N. (5 %), *ders.*, Schadenrechtliche Aspekte der Schmerzensgeldrente, r+s 2006, 228 (5 %), *ders.*, Der Verdienstausfall im Schadenersatzrecht, Kap 13 Rn 52 (5 %); *Küppersbusch*, Rn 869 (5 %); *Lang*, Der Abfindungsvergleich beim Personenschaden, VersR 2005, 894 (5 %); *Langenick/Vatter*, Aus der Praxis für die Praxis: Die aufgeschobene Leibrente – ein Buch mit sieben Siegeln?, NZV 2005, 10 (zu II.2) (5 %); *Münchener Kommentar-Wagner,r* §§ 842,843 Rn 177 (5 – 5,5 %);*Schneider*, r+s 2004, 221, *ders.*, zfs 2004, 541 (5 %).

154 BGH v. 8.1.1981 – VI ZR 128/79 – VersR 1981, 283 (285 re. Sp.) hält einen Satz von 5 – 5,5 % für angemessen, berücksichtigt dabei allerdings zu Lasten des Ersatzpflichtigen Kosten der Vermögensanlage und der Besteuerung der Erträgnisse.

den Jahren 1990 – 1999 6,5 %. Der BGH[155] hält bei der Ermittlung des Kapitalwertes einer Schadensersatzrente im Rahmen der Erschöpfung des Deckungssummenkapitales (§ 155 VVG) einen langfristigen Durchschnittszinsertrag von 8 % für angemessen.

4. Anpassung

199 Anders als bei der Rentenzahlung entfällt eine Abänderung der Kapitalabfindung (z.B. analog § 323 ZPO) auch bei wesentlicher Veränderung der für ihre Berechnung maßgebenden Verhältnisse,[156] da bei der Kapitalabfindung unsichere Zukunftschancen und individuelle Aspekte bereits abzuwägen waren.

200 Wenn nach einer Abfindung Schäden auftreten, mit denen der Geschädigte nicht gerechnet hatte, so besteht gleichwohl grundsätzlich kein Anspruch auf weiteren Schadenersatz, da der Ersatzverpflichtete darauf vertrauen darf, dass die Angelegenheit für ihn mit dem Abfindungsvertrag endgültig erledigt ist.[157] Auch Fehleinschätzungen für die Zukunft gehören zur Natur eines Risikovergleiches. Das Risiko einer Fehleinschätzung ist in Kauf zu nehmen, da ja der Anspruchsteller sich etwas von einer Abfindung verspricht und der Ersatzverpflichtete nur bei Vorliegen besonderer Umstände zur Kapitalzahlung verpflichtet ist.

201 Ebenso wenig wie bei Verbesserung gegenüber seiner eingeschätzten Situation der Geschädigte an den Ersatzleistenden nichts zurückzahlen muss hat der Ersatzpflichtige nachzulegen, wenn sich die künftige Entwicklung schlechter darstellt als vom Geschädigten erwartet. Dieses ist nun einmal die Natur des Abfindungsvergleiches.

202 Das OLG Koblenz[158] führt zum Wesen des Vergleiches aus:

203 Es liegt im Wesen eines Abfindungsvergleichs, in dem die dem Verletzten geschuldeten laufenden Rentenzahlungen kapitalisiert worden sind, dass er in der Regel mehr ist als eine bloße technische Zusammenfassung künftig zu erwartender Renten.

204 Wer eine Kapitalabfindung wählt, nimmt das Risiko in Kauf, dass die für ihre Berechnung maßgebenden Faktoren auf Schätzungen und unsicheren Prognosen beruhen. Seine Entscheidung für die Abfindung wird er in aller Regel deswegen treffen, weil es ihm vorteilhaft erscheint, alsbald einen Kapitalbetrag zur Verfügung zu haben. Dafür verzichtet er auf die Berücksichtigung zukünftiger, ungewisser Veränderungen, soweit sie sich zu seinen Ungunsten auswirken könnten.

205 Andererseits will und darf sich der Schädiger beziehungsweise sein Versicherer darauf verlassen, dass mit der Zahlung der Kapitalabfindung die Sache für ihn ein für alle Mal erledigt ist. Dafür nimmt er bei der Berechnung des zu zahlenden Kapitals auch für ihn bestehende Unsicherheiten hinsichtlich der zukünftigen Entwicklung in Kauf.

---

155 BGH v. 22.1.1986 – IVa ZR 65/84 – VersR 1986, 552 (Ergänzung der Urteilsgründe der zuvor bereits unvollständig abgedruckten Entscheidung in VersR 1986, 392) = MDR 1986, 365 = NJW-RR 1986, 650 = zfs 1986, 182. Siehe auch BGH v. 28.11.1979 – IV ZR 83/78 – BB 1980, 126 = DAR 1980, 115 = MDR 1980, 387 = VersR 1980, 132 = VRS 58, 178 sowie ferner BGH v. 28.11.1990 – IV ZR 233/89) MDR 1991, 512 = NJW-RR 1991, 984 = r+s 1991, 115 (nur Ls.), 224 = VerBAV 1991, 312 = VersR 1991, 172 = zfs 1991, 138.
156 BGH v. 8.1.1981 – VI ZR 128/79 – BGHZ 79, 187 = DAR 1981, 46 = DB 1981, 786 = MDR 1981, 306 = NJW 1981, 818 = VersR 1981, 283 = VRS 65, 182 = zfs 1981, 105.
157 BGH v. 12.7.1983 – VI ZR 176/81 – DAR 1983, 390 = MDR 1984, 133 = NJW 1984, 115 = VersR 1983, 1034 = zfs 1984, 7; OLG Düsseldorf v. 19.9.1994 – 1 U 93/93 – NZV 1995, 482 = r+s 1995, 460 = VersR 1996, 642 (BGH hat Revision nicht angenommen, Beschl. v. 2.5.1995 – VI ZR 339/94 –); OLG Koblenz v. 29.9.2003 – 12 U 854/02 – IVH 2004, 33 = NZV 2004, 197; OLG Koblenz v. 18.2.1991 – 12 U 1646/89 – VersR 1996, 232.
158 OLG Koblenz v. 29.9.2003 – 12 U 854/02 – IVH 2004, 33 = NZV 2004, 197.

Das so zwischen den Parteien gefundene Ergebnis kann deshalb nachträglich nicht mehr in Frage gestellt werden, wenn eine der Vergleichsparteien aufgrund nicht vorhersehbarer Entwicklungen feststellt, dass ihre Beurteilungen und die Einschätzung der möglichen künftigen Änderungen nicht zutreffend waren. **206**

Nur unter besonderen Umständen kommt eine **Abänderung** (§§ 157, 242 BGB) in Betracht, wenn dieses erforderlich ist, um die von den Parteien gewollten und verfolgten Zwecke zu erreichen:[159] **207**

- Krasses **Missverhältnis** zwischen Abfindungsbetrag und Schaden, **208**
- Abänderung bei Vergleich über regelmäßige Zahlungen (**Rentenvergleich**), **209**
- unvorhergesehene **Spätschäden**. **210**

V. Aufgeschobene Rente und Differenzfaktor

1. Stufenrechnung

Ist der zu kapitalisierende Betrag höhenmäßig nicht gleich bleibend (Differenzberechnung) oder beginnt der Schaden erst in der Zukunft (aufgeschobene Rente), so muss dieses auch zu unterschiedlicher Berechnung führen.[160] **211**

Den künftigen Veränderungen (z.B. berufliche Einkommensveränderung, Verrentung, teilweiser Wegfall von Unterhaltsverpflichtungen bei Unterhaltsschaden mehrerer Berechtigter) ist durch Differenzfaktoren oder eine adäquate anderweitige Möglichkeit (z.B. Ansatz eines Mischbetrages für die Laufzeit) Rechnung zu tragen. **212**

2. Aufgeschobene Rente

Die Abbildung 7.1 (Kap 7 Rn 214) zeigt, wie eine erst in 10 Jahren beginnende jährliche Rente bereits „heute" – also vor erstmaliger Fälligkeit – mit einem Betrag versehen ist, der sich zunächst bis zum ersten Fälligkeitszeitpunkt nur aufzinst und erst danach durch Entnahme der dann jeweils fällig werdenden Leistungen bis zum letzten Fälligkeitstermin hin schließlich auf Null abbaut. **213**

---

159 Zu Einzelheiten *Jahnke*, Abfindung von Personenschadenansprüchen, § 2 Rn 107 ff.
160 Zu der dann erforderlichen Differenzberechnung siehe *Jahnke*, Abfindung von Personenschadenansprüchen, § 1 Rn 135 ff. sowie die Berechnungsbeispiele § 1 Rn 141 ff.

214 **Abbildung 7.1: Aufgeschobene Rente**

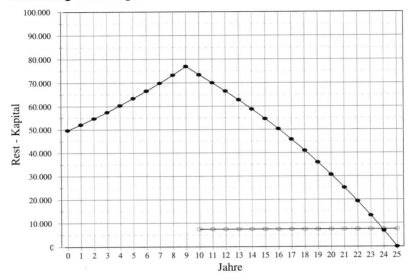

215 **Abbildung 7.2: Unmittelbar einsetzende Rente – Aufgeschobene Rente**

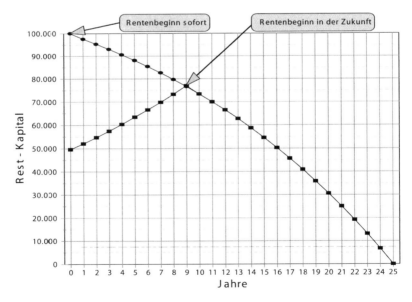

3. Teilzeiträume

216 Bleibt der für die Zukunft zu kapitalisierende Betrag nicht gleich (z.B. bei einem Unterhaltsschaden mehrerer Berechtigter oder künftigen Veränderungen der Einkommensver-

D. Kapitalisierung

hältnisse), so ist diesen Veränderungen durch Differenzfaktoren bei der Kapitalisierung Rechnung zu tragen.

Der gesamte Zeitraum, über den hinweg die Forderung kapitalisiert werden soll, wird dazu in Teil-Zeiträume mit den jeweils zugehörigen Kapitalisierungsfaktoren zerlegt. Es wird dann für jeden Teilzeitraum die Berechnung durchgeführt.

Beispiel 7.4
An die Hinterbliebenen sollen **von heute**[161] an für einen Zeitraum von **4 Jahren** Renten in Höhe von monatlich **1.000 €** gezahlt werden.

Nach dem 4. (also **ab** dem **5.**) **Jahr** sind monatlich nur noch **500 €** bis zum 20. Jahr zu berücksichtigen.

Nach dem 20. Jahr (also **ab** dem **21.**) **Jahr** sind für dann noch 5 Jahre monatlich **100 €** zu zahlen.

Der Zinsfuß wird für den gesamten Zeitraum mit durchschnittlich 5,5 % angenommen.

Der Berechnung wird im Beispiel zur Vereinfachung nur die Zeittabelle zugrunde gelegt. Korrekturen insbesondere für vorzeitige Versterblichkeit bleiben damit also unberücksichtigt.

Die Kapitalisierungsfaktoren betragen (Zeittabelle, gerundet auf 2 Kommastellen,[162] Zinsfuß 5,5 %):

Jahre ab heute	Kapitalisierungsfaktor
4	3,50
5	4,27
16	10,46
20	11,95
25	13,41

Laufzeit [Jahre]	Heute		4		20	25
	< 4 Jahre >		< 16 Jahre >		< 5 Jahre >	
KF:			13,41			
KF:	3,50					
KF:	3,50		11,95[163] - 3,50 = 8,45			
KF:	3,50		8,45		13,41[164] - 3,50 - 8,45 = 1,46	

Berechnung:

1. Für den **ersten Zeitraum** von 4 Jahren gilt ein KF von **3,50**:
   12 Monate   *   1.000 €   * KF 3,50   = 42.000 €

2. Der **zweite Zeitraum** <u>bis zum 20. Jahr</u> setzt sich aus zwei Zeiträumen zusammen: Zuerst der Zeitraum bis zum Ende des 4. Jahres, der bereits zuvor abgerechnet wurde und dann der Differenzzeitraum bis zum Ende des 20. Jahres.
   Hier wird nun der Faktor für den Zeitraum bis zum Ende des 20 Jahres aus der Tabelle abgelesen (= 11,95) und dann um die Wertigkeit des bereits berücksichtigten

---

[161] „Heute" bedeutet im Folgenden den Tag, an dem die Abfindungssumme verhandelt und die Kapitalisierung vorgenommen wird.
[162] zfs 1980, 236 f.
[163] Kapitalisierungsfaktor für den gesamt Zeitraum von heute bis zum Ende des 20. Jahres.
[164] Kapitalisierungsfaktor für den gesamten Zeitraum von heute bis zum Ende des 25. Jahres.

Zeitraumes von 4 Jahren (ab heute) (= 3,50) gekürzt. Der so ermittelte Differenzfaktor für die Zeit nach dem 4. Jahr bis zum vollendeten 20. Jahr von **8,45** ergibt den für den Differenzzeitraum gültigen Multiplikator (= Differenzfaktor):
12 Monate   *   500 €   * KF 8,45   = 50.700 €

3. Ebenso wie für den vorangegangenen Zeitraum wird nunmehr der Differenzfaktor für den letzten und **dritten Zeitraum** bestimmt. Die Zeiten bis zum Ende des 4. Jahres und sodann des 20. Jahres sind bereits dort berücksichtigt.
Bis zum Ende des 25. Jahres gilt von heute an ein Faktor von 13,41, herauszunehmen sind die bereits abgerechneten Zeiträume bis zum Ende des 20. Jahres mit einer Wertigkeit von 11,95, die Differenz beträgt also **1,46**. Für den letzten Zeitraum errechnet sich dann der Betrag wie folgt:
12 Monate   *   100 €   * KF 1,46   = 1.752 €

4. Insgesamt ist damit für den **Gesamtzeitraum** von 25 Jahren zu zahlen:
42.000 €   +   50.700 €   + 1.752 €   = 94.452 €

4. Unterhaltsschadenberechnung

222   Ergänzend ist auf das *Beispiel* **7.3** (Kap 7 Rn 187) hinzuweisen.

VI. Rentenvergleich

1. Abschluss

223   Die Abwicklung künftig regelmäßig anfallender Ersatzansprüche kann grundsätzlich auch durch einen Rentenvergleich kanalisiert werden, z.B. durch die Anwendungserklärung bestimmter Einstufungen in **Anlehnung** an den Bundesangestelltentarifvertrag (BAT).

224   Haben die Parteien keine **Laufzeit** festgelegt, kann diese durch ein Gericht auch noch nachträglich bestimmt werden.[165] Ist der Endzeitpunkt der Rente nicht festgelegt, wird dieser im Zweifel durch das Gesetz bestimmt.[166] Ein Gericht darf die Unterhaltsrente nicht ohne zeitliche Befristung festsetzen.[167]

225   Die Verurteilung in eine **dynamische Rente**, gekoppelt beispielsweise an den Lebenshaltungskostenindex, ist ebenso unzulässig wie deren außergerichtliche Vereinbarung (z.B. durch Wertsicherungsklausel). Wertsicherungsklauseln unterlagen bis 1998[168] häufig der Genehmigungspflicht[169] durch die Deutsche Bundesbank nach § 3 S. 2 Währungsgesetz, § 49 II Außenwirtschaftsgesetz.[170] § 3 Währungsgesetz wurde durch das

---

[165] KG v. 29.11.1996 – 9 U 2238/95 – r+s 1997, 461 = VRS 94, 173 (BGH hat die Revision nicht angenommen, Beschl. v. 8.7.1997 – VI ZR 39/97 –).

[166] KG v. 29.11.1996 – 9 U 2238/95 – r+s 1997, 461 = VRS 94, 173 (BGH hat die Revision nicht angenommen, Beschl. v. 8.7.1997 – VI ZR 39/97 –).

[167] BGH v. 27.1.2004 – VI ZR 342/02 – DAR 2004, 346 = FamRZ 2004, 777 = IVH 2004, 117 (nur Ls.) = MDR 2004, 810 (nur Ls.) = NJW-RR 2004, 821 = NZV 2004, 291 = r+s 2004, 342 = SP 2004, 190 = SVR 2004, 339 (Anm. *Luckey*) = VersR 2004, 653 = VRS 106, 413 = zfs 2004, 260 (Bei einem Nicht-Selbständigen ist wie beim Erwerbsschaden die Unterhaltsrente betragsmäßig auf das 65. Lebensjahr festzusetzen).

[168] § 3 Währungsgesetz wurde gestrichen durch Art. 9 § 1 des Gesetzes zur Einführung des EUR (EUR-Einführungsgesetz – EuroEG) v. 9.6.1998, BGBl I 1998, 1253.

[169] Zur Genehmigungspflicht *Palandt-Heinrichs*, § 245 Rn 22 ff.

[170] Zu Detailfragen siehe die Richtlinien der Deutschen Bundesbank über die Genehmigung von Wertsicherungsklauseln (Mitteilung der Deutschen Bundesbank Nr. 1015/78 v. 9.6.1978, abgedr. im Bundesanzeiger Nr. 109 v. 15.6.1978).

EuroEG aufgehoben und durch § 2 des Preisangaben- und Preisklauselgesetzes (PaPkG) ersetzt.[171] § 2 PaPkG[172] i.V.m. PrKV[172a] reguliert nunmehr an Stelle des Währungsgesetzes das Indexierungsverbot.

> **§ 2 Preisangaben- und Preisklauselgesetz (PaPkG)** 226
>
> (1) [1]Der Betrag von Geldschulden darf nicht unmittelbar und selbsttätig durch den Preis oder Wert von anderen Gütern oder Leistungen bestimmt werden, die mit den vereinbarten Gütern oder Leistungen nicht vergleichbar sind. [2]Das Bundesministerium für Wirtschaft und Arbeit kann auf Antrag Ausnahmen genehmigen, wenn Zahlungen langfristig zu erbringen sind oder besondere Gründe des Wettbewerbs eine Wertsicherung rechtfertigen und die Preisklausel nicht eine der Vertragsparteien unangemessen benachteiligt. [3]Der Geld- und Kapitalverkehr, einschließlich der Finanzinstrumente im Sinne des § 1 Abs. 11 des Kreditwesengesetzes sowie die hierauf bezogenen Pensions- und Darlehensgeschäfte, bleibt vom Indexierungsverbot ausgenommen. [4]Desgleichen bleiben Verträge von gebietsansässigen Kaufleuten mit Gebietsfremden vom Indexierungsverbot ausgenommen.
>
> (2) [1]Die Bundesregierung wird ermächtigt, durch Rechtsverordnung ohne Zustimmung des Bundesrates
>
> 1. die Voraussetzungen näher zu bestimmen, unter denen Ausnahmen vom Preisklauselverbot nach Abs. 1 S. 2 einzeln oder allgemein genehmigt werden können, oder solche Ausnahmen festzulegen,
> 2. die Ausnahmen nach Abs. 1 S. 3 und 4 für bestimmte Arten von Rechtsgeschäften aus Gründen des Verbraucherschutzes zu begrenzen und statt des Bundesministeriums für Wirtschaft und Arbeit eine andere Bundesbehörde zu bestimmen, die für die Erteilung dieser Genehmigungen zuständig ist.

2. Abänderung

Zukünftige Änderungen in der Höhe des Rentenanspruches (beispielsweise mit Erreichen der Altersgrenze der Erwerbstätigkeit) sind, wenn und soweit sie voraussehbar sind (§ 252 BGB, § 287 ZPO), bereits bei der Festsetzung der Rente zu berücksichtigen. Die künftige Rente ist schon bei der richterlichen Entscheidung nach verschiedenen Zeiträumen unterschiedlich zu bemessen.[173] 227

Soweit die künftige Entwicklung noch nicht ausreichend vorhersehbar ist, ist der Rentenzahlung die vorhersehbare Entwicklung zugrunde zu legen. Bei Veränderung der Verhältnisse erfolgen auf Parteiinitiative (auch der Haftpflichtversicherer kann die Abänderung verlangen)[174] Anpassungen durch Abänderungsklage (§ 323 ZPO) oder außergerichtliche vertragliche Abänderung des Vergleiches,[175] wenn aufgrund **nachträgli-** 228

---

171 Art. 9, § 4 des Gesetzes zur Einführung des EUR (EUR-Einführungsgesetz – EuroEG) v. 9.6.1998, BGBl I 1998, 1253, dazu ergänzend gilt die Preisklauselverordnung (PrKV) v. 23.9.1998, BGBl I 1998, 3043 / BGBl III 1998, 720-17-2.
172 Preisangaben- und Preisklauselgesetz (PaPkG) v. 3.12.1984, BGBl I 1984, 1429. Der Text ist auszugsweise wiedergegeben bei *Palandt-Heinrichs*, § 245 Rn 24.
172a Preisklauselverordnung (PrKV) v. 23.9.1998, BGBl I 1998, 3043 / BGBl III 1998, 720-17-2.
173 BGH v. 24.4.1990 – VI ZR 183/89 – DAR 1990, 296 = MDR 1990, 809 = NJW-RR 1990, 962 = NZV 1990, 307 = r+s 1990, 272 (nur Ls.) = VersR 1990, 907 = VRS 90, 257 = zfs 1990, 340.
174 OLG Hamm v. 13.5.1996 – 6 U 92/94 – r+s 1997, 199 (BGH v. 18.2.1997 – VI ZR 236/96 –) (Abänderungsklage auf Wegfall einer unfallkausalen Verdienstausfallrente).
175 OLG Karlsruhe v. 7.5.1969 – 4 U 51/68 – VersR 1969, 1123. Siehe auch BGH v. 3.7.1973 – VI ZR 60/72 – NJW 1973, 1653 = VersR 1973, 1067.

cher Veränderungen die (gerichtliche) Prognose sich geändert hat.[176] Im Rahmen einer späteren Abänderungsklage finden nur solche Änderungen Berücksichtigung, die zuvor entweder unbekannt oder noch nicht hinreichend wahrscheinlich waren und von daher ausgeklammert wurden.[177]

229

> **§ 323 ZPO – Abänderungsklage**
>
> (1) Tritt im Fall der Verurteilung zu künftig fällig werdenden wiederkehrenden Leistungen eine wesentliche Änderung derjenigen Verhältnisse ein, die für die Verurteilung zur Entrichtung der Leistungen, für die Bestimmung der Höhe der Leistungen oder der Dauer ihrer Entrichtung maßgebend waren, so ist jeder Teil berechtigt, im Weg der Klage eine entsprechende Abänderung des Urteils zu verlangen.
>
> (2) Die Klage ist nur insoweit zulässig, als die Gründe, auf die sie gestützt wird, erst nach dem Schluß der mündlichen Verhandlung, in der eine Erweiterung des Klageantrages oder die Geltendmachung von Einwendungen spätestens hätte erfolgen müssen, entstanden sind und durch Einspruch nicht mehr geltend gemacht werden können.
>
> (3) ¹Das Urteil darf nur für die Zeit nach Erhebung der Klage abgeändert werden. ²Dies gilt nicht, soweit die Abänderung nach § 1360a Abs. 3, § 1361 Abs. 4 S. 4, § 1585b Abs. 2, § 1613 Abs. 1 BGB zu einem früheren Zeitpunkt verlangt werden kann.
>
> (4) Die vorstehenden Vorschriften sind auf die Schuldtitel des § 794 Abs. 1 Nr. 1, 2a und 5, soweit darin Leistungen der im Abs. 1 bezeichneten Art übernommen oder festgesetzt worden sind, entsprechend anzuwenden.
>
> (5) Schuldtitel auf Unterhaltszahlungen, deren Abänderung nach § 655 statthaft ist, können nach den vorstehenden Vorschriften nur abgeändert werden, wenn eine Anpassung nach § 655 zu einem Unterhaltsbetrag führen würde, der wesentlich von dem Betrag abweicht, der der Entwicklung der besonderen Verhältnisse der Parteien Rechnung trägt.

230 Ändert sich die Höhe wiederkehrender Leistungen wegen äußerer Umstände, die unabhängig vom Schadenereignis und seinen Folgen eintreten (z.B. Einkommenssteigerungen, Auflösung einer zweiten Ehe), so beginnt für den zusätzlichen Teil des Schadenersatzes eine neue Verjährungsfrist.[178] Die **Verjährung** läuft erst ab Kenntnis oder grob fahrlässiger Unkenntnis des Anspruchsberechtigten vom abgeänderten Sachverhalt.

231 Auch Rentenvergleiche sind wegen Wegfalles der Geschäftsgrundlage einer Anpassung zugänglich.[179] Im Rahmen **außergerichtlicher Rentenvergleiche** gilt § 323 ZPO nur bei ausdrücklicher Vereinbarung, möglich ist aber eine Anpassung nach § 242 BGB bei wesentlicher Veränderung der wirtschaftlichen Verhältnisse. Eine Rentenanpassung kann zwar ausdrücklich ausgeschlossen werden, allein schon aus dem Fehlen einer Gleitklausel ist dieser Parteiwille allerdings noch nicht zu entnehmen.[180]

---

176 BGH v. 24.4.1990 – VI ZR 183/89 – DAR 1990, 296 = MDR 1990, 809 = NJW-RR 1990, 962 = NZV 1990, 307 = r+s 1990, 272 (nur Ls.) = VersR 1990, 907 = VRS 90, 257 = zfs 1990, 340.
177 BGH v. 24.4.1990 – VI ZR 183/89 – DAR 1990, 296 = MDR 1990, 809 = NJW-RR 1990, 962 = NZV 1990, 307 = r+s 1990, 272 (nur Ls.) = VersR 1990, 907 = VRS 90, 257 = zfs 1990, 340.
178 BGH v. 17.10.1978 – VI ZR 213/77 – VersR 1979, 55; BGH v. 12.7.1960 – VI ZR 73/59 – VersR 1960, 947; KG v. 30.10.1980 – 12 U 1229/80 – VersR 1981, 1080.
179 BGH v. 4.10.1988 – VI ZR 46/88 – BGHZ 105, 243 = DAR 1989, 19 = MDR 1989, 149 = NJW 1989, 289 = NZV 1989, 65 = r+s 1989, 14 (nur Ls.) = VersR 1989, 154 = VRS 76, 161 = WI 1988, 207 = zfs 1989, 79 (Anpassung einer Unterhaltsrente, die ihren Versorgungszweck nicht mehr erfüllte); OLG Saarbrücken v. 20.12.1996 – 3 U 439/95 – NZV 1997, 271 (Neuregelung der Pflegeversicherung).
180 BGH v. 4.10.1988 – VI ZR 46/88 – BGHZ 105, 243 = DAR 1989, 19 = MDR 1989, 149 = NJW 1989, 289 = NZV 1989, 65 = r+s 1989, 14 (nur Ls.) = VersR 1989, 154 = VRS 76, 161 = WI 1988, 207 = zfs 1989, 79.

E. Verjährung

I. Verjährungsbeginn

> **§ 199 BGB – Beginn der regelmäßigen Verjährungsfrist und Höchstfristen**
>
> (1) Die regelmäßige Verjährungsfrist beginnt mit dem Schluss des Jahres, in dem
> 1. der Anspruch entstanden ist und
> 2. der Gläubiger von den den Anspruch begründenden Umständen und der Person des Schuldners Kenntnis erlangt oder ohne grobe Fahrlässigkeit erlangen müsste.

232

Die regelmäßige Verjährungsfrist beginnt (§ 199 BGB) mit **Kenntnis**, aber auch bei **grob fahrlässiger Unkenntnis**, des Unterhaltsgeschädigten von den den Anspruch begründenden Umständen und der Person des Schuldners.[181]

233

Der Anspruch der Hinterbliebenen aus § 844 BGB entsteht zwar bereits mit dem Unfall. Weil der Tod als weitere Schadensfolge zunächst noch ungewiss ist, kann die Verjährung des Anspruches aus § 844 BGB bei Auseinanderfallen von Unfall und Tod erst **mit dem Tod** zu laufen beginnen. Auch bei schwerer **Vorerkrankung** (z.B. Koma) und absehbarem Todeseintritt dürfte keine vorverlagerte Kenntnis vom Schaden anzunehmen sein.

234

Für § 3 PflVG ist die 10-Jahres-Frist in **§ 3 Nr. 3 S. 2, 2. Halbsatz PflVG** zu beachten, die ab dem Unfalltag läuft; die Rechtskrafterstreckung nach § 3 Nr. 8 PflVG gilt auch bei Abweisung der Direktklage wegen Verjährung.[182]

235

Soweit der Anspruchsberechtigte einen **Vertreter** mit der Verfolgung seiner Rechte beauftragt hat (z.B. Anwalt[183]) oder gesetzlich vertreten (z.B. Eltern[184]) wird, kommt es (auch) auf die Kenntnis des Vertreters an[185] (Kenntnis- oder Wissensvertretung, § 164 BGB). Bei in der Geschäftsfähigkeit Beschränkten (insbesondere Minderjährigen) und

236

---

181 OLG Karlsruhe v. 8.3.2005 – 13 U 110/04 – OLGR 2005, 376 (Kenntnis des nicht-ehelichen Kindes besteht nicht schon bei Kenntnis der die Abstammung begründenden äußeren Umstände, sondern erst mit Kenntnis der rechtskräftigen Entscheidung).

182 BGH v. 24.6.2003 – VI ZR 256/02 – VersR 2003, 1121 (Revisionsentscheidung zu OLG Hamm v. 6.5.2002 – 13 U 223/01 – NVersZ 2002, 575 = NZV 2003, 384 = OLGR 2002, 406 = VersR 2003, 56) (Werden Versicherer und versicherte Person [VN] aufgrund eines Verkehrsunfalls gemeinsam auf Schadensersatz verklagt und wird der Klage gegen den VN aus materiell-rechtlichen Gründen stattgegeben, die Klage gegen den Versicherer wegen Ablaufs der 10-Jahres-Frist aber abgewiesen, dann ist auf die Berufung des VN, wenn die Klageabweisung gegen den Versicherer rechtskräftig wird, die Klage schon wegen der Rechtskrafterstreckung abzuweisen).

183 OLG Düsseldorf v. 6.11.1998 – 22 U 95/98 – VersR 1999, 893 (Keine Zurechnung von Wissen einer Anwaltsangestellten).

184 BGH v. 6.6.2000 – VI ZR 172/99 – DAR 2000, 527 = NZV 2001, 34 = r+s 2000, 415 = SP 2000, 394 = VersR 2000, 1521 = VRS 99, 343 = zfs 2000, 483; BGH v. 16.5.1989 – VI ZR 251/88 – MDR 1989, 901 = MedR 1989, 326 = NJW 1989, 2323 = r+s 1989, 396 = VersR 1989, 914 = zfs 1989, 372; OLG Frankfurt v. 22.3.2000 – 19 U 68/99 – VersR 2001, 1572 (BGH hat die Revision nicht angenommen, Beschl. v. 20.3.2001 – VI ZR 205/00 –) (Kenntnis eines Elternteiles reicht).

185 BGH v. 8.5.2001 – VI ZR 208/00 – DAR 2001, 396 = NZV 2001, 466 = r+s 2001, 463 = SP 2001, 259 = VersR 2001, 1255 = zfs 2001, 351; BGH v. 31.10.2000 – VI ZR 198/99 – r+s 2002, 40; BGH v. 31.10.1989 – VI ZR 84/89 – DAR 1990, 60 = MDR 1990, 532 = NJW-RR 1990, 222 = NZV 1990, 114 = VersR 1990, 167 = zfs 1990, 120 (nur Ls.); BGH v. 19.3.1985 – VI ZR 190/83 – VersR 1985, 735; BGH v. 22.11.1983 – VI ZR 36/82 – VersR 1984, 160; BGH v. 29.1.1968 – III ZR 118/67 – BB 1968, 359 = JR 1968, 380 = MDR 1968, 391 = NJW 1968, 988 = VersR 1968, 453 = VRS 34, 321; OLG Celle v. 2.11.2000 – 14 U 17/00 – OLGR 2001, 104 = VRS 100, 250 (Bei Verletzung des Nasciturus beginnt die Verjährungsfrist für Ansprüche des Kindes erst mit der Kenntnis der Mutter von der Ursächlichkeit

Geschäftsunfähigen ist auf die Kenntnis des gesetzlichen Vertreters (Eltern, Vormund, Betreuer) abzustellen.[186] Fehleinschätzungen des Vertreters hindern nicht Lauf und Eintritt der Verjährung.[187] Das vorübergehende Fehlen eines gesetzlichen Vertreters berührt nicht die Vollendung der Verjährung.[188]

237

Beispiel 7.4
Der A verunfallt am 10.3.1998 und verstirbt am 1.7.2001. Seine Witwe W und das bei ihr lebende Kind K lebten getrennt und erfahren erst mit der Nachricht über den Erbfall vom Unfallgeschehen.

Ergebnis
Mangels Kenntnis vom Schaden und Schädiger läuft die Frist erst später (mit der Mitteilung vom Schadenfall) an. Die Ansprüche von **W** und **K** verjähren zuvor nicht.

II. Spätschaden

238 Nach § 199 I Nr. 1 BGB beginnt die Verjährung erst mit der Fälligkeit des Anspruches. § 199 I Nr. 1 BGB führt § 198 S. 1 BGB a.F., der ebenfalls von der „Entstehung des Anspruches" sprach, ohne sachliche Änderung der hierzu ergangenen Rechtsprechung fort.[189] **Fälligkeit** bezeichnet den Zeitpunkt, von dem ab der Gläubiger die sofortige Leistung verlangen kann.[190] Die Verjährung beginnt nicht vor Entstehung des Schadens. Der Vermögensschaden muss bereits eingetreten sein, die bloße Gefährdung reicht nicht aus.[191]

239 Schadenersatzansprüche sind in aller Regel bereits im Zeitpunkt des Schadenereignisses fällig. Der Umstand, dass die Schadenhöhe noch ausgefüllt werden muss, ändert nichts daran, dass der Schaden als solcher häufig bereits im **Schädigungszeitpunkt** eingetreten ist. Während bei Sachschäden z.B. im Moment der Fahrzeugkollision bereits die Eigentumsverluste entstanden sind und damit die Schadenhöhe bereits objektiv

---

der Unfallverletzungen für die Hirnschädigung des Kindes); OLG Hamm v. 4.12.1997 – 6 U 118/97 – r+s 1998, 107; OLG München v. 29.4.1998 – 21 U 6082/97 – r+s 1998, 463 = r+s 1999, 414 = VersR 2000, 505 (BGH hat Revision nicht angenommen, Beschl. v. 26.1.1999 – VI ZR 232/98 –). Siehe auch OLG Hamm v. 12.5.1995 – 20 U 37/95 – BB 1995, 2083 = VersR 1996, 878 (Kenntniszurechnung im Rahmen von § 814 BGB: Entscheidend ist das Wissen des die Leistung bewirkenden Mitarbeiters der juristischen Person; die Kenntnis einer anderen [konkret: Vertrags-]Abteilung wird nicht zugerechnet).

186 BGH v. 6.6.2000 – VI ZR 172/99 – DAR 2000, 527 = NZV 2001, 34 = r+s 2000, 415 = SP 2000, 394 = VersR 2000, 1521 = VRS 99, 343 = zfs 2000, 483; BGH v. 20.1.1976 – VI ZR 15/74 – MDR 1976, 481 = NJW 1976, 2344 = VersR 1976, 565; BGH v. 15.11.1973 – III ZR 42/72 – VersR 1974, 358; BGH v. 8.7.1969 – VI ZR 260/67 – VersR 1969, 906 (Partielle Geschäftsfähigkeit des Berechtigten); BGH v. 23.10.1962 – VI ZR 245/61 – VersR 1963, 161; OLG Frankfurt v. 15.11.1990 – 1 U 294/88 – VersR 1992, 708 (nur Ls.); OLG Köln v. 8.12.1998 – 13 U 105/98 – VersR 2000, 332; OLG München v. 30.9.1997 – 1 W 2044/97 – NJW-RR 1998, 462; OLG Nürnberg v. 28.2.1986 – 1 U 2681/85 – VersR 1987, 1149 = zfs 1988, 4; OLG Zweibrücken v. 21.10.1997 – 5 U 56/95 – VersR 1998, 1286.

187 OLG München v. 29.4.1998 – 21 U 6082/97 – r+s 1998, 463 = r+s 1999, 414 = VersR 2000, 505 (BGH hat Revision nicht angenommen, Beschl. v. 26.1.1999 – VI ZR 232/98 –).

188 BGH v. 27.9.1968 – VI ZR 201/66 – VersR 1968, 1165; Siehe auch BGH v. 13.3.2002 – VI ZR 40/01 – MDR 2002, 877 = NJW-RR 2002, 892 = NVersZ 2002, 309 = r+s 2002, 217 = VersR 2002, 698 = zfs 2002, 285 (Vorinstanz OLG Hamm v. 24.11.2000 – 20 U 108/00 – NVersZ 2001, 210 = r+s 2001, 445 = VersR 2001, 1269) (Ablaufhemmung nach § 206 BGB a.F.).

189 BT-Drucks 14/6040, S. 108.

190 *Palandt-Heinrichs*, § 271 Rn 1. BGH v. 13.3.2002 – IV ZR 40/01 – r+s 2002, 217 = VersR 2002, 698.

191 BGH 15.10.1992 – IX ZR 43/92 – NJW 1993, 648 = VersR 1993, 1358; BGH v. 23.3.1987 – II ZR 190/86 – BGHZ 100, 228 = DB 1987, 1478 = MDR 1987, 644 = NJW 1987, 1887 = NJW-RR 1987, 925 (nur Ls.).

feststeht (es muss nur noch jemand verwaltungstechnisch diese schriftlich fixieren), bleibt hervorzuheben, dass bei **Personenschäden** die einzelnen Vermögenseinbußen allerdings erst zu jeweils späteren Zeitpunkten (z.B. spätere Heilbehandlungsmaßnahme, Arbeitsplatzverlust) eintreten können.

Die gesetzliche Neuregelung ändert erklärtermaßen nicht die im Schadensrecht entwickelte Rechtsprechung zur **Schadenseinheit**.[192] Ein Schaden ist entstanden, wenn die Vermögenslage des Geschädigten sich durch eine unerlaubte Handlung verschlechtert und sich diese Verschlechterung wenigstens dem Grunde nach verwirklicht hat. Die Verjährung von Schadensersatzansprüchen kann nach dem Grundsatz der Schadenseinheit auch für nachträglich auftretende, zunächst also nur drohende, aber nicht unvorhersehbare Folgen beginnen, sobald irgendein (Teil-)Schaden entstanden ist.[193]

Weil der **Tod** als weitere Schadensfolge zunächst noch ungewiss ist, kann die Verjährung des Anspruches aus § 844 BGB erst mit dem Tod zu laufen beginnen.[194]

Beispiel 7.5
Der A verunfallt am 10.3.1998. Seine Verdienstausfallansprüche werden am 25.7.2000 durch Abfindungserklärung auch hinsichtlich künftiger Einbußen abgefunden.

A verstirbt am 1.7.2001. W und Kind K lebten mit dem A als Familie zusammen.

Ergebnis
- **W** hat in aller Regel gleichzeitig mit A Kenntnis vom Schädiger; bei schweren Verletzungen hat der am Unfall nicht beteiligte Angehörige in der Praxis die Kenntnis häufig sogar eher als der unmittelbar Verletzte. W hatte aber erst mit dem Tode des A am 1.7.2001 Kenntnis vom Schaden.
- Dem minderjährigen **K** ist die Kenntnis des gesetzlichen Vertreters (Schädiger, aber auch Schaden) zuzurechnen. Die Frist läuft damit mit Kenntnis der W von den anspruchsbegründenden Umständen.

III. Feststellungsurteil

1. Feststellungsurteil

Ein Feststellungsurteil zugunsten des unmittelbar Verletzten wirkt nicht zugunsten der Ansprüche der Hinterbliebenen.

Bei Erlass des Feststellungsurteils darf nicht offen gelassen werden, ob sich die Hinterbliebenen eine Mitverantwortung des Getöteten anrechnen lassen müssen.[194a]

---

192 BT-Drucks 14/6040, S. 108.
193 BGH 15.10.1992 – IX ZR 43/92 – NJW 1993, 648 = VersR 1993, 1358.
194 Das die Unterhaltspflicht begründende Verhältnis muss bereits im Zeitpunkt der Körperverletzung des Unterhaltspflichtigen und nicht erst im Zeitpunkt seines Todes bestanden haben (BGH v. 13.2.1996 – VI ZR 318/94 – BGHZ 132, 39 = DAR 1996, 357 = JR 1996, 505 [Anm. *Fuchs*] = LM BGB § 844 Abs. 2, Nr. 93 = MDR 1996, 799 = NJW 1996, 1674 = NVwZ 1996, 824 = NZV 1996, 229 = r+s 1996, 311 = SGb 1996, 328 = SP 1996, 168 = VersR 1996, 649 = VRS 91, 267); BGH v. 17.12.1985 – VI ZR 152/84 – DAR 1986, 116 = JR 1986, 413 (Anm. *v. Einem*) = JZ 1986, 451 (Anm. *Dunz*) = MDR 1986, 488 = NJW 1986, 984 = r+s 1986, 67 = SGb 1987, 301 (Anm. *v. Einem*) = VersR 1986, 391 = zfs 1986, 170 = VRS 71, 325.
194a OLG Nürnberg v. 31.10.1984 – 9 U 943/84 – (Feststellungsurteil zugunsten von Eltern eines getöteten Kindes).

Die Geldrente ist bei Ersatz für Naturalleistungen auf diejenige Zeit zu begrenzen, in der die getötete Person während der Zeit seines Lebens leistungsfähig gewesen wäre, was nach Maßgabe des § 287 ZPO unter Würdigung aller Umstände des Einzelfalls zu schätzen ist.[194b]

244 Die Rechtsprechung[195] sieht ein **Feststellungsinteresse** künftiger Hinterbliebener kritisch und bejaht ein Feststellungsinteresse nur im begründeten Ausnahmefall.

2. Außergerichtliche Urteilsersetzung

245 Ist eine außergerichtliche Erklärung dazu bestimmt, ein rechtskräftiges Urteil zu ersetzen, so beurteilt sich in der Folge die Verjährung nach denselben Bedingungen wie ein Feststellungsurteil im Sinne von § 204 I Nr. 1 BGB, d.h. nach § 197 I Nr. 3, II BGB.[196]

3. Verjährungsfristen

246

> **§ 197 BGB – Dreißigjährige Verjährungsfrist**
>
> (1) In 30 Jahren verjähren, soweit nicht ein anderes bestimmt ist,
>
> ...
>
> 3. rechtskräftig festgestellte Ansprüche,
>
> 4. Ansprüche aus vollstreckbaren Vergleichen oder vollstreckbaren Urkunden
>
> ...
>
> (2) Soweit ... Ansprüche nach Abs. 1 Nr. 3 bis 5 künftig fällig werdende regelmäßig wiederkehrende Leistungen zum Inhalt haben, tritt an die Stelle der Verjährungsfrist von 30 Jahren die regelmäßige Verjährungsfrist.

247 Bei einem Feststellungsurteil über **regelmäßig wiederkehrende Leistungen**, das ganz allgemein die Ersatzpflicht des Schädigers ausspricht, unterliegen

248 ■ der **30-jährigen** Verjährung des § 197 I Nr. 3 BGB (bis zum 31.12.2001 geltendes Recht: § 218 I BGB a.F.)

249 alle Ansprüche, die **bis** zum **Eintritt der Rechtskraft** fällig geworden **und** tituliert sind,

250 ■ einer **kürzeren** 3-jährigen Verjährung (bis zum 31.12.2001 geltendes Recht: 4 Jahre gemäß § 218 II BGB a.F.) demgegenüber

251 die erst **nach Rechtskraft** fällig gewordenen bzw. werdenden Ansprüche (§ 197 II BGB).[197]

194b BGH v. 25.4.2006 – VI ZR 114/05 – (Berichtigungsbeschluss v. 20.6.2006 – VI ZR 114/05 –) VersR 2006, 1081.
195 BGH v. 13.2.1996 – VI ZR 318/94 – BGHZ 132, 39 = DAR 1996, 357 = JR 1996, 505 (Anm. *Fuchs*) = LM BGB § 844 Abs. 2, Nr. 93 = MDR 1996, 799 = NJW 1996, 1674 = NVwZ 1996, 824 = NZV 1996, 229 = r+s 1996, 311 = SGb 1996, 328 = SP 1996, 168 = VersR 1996, 649 = VRS 91, 267 m.w.N. (zu II.1.b.bb).
196 BGH v. 30.5.2000 – VI ZR 300/99 – r+s 2000, 417 = VersR 2000, 1116; BGH v. 6.3.1990 – VI ZR 44/89 – DAR 1990, 226 = MDR 1990, 809 = NJW-RR 1990, 664 = VersR 1990, 755 = zfs 1990, 28 (Verjährung bei Zwischenvergleich). Siehe ergänzend bei Tötung eines Kindes Kap 6 Rn 127.
197 BGH v. 23.6.1998 – VI ZR 327/97 – DAR 1998, 447 = NZV 1998, 456 = SP 1999, 44 = VersR 1998, 1387; BGH v. 20.11.1997 – IX ZR 136/97 – NJW 1998, 1058; BGH v. 6.3.1990 – VI ZR 44/89 –

a. 30 Jahre, § 197 I Nr. 3 BGB

Die Verjährungsfrist für vollstreckbare Titel und damit auch Feststellungsurteile und gerichtliche Vergleiche (§ 794 I Nr. 1 ZPO) beträgt 30 Jahre ab Rechtskraft des zugrunde liegenden Titels und gilt auch für Ansprüche aus vertraglicher Ersetzung eines rechtskräftigen Feststellungsurteils.

252

b. 3 Jahre, § 197 II BGB

Bei Rentenansprüchen ist stets nur das Stammrecht gegen Verjährung geschützt, rückständige Rentenbeträge verjähren in kürzerer Frist aufgrund spezieller Regelung (§ 197 II BGB n.F.).[198] Die Zahlung eines **Rententeils** kann nur die Verjährung des Stammrechtes unterbrechen.[199]

253

Liegt ein Feststellungsurteil vor oder aber soll eine außergerichtliche Verständigung ein solches Urteil ersetzen, so beurteilte **bis zum 31.12.2001** sich die Verjährung nach § 218 BGB a.F. und nicht nach § 852 I BGB a.F..[200] Nach der daher anzuwendenden Vorschrift des § 218 II BGB a.F. galt gemäß §§ 197, 198, 201 BGB a.F., dass die Ansprüche auf Rückstände von regelmäßig wiederkehrenden Leistungen jeweils 4 Jahre nach dem Schluss desjenigen Jahres verjähren, in dem sie entstanden, d.h. fällig geworden sind.[201]

254

Soweit rechtskräftig festgestellte – oder in einer einem Urteil gleichstehenden Erklärung anerkannte – Ansprüche künftig fällig werdende **regelmäßig wiederkehrende Leistungen** zum Inhalt haben, tritt mit dem **1.1.2002** nach § 197 II BGB an die Stelle der 30-jährigen Verjährungsfrist die regelmäßige 3-jährige Verjährungsfrist des § 195 BGB, beginnend (§ 199 I BGB) wie im bis zum 31.12.2001 geltenden Recht am Jahresende.

255

Die Verjährung von Zinsansprüchen, Renten und sonstigen regelmäßig wiederkehrenden Leistungen richtet sich nach § 197 II BGB. § 197 BGB II enthält keine abschließende Enumeration von bestimmten **Leistungen**, sondern ist allgemein und generell auf regelmäßig anfallende Beträge anzuwenden. Entscheidend ist die **regelmäßige Wiederkehr** und nicht die Gleichmäßigkeit des Betrages.[202] Der Anspruch muss sich seiner Natur nach auf Leistungen ausrichten, die in zeitlicher Wiederkehr zu erbringen sind.[203] § 197 BGB gilt ebenso für Ersatz- und Nebenansprüche, die an die Stelle des ursprünglichen

256

DAR 1990, 226 = MDR 1990, 809 = NJW-RR 1990, 664 = VersR 1990, 755 = zfs 1990, 28; BGH v. 3.11.1988 – IX ZR 203/87 – DB 1989, 877 = MDR 1989, 250 = NJW-RR 1989, 215 = zfs 1989, 156.

198 Siehe zur Verjährung eines Feststellungsurteils bei wiederkehrenden Leistungen: BGH v. 23.6.1998 – VI ZR 327/97 – DAR 1998, 447 = NZV 1998, 456 = SP 1999, 44; OLG Düsseldorf v. 23.6.1994 – 18 U 241/93 – MDR 1995, 160.

199 BGH v. 8.10.1969 – IV ZR 63/68 – VersR 1969, 1141; OLG Frankfurt v. 27.4.1981 – 1 U 79/80 – VersR 1982, 66.

200 BGH v. 26.2.2002 – VI ZR 288/00 – NZV 2002, 265 = SP 2002, 268 =VersR 2002, 996 = zfs 2002, 333 (Auch ein deklaratorisches Anerkenntnis kann zur 4-jährigen Verjährungsfrist des § 197 BGB a.F. führen, wenn die Vereinbarung den Anspruchsteller klaglos stellen und ein rechtskräftiges Feststellungsurteil ersetzen soll); BGH v. 30.5.2000 – VI ZR 300/99 – DAR 2000, 476 = r+s 2000, 417 = VersR 2000, 1116; BGH v. 6.3.1990 – VI ZR 44/89 – DAR 1990, 226 = MDR 1990, 809 = NJW-RR 1990, 664 = VersR 1990, 755 = zfs 1990, 28 m.w.N.

201 BGH v. 30.5.2000 – VI ZR 300/99 – DAR 2000, 476 = r+s 2000, 417 = VersR 2000, 1116; BGH v. 20.11.1997 – IX ZR 136/97 – NJW 1998, 1058; BGH v. 6.3.1990 – VI ZR 44/89 – DAR 1990, 226 = MDR 1990, 809 = NJW-RR 1990, 664 = VersR 1990, 755 = zfs 1990, 28.

202 *Palandt-Heinrichs*, § 197 Rn 6 unter Hinweis auf BGH v. 23.9.1958 – I ZR 106/57 – BGHZ 28, 144 = NJW 1959, 239.

203 BGH v. 19.12.2000 – X ZR 128/99 – DB 2001, 864 (nur Ls.) = FamRZ 2001, 409 = JuS 2001, 864 (Anm. *Schmidt*, JuS 2001, 708) = MDR 2001, 743 = NJW 2001, 1063 = WM 2001, 579.

Anspruches getreten sind oder ihn ergänzen. Bei einem Feststellungsurteil über regelmäßig wiederkehrende Leistungen, das ganz allgemein die Ersatzpflicht des Schädigers ausspricht, unterliegen der verkürzten 3-jährigen Frist die nach Eintritt der formellen Rechtskraft fällig werdenden Ansprüche u.a. wegen Lohn- und **Verdienstausfall**[204] und **Unterhaltsschaden**.

IV. Forderungsübergang im Unfallzeitpunkt

257 Findet der Forderungsübergang im Unfallzeitpunkt statt (z.B. § 116 SGB X, ähnlich § 81a BVG, beamtenrechtliche Vorschriften[205]), so ist die **Kenntnis des Rechtsnachfolgers** (und zwar die des dort für den Regress zuständigen Mitarbeiters) maßgeblich. Bei Behörden und öffentlich-rechtlichen Körperschaften beginnt die Verjährungsfrist des § 199 I Nr. 2 BGB erst dann zu laufen, wenn der zuständige Bedienstete der verfügungsberechtigten Behörde Kenntnis vom Schaden und der Person des Ersatzpflichtigen hat.[206]

258 Seit dem 1.1.2002 schadet auch **grob fahrlässige Unkenntnis** in sog. „Altakten" (Unfall vor dem 1.1.2002).

259 Das gilt auch im Rahmen von **Teilungsabkommen**.[207]

V. Rechtsnachfolge zu späterem Zeitpunkt

260 Dem Rechtsnachfolger ist die Kenntnis oder das Kennenmüssen seines Rechtsvorgängers anzurechnen; auf eigene Kenntnisse des Rechtsnachfolgers kommt es nicht an.

---

204 BGH v. 28.1.2003 – VI ZR 263/02 – NJW 2003, 1524 = NZV 2003, 225 = PVR 2003, 291 = r+s 2003, 171 = SP 2003, 155 = VersR 2003, 452 = VRS 104, 405 = zfs 2003, 281; BGH v. 26.2.2002 – VI ZR 288/00 – NZV 2002, 265 = SP 2002, 268 =VersR 2002, 996 = zfs 2002, 333; BGH v. 3.11.1988 – IX ZR 203/87 – DB 1989, 877 = MDR 1989, 250 = NJW-RR 1989, 215 = zfs 1989, 156; BGH v. 24.6.1980 – VI ZR 188/78 – r+s 1980, 177 = VersR 1980, 927 = VRS 59, 161 = zfs 1980, 367 (vorausgegangener Prozesskostenhilfebeschluss v. 16.10.1979 – VI ZR 188/78 – VersR 1980, 88); OLG Bamberg v. 27.7.1979 – 5 W 44/79 – VersR 1980, 852.
205 OLG Köln v. 13.4.1999 – 15 U 143/98 – VersR 2001, 255 (Auch der nach § 99 LBG NW übergegangene Anspruch unterliegt der 3-jährigen Verjährung nach § 852 BGB a.F., beginnend mit der Kenntnis des für die Regressverfolgung zuständigen Bediensteten).
206 BGH v. 27.3.2001 – VI ZR 12/00 – NJW 2001, 2535 = NZV 2001, 464 = r+s 2001, 287 = VersR 2001, 863; BGH v. 13.5.1997 – VI ZR 181/96 – NZV 1997, 396; OLG Köln v. 13.4.1999 – 15 U 143/98 – VersR 2001, 255. Siehe auch OLG Hamm v. 12.5.1995 – 20 U 37/95 – BB 1995, 2083 = VersR 1996, 878 (Kenntniszurechnung im Rahmen von § 814 BGB: Entscheidend ist das Wissen des die Leistung bewirkenden Mitarbeiters der juristischen Person; die Kenntnis einer anderen [konkret: Vertrags-]Abteilung wird nicht zugerechnet).
207 BGH v. 27.3.2001 – VI ZR 12/00 – NJW 2001, 2535 = NZV 2001, 464 = r+s 2001, 287 = VersR 2001, 863 (Haben die Parteien eines Teilungsabkommen eine Ausschlussfrist vereinbart, nach der Ansprüche nur geltend gemacht werden können, wenn sie innerhalb von 3 Jahren seit Kenntnis vom Schadenfall angemeldet worden sind, so kann es für den Fristbeginn auf die Kenntnis der Mitarbeiter der Regressabteilung anstelle derjenigen der Leistungsabteilung ankommen).

F. Nebenklage und Adhäsionsverfahren

I. Nebenklage

Wer sich als Nebenkläger dem Verfahren anschließen kann, regelt § 395 StPO abschließend. Stirbt das Opfer einer Körperverletzung, so geht seine Nebenklagebefugnis nicht mehr auf seine in § 93 II StPO bezeichneten Angehörigen über.[208]

261

Werden die Nebenklagekosten nur **teilweise** dem Schädiger auferlegt (z.B. bei erheblicher Mithaftung) (§ 472 StPO), so können die weiteren, beim Geschädigten verbliebenen Kosten nicht zivilrechtlich verlangt werden, da insoweit das Strafurteil Rechtskraftwirkung entfaltet. Wird im Strafverfahren über die Kosten der Nebenklage **nicht entschieden**, so kann der Schädiger ebenfalls nicht mehr zivilrechtlich in Anspruch genommen werden, da allein der Strafrichter zur Entscheidung über die Nebenklagekosten befugt ist.[209]

262

Werden dem Schadenersatzpflichtigen im Strafverfahren die Nebenklagekosten ganz oder teilweise auferlegt, so muss er diese selbst (u.U. auch sein Rechtsschutzversicherer) zahlen. Rechtsanwaltskosten, die einem durch strafbares Verhalten betroffenen Verletzten für die Vorbereitung und Durchführung seiner Nebenklage entstehen, fallen nicht in den **Schutzbereich** des § 823 BGB.[210]

263

Der **Haftpflichtversicherer** eines Schadenersatzpflichtigen erstattet Nebenklagekosten nicht, da sie öffentlich-rechtlichen Ursprungs sind und damit nicht dem Deckungsbereich von AKB und AHB unterfallen.[211]

264

II. Adhäsionsverfahren[212]

Der durch eine Straftat **Verletzte** oder sein **Erbe** selbst kann nach §§ 403 ff. StPO seine zivilrechtlichen Ansprüche auch im Wege des Adhäsionsverfahrens gegen den Beschuldigten (nicht jedoch gegenüber Jugendlichen, § 81 JGG)[213] vor dem Strafgericht im Strafverfahren verfolgen.

265

---

208 BGH v. 13.5.1998 – 3 StR 148/98 – VRS 95, 227 (Aufgabe von BGHSt 33, 114 nach Änderung des Nebenklagerechtes durch das Opferschutzgesetz v. 18.12.1986).
209 BGH v. 24.9.1957 – VI ZR 300/56 – NJW 1957, 1878; OLG Schleswig v. 30.6.1993 – 9 U 11/92 – VersR 1994, 831; OLG Düsseldorf v. 26.3.1970 – 18 U 101/69 – VersR 1972, 52; OLG Köln v. 21.4.1997 – 12 U 114/96 – VersR 1998, 1036; AG Friedberg v. 19.7.1989 – C 757/89 – NJW-RR 1989, 1368 = zfs 1990, 43; AG Karlsruhe v. 10.9.1982 – 6 C 330/82 – VersR 1983, 693.
210 BGH v. 20.5.1958 – VI ZR 127/57 – MDR 1958, 597 = NJW 1958, 1044 = VersR 1958, 417; BGH v. 23.1.1958 – II ZR 28/57 – BGHZ 26, 261 = MDR 1958, 218 = VersR 1958, 106; BGH v. 17.5.1957 – VI ZR 63/56 – BGHZ 24, 263 = VersR 1957, 599; LG Duisburg v. 10.10.1978 – 3 O 49/78 – VersR 1980, 75; LG Krefeld v. 8.12.1976 – 9 Qs 598/76 – AnwBl 1977, 121; LG Münster v. 25.11.1985 – 3 S 156/88 – NJW-RR 1989, 1369 = zfs 1990, 42; LG Wuppertal v. 25.8.1976 – 8 S 154/76 – VersR 1977, 1041; LG Verden v. 5.3.1979 – 1 T 52/79 – r+s 1976, 96; AG Stadthagen v. 17.7.1985 – 4 C 432/85 – zfs 1988, 65.
211 BGH v. 2.2.1960 – VI ZR 48/59 – VersR 1960, 405; BGH v. 23.1.1958 – II ZR 28/57 – BGHZ 26, 261 = MDR 1958, 218 = VersR 1958, 106; LG Aachen v. 17.10.1980 – 3 S 231/80 – VersR 1982, 199; LG Hannover v. 2.9.1985 – 9 S 204/85 – VersR 1986, 1245.
212 Zum Thema: *Neidhart,* Adhäsionsverfahren – ein kurzer Ländervergleich. Schadenersatz im Strafverfahren nach Verkehrsstraftaten, DAR 2006, 415 (Deutschland, Belgien, Frankreich, Griechenland, Italien, Niederlande, Österreich, Portugal, Schweiz, Spanien).
213 *Meyer-Goßner,* § 403 Rn 8 und vor § 406d Rn 3.

7 Regulierung

266 Antragsberechtigt ist nach § 403 StPO der **Erbe** (Miterbe),[214] nicht aber der Unterhaltsberechtigte.

267 **Andere Rechtsnachfolger** (Zessionare; Drittleistungsträger insbesondere Sozialversicherer), aber auch Haftpflichtversicherer,[215] haben, da sie ihren Anspruch nicht unmittelbar aus der Straftat erworben haben, kein Antragsrecht nach § 403 StPO im Rahmen des Adhäsionsverfahrens.[216]

---

[214] *Meyer-Goßner,* § 403 Rn 3.
[215] OLG Karlsruhe v. 25.11.1983 – 3 Ws 169/83 – Justiz 1984, 107 = MDR 1984, 336.
[216] *Meyer-Goßner,* § 403 Rn 4.

Stichwortverzeichnis

Fette Zahlen = Kapitel, magere Zahlen = Randnummern.

AtomG
- § 28 **6** 5
  - I **4** 2

BeamtVG
- § 14 **6** 699
- § 16 **6** 658
- § 17 **6** 662
- § 18 **6** 653, 740
- § 19 **6** 666
- § 20 **6** 666
- § 21 **6** 673
- § 22 **6** 679
- § 23 **6** 685
- § 24 **6** 685
- § 26 **6** 679
- § 27 **6** 666
- § 28 **6** 676
- § 30 **6** 738
- § 39
  - I **6** 746
    - Nr. 2 **6** 759, 763
  - II **6** 734
- § 40 **6** 763
- § 41 **6** 754

BGB
- § 1 **2** 172
- § 1356 **6** 89
- § 1360 **6** 19, 89
- § 1360a **6** 91
- § 1360b **6** 91
- § 1570 **6** 366
- § 1579 **6** 94
- § 1589
  - I **6** 19
- § 1601 **6** 19
- § 1602 **6** 78
- § 1603 **6** 63
- § 1615 **7** 142
- § 1615l **6** 19
- § 1618a **5** 1
- § 1619 **5** 1; **6** 229
- § 1923 **2** 172
- § 1968 **4** 4
- § 197 **7** 246
- § 199 **7** 232
- § 2303 **6** 83
- § 2305 **6** 83
- § 241 **2** 102
- § 253 **3** 3
- § 253 a.F. **3** 3
- § 254 **2** 152
- § 276 **2** 102
- § 277 **2** 102
- § 278 **2** 107
- § 280 **2** 102
- § 282 **2** 102
- § 285
  - I **1** 57
- § 311 **2** 102
- § 677 **2** 111
- § 680 **2** 111
- § 683 **2** 111
- § 687 **2** 111
- § 760 **5** 1; **6** 3
- § 823 **2** 86
- § 831 **2** 107
- § 832 **2** 86
- § 833 **2** 86
- § 834 **2** 86
- § 836 **2** 86
- § 837 **2** 86
- § 838 **2** 86
- § 839 **2** 87, 98
- § 843
  - II **5** 1; **6** 3
  - III **5** 1; **6** 3
  - IV **5** 1; **6** 3
- § 844 **6** 3
  - I **4** 1
  - II **2** 172
- § 845 **5** 1
- § 846 **2** 152
- § 847 a.F. **3** 3

BGSG
- § 51 **2** 98
- § 52 **2** 98
- § 53 **2** 98

BhV
- § 12 **6** 707
- § 16 **6** 707

355

Stichwortverzeichnis

- § 5
  - IV **6** 702
  - V **6** 702

BRRG
- § 52 **6** 773

BVG
- § 1 **6** 478
- § 81 **6** 515
- § 81a **6** 509

EFZG
- § 3 **6** 621
- § 8 **6** 621

GenTG
- § 32 **6** 5
  - IV **4** 3

GG
- Art 34 **2** 98

HPflG
- § 5 **6** 5
  - I **4** 2

LPartG
- § 5 **6** 19

LuftVG
- § 35 **6** 5
  - I **4** 2
- § 53
  - II **5** 2

OEG
- § 1
  - I **2** 99
  - VIII **2** 99
  - XI **2** 99

PaPkG
- § 2 **7** 226

ProdHaftG
- § 7 **6** 5
  - I **4** 3

RVO
- § 640 **2** 277

SGB IV
- § 7 **6** 303

- IV **6** 303

SGB VI
- § 12
  - II **6** 372
- § 2 **6** 288
- § 31
  - I
    - Nr. 4 **6** 372
  - II **6** 372
- § 46 **6** 331
- § 47 **6** 365
- § 48 **6** 348
- § 63 **6** 396

SGB VII
- § 105 **6** 294
- § 110 **2** 125
- § 64 **4** 53
- § 65 **6** 412
- § 67 **6** 424
- § 68 **6** 426

SGB X
- § 116 **2** 293, 308

SGB XII
- § 2 **6** 527

StVG
- § 10 **6** 5
  - I **4** 2
- § 11 **3** 4

TPG
- § 3 **2** 35
- § 5
  - I **2** 35

UmweltHG
- § 12 **6** 5
  - I **4** 3

VBL-Satzung
- § 50 **6** 823

VerschG
- § 11 **2** 39

ZPO
- § 286 **2** 60
- § 287 **2** 63
- § 323 **7** 229

Stichwortverzeichnis

Abänderung
- Rentenvergleich **7** 227

Abänderungsklage *siehe* Prozess-Abänderungsklage

Abfindung *siehe auch* Kapitalisierung, Regulierung, Vergleich
- berufsständische Versorgung **6** 842
- Geltungsbereich **6** 2; **7** 2
- Schwerverletzte **2** 12; **7** 6, 9, 108, 113
- Steuer **7** 56
- Verletzter
  - Geltungsbereich **7** 6
- Vorversterblichkeit **6** 716; **7** 9, 113
- Witwenabfindung **6** 419, 658, 673, 674, 751

Abstammung *siehe auch* Beweis; **6** 19, 33

Abtretung **1** 10; **7** 14, 78
- Abfindung **6** 842
- Anspruch **1** 57; **2** 324; **6** 822, 841
- Arbeitgeber **1** 67; **4** 88; **6** 628
- Cessio legis **2** 227
- Drittleistung **7** 14
- Erbe **4** 88
- Forderungsübergang **2** 224, 227, 232, 281, 333, 334, 347; **4** 92; **6** 822, 824, 841
  - Asylbewerber **4** 81; **6** 589
  - kirchliche Bedienstete **6** 648
  - Vorrang **2** 322, 326, 344; **6** 786, 852
- Inhalt **2** 350
- Pfarrer **6** 648
- Quotenvorrecht **2** 354; **4** 92; **6** 630, 650, 824
- Verwandtenprivileg **6** 780, 820
- Vorrang **2** 348, 353, 357
- weitergehende Leistung **2** 229

Adhäsionsverfahren **7** 265

Adoption
- Adoptiveltern **6** 106
- Eltern **6** 106, 108, 110
- Großeltern **6** 106
- Kind **5** 15; **6** 30
- Schadenersatzanspruch **6** 106; **7** 181
- Sozialversicherung **6** 105, 110, 425; **7** 181
- Stiefvater **6** 106
- Unterhalt **6** 59

- Zeitpunkt **6** 16, 108

Aktivlegitimation *siehe* Forderungsberechtigung, Forderungsübergang

Alkohol **1** 6; **2** 212; **6** 73

Alleinverdiener *siehe* Ehe-Alleinverdienerehe

Altenhilfe
- Sozialhilfe **6** 544

Alterssicherung
- Sozialhilfe **6** 547

Änderung der Verhältnisse *siehe* Abänderung, Prozess-Abänderungsklage

Angestellter *siehe* Arbeitnehmer-unselbständige

Anpassung *siehe* Abänderung

Anspruchsberechtigung *siehe* Forderungsberechtigung, Forderungsübergang

Anspruchsgrundlage
- allgemein **2** 1
- Beerdigungskosten **4** 5
- Billigkeitshaftung **2** 88
- cic **2** 103
- Delikt **2** 86
- Drittleistungsträger **2** 221
  - Forderungsübergang **2** 223
  - Originär **2** 222
  - Teilungsabkommen **2** 233
- Eingriff in den eingerichteten Gewerbebetrieb **1** 20, 69; **4** 83; **6** 634
- entgangene Dienste **5** 7
- Erbe **2** 4
- Gefährdungshaftung **2** 97
- gestörte Gesamtschuld **2** 136
- Gewährleistung **2** 104
- GoA **2** 112
- Haftung für Dritte **2** 73, 108
- Hinterbliebene **1** 10
  - eigenes Recht **2** 5; **5** 6; **6** 1
  - entgangene Dienste **5** 3
- Identität von Schädiger und Geschädigtem **2** 162
- Opferentschädigung **2** 99
- pVV **2** 103
- Schmerzensgeld **3** 1
- Vertrag mit Schutzwirkung für Dritte **2** 110

357

Stichwortverzeichnis

- Vertragshaftung **2** 102
Anspruchsminderung *siehe* auch
    Mithaftung, Mitverantwortung,
    Mitverschulden, Quotenvorrecht,
    Schadenminderungspflicht; **1** 56;
    2 11, 51, 81, 113, 140, 166, 169,
    195, 199, 201, 203; **3** 21; **6** 6, 218,
    262
- Dienstherr **2** 339; **6** 783
- Drittleistungsträger **2** 246, 248
- Gestörte Gesamtschuld **2** 136
- Mitverursachung **2** 153
- Schadenminderungspflicht **2** 155
- Schmerzensgeld **3** 15
- Unterhaltsschaden **6** 262
- § 254 BGB **2** 152, 153, 156, 157, 158, 171, 197; **6** 7, 219, 297
- § 846 BGB **2** 152, 153, 154, 167, 171, 197; **4** 10; **5** 9; **6** 7, 219
Anspruchsvereinigung *siehe* auch
    Konfusion; **2** 44
Antrag
- Beitragspflichtbefreiung **6** 292
Anwalt
- Gebühren
    - Erhöhungsgebühr **7** 19
        - Eheleute **7** 22
        - Erbengemeinschaft **7** 23
        - Witwe und Waise **7** 24
    - Nebenklage **7** 263
- Kosten
    - Schadenersatz
        - Drittleistungsträger **1** 76, 79
        - Nebenklage **7** 262
        - Sozialhilfeträger **1** 79
        - Sozialversicherer **1** 79
- Verjährung
    - Vertreter **7** 236
Anwartschaft **1** 48; **6** 679
Arbeiter *siehe*
    Arbeitnehmer-unselbständige
Arbeitgeber *siehe* auch Dienstherr,
    Selbständige, Verdienstausfall; **1** 21,
    67, 68, 77; **2** 212; **6** 624
- Arbeitgeberabfindung
    - Steuer **7** 49
- Forderungsübergang **1** 67, 77; **6** 624
- Scheinselbständige **6** 309
- Verletzung des Mitarbeiters **1** 67, 68, 77; **6** 624

Arbeitgeber, Abtretung *siehe* auch
    Abtretung-Arbeitgeber
Arbeitnehmer *siehe* auch Beamte,
    Quotenvorrecht-Arbeitnehmer,
    Fortzahlung
- unselbständige **1** 66, 67, 68, 77; **2** 212; **6** 624
Arbeits(wege)unfall *siehe*
    Arbeitsunfall, Haftungsausschluss,
    Sozialversicherung-
    Unfallversicherung
Arbeitskraftfortfall
- mittelbarer Schaden **1** 18; **6** 634
Arbeitsunfall *siehe* auch Dienstunfall,
    Fahrlässigkeit, grobe, SGB VII;
    2 10, 117, 125, 147, 150, 238, 278;
    6 394, 447
- Beitragsnachlass **6** 636
- berufsständische Versorgung **6** 849
- Dienstunfall **2** 144
- Gestörte Gesamtschuld **2** 139
- Scheinselbständige **6** 313
- Schockschaden **2** 196
- Selbständige **6** 293
- Versorgungfall **6** 477
- Wartezeit **6** 328
- § 105 II SGB VII **6** 293
Arbeitsverwaltung *siehe*
    Drittleistung-Arbeitsverwaltung
Arztbericht **1** 74
Arztfehler **2** 75
Asylbewerber *siehe* auch
    Drittleistung-Asylbewerber,
    Sozialhilfe, *siehe*
    Ausland-Asylbewerber,
    Drittleistung-Asylbewerber,
    Sozialhilfe
Aszendentenrente *siehe* Elternrente
Attest **7** 70
Aufwendungen, nutzlose *siehe*
    Aufwendungen, vergebliche
Aufwendungen, vergebliche *siehe* auch
    mittelbarer Schaden
- mittelbarer Schaden **1** 28
- Reise **1** 28; **4** 37; **6** 868
- Stornokosten **1** 28; **4** 37; **6** 868
Ausgleichsrente **6** 490, 497
Ausland *siehe* auch Aussiedler,
    Gastarbeiter, Österreich, Schweiz

Stichwortverzeichnis

- Arbeitnehmer, ausländischer
  - Düsseldorfer Tabelle **6** 132
- Asylbewerber **2** 213; **6** 574
  - Einkommen **6** 137
  - Forderungsübergang **6** 584
  - Hilfe zum Lebensunterhalt **6** 580
- Ausländer
  - Einkommen **3** 7; **6** 131
  - Kapitalisierung **7** 111
  - Opferentschädigung **4** 76
  - Polygamie (Mehrehe) **6** 135
  - Schmerzensgeld **3** 6, 22
  - Sozialhilfe **6** 526
  - Unterhalt **6** 131
- Auslandsunfall
  - Überführung **4** 57, 69, 94
- Fremdrentenrecht **6** 274
- Opferentschädigung **6** 516
- Sozialhilfe **6** 575
- Sozialversicherung **4** 76; **6** 136, 273, 275, 409
- Sterbetafel **7** 112

Ausländer *siehe* Ausland, Aussiedler
Ausschlussfrist *siehe* Frist
Außereheliche Gemeinschaft *siehe* Nicht-eheliche Gemeinschaft
Aussiedler *siehe auch* Ausland
- Fremdrentenrecht **6** 274
- Information **7** 1
- Kapitalisierung **7** 111
- Sozialversicherung **6** 275
- Unfallversicherung **6** 276
  - JAV **6** 409

Aussteuer
- mittelbarer Schaden **1** 22

BAföG **6** 81, 519
Baulandzuteilung **1** 41
Baumaßnahme *siehe* Eigenleistung
Beamte *siehe auch* Arbeitnehmer, Dienstherr, Quotenvorrecht
- Beihilfe **6** 692
- Vorsorgeaufwand **6** 692

Bedarfsgemeinschaft
- Mittelbarer Schaden **1** 49

Bedürfnisse, vermehrte
- Steuer **7** 61

Bedürftigkeit *siehe* auch Quellentheorie, Sozialhilfe-Bedürftigkeit, Unterhaltsschaden-Bedürftigkeit

Beerdigungskosten **4** 1, 43
- allgemein **2** 14, 159, 160, 161, 163, 164, 204, 226, 269, 270; **6** 397
- Anspruchsberechtigung **4** 6
- Anspruchskürzung **2** 118
- Anzeige **4** 15, 17
- Arbeitgeber **6** 625
- Arztkosten **4** 41
- Beihilfe **4** 86
- Bepflanzung **4** 26, 31
- Bestattungsakt **4** 13, 19
- Bestattungsgeld **4** 63 f.; **6** 482 f.
- Bewirtung **4** 19
- Blumen **4** 20, 39
- Danksagung **4** 16
- Dolmetscherkosten **4** 38
- Doppelgrab **4** 30
- Drittleistung **2** 204; **4** 42, 43
  - Übergangshilfe **4** 60; **6** 399, 418
  - Arbeitgeber **4** 85, 86
    - Beihilfe **4** 86
    - Sterbegeld **4** 85
  - Arbeitsverwaltung **4** 45
  - Asylbewerber **4** 81
  - Beerdigungsversicherung **4** 96
  - Beihilfe **4** 86
  - berufsständische Versorgung **4** 91; **6** 832
    - Sterbegeld **4** 91
  - Bestattungsgeld **4** 63; **6** 482
  - Bestattungsgeld für Angehörige **4** 65; **6** 483
  - betriebliche Altersversorgung **4** 90; **6** 817
    - Sterbegeld **4** 90; **6** 817, 832
  - BVG **4** 62, 63, 65, 67, 71; **6** 482, 483
    - Beerdigungskosten **4** 67; **6** 482
    - Bestattungsgeld **4** 63, 65; **6** 482
    - Sterbegeld **4** 71
  - Dienstherr **4** 89; **6** 653
    - Beihilfe **6** 709
    - Beerdigungskosten **6** 709
  - freiwillige Versicherung **4** 43

Stichwortverzeichnis

- Krankenversicherung
  - gesetzliche **4** 46
    - Sterbegeld **4** 46
  - private **4** 93
- OEG **4** 76
- Pflegeversicherung
  - gesetzliche **4** 50
  - private **4** 93
- Reiserücktrittversicherung **4** 95
- Rentenversicherung **4** 52
- Sozialhilfe **4** 80; **6** 546
- Sterbefallversicherung **4** 96
- Sterbegeld **4** 46, 54, 71, 85, 90, 91; **6** 315, 394, 398, 447, 450, 485, 627, 653, 690, 741, 817, 832
- Sterbekasse **4** 98
- Tarifvertrag **4** 84
- Überführungskosten **4** 57, 67; **6** 394, 397, 482, 709
- Unfallversicherung
  - gesetzliche **4** 54, 57, 60; **6** 394, 397, 399, 418
    - Beerdigungskosten **4** 57, 60; **6** 394, 397, 399, 418
    - Sterbegeld **4** 54
- Zusatzversorgungskasse **4** 97
- Einzelgrab **4** 25
- Erbe **4** 6
- Erbengemeinschaft **2** 33
  - Anwaltskosten **7** 23
- Erbschein **4** 34
- Erinnerungsakt **1** 25; **4** 17, 33
- Erstattung **4** 14
  - Kostenträger **4** 8, 49, 56, 57, 68
- Erstattung, keine **4** 29
- Fahrtkosten **1** 25; **4** 19
- Feuerbestattung **4** 19
- Forderungsberechtigung **4** 5
- Fotos **4** 33
- Gebühren **4** 24
- Gesetzestexte **4** 1
- GoA **4** 8
- Grabausstattung **4** 25
- Grabpflege **4** 31
- Grabschmuck **4** 20, 26, 31
- Grabstätte **4** 13
- Grabstein **4** 25
- Haftung **2** 10; **4** 10
- Haftungsausschluss **2** 118
- Jahresgedächtnis **4** 17
- Kausalität, überholende **4** 9
- Kranz **4** 20
- Kulturkreis **4** 12, 39
- Mehrfachgrab **4** 25, 30
- Mithaftung **4** 10
- Mitverantwortung **4** 10
- Mitverschulden **4** 10
- Nachlassverwaltung **4** 36
- Porto **4** 18
- Reiseabbruch **4** 37
- Reisekosten **4** 39
- Seelenamt **4** 17, 33
- standesgemäße **4** 12
- Sterbegeld **4** 46, 54, 71, 85, 90, 91; **6** 315, 394, 398, 447, 450, 485, 627, 653, 690, 741, 817, 832
- Sterbeurkunde **4** 24
- Steuer **7** 61, 65
- Stornokosten **4** 37
- Testament **4** 36
- Träger der Kosten **4** 8, 49, 56, 57, 68
- Tragung durch Dritte **4** 8, 49, 56, 57, 68
- Transportkosten **4** 41
- Trauerkarte **4** 17, 18
- Trauerkleidung **4** 21
- Überführung **4** 27, 94
- Überführungskosten **4** 57, 67; **6** 394, 397, 482, 709
- Übergangshilfe **4** 60; **6** 399, 418
- Übernachtungskosten **4** 19
- Übersetzungskosten **4** 38
- Umbettung **4** 32
- Umfang **4** 11
- Unterhaltsverpflichtete **4** 7
- Verdienstausfall **4** 28
  - Mitarbeiter **4** 40
- Zeitungsanzeige **4** 15, 17

Befriedigungsvorrecht *siehe* Quotenvorrecht

Beihilfe *siehe* Dienstherr-Beihilfe, Heilbehandlung
- Beihilfesatz
  - Kürzung **1** 39
- Steuer **7** 53

Beitrag
- Bausparkasse **6** 203

- Befreiung in der Rentenversicherung **6** 292
- Beihilfe **6** 699
- Beitragsausfall **1** 45; **6** 379, 805
  - berufsständische Versorgung **1** 47
  - betriebliche Altersversorgung **1** 46
  - Freiberufler **1** 48
- Beitragsdifferenz **1** 45
- Beitragslast **6** 354
- Beitragsnachlass **6** 636
- Beitragssatz **6** 354, 356
- Beitragszeit **6** 379
- betriebliche Altersversorgung **6** 805
- Gewerkschaft **6** 200
- Krankenversicherung **6** 188
- KVdR **6** 360, 444, 445, 446
- Landwirtschaft **6** 456
- Mitgliedschaft **1** 60; **6** 196, 200
- Pflegeversicherung **6** 188
- PVdR **6** 360, 444, 445, 446
- Rentenversicherung **6** 329, 358, 379, 445, 446
- Selbsthilfegruppe **1** 60
- Sozialversicherung **6** 309, 359
- Unfallversicherung **2** 277; **6** 636
- Unterhalt **6** 75, 91, 147, 219, 653, 666, 673, 679, 680, 685, 738, 740, 754, 755, 763
- Verjährung **6** 376

Beitragsausfall *siehe* auch Beitrag, SGB X-§ 119, Sozialversicherungsabgabe
- Sozialversicherung **1** 45

Beitragsschaden *siehe* Beitrag, SGB X-§ 119, Sozialversicherungsabgabe

Berufsgenossenschaft *siehe* Unfallversicherung-gesetzliche

Berufssoldat *siehe* Soldat

Berufsständische Versorgung **6** 285, 828
- Beitragsausfall **1** 47

Bestattungsgeld *siehe* auch Beerdigung-Bestattungsgeld, Drittleistung
- BVG **4** 63; **6** 482

Bestattungsgeld für Angehörige
- BVG **4** 65; **6** 483

Bestattungskosten *siehe* Beerdigungskosten

betriebliche Altersversorgung **6** 292, 799
- Beitragsausfall **1** 46; **6** 806

Betriebsgefahr *siehe* Mitverantwortung-Betriebsgefahr

Betriebshilfe
- Landwirtschaftliche Altersversorgung **6** 461

Betriebsinhaber *siehe* Selbständige

Beweis
- Abstammung **6** 33, 34; **7** 233
- Beweiserhebungskosten **1** 76
- Beweiserleichterung
  - Allgemein **2** 62
  - Gewinnentgang **6** 143
  - Realisierbarkeit **6** 68
- Beweislast
  - AGB **2** 106
  - Kirchensteuer **7** 43
  - Mehrwertsteuer **7** 70
  - Schadenminderung **2** 156
  - Sekundär **2** 280; **6** 171, 189
  - Selbständige **6** 143
  - Sphärentheorie **2** 280; **6** 171
  - Steuer **7** 43
  - Umkehr **2** 103
- Beweiswürdigung
  - sachverständige Feststellung **6** 143
- Drittleistungsträger
  - Beweislast **2** 247
  - Kongruenz **2** 236
  - Teilungsabkommen **2** 236
  - Übergangsfähigkeit **2** 236
- entgangene Dienste **5** 25
- Erbschaft **2** 8, 31
- Kausalität, überholende **2** 81
- Rechtsgutverletzung **2** 59
  - Allgemein **6** 33
  - Psyche **2** 189
  - Unterhaltsentzug **6** 33
- Scheidung **6** 99
- Strengbeweis **2** 81, 189; **6** 33
  - Anforderung **2** 61
  - Kausalität **2** 57, 59
- Teilungsabkommen **2** 235
- Trennung **6** 99
- Unabwendbarkeit **2** 51, 299

361

Stichwortverzeichnis

- Unterhaltsschaden
  - Abstammung **6** 33, 34; **7** 233
  - Einnahmen **6** 143
  - Erwerbsobliegenheit **6** 371
  - Fixkosten **6** 189
  - Realisierbarkeit **6** 68
  - Scheidung **6** 99
  - Trennung **6** 99
- Verletzung **2** 59
- Wahrscheinlichkeit **6** 143

BG *siehe* Unfallversicherung, gesetzliche

Billigkeitshaftung **2** 88

Darlegung *siehe* Beweis
Darlehn **7** 14
- Gunddarlehn **6** 204

Deckung
- allgemeine Haftpflichtversicherung **2** 46
- Deckungssumme **2** 238; **6** 847, 848; **7** 94, 198
- Deckungsumfang **2** 116
- Deckungsverhältnis **2** 241
- Erfüllungsschaden **2** 116
- Krafthaftpflichtversicherung **2** 168
- Mindestversicherungssumme **2** 238
- Nebenklage **7** 264

Dienste, entgangene **1** 16; **5** 1
- Aktivlegitimation **5** 5, 7
- Anspruchskürzung **2** 118
- Anspruchsvolumen **5** 30
- Bewertung **5** 33
- Dauer **5** 24
- Drittleistung **5** 38
- eigene Tätigkeit **5** 21, 28
- Einzelgläubiger **5** 8, 22
- Elterlicher Betrieb **5** 20, 31
- Eltern **5** 6, 15
- Fiktivabrechnung **5** 36
- Forderungsberechtigung **5** 5
- Gesamtgläubiger **5** 8, 22
- Gesetzestexte **5** 1
- Gesetzliche Verpflichtung **5** 10
- Haftung **2** 10; **5** 9
- Haftungsausschluss **2** 118
- Kind **5** 23
- Klage **5** 6
- Landwirtschaft **5** 4
- LPartG **5** 14
- Mitarbeitspflicht **5** 18

- Mithaftung **5** 9
- Mitverantwortung **5** 9
- Mitverschulden **5** 9
- nicht-eheliche Partner **5** 13
- Sachbezug **5** 35
- Vergleich **7** 6
- Verletzung **5** 8, 15
- Verpflichtung **5** 16, 17, 19
- vertragliche Verpflichtung **5** 11
- Verwandte **5** 23
- Vorteilsausgleich **5** 34

Dienstherr *siehe* auch Arbeitgeber, Beamte; **2** 212; **6** 624

Dienstunfall **2** 117, 128, 238; **6** 728, 732

Differenzfaktor *siehe* Kapitalisierung-Differenzfaktor

Dingliche Rechte **1** 72

Dolmetscher **1** 74

Doppelverdiener *siehe* Ehe-Doppelverdienerehe

Drittgeschädigte *siehe* Dienste, entgangene, mittelbarer Schaden, Schockschaden, Unterhaltsschaden

Drittleistung *siehe* auch Forderungsübergang
- Abfindung
  - Schwerverletzte **7** 11
- Abtretung **7** 14
- Allgemein
  - Gerichtszuständigkeiten **2** 208
  - Leistunganspruch **2** 219
  - ministeriale Zuständigkeiten **2** 209
  - Schadenersatz **2** 216
  - uneinheitliches Rechtssystem **2** 208
- Arbeitgeber **1** 67; **6** 240
  - Beerdigungskosten **4** 85, 86
  - Beihilfe **4** 86
  - Kongruente Leistungen (Übersicht) **2** 281
  - mittelbarer Schaden **1** 77
  - Sterbegeld **4** 85
  - Unterhaltsschaden **6** 618
- Arbeitsverwaltung **2** 210
  - Beerdigungskosten **4** 45
  - kongruente Leistungen (Übersicht) **2** 281
  - Unterhaltsschaden **6** 314

Stichwortverzeichnis

- Asylbewerber
  - Beerdigungskosten **4** 81
  - Hilfe zum Lebensunterhalt **6** 580
  - kongruente Leistungen (Übersicht) **2** 281
  - Unterhaltsschaden **6** 574
- BAföG
  - kongruente Leistungen (Übersicht) **2** 281
  - Unterhaltsschaden **6** 519
- Beerdigungskosten **4** 43
- Beerdigungsversicherung
  - Beerdigungskosten **4** 96
  - private
    - kongruente Leistungen (Übersicht) **2** 281
- Berufsständische Versorgung **6** 828
  - Beerdigungskosten **4** 91; **6** 832
  - kongruente Leistungen (Übersicht) **2** 281
  - Partnerrente **6** 835
  - Sterbegeld **4** 91; **6** 832
  - Waisenrente **6** 837
  - Witwenrente **6** 834
  - Witwerrente **6** 834
- Betriebliche Altersversorgung **6** 799
  - Beerdigungskosten **4** 90; **6** 817
  - kongruente Leistungen (Übersicht) **2** 281
  - Partnerrente **6** 811, 814
  - Sterbegeld **4** 90; **6** 817
  - Waisenrente **6** 816
  - Witwerrente **6** 811, 814
- BVG
  - Beerdigungskosten **4** 62, 63, 65, 67, 71; **6** 482, 483
  - Beihilfe **4** 69
  - Bestattungsgeld **4** 63; **6** 482
  - Bestattungsgeld für Angehörige **4** 65; **6** 483
  - Elternrente (Aszendentenrente) **6** 500
  - Heilbehandlung **6** 503
  - Hinterbliebenenbeihilfe **6** 505
  - Partnerrente **6** 495, 496
  - Pflegezulage **1** 38; **6** 492
  - Sterbegeld **4** 71
  - Überführungskosten **4** 67; **6** 482
  - Unterhaltsschaden **6** 474, 487

- Waisenrente **6** 497
- Witwenrente **6** 488
- Witwerrente **6** 494
- Dienstherr
  - Beerdigungskosten **4** 89; **6** 653
  - Beihilfe **6** 656, 665, 677, 686, 747
    - Beerdigungskosten **6** 656, 709
    - Überführungskosten **6** 709
    - Unfallfremde Hinterbliebenenleistung **6** 711
    - Unterhaltsschaden **6** 692, 770
  - Dienstunfall
    - Unterhaltsschaden **6** 728
  - kongruente Leistungen (Übersicht) **2** 281
  - Monatsbezüge **6** 663, 744
  - Partnerrente **6** 682, 684, 757, 758
  - Unfallentschädigung **6** 767
  - Unterhaltsbeitrag **6** 680, 755
  - Unterhaltsschaden **6** 642
  - Waisenrente **6** 686, 760
  - Witwenrente **6** 665, 747
  - Witwer
    - Beihilfe **6** 696
  - Witwerrente **6** 677, 752
- Drittleistungsträger **2** 206, 210
  - Drittleistungsanspruch **2** 205
  - Mittelbarer Schaden **1** 73
    - Anwaltskosten **1** 76, 78
    - Arztbericht **1** 74
    - Auszahlungskosten **1** 75
    - Dolmetscher **1** 74
    - Gutachten **1** 74
    - Portokosten **1** 74, 76
    - Regressabwicklung **1** 76
    - Telefonkosten **1** 74, 76
    - Übersetzungskosten **1** 74
    - Verwaltungskosten **1** 74
    - Zeitaufwand **1** 76
- Drittleistungsverhältnis **2** 242
- Elterngeld
  - Unterhaltsschaden **6** 601
- Erziehungsgeld
  - Unterhaltsschaden **6** 595

363

- Forderungsübergang
  - BVG **4** 73
  - Hinterbliebene **7** 11
  - SGB X **2** 309
- Gesetzlicher Träger **2** 206
- Grundsicherung
  - Kongruente Leistungen (Übersicht) **2** 281
  - Unterhaltsschaden **6** 566
- Kindergeld
  - Kongruente Leistungen (Übersicht) **2** 281
  - Unterhaltsschaden **6** 591
- Konkurrenz
  - Abtretung
    - Abtretung **2** 347
    - Dienstherr **2** 344; **6** 794, 795
    - Sozialversicherung **2** 322; **6** 794, 795
  - Arbeitgeber
    - Sozialversicherung **2** 321
  - Berufsständische Versorgung
    - Betriebliche Altersversorgung **2** 353
    - Dienstherr **6** 787, 794, 795
    - Sozialversicherung **2** 333; **6** 794, 795, 851
  - Betriebliche Altersversorgung
    - Berufsständische Versorgung **2** 353
    - Sozialversicherung **2** 323; **6** 826
  - BVG
    - Sozialversicherung **2** 341; **4** 75; **6** 513
  - Dienstherr
    - Abtretung **2** 344; **6** 794, 795
    - Berufsständische Versorgung **6** 787, 794, 795
    - Privatversicherung **6** 718
    - Sozialversicherung **2** 337; **6** 790, 794, 795
  - Krankenversicherung
    - Unfallversicherung **6** 447
  - OEG
    - Sozialversicherung **2** 341; **4** 79
    - Sozialversorgung **2** 341
  - Privatversicherung
    - Dienstherr **6** 718
    - Sozialversicherung **2** 321
  - Rentenversicherung
    - Unfallversicherung **6** 388, 441
    - Unfallversicherung (KVdR) **6** 442
  - Sozialhilfe
    - Sozialversicherung **2** 320
  - Sozialversicherung
    - Abtretung **2** 322; **6** 794, 795
    - Arbeitgeber **2** 321
    - Berufsständische Versorgung **2** 333; **6** 794, 795, 851
    - Betriebliche Altersversorgung **2** 323; **6** 826
    - BVG **2** 341; **4** 75; **6** 513
    - Dienstherr **2** 337; **6** 790, 794, 795
    - OEG **2** 341; **4** 79
    - Privatversicherung **2** 321
    - Sozialhilfe **2** 320
    - Sozialversicherung **2** 312; **6** 388, 441
    - Sozialversorgung **2** 341; **6** 513
  - Teilungsabkommen **6** 795
  - Übersicht **2** 358
  - Unfallversicherung
    - Krankenversicherung **6** 447
    - Rentenversicherung **6** 388, 441
    - Rentenversicherung (KVdR) **6** 442
- Krankenversicherung **2** 210
  - gesetzliche
    - Beerdigungskosten **4** 46
    - kongruente Leistungen (Übersicht) **2** 281
    - Sterbegeld **4** 46; **6** 315
    - Unterhaltsschaden **6** 315
  - Private
    - Beerdigungskosten **4** 93
    - kongruente Leistungen (Übersicht) **2** 281
    - Überführungskosten **4** 94
    - Unterhaltsschaden **6** 855

Stichwortverzeichnis

- Landwirtschaftliche
  Altersversorgung
  - Betriebshilfe **6** 461
  - Haushaltshilfe **6** 461
  - Kongruente Leistungen
    (Übersicht) **2** 281
  - Partnerrente **6** 468
  - Überbrückungsgeld **6** 463
  - Unterhaltsschaden **6** 453, 461, 463, 467
  - Waisenrente **6** 469
  - Witwenrente **6** 467
  - Witwerrente **6** 467
- Landwirtschaftliche
  Krankenversicherung **6** 450
- Landwirtschaftliche
  Unfallversicherung
  - Kongruente Leistungen
    (Übersicht) **2** 281
  - Unterhaltsschaden **6** 451
- Lebensversicherung
  - Kongruente Leistungen
    (Übersicht) **2** 281
  - Unterhaltsschaden **6** 859, 862, 863
- Leistung
  - Überschaubarkeit **7** 12
- OEG
  - Beerdigungskosten **4** 76
  - Kongruente Leistungen
    (Übersicht) **2** 281
  - Partnerrente **6** 517; **7** 174
  - Unterhaltsschaden **6** 516
- Pfändung **7** 14
- Pflegeversicherung **2** 210
  - Gesetzliche
    - Beerdigungskosten **4** 50
    - Kongruente Leistungen
      (Übersicht) **2** 281
    - Unterhaltsschaden **6** 316
  - Private
    - Beerdigungskosten **4** 93
    - kongruente Leistungen
      (Übersicht) **2** 281
    - Unterhaltsschaden **6** 856
- privater Träger **2** 206
- Quotenvorrecht **2** 238; **6** 220
  - Arbeitgeber **6** 630
  - Asylbewerber **6** 589

- Beamte **2** 254, 339, 345; **6** 781, 786, 791, 796, 798
- berufsständische Versorgung
  2 333; **4** 92; **6** 786, 841, 843
- betriebliche Altersversorgung
  2 324, 326; **6** 786, 824
- BVG **2** 343; **4** 74; **6** 508, 512
- OEG **4** 79
- Pfarrer **6** 650
- SGB X
  - § 116 II **2** 298
  - § 116 III **3** 2 299, 320;
    6 550
  - § 116 V **2** 287
- Sozialversicherung **2** 339, 343, 357; **6** 721, 791
- Teilungsabkommen **6** 796
- VVG **4** 94; **6** 720, 724
- Reiserücktrittversicherung
  - Beerdigungskosten **4** 95
  - kongruente Leistungen
    (Übersicht) **2** 281
  - Unterhaltsschaden **6** 865
- Rentenversicherung **2** 210; **6** 286, 317
  - Beerdigungskosten **4** 52
  - Erziehungsrente **6** 367
  - Heilbehandlung
    - Kind **6** 373
  - kongruente Leistungen
    (Übersicht) **2** 281
  - Partnerrente **6** 56, 344, 347
  - Unterhaltsschaden **6** 317, 332, 367
  - Witwenrente **6** 332
  - Witwerrente **6** 332
- Sozialhilfe
  - Altenhilfe **6** 544
  - Alterssicherung **6** 547
  - Beerdigungskosten **4** 80; **6** 546
  - Grundsicherung **6** 541, 567
  - Hilfe in besonderen
    Lebenslagen **6** 539
  - Hilfe zum Lebensunterhalt
    6 532
  - Hilfe zur Weiterführung des
    Haushaltes **6** 542
  - kongruente Leistungen
    (Übersicht) **2** 281
  - Unterhaltsschaden **6** 522

Stichwortverzeichnis

- Sterbefallversicherung
  - Beerdigungskosten **4** 96
- Sterbekasse
  - Beerdigungskosten **4** 96, 98
- Unfallversicherung **2** 210
  - Beamte
    - Unterhaltsschaden **6** 728
  - FahrerPlus
    - Unterhaltsschaden **6** 864
  - Gesetzliche
    - Beerdigungskosten **4** 54, 57, 60; **6** 394, 397, 399, 418
    - Elternrente (Aszendentenrente) **6** 430
    - Hinterbliebenenbeihilfe **6** 434
    - kongruente Leistungen (Übersicht) **2** 281
    - Partnerrente **6** 421, 423
    - Sterbegeld **4** 54
    - Überführungskosten **4** 57; **6** 394, 397
    - Übergangshilfe **4** 60; **6** 399, 418
    - Unterhaltsschaden **6** 391, 401, 413, 425, 430, 434
    - Waisenrente **6** 425
    - Witwenrente **6** 401, 413
    - Witwerrente **6** 413
  - Insassen
    - Unterhaltsschaden **6** 861
  - Private
    - kongruente Leistungen (Übersicht) **2** 281
    - Unterhaltsschaden **6** 859
- Unterhaltsschaden **6** 239
- Unterhaltsvorschussgesetz
  - Unterhaltsschaden **6** 241, 564
- Verzicht **7** 13
- Zusatzversorgungskasse
  - Beerdigungskosten **4** 97
  - kongruente Leistungen (Übersicht) **2** 281
  - Unterhaltsschaden **6** 617

Drittleistungsträger *siehe* auch Arbeitgeber, Dienstherr, Drittleistung-Drittleistungsträger, Privatversicherung, Sozialhilfeträger, Sozialversicherung

Drittschadensliquidation **1** 18

Düsseldorfer Tabelle *siehe* Einkommen-Düsseldorfer Tabelle

Dynamik **7** 225
- Wertsicherungsklausel **7** 225

EFZG **1** 67; **6** 624

Ehe *siehe* auch Ehegatte
- Alleinverdienerehe **6** 90, 211, 228, 265, 266, 267, 268
- Auflösung weiterer Ehe
  - Verjährung **7** 230
- Doppelverdienerehe **6** 90, 163, 225, 228, 251, 271; **7** 30
  - Beihilfe **6** 717
- Hinzuverdienerehe **6** 90, 228
- Polygamie (Mehrehe) **6** 135
- Versorgungsehe **6** 339, 415, 467, 665, 815, 836

Eheähnliche Gemeinschaft *siehe* Nicht-eheliche Gemeinschaft

Ehegatte *siehe* auch Ehe; **6** 125
- Bedarf **6** 171
- Düsseldorfer Tabelle **6** 181
- Entgangene Dienste **5** 12
- früherer **4** 53
- getrenntlebend **2** 183; **6** 23, 98, 99, 101, 457; **7** 16, 35, 177
  - Haushaltsführung **6** 100
- Gütergemeinschaft **1** 63
- Haushaltsführung **5** 12; **6** 19, 89
  - getrenntlebend **6** 100
- Landwirtschaft **6** 456
- Mitarbeit **1** 19
- Mitarbeitspflicht **6** 227
- Nachteil
  - Arbeitsrecht **1** 39, 42
  - Beitrag **1** 45
  - ledig **1** 41
  - Pensionierung **1** 44
  - Rentenrecht **1** 43
  - Schadenersatzanspruch **1** 54; **6** 58
  - soziale Stellung **1** 62
  - Sozialhilfe **1** 49
  - Steuerrecht **1** 52
- Pflichtteil **6** 83, 84
- Scheidung **2** 183; **6** 22, 98, 102, 322, 365, 367, 369, 371, 645, 657, 677, 680, 696, 748; **7** 35, 176
  - Vermutung **6** 99; **7** 177
- Schmerzensgeld **3** 21

Stichwortverzeichnis

- Schockschaden **2** 182
- Sterbequartal **6** 416
- Steuer **6** 670; **7** 28
    - Splittingtarif **7** 35
    - Steuerklassenwahl **7** 27
- Steuerrecht **6** 134
- Stornokosten **1** 28; **6** 868
- Teilhabe am Familieneinkommen **6** 210
- Unterhalt **6** 75
    - Angemessenheit **6** 91
    - Verpflichtung **6** 89
- Unterhaltsverpflichtung **6** 19, 21
- Urlaub
    - Absage **1** 28
- Zugewinn **3** 12

Eigenersparnis *siehe* Vorteilsausgleich
Eigenleistung **6** 151
- mittelbarer Schaden **1** 18

Einkommen *siehe auch* Verdienstausfall
- Asylbewerber **6** 137
- Aufwandsentschädigung **6** 149
- Ausländer **3** 7; **6** 131
- Auslöse **6** 149
- Beerdigungskosten **4** 12
- Beihilfe **6** 626
- Düsseldorfer Tabelle **6** 174
- Ehegatteneinkommen **7** 30
- Einmalzahlung **6** 156
- Elterngeld **6** 168
- entgangene Dienste **5** 27
- Ermittlung
    - Arbeitnehmer **7** 1
- Erziehungsgeld **6** 168
- Familienbetrieb **6** 147
- Gehaltsbestandteile **6** 156
- Hinterbliebene
    - Anrechnung **6** 242, 247, 249, 387, 417, 428, 659; **7** 182
    - Quotenvorrecht **6** 219
- landwirtschaftlicher Ehegatte **6** 459
- Minderung
    - Nichtabführung von Versicherungsbeiträgen **1** 45; **6** 805
    - Sozialversicherungsbeitrag **1** 45
    - Versicherungsbeitrag **1** 45; **6** 805
- Minderverdienst **1** 43, 45, 46, 47; **2** 7; **6** 145, 244
- Nebenverdienst **6** 156
- Nettoeinkommen **1** 53; **2** 255; **6** 129, 154, 160, 186, 206, 209; **7** 26, 31, 155
    - Kirchensteuer **7** 42
    - Solidarzuschlag **7** 44
- Pflegetätigkeit **1** 32
- Problemeinkommen **6** 148
- Prostitution **6** 152
- Rechtswidriges **6** 150
- Rücklage **6** 170, 173
- Saisonarbeit **2** 276
- Sättigungsgrenze **6** 172, 212
- Schwarzarbeit **2** 277; **6** 150
- Selbständige **6** 140, 296
- Sittenwidriges **6** 150
- Sonderleistung *siehe* Einkommen-Überstunden
- Sozialhilfe **6** 525
- Sparquote **6** 171, 173
- Spesen **6** 149
- Steuer **7** 26
- Steuernachteil **1** 52
- Steuerrechtlich **6** 154
- Teilhabe
    - Ehegatte **6** 210
    - Kind **6** 212
- Teilhabe **6** 214, 216, 217
- Überstunden **6** 156; **7** 152
- Unterhaltsschaden **6** 48, 75, 90, 129
    - Asylbewerber **6** 137
    - Ausländer **6** 131
    - Familienbetrieb **6** 147
    - Problemeinkommen **6** 148
    - Selbständige **6** 140
    - Veränderung **6** 82
- Urlaubsgeld **6** 156
- Veränderung **7** 212
- Weihnachtsgeld **6** 156
- Zeitabschnitte **6** 129

Einkommen, Vorteilsausgleich *siehe* Vorteilsausgleich
Einkünfte *siehe auch* Einkommen
Einnahmen *siehe* Einkommen
Eltern *siehe auch* Gesetzliche Vertreter-Eltern
- Adoptiveltern **6** 106, 108, 110
- Aussteuer **1** 22

367

Stichwortverzeichnis

- Beamte **6** 360
- Beihilfeanspruch **6** 360, 688, 717
- Elternrente (Aszendentenrente) **6** 128, 430, 500, 764
  - BeamtVG **6** 764
  - BVG **6** 500
  - SGB VII **6** 128, 430
- Elternunterhalt **6** 171
- entgangene Dienste **5** 6; **7** 188
- Grundsicherung **6** 573
- Lebensstellung **6** 212
- mitversorgte Person **1** 37; **6** 224
- Schmerzensgeld **3** 21
- Schockschaden **2** 182; **3** 17
- Sozialversicherung **6** 360, 373
- Sterbegeld **6** 690
- Tod des Kindes **6** 120; **7** 184
- Unfallfremder Tod **1** 82; **6** 691, 769
- Unterhaltsanspruch **6** 120; **7** 184
- Unterhaltspflicht **6** 570; **7** 179
- Unterhaltsschaden **6** 128, 430, 500, 764; **7** 184
- Volljährigkeit **6** 119, 171; **7** 180
- Vollwaise **6** 109, 116

Elterngeld
- Anspruch **6** 601
- Berücksichtigung **6** 168, 245, 614
- Forderungsübergang **6** 616
- Kongruenz **2** 281
- Volumen **6** 608
- Wegfall
  - mittelbarer Schaden **1** 51; **6** 120, 167, 615
- Zeitraum **6** 603

Elternrente *siehe* Eltern-Elternrente
EM-Rente *siehe* (= Erwerbsminderungsrente)
Enkel *siehe* auch Großeltern; **4** 53; **6** 331, 348, 424, 746, 759, 765
Entgangene Dienste *siehe* Dienste, entgangene
Entwertung
- Entwertungsschaden **1** 23, 72; **2** 15, 17; **6** 144
  - Einfluss auf Schadenberechnung **2** 20
  - Verletzung **2** 16
- Erbe **2** 13, 15, 17
- Unternehmen **1** 23; **2** 15; **6** 144

Erbe *siehe* auch Nachlass, Quelle, Unterhaltsschaden-Erbschaft
- Adhäsionsverfahren **7** 266
- Anspruch **2** 6
- Ansprüche des Verletzten **2** 2, 7, 21
  - Bestand **2** 9
- Ausschlagung **2** 30
- Beerdigungskosten **4** 6
- Erbengemeinschaft **2** 33, 34; **3** 9; **4** 6
  - Anwaltskosten **7** 23
- Erbenmehrheit **2** 33
- Erbfolge **2** 29
  - Ausschlagung **2** 30
  - Gesetz **2** 30
  - Testament **2** 30
  - Todeszeitpunkt **2** 37
  - Vertrag **2** 30
  - Willkür **2** 30
- Erbmasse **1** 55, 56; **2** 17, 22; **6** 254
  - Belastung **1** 55, 56; **2** 13, 15, 17; **6** 19, 34, 45, 57, 79, 370
    - Verpflichtungen des Erblassers **1** 71
    - Vertrag **1** 71
  - Entwertungsschaden **2** 13, 15
  - Vorteil **2** 22; **6** 254
  - Wertverlust **2** 13, 17
  - Zustand **2** 9, 13, 15
- Forderung
  - Schadenersatz **1** 55, 56
  - Unterhalt **6** 19, 34, 45, 57, 79, 370
- Gesamtrechtsnachfolge **2** 8, 29
- Konfusion **2** 45
- Kosten
  - mittelbarer Schaden **1** 24
- mittelbarer Schaden **1** 24
- Nachweis **2** 8, 31; **7** 1
- Nasciturus **2** 34
- Pflichtteil **2** 32; **6** 80, 83
  - Eltern **6** 85
  - Waise **6** 84
- Steuer **2** 38
- Unterhaltsberechtigte **2** 4
- Zeitpunkt **2** 36

Erbmasse *siehe* Erbe-Erbmasse, Nachlass, Quelle
Erbschaft *siehe* Erbe
Erbschein **1** 24; **2** 8, 31; **7** 1

Stichwortverzeichnis

- Beerdigungskosten **4** 34
Ersparnis *siehe*
  Unterhaltsschaden-Vorteilsausgleich
Erwerbsschaden *siehe* Einkommen
Erziehungsgeld
- Anspruch **6** 595
- Berücksichtigung **6** 168, 245, 598
- Forderungsübergang **6** 600
- Kongruenz **2** 281
- Steuer **6** 612
- Wegfall
  - mittelbarer Schaden **1** 51;
    6 120, 167, 599
Erziehungsrente
- Rentenversicherung **6** 367
EU-Rente *siehe* (= Erwerbsunfähigkeitsrente)

Fahrlässigkeit, grobe **2** 218
- Arbeitgeber **2** 212
- Arbeitsunfall **2** 125, 277
- Dienstherr **2** 212
- Verjährung **2** 126; **7** 230, 233, 258
Fahrtkosten
- Beerdigung **4** 19
- Ersparnis **7** 31
- mittelbarer Schaden **1** 25, 60
Fahrzeugerwerb
- mittelbarer Schaden **1** 26
Fälligkeit
- künftige Forderung **7** 80, 82, 213
- Rechtskraft **7** 251, 256
- Sozialleistung **7** 14
- Verjährung **7** 249, 254
Familienangehörige
- Einkommen **7** 30, 31
- Pflege **1** 33
Familienkarte **1** 41
- mittelbarer Schaden **1** 41
Familienprivileg *siehe*
  Verwandtenprivileg
Familienzuschlag
- mittelbarer Schaden **1** 39
Fehlverhalten Dritter
- Arzt **2** 75
- Zurechnungszusammenhang **2** 73
Fernwirkungsschaden *siehe*
  Schockschaden
Feststellungsklage *siehe*
  Prozess-Feststellungsurteil,
  Urteil-Ersetzung, vertragliche

Feststellungsurteil *siehe*
  Prozess-Feststellungsurteil
Forderungsberechtigung
- Beerdigungskosten **4** 5
- entgangene Dienste **5** 5
Forderungsübergang *siehe* auch
  Drittleistung
- Abfindungsvergleich **2** 250; **7** 12
- Beerdigungskosten **4** 42, 43, 46, 54,
  57, 60, 63, 65, 67, 71, 85, 86, 90,
  91; **6** 394, 397, 399, 418, 482, 483,
  653, 709, 817, 832
- berufsständische Versorgung **2** 333;
  6 840
- Dienste, entgangene **5** 38
- Drittleistung **2** 204
  - Beerdigungskosten **4** 42
  - Dienste, entgangene **5** 38
  - Kongruenz **2** 263
  - Schmerzensgeld **2** 273; **3** 23
    - Schweiz **3** 24
  - Schweiz **6** 273
  - Unterhaltsschaden **6** 272
- Freiwillige Versicherung **6** 299
- Privatvorsorge **6** 300
- Schmerzensgeld **3** 23
- Selbständige
  - freiwillige Sozialversicherung
    6 299
  - private Versicherung **6** 300
- Sozialversicherung
  - Verjährung **7** 257
- Unterhaltsschaden **6** 239, 241, 314,
  315, 316, 317, 332, 367, 391, 401,
  450, 451, 453, 467, 474, 487, 516,
  522, 564, 566, 574, 591, 595, 601,
  617, 618, 642, 692, 728, 770, 799,
  828
- Vorrechte
  - Übersicht **2** 360
Forderungsübergang-Kongruenz *siehe*
  Kongruenz
Forderungsübergang, Rangfolge *siehe*
  Drittleistung-Konkurrenz
Formel
- Kapitalisierung **7** 85
- Rentenformel **6** 470
- Steuer
  - Splittingtarif **7** 36
- Verteilung SVT-Leistungen **2** 317

Stichwortverzeichnis

– Zeittabelle **7** 103
Fortzahlung
– Forderungsübergang
  – Arbeitgeber **1** 67; **6** 624; *siehe* auch Drittleistung-Arbeitgeber
Freiberufler **6** 285
Freizeit *siehe* auch Urlaub, Zeitverlust, Vermögensschaden; **5** 21; **6** 259, 867
Fremdrente *siehe* Ausland, Fremdrentenrecht
Frist *siehe* auch Verjährung-Frist
– Befristung **7** 158, 224
– Erbausschlagung **2** 30
– juristische Sekunde **2** 46
– Meldefrist **2** 211; **6** 731
Frustrationsschaden *siehe* Aufwendungen, vergebliche
frustrierte Aufwendungen *siehe* Aufwendungen, vergebliche
Führerscheinerwerb
– mittelbarer Schaden **1** 26

Gastarbeiter **7** 111
– Kapitalisierung **7** 111
Gedenkstätte, Besuch
– mittelbarer Schaden **1** 25
Gemeindeunfallversicherung (GUV) *siehe* Unfallversicherung, gesetzliche
Gemeinschaft, außereheliche *siehe* Lebenspartner
Gesamtschuld, gestörte **2** 50, 136, 196, 260; **6** 284
Geschäftsfähigkeit
– Beschränkung
  – Verjährung **7** 236
Geschwister **2** 182; **4** 53; **5** 23; **6** 18, 37, 125, 127, 331, 348, 424, 607, 653, 740; **7** 184
Gesellschaft **1** 27
– Ein-Mann-Gesellschaft **1** 63
– mittelbarer Schaden **1** 64
Gesellschafter
– mittelbarer Schaden **1** 64
Gesetzestexte *siehe* § Text
gesetzliche Vertreter *siehe* auch Vertreter
– Eltern **7** 16, 236, 242
  – Haftungsverzicht **2** 121
– Pflichtverletzung **2** 106, 107

Gewerbebetrieb *siehe* Anspruchsgrundlage-Eingriff in den eingerichteten Gewerbebetrieb
Gewinnausfall *siehe* Einkommen, Verdienstausfall
GoA
– AsylblG **6** 588
– Aufwendungsersatz **2** 112
– Ausweichmanöver **2** 113
– Beerdigungskosten **4** 8
– Forderungsübergang **2** 115
– Nothelfer **2** 114
Großeltern *siehe* auch Enkel; **6** 72, 80, 106, 260, 764
– Adoption **6** 106
Grundrente **6** 489, 497
Grundsicherung
– Sozialhilfe **6** 541, 567
Gutachten
– Kostenersatz **1** 74
– Obduktion **7** 157
GUV *siehe* Unfallversicherung, gesetzliche

Haftpflichtversicherung
– Fixkosten **6** 195
– Haftungshöchstsumme **7** 94
– Versicherungssumme **7** 94, 198
Haftung
– Beerdigungskosten **4** 10
– entgangene Dienste **5** 9
– Haftungsausschluss **6** 6
– Haftungshöchstsumme **2** 238, 285, 294, 311; **6** 847, 848; **7** 94
– Haftungsverhältnis **2** 240
– Unterhaltsschaden **6** 6
Haftungsausschluss **2** 117
– Arbeitsunfall **2** 125; **6** 313
  – Hinterbliebene **2** 10, 196
– Beerdigungskosten **2** 118
– Dienste, entgangene **2** 118
– Dienstunfall **2** 128
– Drittleistungsträger **2** 124, 125, 133
– Schockschaden **2** 118
– Unterhaltsschaden **2** 118
– vertraglich **2** 119
  – Minderjährige **2** 121
Halbtagsbeschäftigung *siehe* Ehe-Hinzuverdienerehe
Halbwaise *siehe* Waise
Handwerker **6** 285

Stichwortverzeichnis

Hausfrau *siehe*
    Haushaltsführungsschaden
Haushaltsführungsschaden *siehe* auch
    Unterhalt-Haushaltsführung
- Dauer **7** 140
- Eingetragene Lebenspartner **6** 53
- Entgangene Dienste **5** 12
- Maßstab
    - Unterhaltsberechtigung **1** 37;
      6 58, 223
- Steuer **7** 62

Hausmann *siehe*
    Haushaltsführungsschaden

Heilbehandlung
- Allgemein **2** 269
- Angehörige **6** 503, 665, 669, 677, 688, 692, 696, 711, 749, 762, 770
- Arbeitgeberbeihilfe **6** 625
- Beamte
    - Beihilfesatz **1** 39
    - Quotenvorrecht **6** 724
    - Verwandtenprivileg **2** 257
- Beihilfe
    - Beamte **6** 360, 717
      - Beihilfesatz **6** 698
      - Beihilfevorschrift **6** 693
      - Berechtigung **6** 695
      - Hinterbliebene **6** 360, 396, 665, 669, 677, 688, 692, 711, 718, 749, 762, 770, 775, 781, 785, 787, 790, 791, 794, 795
      - Konkurrenz **6** 719
      - Steuer **7** 53
      - Verletzung **6** 704
      - Verletzung, unfallfremde **6** 706
    - Pfarrer **6** 649
- BVG **6** 503
- Kind **6** 323, 368, 373
- Steuer **7** 61
- Steuerschätzung **7** 55
- Verjährung **7** 239
- Verstorbener **2** 7

Hilfe in besonderen Lebenslagen
- Sozialhilfe **6** 539, 542

Hilfe zum Lebensunterhalt
- Asylbewerber **6** 580
- Sozialhilfe **6** 532

Hinterbliebene *siehe* auch Mittelbarer Schaden, Waise, Witwe
- Anspruchskürzung
    - Drittleistungsträger **2** 245
    - Mitverantwortung **2** 11, 153, 154, 165, 169, 195, 201; **3** 21
    - Unzureichende Ersatzleistung **2** 287, 311

Hinterbliebenenbeihilfe
- BVG **6** 505
- Unfallversicherung
    - gesetzliche **6** 434

Hinterbliebenenleistung, unfallfremd
- Drittleistungsträger
    - Beihilfe **6** 711
- Erhöhung
    - mittelbarer Schaden **1** 84
- Kongruenz **1** 83
- Verlängerung
    - mittelbarer Schaden **1** 85
- Wiederaufleben
    - mittelbarer Schaden **1** 86

Hinterlegung **2** 42

Hochzeitskosten
- mittelbarer Schaden **1** 29

Identität
- Schädiger und Geschädigter **2** 162

Index *siehe*
    Lebenshaltungskostenindex

Insassenunfallversicherung *siehe*
    Drittleistung-Unfallversicherung

Insolvenz **6** 74, 147

In-vitro-Fertilisation **2** 173

Jahresarbeitsverdienst (JAV) **6** 403
- Anpassung **6** 405
- Aussiedler **6** 276
- Beamte **6** 410
- Eltern **6** 430
- freiwillig Versicherte **6** 411
- Hinterbliebene **4** 60; **6** 399, 432
- jüngere Personen **6** 410
- keine festen Bezüge **6** 408
- Landwirtschaft **6** 410, 452
- Mehrfachbeschäftigung **6** 406
- Mindest-JAV **6** 294, 296
- Nebentätigkeit **6** 406, 410
- Seeversicherung **6** 410
- Sterbegeld **4** 54
- Waise **6** 427

Stichwortverzeichnis

- Witwe **6** 416

Kapitalabfindung *siehe* Abfindung, Kapitalisierung, Vergleich

Kapitalisierung *siehe auch* Abfindung, Vergleich; **7** 76
- aufgeschobene Rente **7** 211, 213
- Ausländer **6** 139; **7** 111
- Aussiedler **7** 111
- Beispiel
    - aufgeschobene Rente **7** 187, 218
    - Differenzfaktor **7** 187, 218
    - Teilzeitraum **7** 218
    - Unterhaltsschaden **7** 187
- Differenzfaktor **7** 211, 216
- Entgangene Dienste **7** 188
- Faktor
    - Schätzung **7** 91
- Formel **7** 85, 103
- Gastarbeiter **7** 111
- Grundzüge **7** 78
- Kapitalbetrag **7** 89, 90
- Kapitalisierungsfaktor **7** 87, 121
    - Differenzfaktor **7** 88, 105, 186, 187, 211, 212, 216, 221
- Korrektur **7** 90
- Künftige Änderungen **7** 211, 216
- Laufzeit **7** 87, 97, 102, 106, 123, 129
    - Ende
        - entgangene Dienste **7** 189
        - Tod **7** 106
        - Unterhalt **7** 138, 143
    - Lebensende **7** 106, 109
    - Verbundene Leben **7** 115
    - Verletzung **7** 113
    - Zeitrententabelle **7** 102
- Lebensarbeitszeit **7** 110
- Lebenserwartung **7** 110
- Prinzip **7** 78, 84
    - aufgeschobene Rente **7** 214
    - laufende Rente **7** 91
- Rechtsprechung **7** 93
- Rentenhöhe
    - Änderung **7** 126
- Stichtag **7** 130, 133
    - Heute **7** 134
    - Tod **7** 135
- Tabellen **7** 95, 96
- Teilzeitraum **7** 216
- Unterhalt **6** 93, 139, 560; **7** 137

- Versterblichkeit **7** 99
- Verzinsung **7** 98
- Zahlungsweise **7** 87, 124
- Zinsfuß **7** 87, 125, 192

Kausalität *siehe auch* Unfallfremd; **2** 53
- Beerdigungskosten **4** 9
- Haftungsausfüllende **2** 62
- Haftungsbegründende **2** 59
- Überholende **2** 79

Kind *siehe auch* Nasciturus
- Aussteuer **1** 22
- Gesetzliche Vertretung **2** 107; **7** 16, 236, 242
    - Haftungsverzicht **2** 121
- Kindergeld
    - Begriff **6** 425, 687
- Unterhaltsschaden **2** 175; **6** 120; **7** 184

Kindergeld
- Berücksichtigung **6** 165, 592
- Düsseldorfer Tabelle **6** 175, 177, 181
- Forderungsübergang **6** 594
- Kongruenz **6** 594
- Sozialleistung **6** 164, 591
- Wegfall
    - mittelbarer Schaden **1** 50; **6** 120, 166, 593

kirchliche Bedienstete **6** 648

Klage *siehe* Prozess

Konfusion **2** 43
- Direktanspruch **2** 47
- Halter **2** 51
- Miterben **2** 45

kongruente Leistung
- Arbeitgeber **2** 281
- Arbeitsverwaltung **2** 281
- Asylbewerber **2** 281
- Ausbildungsförderung **2** 281
- BAföG **2** 281
- Beerdigungsversicherung **2** 281
- berufsständische Versorgung **2** 281
- betriebliche Altersversorgung **2** 281
- BVG **2** 281
- Dienstherr **2** 281
- Elterngeld **2** 281
- Erziehungsgeld **2** 281
- Grundsicherung **2** 281
- Kindergeld **2** 281

372

Stichwortverzeichnis

- Krankenversicherung
  - gesetzliche **2** 281
  - landwirtschaftliche **2** 281
  - private **2** 281
- Lebensversicherung **2** 281
- OEG **2** 281
- Pflegeversicherung
  - gesetzliche **2** 281
  - private **2** 281
- Reiserücktritt **2** 281
- Rentenversicherung **2** 281
  - landwirtschaftliche **2** 281
- Sozialhilfe **2** 281
- Sozialversorgung **2** 281
  - BAföG **2** 281
- Unfallversicherung
  - Beamte **2** 281
  - gesetzliche **2** 281
  - landwirtschaftliche **2** 281
  - private **2** 281
- Zusatzversorgungskasse **2** 281

Kongruenz *siehe* bei der jeweiligen Drittleistung; **2** 263, 267
- Abbildung **2** 266
- Allgemein **2** 263
- Arbeitsunfall **2** 265, 278
- Beerdigungskosten
  - Beihilfe **4** 86
  - Bestattungsgeld **4** 63; **6** 482
  - Bestattungsgeld für Angehörige **4** 65; **6** 483
  - Sterbegeld **4** 46, 54, 71, 85, 90, 91; **6** 817, 832
  - Überführungskosten **4** 57, 67, 94; **6** 394, 397, 482, 709
  - Übergangshilfe **4** 60; **6** 399, 418
- Dienste, entgangene **5** 39
- Forderungsübergang **2** 264
- sachlich **2** 268
- Schmerzensgeld **2** 273
- Übersicht **2** 270, 281
- Unterhaltsschaden
  - Sterbegeld **6** 315
  - Teilgläubiger **2** 274; **6** 234; **7** 159
- zeitlich **2** 275
- § 110 SGB VII **2** 265
- § 110 SGB VII **2** 278
- § 640 RVO **2** 265, 278

Konkurs *siehe* Insolvenz

Kosten *siehe* Anwalt, Beweis, Fahrtkosten
Kostenindex *siehe* Lebenshaltungskostenindex
Krankenversicherung, gesetzliche *siehe* Drittleistung-Krankenversicherung
Krankenversicherung, private *siehe* Drittleistung-Krankenversicherung
Kreis
- Quadratur **Vorwort**

Kündigungsschutz
- mittelbarer Schaden **1** 40

Künstler **6** 285

Landwirt
- Ehegatte **6** 456
- entgangene Dienste **5** 4, 20
- JAV **6** 410
- Leibgeding **2** 19
- Mehrwertsteuer **7** 72
- PVdR **6** 357
- Sozialversorgung
  - Ehegatte **6** 456
  - Krankenversicherung **6** 450
  - Rentenversicherung **6** 453
  - Unfallversicherung **6** 451

landwirtschaftliche Versorgung *siehe* Drittleistung-Landwirtschaft

Lebenserwartung **7** 107, 131
- abweichende **7** 151, 157
- Ausländer **6** 139; **7** 111
  - Sterbetafel **7** 112
- Durchschnittliche **7** 110
- Erkrankung, unfallfremd **7** 151
- Individuelle **7** 108, 118
- Obduktion **7** 1, 157
- Risikoarbeitsgruppe **7** 110
- Sterbetafel **7** 107, 109
  - verbundene Leben **7** 115
- Unterhaltsberechtigter **7** 161
- Urteil **7** 158

Lebenshaltungskostenindex **7** 225

Lebenspartner *siehe auch* LPartG, Partnerrente
- Arzthaftung **7** 170
- Belastung **6** 570; **7** 173
- Bürgschaft **7** 169
- eingetragene **6** 24, 51, 53, 226
- Entgangene Dienste **5** 13
- Feststellung **7** 175
- Kinder **7** 17, 171

Stichwortverzeichnis

- Kindesmutter **6** 19, 34, 45, 79
- Mietrecht **7** 172
- Opferentschädigung **6** 517; **7** 174
- Schmerzensgeld **3** 21
- Schockschaden **2** 182, 183
- Sozialrecht **7** 173
- Unterhaltsschaden **6** 17, 35, 38, 39, 45; **7** 166
- Verwandtenprivileg **7** 168
- Vorteilsausgleich **6** 246
- Zivilprozeß **7** 172

Lebensrisiko, allgemeines **1** 61; **2** 69, 93, 177, 178, 182, 189
Lebensversicherung *siehe* Drittleistung-Lebensversicherung
Leibgeding **1** 72; **2** 19
Leistung, wiederkehrende
- Änderung **7** 230
- Begriff **7** 256
- Feststellungsurteil **7** 247, 254
- Rente
  - Rentenvergleich **7** 223
- Steuer **7** 59
- Verdienstausfalljährung **6** 558
- Verjährung **7** 230, 247, 254

Lohnzuschlag
- Mittelbarer Schaden **1** 39, 42

LPartG *siehe* auch Lebenspartner
- Beamte **6** 422, 683, 757
- Bedürftigkeit **6** 76
- Beerdigungskosten **4** 6
- Berufsständische Versorgung **6** 835
- Betriebliche Altersversorgung **6** 811
- Entgangene Dienste **5** 14
- Haushaltsführungsschaden **6** 226, 346
- Landwirtschaftliche Altersversorgung **6** 468
- Opferentschädigung **6** 518; **7** 174
- Pflichtteil **6** 85
- Rentenversicherung **6** 56, 344
- Schockschaden **2** 182
- Sozialversorgung **6** 495
- Unfallversicherung **6** 421
- Unterhaltsanspruch **6** 24
- Unterhaltsschaden **6** 51

MdE (= Minderung der Erwerbsfähigkeit) **6** 436, 437
Mehrehe *siehe* Ehe-Polygamie
Mehrwertsteuer

- Erstattungsanspruch
  - Gemeinnützigkeit **7** 50
- Meldefrist *siehe* Antrag, Frist
Mietkosten
- Mittelbarer Schaden **1** 28
Minderung der Erwerbsfähigkeit *siehe* Einkommen-Minderverdienst, MdE
Minderverdienst *siehe* Einkommen-Minderverdienst, Kapitalisierung, Differenzfaktor
Mitantwortung *siehe* auch Arbeitsunfall, Haftungsausschluss, Quotenvorrecht
Mitarbeiter
- Ansprüche des Unternehmers **1** 67, 68, 77; **6** 624
- Ausfall des Unternehmers **1** 66
Mitarbeitspflicht
- Ehegatte **6** 227, 262, 371
- Haushalt
  - Kind **5** 18
- Hinterbliebene **7** 156, 182, 187
- Unterhaltsberechtigte **6** 242
Mitgliedsbeitrag
- mittelbarer Schaden **1** 60
Mithaftung *siehe* Mitverantwortung
Mitschuld *siehe* Mitverantwortung
Mittelbarer Schaden *siehe* auch Aufwendungen, vergebliche, Dienste, entgangene, Unterhaltsschaden
- Allgemein **1** 9
- Anspruch
  - Beerdigungskosten **4** 5
  - Dienste, entgangene **5** 3
  - Hinterbliebenene **5** 12
- Arbeitgeber **1** 77
- Arbeitnehmer **1** 66
- Aufwendungen, vergebliche **1** 28
- Aussteuer **1** 22
- Begünstigung des Schädigers **1** 17
- Besuch der Gedenkstätte **1** 25
- Drittleistungsträger **1** 73
  - Anwaltskosten **1** 76, 78
  - Arztbericht **1** 74
  - Auszahlungskosten **1** 75
  - Dolmetscher **1** 74
  - Gutachten **1** 74
  - Portokosten **1** 74, 76
  - Regressabwicklung **1** 76
  - Telefonkosten **1** 74, 76

Stichwortverzeichnis

- Übersetzungskosten **1** 74
- unfallfremde Hinterbliebenenleistung **1** 82; **6** 390, 440, 473, 507, 691, 769
  - Wiederheirat **1** 88
- Verwaltungskosten **1** 74
- Zeitaufwand **1** 76
- Drittschadensliquidation **1** 18
- Entwertungsschaden **1** 23, 72
- Erbmasse
  - Mindererlös **2** 18
  - Wertverlust **2** 17
- Erbschaft **1** 24
- Fahrtkosten **1** 25, 60
- Fahrzeugerwerb **1** 26
- Führerscheinerwerb **1** 26
- Gesellschaft **1** 64
- Gesellschafter **1** 64
- Hochzeitskosten **1** 29
- Kürzung
  - Beihilfesatz **1** 39
- Mietkosten **1** 28
- Mitgliedsbeitrag **1** 60
- Nachlass **1** 24
- Pflegetätigkeit **1** 30, 35
- Psychische Beeinträchtigung **1** 61
- Reiseabbruch **1** 28; **4** 37; **6** 868
- Rentenminderung **1** 43
- Selbsthilfegruppe **1** 60
- Sozialabgaben, keine **1** 45
- soziale Stellung **1** 62
- Splittingtarif **1** 52
- Steuernachteil **1** 52
- Stornokosten **1** 28; **4** 37; **6** 868
- Theaterkarte **1** 28
- Urlaubsabbruch **1** 28
- vertragliche Verpflichtung **1** 71
- Wegfall
  - Ansprüche **1** 54; **6** 58
  - Arbeitskraft **1** 18; **6** 634
  - Elterngeld **1** 51; **6** 120, 167, 615
  - Erziehungsgeld **1** 51; **6** 120, 167, 599
  - Familienkarte **1** 41
  - Familienzuschlag **1** 39
  - Kindergeld **1** 50; **6** 120, 166, 593
  - Kinderzulage **1** 42
  - Kündigungsschutz **1** 40
  - Lohnzuschlag **1** 39, 42
- Pflegetätigkeit **1** 34, 35
- Schadenersatzanspruch **1** 54; **6** 58
- Sonderrechte **1** 41
- soziale Stellung **1** 62
- sozialrechtliche Vorteile **1** 49
- Unternehmer **1** 66

Mitverantwortung
- Beamte **6** 783
- Beerdigungskosten **4** 10
- Beispiel **2** 50, 52, 159, 160, 161
  - Gesamtschuld, gestörte **2** 143
  - Identität von Schädiger und Geschädigtem **2** 164, 168
- Betriebsgefahr **2** 11, 153, 154, 165, 195
  - Drittleistungsträger **2** 245
  - Insasse im eigenen Fahrzeug **2** 51
  - Nicht-versicherter Unternehmer **6** 297
- Drittleistungsträger **2** 245
  - eigene **2** 248
  - Haftungsvereinbarung **2** 250
- entgangene Dienste **5** 9
- Gesamtabwägung **2** 138
- Gesamtschuld, gestörte **2** 136
- Getöteter **4** 10; **5** 9; **6** 7
- Hinterbliebene
  - Drittleistungsträger **2** 245
  - eigene **2** 11, 165, 169, 201
  - Haftungsvereinbarung **2** 250
  - Täter **2** 162
  - Verstorbener **2** 11, 153, 154, 165, 169, 195, 201; **3** 21
- Identität von Schädiger und Geschädigtem **2** 162
- Kind **2** 92
- Mitverschulden **2** 11, 153, 165, 195, 210; **6** 843
  - Drittleistungsträger **2** 245
  - Nicht-versicherter Unternehmer **6** 297
- Nasciturus **3** 18
- Nebentäter **2** 138
- Schockschaden **2** 169
- Sozialhilfebedürftigkeit **2** 299, 320; **6** 550
- späterer Arztfehler **2** 76
- Unterhaltsberechtigter **6** 8

375

Stichwortverzeichnis

- Unterhaltsschaden **6** 7
- unzureichende Ersatzleistung **2** 287, 311

Mitverschulden *siehe* Mitverantwortung-Mitverschulden

Nachlass *siehe auch* Erbe, Erbschaft, Quelle
- Anspruch gegen **6** 19, 34, 45, 57, 79, 370
- Ansprüche **1** 12; **2** 5
- Entwertung **2** 17
- Erbenmehrheit **2** 33
- Kosten **1** 24; **2** 31; **4** 34, 36; **7** 1
- mittelbarer Schaden **1** 24

Nachlassgericht
- Todesfeststellung **2** 40

Nachweis *siehe* Beweis

Nasciturus
- Anspruchsberechtigung **2** 173
- Anspruchskürzung **3** 18
- Embryo **2** 173
- Erbengemeinschaft **2** 34
- In-vitro-Fertilisation **2** 173
- Miterbe **2** 34, 173
- passive Rechte **2** 173
- Schmerzensgeld
  - Mutter **3** 17
  - Vererbung **2** 174; **3** 16
- Schockschaden **3** 17
- Unterhaltsschaden **6** 17, 32, 42
- Unterhaltsverpflichtung **2** 175

Naturalunterhalt *siehe* Betreuung, Haushaltsführung, Unterhaltsschaden-Naturalunterhalt

Nebenklage **7** 261

Nicht-eheliche Gemeinschaft *siehe* Lebenspartner, LPartG, Partner, nicht-eheliche

nutzlose Aufwendungen *siehe* Aufwendungen, vergebliche

Obduktion **2** 54; **7** 1, 157

OEG *siehe auch* Drittleistung-OEG
- Schockschaden **2** 101

Opferentschädigung *siehe* OEG

Orakel **6** 553, 555

Österreich
- Angehörigenschmerzensgeld **2** 179

Partner *siehe* Lebenspartner

Partner, nicht-eheliche *siehe* Lebenspartner

Partnerrente
- berufsständische Versorgung **6** 835
- betriebliche Altersversorgung **6** 811, 814
- BVG **6** 495, 496
- Dienstherr **6** 682, 684, 757, 758
- landwirtschaftliche Altersversorgung **6** 468
- OEG **6** 517; **7** 174
- Rentenversicherung **6** 56, 344, 347
- Unfallversicherung
  - gesetzliche **6** 421, 423

Personenschaden
- Beerdigungskosten **2** 14, 33, 159, 160, 161, 163, 164, 204, 226, 269, 270; **4** 1; **6** 397, 625
  - Anwaltskosten **7** 23
- Drittleistung
  - Beerdigungskosten **2** 204
- entgangene Dienste **1** 16; **5** 1
- mittelbar Geschädigte
  - Haftung **2** 10
- Schmerzensgeld **3** 1, 8
- Unterhaltsschaden **1** 15; **6** 1

Personenschaden, Frustration *siehe* Aufwendungen, vergebliche

Pfändung **7** 14
- Drittleistung **7** 14

Pfarrer **6** 649

Pflege
- mittelbarer Schaden **1** 30, 35
- Pflegeperson **1** 32
- Pflegetätigkeit
  - Einkommen **1** 32
  - Unentgeltlich **1** 30

Pflegeversicherung, gesetzliche *siehe* Drittleistung-Pflegeversicherung

Pflegeversicherung, private *siehe* Drittleistung-Pflegeversicherung

Pflegezulage
- BVG **1** 38; **6** 492

Pflichtmitglied
- Rentenversicherung **6** 287
- Selbständige **6** 285, 286
- Unfallversicherung **6** 285

Portokosten **1** 74, 76

Priorität *siehe* Abtretung-Vorrang

376

private Schadenvorsorge *siehe*
  Drittleistung, Privatvorsorge
private Unfallversicherung *siehe*
  Unfallversicherung-Private
Privatversicherung **2** 206, 211, 262, 360; **6** 205
– FahrerPlus **6** 864
– Haftpflichtversicherung **2** 46, 93
– Lebensversicherung **6** 162, 201, 258, 292, 300, 857, 859, 862
– Meldefrist **2** 211
– private Krankenversicherung **2** 208, 211; **4** 93, 94; **6** 188, 201, 205, 355, 692, 714, 718, 720, 722, 723, 726, 782, 855
– private Pflegeversicherung **2** 211; **4** 93; **6** 188, 201, 205, 355, 692, 714, 720, 722, 723, 726, 782, 856
– Reiserücktrittversicherung **4** 95; **6** 865
– Sterbefallversicherung **4** 96
– Sterbeversicherung **6** 863
– Unfallversicherung **6** 162, 201, 258, 300, 637, 857, 859, 861
– Zusatzversicherung **2** 211; **6** 162, 698
– Zusatzversorgungskasse **2** 355, 356; **4** 97; **6** 617
Privatvorsorge **2** 206, 211, 213; **4** 93; **6** 140, 258, 284, 292, 300, 360, 521, 692, 698, 714, 855
Privileg *siehe* auch Arbeitsunfall, Verwandtenprivileg
– Bedürftigkeit **6** 81
– Kind **2** 95
– Personenstand **1** 41
Prognose *siehe* auch Kapitalisierung; **6** 64, 69, 72, 73, 127, 138, 142, 143, 536, 553, 563; **7** 81, 86, 91, 127, 149, 178, 183, 185, 204, 228
Progression **7** 54
Prostitution **6** 152, 280
– Sozialversicherung **6** 282
Prozess *siehe* auch Beweis
– Abänderungsklage **7** 209, 228
– Feststellungsklage
  – Urteilsersetzung **7** 252
– Feststellungsurteil **6** 71; **7** 180, 243
  – Begrenzung **7** 107, 129, 139, 140, 141, 149, 161, 243

– Feststellungsinteresse **6** 82, 117, 127, 236, 376; **7** 244
  – Rentenversicherung **6** 377
– Mitverantwortung **7** 243
– Sozialhilfe **2** 251
– Urteilsersetzung **7** 245
– Verjährung **7** 243, 252, 254
  – Leistung, wiederkehrende **7** 247, 254
– Rentenurteil
  – Änderungen, künftige **7** 227
  – Dynamik **7** 225
  – Lebenserwartung **7** 158
– Streitverkündung **2** 145
– Urteil
  – Ersetzung, vertragliche **7** 245, 252
  – Lebenserwartung **7** 158
Psychische Beeinträchtigung
– Mittelbarer Schaden **1** 61

Quadratur des Kreises **Vorwort**
Quelle
– Entwertung **6** 256
– Quellentheorie **2** 27; **6** 80, 84, 145, 255
– Veräußerung **6** 256
Quotenvorrecht **2** 238, 302, 305, 319
– Arbeitgeber **6** 630
– Asylbewerber **6** 589
– Beamte **2** 254, 339, 345; **6** 781, 786, 791, 796, 798
– berufsständische Versorgung **2** 333, 354; **4** 92; **6** 786, 841, 843
– betriebliche Altersversorgung **2** 324, 326, 354; **6** 786, 824
– BVG **2** 343; **4** 74; **6** 508, 512
– doppeltes **2** 345; **6** 724, 786
– Drittleistungsträger **6** 220
– Hinterbliebene **2** 171, 254, 287; **6** 218
– OEG **4** 79
– Pfarrer **6** 650
– Rentnertod **2** 288
– SGB X
  – § 116 II **2** 298
  – § 116 III 3 **2** 299, 320; **6** 550
  – § 116 V **2** 287
– Sozialversicherung **2** 339, 343, 357; **6** 721, 791
– Teilungsabkommen **6** 796

377

Stichwortverzeichnis

- VBL-Satzung **2** 324; **6** 824
- Verrentung **2** 289
- VVG **4** 94; **6** 720, 724

Rangfolge *siehe*
   Drittleistung-Konkurrenz
Rechtsanwalt *siehe* Anwalt
Rechtschutzversicherung
- Fixkosten **6** 195

Rechtsnachfolge
- Abfindung **6** 551
- Adhäsionsverfahren **7** 267
- Beamte **6** 779
- Erbe **2** 2, 7, 8, 17, 29, 33; **3** 8; **7** 1
- gestörte Gesamtschuld **2** 137
- Quotenvereinbarung **2** 252
- Rückforderung **2** 126
- Verjährung **7** 257, 260

Rechtswidrige Einkünfte *siehe*
   Einkommen-rechtswidriges
Regulierung **7** 1
Reise *siehe* Freizeit, Drittleistung-
   Reiserücktrittversicherung,
   Urlaub

Reiseabbruch
- mittelbarer Schaden **1** 28; **4** 37; **6** 868

Reiserücktrittversicherung
   siehe Drittleistung-
   Reiserücktrittversicherung
relative Theorie **6** 824, 845

Rente
- aufgeschobene **7** 211, 213
- Leibrente
  - aufgeschobene **7** 211, 213
  - Tabelle **7** 113
- Verjährung **7** 256
- Zeitrente
  - Tabelle **7** 104

Rentenanpassung *siehe* Abänderung
Rentenminderung
- mittelbarer Schaden **1** 43

Rentenversicherung *siehe*
   Drittleistung-Rentenversicherung
Richter *siehe* auch Beamte; **6** 642, 646, 694, 729, 730; **7** 39
Rücksichtspflicht *siehe* Anspruchsminderung, Schadenminderung

RVO
- § 640 **2** 222, 225, 247, 249, 265, 277, 278

Sachbeschädigung **2** 28
Sachschaden **2** 269
- Erbe **2** 7
- Kongruenz **2** 281
- Mehrwertsteuer **7** 66

Saisonarbeiter **2** 276
Sättigungsgrenze **6** 172, 212
Schadenbearbeitung
- Arbeitsunfall **7** 1
- Drittleistungen **7** 1
- Einkommensverhältnisse **7** 1
- Erbfolge **7** 1
- Haftung **7** 1
- Information **7** 1
- Personendaten **7** 1
- Todeszeitpunkt **2** 40

Schadenentwicklung
- Ende mit Tod **1** 18; **2** 9, 13, 15

Schadenersatzanspruch
- Unterhaltsanspruch
  - Pfändung **1** 58
  - Surrogat **1** 58
  - Vollstreckung **1** 54
- Wegfall
  - mittelbarer Schaden **1** 54; **6** 58

Schadenersatzverhältnis **2** 240
Schadengeringhaltung *siehe*
   Anspruchsminderung
Schadenminderungspflicht
   siehe Anspruchsminderung,
   Schadenminderungspflicht, *siehe*
   auch Anspruchsminderung,
   Mitverantwortung; **2** 155

Schadensanfälligkeit, unfallfremd **2** 77
Schadensausgleich
- BVG **6** 491, 498

Schadenseinheit **7** 240
Schadenversicherung **4** 95; **6** 858, 864
Scheidung **6** 22, 98, 125, 322, 645; **7** 176
- Erwerbsobliegenheit **6** 371
- Erziehungsrente **6** 367
- Nachlass **6** 370
- Schockschaden **2** 183
- Steuer **7** 35
- Versorgung **6** 367, 657, 677, 680, 696, 748
- Vertretung **7** 16
- Wiederheirat **6** 103

Stichwortverzeichnis

Scheinselbständige *siehe*
  Selbständige-Scheinselbständige
Schmerzensgeld **3** 1
– Bemessungskriterium
  – Ausländer **3** 6
  – Insasse im eigenen Fahrzeug
    2 51
  – Leibesfrucht **3** 16
  – Überlebensdauer **3** 14
– Drittleistung **3** 23
– Forderungsübergang **2** 273; **3** 23
  – Schweiz **3** 24
– Gesetzestexte **3** 3
– Hinterbliebene **3** 19
– Kongruenz **2** 273
– Nachlass **2** 7; **3** 8
– Schockschaden **2** 178; **3** 18, 20, 24
– Steuer **7** 61
– Steuerschätzung **7** 55
– Unfalltod **3** 8, 13, 14
  – Leibesfrucht **3** 16
– Urlaub **6** 867
– Zugewinnausgleich **3** 12
Schockschaden **2** 176
– allgemeines Lebensrisiko **2** 177
– Anspruchskürzung **2** 10, 118, 195
  – mehrere Tote **2** 199
– Arbeitsunfall **2** 10, 196
– Haftungsausschluss **2** 118
– Krankheitswert **2** 188
– Mitverantwortung **2** 169; **3** 21
– Mitverschulden
  – eigenes **2** 201
– OEG **2** 101
– Opferentschädigungsrecht **2** 101
– Personenkreis **2** 182
– Reaktion auf Sachbeschädigung
  2 28, 184
– Reaktion auf schwerste Verletzung
  2 184, 186
– Reaktion auf Tötung **2** 184, 185
– Schmerzensgeld **2** 178; **3** 20, 24
– seelische Beeinträchtigung **1** 61
– Selbstmord **2** 67
– Tod der Leibesfrucht **3** 17
– unmittelbare Reaktion **2** 187
– Voraussetzungen **2** 181
Schwarzarbeit *siehe*
  Einkommen-rechtswidriges

Schweiz
– Angehörigenschmerzensgeld **2** 179
– Forderungsübergang **6** 273
  – Schmerzensgeld **3** 24
Schwerverletzte
– Abfindung **2** 12; **7** 6, 9, 108, 113
– Vorversterblichkeit **6** 716; **7** 9, 108, 113
Seelische Beeinträchtigung
– Schockschaden **1** 61
Selbständige
– Anspruch gegen Drittleistungsträger
  2 210; **6** 283, 284, 295, 299, 308
– Arbeitsunfall **6** 293
– berufsständische Versorgung **6** 829
– Drittleistung **2** 210; **6** 283, 284, 295, 299, 308
– Einkommen **6** 156
– Einkommensprognose **6** 142
– Gesellschafter **1** 63
– Haftung **2** 108
– Landwirt
  – Mehrwertsteuer
    – Pauschalisierung **7** 72
– Mindest-JAV **6** 296
– Mitarbeiter **1** 66, 67, 68, 77; **2** 212; **6** 624
– Rentenversicherung **2** 210; **6** 283, 319
– Scheinselbständige **6** 287
  – Arbeitnehmer **6** 301
  – Arbeitsunfall **6** 313
  – Personenkreis **6** 304
  – Regelung 2003 **6** 302
  – Sozialversicherung **6** 308
– Selbständige, arbeitnehmerähnliche
  6 286, 289
– Sozialversicherung **2** 210; **6** 283, 284, 295, 299, 308
– Unfallversicherung **6** 284, 295
– Unterhaltsschaden **6** 140
– Unternehmensfortführung **6** 145
– Verletzung des Mitarbeiters **1** 67, 68
Selbständige, arbeitnehmerähnliche
  6 286, 289
Selbsthilfegruppe
– mittelbarer Schaden **1** 60
Selbstmord **2** 66

Stichwortverzeichnis

SGB VII
- § 110 **2** 222, 225, 247, 249, 265, 277, 278; **6** 819
  - Ia **6** 150

SGB X
- § 119 **2** 360
  - Beitragszeit **6** 379
  - berufsständische Versorgung **1** 47
  - betriebliche Altersversorgung **1** 46; **6** 805
  - Hinterbliebenensicherung **1** 45

sittenwidrige Einkünfte *siehe* Einkommen-sittenwidriges

Soldat *siehe* Beamte, Wehrpflichtiger, Zivildienstleistender; **6** 410, 475, 510, 643, 646, 690, 729, 730

Solidarzuschlag *siehe* Steuer-Solidarzuschlag

Sonderrechte
- mittelbarer Schaden **1** 41

Soziale Einbuße
- mittelbarer Schaden **1** 62

Soziale Stellung
- Verlust
  - mittelbarer Schaden **1** 62

Sozialhilfe *siehe auch* Asylbewerber, Drittleistung-Sozialhilfe
- Bedürftigkeit **2** 299, 320; **6** 529, 533, 550, 560, 567
  - Prognose **6** 553

Sozialhilfeträger *siehe* Drittleistung-Sozialhilfe; **2** 213

Sozialversicherung **2** 210
- Beamte **6** 692
- befreite Mitgliedschaft **6** 845
- Beitrag
  - Beamte **6** 692
  - Minderverdienst **1** 45
  - Scheinselbständige **6** 309
- Freiwillige Versicherung
  - Barleistung
    - Anrechnung **6** 299
  - Selbständige **2** 210; **6** 283, 284, 299
- Prostituierte **6** 282
- Rentenversicherung
  - Befreiung
    - berufsständische Versorgung **6** 829

- Pflichtmitgliedschaft **6** 287
  - Selbständige **6** 285, 286
- Scheinselbständige **6** 309, 310
- Unfallversicherung
  - Arbeitsunfall
    - Scheinselbständigkeit **6** 313
  - Selbständige **6** 285
  - Steuer **7** 52
- Verzicht **6** 312

Sozialversicherung, Arbeitslosenversicherung *siehe* Drittleistung-Arbeitsverwaltung

Sozialversicherung, Arbeitsverwaltung *siehe* Drittleistung-Arbeitsverwaltung

Sozialversicherung, Krankenversicherung *siehe* Drittleistung-Krankenversicherung, gesetzliche

Sozialversicherung, Pflegeversicherung *siehe* Drittleistung-Pflegeversicherung, gesetzliche

Sozialversicherung, Rentenversicherung *siehe* Drittleistung-Rentenversicherung

Sozialversicherung, Unfallversicherung *siehe* Drittleistung-Unfallversicherung, gesetzliche

Sozialversicherungsabgabe *siehe auch* SGB X-§ 119
- Verringerung **1** 45

Sozialversorgung *siehe* Drittleistung-BVG, OEG

Spätschaden **7** 200, 210, 238

Sphärentheorie **2** 280; **6** 171, 189

Staatsanwalt *siehe auch* Beamte, Richter; **6** 642, 694

Statistik
- Sterbetafel **6** 139, 716; **7** 106, 107, 109, 113, 115, 136, 150
- Unfalltote **1** 2, 7
  - Entwicklung **1** 5
  - Europa **1** 4
- Verletzte **1** 2, 8

Sterbegeld *siehe* Beerdigung-Sterbegeld, Drittleistung; **6** 315, 394, 398, 447, 450, 485, 627, 653, 690, 741
- Arbeitgeber **4** 85

Stichwortverzeichnis

- berufsständische Versorgung **4** 91; **6** 832
- betriebliche Altersversorgung **4** 90; **6** 817
- BVG **4** 71
- Krankenversicherung
  - gesetzliche **4** 46; **6** 315
- Unfallversicherung
  - gesetzliche **4** 54

Sterbekasse *siehe* Drittleistung-Sterbekasse

Sterbemonat
- Dienstherr **6** 663, 744

Sterbetafel
- Allgemeines **7** 109
- Sterbetafel 1997/99 **7** 114

Steuer *siehe* auch Vorteilsausgleich-Steuer; **7** 25
- Einkommensteuer
  - Berechnung **7** 32
- einmalige Leistung **7** 56
- Erbschaftssteuer **2** 38
- Erziehungsgeld **6** 612
- Freibetrag **7** 27
- Gewerbesteuer **7** 73
- Grundtarif **7** 34
- Kirchensteuer **7** 41
- Mehrwertsteuer **7** 50, 66, 72
  - Schadenersatz **7** 71
  - Zeitpunkt **7** 74
- mittelbarer Schaden **1** 52
- Monatssteuer **7** 27
- Nettoeinkommen **7** 26
- Pension **7** 39
- Periodische Zahlung **7** 59
- Progressionsdifferenz **7** 54
- Rente **7** 40
- Schadenersatz
  - Bedürfnisse, vermehrte **7** 61
  - Beerdigungskosten **7** 61, 65
  - Ersatzpflichtigkeit **7** 57
  - Haushaltsführungsschaden **7** 62
  - Heilbehandlung **7** 61
  - Mehrwertsteuer **7** 66
  - Schätzung **7** 55
  - Schmerzensgeld **7** 61
  - Unterhaltsschaden **7** 65
  - Verdienstausfall **7** 58
- Schätzung **7** 55
- Solidarzuschlag **7** 31, 44
- Sonderausgaben **1** 52
- Splittingtarif **1** 52; **7** 29, 35
  - Formel **7** 36
- Steuererleichterung **7** 48
- Steuerklasse **7** 27
  - Wahl **7** 27
- Steuernachteile **7** 46
- Steuertarif **7** 33
- Steuervergünstigung **7** 47
  - Arbeitgeberabfindung **7** 49
  - Beihilfe **7** 53
  - Mehrwertsteuer **7** 50
  - Progression **7** 54
  - Sozialhilfe **7** 51
  - Unfallversicherung **7** 52
- Unfallversicherung
  - Gesetzliche
    - Rente **6** 402
- Unterhaltsrente **7** 29
- Unterhaltsschaden **7** 64
- Vorteilsausgleich **7** 48
- wiederkehrende Leistung **7** 59
- zu versteuerndes Einkommen **7** 32
- Zuschlagssteuer
  - Kirchensteuer **7** 41
  - Solidaritätszuschlag **7** 45

Steuer, Umsatzsteuer *siehe* Steuer-Mehrwertsteuer

Stiefkind **2** 68, 183; **4** 53; **6** 43, 331, 348, 424, 653, 740

Stiefvater
- Adoption **6** 106

Stornokosten
- mittelbarer Schaden **1** 28; **4** 37; **6** 868

Summenversicherung **6** 857
- FahrerPlus **6** 864
- Lebensversicherung **6** 300, 862
- Reiserücktrittversicherung **6** 865
- Sterbeversicherung **6** 863
- Unfallversicherung, private **6** 300, 859, 861, 864

Surrogat **1** 58

Tabelle
- Leibrente **7** 113
- Verbundene Leben **7** 116, 187
- Zeitrente **7** 104

Tarifvertragsgesetz (TVG) **6** 289
Teilungsabkommen **2** 233; **7** 128
- Kongruenz **2** 225

Stichwortverzeichnis

- Quotenvorrecht **6** 796
- Verjährung **7** 259
- Verwandtenprivileg **2** 262

Telefonkosten **1** 74, 76

Testament **2** 8, 30, 31, 38; **4** 36; **6** 84

Theaterkarte
- mittelbarer Schaden **1** 28

Tier
- Tiergefahr **2** 287; **4** 10
- Tod **2** 28, 184

Tod
- Tier **2** 28
- Zeitpunkt
  - Aufklärung **2** 40
  - Bescheinigung **2** 41
  - Bezugsgröße **4** 54; **6** 398
  - Erbfolge **2** 37
  - Leistungsfähigkeit **6** 71
  - statistische Lebenserwartung **7** 116, 136, 147, 150, 151, 162
  - Tatsächlicher **2** 41
  - Transplantation **2** 36
  - Verschollenheitsrecht **2** 40
  - Zeitgleich **2** 36

Transplantation
- Todeszeitpunkt **2** 36

Überbrückungsgeld
- landwirtschaftliche Altersversorgung **6** 463

Überführung *siehe* Beerdigungskosten-Überführung, Überführungskosten

Überführungskosten
- BVG **4** 67; **6** 482
- Dienstherr
  - Beihilfe **6** 709
- Krankenversicherung
  - Private **4** 94
- Unfallversicherung
  - Gesetzliche **4** 57; **6** 394, 397

Übergangshilfe
- Unfallversicherung
  - Gesetzliche **4** 60; **6** 399, 418

Überobligatorische Leistung **6** 87

Übersetzung **1** 74

Übersicht
- Drittleistungsträger und bevorrechtigte Forderungsberechtigung **2** 360
- Drittleistungsträger und kongruente Leistungen **2** 281

Übersiedler *siehe* Aussiedler

Umbettung *siehe* Beerdigung-Umbettung

Umsatzsteuer *siehe* Mehrwertsteuer

Umsiedler *siehe* Aussiedler

Unfallentschädigung,einmalige
- Dienstherr **6** 767

Unfallfremd *siehe* auch Kausalität
- Arbeitskraftreduktion **7** 140
- Arbeitsplatzgefährdung **7** 103
- Arbeitsplatzverlust **7** 103
- Beihilfe **6** 711
- Erkrankung **7** 103, 151
- Kausalität, überholende **2** 79
- Leistung an Hinterbliebene **1** 82; **6** 390, 440, 473, 507, 691, 769
  - Beihilfe **6** 692, 706, 714, 770
  - Erhöhung
    - mittelbarer Schaden **1** 84
  - Kongruenz **1** 83
  - Krankenkasse **6** 722
  - Leistung an Angehörige **6** 503
  - Pflegekasse **6** 722
  - Verlängerung
    - mittelbarer Schaden **1** 85
  - Wiederaufleben
    - mittelbarer Schaden **1** 86
- Nichtabführung von Versicherungsbeiträgen **1** 45; **6** 805
- Schadenanfälligkeit **2** 77

Unfallrente *siehe* Verletztenrente

Unfalltote
- Statistik **1** 2, 7

Unfallversicherung
- Steuer **7** 52

Unfallversicherung, gesetzliche *siehe* Drittleistung-Unfallversicherung

Unfallversicherung, private *siehe* Drittleistung-Unfallversicherung

Unterhalt
- Angemessener **6** 19, 52, 91, 92, 101, 112, 151, 174, 225, 226, 231, 233
- Dauer **6** 93
  - fiktive Leistungsfähigkeit **7** 149
  - fiktiver Tod des Verpflichteten **7** 106, 144, 147
    - Sterbetafel **7** 107
  - junge Ehe **6** 95

Stichwortverzeichnis

- Scheidung **6** 98
- Tod des Berechtigten **7** 146, 161
- Familienrecht **6** 46, 58, 88, 223
- Gesetzlicher
  - Schadenersatzanspruch **1** 54; **6** 46, 58
- junge Ehe **6** 95
- Kapitalisierung **6** 93; **7** 137
  - Ausländer **6** 139; **7** 111
  - Sozialhilfe **6** 560

Unterhaltsbeitrag
- Dienstherr **6** 680, 755

Unterhaltsschaden *siehe* auch Einkommen; **6** 1
- Abfindungsvergleich **6** 2; **7** 2
- Absprache **6** 87, 90
- Allgemein **1** 15; **6** 1
- Altenhilfe **6** 544
- Alterssicherung **6** 547
- Anspruchsberechtigung
  - Absprache **6** 87, 90
  - Ehegatte **6** 21
    - geschiedener **6** 22
    - getrenntlebend **6** 23
    - nicht-existenter Ehegatte **6** 41
    - spätere Heirat **6** 17
  - Erbe **2** 4
  - Geschwister **6** 37
  - gesetzliche Verpflichtung **6** 12, 20
  - Kind **6** 26
    - Adoptivkind **6** 30
    - ehelich **6** 29
    - gezeugt **6** 17, 32, 42
    - minderjährig **6** 27
    - nicht-ehelich **6** 31
    - nicht-gezeugt **6** 42
    - späteres **6** 17, 42
    - Stiefkind **6** 43
    - Volljährig **6** 28
  - Nachweis **6** 33, 34; **7** 233
  - Nicht-eheliche Gemeinschaft **6** 17, 35, 38, 45
    - homophil **6** 39
  - Nicht-eheliche Mutter **6** 19, 34, 45, 79
  - Partner, eingetragener **6** 24
  - Personenkreis **1** 59; **6** 10
    - Nasciturus **6** 17, 32, 42
    - Zeitpunkt **6** 11, 16
  - Schwager **6** 37
  - Sittliche Verpflichtung **6** 35, 86
  - Verlobung **6** 17, 35, 38, 40, 45
  - Vertrag **6** 35, 40, 44, 58, 86
  - Verwandter **6** 25
- Anspruchskürzung **2** 118
- Barunterhalt **6** 48
  - Allgemein **6** 183
  - eingetragene Lebenspartner **6** 52
  - Einkünfte **6** 129
    - Asylbewerber **6** 137
    - Ausländer **6** 131
    - Familienbetrieb **6** 147
    - Problemeinkommen **6** 148
    - Selbständige **6** 140
  - Leistungsfähigkeit **6** 61, 65
  - Prognose **6** 64, 69
  - Quoten **6** 214, 216, 217
  - Verteilung **6** 210
  - Verwandtschaft **6** 60
- Bedürftigkeit **6** 62, 75, 77
  - Adoption **6** 106
  - BAföG **6** 81, 519
  - Ehegatte **6** 75
  - Eltern **6** 123, 128, 430, 501, 764; **7** 184
  - Erbe **2** 24; **6** 257
  - Nicht-eheliche Mutter **6** 79
  - Pflichtteil **6** 84
  - Veränderung **6** 82; **7** 178
  - Waise **6** 80, 84, 118, 119, 247, 519
- Beihilfe **6** 665, 677, 686, 747
- Betreuung **6** 231
- Betriebshilfe **6** 461
- Dauer **6** 57; **7** 137
  - Barunterhalt **7** 139
  - Einkommen **7** 182
  - Naturalunterhalt **7** 140
  - Nicht-eheliche Gemeinschaft **7** 166
  - Waise **6** 81, 106, 117; **7** 178
  - Wiederheirat **1** 88; **6** 261; **7** 138, 163
- Drittleistung **6** 239, 272
  - Altenhilfe **6** 544

Stichwortverzeichnis

- Alterssicherung **6** 547
- Arbeitgeber **6** 618
- Arbeitsverwaltung **6** 314
- Asylbewerber **6** 574
  - Hilfe zum Lebensunterhalt **6** 580
- BAföG **6** 519
- Beihilfe **6** 665, 677, 686, 747
- Berufsständische Versorgung **6** 828
  - Partnerrente **6** 835
  - Waisenrente **6** 837
  - Witwenrente **6** 834
  - Witwerrente **6** 834
- Betriebliche Altersversorgung **6** 799
  - Partnerrente **6** 811, 814
  - Waisenrente **6** 816
  - Witwerrente **6** 811, 814
- Betriebshilfe **6** 461
- BVG **6** 474
  - Elternrente (Aszendentenrente) **6** 500
  - Heilbehandlung **6** 503
  - Hinterbliebenenbeihilfe **6** 505
  - Partnerrente **6** 495, 496
  - Pflegezulage **1** 38; **6** 492
  - Waisenrente **6** 497
  - Witwenrente **6** 488
  - Witwerrente **6** 494
- Dienstherr **6** 642
  - Beihilfe **6** 665, 677, 686, 692, 747, 770
  - Dienstunfall **6** 728
  - Monatsbezüge **6** 663, 744
  - Partnerrente **6** 682, 684, 757, 758
  - Unfallentschädigung **6** 767
  - Unterhaltsbeitrag **6** 680, 755
  - Waisenrente **6** 686, 760
  - Witwenrente **6** 665, 747
  - Witwer
    - Beihilfe **6** 696
  - Witwerrente **6** 677, 752
- Elterngeld **6** 601
- Elternrente (Aszendentenrente) **6** 128, 430, 500, 764
- Erziehungsgeld **6** 595
- Erziehungsrente **6** 367
- Grundsicherung **6** 541, 566, 567
- Haushaltshilfe **6** 461
- Heilbehandlung **6** 503
- Hilfe in besonderen Lebenslagen **6** 539
- Hilfe zum Lebensunterhalt **6** 532, 580
- Hilfe zur Weiterführung des Haushaltes **6** 542
- Hinterbliebenenbeihilfe **6** 434, 505
- Kindergeld **6** 591
- Krankenversicherung
  - gesetzliche **6** 315
    - Sterbegeld **6** 315
  - private **6** 855
- Landwirtschaftliche Altersversorgung **6** 453, 461, 463
  - Betriebshilfe **6** 461
  - Haushaltshilfe **6** 461
  - Partnerrente **6** 468
  - Überbrückungsgeld **6** 463
  - Waisenrente **6** 469
  - Witwenrente **6** 467
  - Witwerrente **6** 467
- Landwirtschaftliche Krankenversicherung **6** 450
- Landwirtschaftliche Unfallversicherung **6** 451
- Lebensversicherung **6** 859, 862, 863
- Monatsbezüge **6** 663, 744
- OEG **6** 516
  - Partnerrente **6** 517; **7** 174
- Partnerrente **6** 56, 344, 347, 421, 423, 468, 495, 496, 517, 682, 684, 757, 758, 811, 814, 835; **7** 174
- Pflegeversicherung
  - gesetzliche **6** 316
  - private **6** 856
- Pflegezulage **1** 38; **6** 492
- Reiserücktrittversicherung **6** 865
- Rentenversicherung **6** 317, 332, 367
  - Erziehungsrente **6** 367
  - Partnerrente **6** 56, 344, 347
  - Witwenrente **6** 332
  - Witwerrente **6** 332

Stichwortverzeichnis

- Sozialhilfe **6** 522
  - Altenhilfe **6** 544
  - Alterssicherung **6** 547
  - Grundsicherung **6** 541, 567
  - Hilfe in besonderen Lebenslagen **6** 539
  - Hilfe zum Lebensunterhalt **6** 532
  - Hilfe zur Weiterführung des Haushaltes **6** 542
- Sterbegeld **6** 315
- Überbrückungsgeld **6** 463
- Unfallentschädigung **6** 767
- Unfallversicherung
  - Beamte
    - Dienstunfall **6** 728
  - FahrerPlus **6** 864
  - gesetzliche **6** 391, 401, 413, 425, 430, 434
    - Elternrente (Aszendentenrente) **6** 430
    - Hinterbliebenenbeihilfe **6** 434
    - Partnerrente **6** 421, 423
    - Waisenrente **6** 425
    - Witwenrente **6** 401, 413
    - Witwerrente **6** 413
  - Insassen **6** 861
  - Private **6** 859
- Unterhaltsbeitrag **6** 680, 755
- Unterhaltsvorschussgesetz **6** 241, 564
- Waisenrente **6** 425, 469, 497, 686, 760, 816, 837
- Witwenrente **6** 332, 401, 413, 467, 488, 665, 747, 834
- Witwer
  - Beihilfe **6** 696
- Witwerrente **6** 332, 413, 467, 494, 677, 752, 811, 814, 834
- Zusatzversorgungskasse **6** 617
- eingetragene Lebenspartner **6** 51, 226
- Elternrente (Aszendentenrente) **6** 128, 430, 500, 764
- Erbschaft **2** 25; **6** 254
  - Bedürftigkeit **2** 24; **6** 257
  - Erträgnisse **2** 26
  - Quelle **2** 27; **6** 255
- Erwerbsobliegenheit **6** 262, 371

- Erwerbspflicht **6** 262, 371
- Erziehungsrente **6** 367
- Familienrecht **1** 36, 37, 54, 55, 56, 59; **6** 12, 16, 18, 33, 45, 58, 59, 86, 87, 98, 101, 104, 108, 117, 118, 171, 174, 183, 212, 213, 223, 224, 227, 246, 248, 260, 368, 370, 371, 501, 570, 587; **7** 160, 166, 171, 179, 180
- Fixkosten **6** 184, 186
  - Aufteilung **6** 207
  - Ausbildung **6** 200
  - Bausparkasse **6** 203
  - Beitrag
    - ADAC **6** 196
    - Gewerkschaft **6** 200
    - Reitstunde **6** 200
    - Verein **6** 200
  - Beweis **6** 189
  - Eigenheim **6** 203, 204
  - Energie **6** 191
  - Essen **6** 199
  - Fernsehen **6** 194
  - Kindergarten **6** 197
  - Kleidung **6** 199
  - Miete **6** 191, 204
  - PKW **6** 196, 205
  - Quoten **6** 207, 214, 216, 217
  - Radio **6** 194
  - Rücklagen **6** 192, 203
  - tägliche Ausgaben **6** 188, 199
  - Telefon **6** 193
  - Tilgung **6** 203
  - Veränderung **6** 205
  - Vermögensbildung **6** 202, 203
  - Versicherung **6** 195, 201, 205
  - Zeitung **6** 194
  - Zweitwagen **6** 205
- Gesetzestexte **6** 3, 4
- Grundsicherung **6** 541, 567
- Haftung **2** 10; **6** 7
- Haftungsausschluss **2** 118; **6** 6
- Haushaltsführung **1** 37; **6** 223
- Haushaltshilfe **6** 461
- Hilfe in besonderen Lebenslagen **6** 539
- Hilfe zum Lebensunterhalt **6** 532, 580
- Hilfe zur Weiterführung des Haushaltes **6** 542

385

Stichwortverzeichnis

- Hinterbliebenenbeihilfe **6** 434, 505
- Hinterbliebeneneinkünfte **6** 242
- Mitarbeitspflicht **6** 262, 371
- Mithaftung **6** 7
- Mitverantwortung **6** 7
- Mitverschulden **6** 7
- Monatsbezüge **6** 663, 744
- Naturalunterhalt **6** 49, 222
    - Betreuung **6** 231
    - eingetragene Lebenspartner **6** 53
    - Ersatzkraft **6** 231
    - Haushaltsführung **6** 223
    - Heimunterbringung **6** 233
    - Mitarbeitspflicht **6** 227
- Partnerrente **6** 56, 344, 347, 421, 423, 468, 495, 496, 517, 682, 684, 757, 758, 811, 814, 835; **7** 174
- Pflegeperson **1** 33
- Pflegetätigkeit **1** 33
- Schadensminderung **6** 262
- Scheidung **6** 98
- Sterbegeld **6** 315
- Steuer **7** 64, 65
- Teilgläubiger **2** 274; **6** 234; **7** 159
- Überbrückungsgeld **6** 463
- Unterhaltsbeitrag **6** 680, 755
- Unterhaltspflicht, sittliche **6** 35, 86
- Unterhaltspflicht, vertragliche **6** 35, 40, 44, 58, 86
- Unterhaltsrückstand **6** 57
- Vergleich **7** 6
- Verjährung
    - Beginn **7** 7, 234
- Vermögensbildung **6** 169, 202, 203
- Versorgungsehe **6** 339, 415, 467, 665, 815, 836
- Vorteilsausgleich **6** 205, 237
    - Allgemein **6** 238
    - Drittleistung **6** 239
    - eigenes Einkommen **6** 242
        - Waise **6** 247
    - Erbschaft **6** 254
    - familiäre Zuwendungen **6** 260
    - Lebensversicherung **6** 258
    - Mehraufwendungen **6** 259
    - Nicht-eheliche Gemeinschaft **6** 246, 263
    - Privatvorsorge **6** 258
    - Unfallversicherung **6** 258
    - Urlaub **6** 259
    - vermehrte Bedürfnisse **6** 259
    - Wiederheirat **6** 261
    - Zweitwagen **6** 259
- Waisenrente **6** 425, 469, 497, 686, 760, 767, 816, 837
- Witwenrente **6** 332, 401, 413, 467, 488, 665, 747, 834
- Witwer
    - Beihilfe **6** 696
- Witwerrente **6** 332, 413, 467, 494, 677, 752, 811, 814, 834

Unternehmer *siehe* Selbständige
- Nicht-versicherter **6** 293

Urlaub *siehe* auch Freizeit; **6** 867
- Ehegatte **1** 28
- Mittelbarer Schaden **1** 28
- Schmerzensgeld **6** 867
- Vertaner **6** 867

Ursächlichkeit *siehe* Kausalität
Urteil *siehe* Prozess

verbotene Geschäfte *siehe* Einkommen-rechtswidriges
Verdienstausfall *siehe* auch Einkommen
- Abtretung **2** 350
- Arbeitgeber **1** 67; **4** 40, 82; **6** 622, 626, 629
- Asylbewerber **6** 138
- Beerdigungskosten **4** 28
    - Mitarbeiter **4** 40
- Entwertungsschaden **2** 16
- Erziehungsgeld **6** 600
- Gesellschafter **1** 63
- Kapitalisierung **7** 9, 134
- Pflege **1** 30
- Selbständige **6** 142
- Steuer **7** 58
- unfallfremde Hinterbliebeneneigenschaft **1** 83
- Unterhaltsschaden **2** 226, 351; **6** 130, 148, 155; **7** 2, 11

Vergebliche Aufwendungen *siehe* Aufwendungen, vergebliche
Vergleich *siehe* auch Abfindung, Prozessvergleich, Rentenvergleich
- Abänderung **7** 199
    - Missverhältnis **7** 208
    - Spätschaden **7** 210
    - Wegfall der Geschäftsgrundlage **7** 231

Stichwortverzeichnis

- Abfindung
  - Haftungshöchstsumme **7** 94
  - Spätschaden **7** 200
  - Versicherungsumme **7** 94
- Abfindungsvertrag **7** 78
- Drittleistungsträger **7** 12
  - Bindung **2** 250
- Entgangene Dienste **2** 226
- Erfüllung
  - Haftungshöchstsumme **7** 94
  - Versicherungssumme **7** 94
- Forderungsübergang **2** 250; **7** 12
- Formulierungsvorschlag
  - Einbindung Dritter **7** 9
- Kapitalabfindung **7** 78
  - Abänderung **7** 199
  - Addition **7** 81
- Künftige Sozialleistungen **7** 12
- mittelbar Betroffene **2** 12; **7** 6
- Rentenvergleich **7** 223
  - Abänderung **7** 199, 209
  - Gleitklausel **7** 231
- Rentenzahlung
  - Abänderung **7** 231
- Risikosphäre **7** 92, 200
- Sozialleistung **2** 250
  - Abtretung **7** 14
  - Verzicht **7** 13
- Unterhaltsschaden **2** 226; **7** 6
- Vertreter
  - Eltern
    - Mithaftung **7** 18
  - Halbwaise **7** 16
  - nicht-eheliches Kind **7** 17
  - Scheidung **7** 16
  - Vormundschaftsgericht **7** 18
- Verjährung **2** 238, 283; **7** 256
- Änderung
  - äußere Umstände **7** 230
- Beginn
  - Fälligkeit **7** 238
  - Tod **7** 241
- Drittbeteiligte
  - Versicherte Person **2** 145
- Drittleistung
  - Sozialversicherung **6** 272
- Fahrlässigkeit, grobe **2** 126; **7** 230, 233, 258
- Fälligkeit **7** 238
- Feststellungsurteil **7** 243, 254
- Forderungsübergang
  - Sozialversicherung
    - Unfallzeitpunkt **7** 257
- Frist **2** 145
  - Beginn **7** 233
  - Fälligkeit **7** 238
  - grobe Fahrlässigkeit **2** 126; **7** 230, 233, 258
  - Kenntnis
    - Änderung äußerer Umstände **7** 230
    - Fälligkeit **7** 238
  - Leistung, wiederkehrende **7** 230, 247, 254
  - Rechtsnachfolge **7** 260
  - Teilungsabkommen **7** 259
  - Tod **7** 234
  - Urteil
    - Feststellungsurteil **7** 247, 254
  - Vorerkrankung **7** 234
- gestörte Gesamtschuld **2** 139, 147
- Haftpflichtversicherung
  - Versicherungsnehmer **2** 145
- Hemmung
  - Streitverkündung **2** 145
- Kenntnis
  - Dienstherr **7** 257
  - Fälligkeit **7** 238
  - Rechtsnachfolge
    - Regressbefugte Stelle **7** 257
  - Sozialversicherung **7** 257
  - Vertreter **7** 236
- mittelbar Betroffene **7** 7, 234
- Pflichtversicherung **7** 235
- Rentenversicherung **6** 376
  - Beitragsregress **6** 376
- Schadenseinheit **7** 240
- Stammrecht **7** 253
- Urteilsersetzung, vertragliche **7** 245
- Versicherte Person **2** 145
- Vertreter **7** 236
  - Anwalt **7** 236
- Verkehrsunfall
  - Unfalltote **1** 2
    - Zahlen **1** 7
  - Verletzte **1** 2
    - Zahlen **1** 8
- Verletzte
  - Statistik **1** 2, 8

387

Stichwortverzeichnis

Verletztenrente **6** 157
Vermögenseinbuße
- Drittleistungsträger
  - mittelbarer Schaden **1** 73
Vermögensschaden *siehe* Arbeitgeber, Urlaub, Vermögensnachteil, Zeitverlust
Versicherung
- Anrechnung **6** 300
- Versicherungsschutz
  - Fahrlässigkeit, grobe **2** 212
Versicherungsschutz *siehe* Deckung
Versicherungssumme *siehe* Deckung-Deckungssumme
Versorgungsehe
- Unterhaltsschaden **6** 339, 415, 467, 665, 815, 836
Vertragliche Verpflichtung
- mittelbarer Schaden **1** 71
Vertreter *siehe* auch Anwalt, Eltern, gesetzliche Vertreter
- Handelsvertreter **7** 73
- Verjährung **7** 236
- Wissensvertreter **7** 236
Verwaltungskosten **1** 74
Verwandtenprivileg **2** 238, 256; **6** 55, 630, 780
- Abtretung **6** 633
- Arbeitgeber **2** 258
- berufsständische Versorgung **6** 850
- betriebliche Altersversorgung **6** 820
- Dienstherr **2** 257
- eheähnliche Gemeinschaft **7** 168
- gestörte Gesamtschuld **2** 139, 142, 147, 260
- Lebenspartner **7** 168
- Sozialhilfe **2** 261
- spätere Ehe **2** 231
- Teilungsabkommen **2** 262
Verzicht
- Drittleistung **7** 13
- Sozialleistung **6** 312
Verzug **1** 80
- Schadenersatz **1** 81
Volljährigkeit
- entgangene Dienste **5** 29
- Feststellungsurteil **6** 236
- Grundsicherung **6** 568
- Unterhalt **1** 36; **6** 15, 28, 30, 63, 81, 117, 121, 253; **7** 141, 179, 180

Vollwaise *siehe* Waise
Vormundschaftsgerichtliche Genehmigung
- Eltern **7** 18
Vorrecht *siehe* Drittleistung-Konkurrenz, Quotenvorrecht
Vorsteuer *siehe* Steuer-Mehrwertsteuer
Vorteilsausgleich *siehe* auch Einkommen-Hinterbliebene-Anrechnung, *siehe* Einkommen-Unterhaltsschaden
- Sozialversicherung **6** 309
- Steuer **7** 28, 48
  - Mehrwertsteuer **7** 67
- Trauerkleidung **4** 23
Vorversicherungszeit **6** 310, 327
Vorversterblichkeit
- Abfindung **6** 716; **7** 9, 113
- individuell **7** 108

Wahrscheinlichkeit *siehe* Beweis-Wahrscheinlichkeit, Kapitalisierung
Währungsrecht
- Wertsicherungsklausel **7** 225
Waise **6** 117
- Adoption **6** 106
- Anteil am Einkommen **6** 212
  - Quote **6** 214, 216, 217
- BAföG **6** 81
- Barunterhalt **6** 118
- Bedürftigkeit **2** 24; **6** 80, 247
- Beihilfe
  - Unfallfremd **6** 714
- Betreuungsunterhalt **6** 119
- Einkommen **6** 247
  - Selbstbehalt **6** 248
- Fixkosten **6** 207
- Halbwaise
  - Rente **6** 349, 352, 427, 686
  - Vertretung **7** 16
- Kapitalisierung **7** 117, 178
- Kinderheim **6** 112, 233
- Krankenkassenleistung
  - unfallfremd **6** 722
- Miterbe **2** 45; **6** 84
- Pflegefamilie **6** 112
- Pflegeheim **6** 233
- Pflichtteil **6** 84

- Rente
  - unfallfremd **1** 82, 84, 85; **6** 390, 440, 473, 507, 691, 769, 806
- Steuer **7** 39
- Versorgung
  - BAföG **6** 519
  - Beamte **6** 686, 688, 741, 760
    - Dauer **6** 715
    - Dienstunfall **6** 760
    - Doppelversorgung **6** 717
    - Enkel **6** 765
    - Kongruenz **6** 688
    - unfallfremd **6** 691, 769
  - Beihilfe **6** 688, 711
    - unfallfremd **6** 714
  - berufsständische Versorgung **6** 834
  - betriebliche Altersversorgung **6** 811
  - BVG **6** 487, 497, 505
    - unfallfremd **6** 507
  - Großeltern **6** 260
  - KVdR **6** 360
  - Landwirtschaft **6** 469
  - Rentenversicherung **6** 327, 349
    - Kongruenz **6** 362
    - unfallfremd **6** 390
  - Unfallversicherung **6** 425, 434
    - unfallfremd **6** 440, 473
- Vertretung **7** 16
- Vollwaise **6** 109, 116
  - Rente **6** 349, 353, 427, 686
- Waisenrente
  - Beihilfe **6** 686
  - berufsständische Versorgung **6** 837
  - betriebliche Altersversorgung **6** 816
  - BVG **6** 497
  - Dienstherr **6** 686, 760
  - Landwirtschaftliche Altersversorgung **6** 469
  - Unfallversicherung
    - gesetzliche **6** 425
- Wartezeit **6** 310, 325, 329, 331, 365, 467, 811, 830
  - allgemeine **6** 327
  - vorzeitige Erfüllung **6** 328
- Wehrdienst
  - Versorgung **6** 479

Wertsicherungsklausel **7** 225
Wiederheirat **1** 88; **6** 97, 103, 261, 413, 467, 668; **7** 138, 163
- Abfindung **6** 419, 493, 658, 673, 674, 751
- Auflösung **6** 414
- unfallfremde Hinterbliebenenleistung
  - mittelbarer Schaden **1** 88
Wiederkehrende Leistung *siehe* Leistung, wiederkehrende
Wirtschaftlicher Schaden **1** 12, 17
Wissensvertretung *siehe* Vertreter
Witwe
- Beihilfe
  - unfallfremd **6** 714
- Krankenkassenleistung
  - unfallfremd **6** 722
- Rente
  - unfallfremd **1** 82, 84, 85, 86, 88; **6** 390, 440, 473, 507, 691, 769, 806
- Witwenabfindung **6** 419, 658, 673, 674, 751
- Witwenrente
  - Beihilfe **6** 665, 747
  - berufsständische Versorgung **6** 834
  - BVG **6** 488
  - Dienstherr **6** 665, 747
  - große **1** 86; **6** 334, 338, 342, 413, 417, 490
  - kleine **6** 333, 338, 343, 413
  - landwirtschaftliche Altersversorgung **6** 467
  - Rentenversicherung **6** 332
  - Unfallversicherung
    - gesetzliche **6** 401, 413, 430
Witwer *siehe* auch Witwe
- Witwerrente
  - Beihilfe **6** 677
  - berufsständische Versorgung **6** 834
  - betriebliche Altersversorgung **6** 811, 814
  - BVG **6** 494
  - Dienstherr **6** 677, 696, 752
  - landwirtschaftliche Altersversorgung **6** 467
  - Rentenversicherung **6** 332

Stichwortverzeichnis

- Unfallversicherung
  - gesetzliche **6** 413

Zahlung, periodische
- Steuer **7** 59

Zeitaufwand *siehe* Vermögensschaden-Zeitverlust

Zeitverlust *siehe* auch Freizeit; **1** 76

Zessionsverhältnis *siehe* auch Forderungsübergang; **2** 238, 243

Zinsen
- Verjährung **7** 256

Zivildienst **6** 328, 475, 644, 729
- Versorgung **6** 479, 689

Zugewinn
- Schmerzensgeld **3** 12

- Zugewinnehe **2** 38
- Zugewinngemeinschaft **2** 38

Zurechnungszusammenhang
- allgemeines Lebensrisiko **1** 61; **2** 69, 93, 177, 178, 182, 189
- Fehlverhalten Dritter **2** 73
- Geringfügigkeit **2** 65
- Schadenanlage **2** 65
- Selbstmord **2** 66

Zusatzversorgung *siehe* Drittleistung-Zusatzversorgungskasse

Zuschlag
- Kirchensteuer **7** 41
- Solidarzuschlag **7** 31, 44